中国历史文化大讲堂·文博系列

刘　毅　总主编

中国古代建筑

贾洪波　著

南开大学出版社

天　津

图书在版编目(CIP)数据

中国古代建筑／贾洪波著. —天津：南开大学出版社，2010.5（2018.12重印）
（中国历史文化大讲堂. 文博系列）
ISBN 978-7-310-03396-6

Ⅰ.①中⋯ Ⅱ.①贾⋯ Ⅲ.①建筑史－中国－古代 Ⅳ.①TU-092.2

中国版本图书馆CIP数据核字(2010)第053568号

版权所有　侵权必究

南开大学出版社出版发行
出版人：刘运峰
地址：天津市南开区卫津路94号　　邮政编码：300071
营销部电话：(022)23508339　23500755
营销部传真：(022)23508542　邮购部电话：(022)23502200

＊
昌黎县佳印印刷有限责任公司印刷
全国各地新华书店经销
＊
2010年5月第1版　2018年12月第2次印刷
787×1092毫米　16开本　17.625印张　450千字
定价：45.00元

如遇图书印装质量问题，请与本社营销部联系调换，电话：(022)23507125

总 序

《中国历史文化大讲堂·文博系列》第一批推出《中国古代陶瓷器》、《中国古代青铜器》、《中国古代玉器》、《中国古代书画》、《中国古代紫砂器》、《中国古代佛教文物》、《中国古代建筑》和《中国古代陵墓》，共八种。它们是关于上述诸门类文物及文化遗产的概述性著作，大都是以各位作者各自的授课讲义为基础整理修订而成，其基本属性是大学本科专业教材。

南开历史学科有重视教材建设的优良传统。积极倡导创办博物馆学专业的郑天挺教授曾经在1960年代初担任全国文科教材历史组的主要负责人，主持史学教材选编工作；本专业的首任主任王玉哲教授不仅有专著《中国上古史》传世，还在1980年代末组织骨干教师编写了国内第一部中国古代物质文化史教材——《中国古代物质文化》，在国内各高校文博考古专业中产生了广泛的影响。教材编纂的耗时费力是有经历者所共知的。一部好的教材，应该高屋建瓴，具有完整的知识体系、合理的编排结构；对于原始数据的利用，应该是在消化吸收的基础上，以清晰合理的思路来统帅编排，使之条理化、系统化；行文要符合教材的特点，深入浅出，并尽量适应读者群的需要；还特别要注意学术观点的普适性（不一定都是作者本人或作者所赞同的），而很多涉及的问题也不能深入展开，只宜点到为止；一些新兴的学科门类或分支的教材，还具有很强的原创性，与专著几无差异。同样地，一部好的教材，应该是进入不同学科领域的最佳引路者，有些不但能使读者得其门径，还可能会使之受益终身；教材的编纂，能够不断促进教学内容的更新，使课程体系乃至整个专业的学科体系进一步完善；教材建设是学科发展的基础性工作之一，也是专业建设水平的重要标志。

南开大学文物与博物馆学科发端于1960年代初，1979年9月重新组建博物馆学专业，隶属于历史系。1980年秋季开始面向全国招收本科生，是全国同类专业中创办最早的。专业创办之初，在课程设置、讲授内容等方面均无成宪可循，文物考古类课程则先后聘请北京故宫博物院、中国历史博物馆（现中国国家博物馆）、天津艺术博物馆（现天津博物馆）等单位的有关专家讲授。到上世纪80年代中后期，本系教师已经相继自己开设出"中国古代物质文化史"、"中国考古学通论"、"中国古代青铜器"、"中国古代玉器"、"中国古代陶瓷器"等课程，它们以及稍后的"中国古代陵寝制度研究"、"中国古代佛教文物"、"中国古代书画"、"中国古代建筑"等，有不少在高校相同或相近专业中都属首创。今年是南开大学文博专业正式创办 30 周年，通过 30 年间几代教师的不懈努力，文博类课已经在南开大学栽植成功，师资队伍建设也取得了明显的成果。

受中国文物研究传统的影响和中国博物馆发展现状的制约，文物考古类课程在各高校文博专业课程中都占有很大比重，南开大学文博专业也不例外。这类课程一直是我们的教学重点，讲义等基本教学数据也最为完整。这套《中国历史文化大讲堂·文博系列》虽然不完全是教材，但它们毕竟是以讲义为基础编纂而成，其突出特点是知识体系完备，言简意赅、深入浅出。时下坊间有关文物考古鉴赏类、知识普及类图书不少，但精品不多。教材比专门考古报告的不同之处，是它的全面性和突出重点、简明扼要；而比普及信息类书籍的不同之处，是其科学严谨，在资料翔实可靠、准确深刻等方面，更为一般介绍性著述所无可比拟。

《中国历史文化大讲堂·文博系列》的构想最初由莫建来先生提出，后经反复协调筹划，决定由我组织先期编纂第一辑八册，作者以本系教师为主，也有现在其他单位工作的原本系博士生和研究生。希望这八册只是一个开端，这套丛书今后能够继续编辑出版；其内容将不再局限于不同门类的文物，形式也将不仅局限于教材；除本系教师以外，作者还将逐渐扩大到其他曾经在南开文博系（专业）工作过和学习过的人，以及所有南开文博的有缘者。

刘　毅

2010 年 1 月 1 日

目 录

导 论 1

第一章 木构架的主要构件和一般构架通式 31
第一节 柱和柱础及其制式源流 31
第二节 梁 架 47
第三节 屋面木基层 57
第四节 构架形式 60

第二章 主要单体建筑类型的基本构架构造 63
第一节 硬山建筑 63
第二节 悬山建筑 67
第三节 庑殿建筑 69
第四节 歇山建筑 76
第五节 屋顶曲线制式 81
一、折曲屋面 81
二、飞檐之制 89
三、关于清式营造的庑殿推山法则 91
四、角翘与生起 96
第六节 重檐建筑和楼阁建筑 103
一、重檐建筑 103
二、楼阁建筑 109
第七节 亭·垂花门·牌坊牌楼 122
一、亭 122
二、垂花门 128
三、牌坊和牌楼 131
第八节 明清地方建筑木构架形式做法概述 141
一、苏式抬梁构架 142
二、穿斗式构架 147
三、其他 150

第三章 斗　　栱 ··· 158

第一节　斗栱的结构与构造 ··· 159
一、平身科——补间铺作 ·· 160
二、柱头科——柱头铺作 ·· 179
三、角科——转角铺作 ·· 183

第二节　斗栱的其他繁简变化形式和类型 ····························· 188
一、不出踩（跳）的简单外檐斗栱 ··· 188
二、隔架斗栱 ··· 190
三、襻间斗栱 ··· 190
四、溜金斗栱 ··· 191
五、内檐品字科斗栱 ··· 194
六、平座斗栱和后尾撒头 ·· 195
七、牌楼斗栱 ··· 197
八、如意斗栱 ··· 198

第三节　斗栱源流 ·· 199
第四节　与斗栱相关联的一些枋木构件 ································ 220
一、从普拍枋到平板枋 ·· 221
二、替木—绰幕枋—雀替 ·· 221
三、从替木到挑檐枋 ··· 225

第四章　关于中国古代建筑的模数制度 ···································· 226
第 一 节　宋式材分模数制 ·· 226
第二节　清式斗口模数制（附柱径模数制） ··························· 231

第五章　宋式建筑木构形式总说及历代木构建筑特征概述 ·········· 234
第一节　宋式建筑的构架形式 ··· 234
一、平面柱网形式和减柱、移柱做法 ······································ 234
二、木构架形式 ·· 251
（一）殿堂作 ·· 251
（二）厅堂作 ·· 254
（三）柱梁作 ·· 257
（四）厅殿堂混合作 ·· 257
第二节　历代木构建筑特征概述 ·· 258

插图目录及引用来源表 ··· 263

主要参考文献书目 ··· 273

后　　记 ·· 275

导 论

一

  在世界古代历史上，曾经有过大约七个主要的独立建筑体系，其中有些或早已中断或流传不广，成就和影响也有限，如古代埃及、西亚、印度和古代美洲建筑等，只有古代欧洲建筑、中国建筑、伊斯兰建筑被公认为最有影响的世界三大建筑体系[①]。这其中又以中国建筑和欧洲建筑延续时代最长、流域最广，也具有更为辉煌的建筑技术和艺术成就。中国古代建筑，经数千年的历史，从材料结构到装修装饰、从个体形式到群体组合乃至城市布局，早已形成并始终继承和发展着自己独特的做法制度、技术特点、艺术风格和建筑文化，在世界建筑史上独树一帜，成为中华传统文化的一个有机组成部分，直到20世纪初才基本终结，但至今一些古老城镇和部分乡村的民间住宅仍然不同程度地保持着传统的建筑形式，而在园林景观中传统建筑固有的面貌和艺术特性不仅从未失去，而且还在继续发扬光大。古代东亚、东南亚是受中国传统文化包括建筑文化影响最大的地区，日本和朝鲜半岛的古代建筑直可说是中国建筑之附庸，形成以中国建筑为核心的东亚建筑。明清时期，中国建筑特别是与西方完全不同的园林艺术，开始为欧洲所知，并产生了实际影响。

  "建筑"是个现代词语，其内容和范畴相当广泛，大凡有意识地为人们的生活和生产活动提供固定场所和空间条件的一切建造过程和建造物都可属之。中国古代并没有"建筑"一词，但所谓"营造"或"工程"大体也可与之相当。从不同的角度和标准出发，对建筑可以有各种各样的类型划分方法，如可以从构成建筑的材料分，可以从建筑的结构形式上分，可以从建筑艺术上对具有不同内容和形式特征的建筑风格加以区分，等等。通常说到的建筑类型，主要是指从建筑设计的目的出发，根据建筑的用途功能及性质和使用范围进行的分类。建筑初创之时，为满足人们饮食起居生活而建造的房屋，是最早的单一建筑类型，其功能用途单纯，结构形式简单。随着人类社会的发展，日益增生很多政治经济文化活动，房屋类建筑遂分化出不同的功能用途，或者说是将原本只是居住用的房屋移用于满足其他相应各种活动之需，如行政的殿堂、供神的庙宇、死人或灵魂所"住"的陵墓祠堂，以及作坊店铺、剧院戏台、书房学堂等等，而且还产生了许多非房屋类建筑，如坛台、桥梁、堤坝、碑塔、园林等等，导致建筑的形式和种类日益繁多，也就需要给予相应的名称。建筑的名称大多是从生活经验和习惯出发，对建筑空间环境某些较显著特点的概括，约定俗成为建筑名类。随着建筑的发展，建筑名类有新增，也有消失，有的虽保留下来但却在形式与内涵上发生了变化。后世建筑用途的广泛性、形式的多样化、性质的复杂性，常使

---

 ① 后文凡称中国建筑、世界建筑、西方或欧洲建筑之类者，如非特别指明，则皆指古代或古典建筑体系而言。

类分难以至尽，类有交叉，名复互见，其于中国古代建筑尤其如此。

人们通常按功能用途所划分的城市、宫殿、衙署、坛庙、寺观、陵墓、住宅、园林等这些中国古代的建筑类型，主要是指组群建筑而言，因为中国古代的"单体建筑"不同于西方的个体建筑，基本不具有独立性，单体建筑只是一处组群建筑中的一个空间使用单位或曰组群建筑的一个构成元素，这是中西方建筑在空间形态上的本质区别。例如同属宗教建筑，如说西方的某教堂，多可以指定为一栋独立的个体建筑（其当然也包括一些配属建筑在内），说中国的某佛寺却不能指为任何一栋独立的建筑物——单体建筑，而必须是指由若干栋"单体建筑"所组成的建筑群体——组群建筑而言，一般情况下也都不会联系想到它的主体建筑——大雄宝殿本身，因为所有的大雄宝殿几乎都是一样的形制。中国古代有很多建筑名称，如厅、堂、楼、阁、斋、馆、轩、榭、房等，基本都指的是单体建筑，但这些名称本身并不表示某种固定的功能和用途，所以并不能作为或属于通常以功能来划分的建筑类型。只有当这些单体建筑组合在具体的组群建筑之中，按照整体组群建筑的功能性质和其在整体组群中所处的位置与环境，才获得其本身的功能性质，并决定其形式和体量。这些单体建筑离开其在群组建筑的位置和环境，绝大多数是很难对其功能和建筑形象做出严格界定的，而另一方面这些单体建筑的名称也可以用于不同功能和用途的各种类型的组群建筑之中。有学者谓此为中国古代单体建筑的非类型特点，或曰中国古代建筑存在着"名"与"实"的矛盾，名不能指实[①]。此论虽颇中肯綮，但若说中国古代所有的单体建筑名称都不能成类，则又太过绝对。有些单独建筑名称，虽然最初或大多数时候也是用于组群建筑当中的，但却形成了自己的较为固定的建筑结构方式和外观形象以及用途，其或也可以独立于组群建筑之外而存在，最典型的如塔和亭，提到它们人们便会马上联想到较为固定的建筑形象，并也可以相对独立成景。又如楼和阁，二者虽然本身很难作严格的界限，但楼阁合称却可以指一种较为固定的外观形象及结构方式的建筑，即一种至少是二层上以的多层建筑，在一定的环境下也可以独立于组群建筑之外而存在，如钟鼓楼。所以，楼阁、塔、亭以及牌坊牌楼、华表一类，是可以作为从建筑形象出发划分的一种建筑类型的，这类建筑以非房屋式的居多，若作为独立建筑也都具有点景的作用功能，不存在"名"不能指"实"的问题。"宫殿"则比较特殊。宫，在古代字书中与"室"互训[②]，本是房屋建筑的通称，也无大小贵贱之分。不过从甲骨金文的语辞用例来看，"宫"在殷周时代已是指一组由多座房屋组成的院落式群体建筑，多用为宗庙之称，但庙字从朝，古代庙、朝或同一或同处而常用庙为朝，"室"则指宫中的单体建筑空间，这个用法在后世基本上一直沿用了下来，只是周代定宫室礼制，"宫室"遂成为统治阶层的包括朝政、寝处及祭庙在内的宫宅建筑的概称，到秦汉以后"宫"更为帝王所专用，用于朝寝所在外，也用于离宫别馆，"室"称则仍通用于上下贵贱一切等第。殿一称，始于秦汉，指帝王宫中崇宏而壮丽的主要单体房屋建筑[③]。当然个别情况下殿可能独立存在，如《史记·封禅书》所载汉武帝时济南人公玉带所献黄帝明堂图："中有一殿，四面无壁"，《汉书·黄霸传》所谓"古者屋之高丽

---

① 参张家骥《中国建筑论》第三章第一节。按：本书注释中，凡此引注现代著述而仅注出书名者，其出版社及出版时间皆详见于书末所附"主要参考文献书目"中。
② 《说文》："宫，室也"，"室，宫也"；《尔雅·释宫》："宫谓之室，室谓之宫"。
③ 《急就篇》："殿，谓室之崇丽者也"。南宋叶梦得《石林燕语》："古者天子之屋……初未有称殿者。《秦始皇本纪》言'作阿房、甘泉前殿'，《萧何传》言'作未央前殿'，其名始见"。

通呼为殿，不必宫中也"大概即指此类形式。"黄帝明堂"虽可能只是出于当时方士对上古明堂的一种假想，但也并不完全是一个纯粹的单体建筑，其"通水，水圜宫垣，为复道，上有楼，从西南入"，实为一组由水圜宫垣围合的建筑整体，只是宫垣内的建筑单一，也仍应符合"宫中之殿"的概念，并且从所述形制而言这个殿又具有楼阁和厅或亭的特征。关于三代或者更古明堂及与辟雍的关系形制，经两千年纷纭聚讼至今仍莫衷一是，而汉以后历代推测构建的明堂（或辟雍），经由考古发现的汉魏和唐代明堂遗址来看，虽"殿"体已是各种不同的复杂化组合构形，却基本不脱这种水圜宫垣内有一殿的模式。总之，作为皇家专用的建筑名称，大体上宫可为一组院落围合的建筑群之称，宫中还可有宫，如帝后寝宫；殿则为宫中高大主要单体建筑之称，主要用于朝政。宫与殿的关系犹如古代宫与室的关系，但这样的区分也只是笼统而言，并不具很严格清晰的界线。虽然多数是但并非仅仅是宫中的主要建筑才能称殿，也有配置的小殿，如故宫中乾清宫东西两侧的昭仁殿、弘德殿，都是三间小殿，前者是清朝宫中重要的宋、金、元、明版书藏所（明代只殿前有斜廊，清代改为砖墙而自成一院），后者在明代为召见臣工之处，清代则为皇帝读书课经及办理政务之处。而乾清宫在明代本为皇帝寝宫，清代雍正以后改为日常朝政之处，是已为殿而仍沿宫名，至于养心殿则是一组皇帝寝宫建筑而兼集召见臣工、处理政务、读书课经等功能（养心殿在康熙年间还曾作为宫中造办处和作坊，专门制作宫廷御用物品）。又如外朝的保和殿（明代称谨身殿），是册立皇后太子、宴享群臣及举行殿试之所，顺治和康熙皇帝曾在此多年居住而改称位育宫、清宁宫，直至康熙八年移居乾清宫。此外，佛寺的主体建筑和重要建筑也多称殿，道观也多称宫。凡此皆说明宫和殿并不能作太明确区分，实也不能单独成类，但"宫殿"合称却可以代表一种有固定用途和使用范围的建筑类型——严格说应是一种组群建筑的类型，即皇家的宫室建筑。

所以，所谓中国古代单体建筑的"非类型特征"，主要应指宫室房屋类建筑而言。导致这种特征的原因，是中国古代房屋建筑以木构架为主要的结构方式，并有与之相应的建筑思想。

二

我们的祖先和世界上其他古老的民族一样，在上古原始时期都是用泥土和木材建造房屋的。但后来世界其他体系的建筑都逐渐以石材及砖料代替了木材，如古希腊、罗马创造了一种以石制梁柱为基本承重构架的建筑形式，其在欧洲经文艺复兴及古典主义时期的进一步发展，一直延续到20世纪初，成为世界上另一种具有悠久历史传统的建筑体系，这就是通常所说的西方古典建筑。古代印度、埃及的建筑也逐渐向砖木混合结构或砖石结构的方向发展，早在奴隶社会时，已经是以砖石建筑为主了。惟独中国五千余年以来的建筑主流，始终沿着木结构为主的方向发展，以木材构成各种形式的梁架作为整个建筑物的承重结构主体，形成一种有机组合的木构架系统，并创造了与这种构架相适应的各种平面和外观的古典建筑，在世界古代建筑中独树一帜。

在中国古代得到普遍应用和发展的传统木构架有抬梁式和穿斗式两种基本的结构方式。

抬梁式构架，也称叠梁式、梁柱式构架。这是中国古代建筑使用最广、最正规、居于正统和主要地位的官式建筑做法，北方民间也多为采用，只是形式简化。其基本结构方式是：在基础上沿着房屋的前后进深方向立二柱，柱上承架横木大梁，梁上从两端后退再立短柱以承上一层梁，如此根据屋顶举高需要向上叠架数层，梁并逐层缩短，形成一排前后进深方向的梁架，以这样左右两排平行的梁架构成一个长方形（或方形）平面的建筑空间单元，称为一个开间或一间，按需要可以在左右增加开间数，每增加一间即再增加一排梁架，在每间左右各层梁端和最上层梁上的短柱上承架横木为檩，这样形成房屋的主要骨架。檩上与之垂直正交密排椽条，椽上铺以木板或草席，再抹泥灰铺瓦顶，柱间砌墙和安门窗，围合成房屋的外观形体和内部空间。如需增加进深而梁的跨度又不能太大，则可在前、后另加柱子和短梁，扩出进深（参图1-21）。

穿斗（或作串逗）式构架。其也是沿着房屋进深的方向立柱，但柱较抬梁式多而密集，柱上不架梁而直接承檩，柱间上下以多层木板条贯穿联系，称为"穿"或"穿枋"，从而"斗"成房架。穿斗式的柱间距也即檩间距比抬梁式要小得多，大约只及抬梁架的一半，檩材和柱材也都比较细。这种构架比较简便易行，经济省力，是南方民间住宅房屋所普遍采用的构架方式（参图2-93）。

中国古代建筑因使用木构架的结构方式，形成与世界其他体系建筑迥然不同的外形特征。一座宫殿屋宇式建筑，其立面形象从下至上可以明显地划分为台基、屋身、屋顶这样三段，清代匠作称为"三停"，宋代叫"三分"："凡屋有三分：自梁以上为上分，地以上为中分，阶为下分"[①]。早在战国时代的墨子谈论"为宫室之法"时就有"室高足以辟润湿，边足以圉风寒，上足以待雪霜雨露"[②]的说法，其"高"、"边"、"上"即是指宫室房屋的台基、屋身、屋顶而言，可见"三分"的概念在春秋战国时就有了。这三部分既是和谐协调的统一体，又各有相对的独立性，各部分都呈现出非常优美的形象特征，这是由中国古代建筑特有的结构方式所决定的，并结合以高度的艺术处理手法，散射出独特的艺术魅力。

1. 曲线翼展的屋顶

中国古代建筑的屋顶部分特征最为显著，在立面的高度比例上多数单层殿式建筑的屋顶部分要超过屋身，甚至还可以超过屋身与台基之和，在平面上更是铺张开来，盖过屋身与台基。一般来说，其他体系的世界古代建筑甚至包括现代建筑，多以建筑立面的整体造型取胜，屋顶造型含于立面整体之中，即使有高耸或拱起的突出顶部，也是以立面的整体高大为基础的，其比例并不逾"身"，更绝少有如中国建筑这样从上而下在平面上铺张开来的屋顶形式。中国古代建筑屋顶还有各种凹曲线形式，凹曲屋面如鸟翼般展开，与西方穹隆顶拱起收束的曲线形式呈相反的格调。屋顶是中国古建筑外部造型装饰的重点所在，其高大的比例，优美的凹曲线，配以生动的脊饰兽件，覆以金碧辉煌的琉璃瓦件，使得中国古建筑的屋顶格外耀眼夺目，华美而不失端庄，稳重中透出轻灵。屋顶在外形上占有如此突出重要的地位，于建筑整体的艺术效果起到如此关键的作用，在世界上是少有的。

中国古代建筑屋顶的曲线形式，曾在西方人眼中极具神秘色彩，关于它的成因中外学者当然可以有各种建筑思想文化及形式主义美学的解说，如或说是起源于北方原始游牧时代的"天幕"（即帐篷），或说是模仿喜马拉雅山杉树之形，或说是由一宅之主屋、厢、群房里外三层屋坡陡缓不同、倾斜相接而成三段折线、又渐次美化融合为一条凹曲线[③]，或说

[①]（宋）沈括《梦溪笔谈》卷十八引北宋木工喻皓之佚书《木经》。
[②]《墨子·辞过》。
[③] 参见（日）伊东忠太著、陈清泉译补《中国建筑史》第48~50页，商务印书馆1998年；并参杨鸿勋《中国古典建筑凹曲屋面发生与发展问题初探》，载《建筑考古学论文集》。

是起源于商周时代的凤鸟崇拜和凤鸟形象[①]，等等。但在本书后文中我们会了解到，它首先是出于建筑的实际功用需要和结构方式使然，并结合高度的艺术处理手法所创造的结果，正如梁思成、林徽音先生所指出："历来被视为极特异极神秘之中国屋顶曲线，其实只是结构上直率自然的结果，并没有甚么超出力学以外的矫揉造作之处，同时在实用及美观上皆异常的成功。"[②] 若脱离开建筑的实际功用和结构工程，任何象征主义的、唯美主义的解释，都不过是没有根据的臆测。

2. 玲珑精致的屋身

中国古建筑无论外表如何魁伟，屋身正面都很少做墙壁，而是表现为并立的木质楹柱和玲珑剔透的花格门窗相间。左右两面及后面视建筑的性质和功能要求，可以做墙，也可以做如前面的形式。中国古代建筑的门窗是独立的部分，和墙壁一样只是柱间的填充物，古代匠作谓之"装修"，形式和细部装饰都极其丰富多彩，给人以灵巧轻盈、既隔断又通透之感，与垒石建筑于厚墙之上开门窗洞口之状貌大异其趣，这正是由木构架的结构方式所决定的。

中国古代木构架建筑的承重和围护结构分工明确。抬梁架房屋的屋顶重量主要由檩传递到梁，由梁传递到柱，由柱传递到基础之上，而墙壁只是柱间的填充物，只起围护作用，不荷载重量，所以中国北方有句谚语叫"墙倒房不塌"，形象地反映了这种结构原则。这种结构赋予建筑物以极大的灵活性，既可以自由地安排设计门窗的位置、数量、大小、形状，甚至可以做成有顶无墙、四面通风的亭式建筑，也可在房屋内部各柱之间自由使用格扇、板壁等做成轻便的隔断物，并可根据实际需要和喜好任意地装设或拆改。所以中国历史上不乏预先制作结构构件然后运至建筑现场安装，以及成批拆卸旧有宫殿而将构件运至异地重建的若干记载。至于穿斗式木构架虽然不及抬梁式灵活，但在承重与围护结构的分工方面也是同样的原则。

西方的垒石建筑，荷重完全靠石墙，即使后来创造出石制的梁、柱结构，屋顶的重量也是由柱、梁和墙壁来共同承担的，这是由于受到石料形体比较小、跨度不可能很大的限制。由于墙壁用以荷重，墙上开辟门窗必然减损荷重能力，因而其门窗的位置、大小、数量的设计安排就受到极大的限制，门窗与墙壁构成了建筑中的一对矛盾。据梁思成和林徽音先生的意见，在欧洲各派建筑中，除去现代的钢架和钢筋水泥构架法外，只有哥特式建筑曾经用过构架原理，但哥特式仍是垒石发券作为构架，规模与单纯木架甚是不同，哥特式中又有所谓"半木构法"则与中国构架极相类似，但同时也因有垒石制的影响，这种半木构法的应用始终未能如中国构架之彻底纯净[③]。而现代钢架及钢筋混凝土的框架结构在原则上与中国古代木构架相同，只是科学程度更高罢了。

在大型木构架建筑的屋顶与屋身的过渡部分，有一种为中国建筑所特有的构件——斗栱，为木件层层垒叠挑出的形式，支挑于深远的出檐之下以及内部的梁架之间，或形体雄大而比例匀称，或形体纤丽而精致玲珑，富有极强的装饰效果。

中国建筑虽也不乏于一些木结构构件包括门窗装修上局部施雕刻装饰的，但受木材本身的限制，同时过分的雕刻会影响到构件的坚固和受力性能，因而木雕在建筑上就很难表

[①] 王鲁民：《中国古典建筑文化探源》第一章，同济大学出版社1997年。
[②] 梁思成：《清式营造则例》第一章"绪论"（本章为林徽音先生所作）。
[③] 见梁思成《清式营造则例》第一章"绪论"。按原文作"哥德式建筑"，今据现代通行译法改为"哥特式"。

现出石雕那样强烈的立体感和艺术效果。于是，中国建筑本身的装饰转向了另一个方向，即在木构件上施以油饰彩绘，不仅有美化建筑的艺术效果，而且有保护木材的实用功能——当然，中国建筑的色彩还施于墙身瓦顶等。中国建筑运用色彩及其装饰图案非常丰富，但却并不滥用，而统一于建筑的整体，有主次轻重之分，或对比衬托，或协调过渡，皆操纵节制有度，分配点缀适当，繁丽者显雍容华贵之气，简洁者呈清淡素雅之质，全无妖冶鄙俗之弊。建筑上使用如此丰富强烈的色彩而又取得如此成功完美的效果，在世界建筑上是少有的，色彩自然也就成为中国建筑的显著特征之一。所谓中国建筑是色彩的建筑，西方建筑是雕塑的建筑，这也正是由两种不同的结构方式所决定的。

3．稳重秀美的台基

中国古建筑的柱子不是直接埋入地下的，而是落在一个高出地面的台基之上。柱脚下面是石质的柱础，柱础下是砖或石砌的磉墩，磉墩之间再以砖或石砌为拦土墙，拦土墙内填土夯实，上面墁砖形成室内地平，拦土墙外以砖石包砌高至柱础，这样就形成了一个高出地面的台子，作为整个建筑物的基座，称为台基。砖石包砌以内部分都属于基础，似可大致认为，台基是就外观形式而言，基础是就结构功能而言，当然基础还包括台基之下的地基部分。柱础并不与台基相平，而是高出台基面少许，清式做法大约为1/5柱径。

台基是中国大多数古建筑必须的组成部分，也是中国建筑特有的部分。台基最初产生的原因乃在于避水浸、防潮湿，即《墨子》所谓"高足以避湿润"。中国古建筑"台随檐出"，但台基外缘比檐头要缩进一段距离（这段距离叫"回水"），可使柱脚及墙身免受檐头滴水的淋溅，同时柱以外台基表面做出微有斜度的"泛水"，以防积水。台基除了本身的结构功能外，又与柱、墙的收分等相配合，可以增加建筑的稳定感，有的还配有栏杆，也成为一种富有装饰性的结构。台基的平面形状根据其上建筑的平面形状而定，最普遍的就是长方形。台基的高度，在封建社会也有等级制度的规定，但实际中也多依据房屋的高低大小和地面情况而定，并以台基、屋身、屋顶三部分的比例关系和谐为要，并不一定严格遵守死板的规定。一般地，建筑体量越大，台基也相应宜高宜大。有的建筑还做为上小下大的两层或三层叠落式复合台基。叠落组合的形式也有多种，有普通台基叠于普通台基或须弥座台基之上，有须弥座台基叠于须弥座台基或普通台基之上，重要的宫殿坛庙建筑多用须弥座与须弥座的叠落。叠落台基下层的面积、高度可以不受房屋本身出檐及高度限制，可以做得很高大（当然使用这种形式的常是很重要的建筑），特别是座落于须弥座上的普通台基大多相对显得比较矮小。还有将若干单体建筑共同座落在一个大的台基上，每座建筑一般都各自又有单独的台基，也有其中一些次要建筑不再另做台基而直接利用大台为自身台基的情况，即将建筑的柱础直接埋在大台内，室内地平与台面平。还有另外一种台基组合形式，将几座相邻建筑的台基在平面上对接在一起，但并不是完全做成一个整体台基，在平面和立面上仍有分界，与叠落式复合台基相对应，可以称之为对接式复合台基。

北京故宫的太和、中和、保和三大殿，殿身下各有须弥座台基，又共同座落在一个三层须弥座叠落的宽大台基上，大台平面呈"土"字形，在三殿前都形成宽阔的月台，人们俗以"三台"称之。天坛祈年殿台基则作三层须弥座叠落。类似于故宫三台、天坛祈年殿的这种叠落式复合台基，也有人认为不能算做台基，应叫台或高台。其实，无论使用何种称法，如基台、基座、台子等，都应该视为只是出于使用上的方便，并不具有实质意义上的区别，因为上下台基的形式做法大都一致，外观不过是台基的加高扩大和重叠分层而已，强为区分徒生枝节，没有意义也没有必要。至于确有些单独使用的露天的台，或是出于特殊用途在一个很高的台座上建有一个或若干建筑，其形式做法虽有的也可与普通台基一致（高大的台更多为夯土筑成或外缘包砌以砖墙形式），但出发点和性质已与普通台基不同，可以视为不属于建筑台基的范畴，古今将此类一般都泛称为台或高台建筑，用于祭祀的多称为坛，如烽火台、天文台、天坛圜丘乃至台城（团城）等。

重要宫殿坛庙建筑如故宫三大殿、天坛祈年殿者，作多层叠落的须弥座台基，配以汉白玉、大理石的栏杆阶陛，其上雕刻精美的图案纹饰，极其舒展秀美，以之衬托呼应着上面崇峻宏伟和金碧辉煌的屋顶，使整体建筑更显壮丽华美和稳重端庄。林徽音先生说"日本徒知摹仿中国建筑的上部，而不采用底下舒展之基座，致使其建筑物常呈上重下轻之势"[①]，当然日本古代建筑也并非都没有台基，只是有台基的也大都很矮小，且多有采用干栏式平台的，或者又将干栏式平台置于一矮小的台基之上，这种倾向于宫殿住宅建筑愈发明显，更绝少有中国之复合式台基者，极显偪促，毫无中国台基之舒展大气。

中国古代木构架建筑，在当时的社会条件下，还具有如下一些优点：

1．便于适应不同的气候条件。

正是由于木构架的灵活性和可伸缩性，承重和围护结构分工明确，只要在房屋高度、墙壁与屋面材料的厚薄、门窗的位置大小等方面加以变化，就能在较为广泛的地域范围内适应寒暖燥湿不同的气候条件。所以，除了一些具有特殊地质地貌的局部地域外，木构架成为我国南北方广大地区所通用的建筑结构方式。

2．材料供应和加工方便，建筑施工快捷经济。

在中国古代大部分地区，木料比石材更容易就地取材，加工也比较容易，可以迅速和经济地完成建筑工程。因此，中国木结构不但广泛应用于宫殿、寺庙、住宅等房屋建筑，也多应用于桥梁建筑。

西方古代的著名建筑物，因为是砖石承重墙结构体系，往往要经数十年乃至数百年才能建成。如西亚波斯百柱殿的建造用了58年（公元前518～前460年）；雅典奥林匹亚宙斯神庙历经了三百多年才建成（公元前174～公元132年）；罗马圣彼得教堂前后建造了120年（1506～1626年）；伦敦的圣保罗大教堂已是18世纪的建筑，也用了45年才建成。相比之下，中国古代的土木建筑工程，其施工速度要快得多。秦始皇在位36年期间，建咸阳宫、章台、上林苑、阿旁宫，写放六国宫室于咸阳北阪之上以及造骊山陵墓等等，其规模之宏大、工程建设速度之快，是十分惊人的。汉高祖五年始建长乐宫至七年二月建成，周回20里，九年建成未央宫，周回22里。明成祖在元大都的基础上改建和扩建北京，据《明会典》记载，主要殿堂，自"永乐十五年起工，至十八年殿工成"，仅用了4年，即使对整个北京城的改建也只用了16年时间。

3．具有良好的抗震性能。

中国古代木构架建筑的柱子并不埋入地下，而是像一张八仙桌一样搁在高平坚实的台基上，以房顶的重量压稳，梁柱的框架结构有较好的整体性，构架的节点所采用的斗栱和榫卯结构结合严实又不死固，具有若干伸缩余地，加上木材本身也具有一定的弹性，故遇到强大震动时，整个结构体系处于一种弹性状态，因而具有良好的抗震性能。现存中国古

---

① 梁思成：《清式营造则例》第一章"绪论"。

建筑，有很多历史上都曾经受过多次地震，至今安然无恙。现代各国研究抗震建筑，追求的最高目标是按9度设防，我国古代传统木构架建筑基本都可以达到。

中国古代木构架建筑多为较规则平面的单一形体，或是采用若干单一形体的单元组合，单体平面复杂者极为少见，立面形体下大上小，少有局部突出部位，大型单层木构建筑柱网多采用匀称规则的布局，大都采取内柱高于外柱的做法，柱身有内倾做法，一些建筑的构架内还使用斜置构件从而构成稳定的三角形结构等等。这些结构形式使建筑物在体量、刚度和强度各方面均匀协调稳定，也增强了抗震能力。据有关部门对我国地震区各类建筑物的震害调查，在抗震性能方面，穿斗式构架还优于抬梁式构架，井干式优于穿斗式，多层楼阁优于单层[1]。抛开结构方式，似也可以简单认为就是构架使用木材越多其抗震性能越好。

砖石材料虽然受压强度较高，而砌体的抗拉、抗剪均有致命弱点。我国古代在砖石结构建筑方面的抗震经验技术虽然也在不断地积累提高，现存砖石建筑中也有一些堪与木构比肩的抗震"英雄"，如隋时所建赵州桥、辽时所建高71米实心十三层密檐砖塔辽阳白塔等，但总体来说砖石建筑的抗震能力较木构建筑显得软弱，尤其于高层砖塔更为突出，文献记载各地历次地震倒损的砖塔极多。此外，木构架不轻易断裂，即使倒塌后也多成架空之势，相对砖石建筑仍具有较大的安全系数。

三

为什么中国形成了不同于西方的建筑传统，多用木构而少用砖石呢？对这个问题中外学者曾经从自然环境、社会经济制度、工程技术、思想文化等方面做过各种解释，但至今也没一个完全令人满意的答案。

世界上到处都有石头，同样也到处都有树木，诚然，有些地方石头多一些，有些地方树木多一些。正如世界其他建筑体系同样懂得用木头盖房子并且也经过这样的阶段，中国古代是同样掌握砖石结构技术的，并且也取得了很突出的成就。中国至少在汉代就掌握了用砖石起拱券的方法，一般认为是早于西方的，以后历代匠人可以开凿规模宏大的石窟，雕刻巨大而精细的佛像，垒砌高大的城墙城楼，营造远比地上房屋工程浩大得多的山陵石墓，乃至高耸的石塔、飞跨的石桥、雄伟的长城等等。中国从商代前期就烧制出了建筑用板瓦[2]，西周早中期瓦的类型已很丰富，板瓦之外还有筒瓦、瓦当，还烧制出条砖及空心砖[3]，而且一开始就是质量较高的青砖青瓦，没有经过红砖红瓦的阶段，以后也一贯使用着这种优质的建筑材料，这与中国古代很高的陶瓷烧造技术是分不开的。然而除了地面房屋建筑

---

[1] 参见《中国古代建筑技术史》第十章第五节"古代建筑的抗震"。

[2] 1986年以来在郑州商城宫殿区三个地点的考古发掘中，曾多次发现弧形长方板状陶器残片，出土位置多位于大型宫殿建筑基址分布相对比较集中的区域，形制与西周板瓦相似，唯数量相对较少，形制单一，体量较小，造型和规格不统一，胎质厚薄不一致，颜色不均匀，制作加工方法比较原始，可能代表了这种新兴建筑材料的初期发展形态，但也已脱离了制瓦的原始起源阶段。从数量上分析，这一时期的板瓦不足以覆盖整个屋顶，而可能很多用于屋脊和两侧歇山或前后屋檐附近易于被风吹动或开裂的部位，并且还用其中个体较大的一类板瓦来围护木柱的根部以防潮腐，使用年代上属于二里岗文化上层一期，即相当于商代前期稍晚阶段，这是目前我国发现的年代最早的瓦件。参见河南省文物考古研究所《郑州商城宫殿区商代板瓦发掘简报》，《华夏考古》2007年第3期。

[3] 罗西章：《也谈华夏第一砖》（上、中、下），分载《中国文物报》2003年5月14日、16日、21日第三版；刘宏京：《周公庙遗址发现周代砖瓦及相关问题》，《考古与文物》2004年第6期。西周砖瓦尚不能大规模生产，使用只限于宫殿宗庙等高等级建筑上。

的结顶用瓦和台基、墙壁有用砖砌或贴面外，大量的砖却只是用来修砌地下陵墓，而地上房屋建筑的木构架始终没有被砖石结构所取代。佛教传入中国以后，砖石建筑也只扩展到佛塔上，而大量的宫殿、庙宇、住宅还是保持着木结构的传统。用于墓葬及塔身的砖券拱结构，从元朝开始才有少量用于地面房屋之局部，明朝出现了完全用拱券结构的碉楼和结构用砖拱而外形仿木建筑的无梁（量）殿。明嘉靖十四年（1535年），葡萄牙租占我国澳门，同年成立耶稣会；万历十五年（1587年）利玛窦来到南京，耶稣会传教势力开始浸遍全国。其时欧洲正值文艺复兴时期，其建筑结构多以券洞穹窿为主，外观上则以砖石模仿古代木构形制，明代后期的无梁殿，在外观设计和结构方法上与之具有完全相同的原则，它的出现本身当不是中国建筑文化的固有因素之发展，仅仅是昙花一现。而此时以砖拱与木构架相结合建造的高大城楼、鼓楼以及陵墓的方城明楼等等，则是非常普遍的，几乎无城、无陵不是。但是这些砖石叠砌券拱的结构方法与技术经验并没有影响到地面房屋建筑的木构架主流传统，明清时期砖的生产量有出突破性的提高，除了并不承重的围护墙体大量用砖以及台基用砖或石包砌以外，房屋的承重结构仍然为木构架。中国早在新石器时代仰韶文化和大汶口文化的晚期，就出现了居住面施石灰质面层即所谓"白灰面"的做法，考古迹象甚至还显示有用于房顶外部的情况，用料可能是蚌壳灰或料礓石（黄土中的石灰质结核），到龙山文化时期应用已相当广泛，已用石灰石烧制，有的墙体白灰面层厚仅1毫米左右，达到了极限的薄度，涂抹均匀平整，即使在现代人手里也有相当的难度。在甘肃秦安大地湾仰韶文化晚期的房屋遗址，还发现了使用轻骨料、砂石、料礓石粉及粘土混凝而成的类似现代水泥的地面及墙面抹层，历数千年出土时仍致密坚硬，呈青黑色，光亮照人，据有关检测分析，其含有水泥的主要成分硅酸钙，并明显具有水泥的水性特征，属于人工烧制而成，其强度相当于现代100号矾土水泥，被誉为是世界上最古老的石灰混凝土。在差不多同一时期的湖北枣阳雕龙碑遗址的房屋中也有类似石灰或水泥材料的发现，除用于室内居住面外，还用于房顶盖外部，多与其他无机材料掺和使用，呈灰色，其硬度、色泽也颇似现代水泥，经测定与现代建筑石灰性能基本相同。不过，这种建筑材料技术在后世并未发展起来，土木结构——木构架和夯土技术发达，使得石灰根本无用武之地，室内铺地用平石花砖更为优越，石灰便连这一席之地也失去了。

  所以，中国建筑用木构，并不是一个工程技术问题。过去一些西方学者认为中国没有很好掌握石建筑的工程技术问题，甚至连梁思成先生都曾总结有中国用石方法失败的说法，认为中国匠人对于石质力学及石灰特性缺乏了解，不知利用石性压力和石灰粘力来垒砌石构建筑[①]。假如认为这种说法多少有些道理的话，那也是因果倒置的，恰恰是木结构建筑的发展主流排斥了砖石建筑的发展。

  有的西方学者则把问题引到了中国奴隶社会的制度上来，如李约瑟在他的《中国科学技术史》中认为，中国采取木结构建筑与中国古代缺乏大量奴隶有关，不能像西方奴隶社会可以"在同一时候派出数以千计的人去担负石料工场的艰苦劳动"，而当古代或者中世纪的中国可以动员很大的人力投入劳役时（如秦始皇时），"中国建筑的基本性格已经完成，成为已经决定的事实"[②]。关于古代中国和西方奴隶制的差异，是一个很大的问题，无法在

[①] 梁思成：《中国建筑史》第一章"绪论"。
[②] 转引自李允鉌《华夏意匠》第30页。

此讨论。但是，至少中国在殷商时代存在着大量的奴隶，先秦时代也可以役使大批的劳役，绝不会如李约琴所想象的那样不能像西方在同一时候派出仅仅是以千人计的劳力去从事大的工程劳动，这已是由古文字和考古以及文献资料所证明的客观历史事实。再者，建筑采用什么结构方式，同能不能役使大量的劳动力之间并无必然的联系。还有人认为中国采取木结构房屋是由中国古代很低的经济水平决定的，"因为人民生计基本上依靠农业，经济水平很低，因此尽管木结构房屋很易燃烧，二十多个世纪来仍然极力保留作为普遍使用的建筑方法"[①]。中国古代的经济水平或者说生产力低于世界其他国家，这样的说法在今天已没有人相信。而且，在建筑历史上，并不是古代农业国家都采用木结构建筑的，也"并不是只有经济力量强大的国家和地区才去发展石头建筑的"[②]。

中国学者的说法虽然出发的角度也各有不同，但多数似没有实质性的差别，殊途而同归。归纳起来，比较普遍和有代表性看法是，我国古代中原地区森林资源丰富而石材缺少，木结构建筑具有便于就地取材、材料供应和加工方便、施工快捷经济并易于扩建、能够灵活适用于不同地势和气候环境的优点，对需要为自己建造房屋的农民、手工业工人的经济条件而言，有着比较广泛的适应性，木结构建筑技术就在农民和手工业工人中长期积累发展起来，而统治阶级的宫殿、坛庙及佛寺建筑，不过是在集中已有的木结构技术的基础上去营造体量庞大、结构更复杂的建筑形式。即是说，木结构建筑是在一定的自然环境条件下，与我国封建社会自给自足的自然经济相适应的一种建筑结构方式。

有的学者由木材的加工方便、施工的快捷经济更进一步，从比较中西方建筑技术的角度提出了中国建筑的以快速和经济为原则的技术标准原因说。"在达到同一要求和效果的前提下，中国建筑是世界上最节省的建筑，换句话说，也是最经济的技术方案。尤其在施工时间上，同时代的、同规模的中国建筑比西方建筑不知快了多少倍。因此，即使中国古代有同样足够的石材、足够的劳动力，相信也不会考虑去建筑可以存之永世的石头的庞然大物，因何必要白白地去浪费巨大的人力和物力呢"，"中国建筑之所以长期采用木框架混合结构主要原因就是一直都被确认为最合理的构造方式，是一种经过选择和考验而建立起来的技术标准"[③]。

自然环境的限制只是相对的。当代中国的考古成果已经表明，中华文明的起源是多元的，中国大地上到处都有我们祖先的足迹和定居之所，很多地方都并不缺乏石材，而且林往往存之于山，有山林则必有山石。即使是在黄河中游的中原、关中一带，周围也都有产石之山，诸如岐山、骊山、终南山、华山、嵩山、邙山等，它们距咸阳、西安、洛阳、郑州这样历史上的政治经济文化中心，近者几十里，远者也不过几百里，并不遥远。相反地，我们从一些文献记载中约可知道后世这些地方恰恰是缺乏优质的木材了。唐人杜牧《阿旁宫赋》云："六王毕，四海一，蜀山兀，阿旁出"，秦始皇修筑咸阳阿旁宫的木材来自千里之外的四川山区，竟把蜀山都砍光了。《史记·秦始皇本纪》在记载秦始皇营建阿旁宫和骊山陵墓时也说："发北山石椁，乃写蜀、荆地材皆至"，其木材还来自荆楚之地。隋炀帝营都城宫室，"近山无大木，皆致之远方。二千人曳一柱，以木为轮，则戛摩火出，乃铸铁为毂，行一二里，毂则破，别使数百人赍毂，随而易之，尽日不过行二三十里，计一柱之费，

---

① 徐敬直：《中国建筑》（英文本），转引自李允鉌《华夏意匠》第29页。
② 李允鉌：《华夏意近》，第29页。
③ 李允鉌：《华夏意匠》，第31页。

已用数十万功"①，语或有夸张，然大木"皆致之远方"，其运输相当耗时费工也是可以想见的。若是考虑就地取材的方便性，何如取诸近山之石？自然材料的限制，对封建帝王的建筑来说是根本不需要考虑的。如果说使用木结构建筑是从原始先民以来形成的一种建筑传统，那么我们要探讨的正是这种传统得以继续的原因，而不是它初始产生时的必要条件，正如不能说世界其他砖石建筑体系的形成是因为木材缺乏，也就同样不同能说中国木结构建筑体系的形成是因为石材缺乏。李约瑟就认为："肯定地不能说中国是没有石头适合建造类似欧洲和西亚那样的巨大建筑物，而只不过是将它们用之于陵墓结构、华表和纪念碑（在这些石作中常模仿典型的木作大样），并用来修筑道路中的行人道、院子和小径。"②

世界上到处都有石头和木材，木头的采伐加工要比石头方便容易，而石材比木材耐火坚固，这是人类很早就具有的实践经验和常识。古代世界各地的先民同样都很自然地首先经历了木结构建筑的阶段，后来以砖石结构为主的西方也并非没有木构建筑，以木构建筑为主的中国也非没有砖石结构的建筑，但是为什么中西方建筑文化发展的主流却不同了呢？追求快速便利和坚固耐久是人的天性，难道西方人就不喜欢快捷经济的建筑房屋？难道中国人就不怕木构建筑很容易就被火烧毁和腐朽吗？可见，施工的快速标准也好，经济原则也罢，都只是木构建筑和石构建筑的不同特征区别，而并非要采取何种结构方式的本质原因。"如果我们不能用史实证明，中国之所以长期采用木构架建筑的根本原因，就是因为它施工快速这个特色的话，那么，李允鉌先生所说，施工快速的木构建筑，'就是一直被确认为最合理的构造方式，是一种经过选择考验而建立起来的技术标准'，只能是历史实践的结果，而不是它的原因。"③

于是学者们又力图从中国人对待建筑的思想和态度上来进一步探讨其中的原因。

李允鉌又认为崇尚勤俭节约、反对奢华浪费从来都是中国人民的一种浓厚的意识，也是为统治者所提倡或加于人民的，而木构建筑就是在最大限度的满足使用要求下的在尽量节省人力、物力方面远优于石构建筑的一种最佳选择，这是决定以快速经济为原则的技术标准的内在的建筑思想和政策④。最早梁思成先生也有类似的看法，认为中国古代统治阶级崇尚俭德，以建筑为劳民害农之事，故古史记载于建筑简缺，如有记述亦是因其奢侈逾制而略举以警后世，非为叙述建筑形状方法而作，故"此种尚俭德、诎巧离营建之风，加以阶级等第严格之规定，遂使建筑活动以节约单纯为是"⑤。

但实际崇尚节俭的道德观念在中国很多封建帝王权贵的身上根本谈不上，其大肆劳民伤财的营造活动历史上累累可见。传统史书之所以对建筑营造简缺或仅稍为附记，是因为在正统史学观念下，建筑和其他手工业一样是不入流的匠作之事，不像舆服食货被视为关乎国计民生的政治典章和经济制度故而各为立志。如前所述，封建王朝修筑城池、宫殿、苑囿、寺庙等工程，其建设速度之快是十分惊人的，木构建筑施工快速的特点只是其中原因之一，而且这些工程也并不全是木构，另一个非常重要的原因是封建集权的帝王可以征调役使全国的人力物力进行大规模的工程建设，故说"中国建筑是世界上最节省的建筑"

---

① （宋）洪迈：《容斋随笔·土木宫室》。
② 李约瑟：《中国科学技术史》，转引自李允鉌《华夏意匠》第29页。
③ 张家骥：《中国建筑论》，第36页。
④ 李允鉌：《华夏意匠》，第38~39页。
⑤ 梁思成：《中国建筑史》第一章"绪论"。

就并不尽然，这要看建筑是为谁所用和建筑的性质。以金代营建燕京宫殿为例，"役民八十万，兵四十万，作治数年，死者不可胜计"，"运一木之费至二千万，牵一车之力至五百人，宫殿之饰遍傅黄金，一殿之费以亿万计"，"其宫阙壮丽，延亘阡陌，上切霄汉，虽秦阿房汉建章不过如是"[①]。封建帝王对自己陵墓的营建尤其重视，从即位开始一直修到身死入葬，修筑上几十年的例子并不鲜见，从工程到陪葬，无不极尽豪华奢侈，即便像汉景帝这样勤俭治国的"明君"，其葬身的阳陵修建得也是极其崇宏。

近年有学者提出了一个很有新意的王朝交替毁旧建新说，即中国古代在改朝换姓后不利用旧朝的宫室，一定要毁掉重建，即使不是全都摧毁，也必须按新朝统治者的意图加以彻底的改造，"'毁旧国，建新朝'，是中国宗法制社会的历史必然现象。旧国的宫殿既已煨尽，新朝的当务之急，就是要尽快地建好新的宫殿，只有采用能同时投入大量人力物力，可高效快速施工的装配式的木构梁架建筑体系，才能始终被认为是最合理的结构和构造方式，它已成为一种经过选择和考验而建立起来的技术标准并且被沿用了数千年"[②]。

中国历史上的王朝更替，虽屡有毁宫易都之事，但大抵都是经过战火兵乱，旧都宫殿建筑已呈破败之象，新王朝自然会建新都新宫以示万象更新。但是，却不应由此得出这样的结论：中国之所以采用木构建筑，就是因为木构比石构容易毁掉也容易很快地造起来，如此选择木构建筑反倒成了一种最大的人为浪费，还有什么经济性可言。古代灭国的象征在于"毁其宗庙，迁其重器"[③]，并不一定要将所有的宫殿统统摧毁，新朝沿用旧朝之都的例子也不在少数，最典型莫过于元明清三代之都相沿，特别是清代对于明代的都城北京和**紫禁城**宫殿建筑格局基本上都继承沿用了下来，既不是彻底地摧毁，也不是彻底地改造，只是局部进行改造维修和更换名称。如果说在分裂割据的时期，一些短命的王朝，因内外政治局势的动荡，只能权且建一些应急的宫殿的话，像周汉唐元明清这样长久强盛的王朝，在应急之后有足够的时间与能力去建筑一些石头的宫殿。即以秦都咸阳来说，从秦孝公十年（前 350 年）迁此至秦始皇统一六国，已经过了一百多年的不断经营，秦始皇也并不会想到他的王朝就如此短命，所以从他在统一前即位开始终生都在进行各种大规模的建筑营造活动，对他来说根本就不存在什么应急不应急的问题。此外，更重要的，一般贵族官僚府邸和百姓民居同样是木结构建筑。虽然中国古代建筑的杰出成就集中和典型体现在王朝宫殿建筑上，但它的建筑经验和技术是由民间社会的建筑实践活动汇集发展而来的集大成者，决不可能呈从上至下的反向影响渠道，说由于王朝皇室采用木结构建筑而导致了民间也行用木结构建筑，这显然是不合理的。

早在 20 世纪 30 年代，日本学者伊东忠太在其所著《中国建筑史》一书中提出过一个关于中国建筑特性的"宫室本位"的说法[④]，当然也就是中国人对待建筑的一种态度，一种建筑的思想文化。后来一些中国学者在论及中国建筑的特征、思想以及采取木结构的原因时，也或多或少联系到这方面内容，如梁思成先生谓中国建筑以木结构为主，"实缘于不着意于原物长存之观念"，"既安于新陈代谢之理，以自然生灭为定律，视建筑且如被服舆马，

---

① 李国豪主编：《建苑拾英·中国古代土木建筑材料史料选编》，转引自张家骥《中国建筑论》第 35 页。
② 张家骥：《中国建筑论》，第 46 页。
③《孟子·梁惠王下》。
④（日）伊东忠太著、陈清泉译补：《中国建筑史》，商务印书馆 1998 年，第 40~44 页。

时得而更换之"①。李允鉌先生所谓"快速经济之技术标准"说下也引用到伊东忠太的观点，认为不同的历史和社会产生不同的价值观念，由此产生不同的建筑态度、不同的对技术方案选择的标准，中国这种以人为中心的"人本"观念与坚持木结构的建筑原则有很大关系②。虽然将这一重要建筑思想与采取木结构建筑的原因相联系，但基本都没有予以充分展开讨论，伊东忠太的说法本身也未能全面深入，我们在此亦无法详加讨论，只结合其他说法的一些合理可取之处略为分析。

中国古代大多数地区，特别是古代文明发达的中原、关中地区，最初木材之于石材确实是比较丰富和易于取得，加工方便，施工迅速。氏族社会的经济水平低下自不待言，中国奴隶社会和封建社会的各个时期，都是在地缘基础上不同程度地结合了血缘、亲缘色彩的宗族社会，就个体农户的经济水平而言，也确实是比较低下的，所以简捷易为的木构房屋建筑就成为民间居宅的首要和普遍选择。经过历史的积淀，形成一种建筑传统和人文精神，并影响到上层统治阶级。就居住建筑的舒适性要求而言，木建筑是优于砖石建筑的，二者呈相反的格调，石构建筑显沉重、挤压、紧收、抑制，木构建筑显轻灵、宽松、敞快、活泼，后者与中国人追求自然、和谐的生活态度正相适应。中国人的生活态度又多所注重现世、现实的实利功用，所谓"固作千年事，宁知百岁人；足以乐闲，悠然护宅"③，正反映了这种生活态度和居宅建筑的人文精神，所以没有一个统治者会愚蠢地花费几十年、上百年的时间去用石头建筑他们生前不可能享受的甚至是看不到的建筑。中国古代的宗教信仰观念，与趋重现世的物质的实利功用主义相较，殊不足重。所以，中国之建筑，首先发达者，必为实利的功用的住宅宫室。而世界其他具有显明"神权时代"的国家和地区，则宗教建筑必先发达，其最为雄伟壮丽和最能体现技术艺术成就的建筑，多为神庙、教堂、清真寺一类，金字塔也是属于同样性质的东西，没有了这类建筑便再没有突出的表现。整个西方建筑史几乎就是一部宗教建筑史，就连深受中国影响的日本数其最大建筑，也当属奈良时代的东大寺堂塔。而在中国，则以宫殿和都城建设最有成就，其最大的建筑，若论组群是北京的故宫，若论单体是故宫的太和殿（如果不算长城这样特殊的军事防御设施），还有很可能会是世界第一大建筑的阿旁宫，都是供人居住生活的宫殿而非供神居住的神殿。宗教的世界，是一个超人间的永恒的世界，所以就创造石头建筑供这个永恒世界的永恒的神永久地居住和作永久性的纪念，而石构殿堂相对于木构建筑来说，能使人感受到这个超人间世界的崇高幽远、神秘永恒及自身的渺小压抑，也正符合宗教的需要。中国古代并无真正的宗教，在中国民间存在着包括后来为道教所吸收在内的五花八门的信仰神灵，而这些信仰神灵其实都非常的"人性"化，而贯穿中国人神性信仰世界的主线始终是祖先崇拜，也不过是对死去的人的崇奉，在佛教传入之后也没有丝毫动摇中国祭祖敬宗的信仰传统。包括佛教在内的各种神灵信仰，经过中国的改造，神灵世界按照现实世界的秩序来安排，成为现实世界的翻版，封建帝王就是神或神的代表，所谓"天上神仙府，人间帝王家"。如果说中国也存在着宗教的话，那么中国的宗教是将神灵"人"化和将人"神"化的宗教，是以人为本的宗教，是注重现世的宗教。所以，中国建筑便以人居宫室为本位，以居住生活的舒适方便、体现现世的荣华富贵为首要选择，着眼于及时地建立当代的天地，并不注

---

① 梁思成：《中国建筑史》第一章"绪论"。
② 李允鉌：《华夏意匠》，第33页。
③ （明）计成《园冶》。

重和追求对自身来说虚不可见的永世长存的形式。前举"王朝更替毁旧建新"之说，如果说有所合理处，究其实质也在于此，而不是什么"应急"原因。一言概之，中国建筑的"宫室本位"实质即是人本位，西方建筑则体现的是神本位精神，这是二者分别形成木构和石构建筑传统的最主要原因，当然也是在结合了一定自然经济条件的基础上形成的。

中国建筑的宫室本位思想，统一和从属于整个中国传统文化的人本思想，都是基于中国特殊的封建宗法社会土壤上形成的，这当然又是一个很大的问题，在此亦无法详细展开讨论。作为中国传统人文思想之核心内容的宗法等级秩序和伦理观念等，也影响及于其他几乎所有建筑类型，如祭祀自然神、祖先神及先贤圣哲的"准宗教建筑"坛庙，以及在特别强调血缘宗亲关系、特别重视"慎终追远"、"事死如生"等观念的文化背景下发展的帝王陵寝等，它们几乎是中国特有的建筑类型。而佛教建筑几乎是从一开始就被中国化了的，从传说中以汉代官署机构鸿胪寺所作的第一座供佛事活动的建筑——洛阳白马寺，到南北朝时期大量王公贵族的舍宅为寺，中国在佛陀初来时为其安排的住所就是人间的殿堂宫室。一言概之，中国建筑既以宫室为本位，一切宗庙祠堂、佛寺道观，几乎皆仿宫室形式而作，放之四海，遂成所谓"千篇一律"之形貌。在世界其他地区，宗教建筑有特别之式样，与普通住宅一望即能区别；而中国佛寺道观，无论从单体建筑形式，还是群体院落布局，实与普通宫室无异。

然而在中国人的思想意识中也并非完全缺乏永世长存的观念，只是在将神人性化和将人神性化的宗教特点下，有着与西方不同的表现形式罢了。中国的封建统治者非常重视利用石窟寺的永久性纪念意义，就充分说明了这一点。北魏石窟中的造像，有的佛像实际上是照帝王的样子塑的，传说龙门石窟奉先寺窟中的本尊大佛，是照女皇武则天面部雕刻的。这样，佛就成了帝王的化身，帝王幻想不死的精神，藉无生命的石头得到永存。这些石窟寺依山凿建，属于凿挖空间的减法建筑，山与建筑融为一体，是建筑的自然化和自然的建筑化，是人工与天巧的奇妙统一体，这反映出中国人对永恒的追求是要在人与自然的和谐统一中实现的，同样蕴含着注重现实环境的精神因素。同时在石窟寺的外部建筑有木构的廊庑，在洞口和洞内雕刻有梁柱斗栱和藻井等仿木建筑结构，同样表现出对永恒世界的追求与对现世生活环境和现实功利主义的注重是有机结合的，并且前者是以后者为前提的，是故帝王宫殿绝不做这种不切实用的石构建筑形式。这种追求永恒与注重现实相结合的另一个例子是陵墓。建于地下或凿于山中的帝王陵墓全都以砖石构筑，以求永世固存，然而颇为有趣的是，在冰冷幽阴的墓穴世界中，尸体仍要"住"在一具木质的棺椁中（属于一些地方风俗习惯的石棺葬一类不能代表通制），可见死后也并不能放弃对地上木构建筑舒适的居住条件之向往。

以上对中国木结构建筑传统形成原因的简略分析，固不一定全面和正确，然言其是由自然条件和人文精神方面的因素综合影响所致，而非任一单方面的原因造成，是大概不错的。此外，人文精神方面的影响要素或还有其他更多，比如水木金火土五行运转、相生相克以成世界万物的哲学观，可能也影响到中国建筑采用木构形式而不求能长久永存，或如梁思成先生所谓"安于新陈代谢之理，以自然生灭为定律"者。

四

中国古代单体房屋建筑，举凡宫殿、庙宇、宅第等等，平面以长方形者最为普遍，长边向前为纵向，其长度称为面宽或面阔；短边在侧为横向，其长度称为进深（纵向在建筑学上特指长边走向，在中国古代单体建筑一般系沿面宽方向）。由于中国建筑特有的木构架制度——先用立柱横梁构成屋架，然后在柱间另外附设门窗或墙壁，这样面宽方向的相邻两排平行的柱架之间就构成单体建筑的一个框架空间单元，称为一个开间或一间，反映在平面上就是一间的面积，所以"间"是单体建筑的基本元素或单位。单体建筑正面的开间数，在先秦时期有奇数也多有偶数，汉代宫室及一般住宅已普遍用单数开间，但于墓葬、祭祀礼制建筑及若干建筑明器仍多见偶数开间的情况，到南北朝时期的明堂、太庙一类隆重的祭祀礼制建筑还多是保持偶数开间的形式，直到隋唐以后为奇数开间建筑一统天下。三开间的建筑，居中一间叫明间，明间的两旁为次间；五开间者，于次间之外加梢间；七开间者，于梢间之外再加尽间；九开间以上增加次间数，称作西（东）边第一次间、西（东）边第二次间等。一般住宅不过三间、五间，九间已是头等大殿，极隆重特殊的建筑可为十一间（如故宫太和殿），宋式中殿堂的最大规模加副阶周匝（即周围廊）可达十三间。由于"梢"与"尽"的含义过于相近，不便截然界划，所以实际使用习惯上"梢间"与"尽间"也经常通用，即都可指建筑物两端头的开间，而其内与明间之间的开间都可称为"次间"。三开间的房屋，通常就是明间和次间之称，当然也有将其次间称为梢间或尽间的。所有开间加起来的面宽（阔）也称为通面宽（阔），在不特意强调单间的面宽（阔）时（如明间面宽、次间面宽等），面宽（阔）与通面宽（阔）的称呼意义是一样的（图0-1）。间的进深大

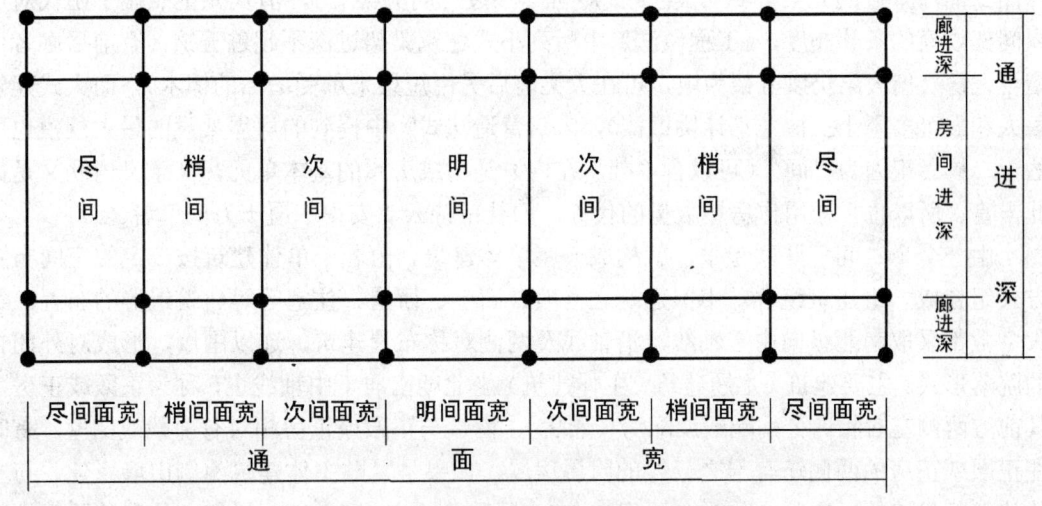

图0-1　单体建筑的开间划分和平面度量

小，决定于"架"数，也即梁架上的檩数，一道梁的上面总共有几根檩木，这道梁就谓之"几架梁"（在宋代建筑中是以檩上前后接续的椽数来计，谓之"几架椽屋"，每二檩之间架一椽，所以清式"一檩一架"在宋式中就变成了"二檩一架"，计算方法虽然不同，实质是一样的），中国古代建筑即以此来作为进深大小的称度单位。这种"间架"概念，本来从唐宋到明清是一脉相承的，如清朱彝尊《日下旧闻》卷三十引《盘山志》载辽翰林院学士承旨刘成碑文，述统和二年（984年）重修独乐寺观音阁，"上下两级，东西五间，南北八架大阁一所"。到清代，又产生了"进深每山分间"之说（见清工部《工程做法》卷一）[①]，

---

① "山"是指房屋建筑的侧面，其屋顶部分呈三角形，似古体的山字，所以称，三角形的部分称为"山尖"。

但这并不适用于两面坡的硬山和悬山建筑，只限于庑殿、歇山等四面坡即四向出檐建筑的山面外观，实际上相当于将其正面开间的形式换了一个方向而已，至室内进深仍然以"架"计算。这种山面进深分间的做法，当是从宋代以展开的"间"数来计算副阶周匝的做法而来，如宋徽宗建中靖国元年（1101年）皇太后陵寝献殿为"殿身三间，副阶一十六间"[①]，是每面副阶各四间的形式。近代以来则又产生了"四柱之中为一间"的说法[②]，就此将"间"延伸到对房屋进深的称度上，"面阔多少间，进深多少间"成为一种习惯说法。中国建筑内部柱子的布置有着较大的灵活性，进深方向可以只有二柱，也可以有多柱，柱距可以相差很大，而在面宽方向上的柱子也可有减柱、移柱以扩大室内空间的做法，其于明清以前的建筑尤为普遍，以四柱牵合的一"间"常常是难以准确界划的。所以，四柱之中为一间的说法，对于柱列比较规整的清式庑殿和歇山建筑尚可差强人意，但对于悬山和硬山建筑也就同样不适用了，特别是用来解释明清以前的不规则柱网及梁架布置的建筑就会感到很困难，就是因为它原是不合中国古代建筑的"间"之本意的。所以，严格规范来说，中国单体房屋建筑的面宽与进深的基本度量单元应分别是"间"与"架"[③]。封建社会的建筑有着各种等级制度的限定，其中很重要的一项是对建筑规模的限定，即规定不同等级的单体房屋的具体"间"数和"架"数，而并不限制建筑群体房屋数量的多少。如唐《营缮令》："王公之居不施重栱藻井；三品堂五间九架，门三间五架；五品堂五间七架，门三间两架；六品七品堂三间五架，庶人四架，而门皆一间两架"[④]，明初规定"王公……中堂七间九架……一品二品厅堂五间九架……"，至庶民庐舍"不过三间五架"[⑤]，清代完全照搬了明代对房屋间架规模的条款制度，《工程做法》中所列小式建筑梁架进深不超过五檩，有前后廊者可增至七檩（但大梁仍以五架为限，可在大梁前后另用短梁来承受增加的檩木），而大式建筑象太和殿可多至十三檩（不计挑檐檩），宋《营造法式》中提到的房屋架设的最大规模也可达十二椽。正因为"间"（可以含"架"在内）是构成房屋的基本单元，其意义内涵又是如此丰富，所以也常被用作房屋数量的代称，如杜甫诗云"安得广厦千万间"者。

由一个个"间"并联起来，就构成一座单体建筑。由若干单体建筑按一定的空间布置方式组合成一组建筑组群。中国建筑之宫殿、庙宇、衙署、住宅等等建筑组群的布置，绝大多数都采取南北纵向中心轴线，沿轴线及两侧对称布置建筑，连以围墙，形成对外闭合的院落形式。主要建筑（主题建筑、主体建筑）坐北朝南居于中轴线上，称为正殿或正房[⑥]，其前方两侧左右相向分列配殿或配房（厢房），南端与正殿或正房相对有前殿或倒座。有时在正殿或正房的两侧还有与之一线的附属房屋，如果是紧贴主体建筑两侧山墙修建、与主体建筑相毗连的，在住宅称为"耳房"，在宫殿称为"夹殿"[⑦]；如果与主体建筑两侧不相

---

① 《宋会要辑稿》礼三三。
② 见梁思成《清式营造则例》第20页。
③ 参见潘谷西、何建中《营造法式解读》第48页。由于近代以来"面阔多少间、进深多少间"的说法已为大家所习惯，而且用于庑殿、歇山等四面出檐的建筑时，其所指也不会引起歧义，因此本书在介绍具体的建筑实例时，有时仍会沿用这样的说法，或在进深"多少间"的前或后加以"多少檩"或"多少架椽"的准确限定。
④ 《新唐书·舆服志》。按有脊檩的建筑一般架数即檩数为奇数，这里说门"两架"，可能是指门屋有落地中柱将大梁一分为二、每段梁上有二檩实际共有三檩的形式，但也可能是指无脊檩或双脊檩的卷棚顶的门屋形式。
⑤ 《明史·舆服》。
⑥ 言殿者指宫殿寺庙建筑，言房或屋者指一般住宅建筑，下同。正房（屋）又叫上房（屋）、堂屋或堂。《晋书·淳于智传》："堂屋五间，抽然而崩"，是堂屋即正屋、正房。有时堂屋又仅指中间的一间即明间而言。
⑦ 此多有称"夹屋"者，似不如称殿为宜。

毗连，这种情况基本只见于宫殿建筑，则称为"朵殿"。这样，四面建筑及其间围墙围成一个闭合空间——院落，称为四合院。有时只一侧有厢房，或者没有倒座或前殿，即只三面有房屋者，也叫做三合院。

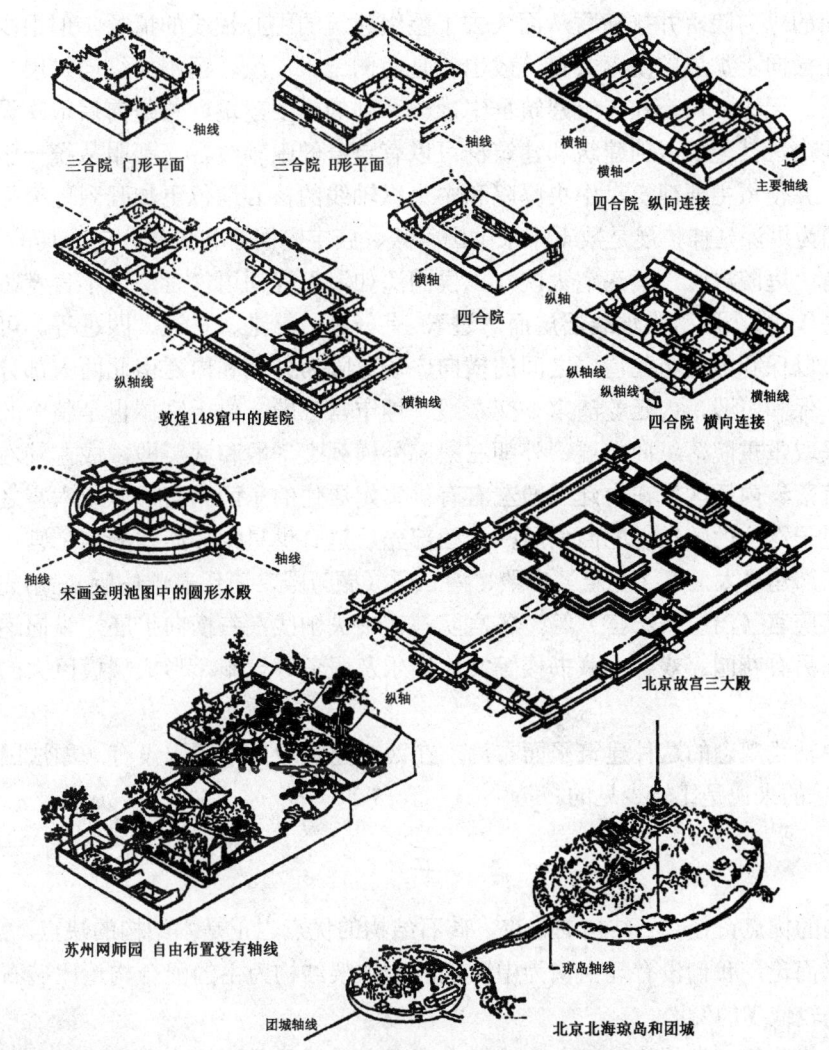

图 0-2 中国古代建筑庭院组合形式示意图

　　四合院的主要特点就在于重要的主题建筑布置在中心轴线上，两侧对称分布其他副题建筑。两侧的副题建筑只是在需要和可能的时候也辅助以横轴对称的形式，并且横轴线要服从于中心纵轴线。一处住宅、庙宇或宫殿如果规模较大，一个庭院建筑不能满足需要，往往采取纵向扩展、横向扩展或纵横两向扩展的方式，由多个院落联接构成各种组群建筑。纵向扩展方式：沿着纵轴线，在主要庭院的前后，布置若干不同平面的庭院，构成深度很大而又富于变化的空间。这种纵向扩展的组群布局方式历史悠久（已见于商周时期的宫室遗址），使用也最为广泛，但纵向庭院过多，则横向交通势必受到影响，所以为了解决这一问题，大型宫殿和庙宇等又以道路或小广场将纵向庭院分隔为二组或二组以上，成为南北朝以来常用的手法；横向扩展方式：在中央主要庭院的左右，再建纵向庭院各一组或二组，而在各组之间以夹道解决交通和防火问题。这种方式自唐以来为一些宫殿、庙宇、衙署和大型住宅所采用；纵横双向扩展：以中央主要庭院的纵向扩展为主轴线，在左右两侧对称分布若干庭院，这些两侧的庭院都各有自身的纵轴线，在服从于整体建筑组群的中心纵轴线的基础上，依据需要又都可作程度不等的纵向扩展。单纯的横向扩展虽然也有，即两个或两个以上的纵向院落并排横联从而失去了整组建筑的中心轴线的情况，但很少且主要见于民居，在横向上扩展的院落数目一般也就是两侧一、二组，远不如纵向扩展和纵横双向扩展的规模。无论如何，在一组建筑群中，一系列的重要建筑，总是前后依次设置在一条纵向的直线上，其他扩展的建筑和建筑群可以有自身的中轴线，又都服从统一于这条整体的纵轴线，并使得主要建筑、中央庭院和中央纵轴线的核心地位更加强烈地突显出来（图0-2）。正因为纵深延伸扩展是数千年来中国宫殿、庙宇、衙署和贵族住宅布局的主流方式，所以，才有"庭院深深"、"深宅大院"、"侯门深如海"等词语，言深而不言宽，一座院落称为一"进"，数个院落沿轴线层层而"进"，有一进、二进、三进、四进等。可以北京紫禁城为例，以保和殿后至乾清门之间的横向广场分隔为外朝和内廷南北两大部分，外朝太和、中和、保和三殿，内廷乾清宫、交泰殿、坤宁宫三殿，位于宫城也是整个北京城的中轴线上，采取重重院落纵向扩展，外朝三殿院外横列文华殿和武英殿，成左辅右弼之势，并各自成院落，内廷区域在内廷三殿左右有供嫔妃居住的东西六宫，东西六宫之北、御花园两侧为皇子居住的乾东、乾西六所，城西部先后建有供皇太后居住的慈宁宫、寿康宫、寿安宫，东部建有太上皇（乾隆）宫殿、南三所（撷芳殿，清代皇子住所）、奉先殿（皇帝家庙）及毓庆宫（清皇太子宫）等，各宫院都在中央轴线左右横向扩展，纵向递进，层层叠叠，其间另有花园、戏台、藏书楼等文化娱乐及服务等设施，形成规模巨大的建筑组群（图0-3）。

　　体现中轴线观念的这种建筑平面布局，在西方建筑中虽不能说没有（如法国巴黎凡尔赛宫），但总的来说是比较少见的。

五

　　木结构的优点正是砖石结构的缺点，砖石结构的优点也正是木结构的缺点。"纯粹从建筑技术观点而论，我们没有理由认为中国式的木框架结构为主的混合构造比砖石构造所取得的效果是较低劣的"[①]。

　　因木结构建筑自身的特点而产生的曾广遭西方学者所非议的中国建筑形象面貌的"缺点"，是所谓中国建筑的"千篇一律"，或曰中国建筑"无性格"。在很多外国人眼中，中国无论什么种类的建筑物，无论平面的配置、立面的形式都是大同小异、变化不大的，从单体建筑形象到总体面貌"千篇一律"，他们不明白，为什么功能和用途不同的建筑，却没产生各自的应有的特征或性格。这种无性格的"千篇一律"，主要表现在两个方面：（1）低平方正、斜坡式顶的屋宇为中国各种建筑之主流；（2）左右均齐、四合封闭的庭院为中国各种建筑布局之绝对原则。

　　中外学者普遍认为，中国木构架建筑的空间特点，是宜于向水平方向扩展；西方用砖石砌筑的建筑，易于向高度上升延。所以西方人有"我们占领着空间，他们（中国）占据着地面"这样的说法。木质材料的结构特点限制了中国建筑的立体规模不可能很大，高层

---

①《华夏意匠》第31页。

导 论

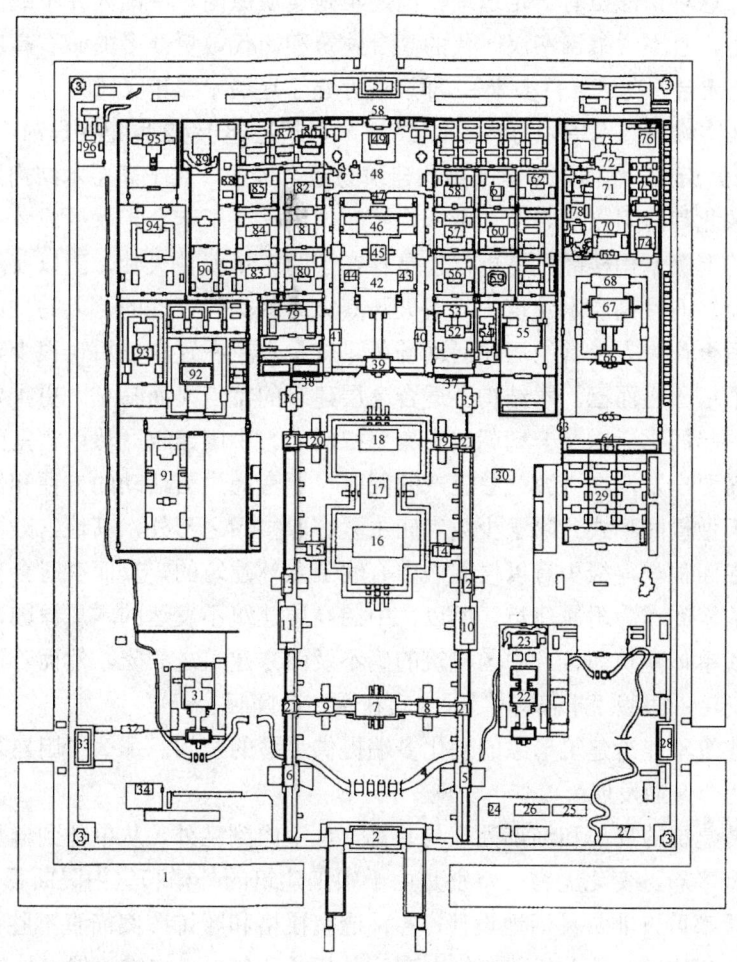

1. 护城河　2. 午门　3. 角楼　4. 内金水河　5. 协和门　6. 熙和门　7. 太和门　8. 昭德门
9. 贞度门　10. 体仁阁　11. 弘义阁　12. 左翼门　13. 右翼门　14. 中左门　15. 中右门　16. 太和殿　17. 中和殿　18. 保和殿　19. 后左门　20. 后右门　21. 崇楼　22. 文华殿　23. 文渊阁
24. 内阁公署　25. 实录库　26. 红本库　27. 内銮驾库　28. 东华门　29. 撷芳殿　30. 箭亭
31. 武英殿　32. 咸安门　33. 西华门　34. 南薰殿　35. 景运门　36. 隆宗门　37. 九朝御房
38. 军机值房　39. 乾清门　40. 日精门　41. 月华门　42. 乾清宫　43. 昭仁殿　44. 弘德殿
45. 交泰殿　46. 坤宁宫　47. 坤宁门　48. 御花园　49. 钦安殿　50. 顺贞门　51. 神武门
52. 斋宫　53. 诚肃殿　54. 毓庆宫　55. 奉先殿　56. 景仁宫　57. 承乾宫　58. 钟粹宫　59. 延禧宫　60. 永和宫　61. 景阳宫　62. 天穹宝殿　63. 锡庆门　64. 九龙壁　65. 皇极门　66. 宁寿门
67. 皇极殿　68. 宁寿宫　69. 养性门　70. 养性殿　71. 乐寿堂　72. 颐和轩　73. 景祺阁
74. 畅音阁　75. 庆寿堂　76. 景福宫　77. 梵华楼　78. 宁寿宫花园（乾隆花园）　79. 养心殿
80. 永寿宫　81. 翊坤宫　82. 储秀宫　83. 太极殿　84. 长春宫　85. 咸福宫　86. 漱芳斋　87. 重华宫　88. 建福宫　89. 建福宫花园　90. 雨花阁　91. 慈宁宫花园　92. 慈宁宫　93. 寿康宫
94. 寿安宫　95. 英华殿　96. 城隍庙

图 0-3 故宫总平面图

建筑不很发达。这种说法虽有一定道理，但还不是实质原因。中国人并不缺乏建造高层建筑的技术与能力，且不说战国秦汉时代的高台建筑和历代数量众多的砖石高塔（史载秦汉甘泉宫中的"通天台"高达二百多米），即以现存建于辽清宁二年（1056年）的山西应县佛宫寺释迦木塔（俗称应县木塔）为例，高67.3米，超过建于12世纪（1174年）的高约46米的比萨斜塔20多米。然而，毕竟木结构建筑易遭火焚毁，对于高层木结构建筑来说尤易遭雷电火灾，像北魏洛阳永宁寺的九级木构楼阁式塔存了十余年就尽成灰烬，而在它之前的北魏平城的七级木构楼阁式塔更仅仅是存在了两三年就被火焚，唐以前的木构楼阁式塔无一幸存于今，而且高层木建筑一旦遭火，其灾难就是毁灭性的，人的生命财产难以抢救，所以并不适合作为人经常的居住活动场所，就是木塔在辽宋以后也很少建造了，遗存至今的唯应县木塔一座而已。木结构不适合高层建筑的特点显而易见。更重要的，高层建筑并不方便人的起居生活以及一切朝政庆典祭祀活动。中国建筑既然以宫室为本位，一切皆从人的实际需要出发，在讲究气象庄严的同时，更考虑生活活动的方便和舒适，所以采取高台崇屋而不做楼阁形式。除了少数寺庙主殿有取楼阁之形外，其他宫殿衙署住宅等建筑包括大多数寺庙祠观，极少有以楼阁做中心线上主体建筑的，反而有时会在两侧配置一些二层或三层的楼阁作为附属建筑。所以，中国高层建筑不发达的本质原因，仍然是宫室本位思想。仅就单体建筑而言，中国建筑的确不及西方建筑之崇宏。然而若以此谓中国建筑缺乏气势和变化，面貌"千篇一律"，也实在是一叶障目。

既然单座建筑不能给建筑形象的变化多端提供足够的空间，那么中国建筑的丰富变化就转而向另外两个方面发展：

一方面，是建筑的局部和细部处理与装饰，从室内到室外，从单体到群体，无不精雕细作，实是丰富多彩，变化无穷。特别是由于中国建筑的外檐和室内隔断都不是承重墙，因而形式和位置都可以非常灵活地设计，各种透空棂格和雕饰图案简直不胜枚举，这是西方建筑根本无法相比的。且于各种变化中有一脉相承和统一，构成浑然一体的单体和群体建筑形象。

另一方面，是建筑群体组合的扩展变化。建筑物或建筑类型，在西方是个体建筑的概念，西方的任何类型建筑，大都是以相对独立和封闭于自然空间的个体建筑形态出现的，也就是将空间集合成整体、活动过程在一个整体的结构空间里进行的建筑，建筑的功能和用途静态地表现在它的外在形式上。以西方的建筑眼光，很容易把中国的单体建筑当成西方的个体建筑来审视，当然只有看到单一的空间平面和大同小异的立面，永远看不到这样的建筑物会有什么各自不同的性格了。但中国的建筑物或建筑类型的概念，却不是单体建筑，而是用若干个单体建筑组合成的建筑群——组群建筑，中国任何一种类型的建筑，建筑空间与联系组群之间的自然空间是相互融合的，自然空间成为建筑的有机组成部分，建筑的功能和用途，动态地表现在时空融合的外闭内敞的环境中，人的活动过程是在建筑空间与庭院自然空间里交替进行的。所以，宫室本位思想下的中国建筑之所谓大，不在一物之大，而在宫殿楼阁门廊亭榭之相连相合，连中有断，似合又分，层次幽深隐曲，迴旋反复，可以无尽扩展，成一规模庞大之整体组群，一切"政治、宗法、风俗、礼仪、佛道、风水等中国思想精神之寄托于建筑平面之……分布上者，固深于其他单位构成之因素也"[①]，

---

① 梁思成：《中国建筑史》第一章"绪论"。

此则又为外国建筑无法可比。

　　中国建筑用四合院这种比较封闭的空间组合布局，是根源于中国古代自给自足的封建小农经济和封建宗法家族形态下的一种居住生活方式，体现着封建宗法礼制的要求与特点，便于统一安排家庭成员的住所，使宗法制下的尊卑、长幼、男女、主仆皆各居其所，同时也创造了一个相对独立的安定宁静、详和舒适的生活空间环境，生活秩序井然。房屋都朝向院内开门设窗，除宅门外围合院落的围墙或屋墙不开或少开窗牖，对外是一个封闭严实的独立的建筑实体，其内则别有洞天，有一方开敞的空间——天井，莳花植木，立石养鱼，力求近天地融自然，又以廊庑、花墙联系建筑和分隔空间，似断又连，虚实相济，呈现融融生机，生活于其中，实是在喧嚣纷攘的世界中最大程度地亲近于自然。庭院空间实成为建筑整体的有机组成部分，所谓"家庭"者，为"家"与"庭"也。无论外面的局势如何动荡，这"家"中的人只要一踏进这个庭院的大门，便顿生一种安全详和、自然亲切的感觉。四合院的这种独特魅力，是其他任何住宅形式都难以相比的。中国古代家、国一体，家族一统，天下一统，衙署、皇宫乃至于都城不过是更大规模和更繁复组合的四合院，而更加突出强调皇权至上的中心思想和严密的等级秩序而已。

　　在中国古代，不同时期、不同地区以及不同用途性质的建筑组群，受政治制度、民族习俗、宗教信仰等文化因素以及自然地理因素的影响和制约，其布局方式不尽相同。四合院的历史相当久远（目前至少可以追溯到商周时期，陕西岐山凤雏甲组遗址所见已经是比较复杂的二进院落的四合院了），其使用地域也非常广阔。由于各地自然气候条件和传统风俗不同，虽同样是四合院，组合式样也多有变化。不仅不同地区的四合院布局造型有着显著不同的地区特点，就是同一地区的四合院，因具体的位置、主人的身份地位以及文化素养和爱好不同，也会体现出不同的格局和景致。就以作为中国传统民居的最正统和典型代表的北京地区的四合院住宅来说，虽然外表看来几无二致，其内部却是灵活多样的（图0-4）。

　　北京四合院的历史可以追溯到元代在北京建都，至清代发展至顶峰。据元末熊梦祥所著《析津志》载："大都街制，自南以至于北谓之经，自东至西谓之纬。大街二十四步阔，三百八十四火巷，二十九衖通。""衖通"即今所称之胡同。胡同与胡同之间，就是大片的四合院住宅。元代四合院目前在北京已无实物，从元大都旧址上发掘的后英房元代住宅遗址以及山西芮城永乐宫纯阳殿元代壁画中，可以看到元代四合院住宅的占地面积较大（按照元初规定官僚富贾每户八亩为定制），前院远深于后院，前堂与后寝之间以穿廊相连成工字形平面形式。明代住宅在北京也已极难见到实物，从《三才图会》、《鲁班经》等书中的插图以及山西及南方地区保留至今的一些明代住宅可以窥见一二。清代四合院在北京遗存很多，至今仍在沿袭使用。明清北京四合院与元代四合院相比有较明显的变异，其占地面积普遍较小，小者一亩，大者也不过三五亩（王府等大型府第除外），后院（内宅）面积远大于前院（外宅），取消工字形平面布局而代之以正房、厢房间连以抄手游廊的规整四合形式（在北京现存的府邸中还有极少数保留工字形平面者），院落面积的分配更趋合理。

　　由地理位置和气候条件所决定，中国北方的住宅房屋朝向以坐北朝南为最佳，所以一般都要将主房定在坐北朝南方位，又称为正房、北房、上房等。北京四合院整体就呈南北长形正向布置，南面迎街（胡同）的宅院，除了王府宅门开在南墙正中外，民宅大门都是开在左前方（东南角），称为"青龙门"，按后天八卦方位，东南宅门位于巽位，正房位于坎位，这种布置格局就称为"坎宅巽门"，在风水观念中是吉利的。实际上宅门不设在中轴线上有利于保持民居宅院环境的隐秘性和增加空间变化。在北京以外其他南北方地区的一般民居中，坎宅巽门也是非常流行的。北京四合院因等第高低、规模大小的差别而有多种类型。规模小者只有一进院落，多数都有南北二进或二进以上院落。以北京最为典型和多见的三进院落四合院为例，介绍其布局格式如下（图0-4:1）：

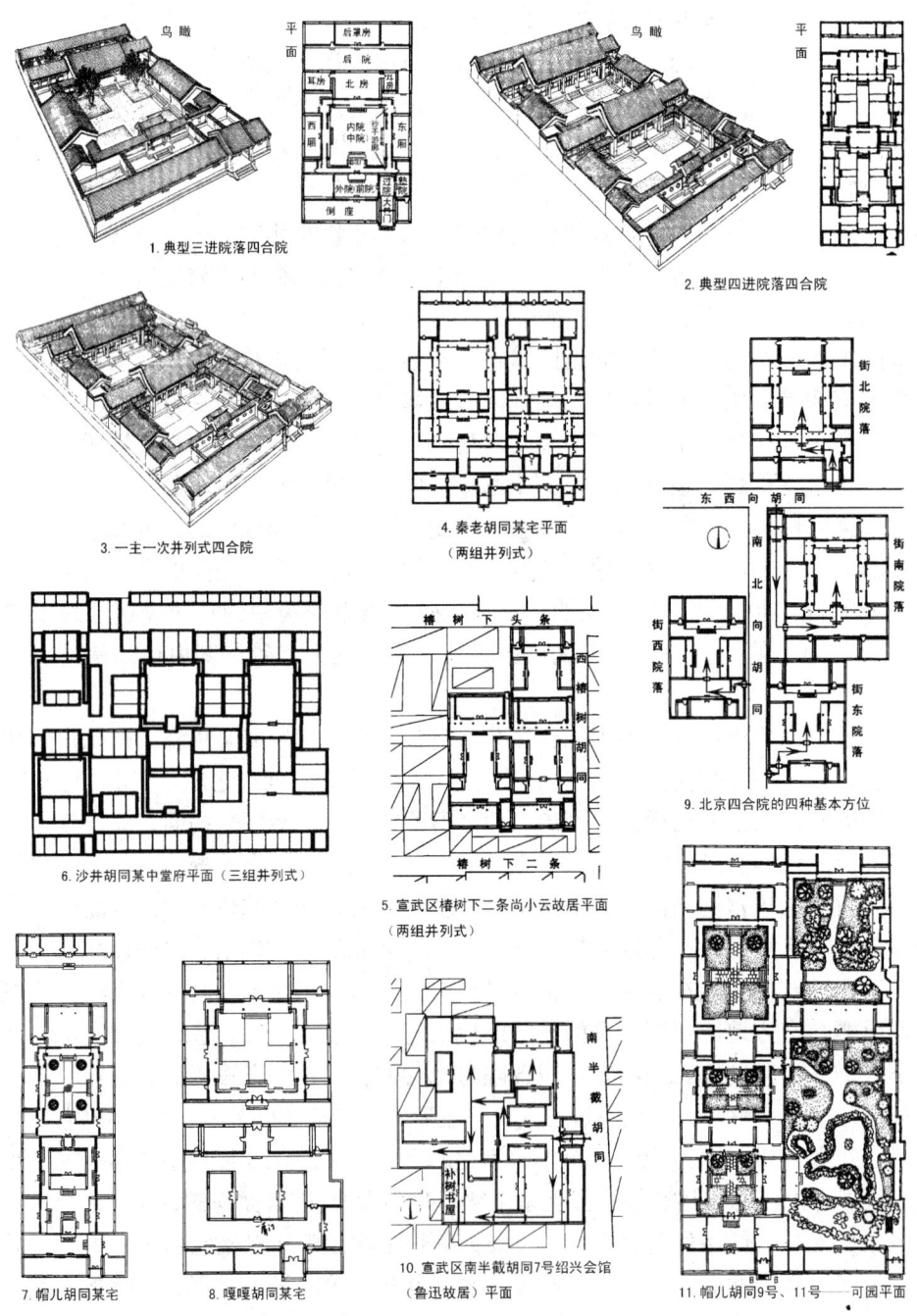

图 0-4　北京四合院的形式

入东南门庑式宅门，迎面是镶嵌在东厢房南山墙上的"座山影壁"（或作独立的一字影壁），与大门之间形成一个较小的过渡空间，称为"过院"，由此西转通过屏门进入前院（外院、外宅）。前院进深较浅，呈东西横宽式，南侧与大门一线排列坐南朝北的倒座房（南房），其后檐墙即是宅院南墙。倒座房一般用作客厅、客房及书塾、账房、厨房、杂贮及男仆居处等，大门道占据倒座东头的一间（小者半间），大门西邻的一间倒座房多用为门房或男仆居室，倒座西侧小院设厕所。有的在大门东侧另隔出一小院称为"塾"。前院是对外接待区，非请不得入内，男仆下人无事亦不能随便进入内宅。前院北侧隔墙（障墙）中间一般建置极富装饰性的垂花门，由此进入方阔的中院（内院、内宅），是为全宅的中心。院北为坐北朝南的正房，清代规定为庶民及低品官正房面阔不得过三间，所以通常正房为三间，一明两暗，中堂供奉"天地君亲师"牌位，是举行家庭礼仪和接待尊贵宾客之所，左右套间居长辈尊者，两侧再接出在开间、进深和高度上均要小于正房的耳房作为辅助居室或书房，成为三正两耳的"五间口"，规模大者可以做为三正四耳七间口，高官显贵的大宅院正房也可为五间两耳七间口。如果院落窄小仅有四间房的宽度时，三间正房的两侧可以各置半间耳房，称为"四破五"。这种正房加耳房的格局称为"纱帽翅"。正房之前院落东西两侧为东西厢房，也是一明两暗各三间，以居后辈儿孙。厢房檐高不越正房，前沿不越正房山墙，以确保露出正房的前脸使其足够显要和突出（耳房除外），有时有东厢较西厢略高的做法，因为东为上居兄，体现长幼之序，也有"龙抬头"的风水寓意。厢房后檐墙与东西院墙处于一线，如院落的纵深方向有余量，可在东西厢房南侧接出一间或两间厢耳房，厢房或厢耳房南山墙与分隔内外院的隔墙处于一线。厢房北山墙与耳房之间的空处构成一个小天井（也称"露地"），做为"角院"，与中心院落既分隔又联系，或用为杂屋院，或将耳房用为书房而在角院内辟池叠石、莳花植木，十分雅静。正房、厢房之前都可设外廊，各房外廊之间连接以抄手游廊，抄手游廊在厢房南侧接转沿隔墙延伸至垂花门，从而在内院四周形成一条可以遮日晒、避雨雪的环形通道，同时作为室内外的过渡部分，起着联系、沟通内外空间的作用，廊内通常都安有坐凳，风和日丽之时可在此观花赏鱼、戏鸟听蝉，悠然自乐。中心院落开阔而宽敞，莳花植木，陈设鱼缸盆景等，给不同住房的家人提供了一个共享的露天活动场所，冬日晒暖，夏日纳凉，儿童玩耍游戏，大人弦歌诵读，为家庭生活增添了许多情趣和交流场所。正房之后为一排后罩房，之间形成东西狭长的后院，作为家庭服务区布置厨、贮、仆役住房等（也有的将后罩房或后罩楼作为由女仆陪住未出阁的香闺女子的居处），院内凿井，东西两侧一般不设厢房，有的将西北角一间后罩房辟为后门，位于后天八卦"乾"位，与东南角上的大门形成"乾山巽向"的风水吉向，后院与中院之间通过正房东耳房尽端的通道来沟通。这种一外一内一后院的布局，是最典型或最标准的四合院，其中轴线上的建筑由南至北依次为：倒座→第一进院（外院、前院）→垂花门→第二进院（内院、中院）→正房→第三进院（后院）→后罩房。三进院四合院已具相当规模，属于中型住宅。

此外，还有另外一种三进院的布局形式，即在第二进院正房之后，不设后罩房，而按照与第二进院相同或相近的规模及模式再加建第三进院落，与第二进院一样也有正房、耳房、东西厢房、抄手游廊等，成外院之后有前后两重内院即一外二内的格局（图0-4:5 东组院落）。其前后内院的沟通方式有两种：一种是在前内院耳房一侧开设通道，这种情况下可将后内院居内眷，院档略小于前内院；另一种是将前内院正房明间做成过厅，从中路进入后内院，这种情况下前内院包括正房在内通常做为客厅、塾学、处理家政事务以及留宿亲友之所，与后内院正房形成"前堂后寝"的格局，前内院院档可略小于后内院。

规模更大者可为四进院落。典型的四进院四合院是一外二内一后院形式（图 0-4:2），可以看成是在上述一外一内一后院的标准三进院四合院之内院与后院之间再加建出一重内院，或者是在另外一种一外二内的三进院之后再加建后罩房形成后院。四进院落的四合院，已属于大型住宅，是典型的深宅大院。

一般人家因为宅地进深较小，而只有一个外院和一个内院的形式，正房之后不再建院落及后罩房，就是二进院的四合院布局。再小则连外院也不建，就是一进院的四合院，这是四合院的基本单元，或称为四合院的基本型。有的一进院落南面更无倒座房而只有院墙，也称为三合院，则在东南方位做墙垣式宅门（又称随墙门、小门楼）。一进院、二进院都属于小型四合，像二进院的东西宽不过十五六米，南北进深不过二三十米，二门多采用经济美观的屏门形式。在二进院落四合院中，也有规模较大一些的，占地可达宽二十二米、进深三十米左右，正房可以排为三正四耳的七间口，正房、厢房都可设外廊及连接的抄手游廊，二门采用垂花门形式。这种有抄手游廊和垂花门的四合院，已不是一般平民百姓的小型住宅，而是具有一定规模、相当讲究的宅院了。

二进、三进、四进院都是四合院在一进院基础的纵向延伸形式。此外四合院还有在横向上的扩展形式。有时因房基地的宽度大于一个标准院落而又小于两个标准院落的宽度，就在主院的东侧或西侧再加建一排东西向的房子，其与主院之间形成一个南北狭长的院落，构成一主一次并列式院落格局（图 0-4:3）。由两组大小相等或相近的四合宅院横向并列在一起，就形成两路并列式院落格局。封建社会的豪门大户，有兄弟二人同居一处的，这样在建宅时就往往建两座，兄弟二人各居一座，两座宅院的大小、格局相同或相近，既各自独立又相互沟通。当然并列式院落的形成还有许多其他原因。北京东城区秦老胡同某宅就是一个典型例证（图 0-4:4）。这两座宅子东西毗连，各是四进院落，西边一座略宽为九间口正房，东边一座略窄为七间口正房。两院之前又增扩出一个形式上为两院共同的外院及倒座，其于两院并无截然分隔，仅在中间卡了两道截门，既分隔又沟通，全宅实际上成为五进院落的深宅大院，两宅分别于此外院属于自己的东南方位上开宅门，院北各建有一排房子，但朝向不同，东院房坐南朝北，呈倒座形式，西院房坐北朝南，两者均将中间一间作为过厅，由此进入第二进院落，也即相当普通四进院落的外院部分，实际上相当于各设两重倒座房与外院，从而把役仆下人使用（第一重倒座）和接待会客使用（第二重倒座）划分成两个区域，可以互不干扰。自垂花门以北，两院格局大体一致，分别为三进院→过厅→四进院→正房→五进院→后罩房。也有规模较小一些的两组并列式四合院住宅，如宣武区椿树下二条尚小云故居（图 0-4:5），由东西两院并列组成，东院为一座一外两内的三进院落，宽约 16、进深约 42 米；西院为一座二进院落，宽约 16、深约 30 米，其内外院之间的二门现已无存。两组并列式宅院，一般也只有豪门大户才建得起。

在横向扩展的住宅中，还有三路及三路以上并列的，各路院落建筑通过跨院互相套接。这种多路并列式宅院在北京一般住宅中所见不多，目前保留比较完好的只有沙井胡同 15 号、17 号、19 号，据说原为光绪时某中堂府（图 0-4:6）。多进多路并列四合宅院，在王府中比较多见。著名的恭王府是三路院落并列而成，位于北海北岸的醇亲王府（又名摄政王府）是四路多进的大型宅院，皆建筑宏伟，气势非凡。但王府不属私产，为皇家所有，归内务府管理，从功能上看，是集办公、居住为一体的建筑，并不完全属于住宅性质。

上述仅仅是比较规整的四合院格局。具体到各个四合院的实例，特别是三进、四进以及多路多进的大中型四合院，因受位置、地形、尺度、功能以及主人喜好等各方面条件的影响，往往会有一些不同的变化调整。如东城区南锣鼓巷帽儿胡同某宅（图0-4:7），是一座四进院落四合院，进东南宅门西转入外院，向北入垂花门为前内院，院内格局与一般院落有所不同，正房是坐落在院子当中的，只作三间客厅，未设耳房，两侧各有两幢连列的厢房，南边一幢三开间，北边一幢五开间，直抵前后内院间的隔墙。前内院客厅正房后檐与隔墙也不处于一线，在隔墙正中又开一座垂花门，由此进入后内院，为居住的内宅，院档比较开阔约有10米左右，正房两侧耳房同样不与两侧院墙毗连，或者说在其两侧都留出与后院沟通的通道。后院之后的后罩房前又单独圈了一道隔墙，使后罩房自成体系，实际上成为五进院落。嘎嘎胡同某宅也是一座四进院四合院（图0-4:8），与帽儿胡同某宅又有所不同，其中轴线上的二门是一座屏门，二进院正房为五正两耳共七间，东西厢房各三间，但厢房后檐墙并不与东西院墙处于一线，其间有较大空档，正房明间为过厅，由此进入第三进院。第三进院是一个东西狭长、南北仅四五米的院落，四周无房屋建筑，由北面正中的垂花门进入第进四院，是居住内宅，为一般四合院形制。这两例四合院的第二进院都是用作会客、接待、议事及娱乐的场所，格局却大不相同。

北京四合院是排列分布在胡同两侧的，胡同的走向与四合院的方位有直接关系。北京的胡同以东西走向为主，这在北京内城尤为明显，如现在仍保留比较完好的西四北1～8条地区、东四1～10条地区、东城区南锣鼓巷一带就是典型例证。在这样的胡同内，四合院住宅分列在胡同南北两侧，形成街北院落和街南院落。此外，还有一些沟通两相邻胡同的直胡同，即南北走向的胡同，而分布在其两侧的是街西院落和街东院落。这样，北京四合院就有街北、街南（以这两类为主）和街西、街东（这两类为辅）四种基本方位（图0-4:9）。上文述例都是宅门南开的街北院落的格局情况。街南院落的宅门开在西北角或东北角，进门后要经过院子西侧或东侧的一条狭长通道，走到院子的西南角或东南角，经设于此的侧门才能进入最前面的外院，再经垂花门进入内院。这种调整办法显然要浪费一定面积的宅基地，并且不十分方便。所以在北京四合院中，街南院落处于非主要位置，一般规模不大，以一进院落者居多，这样就不需要做上述调整，位于西北角或东北角的宅门与厢房北侧山墙（同样砌座山影壁）之间形成过院，左转或右转经屏门入内院。处于南北走向胡同两侧的街东、街西院落，宅门只能开在东、西两侧，更是属于非"正规"的院落，居住者一般为平民百姓。位于宣武区南半截胡同的绍兴会馆（鲁迅故居）呈现另外一种特殊情形（图0-4:10）。该会馆位于街西，由南、北、中三组院落组成，北院主房坐北朝南，中院和南院均以西房为主房，即为坐西朝东方位。这大概是由于这两座院子东西方向尺寸大而南北方向尺寸小，无法建正院的缘故。

北京的大中型四合院住宅，不乏带花园者（一般多在宅院一侧接出，大型王府之类也有接于宅后的）。其中王府花园大都占地面积大，有较广的水面，其内布列亭台楼阁，植被名贵花木，豢养珍禽异兽。如恭王府花园——萃锦园和醇亲王府花园——鉴园（现为宋庆龄故居），就是王府花园的代表。中下层官僚贵族和殷实富户的花园一般占地面积较小，园景多表现一个主题，小巧精致。私宅中规模较大而保留完好的花园，要数帽儿胡同9号、11号的可园，据说是清末慈禧宠臣荣禄之弟荣源的宅园（图0-4:11）。这座宅园西路为一座一外三内一后院的五进院落豪宅，东侧花园以大花厅为界分为两部分，前园开阔，有假山、水面、小桥、碑记、花草树木以及小亭、游廊等园林建筑，并通过西侧敞亭和廊门与主院相通；后园则以山石花木为主，东侧有爬山廊、敞轩，西侧有通向西院的花厅，北面是供主人休憩的地方，建为三间正厅两间耳房，所有建筑均以游廊相串连，直达前面的大花厅。全园占地约4000平方米。北方私家花园无论规模多大，其一般都只是宅院的陪衬和点缀，不似苏州园林那样占有主要地位。

此外，四合院住宅不仅限于北京地区，在东北、华北、中原、关中、晋中南、滇中、江南以至陕甘青高原等地，也都有着与北京地区建置布局格式不同的四合院形式，甚至晋中和晋东南的四合院形式也复有差异。限于篇幅，此不具论。

由上述可见，四合院也并非完全是一成不变的僵死格式，也要因地制宜、因人而异。此外，四合院之间的差异还表现在院内的装饰装修、景观建置上，小小庭院，景物稍异，就会给人别有洞天之感。特别是于富家大户的四合院住宅，外表看来虽几无二致，内部却绝不雷同，院内景致因主人的文化素养、情趣爱好的不同而千姿百态。在一个共同的固定的格式中，表现出丰富多彩的不同个性，这正是中国传统文化艺术的特征与精髓。

中国历史上还曾有过一种具有四合形式而并不完全封闭的所谓"廊院"：在中轴线上建立主要建筑及其对面的次要建筑，在院子左右两侧，用[]形回廊将前后两座建筑连系起来。这种回廊与建筑相结合的方法，可收到艺术上大小、高低、虚实、明暗的对比效果，同时又有对称、均衡、和谐之感，回廊各间装有直棂窗，可向外眺望，扩大空间感。廊院自汉至宋、金，见于宫殿、寺庙、祠观和较大的住宅。其中唐、宋两代大型廊院的组合相当复杂，主要建筑位于院子后端的中央，其平面有横长、纵长、工字、或横长加夹屋或在其左右加二朵殿，并在院子左右回廊间或建有殿堂楼阁；也有在院子中央建有一、二座建筑、左右各翼以横廊将纵深的庭院划分为前后二院或三院（参图0-2）。唐代后期又出现具有廊庑的四合院，即保留廊院的一部分特点，而使用面积较大，显然更切实用，所以从宋代起，宫殿、庙宇等采用廊庑的逐渐增多，而廊院日少，到明清几乎绝迹。

至于四合院之外中国各地各民族的其他民居形式更是千姿百态，竞奇斗研，例不胜举。

纵轴对称、四合封闭的主流布局方法以外，中国建筑实还有很多灵活的、变化的建筑组群布局方式（参图0-2）。汉以来多有在纵横二轴线上都采取对称方式的组群，和四合院相反，也可算一种中心对称，是以体形巨大的主题建筑为中心，周围以庭院环绕，再外用矮小的附属建筑、走廊或围墙，构成方形或圆形外廊，如汉唐所谓明堂或辟雍一类礼制建筑、历代坛庙以及宋朝的金明池水殿等。也有在其前部再加纵深组群的，如汉宋间的陵墓和清承德普乐寺等。此外，对于不位于同一轴线上的群组，往往以弯曲的道路、走廊、桥梁作为联系。还有配合地形，建造对称与不对称相结合的组群，如西藏布达拉宫及仿之而成的承德普陀宗乘之庙，依山势自下而上，用曲折的磴道和参差错落的平顶房屋与院落，烘托中央轴线上的主要殿堂。

至于园林建筑，更是一反均齐对称的布局规则而为自由组合，灵活变化，离宫别馆、庭园斋舍，皆因地制宜，取高低曲折之趣，巧妙因借自然景致，间以人工池石花木，显示一派诗情画意。这种自由组合的园林布局也为某些山林寺观以及民居所采用。中国园林与欧洲或伊斯兰的几何式花园有别，属于自然式，体现与自然环境高度协调的核心思想。

此外，就单体建筑而论，除了以长方形或方形为宫殿屋宇的主要平面形式外，中国古代用于其他用途特别是园林建筑的平面形式也是相当多样的,在立面和屋顶上也有诸多组合的造型,呈现一派丰富多彩的面貌(图 0-5、图 2-1)。

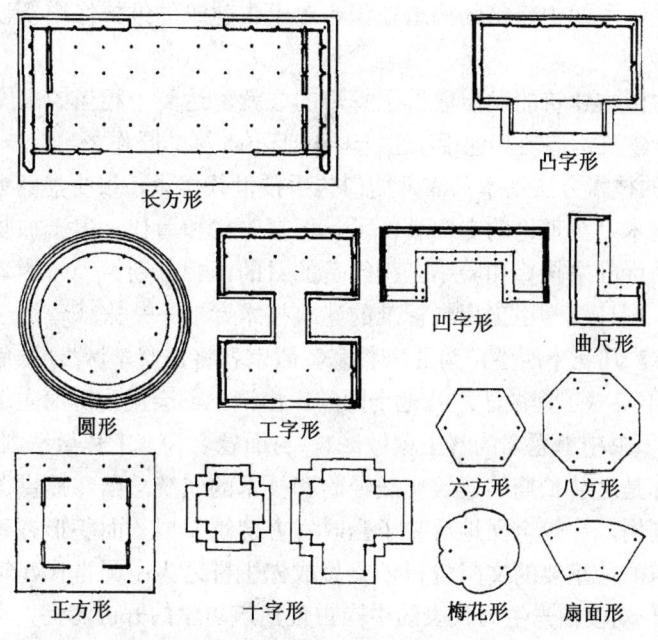

图 0-5　单体建筑的平面形式

无论是哪种布局组合方式,中国建筑都以追求建筑与环境、人与自然的和谐协调为要旨,建筑与自然互为组成部分,是自然的建筑,是建筑的自然,充溢着宁静平和、含蓄内向的氛围和风韵,而这些也都与建筑的木结构本身相契合协同。世界其他体系的砖石建筑更强调建筑与自然的对比,在自然的空间里突出和张扬静止的孤立的建筑形体,放射建筑个体的外向性格,形成开敞暴露、一览无余的建筑外观和动荡不安的气氛,整个建筑的有限空间是被严格限定的、凝固的,与自然的无限空间是对立的、分离的、疏远的,而这些也都与砖石结构建筑和雕刻的整体性是完全一致的。正如李允鉌先生所说:"西方建筑之所以没有构成很多'内院',就是因为它们只能用实墙来封闭。房屋又高又大的时候,困在其中是不符合人所希望处身的环境的要求的。爱孟德·倍根(Edmund N. Bacon)指出:'用建筑物的一面实墙规限出来的一个空间只不过是一个没有性格的空间,通过重现中国方式的情况,就可以在一个空间中注入建筑艺术意义的精神,表现出节奏和肌理(texture)。'"①

中国建筑,就像一幅中国画卷,自外而内,渐展渐现,循序深入,才能窥到她的全貌,品味到她丰富的内涵,达到审美享受的高潮阶段,体现着中国人的审美观和文化性格,岂能谬论中国建筑"千篇一律"和"无性格"!

六

中国古代建筑的内涵十分丰富,诸如建筑形式、平面布局、用材、结构、油饰、彩画等。了解古建筑的结构与构造,是从各方面正确和深入地认识古建筑的基础。了解古建筑的结构与构造,包括了解不同形式建筑的不同结构,每种结构都是由哪些构件组成的,它

---

① 李允鉌《华夏意匠》第 165 页。

们在整体结构中的地位与作用，这些构件又是怎样有机地组合起来，构成相应的建筑形式。只有了解了这些内容，才能指导我们能动地认识古建筑，提高对古代建筑文化内涵的认识水平以及审美享受。了解古建筑的构造知识，对于古建筑的维护修缮及设计施工自然更是必不可少的。

尽管数千来中国古建筑的发展取得了辉煌的成就，达到了相当的高度，但由于在封建传统文化观念下，建筑营造同其他手工业一样属于不入流的匠作之事，一向被视为是"技"而非"学"，建筑的技术方法基本只靠师徒口传手授世代传承，很少能够留下有关著述，更谈不上关于建筑技术乃至理论的专门著作了。但在宋代和清代，出于加强对建筑工程的管理、便于以统一的标准来核算和验销工程经费的目的，曾分别由当时的政府颁行了两部规范建筑等级做法、制订统一用工用料标准的建筑技术专书——宋《营造法式》和清《工程做法》。《营造法式》凡三十四卷，为北宋哲宗、徽宗朝将作监李诫[①]奉敕编修，刊行于徽宗崇宁二年（1103年）。《工程做法》凡七十四卷，由清工部会同内务府主编，颁行于雍正十二年（1734年），原书中缝题名为《工程做法》，封面题名为《工程做法则例》，两名通用[②]。这两部书实际上都是之前长期的建筑实践经验和技术的系统总结，提供了一整套建筑的术语、制度和做法则例，比较全面地反映了当时官方建筑发展的面貌形态和技术水平，成为我们研究古代建筑的最重要的文献资料，梁思成先生誉之为中国古代建筑的两部"文法课本"[③]。以梁思成、刘敦桢先生为代表的中国古代建筑史学的开山者们，当年正是以清工部《工程做法》为课本，以老工匠们为老师，从清代建筑入手，由近及远，将《工程做法》与《营造法式》相比照，参验印证以存世古建筑实例，用近代建筑科学的方法手段，逐步揭开了中国古建筑的面纱，开创了崭新的中国古代建筑史学。

在古代建筑发展的历史过程中，产生的有关名词术语数以千计，有的对今人已十分生僻难解。没有经过一定训练的初学者，面对一本即使并不算太专深的古建筑著作，也不大容易看懂，面对纷繁复杂、晦涩难懂的名词术语，更是感到无以为措。这其中，又以关于古建筑主体木结构构造的内容，最为复杂难懂，但它又是全面认识古建筑的一个基础。本书即是缘此而作，循着前辈学者们当年探索古建筑学的思路，从现存实物较多、为大家所熟悉的清式建筑出发，同时对照以宋式建筑，介绍中国古建筑的木结构构造方式和特点，并简略梳理其发展演变的源流。当然，本书主旨只在于尽可能阐释清楚古建筑的木结构与构造形式，既非一部中国古代建筑史的专著，也不是一部古建筑工程技术的专著，故两方面都不能面面俱到。

在步入正文之前，尚有几个名词术语或概念问题需要首先交待于此。

明清作为中国古代建筑发展的最后阶段，形成比较统一的程式化的结构模式和建筑风格，有较多数量的建筑实例遗存于今。虽然明代建筑与清代建筑也存在若干差异，但建筑史学界一般把它们从整体上视为同一大的阶段体系，在具体构件及构造做法名称术语上以

[①] 李诫，字明仲，是当时一位卓越的建筑师，在朝廷负责土木营造工程的机构将作监供职多年，主持修建过许多重大建筑工程。《营造法式》各种刻本、抄本均署名"李诫"。当今学术界曾有"李诫"实为"李诚"之误的说法，诚、诫之争至今仍存而未决。本书沿用传统说法。

[②] 本书中有时将梁思成《清式营造则例》简称为《则例》，为区别故此用《工程做法》一名。另外本书有时将《营造法式》简称为《法式》。

[③]《梁思成文集》（二）第357页，中国建筑工业出版社1984年。

清工部《工程做法》所代表的清式名称称之；对明清以前的古建筑，则以《营造法式》所代表的宋式名称称之，当然有时也不十分严格地以清式名称通用混称。本书各部分内容皆首从清式建筑出发，泛言结构构件及尺度则例等而不作特别说明者，一般皆例属清式。

  明清两代在数百年都城宫殿的营建活动中，在继承唐宋以来的建筑技术和艺术的基础上，并融会吸收一些地方建筑的优秀手法，形成所谓"官式建筑"的体系，它有着一套成熟完备的较为程式化的建筑做法和规范制度，无论结构还是装饰都具有特别严谨整饬的作风，是明清两代建筑技术和艺术的典型代表和最高成就的体现。"官式"一词既含有官方的，又含有行业公推的、统一的、规范的、标准的等意思，由朝廷政府对这些建筑规范制度加以总结，颁行为成文的"做法"、"则例"，其典型代表就是清工部《工程做法》。该书规定了27种单体房座的具体做法，对开间进深的规模、各大小构件的尺寸比例、斗栱的形制，以至建筑局部如檐出、台基出等种种尺度和比例，都作了明确而严格的规定，建筑的规范化程度极强。此外，还有很多一直为京城地区匠师们口传心授相沿成习的做法原则，特别是一些具体的操作工艺过程，并未见于官方规定，同样属于"官式"的范畴。官式建筑做法主要流行于以北京为中心的华北地区，其影响也及于北方大部分地区以及南方部分地区，应用范围主要以皇家宫殿、坛庙、陵寝、寺观、园林、政府官署以及王公权贵府邸等为主体。

  与官式建筑相对而言，是民间建筑，指由民间工匠建造的建筑，又称为地方建筑。类型主要包括民间公共建筑（宗祠、先贤祠、神祠、会馆、书院等）、民间寺观、私家园林以及占更多数的民居等。明清民间建筑结构，大体上可分为北方与南方两大体系。北方地区包括华北、西北和东北，南方地区包括江南、华南、岭南和西南。但是由于民间建筑分布地域广大，自然地理环境和气候条件及人文历史情况千差万别，各地都有不同的习惯做法，带有多种多样的地方特色。

  实际上，上述对民间建筑或地方建筑的描述性定义，只是大体而言，其内涵和范畴都并不十分严密，或者说民间建筑与地方建筑的概念并不能完全等同。北方民间建筑受官式建筑规范影响较深，也多用抬梁构架，特别是京畿附近、华北地区的做法都大致同于官式建筑，即使是民居也与官式建筑中的小式相似，只是比官式建筑做法更加简化。所以实际上通常所说的民间建筑或地方建筑，主要地域是指南方而言，由于其自然地理和气候环境的复杂性，建筑结构需要更加灵活多变的处理，而北方民间建筑多具有官式建筑做法者，则涵于官式建筑系统之内。当然北方民间建筑除抬梁架外，还有更简单原始的硬山搁檩（以山墙及隔墙承檩）和三角架，前者多见于西北和华北木材缺乏之地，后者见于东北和华北，这两种做法的开间或跨度都很受限制，不能形成大空间，建筑体型也不能有什么变化，仅为贫民使用。同时，南方地区由官方建造的建筑，也有具较强地方民间特色的，有的具体建筑就是两种建筑手法和风格的融合，或也可划归地方建筑之类。

  总体来说，官式建筑程式化很强，具有严谨整饬、端庄大度和华贵典雅的气派；民间建筑往往不拘一格，灵巧机变，比官式建筑更富创造精神，呈现自由活泼、丰富多彩的风格，尤于建筑的装修装饰上表现最为突出。当然，民间建筑也还更多考虑经济问题，以简便易行、朴素节约为要，用材俭省，构造精当。

  官式建筑与民间建筑的分野，在明清以前也一定存在，像宋代《营造法式》一书就基本可以视为是当时官式建筑做法的总结，只是明清以前的建筑保存至今者多属官方，而民间建筑难得一见，其详情已难于考察了。虽如此，仍可判定明清两代是民间建筑最为发达和取得最高成就的时期,在明清官式做法已逐步趋于僵滞的同时,民间建筑的成就越发显得突出。然无论对民间建筑的成就怎样充分肯定,就总体规模、气势和完美程度而言,官方建筑终究还是凌于其上,占据着建筑技术和艺术的主流地位。本书所述以官式建筑做法为主,对民间或地方建筑做法也有适当简略介绍。

明清官式建筑在构筑形式上,区分为大式建筑和小式建筑。大式建筑也称殿式建筑,主要用于宫殿、坛庙、陵寝、官署、寺观、府第、园林、城楼等建筑组群的主要及次要殿堂屋宇,属高等级建筑;小式建筑主要用于上述组群中的辅助性房屋以及宅舍、店肆等一般建筑,北方民间建筑包括民居在内也主要是小式建筑形式。大式与小式的区别,表现在建筑规模的大小(单体建筑体量如间架大小、群体组合方式)、建筑平面的繁简、建筑形式的难易、用材的尺度大小、做工的精繁粗简等,以及用砖、瓦、石等材料和脊饰、彩画、油漆等装饰装修的不同上,是建筑等级制的一种鲜明体现。大体来说,大式建筑开间在五至十一间,进深可多至十一檩,可用各种屋顶形式,有多种出廊形式(亦可不用廊),屋顶铺筒瓦或琉璃瓦、设脊饰兽吻,多使用斗栱(也有不用斗栱的);小式建筑一般开间在三至五间,通进深不多于七檩,大梁以五架为限,只用硬山或悬山顶,不得用庑殿和歇山顶,不得做重檐,不得施斗栱和琉璃瓦及脊饰吻兽,不得用周围廊。在具体梁架构件节点做法上,大小式也有复杂和简易的区别,如大式中的飞椽、扶脊木、角背、随梁枋等构件,都是小式所不能用的。

木构架是中国古代木结构建筑的主要框架和承重结构部分,是构成建筑空间和体量的关键因素,主要包括柱、梁、枋、檩等梁架结构组合构件。在宋式和清式中,把制作这些结构构件及其组合的木工种称为大木作,并将斗栱等梁架组合节点的辅助构件及椽望等屋面木基层部分也归入大木作。斗栱在清式建筑中的结构性能已大为减弱,几乎变为纯装饰性的构件,但由于它是高等级建筑木作中最突出的标志性构件,形式制作比别的构件都还要复杂得多,因此在清式中仍从属于大木作总体之下而又另分出专门的"斗栱作";只是作为柱间填充物或者空间分隔的门、窗、格扇及室内隔断等,位置、数量、大小、形制可以自由配置以及随意拆卸和移动,而于承重荷载构造不发生任何影响,所以相对于大木作,这些构件及其制作工种,在宋式中就被划归为小木作,清式则改称装修木作(简称装修作)。天花藻井,于全部建筑结构也没有根本关系,性质功用与装修相同,在宋式中即是属于小木作的内檐装修,但清式中归在大木作之内,也是以其能强烈地体现建筑的尊贵等级之故。限于篇幅,本书所述只是关乎建筑结构的大木作部分,至于门窗格扇及天花藻井等,只能俟另书以述了。

此外,古建筑的结构构造尚包括以泥石、砖瓦砌筑的台基、墙壁、地面、屋顶等,其工种一般称为瓦石作,也都不在本书所述范围。需要说明的是,所谓大式、小式做法,都是既有木作,也有瓦石作。一般情况下,它们都是大式与大式、小式与小式互相配合的,但也有例外,如大式瓦石作并不一定限于大式木作上,不过大式木作上却极少用小式瓦石作,还有就是有时可以将大式建筑某一构件或某一部位予以一定程度的简化,即近于小式做法,此谓之"大式小作",也多发生在瓦石作上,这些都反映出古建筑中以木作为核心的现象。

从木构架引出的有关中国古建筑的特征及其他一些相关问题,不能尽纳于正文体例,是为导论。

第一章 木构架的主要构件和一般构架通式

第一节 柱和柱础及其制式源流

柱,俗称柱子,是直接竖立于基础之上,用来支撑梁架、承受建筑物上部重力的垂直立木,以断面圆形者即圆柱为多。此外,还有一类下端不落地而落于梁架上或悬空的短柱。这些柱子以其在房屋建筑中所处位置的不同而又有不同的名称叫法(图1-1)。

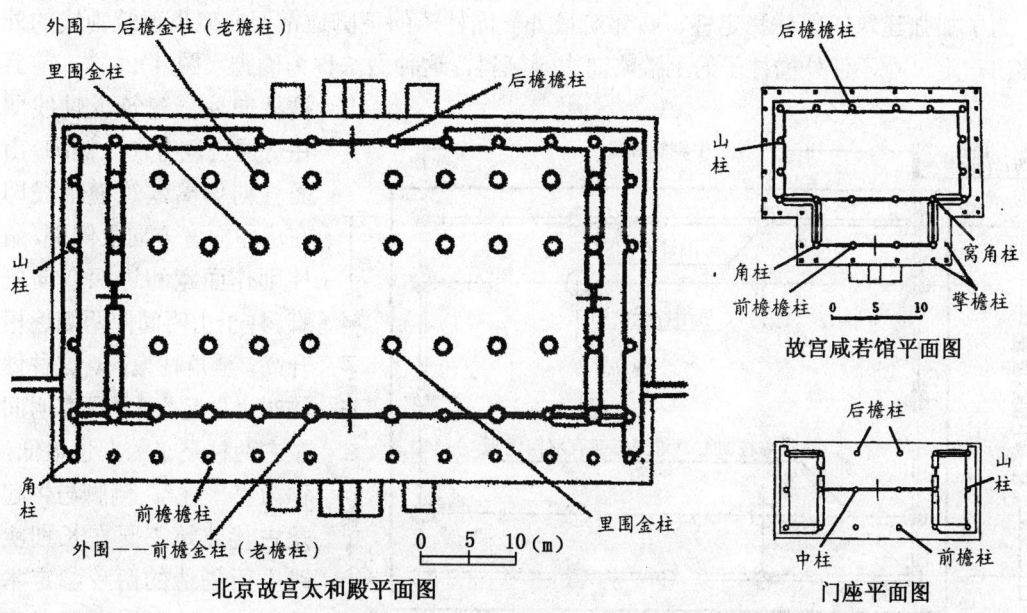

图1-1 柱位名称平面示意

檐柱:最外一列支承屋檐的柱子。有时也叫外柱。用于前檐的叫前檐柱,用于后檐的叫后檐柱。

山柱:通常将位于房屋两山的柱子称为山柱,也称排山柱。也有将山墙正中、直顶屋脊的柱子称为山柱或脊柱的。四面坡即四向出檐的建筑,其山柱常称为山面檐柱。

中柱:处在建筑内部的纵中线上、山墙以里的一排向上顶着屋脊的柱子,多见于门座等建筑木架中。也有称为脊柱的。

金柱:位于檐柱以内、与檐柱平行的除了山柱和中柱外的柱子称为金柱。以屋顶前后坡分位分别为前檐金柱和后檐金柱。进深较大的建筑,往往有数列金柱(中国古代单体建筑很少有使用超过四列金柱的情况），根据它们离檐柱的远近而有里、外（围）金柱之分。金柱在宋式中统称为内柱。

重檐建筑，其下檐在建筑主体外围构成周围廊（宋式中称为"副阶周匝"）。支撑廊檐也即下檐的柱子既是檐柱，也是廊柱（宋式中称为副阶柱）；支撑上檐的柱子既是金柱，也叫重檐金柱，又叫老檐柱。如于山面外檐柱间筑山墙，则山面檐柱也可称山柱，其内一排称山面金柱；如果于山面外檐柱以内一排柱间筑山墙，则后者可叫山柱。非重檐建筑而带有前后廊的，其廊柱也即檐柱以里的一排金柱，也常被称为老檐柱。

角柱：一般建筑多为长方形或正方形平面，在其四个转角上所设的四根柱子就称为角柱。建筑平面为曲尺形或十字形时，出角部位的柱子仍称为角柱，入（窝）角部位的柱子称为窝角柱。

擎檐柱：常见是用于支撑屋角角梁的柱子。自原始社会晚期以降的一些建筑遗址中常见有在主体殿堂檐柱洞或者外围墙体遗迹外侧更有细小柱洞遗存，目前建筑史学界和考古学界一般认为是"擎檐柱"形式，随着构架技术的进步，在西周早期以后这种擎檐柱形式就消失不见了[①]。后世有时因为房屋出檐过于深远也有在檐柱之外增加一排擎檐柱的情况，其上直接承托屋檐的檩枋，不过其例甚少，且更主要的用意在于构成透空外廊的形式。

为了加强建筑的整体稳定性，古建筑最外一圈柱子的下脚通常要向偏离建筑轴线的外侧移出一定尺寸，使外檐柱子的上端略向内侧倾斜，这种做法称为侧脚（图1-2）[②]。前后檐柱向偏离建筑纵轴线即在房屋进深方向上侧脚，山面柱向偏离建筑横轴线即在房屋面宽方向上侧脚，角柱则作面宽和进深双向侧脚。柱子由明间向两侧逐根升高，至角柱最高，这种做法叫"生起"[③]，只有明间左右两柱是平的，也最低，称为"平柱"。侧脚与生起是古代建筑工匠在长期实践中所创造的两种稳定木结构的重要技术方法，其可以使建筑构架呈下大上小、重量内聚、重心稳定之态

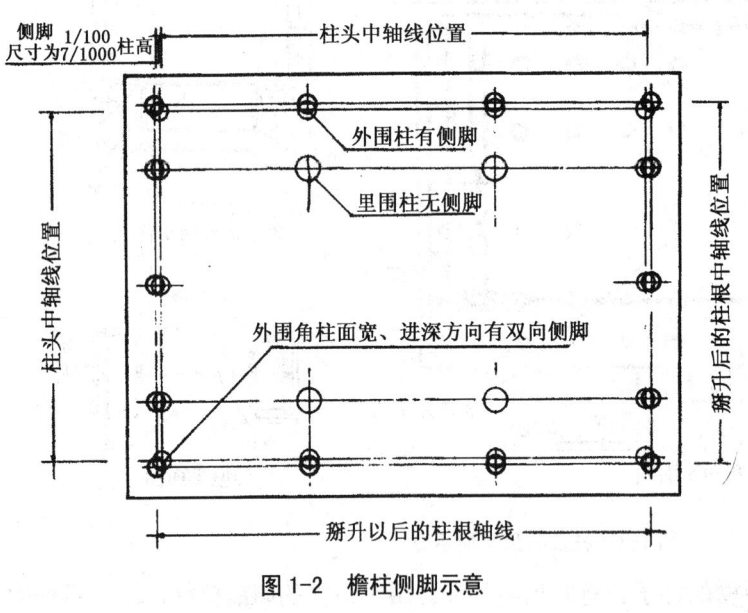

图1-2 檐柱侧脚示意

势，对于抵抗风力和地震等外力的危害起着有效的作用，同时在视觉上也给人以稳定美感，

---

① 对这种擎檐柱形式，也有学者持不同意见，认为其柱洞是殿宇建筑周围一圈外廊平座下的永定柱遗迹。参见张良皋《匠学七说》第52~53页，中国建筑工业出版社2004年。
② 这种做法也叫做"升"，升即倾斜之意，其不仅限于柱子，如墙外皮向里皮方向即建筑轴线方向倾斜称为"正升"，墙里皮向外皮方向即远离建筑轴线方向倾斜叫"倒升"（墙皮的升实际是由墙体从下到上的收分做法所致）。一般情况下柱子只有正升没有倒升，由于其具体是通过将柱脚向外侧移出一定尺寸来实现的，所以民间匠人也将柱子的正升亦即侧脚称为"掰升"。
③ 字或写作"升起"。为了明确地区别于柱子倾斜做法的"升"，字宜用"生"。

收到良好的艺术效果①。现存唐、宋、辽、金、元时期的木构建筑中差不多都存在这种重要结构特征，经宋《营造法式》一书规定成为必须遵守的制度，如生起规定为随间数从平柱至角柱逐根生高二寸，侧脚规定为正面柱侧脚为柱高的1%，侧面柱侧脚为柱高的0.8%，角柱则向两个方向都有侧脚。从唐到元的建筑实例，柱生起大体符合或接近于这一规定，柱侧脚多数超过这一规定较甚。辽金建筑中的檐柱不仅向内侧，同时还向明间中轴线倾斜，即作纵横两向侧脚，这种做法更增加了建筑结构的内聚力。但是，由于木构架的构件都是预制后再上架组装的，侧脚和生起做法也就给施工增加了许多麻烦：柱头平面和柱脚平面有错位，与柱中心线成非垂直的角度关系，放线时必须把柱础的中心都按侧脚所需尺寸向外移动，而柱上斗栱等构架也需做相应的调整以避免中心线倾斜，尤其斗栱是先在地面上组装后再拆开上架合拢的，所以地面组装时也必须按各柱升起值垫高，否则上架合拢时势必因尺寸不符而使榫卯难以扣合。由此可见，侧脚和生起虽然只是木构架尺寸上的微小调整，却牵动着整个平面和木构架，给施工带来了很多困难。所以，明清时期在改进了木构架的整体联系之后，使侧脚和生起在结构上已变得无关重要，就基本上抛弃了这种费时费工的做法，柱生起做法已基本不见，柱侧脚做法虽然被保留，但倾侧的角度已经很小，直观几乎觉察不出来了。此外，唐代建筑中内外柱子的高度是基本相等的，宋代开始有内柱加高的做法，在单层厅堂类建筑中，内柱约为檐柱柱高的1.4~1.8倍。

圆柱是中国古代建筑用柱的主流。除去不落地的短柱一类，所有圆柱很少是上下完全等径的圆柱体，而是根部（柱脚、柱根）略粗，顶部（柱头）略细。这种做法，称为"收溜"，又称"收分"。柱子做出收分，既稳定又轻巧，给人以舒适的感觉。柱身上下基本等宽或等径的柱子，或收分不显著（有时属自然收分），则称为直柱。清式用柱多属圆直柱。

圆柱之外，还有方柱、八角柱、瓜楞柱、梭柱等等柱式。木构建筑从新石器时代发展起来以后，在相当长的时期内，取于天然木材的圆柱可能是唯一的柱式。但是，如后世所用一列柱径尺度整齐划一、卷杀线脚轮廓一致、斫刨光洁圆滑、形体丰满优美的圆柱，其加工的难度远大于方柱和多棱柱。所以早期使用的圆柱不过是多就自然之材或略为加工而已，断面的圆形并不十分规整，同一座建筑的柱径大小也常有参差（这可由建筑遗址所见的柱洞反映出来）。据目前有关秦代建筑遗址的考古资料，秦代建筑中使用的木柱已有方柱（包括方形和矩形断面）、八角柱、圆柱等数种，大抵完全暴露在外的柱或部分暴露的柱多采用方柱，埋入墙体的暗柱断面都呈圆形或椭圆形且直径较小，这表明圆柱仍是就自然之材略微加工而用之，规整圆柱的加工技术尚难以掌握，故其装饰性不及方柱。建筑转角处常置相邻二柱，表明木构在角部的结构问题尚未很好解决。在汉代砖石崖墓、石阙及建筑明器中可以见到比较完整的柱子形象，有方、圆、八角、束竹、凹棱、委角方柱（方形双柱）等多种式样（图1-3），而以方柱、八角柱为主，它们都是仿木构件。圆柱可能已非天然原木，砍斫已比较规矩圆滑，特别是作为圆柱变体的束竹柱和凹棱柱，制作很优美，是相当讲究的柱式，在当时还不多见。束竹柱，柱身表面竖向起细密的外弧凸棱并作绳纹收束似竹节状；凹棱柱，也叫瓦棱柱，与束竹柱正好相反，柱身表面竖向内弧为若干连续的凹槽，或认为这种柱式可能是由西域传入的希腊罗马柱式经改造后形成的。委角方柱，在

---

① 有的学者也认为中国建筑的"柱侧脚"和希腊建筑的"视觉纠偏"的内倾柱方法和效果大致相同，因为一列与水平面绝对垂直的柱，因视觉偏差的关系，看起来却不是平行和垂直的。见李允鉌《华夏意匠》第231页。

房屋转角处每面用方柱一棵，各承受一面的梁架，构成并列方形双柱形式，这种形式从秦代就有了，此后即罕见。柱身上下有的同宽，有的有较大收分，但柱头都还没有卷杀，不少柱身有雕刻装饰。

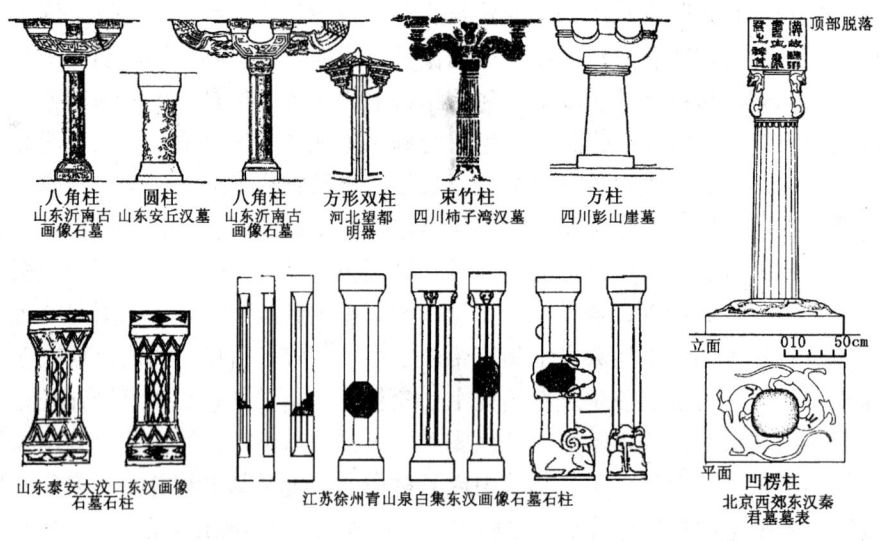

图 1-3　汉代柱式

南北朝时沿袭汉以来的传统柱式，以八棱柱作下大上小之收分者为多，方柱也多微杀四棱圜和。在南北朝后期出现梭柱，河北定兴北齐义慈惠石柱，下 2/3 为八角形，上 1/3 为方形，而其上小殿的檐柱则是所见最早的梭柱形象：柱断面呈圆形，柱径最大处约在柱高 1/3 处，由此以下和以上柱身均渐收分，上部约至柱高一半处柱径与底径相等，再往上收分愈甚，至柱顶并有显著的卷杀。这种上下都有收分、形如织布之梭的形状，使圆柱散发出圜和秀美的效果。日本奈良法隆寺中门柱亦用此法，年代后此约三十余年。或认为此种梭柱形式也是受了罗马柱式的影响，是否如此仍有待探讨。南京梁吴平忠侯萧景墓表石柱，柱下有方座、柱础，柱身似圆而略方，上部微有收分，下部约 2/3 刻为凹棱柱式，上以双龙交首和绳纹一道收束，再上刻为束竹柱式直至柱顶的覆莲圆盘下，全柱通高 6.5 米，比例合谐，光洁精致，圜和秀美，挺拔俊朗。定兴义慈惠石柱和萧景墓表，是南北朝时期标表性石柱的最典型实例。以柱形建筑来强调某种纪念性和标识性，在古代世界各个文明中屡见不鲜，如埃及方尖碑、印度阿育王柱、罗马纪功柱等。虽然中国古代的这种表柱来源有自于先秦时期的墓旁设木楬为表、"诽谤木"一类，但也有学者认为，南北朝的一些石柱从题材到手法，都明显受到了印度阿育王石柱（间接则受到了希腊）的影响[①]。此外，在北朝的石窟及其佛龛、壁画中，还出现了若干所谓印度式以及类似于希腊爱奥尼克（Ionic）式、科林斯（Corinthain）式、陶立克（Doric）式以及波斯双马式柱头形象。除与佛教影响有关的印度式略多外，其余西方式者并不多见[②]。所谓印度式，即以莲花为装饰，一般是下有覆莲或叠涩须弥座高柱础，柱端周饰垂莲，柱身中段饰以束莲（即上下仰覆莲瓣、当

---

① 萧默主编《中国建筑艺术史》（上）第 301 页。
② 中国两汉南北朝时期有很多柱头顶以覆斗形栌斗的形象，与古希腊陶立克柱式的柱头极似，但这栌斗是独立的一部分，后来成为斗栱的底坐部分，其起源甚早，在商周时代就有了（参第三章第三节"斗栱源流"），不能视为是受西方柱式的影响。

中束以联珠圈或弦纹），北齐更流行于柱顶加火珠的"火珠束莲柱"。这些外来柱式以后并未得到普遍发展，莲花装饰到隋唐以后除于柱础上有所保留外，其余逐渐演变为柱身彩画（图1-4）。当然，两汉南北朝由于缺乏具体的地上木构建筑遗存，实际建筑用柱与上述各种

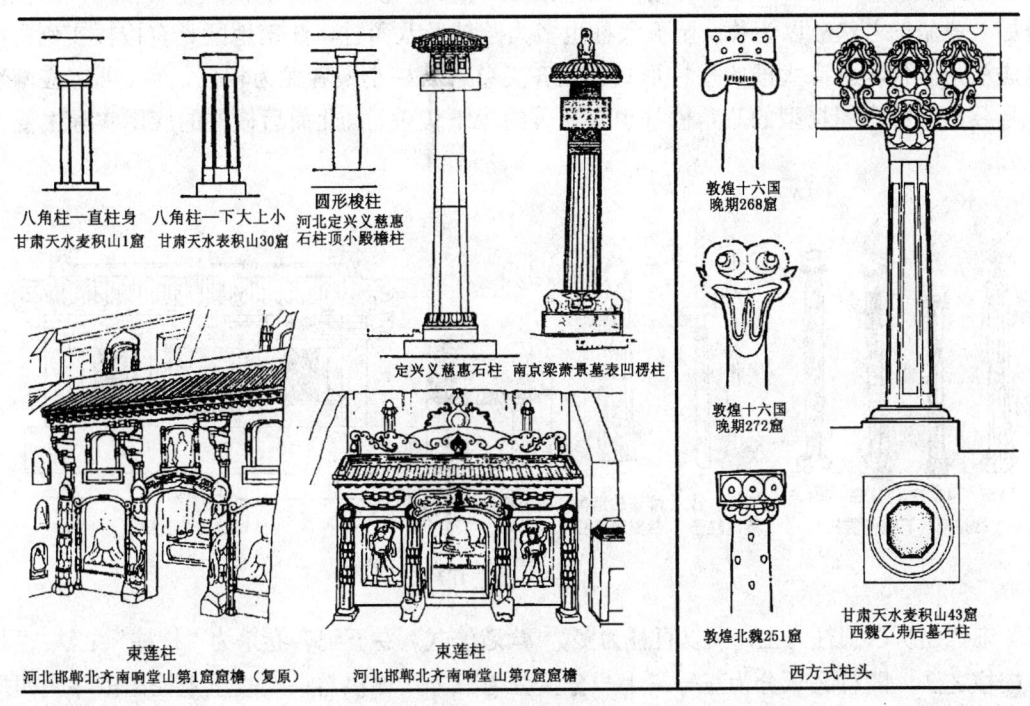

图1-4 南北朝柱式

间接材料所反映的情况也许会有所差别。从画像砖石中所反映的情况看，似生活住宅中用普通圆柱者也较多。隋代同样没有木构建筑实例遗存，从一些相关材料如开皇二年（582年）的邢法敬造像[1]、洛阳出土的彩绘陶房屋[2]、李静训墓石棺[3]以及隋代石窟佛龛等所反映的建筑形象看，这时期柱的断面有方形、圆形（包括梭柱）、八角形、小八角形、六角形等。极盛在柱身施雕饰，柱腰的仰覆莲装饰、柱头的火焰宝珠加垂莲等都继承了南北朝的雕柱作风。邢法敬造像正面上龛两侧的八角柱，柱头饰三瓣莲花，其上为火焰宝珠，柱身雕龙，龙头居下，尾曲卷在上，神态非常生动，这是我国最早的雕龙柱形象，其或可能是蟠绕柱身的蟠龙柱的平面表现。李静训墓石棺的方柱加上大栌斗，雕造得雄厚浑朴，保留着汉代墓室中都柱的遗风。除此而外，柱子大多偏于细高。除了李静训石棺方柱没有收分外，多数有收分，但柱头卷杀尚不明显（图1-5）。从唐以后，简素的圆柱成为殿宇房屋的主要柱型。南北朝时的束竹柱、凹楞柱、梭柱在唐代实物及图像中都没有见到。北宋初年所建的宁波保国寺大殿中有束竹柱，宋代文献称之为八混柱、八瓯柱，山东长清县灵岩寺千佛殿中有宋代所雕凹棱柱，而宋《营造法式》也载有梭柱做法，由此来看这些柱式唐代也应该有，只是遗物不存而已。此外，八角柱唐代仍有使用，如敦煌晚唐196窟木窟檐柱，但已

---

[1] 关百益《河南博物馆所藏特别石刻三种考》，《河南博物馆馆刊》第四集，1936年。
[2] 《隋代若干建筑问题初探》，《中国建筑史论文选辑》第一册，台北明文书局1984年。
[3] 唐金裕《西安西郊隋李静训墓发掘简报》，考古1959年10期。

从南北朝时上小下大的形式改为上下一律的直柱。唐代中期的南禅寺大殿檐柱并有方柱和圆柱，或说是方柱系利用此前旧柱而建，或说圆柱为此后修葺所替换，无论如何方柱在唐中期以后是不用了。唐代柱子一般为直柱，或就木材自然之状微有上小下大之势，柱顶部分不论方、圆、八角，开始多作卷杀，即抹圆成曲面，使柱顶缩小和栌斗底相应，侧视曲线如"覆盆"之状故以为称。至五代柱也多为圆柱及八角柱，江南地区见有梭柱实例，如福建福州五代华林寺大殿的梭柱形式与北齐义慈惠石柱小殿者尤为相似，而江苏宝应南唐一号墓出土的木屋模型的八角檐柱也有显著的上下梭杀，自此而后梭柱的应用实际主要在南方。

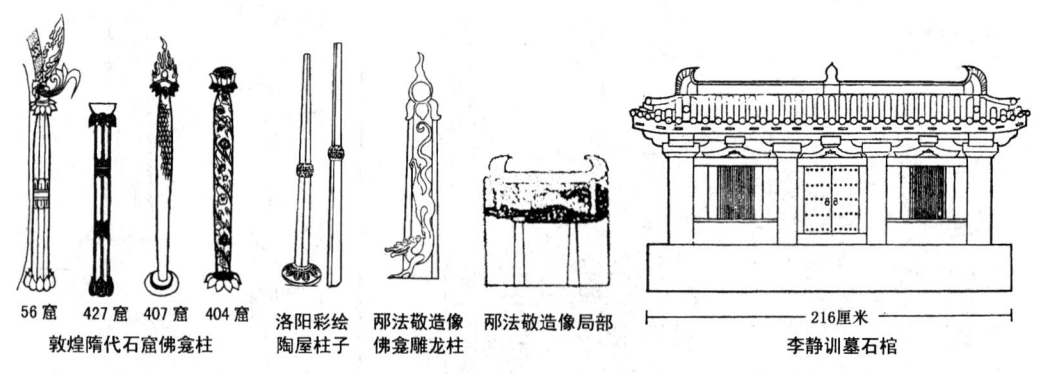

图 1-5　隋柱几种

宋代建筑以圆柱为主，又以直柱为多。《营造法式》卷五记有卷杀为"梭柱"之法："凡杀梭柱之法，随柱之长分为三分，上一分又分为三分，如栱卷杀渐收至上径比栌斗底四周各出四分。又量柱头四分，紧杀如覆盆样，令柱项与栌斗底相副。其柱身下一分，杀令径围与中一分同。"虽然将柱身高度等分为三段，但实际中段和下段柱径相同为直柱形，仅于上段收杀略细，即是一种并非完全梭形的"上梭柱"①。现北方地区所存北宋及辽金时期木构实例，多是类于《法式》的这种上部卷杀形式，而在江南却多有同于南北朝那种中间粗而上下卷杀收细的地道的梭柱，如福建莆田元妙观三清殿②、广州光孝寺大殿③以及杭州灵隐寺大殿前石塔（为宋初遗物）等，至元延祐四年（1317 年）重修浙江武义延福寺大殿时也还用，此后梭柱就消亡了。《法式》又所谓"紧杀如覆盆"者，即指柱头卷杀，是砍削去柱头上不承载压力的边沿部分，也属于柱身整体收分的一部分而砍削程度远大，其与柱身收分相配合，上小下大，可收稳定、圆和、柔美之感（图 1-6）。宋代另有八角柱和蒜瓣柱，都见于江南宋构。八角柱如苏州玄妙观三清殿下檐柱。蒜瓣柱在《营造法式》

---

①　所引《法式》文中的"分"为宋式材分制单位，读为"份"，义同。学者们普遍认为这段文字有所含混不清，不知道其"中一分"究竟是指全柱的中一份还是"上一分"中的中一份，也就不清楚其于柱下部是否行卷杀。按从全文来看，"中一分"似应指全柱的中一份，因为天然原木是有自然收分的，下粗上细，故须杀柱身下一份使与中一份径围同。《法式》卷三十梭柱图样中虽有下部卷杀的表示，但此卷杀极短。可能是早期梭柱上下都有卷杀，虽有较好的艺术效果，但其加工复杂，极其费工，而且只有用于廊下、后面有阴影衬托时效果才明显，当柱间有墙或装修时，其效果即大打折扣，所以到宋代予以简化，已主要是上部卷杀，对下部卷杀已无严格规定，一般不做，故《法式》文中未提而于图样有所表现。参《〈营造法式〉解读》，第 65~66 页。

②　该殿现状为宋、清两代之遗构，当中三间保存了宋代原制。参见五卷集《中国古代建筑史》第三卷，第 537~538 页。

③　该殿历经后代大修，但梭柱仍保留了宋代原制。参见《中国古代建筑技术史》第 99 页。

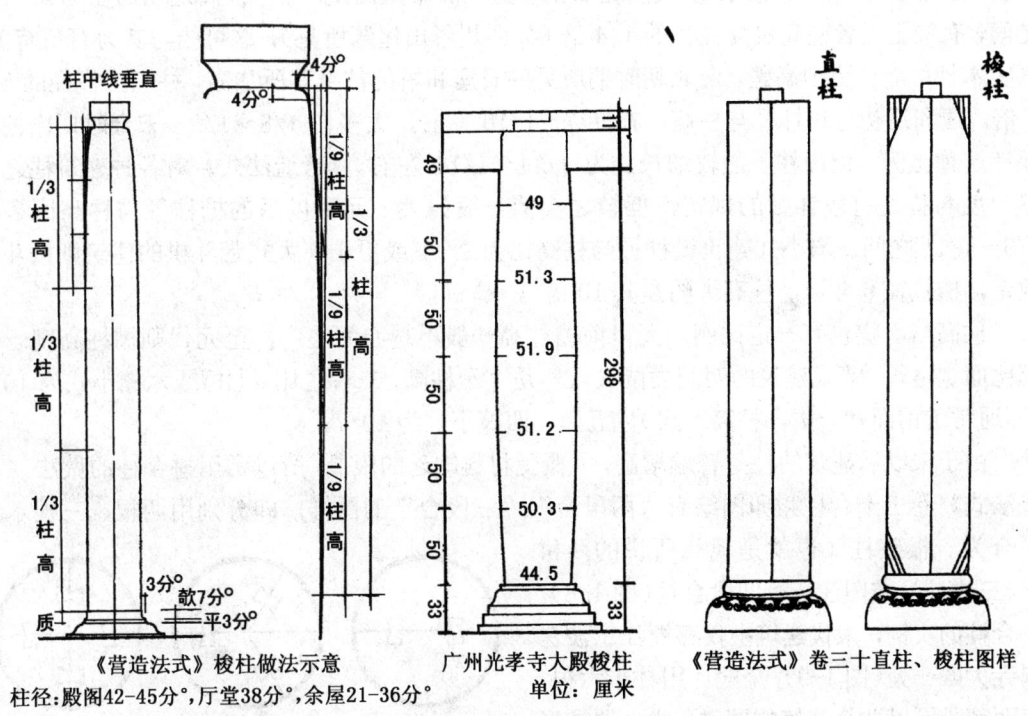

图 1-6 梭柱做法

中有称，其断面呈多瓣形，外观似南瓜皮的多道棱纹，故俗称为瓜棱柱，在江浙一带的石塔中多有所见，而且外形略带卷杀。北宋时并出现了在木柱上雕刻蟠龙的蟠龙柱，如晋祠圣母殿所见，到明清这类蟠龙柱大多数用石雕成，如山东曲阜孔庙大成殿所见。

明清建筑以圆柱为定制，八角、瓜棱之类基本不见。但于擎檐柱有用方形的，并将四角切去称为抹角柱；或使每角内凹变为两个花瓣形，称为梅花柱，又叫讹角柱，清代又叫海棠瓣，多为石制（图1-7）。文庙建筑用石柱则成为一个不成文的习惯规矩，大成殿也用为皇家宫殿所用的蟠龙柱。明清圆柱收分甚微，基本可视为一种直柱。清小式建筑的收分一般为柱高的1/100，如柱高为3米，则收分为3厘米。大式建筑的收分更小，柱高一丈径一尺收一分，超过一丈的按8/1000或7/1000收分。清式建筑在外圈柱子也有侧脚做法，不过程度也甚微，尺寸与收分基本相同，如柱高3米，收分3厘米，侧脚亦为3厘米，即所谓"溜多少，升多少"，或仅1～2厘米而已。至于柱头卷杀，明以前多成覆盆式，明代多在柱头正面最顶部抹成斜面，到清代渐减弱以至消失。梭柱之制，明清仅于南方建筑有所保留。

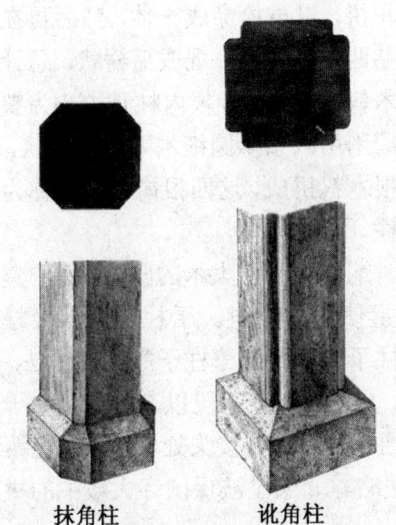

图 1-7 抹角柱与讹角柱

古建筑柱子的高度与直径是有一定比例关系的。总的来看，中国历代建筑木柱大体是在接近于符合力学要求的1/10左右的柱径与柱高之比基础上,由粗矮向细高变化的。汉代所见石刻柱身一般不太高,直径与柱高之比约在 1/2～1/5 之间,有极肥短者柱高仅为柱径的 1.4 倍(如四川彭山崖墓所见),这可能与其为石质有关,真实木柱可能会更细高些。南北朝时期所见的石窟和塔的柱身有所加高,柱高为柱径的 5～7 倍。唐和辽初建筑柱径与柱高比在 1/7～1/10 左右,大多在 1/8～1/9,宋金时期檐柱仍保持这种比例,但内柱一般较细长,为 1/11～1/14 左右。《营造法式》对各种建筑柱之材等尺度与构造有较详细的规定,但较之实例一般偏大。元明以后的檐柱径与柱高比多在 1/9～1/11 之间。清小式建筑檐柱径与柱高比为 1/11 或更小,大式带斗栱的建筑则按斗口数定,檐柱径 6 斗口,柱高大约是其 10 倍[①]。

  柱高与面宽也有一定比例。元以前檐柱高一般不越心间之广,至元代则檐柱高度一般都比面宽略长。清式建筑的明间面阔又依然是大于柱高,二者之比,七檩或六檩小式为 10/8 (即通常所谓面宽一丈,柱高八尺),五檩、四檩小式为 10/7。

  由于宋以后建筑的柱身普遍增高,大概受材料缺乏的限制,所以常用拼合柱的做法。《营造法式》卷三十合柱鼓卯图绘有"两段合"、"三段合"的图样,即分别用两根、三根木料拼合为一根整柱(也就是现代所说的两拼柱、三拼柱),按图注还有四段合柱(图 1-8)。拼合柱的实例,宋代建筑中仅存浙江宁波保国寺大殿一处(图 1-9),全殿计用柱十六根,表面都是围以八个连续的圆弧,成瓜楞柱形式。这些柱子过去曾被认为都是用一根整木砍制而成,在 1975 年维修时发现:外檐十

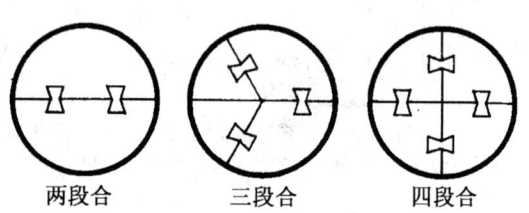

图 1-8 《营造法式》拼合柱示意

二根柱由整根木料制成,前檐四根露明柱砍为八瓣,其余半露明柱仅在露明部分砍成四瓣。四根内柱都是拼合柱,其中三根各是以四道圆木相拼,以透栓穿成一体,然后再在接缝处各贴四条细木,外观成瓜楞状,总计是由八根木料拼成;另一根内柱是中心为整根圆木,周围用八条半圆细木贴成瓜楞状,总计由九根木料拼成,这四根内柱或可称为拼贴瓜楞柱。

  明清时期由于山林大木的匮乏,木构建筑构件大量使用拼合料。于柱子有斗接柱子、包镶柱子和斗接包镶柱子等几种做法。斗接柱子,是用两段或三段以上木材接成一柱,斗接通常称墩接,接头处用暗榫;包镶柱子,做法略与北宋宁波保国寺大殿中的拼

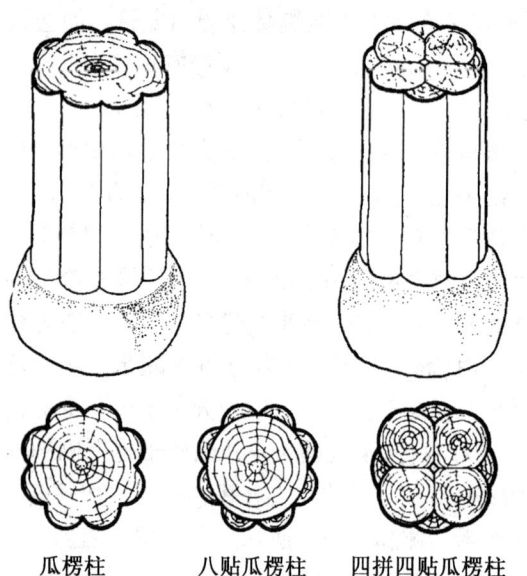

图 1-9 浙江宁波保国寺大殿瓜楞柱与拼合柱

---

  ① 清《工程做法》规定:"凡檐柱以斗口七十份定高",从其具体述例中可以看出,大式带斗栱建筑的柱高,是包括了平板枋、斗栱在内的整个高度,即从柱根到挑檐桁底皮的高度。其中"斗栱高"指的是坐斗底皮至挑檐桁底皮的高度。七十斗口减掉平板枋和斗栱高度,所余尺寸不足 60 斗口(约 56～58 斗口),梁思成先生《清式营造则例》述带斗栱建筑檐柱高一律为 60 斗口,与此略有差别。参马炳坚《中国古建筑木作营造技术》第 4 页。

贴瓜楞柱类似，中间用一根较大的木料作为心柱，四周用八瓣或十二瓣等多块木料包镶而成。包镶木料内部需要随心柱形状砍刨，外表随形刨光，用铁钉将其钉在心柱周侧，外面箍以铁箍。包镶柱子大都是圆柱，也有一些方形或多角形的；斗接包镶柱子（图1-10），过于高大的柱子，可合用斗接和包镶两种方法制作，先用两根或多根木料斗接成心柱，然后外加以包镶，包镶木料也需要斗接。斗接拼合构件，抗压不成问题，但抗弯能力很弱，所以只适用于柱，不适用于梁。拼合柱的意义不仅在于可以有效地解决大料缺乏问题，其对木构建筑技术和艺术还有两个方面重要影响：其一是使得楼阁建筑内柱由上下层通长的通柱造取代了传统柱子分段的插柱造①，从而增加了楼阁建筑的稳定性，避免了插柱造容易出现层间变形、上下层柱歪闪的弊端；其二是包括拼合柱和拼合梁的大量拼合木构件的使用，促进了油饰彩画技术中地仗工艺的发展，露明构件为解决拼缝保护和美观问题，需要在油饰彩画前于木料外表披麻、挂灰打地仗。今北京故宫太和殿和天坛祈年殿所见直径1.06米、高13米的绘金龙柱子，河北承德普宁寺大乘

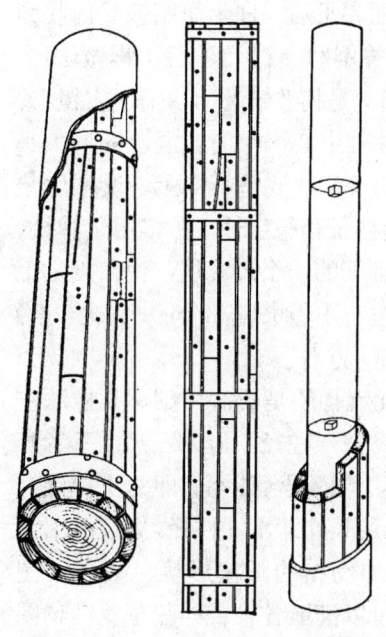

图 1-10　斗接包镶柱做法

阁中直径74厘米、高24.47米的16根攒金柱，都是由许多块木料拼合、斗接、包镶而成，外表披麻挂灰打地仗后，再加以油饰彩绘，看起来就像是一根整柱一样。

中国古建筑的柱式广义上应包括柱头、柱身、柱础三部分，这与西方古典建筑的柱式是一致的（西方建筑的柱式更广泛意义上还包括柱头上的檐部和柱础下的基座），只不过中国建筑由于木构的特点，石质的柱础已是独立的柱下基础部分，柱头也未能象西方石柱那样可以立雕或浮雕为各种形状及纹样从而成为区别西方各种柱式的最显著特征。中国建筑的柱上斗栱，略可与西方建筑的柱头相匹，不过它后来也发展成为独立的结构部分和层次，并且也不限于柱头使用。中国建筑的柱础有一部分是露明于地面的，因而它的形状及装饰就被格外注意，成为富有艺术趣味和时代特征的建筑构件之一。由于柱础和柱子的关系密切，亦略叙其构造做法及发展源流于此。

柱础，是垫衬在木柱之下用以承托柱子的构件，其作用主要是作为平整和牢固柱子的底脚，匀载传递柱子荷重，同时防止地面潮湿侵入和外力碰磕损破柱脚。中国古建筑的柱础大多数是用石质的，故又称础石、柱顶石等，南方习惯称为"碛"。清官式做法是所谓鼓镜柱础（图1-11）：底下做成方

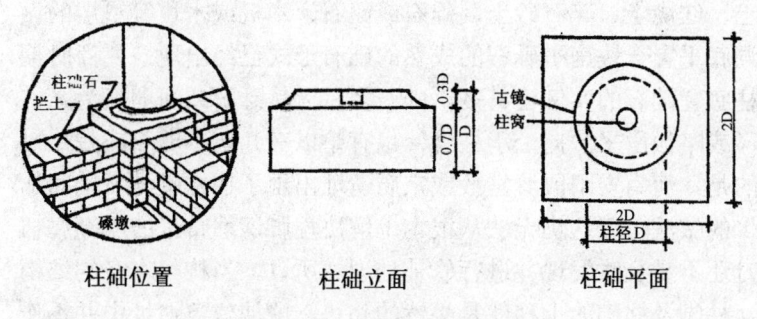

图 1-11　清式柱础做法

---

① 参见第二章第六节"重檐建筑和楼阁建筑"之"楼阁建筑的基本构造"。

形（柱顶盘、础盘），边长为柱径二倍，高按一柱径（柱径七寸以下者，照柱径加倍之法各收二寸定见方，以见方三分之一定高），至与台基或室内地面齐平后，向上呈凹弧线内收为一与圆柱相应的圆台，圆台面高出盘面约 2/10（《清式营造算例》）或 3/10（《工程做法》）柱径，四周于柱外留出"金边"二寸，整体打磨光洁不加雕饰，是谓"鼓镜"（又作"古镜"）。鼓镜中心凿有榫窝以稳固柱脚榫（也有做成套顶的，即将柱础中心掏空为孔洞，孔洞大小可按柱径或略小于柱径，柱子由套顶穿过，立在下面另加的一块"底垫石"上。套顶底垫石又叫套顶装板石、暗柱顶、哑巴柱顶。套顶做法可以增加柱子和稳定性，故多用于牌楼、垂花门及楼房等处）。凸出于地面的鼓镜部分是由圆柱到方础石的一个过渡层，使在视觉上不感到生硬和突然，如为方柱则鼓镜亦随为方形。一般房座也有不做鼓镜部分的，谓之（素）平柱础，多用在包砌于墙体内的柱子下边，为一块不加雕饰的方石。

鼓镜柱础从明代出现，为明清常用柱础式样。而唐至元流行的是覆盆柱础，其做法在《营造法式》中有定规：础底为方形，边长亦为柱径之倍，高按一柱径，但方三尺以下者高度需适当增加。其上做覆盆（如不做即为平柱础），其高度为 1/10 础边长亦即 1/5 柱径，周边加工为凸弧线，呈隆起如倒扣的圆盆形状，故名（图1-12）。在盆边上可以满雕各种吉祥花草及动物图案，盆上沿有厚度当覆盆高 1/10 的"盆唇"作为雕饰的结束，并与上部木柱质相接。如果不加任何雕饰，则谓之素覆盆。有一种雕饰仰覆莲花的柱础，其高度较覆盆加倍，上下各半分雕仰莲和覆莲。柱础之施雕饰者，一般多是重要建筑，不是一般人所能用的，《古今图书集成》载宋制，"非宫室寺观，毋得……雕镂柱础"[①]。不过，明清以后宫殿庙宇柱础，无论是鼓镜式还是覆盆式，都多不施雕饰了。

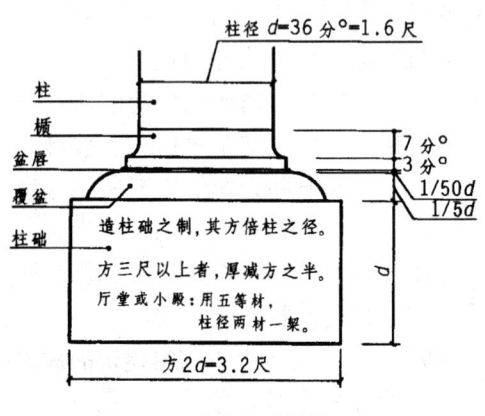

图1-12 宋式柱础做法

柱础之名起源甚早，如《淮南子·说林训》："山云蒸，柱础润"。但秦代以前的建筑柱子，柱脚及础石都是埋入地面以下或夯土台基内的。这是因为当木构架本身的结构体系尚未完全成熟时，柱脚必须深埋入地或夯土基台内才能保持房架的足够稳定，但这却造成柱脚容易受潮腐朽的弊病。从新石器时代晚期，在掘坑栽柱时就开始注意柱脚的加固和防潮问题，采取诸如在柱洞回填土中掺红烧土渣、碎骨片、粗陶片、草筋泥以及石灰质材料等颗粒骨料，在柱底部加施粘土、红烧土、碎石砂土、砾石或卵石、木板或木块等垫层的做法，至迟在龙山晚期，在柱洞底平置一块扁平砾石的成熟的础石形式已经出现。夏商时期木柱仍埋入地下，考古发现柱底置础石的实例已甚多，础石多以天然砾石或河卵石为之，不作加工，仅以较平整一面（或略加凿平）向上承柱脚，也有垫以三几块小卵石或陶片以及以灰土夯实的。值得注意的是，河南安阳殷墟宫殿或宗庙遗址出现了在柱脚与石础间加垫铜片——即后世所谓"锧"的做法，但这仍无法从根本上解决柱脚深埋带来的受潮腐朽问题，并且这样的问题发生时还不易及时发现并进行修补处理。所以，当构架本身的结构体系越来越发展趋于成熟时，柱脚及柱础的上移就是必然的趋势。殷墟建筑遗址中并不作

---

① 转引自梁思成、刘致平《中国建筑艺术图集》第七辑"柱础简说"。

为主要承重构件的擎檐柱已有部分柱础不再埋入基面以下而是露明于台基地皮之上，因之础石就有雕饰以为美观者：刻为抱膝而坐人像形，背有槽，侧有卯，说明是将柱脚插于其上的。不过由于擎檐柱形式在西周早期以后的消失，这种柱脚置于高出地面柱础上的做法没有很快发展起来。陕西岐山召陈西周中期建筑遗址中，基础深度在冰冻线以下，将基坑底部土壤夯实，填入夹有土的大块河卵石多层，并逐层夯实，最上再放大块的柱础石以承木柱，柱脚的埋置由深变浅，这样的柱基础无论从增加受应压力还是缓解柱脚的腐朽过程来看，都自然较以前大为进步。同时，在岐山召陈西周中期和岐山凤雏西周早期的建筑遗址中，都可以看到木柱置于夯土墙中的情况，虽然木构架的发展还未达到使柱脚能够完全离开地面的程度，但在当时的生产技术水平下，这种木柱与土墙结合的方式，对于达到柱脚浅埋并稳定木柱和构架的目的，无疑起着积极的作用。战国时期，又发展出将木柱半置于墙内的"倚柱造"方式，对于木材防腐大有裨益。据目前有关秦代建筑遗址的考古资料，柱脚与础石还是埋置于地面以下，深度自14厘米至115厘米不等，表明在这方面的技术进步还很缓慢。由前引《淮南子》"山云蒸，柱础润"一语可知，在汉代已有相当柱子的柱础已是于地上可见的了，而实际建筑遗址、崖石砖墓以及画像砖石等所见，建筑檐柱下的柱础多已露明于地面，有的表面还经琢磨和雕刻装饰，但是倚柱的柱脚仍埋于基内。其实，中国建筑的大木构架在汉代已基本定型，并出现高层的木梁柱建筑，表明结构已有质的飞跃，各种承重柱并非不可以高出于地面，之所以还有埋于地下的情况，则完全是传统影响之流风余韵，又如建于厅堂中央之"都柱"也是保存早期的建筑手法之一例①。这种情况直到南北朝时期才被彻底改变，自此以后所有的柱子柱脚和础石都是高起于地面了。

汉代柱础（图1-3、图1-13）多为方形，即使是圆柱、八角柱也并不随柱形，上部或斜收，或微凹弧内收，或微凸弧内收，形如柱头栌斗之倒置，两相对应，或称之为覆斗式。也有作方形平石者，圆形如覆钵者。有的上面刻凿圆窝以承柱脚，有的是向上凸起为与柱的卯合结构，后者虽可使柱稳定，但若上面重量过大或重心偏倚时则易使柱身破裂，故后代无用者。多数简

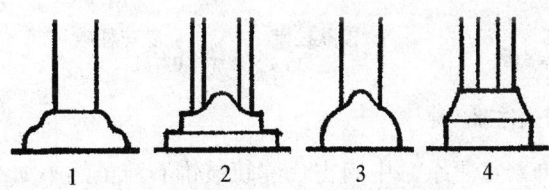

1、2、3. 汉武梁祠石刻　4. 汉孝堂山郭巨祠

图1-13　汉代柱础几种

朴无纹，有些则在表面雕饰动植物和几何纹样。北京西郊东汉秦君墓表柱下石础为长方形平面，上部大致作圆形内收，表面浮刻双螭，是很独特的。西安西郊西汉晚期的礼制建筑遗址中发现有打制方整的素平础石，此种式样一直延续后世历代均有使用，近代农村中一般民居建筑也还使用。

汉末至南北朝时，出现了制作规整的覆盆式柱础，有覆莲和素覆盆。覆莲柱础是在覆盆式柱础的周围雕以覆置莲瓣，它因佛教的传入而成为最流行的式样，与此同时并有须弥座柱础。与唐宋时期相比，这一时期的覆盆较高而莲瓣狭长。象定兴义慈惠石柱下的覆盆石础上的莲花又于每瓣之上隐起两瓣，是为合莲（复莲）形式。此外汉式覆斗式柱础亦偶尔有用，还有雕作人物动物的，人兽形础在汉代也有如作羊、虎、熊等，所不同的此时多

---

① "都柱"形式曾见于西周中期的扶风建筑遗址和秦咸阳宫一号宫殿遗址。无论对这种中央"都柱"赋予怎样的文化意义的解释，它无疑是原始穴居、半穴居以及地面窝棚式巢居之结顶时所用的中央立柱的遗留形式。虽然目前已发掘的汉代宫室建筑遗址中尚未有此现象，但在若干汉代崖墓和石墓中以及汉长安城南郊的王莽九庙遗址中有此形式。

用白象、狮子等形象，显然也与佛教有关（图 1-4）。山西大同北魏司马金龙墓出土的石础，镂雕过份华丽，从受力的角度而言可能并不实用于建筑，据础上榫孔大小推测可能用于帐柱（图 1-14）。

图 1-14　山西大同北魏司马金龙墓出土帐柱石础

唐代柱础仍以覆盆、莲瓣最为通行，惟与南北朝相比，形体比较矮平，莲瓣略肥短（图 1-15）。

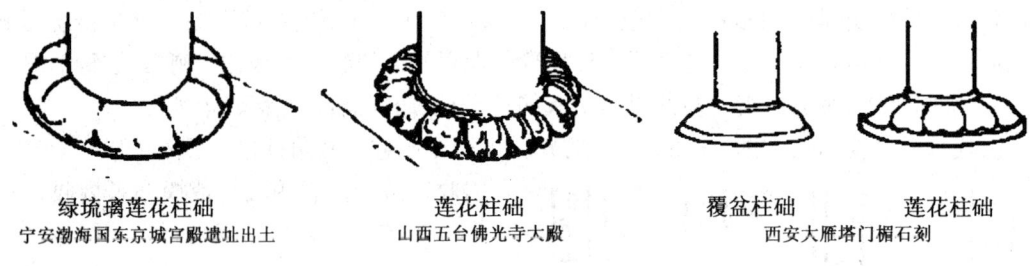

绿琉璃莲花柱础　　　　　　莲花柱础　　　　　　覆盆柱础　　　莲花柱础
宁安渤海国东京城宫殿遗址出土　　山西五台佛光寺大殿　　　　　　西安大雁塔门楣石刻

图 1-15　唐代柱础几种

宋辽金时期通行覆盆式柱础，其雕刻装饰繁富复杂。中国古代建筑装饰石雕虽然不如西方古典建筑那样突出，却也有着悠久的历史和非凡的艺术成就，从秦汉仅有简单石雕手法的早期阶段，经历南北朝时期类型齐备的发展阶段，到了隋唐时期技巧进一步得到发展提高，及至北宋无论在技术上还是在艺术表现力上，都达到了纯熟的阶段，在建筑中广泛使用。《营造法式》石作制度中总结了当时建筑石雕的工艺手法和图案题材，其中大部分都于柱础实例可见（图 1-16）。为了更好地认识这一时期的柱础特征，有必要对这些石雕工艺手法和图案花纹做一些了解。《法式》卷三石作制度中记石雕花纹要在经过斫平或磨光后的石面上进行，根据雕刻技法的难易、繁简程度划分为四种不同的雕饰类型或手法：素平、减地平钑、压地隐起、剔地起突。这也是中国雕刻史或建筑史上首次对建筑石雕从雕刻的技艺手法上进行的分类归纳，并对以后的建筑装饰石雕有着深远的影响，可以作为研究我国古代建筑装饰石雕分类的依据。

素平——光平无纹。目前学术界对于"素平"有两种解释：一种认为系指在平滑石面上的阴纹线刻[①]；一种认为是不雕任何花纹，即"通素"、"素造"，柱础覆盆不雕花纹者称

---

① 徐伯安、郭黛姮：《雕壁之美，奇丽千秋——从"营造法式"四种雕刻手法看我国古代建筑装饰石雕》，《建筑史论文集》第二辑，清华大学建筑工程系 1979 年。

素覆盆，阶基、门砧、柱碇、地面、碑身、踏道等凡不雕花者均称"素平"、"素造"或"通素"。之所以无雕镌而归为雕镌制度，一是因其也像其他雕镌制度一样要求将石面斫磨加工得平滑光洁；二是从实物看，一个雕刻物在某个部位会出现一些平面，在许多情况下平面与雕刻面是同时存在的，因此将"素平"列入雕镌制度是就雕刻整体而言的；还有就是有一种由多重线脚组成的石构件，即所谓"叠涩"者，如须弥座，全用"素平"石面叠落而成，总体上靠线脚轮廓的变化达到雕刻物的艺术效果，于是把这一类使用"素平"的处理手法归入雕镌制度之中也是合乎情理的[①]。或曰在众多的形式中，"不加雕饰"本身也是当然的一种制度[②]。若以前一种解释，则于石构件之光平无纹者将难以区别为称，故我们这里取后一种解释，而对阴纹线刻者则归于后"平钑"一类。

减地平钑——线刻，微去地。其基本特征是，将花纹图案空隙处的"地"浅浅斫去一层，一般斫深不超过 1 毫米，形成凸起的雕刻图案面和凹下去的"地"两个层次，这两个层次各自处于两个平行的平面上，从而使雕刻面在地上形成的阴影整齐而有规律，反衬出雕刻主题清晰的棱角轮廓线，呈一种"剪影式"的凸雕效果，凸起的表面和地之间雕刻棱角刚直，不见圆滑曲面，也有人把它叫做"平雕"或"平浮雕"。在凸起的雕刻面上，通常不再做更复杂的雕琢，只是用金属刻划出十分精致的阴纹线路，这是减地平钑的典型做法，表现力强而生动；也有的甚至连这种阴纹线路也不加，显得概括而古朴，是减地平钑较原始的形式。减地平钑之前先要对石面斫磨平滑光洁，但其减地部分一般不要求十分平整，甚至故意斫出匀布的碑纹线条或小麻点等，以求加粗其质感，在对比映衬下使平钑花纹明显清晰。减地平钑最宜表现轮廓规律性强的图案，如植物花叶、几何纹一类，用洒脱的线条勾勒出花朵的姿态和枝叶的穿插，使整个画面的花叶与留下的"地"疏密相间，互为补充，产生优美的韵律感。一般地说，花草枝叶不宜过于稀疏，而以饱满密集为好；地也不能留得太多，尤其禁地所覆盖的石面多于花草所覆盖的石面，否则就会使图案松散，给人以残破的印象。因此，用减地平钑这一手法时，不仅要着意经营花纹枝叶的构图，而且还要用心推敲空地的布局。

减地平钑是由另一种更古老的"实地平钑"手法——不去地的阴纹线刻，发展而来。后者《法式》未载而实物有见，有学者移用"减地平钑"的"平钑"一词以为其名[③]，我们这里从之而更加"实地"一词限定，以与"减地平钑"相对区分。实地平钑的特征是，在同样斫磨光滑的石面上，不去地而阴刻花纹图案线条，"钑"即线刻，犹如线条勾勒作画，类似于绘画中的白描手法，是几种雕刻手法中艺术效果最含蓄的一种，给人一种整齐精致、淡雅洁素的艺术感受。实地平钑，本是在工具简单、对石材性能不很掌握的情况下，最早产生的一种石材雕刻技法，如原始社会时期的岩画大多都属这种手法，却能以独特的艺术效果而历久不衰，至唐宋而达其艺术高峰，代表作品如著名的西安唐代大雁塔门楣石刻佛殿图。据现有实物，平钑花纹线条可从雕刻技法上大约区分为用刀尖刻画的"游丝"细线和凿刻出来的"琴弦"粗线两种，前者线条匀称，流畅圆和，风格俊秀细腻，宜于写实；后者线条顿挫有力，气韵粗犷古朴，宜于写意。

[①] 参见五卷集《中国古代建筑史》第三卷，第 677 页。
[②] 陈明达：《〈营造法式〉研究札记（续一）》，《建筑史》第 22 辑，清华大学出版社 2006 年。
[③] 见《〈营造法式〉解读》第 15~16 页。

压地隐起——浅浮雕，去地。为保持建筑本身的完整感而与一般所谓的浅浮雕有所区别，去地深两三厘米，"地"大体在一个面上，有时也作成微小的弧曲面，雕刻的最高点也都在装饰面的轮廓线上，如雕饰面有边框则高点不超过边框的高度，装饰面可以是平面也可以是各种形状的弧面，图案的外缘轮廓皆由凹凸弧线构成，或圆讹或卷尖，尽量避免见楞见角。最高点和最低点之间可有少量的层次变化，雕刻各部位依雕刻主题的布局可以互相重叠穿插，使整幅画面有一定的层次和深度。压地隐起的早期作品，图案层次较少，没有深度，形象简单，雕刻主题简明突出。其在宋代的进一步发展，便着重加强雕刻的立体感，采用弧面来表现出花叶翻卷、枝条盘旋或动物的动态形象，成为压地隐起这种手法的主流。它又有两种不同的风格，以凸起曲面为主的雕刻，效果更丰满、浑厚；以凹曲面为主的雕刻，效果纤巧、玲珑。采用压地隐起雕刻的带形、环形装饰，应尽量使花纹充满被装饰面，构图紧凑，少留空地，方能更好地表现花纹丰满的效果，地也不可压得太深，否则会造成图案的细节突出而整体凌乱。

剔地起突——高浮雕或半圆雕，去地较深而有层次。这是建筑雕刻中最复杂和最富于艺术表现力的一种，常被用于高等级建筑中的一些重要部位。它的特点是，装饰花纹从建筑构件表面突起较高，雕刻的最高点不在同一平面上，雕刻的各个部位可以互相重叠交错，形成较多的层次，"地"层层凹下。这种手法适合于表现在一个装饰面上有构图中心、主题明确的雕刻形象，这样的作品往往具有较强的思想性和艺术感染力，其表现力之强是其他几种手法所不及的。采用这种手法，必须掌握好装饰主题的总体构图主次和剔地深浅，使装饰主题所要表现的部分处于突出最高，在追求整个画面多而强烈的立体层次感的同时保证突出主题。《法式》石作制度中列举了剔地起突常用的部位，如柱础的覆盆、阶基的板柱、钩阑的华板、殿堂地面的斗八心石等。但在具体建筑中它的应用范围要广泛得多，尤其是石建筑如塔、幢、碑、华表以及地下陵墓建筑等。有时也用为图案式的花边，如有些碑身所用的边饰。

除此而外，还有几种雕刻类型或手法，为《法式》石作雕镌制度所未载而实物有见。如："实雕"，相当于今所谓高浮雕或低浮雕，不去地，就地雕出，用工省而收效佳，后世运用也颇广；"混作"，相当于今所谓圆雕、立雕，四周皆备，立体成形[1]；"半混"，相当于圆雕而仅备三面，另一面贴地。这三种手法，都和《法式》木作制度中所载的实雕、混作、半混的雕刻手法相同或类似，故可借用其名[2]，不过它们基本不施于柱础。

以上各种石雕手法的产生，大多可以上溯至先秦时代。但它们施之于建筑构件之上，是有从素平、实地平钑逐渐发展到减地平钑，再到压地隐起和剔地起突以及混作、半混这样一个过程的。这一过程大约是在南北朝期间完成的，但型制的完善、技法的纯熟，是在唐宋时期。《法式》所总结的四种制度，或华丽，或古朴，或含蓄，只有充分考虑各种手法各自的效果特点能与建筑构件以及整体的风格相匹配，加以恰当运用，才能收到良好的艺术效果，并非都是越华丽繁缛和复杂费工者越好的。所以，《法式》对于这种雕刻类型所使用的部位，规定是不尽相同的，如笏头碣只有减地平钑一种，而柱础则有全部四种。四种手法施于柱础，同样需要随其整体造型来安排，如覆盆柱础，任何一种手法的总轮廓皆要

---

[1] 此种雕法在《营造法式》卷三石作制度中未载，但在卷二十八诸作等第中提及，"谓螭头或钩阑之类"。
[2] 参《〈营造法式〉解读》第15页。

求大体成"覆盆"之形。宋辽金时期的建筑石雕，大体都能符合这些原则。

明、清时期，具有古朴之风的平钑手法渐趋式微，而倾向于追求剔地起突、压地隐起之类浮雕性装饰，大量遗存于今的实物，多有手法精湛、图案华丽之作，令人赞叹。但也有过份追求技巧的表现，而忽略了对总体艺术效果的把握，特别是清代中晚期的一些作品，以处处施用剔地起突，乃至透雕为时尚，动辄满饰滥用，沦为纯粹玩弄技巧的庸俗之作。前举北魏司马金龙墓之帐柱石础之类，是采用所谓"穿枝过梗"的透雕手法，不考虑构件的实际功用或其所需要的力度感，也有此弊。

在石雕装饰的花纹题材方面，两汉时期画像石的题材大多是些历史上的圣贤义士、忠臣孝子、贞妇烈女和龙凤神兽以及车马宴饮生活场景之类。魏晋南北朝时期在佛教艺术影响下题材上突破了两汉时期的局限。唐宋时期，佛教题材之外，开始转向刻写富有生活气息的花草之美。《营造法式》石作制度中列有花纹内容十一品（实例所见远不止于此）：海石榴（花心做石榴形，花叶漫卷而端头内旋略似清式彩画之"旋子"，"海"有遍布之意）、宝相花（宝相花一般被认为是源自西域的装饰纹样，漫卷之态略与海石榴相类，花瓣的轮廓由两片相向卷曲的忍冬纹合抱而成桃形，并射出尖瓣。清谓之宝祥花）、牡丹花（花瓣肥满，花叶舒展，端头不作内旋卷）、蕙草（清式所谓卷草。以上花纹多作缠枝式）、云纹、水浪、宝山、宝阶（未见实物，或如阶形）。此以上花纹并通用于各种建筑石雕）、铺地莲花、仰覆莲花、宝装莲花，在这些花纹之内还可以夹雕龙凤狮兽及化生（童子）之类。以上各种花纹都可施于柱础，但仍以莲花柱础最为普遍。有的用莲荷组成花带，用压隐起手法雕在覆盆上；有的将整座覆盆作成一周下垂莲瓣至地的形式，谓之铺地莲花；每瓣上又隐起两瓣者，为合莲（复莲）；而莲花瓣上更铺以减地平钑或压地隐起雕饰者，为宝装莲花（合莲者也是宝装莲花的至简形式）。宝装莲花的样式至明清间做法渐归一致，无论在柱础、须弥座乃至天花上均可用，即清式所谓八大满（又作巴达马）。覆莲之外，并有两层莲瓣上下相叠的仰覆莲形式，有的还是须弥座的一部分。此外，还有雕刻龙凤狮兽、天神人物的。主要殿宇以莲瓣覆盆为主，其雕刻庞杂、叠涩繁复者反多用于不甚重要的建筑上，有的同一座建筑的众多柱础并不都一样（图1-16）。元代开始一洗赵宋雕饰繁缛之风，多用不加雕饰的素覆盆式或素平柱础。

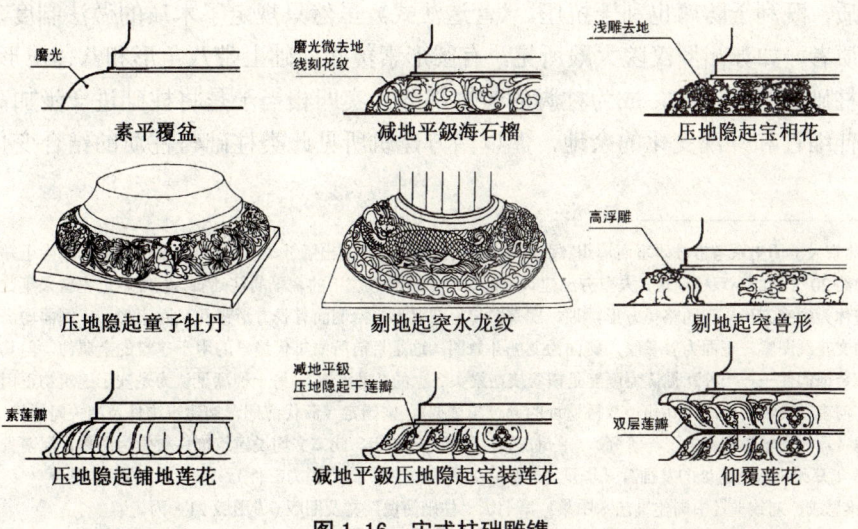

图1-16 宋式柱础雕镌

明清官式建筑柱础趋于格式化。明代以素覆盆和鼓镜为主，清代多用鼓镜，露明地面的部分很低，柱础图案返尚简朴。北京官式建筑中，除主要殿宇之鼓镜柱础外，牌楼柱础全系覆盆式，影壁及琉璃作之柱础则全用质的式样（俗呼马蹄撒）。明以前墙内不露明的柱础为不规则的石块或素平柱础，明清不露明者用素平柱础或与露明柱础相同用鼓镜式。

质，为柱脚与柱础之间的一个过渡性的构件，因垫于柱脚之下如椹质（斫斩锤锻所用的砧板）之置于地，故名，字或从金、石、木等，只表明它们可以或曾经有这些不同材质制作者。普通柱质的形状大体近似于鼓镜式柱础，上收与柱脚同径。今所见以石质为多，木质则在明清苏州、皖南等地的民居宅邸和祠堂建筑中可以见到。宋《营造法式》卷五大木作制度中记有木质之制作制度。前举殷墟宫殿建筑基址中出土的覆于础石之上的青铜构件，有两种类型：一种为圆形浅盘状，呈锅形或瓶盖形，上面平滑微凸，下面中间部位微上凹，直径在15厘米左右，厚约3厘米；另一种为不规则状铜片。有的其上尚存木柱焚毁后的炭化物遗痕，其下与石础之间还有厚约20厘米的灰土，可能是其与石础之间尚使用木质类支垫物的遗痕。这是中国古代建筑中最早的柱质实例[①]。至战国董安于治晋阳宫室，皆炼铜以为柱质（见《战国策·赵策》）。先秦柱子下脚及柱础都是埋入地面下的，铜质的作用是为垫平柱础和防止木柱脚受潮。实际上后世在使用了高出地面的柱础石后，质的防潮作用相对不很突出和重要了，成为非必要的构件，如苏州文庙大成殿于石础之上木柱脚周围包以木质形式一圈，纯为追求装饰。所以，先秦的铜质与后世的质或可能并无直接的源流承袭关系。在古建调查中发现，有的古建筑在过去修缮时，在石柱础之上于柱根处垫以木墩或石墩（如天津宝坻广济寺三大士殿里有一根内柱，下段约一米用的是圆筒形的石，介乎柱与础之间，毫无疑问它是柱脚腐朽后加补的"柱脚"；江苏吴县甪直保圣寺前殿柱下也有同样情形的石作，石颇高而形似覆斗；河北易县开元寺毗卢殿则为一与木柱等组细的高木墩，大抵皆是此类作品[②]）。所以学者推测，木柱质的使用，最初可能是修补工作中的一种措施，日久在立柱时预加此构件，外表做些艺术加工，当质开始腐朽时可以抽换，这样逐渐形成一种制度[③]。木质一般采取横纹平置方式，也是为防止潮气沿立柱纵向毛细管侵入柱体。但普通木质本身高度太低，最大不过20厘米左右，而且按木结构原理横纹承压强度大大低于顺纹承压强度，受潮后其强度更为降低，变形亦更甚，因而后代很少使用木质而改用石质，既利于防腐也利于抗压。《营造法式》虽然只规定了木质的做法制度，但宋代实例有石质者，如苏州罗汉院大殿所见，有圆形素覆盆柱础上带八角形和八莲瓣形的石质。石质连同柱础都雕刻花纹，成为柱脚的装饰部分，实即相当于是将柱础进一步加高，富有了空间的伸缩性和外观变化的余地，尤以南方建筑所见此类柱础与柱质的结合变化样式颇

[①] 参见北京大学历史系考古教研室商周组《商周考古》第33页，文物出版社1979年。在早于殷墟的相当于郑州商城衰落期的郑州西北约20公里的小双桥遗址，大型夯土建筑基址曾出土过经过加工的扁平的柱础石，基址附近也曾采集数件大型青铜建筑饰件，整体为中空方形，正面略呈方形，顶、底有缺口呈凹字形，两侧面有长方形镂孔呈回字形，正侧面均满饰流畅的单线条阳文或阴文花纹图案，正面为饕餮纹，侧面为龙虎斗象图。这是目前所知年代最早的用于建筑的金属件，但其并非柱质，据推测是建筑装饰构件——一种意见认为可能是横着挟在梁头之上的"梁头饰"，另一种意见认为是安于建筑物正门两侧的门枕前端（参见：河南省文物研究所《郑州小双桥遗址的调查与试掘》、宋国定《商代前期青铜建筑饰件及相关问题》，均载河南省文物研究所编《郑州商城考古新发现与研究》，中州古籍出版社1993年，此二文均说建筑饰件数量为两件；河南省文物考古研究所等《1995年郑州小双桥遗址的发掘》，《华夏考古》1996年第3期，此文说为三件）。

[②] 例见梁思成、刘致平《中国建筑艺术图集》第七辑"柱础简说"文及图版6、图版21·丙。

[③] 《中国古代建筑技术史》第164页。

图 1-17　高柱础（须弥座+鼓磴）

多。北方质多低乃至不用质，质形有如古镜式者，有光平如板者，有做成扁鼓形的石墩谓之"鼓磴"。这类鼓磴在南方多雨潮湿地区尤为多见，并且柱础部分也常加高，整体比普通柱础高很多。鼓磴和底座柱础，有的是分做的两部分相叠，但更多是由一块整石雕成，实即是一种无质的高柱础。础部分的形制也不拘一格，有的就是一个无础、质之分的鼓磴，有的础底部为正方形，其上或再有八方座，再上边为古镜形或雕铺地莲花一类，再上是鼓磴，一般都雕饰有丰富的动植物花纹，有莲花、卷草及花鸟等吉祥富贵图案。这种高柱础很可能是吸收须弥座形式做法而来的，有的础的部分上下四方或八方而中间束腰，干脆就是一个须弥座（图 1-17）。

第二节　梁　架

在柱头上沿着房屋的进深方向所架横木，称为梁，是承重受弯构件，断面呈矩形（南方也多有用圆形者）。宋式中称为栿。梁在同一立面上要叠架多层，上层梁的长度要短于下层梁，上层梁两端头下支承以短小的竖木，叫瓜柱或柁墩，底脚立于下层梁上，如此逐架而上，构成一排横向梁架。

唐宋辽金时期，有天花的建筑中梁架分为两部分，一部分在天花之上，因为下不可见而不需做细致加工，称为草栿；一部分在天花之下露明，需做精细加工，称为明栿，此明栿是承载天花的天花梁和柱头上（斗栱）之间的联系梁，并不承受屋顶荷载。如果不设天花，梁架全部露明，即都是明栿做法，称为"彻上明造"①。草栿做法一般都用长方形断面的直梁。明栿做法则对梁有细致的加工，有直梁和月梁之分。直梁仍为长方形断面；月梁卷杀为两端（肩）细薄、中间厚实、底微内凹、背微拱起的形式，而且两侧面也要卷杀作成微凸起的弧面，整条梁轻盈美观，且给人以背驮千钧的力度感，极富装饰情趣（图 1-18）。

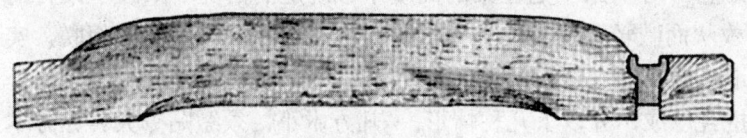

图 1-18　月梁

汉代文献中有"虹梁"一称，可能即是此类月梁而弧形或更为夸张者。《营造法式》小木作制度中还记有所谓"裹栿板"，是为使殿内的明栿更加华丽而在梁的两侧与下面包贴雕花板作装饰，这是在不损伤梁身以避免影响刚度的原则下对梁进行雕刻装饰，是古之"雕梁画栋"的遗风，但实例未见。

元代建筑中的彻上明造也多用草栿做法。明清官式建筑多施天花，大型殿宇天花之上梁架和其下的横向承载构件天花梁之间的功能关系，略与宋式的草栿和明栿相同，天花以

---

① 明栿、草栿可以专指梁而言。如果是包括天花以上所有加工粗糙的梁枋短柱等梁架构件在内，则谓之草架。但是草架一词也被用作对施工以前的柱梁构架模式的称呼，如《营造法式》图样中有"草架侧样"，侧样相当于现在所说的建筑横断面图，草架侧样有梁架草图之意。所以，在非特指情况下，也常将明栿、草栿做法作为对包括所有梁架构件在内做法的泛称。

上属于草架做法，高级殿宇天花以上虽不做雕饰却多也加工较细，但所有梁已一律为断面近于方形的沉重厚实的直梁。月梁形式只在江南明清建筑中多有保留，且梁的弧度有很大的，真正如弯弓似新月。南方考究住宅用于会客的大厅、花厅、门厅及家族宗祠和园林建筑的厅堂类构架，经常在屋顶之下又以"复水重椽"及覆于其上的"望砖"构成一种屋坡形的天花，称之为"轩"或"复顶"，轩上梁架为草架，轩下梁架为正架，正架构图完整，做工精细，多用月梁，特别是前廊部位多用各种优美的弧形复水椽也叫轩椽（也有的前后都用），据其形状的不同而有不同的名称，如船篷轩、弓形轩、鹤颈轩等等。轩的使用，使室内空间感觉丰富，情趣盎然（图1-19）。

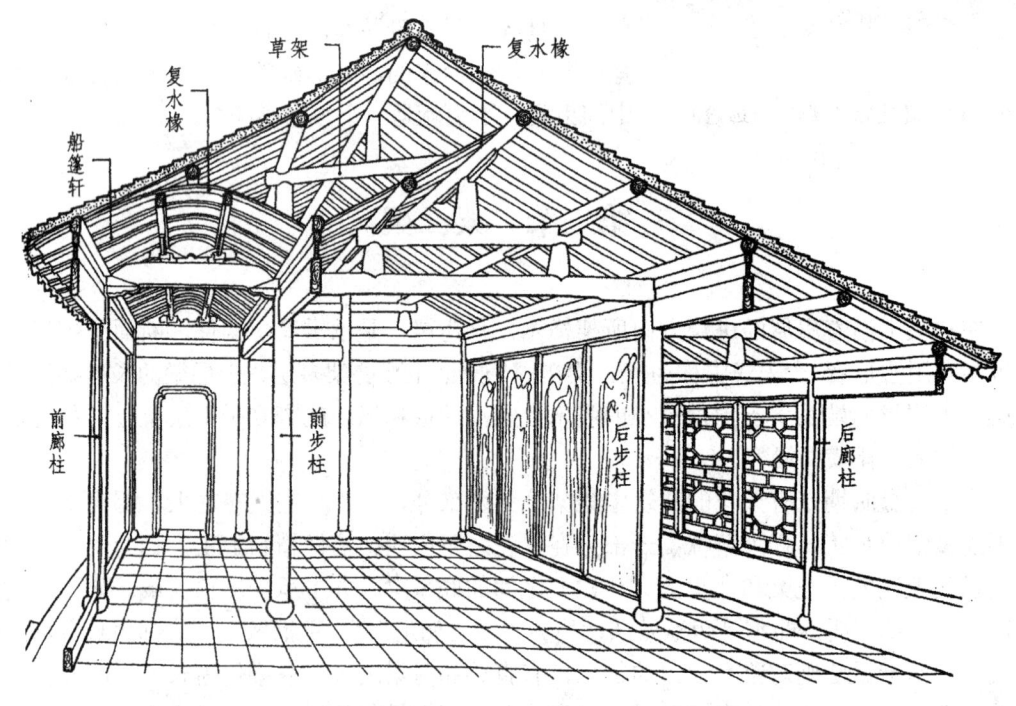

图 1-19　船篷轩（苏州怡园雪类堂）

宋式建筑中，有所谓"缴背"者，原本是在梁的高度不够规定的情况下贴设于梁背的附加构件，可以分担部分荷载从而减轻下面梁的负担，两根构件之间一般用木楔相联，实际成为一种拼合梁。按《营造法式》的规定，梁造为断面高宽 3:2 的比例，凡达不到这个截面要求的，就另以木料来拼合以成，分以下几种情形："凡方木小，须缴贴令大。如方木大，不得裁减，即于广厚（高宽）加之……若直梁狭，即两面安槫栿板。如月梁狭，即上架缴背，下贴两颊。不得剜刻梁面。"可知宋代拼合梁存在上下两拼、左右三拼和上下左右四拼的形制，不过它们都是在一根主要梁料的基础上附加较小木料的形式，即所谓"缴贴"。梁的高度增加比宽度增加更能提高承载能力，所以实物中只见有"上加缴背"者而未发现"下贴两颊"的。元代有些断面较大的梁用两块等长的梁相垒拼成。明清以来在大量使用拼合柱的同时，也大量使用拼合梁，有二拼、三拼、包镶及双层拼合等几种：二拼者，一般用同样大小的两根木料拼合成一根梁，内以榫卯连接，外用铁箍加固；三拼者，用三块木料拼合，一般中间一块木料较大，两边帮上较薄的同样大小的料；包镶梁，当中用一根较大的料，四周用数块较小的木料包镶而成；双层拼合梁，由左右分别二拼或三拼的木料再上下拼合起来，或可谓之四拼、五拼（图1-20）。

檩，口语称檩子，是沿房屋开间方向搭架于左右梁头上的横木，多是圆形截面。清小式建筑中称檩，大式建筑中称为桁，不做严格区分时习惯上也可通称为檩，宋式中称槫。位于最上屋顶前后两坡相交之正脊处的檩叫脊檩（宋式叫脊槫），位于最下檐柱上的檩为檐檩（宋式叫檐槫[①]）。在脊檩与檐

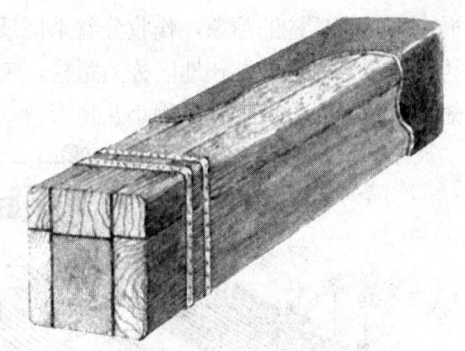

图1-20 双层拼合梁

檩之间的为金檩（宋式叫平槫），随房屋进深的大小可设若干，按上下位置分称为上、中、下金檩（宋式称为上、中、下平槫），前后两坡对称布置。宋式槫径等于檐柱径，清式檩径小式同于檐柱径，大式为檐柱径之3/4。

清式建筑不同层次的梁就以其上直接和间接承受的所有檩数来划分定名，每檩可谓之一架，如七架梁，谓其上共承有七道檩。宋式建筑则以槫上所架椽数来划分定名，每上下相邻两槫间为一架椽，因之清式七架梁便当宋式六椽栿，清式五架梁当宋式四椽栿。清式之三架梁，在宋式叫平梁或平栿。最下层的梁所承檩数最多，也最长，为大梁，越往上层梁所承檩数越少、梁之长度越短。清小式建筑大梁以五架为限，加前后廊通进深不超过七檩，即七檩五架。梁，又俗称为柁，最下层大梁又叫大柁，以上为二柁、三柁……依次类推。不过，除大柁的称呼比较常用外，二柁、三柁等称呼一般很少用（图1-21、图1-22）。

在宋《营造法式》中梁槫的节点处有斗栱构件，梁与槫一般不直接联系。为使槫更加稳固，就在相邻上下两平槫间使用一种斜撑构件——托脚，其下脚落于下架梁背上，上端从侧下托住槫木，以防止槫木向下滑移，并分载部分重量（图1-22）。但当遇有梁所用方木大于尺寸规格时，就可能"碍槫及替木，即于梁上角开抱槫口"。当然这种情况只发生在直梁上，因为月梁两端做卷杀、斜项，一般不会与槫及替木相碰。这本是一种特定情况下的处理办法，但由于梁头开口抱槫，使得槫与梁的联系更紧密，节点结合大大加强，以后这种做法就逐渐固定下来，演变成清式的桁椀，以梁直接承檩成为清式建筑的固定模式，原先的托脚构件也就被废去。托脚实例最早见于唐代木建筑遗构，五代宋金建筑中都可见斜跨三槫两架椽的大托脚，但同时也有不用托脚的，用者也不是每槫下都有，特别是南方建筑用的很少，元代依然是北方多用而南方少用，至明清则基本绝迹。

立于下架梁上、支承着上架梁两端的短小竖木，叫瓜柱或柁墩。一般说来，如果这根竖木的高度（亦即上下两架梁间的净距）大于或等于其直径（或侧面宽度）就叫瓜柱，如果其高度小于直径（或侧面宽度）则叫柁墩。支承于各金檩下的是金瓜柱或柁墩，随金檩也有上、中、下金瓜柱之分。最上三架梁上居中安置脊瓜柱以支承脊檩（图1-21）。在汉画像

[①] 檐檩是无斗栱建筑檐柱上的檩木之称，如为带斗栱建筑，则在檐柱以外还要由斗栱最外、最上的栱件悬挑出另外一道檩木以满足对较大出檐的支挑，称为"挑檐桁"，而位于檐柱中心上方的檩则称为"正心桁"。宋式有斗栱建筑中，相当于清式挑檐桁部位的，有用矩形枋木和圆形槫木两种情况，前者称"撩檐枋"，后者称"撩风槫"（在《营造法式》中前者用"橑"字，后者用"撩"字，但似无甚意义差别。本书统一用"撩"字）；相当于清式正心桁位置承檩的，也有用枋和槫两种情况，前者称"承椽枋"，后者称"牛脊槫"（学术界对牛脊槫所在位置尚有不同看法，详见第三章第一节中）。宋式无斗栱建筑的简单构架形式称为"柱梁作"，但《营造法式》仅有只言片语，对其型制及构件名称都未作进一步记述，推测相当于清式檐檩者也可能相应称为"檐槫"。当然，广义上檐檩和檐槫也可以作为所有建筑檐柱上檩木的通称。

砖上即见有瓜柱的形象，作收分卷杀似瓜形，瓜柱一名或缘此而来，但在明清官式建筑中已不再雕成瓜形，南方苏州地区称为童柱，宋式中则统脊瓜柱、金瓜柱称为蜀柱或侏儒柱，皆取其短小之意。元以前蜀柱多用小八角形、八角形及圆形，柱头都有卷杀，明清全为圆形。

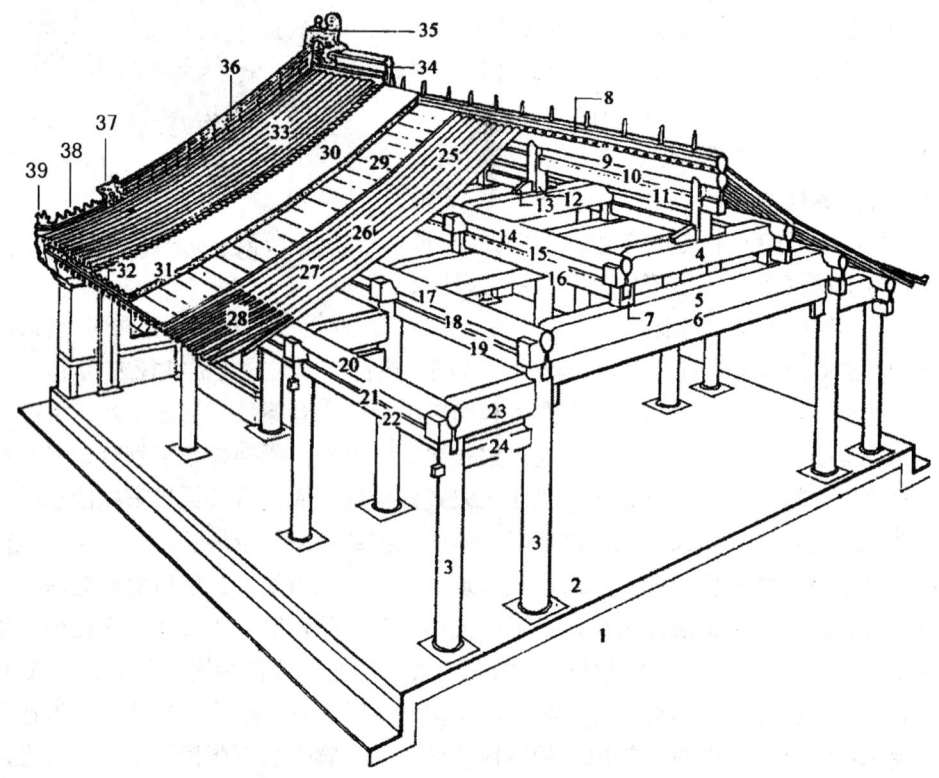

1.台基 2.柱础 3.柱 4.三架梁 5.五架梁 6.随梁枋 7.瓜柱 8.扶脊木 9.脊檩 10.脊垫板 11.脊枋 12.脊瓜柱 13.角背 14.上金檩 15.上金垫板 16.上金枋 17.老檐檩 18.老檐垫板 19.老檐枋 20.檐檩 21.檐垫板 22.檐枋 23.抱头梁 24.穿插枋 25.脑椽 26.花架椽 27.檐椽 28.飞椽 29.望板 30.苫背 31.连檐 32.瓦口 33.筒板瓦 34.正脊 35.吻兽 36.垂脊 37.垂兽 38.走兽 39.仙人

图1-21 清官式一般房屋构架透视图（七檩硬山前后廊）

宋式建筑脊榑之下的支撑构件，在蜀柱之外往往并用"叉手"（人字木），其相当于在脊榑前后与平梁间分别设置的两条对称的托脚。但是，从《营造法式》中的殿堂和厅堂草架侧样来看（图1-22），与叉手顶端直接联系的，不是脊榑而是其下蜀柱支承的斗栱枋木构件，而在实例中两种情况都存在。之所以如此，可能是因为脊榑的受力方向是垂直向下的，无斜下滑移之虞。这样，叉手的主要作用就是分载重量以及稳定蜀柱了，其与平梁及蜀柱构成一个稳定的小三角结构梁架。从汉代一些反映建筑形象的考古材料看，此时是大叉手与抬梁并用的，但脊榑下的构架形式表现得并不明晰。河南荥阳汉墓出土的陶仓明器显示的山面屋架，脊榑下有蜀柱，但无平梁，蜀柱立于大梁上，整个屋架仍为大叉手形式，但叉手是支于脊榑之下还是搭于脊榑之上则无明确表现；四川成都出土的东汉住宅庭院画像砖后部厅堂建筑的山面屋架，由前后檐柱承四椽栿，栿上立二蜀柱承平梁，已与后世抬梁形式几无差别，但平梁以上的构架形则不明确，脊榑之下似无蜀柱，究竟是以大叉手承脊榑，还是以小叉手承之而将大叉手木搭于脊榑上，或者仅有承脊的小叉手而已不使用大叉手？这些皆不清楚，按抬梁式木架的发展逻辑来看，以最后一种的可能性较大；河南洛阳

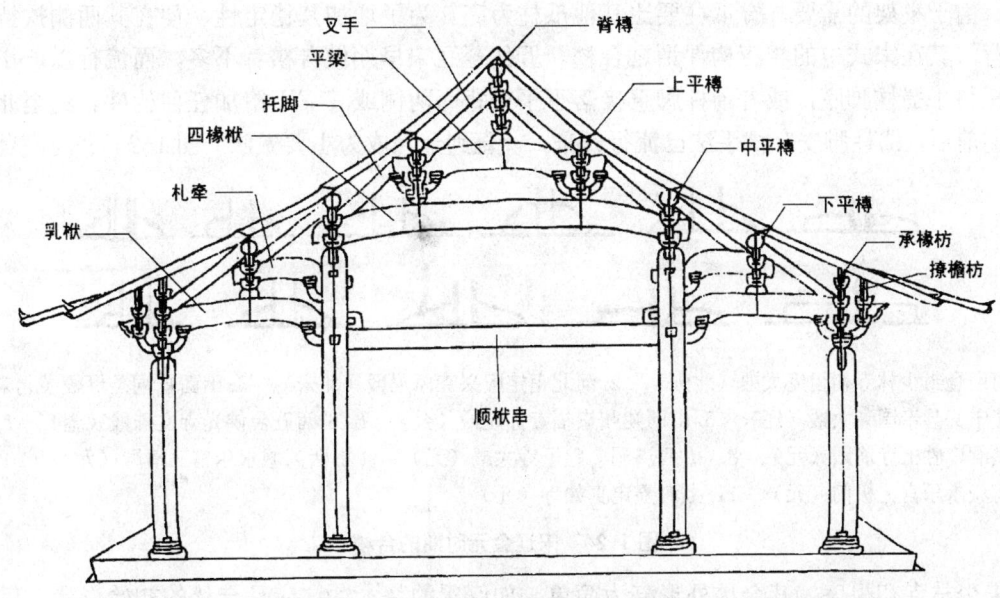

图1-22 《营造法式》厅堂草架侧样（八架椽屋前后乳栿用四柱）

出土的北魏永安二年（529年）宁懋石室（现存美国波士顿博物馆）所示，是一个面宽三间、进深一间的悬山式小屋，似仍采用大叉手屋架，而于其下另以叉手和蜀柱承脊槫的形式则比较明确。目前仅存的四座唐代木构建筑实例，都是明确的抬梁式构架，中唐的山西五台南禅寺大殿和稍后的佛光寺大殿以叉手承脊槫而无用蜀柱，晚唐的山西平顺天台庵大殿和芮城广仁王庙大殿则是蜀柱辅以叉手承脊槫，天台庵者更近于《营造法式》的形式（图1-23）。宋、辽、金时普遍应用叉手，尺度甚大。元代叉手外形渐趋细长，而南方则不用。明代以降，官式建筑中叉手与托脚一起被废弃。在某些地区的明清建筑中虽仍保留有叉手，但用材显著缩小，已失去早期建筑中叉手的荷载功能。

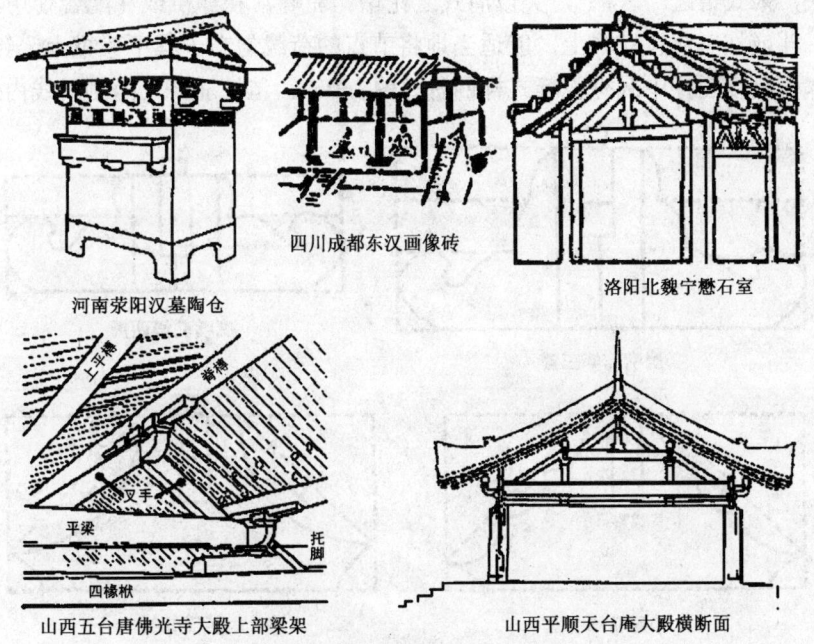

图1-23 汉唐间梁架叉手蜀柱几例

由于举架的需要，脊瓜柱要比其他瓜柱为高。为了增加其稳定性，便在其两侧扶持以角背。其在宋式中的相应构件谓之合㭼。五代至辽宋早期做合㭼者不多，而流行以一小驼峰托垫于蜀柱脚底，或者蜀柱脚直接落于平梁背而两侧或其下不附加任何构件。约至北宋中期前后，蜀柱脚安合㭼手法已流行开来，一直到金元成为主要做法（图1-24）。河南登封

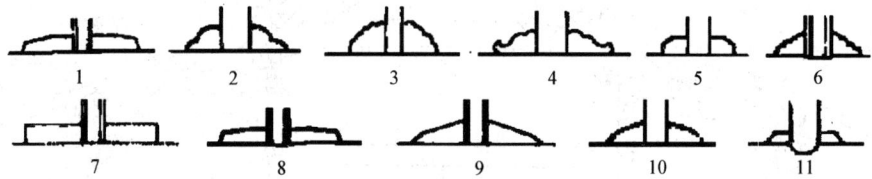

1. 河南登封少林寺初祖庵大殿（北宋）　2. 河北正定隆兴寺摩尼殿（北宋）　3. 山西晋祠圣母殿（北宋）　4. 辽宁义县奉国寺大殿（辽）　5. 山西朔州崇福寺弥陀殿（金）　6. 山西五台佛光寺文殊殿（金）　7. 山西洪洞广胜上寺前殿（元）　8. 山西洪洞广胜下寺大殿（元）　9. 山西芮城永乐宫三清殿（元）　10. 山西芮城永乐宫无极门（元）　11. 上海嘉定真如寺（元）

图1-24　宋辽金元时期的合㭼

北宋少林寺初祖庵，其合㭼外形甚为简单，如倒置的替木，这应是合㭼的初始形状。后来就于㭼身施曲线卷杀，做一些富有装饰趣味的形状。如河北正定隆兴寺北宋摩尼殿合㭼施两曲卷杀、山西太原晋祠北宋圣母殿合㭼出四瓣、山西五台金代佛光寺文殊殿合㭼入四瓣、山西朔州金代崇福寺弥陀殿合㭼为抹去上角的矩形、辽宁义县辽代奉国寺大殿合㭼则作二瓣之鹰嘴驼峰式样。元代合㭼已有简化的趋势，有矩形、圆弧形及梯形等。明代以后，合㭼就基本统一为方直形的角背了，仅抹去上角，且较低矮。实例所见，宋至元的合㭼并不只是像《法式》规定的那样用于平梁上的蜀柱两侧，于其他梁栿上支承平槫的蜀柱也有用的。不过，因多彻上明造，而在上下梁架节点处更多使用富有装饰意味的驼峰。驼峰实即置于上下梁栿间的起支撑、垫托作用的木墩，因刻出曲线装饰形如驼背故名；如在草栿之上即用木块，宋式谓之"敦㮇"，类似清式之柁墩。驼峰常和斗栱或斗配合使用，也有与蜀柱配合的，斗或柱座落在驼峰上，能适当地将节点的荷载匀布于其下梁栿上。《营造法式》卷三十大木作制度图样中载有驼峰式样四种（图1-25）：毡笠驼峰（两侧斜线内弧，至端点

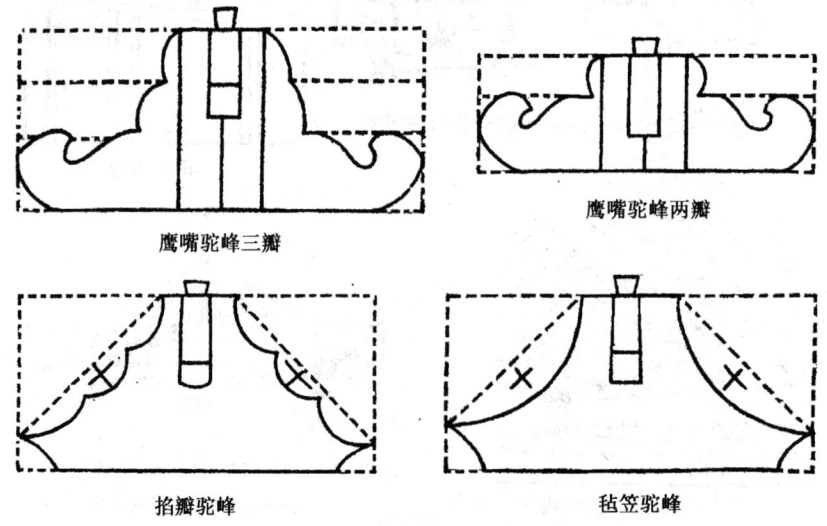

鹰嘴驼峰三瓣　　　　　　　　　　鹰嘴驼峰两瓣

掐瓣驼峰　　　　　　　　　　毡笠驼峰

图1-25　《营造法式》驼峰式样

向下斜杀，形如毡笠）、掐瓣驼峰（整个轮廓仍似毡笠，但两侧斜线处理为三个连续的内凹弧形，如掐出三入瓣）、鹰嘴驼峰（其两侧斜线处理成二个或三个外凸的连续弧线，形成两个或三个出瓣，底下两端上卷如鹰嘴。其中两个出瓣的又叫两瓣驼峰，三个出瓣的又叫三瓣驼峰）。驼峰最早见于山西寿阳市北齐河清元年（563年）厍狄回洛墓的房屋形木椁上，其顶面凿圆卯，内插圆柱状木销，与其上之斗结合①。建筑实例以唐南禅寺大殿者为最早，有二种：一在平梁中央，上承蜀柱，其形状较扁平，两肩各雕出瓣四道；另一在四椽栿上，以栌斗、令栱承平梁，其体积较高阔，两侧饰以入瓣及枭混线（凹凸线作连续弧转过渡）。五台唐佛光寺大殿，在草栿之上使用的是"敦㭏"木块，明栿上的驼峰也有两种，其中一种是将较长的枋木或斗栱出跳华栱的尾端延出作半驼峰。宋辽金时期建筑实例所见驼峰形式远比《法式》所载要丰富得多，总体以两侧作或多或少的凹凸弧线加两头卷尖的形式居多，也有上窄下宽的梯形驼峰，两斜线不作任何装饰，形式简素。金代驼峰除沿用前代各种形状以外，亦有所创改，如晋祠献殿平梁下者，其高度已逾70厘米，两侧密饰出瓣，下再施枭混线与直线。元代则趋于简单，使用出瓣或入瓣的已不多见。明清砌上明造的梁架节点或隔架科斗栱下也用驼峰，多为卷云纹或荷叶墩式样（图1-26）。

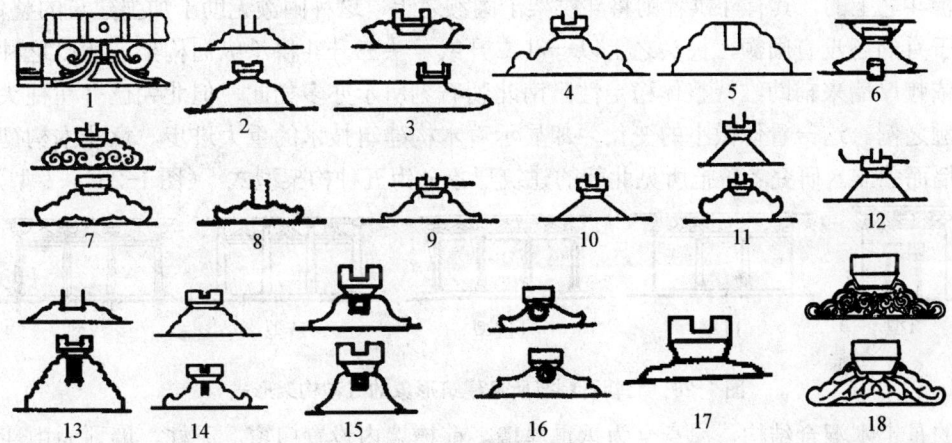

1. 山西寿阳北齐厍狄回洛墓木椁 2. 山西五台南禅寺大殿（唐） 3. 山西五台佛光寺大殿（唐） 4. 河北正定隆兴寺转轮藏殿（北宋） 5. 山西太原晋祠圣母殿（北宋） 6. 河南登封少林寺初祖庵大殿（北宋） 7. 广州光孝寺大殿（南宋） 8. 天津蓟县独乐寺山门（辽） 9. 山西大同华严寺海会殿（辽） 10. 辽宁义县奉国寺大殿（辽） 11. 河北新城开善寺大殿（辽） 12. 山西大同善化寺普贤阁（金） 13. 山西太原晋祠献殿（金） 14. 山西朔州崇福寺弥陀殿（金） 15. 山西芮城永乐宫无极门（元） 16. 山西洪洞广胜下寺大殿（元） 17. 浙江武义延福寺大殿（元） 18. 清式驼峰（上：卷云纹；下：荷叶墩）

图1-26 历代驼峰式样

枋，口语称枋子，是用于柱头之间起拉结联系作用的横木，有置于开间方向檩木之下的，也有置于进深方向的梁之下的，断面呈矩形，一般较梁要薄。顺梁之下的称为随梁枋，不仅可以加强联络，还可增强承重梁架的抗弯能力，故也称为随梁（在小型建筑中很少用）。檩木与其下枋子之间，还安装一道垫板，这种檩、垫板、枋子三件迭在一起的做法称作"檩三件"。它们各依檩的位置与名称分别叫做檐枋和檐垫板、脊枋和脊垫板、金枋和金垫板（也有上、

---

① 王克林：《北齐厍狄回洛墓》，《考古学报》1979年第3期。

中、下金之分）（图1-21）。檐枋，用在檐柱头上以联系檐柱，用于大式带斗栱建筑中称为额枋。较大的建筑额枋常做上下两道：上面与柱头相平、断面较大的一道叫大额枋（宋式叫阑额），下面较小的一道叫小额枋（宋式叫由额），大小额枋之间置较薄的由额垫板。额枋（大额枋）除作为檐柱的联系外，其上还要承放檐下斗栱。房屋尽间的檐枋或额枋（大额枋）要伸出于角柱之外，称为箍头枋。如四面出檐或多角形建筑，转角两面的箍头枋称为搭交箍头枋，并用两向出头。带斗栱的大式建筑箍头枋出头约为1/2柱径，头饰常做成"霸王拳"形状（由中间三个凸半圆和两端两个凹半圆连续而成的花状头饰）；无斗栱的小式建筑箍头枋出头约3/4柱径，做成"三岔头"（图1-27）。这样，四边两个方向的枋子在柱头间形成围合的拉结联系框架，对于稳定梁架结构、加强建筑的整体性起着十分重要的作用。

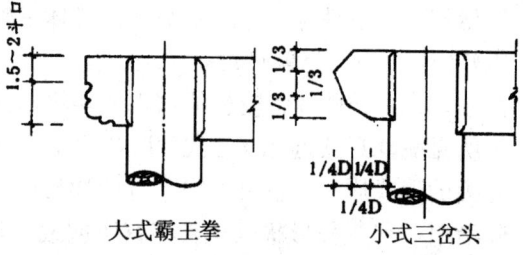

图1-27 清式箍头枋出头

由汉代石室、建筑明器及画像砖石等资料显示，当时的阑额并不直接联系柱头而是架于柱头栌斗之上的，其有斗栱者则将斗栱架于阑额之上，这种阑额无助于加强建筑的整体性，甚至于有的还没有阑额，柱头之上以一斗二升或一头三升斗栱承纵向构架，所以这种构架需要依赖厚墙来辅助维持整体稳定性。南北朝石刻所示亦多如此，但北朝已有在柱头以下施阑额之例。这一看似微小的变化，却显示着木构建筑技术的重大进步，意味木构彻底摆脱土墙而独立。研究者曾把所见北朝的建筑形象分为五种构架型式[①]（图1-28）：Ⅰ型，所

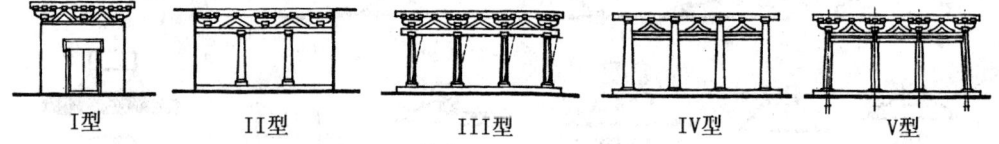

图1-28 北朝石刻等所见建筑形象的五种构架形式

表现的是土木混合结构，屋身全为承重厚墙，前檐墙内设置门窗，无柱，墙顶为由斗栱、叉手构成的屋顶纵架。洛阳北魏一号遗址所显示的也是这样一种全土墙承重的结构；Ⅱ型，所表现的是山墙和后墙为承重墙、前檐及屋顶为木构架的土木混合结构，前檐在两山之间架设一由斗栱、叉手组成的通面阔长的纵架，纵架两端由山墙支承，中间部分用一根或二根木柱承托；Ⅲ型，外檐全用柱列承托纵架，没有厚土墙，它所表现的房屋有两种结构可能，一种是四面都是这样的全木结构，一种是中心部分仍是如Ⅰ型的厚墙承重的混合结构，而在四周加一圈全木构的外廊。第Ⅱ、Ⅲ型都是将阑额置于柱头之上；Ⅳ型，所表现的是全木构架，柱子上伸，直接承托檐檩，把原为一整体的纵架分割成数段，阑额由柱子上的栌斗口中向下移到低于柱顶处，成为柱列间的撑杆；Ⅴ型，阑额位置较Ⅳ型上移，架于柱顶之间，成为柱列之间的联系构件，柱上施柱头斗栱，柱间阑额上施补间斗栱（叉手、蜀柱），与柱头枋、檩共同构成纵架。从时代顺序和构架特点看，Ⅰ、Ⅱ型最早，为土木混合结构，Ⅱ型两山和后檐的厚土墙除承纵架两端和后檐之重外，还有维持房屋构架稳定的重要作用。Ⅲ型见于云冈二期之末，即北魏迁都洛阳前夕，其可能是混合结构，也可能是

[①] 五卷集《中国古代建筑史》第二卷第二章第十一节。

全木结构,但由于柱子托在纵架下,是简支结合,柱列各柱可以平行地同时向一侧倾倒或沿同一方向扭转,稳定性差,所以它更可能是主体为混合结构的房屋的外廊,依附主体以保持稳定。土木混合结构,是商周秦汉来建筑传统的沿续。Ⅳ型见于北魏迁都洛阳之初,Ⅴ型始见于北魏末东魏初,即公元 534 年左右,这正好反映了北魏中后期木构架逐步摆脱夯土墙的扶持,发展为独立构架的过程。Ⅳ型把阑额降到柱间,与檐柱、檐槫、斗栱在柱列的上部联为一体,近于排架,阑额入柱处的榫卯和阑额檐槫间的叉手保持了构架的纵向稳定,但柱、额、斗栱上下穿插使得施工较为复杂。Ⅴ型阑额架于柱顶之间,围成方框把柱网连为一个稳定的整体,这种做法的柱网、纵架、屋架层叠相加,既可保持构架稳定,又便于施工,是五种类型构架中最为先进的。这五种构架类型,在北朝中后期一直共存了较长时间,到北齐、北周末才逐渐统一于Ⅴ型。南朝建筑虽然至今连最简单的图像资料也未能见到,但据研究日本飞鸟时代的建筑遗构源于中国南北朝末期特别是南朝梁、陈时期的建筑,结合史籍所载,可以略窥南朝建筑的情况,与北朝大体相若而全木构建筑似比北朝更普遍。到隋代,石刻壁画所见大多数都已是阑额直接连在柱头之间的形式了,甚至还出现了施用两层额枋的,如敦煌 423 窟壁画所示,但是隋代仍然存在阑额置于柱头之上的做法(图 1-29)。初唐所建的大明宫含元殿(662 年),其殿身还使用了无柱的夯土墙。以后,虽Ⅱ、Ⅲ、Ⅳ型尚偶然可见,但宫廷、官署、贵邸的建筑构架基本上统一于Ⅴ型了。所以,

图 1-29 敦煌壁画所见北周和隋代阑额例

近代对中国传统建筑所谓"墙倒屋不塌"的说法,应当有一个时代前提,即从南北朝末期以来而言。从初唐起壁画、石刻上即多有表现上下二层阑额者,二者大小相等,中间连以若干短柱(或称为立旌),唐代文献中称为"重楣",但现存四座唐代木构实例都只用一道阑额。这可能是由于其时阑额的作用主要是作为柱间联系构件,其上补间斗栱比较简单,多施人字栱而无出跳的,其荷载不大,故阑额断面较小,上下二层可用同一尺寸,或者只需用一道即可。晚唐五台山佛光寺大殿,其柱头斗栱虽已庞大而复杂,但补间斗栱仍仅用一朵,且为方直斗上承二跳栱的简略形式,荷载也不是很大,故其下也仅用一层阑额而已。宋代补间斗栱数虽仍不多,但出跳大小已与柱头斗栱相称,其体积重量(包括结构荷载)俱已增加,故承托它的阑额亦须调整变化以相适应,于是有上层阑额与下层由额断面尺度的大小之别。从《营造法式》大木作制度图样中的草架侧样来看,宋式由额主要用于殿堂而不用于厅堂,殿堂无副阶或副阶不施天花也可不用由额,如有副阶则副阶柱阑额下不须用由额,由额广(高)规定为减阑额二分至三分。一般来说宋式由额与阑额间距较清式大小额枋间距为大(重檐建筑上檐额枋的设置情况比较复杂,因又牵涉许多构件构造名称术语,我们将在后文予以介绍),中间置挡板称照壁板,板间隔以小短柱称心柱,略存立旌古制(图 1-30)。敦煌宋代壁画和木构窟檐中的阑额与由额大小相等,两层之间竖立旌,大约是敦煌远在边陲,更多保存古制的缘故。

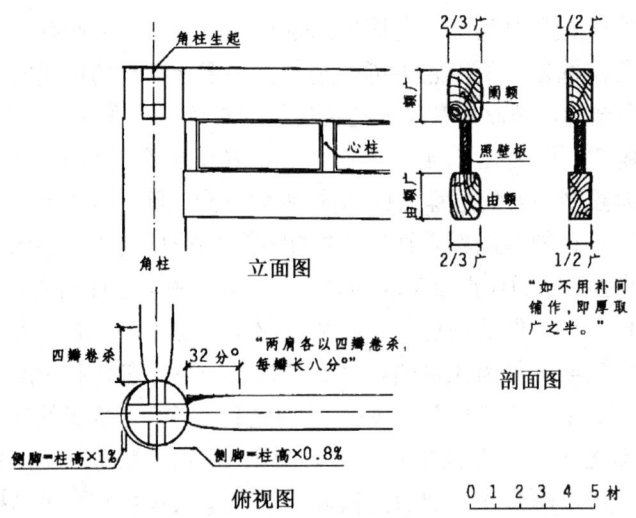

图 1-30 《营造法式》阑额、由额构造做法示意

阑额至角柱处的做法，唐代木构实例皆不出头，但晚唐四川摩崖石刻中见有个别出头者[①]。阑额出头的实例最早见于五代末的福州华林寺大殿（时间已入宋初），为垂直截割式，且此殿阑额作月梁形。辽代出头多作垂直截割，宋《营造法式》中没有规定出头而实例有见[②]，如少林寺初祖庵大殿阑额出头略如耍头形，金代出头作耍头或霸王拳形式，元代出头形如楂头或作轻微枭混曲线，明清大式建筑则皆依霸王拳式而曲线略有变化（图1-31）。近代民间建筑尚有依循古之简制，如北方乡间的额枋出头采用垂直截割者。宋代阑额断面皆为长方形，没有作月梁式的，但两侧面常卷杀做成外凸弧面，或称琴面形（《法式》于此未作规定），明清则仅于额枋的四角稍加卷杀，明代南方民居仍有沿用琴面形的。

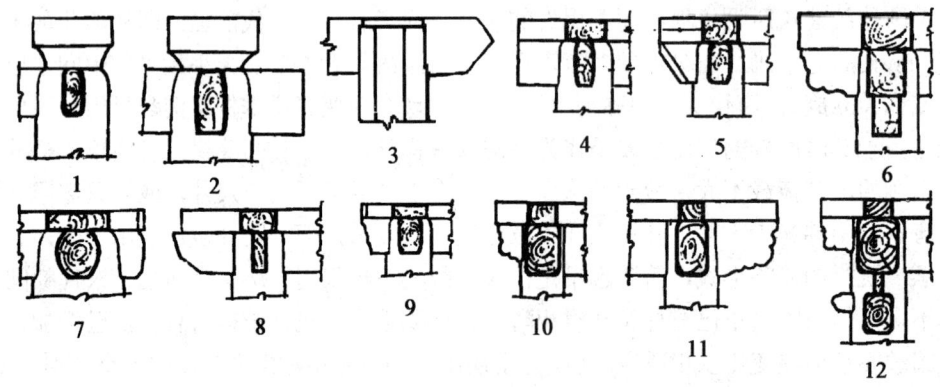

1. 山西五台南禅寺大殿（唐）　2. 天津蓟县独乐寺观音阁下檐（辽）　3. 河南登封少林寺初祖庵大殿（北宋）　4. 山西大同华严寺薄迦教藏殿（辽）　5. 山西大同善化寺山门（金）　6. 大同善化寺三圣殿（金）　7. 广州光孝寺大殿（南宋）　8. 山西洪洞广胜下寺前殿（元）　9. 河北正定阳和楼（元）　10. 北京智化寺万佛阁（明）　11. 河北承德普宁寺大乘阁（清）　12. 清工部《工程做法》

图 1-31 历代阑额出头

---

① 参见辜其一《四川唐代摩崖中反映的建筑形式》，《文物》1961年第11期。
② 《营造法式》卷五大木作制度造阑额之制规定"长随间广，两голову至柱心"，其大木作图样中也未见有阑额出头的形式。《法式》在阑额条下另有"檐额"一项，形式与普通阑额有所不同，用材超过阑额而与殿阁梁栿用材相近，是"两头并出柱口"贯间通做的一整根大额，承载上部的斗栱或屋架，而不仅仅是联系构件。详见第三章第四节。

明清高大殿宇内的天花之下，在面阔和进深方向的柱间使用枋木来联系加固，形成矩形框架，并与天花梁、枋之间以斗栱隔架，称为跨空枋。其中面阔方向的跨空枋与外檐的额枋形式相同，或称内额（枋）。进深方向上的天花梁和跨空枋，与天花上的底架大梁及其随梁枋构架形式类似，故或也以后者的名称来称之，但实际上二者的功能是不同的，前者主要承天花和作联系构件而非屋盖的主要荷重构件。宋式中也有类似形式的屋内枋木，因牵涉许多构件构造的名词术语，我们将在后文宋代木结构一节中予以介绍。

历代梁枋用材总体上是断面由"瘦"向"肥"发展。《营造法式》将梁的断面高宽比规定为 3:2，现存唐宋辽金时期的木构建筑梁断面高宽比大多在 $\sqrt{2}:1 \sim \sqrt{3}:1$ 的范围内（金元建筑中使用的斜栿、大内额，其断面多接近圆形），这样的高宽比例，从材料力学原理上看，是比较经济合理的。清工部《工程做法》规定梁枋断面的高宽比为 5:4 或 6:5，接近正方形，不仅不符合材料力学的原理，造成了用料的浪费，而且加重了结构本身的自重，这是一种技术发展停滞的现象。

除上述外，还有其他一些梁架结构构件，其中有的是某类建筑构架形式独有的，有的则是各类或某些建筑构架形式共有的，为顺行文结构和渐次认识理解之便，将在后面结合各类具体建筑构架形式的叙述随文循序介绍。

第三节 屋面木基层

屋面木基层，是指在檩上所搭盖的一系列木构件，包括椽子、望板等等。

在檩条之上密集排钉与檩条呈垂直正交的细木，叫椽（口语称椽子），是屋面木基层的主要构件。椽断面有圆形和方形两种，清式通常大式做法多为圆椽，小式做法多为方椽。椽子净距依一椽径排列。椽径在有斗栱的建筑中为 1.5 斗口，在无斗栱的建筑中约为檩径或檐柱径的 3/10 或 1/3。椽子是分架铺设的，每相邻两檩为一架，依位置不同分别称为檐椽（架于檐檩与下金檩间）、花架椽（架于各金檩间，同样有上、中、下之分）、脑椽（架于脊檩与上金檩间），其中檐椽加长，伸出檐檩之外形成出檐（图 1-21）。明清以前的椽身有收杀，始于汉而渐隐于金、元。

椽在檩上的搁置方式，将上、下椽头斜削对接称为"斜搭掌"，檐椽与下花架椽为斜搭掌，搭掌接触面积较大，花架椽与花架椽或脑椽有斜搭掌的、也有顶茬对接的（此法不大牢固）。明清小型房屋也有将上下椽头相错作交替钉装的，称为"乱搭掌"，这也是唐、宋建筑皆采用的方式。"乱搭掌"构造更坚固，而"斜搭掌"更显美观整齐。椽子的固定方法是在各檩木上钉放一条木板，在上面按椽距做出一排洞以插入椽子可防其左右错位，称为椽椀（椽窝）。多数情况下，椽椀只是在檐里安装修（门窗装修安装在檐柱之间，以檐柱为界划分室内外）时用于檐檩之上的构件（有封堵椽间空档、分隔室内外、防寒保温以及防止鸟雀钻入等作用），而其他步架上椽子较多采取直接铺钉于檩上的做法，特别是小式建筑中将各段椽直接铺钉于檩上的更多。椽椀长随面宽，一般以椽径的 1.5 倍定高，宽是高的 1/5 或同望板厚，也可以依实际需要定其高宽。椽椀直接钉在檐檩中线内侧，其外皮与檩中线齐。明早期椽椀的做法，分为上下两半，先安下面一半，再安檐椽，最后安上面一半，上下接缝处多做龙凤榫，做工相当考究。在金里安装修（门窗装修安装在金柱之间，以此界分室内外）时，不用椽椀板，而在金檩之上安装一长条板，以防风沙等进入室内，作用与椽椀相同而做法不同，因其是夹在檐椽与下花架椽之间，故叫"隔椽板"或"椽中板"，其里皮与檩中线齐，高为椽径加斜，宽为高的 1/10，或根据实际需要而定。在脊檩上设置一道扶脊木，常为六边形或五边形断面，在前后向下的两个斜面，也做出圆洞，以承插脑椽上端（图 1-32）。

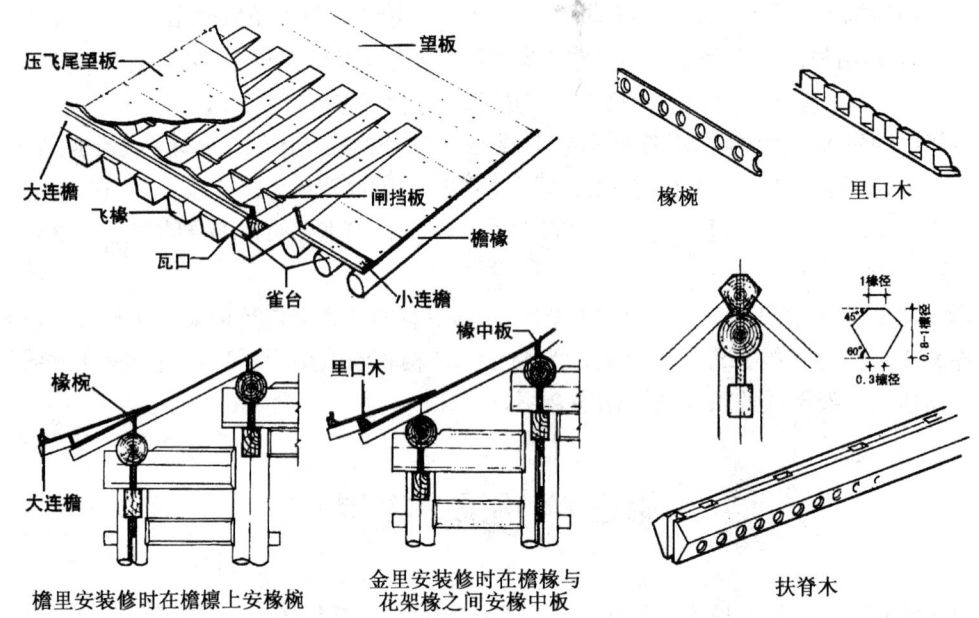

图 1-32 屋面木基层构件构造组合示意

屋面木基层部分，除椽子外，还有飞椽、望板、连檐、瓦口等（图 1-32）。

飞椽为较短的椽子，椽头断面为方形，后尾呈楔形，以附贴于圆形的檐椽前端之上，从而又向外挑出一段檐头略向上翘起的飞檐，故称之为飞椽或飞檐椽（宋式叫飞子）。飞椽的使用，增加了建筑物出檐的深度及屋顶雨水的排泄距离，有利于更好地保护柱墙、台基使之不受雨淋，同时又是平出或略上翘的，从而避免了因出檐过深而对采光造成影响。

檐椽和飞椽头上都有横木相联系，称为连檐（封檐板）。在檐椽上的称为小连檐，断面呈直角梯形或矩形，高为望板厚的 1.5 倍，宽与椽径同。在飞椽上的称为大连檐，断面呈直角梯形，在有斗栱建筑中它的高度和底宽都是 1.5 斗口，无斗栱建筑其高与椽径同、宽 1.1～1.2 椽径。连檐的作用在于联系固定椽头和使檐口齐平，大连檐并有保护椽头使免受雨水侵蚀的作用。大小连檐的外皮距各自的椽头外皮都要留出约 1/5～1/4 椽径的空距，称为"雀台"。在宋式中大、小连檐的指称与清式相反，即清式大连檐在宋式称为小连檐，清式小连檐在宋式称为大连檐。

在小连檐上飞椽和飞椽之间有空档，故于每两根飞椽之间垂直于小连檐钉一块小板以封住这一空档，叫做闸挡板，可以防止鸟雀飞入筑巢。闸挡板宽以档距计算，高同飞椽高，厚同望板厚。如果将小连檐与闸挡板合二为一就成为里口木，一般由整块方木刻成，按飞椽之间的档距刻出槽口，以安装飞椽，未刻掉的部分卡在两椽之间，兼起到闸挡板的作用。里口木的高、宽是椽径的 1.3 倍。使用里口木的大多是比较考究的建筑。

在椽子上面满铺钉厚度一寸左右的木板，叫望板（又叫屋面板），也是屋面木基层的主要部分。与椽身平行为顺（竖）望板，按椽档钉装，在椽子下面看时显得整齐，但受力不甚合理，这类望板比较厚，达 0.5 斗口，现存古建筑望板实物有厚达 1 寸或 1 寸半（营造尺）的；板的方向与椽身垂直为横望板，板与板之间的接荐处刮成斜荐以便搭接，俗称柳叶缝。这类望板比较薄，厚度多是柱径的 1/10，通常用的有 2.5 或 1.5 厘米厚的。小式房屋一般都铺钉横望板，简陋的民房有时还常以席箔代替望板铺钉在椽子上。还有压飞望板，钉在飞椽之上，特别是飞椽后尾。这部分望板可以做成柳叶缝铺钉，也可以直荐对接。

望板之上要抹施一层掺以草与泥或麻与灰的混合物，作为屋顶瓦面下的垫层，叫做苦背，苦背之上铺瓦。在大连檐之上还须钉一条窄木板，其上按底瓦的宽度挖成连续的椀以安装滴水，称为瓦口（宋式叫燕颔板）。有斗栱的建筑瓦口高 1 斗口、宽 0.6 斗口，没有斗栱的建筑瓦口高度按椽径的 1/2 计、宽为椽径的 1/4 或高的 3/10。

出檐深度（上出），无斗栱建筑按檐檩中到飞椽头皮的水平距离计（较简陋的民居也常有不用飞椽的，其出檐以檐檩中心到檐椽头皮计，称为"老檐出"）为 1/3 或 3/10 檐柱高；带斗栱建筑，承托檐椽的有两道檩木，其一在檐柱正心也就是其上斗栱的正心位置上，称为正心桁，承托檐椽后尾，另由斗栱外出最上跳承托一道断面尺寸较小的挑檐檩木称为挑檐桁（宋式用撩风槫或撩檐枋），出檐按挑檐桁中至飞椽头皮的水平距离计为 21 斗口。檐椽平出和飞椽平出距离各占 2/3 和 1/3，即飞椽出距为檐椽出距的 1/2。宋式出檐尺度依椽径确定，椽径 3 寸檐出 3 尺 5 寸，椽径 5 寸檐出 4 尺至 4 尺 5 寸，飞子出跳为檐椽出跳之 6/10。宋式飞子头底下及两侧做卷杀，给人以秀美之感，也是与清式不同之处。江南有些明代建筑尚保留有飞椽头卷杀的做法。从檐柱中线至台基外缘的距离，为台明出沿（台基露明部分称为台明）。屋顶出檐与台明出沿相对，可分别称为上出（上檐出）和下出（下沿出）[①]。因屋檐向下流水，故上檐出又被形象地称为"出水"。为避免从屋檐流下的雨水溅落台明而使柱脚及墙身受蚀，上出须大于下出，即台基外缘比檐头滴水线要缩进一段距离，这段距离叫"回水"。下出尺寸，硬山、悬山按 2/3 上出为宜，歇山、庑殿按 3/4 上出为宜。如果下出或两山位置的台明经常作为交通走道，宽度可以适当调整，

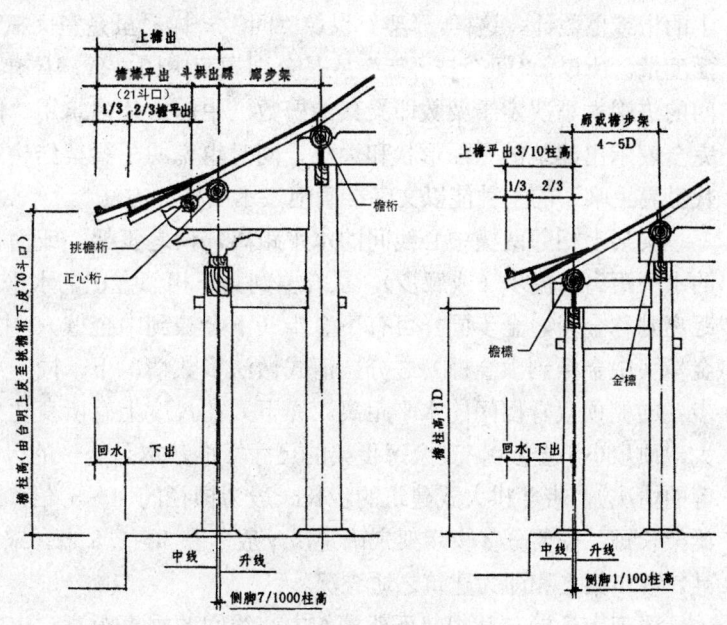

图 1-33 上出、下出、回水

必要时可加大至与上出相同甚至超出上出尺寸（图 1-33）。

[①] 或称下出为下檐出，其易与重檐建筑的上下出檐相混，故以"下沿出"为宜。

第四节　构架形式

　　在抬梁式建筑中，构架的基本形式就是：立柱、叠梁、架檩、铺椽。柱、梁、檩是构架的主要骨架构件，前后左右四个方向上的柱、梁、檩及枋等木构架就搭接围合为一个完整的立体间架。间架，是中国古代用以说明建筑物大小比例的习惯用词。"间"可以视作是建筑物平面上的衡量单位，尽管其实质上是一个框架空间单元的概念；"架"是建筑物立面上的衡量单位，又有所谓"上架"、"下架"之分，柱子属于下架，柱以上部分属于上架。一般所称梁架或屋架，或指上架而言，或统上下架在内。在建筑纵中线前后的梁架结构基本是对称分布的，以此分为前檐和后檐。在建筑进深的方向上，每一排梁架结构也都基本是相同的，其单位是"榀"，习惯上也称"缝"，根据其所处"间"之两侧的位置而可以区分称为明间东缝、明间西缝、东次间东缝、西次间西缝梁架等。梁架在这两个方向的名称就确定了它们在建筑平面上的具体位置，如前檐柱、后檐柱，前檐金柱、后檐金柱，前檐明间东缝檐柱、后檐西次间西缝金柱等等。

　　在导论中我们说过，在中国古代建筑这种特有的构架方式下的"间"的正确含义，是指在进深方向的相邻两缝梁柱构架之间的空间，对房屋空间（面积）的分"间"，严格来说只限于作为面宽方向的基本单元和度量名称；而进深方向则采用另一种单位——"架"来表述。架数，在宋式建筑中是以梁架的檩上前后架设的椽子数计，在清式建筑中是以梁架上的桁或檩数计。这样，"架"也像"间"一样，虽是空间概念，也用来作为进深方向的平面度量。所以，"间"与"架"应是分别规范中国古代房屋建筑广（宽）与深的基本单元，间的进深大小决定于架数即梁架的檩数。中国古代建筑用"间"和"架"的多少，就可以完全表示出建筑的平面形状和大小，同时也说明了梁架结构的形式，所以被学者誉为是古代世界上唯一的一种能以文字准确地表示图样的方法[①]。

　　梁架上相邻两檩中心线间的水平距离，谓之步架，或简称步。从檐檩到其上相邻金檩的水平距离称檐步（或廊步），从脊檩到其下相邻金檩的水平距离叫脊步，金檩之间的水平距离则称金步，金步同样可有下金步（下金檩到中金檩）、中金步（中金檩到中金檩）、上金步（中金檩到上金檩）之分。清式做法多数情况下，同一座建筑除廊步（或檐步）和顶步（卷棚顶双脊檩间的水平距离，详下）在尺度上有所变化外（一般廊步或檐步较金步略大，顶步小于金步），其余每步架的尺寸标准基本是统一的，即都是一个步架（也有步架不等的情况），带斗栱大式建筑的步长一般为檩径的 4～5 倍，具体尺寸可要视房屋进深大小、梁架长短、需要分多少步架来确定，一般多在 1～1.5 米。宋式建筑各步或相等，或递相增减。各步架之和即为建筑之通进深。

　　梁架上各檩与其相邻下架檩的中心线间的垂直距离，也即两檩间的高差，为各檩举高（在檩径相同的情况下，实际计量可按各檩底平算）。各檩举高相加即为屋顶脊檩的总举高，也就是整个屋架上抬的高度，在非特指具体桁檩的情况下，通常所谓屋顶举高或某建筑举高多少即指此总举高而言。

[①] 李允鉌：《华夏意匠》，第 135 页；张家骥：《中国建筑论》，第 301 页。

步架既定，便可依使用要求确定柱数。前后檐柱必不可少，中间的金柱则可机动。抬梁式构架内部可在进深三四步甚至七八步之多的距离内不设柱子，加上相邻各部，可以构成大空间。以七架屋为例，可在前后进深各一步处加柱，构成前、后廊；也可在进深两步处加柱，廊深两步；或只在正中加一柱，成各深三步的七架前后室；或在此七架前后室屋之前另加一步架为前廊，总体构成前后不对称的八架前后坡。总之，不同步架的各种柱子的布置方法，可以灵活构成多样的房间及廊子空间的构架形式。清式做法常见的构架形式如图1-34所示。

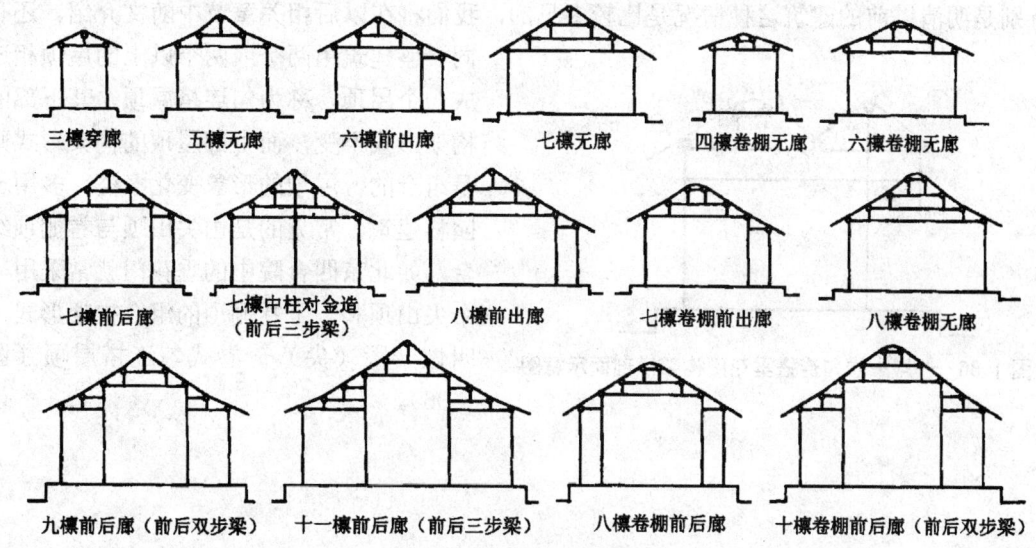

图1-34 叠梁构架形式举例

其中，最上有一道脊檩，屋顶前后两坡交于此做为正脊，这样的建筑屋顶叫做尖山顶或大屋脊顶、正脊顶等；最上有两道平行脊檩，屋顶前后坡在此上做成弧线形曲面，这样的建筑屋顶叫做卷棚顶或圆山顶，其可视为无正脊或叫圆脊、元宝脊、罗锅脊、过垄脊等。卷棚顶最上双脊檩间的水平距离称为顶步（架），其步长一般为2～3檩径，承托两道脊檩的梁叫顶梁或月梁（并不一定要卷杀为弓形），两道脊檩之上要使用凸弧的弓形椽子，叫顶椽或罗锅椽、蟆蝈椽等（图1-35）。卷棚顶以用于悬山和歇山建筑较多，用于硬山建筑较少，不用于庑殿建筑。

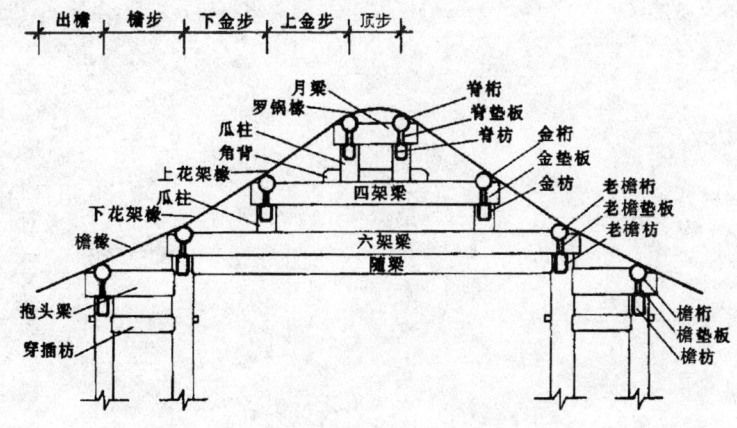

图1-35 卷棚顶木构架横剖面图

以上所举只是通常建筑进深方向基本的一缝梁架的完整构架形式。中国古代宫殿屋宇式建筑，从其屋顶的外部形象上可以区分为五种基本的类型：硬山顶建筑、悬山顶建筑、歇山顶建筑、庑殿顶建筑及攒尖顶建筑，另有就是由这些不同形式组合而成的建筑。无论建筑屋顶是什么形式的，其立面的基本构架原则是一致的。这种梁架立面的基本构架形式在宋《营造法式》中即有图纸反映，称为"侧样"，相当于现代所说的建筑横剖面图。建筑山面的梁架结构又常与间缝梁架不同，有时不同间缝梁架之间的构架形式也会有所区别，特别是明清以前的建筑这种情况是比较多见的，我们将在以后相关章节中随文介绍。还有同一座建筑由两个或两个以上的屋顶相连成一个屋顶，称为勾连搭屋顶，其下部的构架形式不变，而上部屋顶的构架形式则是组合的，屋顶的形象变化多姿，多用于园林建筑，常见的是由尖山顶与卷棚顶组合，如北京四合院中的垂花门就常采用一个尖山顶和一个卷棚顶的组合构架形式，叫做一殿（尖）一卷式勾连搭屋顶（图1-36）。

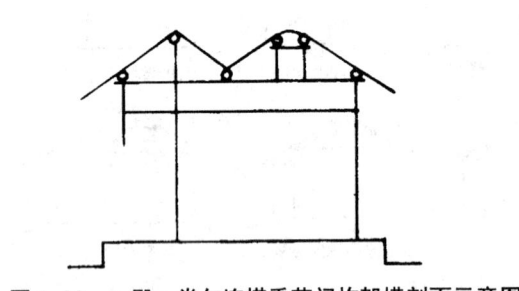

图1-36　一殿一卷勾连搭垂花门构架横剖面示意图

第二章　主要单体建筑类型的基本构架构造

中国古代宫殿屋宇式建筑，若从平面上分，有长方形、方形、圆形、三角、五边、六边、八边、扇形以及由若干长方和方形平面组合而成的曲尺、凸字、凹字、十字、工字等等形式，而以长方形及方形平面为最基本。若从屋顶的外部形象上分，有硬山顶、悬山顶、歇山顶、庑殿顶、攒尖顶、盝顶、盔顶、单坡顶、穹隆顶、圆券顶、平顶等各式单体屋顶类型，另有就是由这些不同单体屋顶组合而成的形式（图 2-1）。组合的屋顶形式有两种情况，一种是在平面上也能反映出来，即屋顶组合与平面组合同步进行；另一种是平面没有变化，而只在屋顶作各种组合变化。对于前者可以称之为组合式或复合式建筑，后者可称为组合式或复合式屋顶[①]。相比于屋顶外部形象的变化多姿，各类屋顶的内部构造做法却要一致得多，根本原因就在于抬梁式构架可以根据设计需要灵活处理，有极大的变化余地，可以塑造出风格不同的屋顶形式来。其中，硬山、悬山、歇山、庑殿顶建筑，都是在相同的长方形平面上，在基本一致的构架原则下，产生出的四种最基本的屋顶形式，是中国古代建筑最常见、最规矩的做法，古建筑行业习惯上将之作为官式建筑中的"正式建筑"，其他形式的建筑则笼统地称为"杂式建筑"。四种正式建筑屋顶结构方式的差异只在于左右两端——即两山的做法[②]，而造成的形象风格有很大不同，庑殿顶雄浑庄严，歇山顶华美秀丽，悬山顶简约洒脱，硬山顶质朴拘谨。它们构成建筑屋顶的四个等级，重檐庑殿为最尊，重檐歇山次之，以后顺序为单檐庑殿、单檐歇山、悬山和硬山。大式建筑这四种屋顶都可以用，小式建筑则只能用悬山和硬山。杂式建筑包括的范围很广，诸如垂花门、牌坊牌楼、游廊、钟鼓楼、仓库、戏台以及苑囿中经常使用的亭式建筑，在园林建筑或景点建筑中随处可见。复合式建筑特别是复合式屋顶，也常被视为杂式。正式与杂式实际上含有常见与不常见之意。建筑群中的主要建筑一般都用正式，但也不乏例外，事实上正式与杂式很难绝对划分。如一般攒尖顶的亭式建筑可以视为杂式，但重要的宫殿坛庙建筑也有用重檐攒尖顶的，则也可视为是正式。

本文主要叙述四种正式屋顶建筑以及常见的楼阁、亭及垂花门、牌坊牌楼的结构构造。

第一节　硬山建筑

硬山建筑的特征是：屋面仅有前后两坡，左右两侧山墙与屋面边缘相交，并将山部一

[①] 所谓组（复）合建筑和组（复）合屋顶，实际使用中并没有严格的界定，这里只是出于行文方便为作区分。
[②] 建筑物左右较狭的两端、前后屋顶的斜坡夹角以内的部分，很像古体的山字，所以在古代营造术语中称之为"山"。前后斜坡以内的三角形部分，常称为"山尖"或"山花"。宋式中称两山为"两际"。

缝檩木梁架外侧全部封砌在山墙内，山面裸露向上，显得质朴刚硬，故名硬山。硬山建筑是古建筑中最普通的形式，其构架组合形式是古建筑中最基本的构架组合形式，其他如悬山、歇山、庑殿等，它们正身部分的构架组成与硬山构架都基本相同。

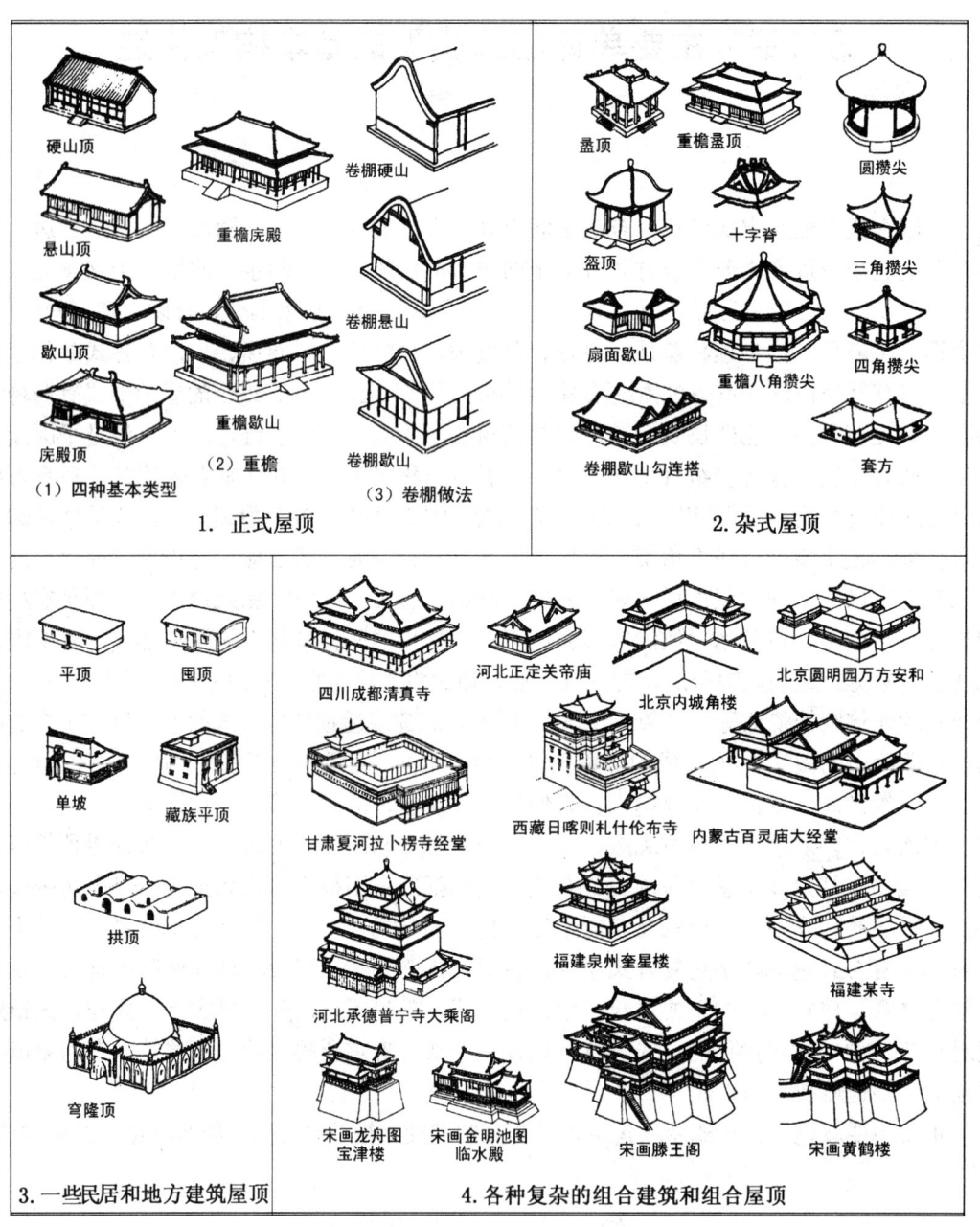

图 2-1 中国古代建筑屋顶形式举例

硬山建筑以小式为最普遍。清工部《工程做法》列有小式硬山的几种主要形式：七檩前后廊式，是小式民居中体量最大、地位最显赫的建筑，常用它来作主房，有时也用作过厅；六檩前出廊式，可用作带廊子的厢房、配房，也可用作前廊（后无廊）式的正房或后罩房；五檩无廊式，多用于无廊厢房、后罩房、倒座房等（参见图1-34）。硬山建筑也有不少大式的实例，如宫殿、寺庙中的附属用房或配房多取硬山形式。大式硬山建筑有带斗栱和不带斗栱两种做法。带斗栱硬山实例较少，一般只用一斗三升或一斗二升交麻叶不出踩的斗栱。无斗栱大式硬山实例较多，它与小式硬山的区别主要在建筑尺度（如面宽、进深、柱高均大于一般小式建筑）、屋面做法（如屋面多施青筒瓦、置吻兽，或使用琉璃瓦）、建筑装饰（如梁枋多施油漆彩画，不似小式简单素雅）等方面。

　　大式硬山屋顶有五条脊，屋顶前后两坡交界为正脊，前后两坡与山面的交界为垂脊（即由正脊两端垂下之脊，在硬山及悬山顶也常称为排山脊）（参图 1-21）。屋脊是屋顶不同坡面交界转折凸起处或屋面与墙面、梁架交界处的砖瓦砌筑物，它处于整个屋面防水的薄弱环节，故需作特殊的处理，用砖瓦件覆叠拼砌形成凸起状，上有线脚和装饰，在满足防水要求的基础上，也成为中国古代建筑屋顶极具装饰性的部位。不论是何形式的屋顶，正脊一般都比垂脊高大突出，做法层次也复杂一些，两端用瓦件拼砌为团身高起的兽形装饰，明清多做口朝内吞脊、身尾向上向内卷的龙形吻，称为正吻或大吻，也有做似虎一类的头口向外的兽形装饰称为正脊兽。地方建筑则造型多变，但大多数仍属龙形。在垂脊前段（一般在正心桁或者檐檩分位上）安置一件兽头形饰件称为"垂兽"（宋式也称"垂脊兽"），垂脊就以此分为兽前和兽后两段，约分别占整个垂脊长度的 1/3 和 2/3。兽前均匀排列一列筒瓦带兽饰件，统名走兽（又称小兽、小跑，实作蹲踞状。宋式称为蹲兽），至最前斜外捌角用仙人骑兽（宋式用"嫔伽"，做人首鸟身站立状。嫔伽是梵语"迦陵频伽"的简称，意为妙音鸟），此为琉璃屋脊做法。青瓦屋顶垂脊不用仙人，以狮子领头，称为抱头或领头狮子，之后一律用马，也有狮、马间隔排列的，悬山、庑殿、歇山顶皆同。仙人所骑为一带翼神兽，仙人之后的走兽数目要视建筑的等级和体量大小而定，一般情况下可按每柱高二尺放一件，总数为单数（不计仙人。青瓦屋顶则是包括抱头狮子在内的狮、马总数用单数。宋式用双数），庑殿、歇山顶最少用 5 个，最多用 9 个（宋式无硬山，悬山只用嫔伽一枚或蹲兽一枚，庑殿、歇山可用 2、4、6、8），但清代等级最高的太和殿是例外，共有十个，其下檐走兽前后次序依次为：龙、凤、狮、天马、海马、狻猊（披头）、押鱼、獬豸、斗牛、行什（似猴）。走兽少于十件的，则按其次序之先后用其在前者（宋式中具体式样和次序都无一定）。但因它们都是些传说中的神异怪兽，故实际排列次序和名称有时会有出入，如海马和天马、狻猊和押鱼的位置可以互换（太和殿上檐走兽与下檐一样，但以海马在天马前），或以狮子与狻猊为一，或又加麒麟等等。地方建筑也多有不依从官制者，按本地习惯设置，如明清长江以南浙江、福建、广东、四川等地很少用仙人，而在庑殿垂脊或歇山戗脊端用鳌尖翘起，鳌尖后部有时置一二人物，悬山或硬山垂脊前端也是常用人物而不用兽头，花样也要比北方繁得多。民居的小式硬山瓦作，虽有些也有垂脊，但更多是仅有正脊，所谓垂脊不过是一垄筒瓦及一些附带结构而已，也不施脊兽装饰。如果是卷棚顶或圆山顶，其可视为无正脊，也可叫圆山正脊、圆脊、元宝脊、过垄脊、罗锅（蝼蝈）脊等，不设吻兽；两边垂脊也是前后坡相通，称箍头脊或卷棚垂脊等[①]。

　　下面以清式七檩前后廊硬山为例，说明其木构架的基本组合方式和各部构件功能（图 1-21）。

---

① 关于各式脊的做法及兽件装饰，古建筑工种属于屋顶瓦作，不在本书讲述范围。但因述屋顶木作时常会涉及一些屋脊名称，故略述于此。

七檩前后廊式硬山建筑在进深方向有四排柱子，前后两排为檐柱。檐柱以内是两排金柱。如果是五檩无廊的建筑，就只有前后两排檐柱。而七檩前后廊式，就如同是在五檩无廊的建筑前后檐柱外又接续出一段廊子，它的出檐实际上相当于是将原五檩的出檐又向外挑出一段，挑出的这段出檐以廊柱来支撑，因此这最外的檐柱即廊柱也俗称小檐柱，而其里的金柱作为原五檩式的檐柱也俗称老檐柱。在重檐成廊的建筑中，小檐柱（或径称檐柱）支撑下檐（亦即廊檐），老檐柱支撑上檐，若只从下面看，小檐柱就是最外的檐柱，老檐柱通常实际就是紧邻小檐柱内侧的一排金柱。檐柱与金柱（或老檐柱）之间的空间就是廊子。前出廊的建筑，其门窗装修一般安装在金柱（或老檐柱）间，称为金里安装修。在檐柱与金柱（或小檐柱与老檐柱）之间，设长短等于廊宽的抱头梁与穿插枋。抱头梁里端插在金柱上，外端搭在檐柱柱头上，因梁头做成方直形状故名（在有斗栱的建筑中，这根梁的外端伸出于柱头斗栱之外，梁头做成形如道冠的挑尖形式，就称为挑尖梁，"挑"字或也写作"桃"），其主要作用是承接檐檩，同时兼有联络拉结金柱与檐柱的作用。抱头梁下平行用穿插枋（如在挑尖梁下则习惯称为挑尖随梁），在檐柱和金柱间主要起联系拉结作用。唐宋建筑中不用穿插枋，檐柱与金柱间的联系全靠架在斗栱上的梁栿来解决，结构尚不够稳定。金代将檐柱的柱头斗栱后尾的下层（即华栱）伸入到金柱柱头，做一根拉扯构件。元代才出现了穿插枋，这是建筑结构上的一种进步。金柱之上设五架梁，五架梁上承三架梁。三架梁上居中安置脊瓜柱支承脊檩，余架梁檩节点下支承以金瓜柱或柁墩。

处于山部位置的两排梁架称为排山梁架（或简称排山）（图2-2）。排山梁架常常使用山

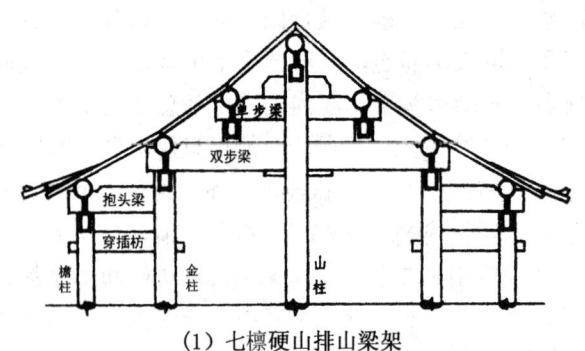 

（1）七檩硬山排山梁架　　　　　　　（2）中柱对金造门座的穿梁

图2-2　穿梁法

柱，由地面直通屋脊并支顶脊檩，将梁架从中分为前后两段，也就是说山面上的各架梁并不通前后檐跨空，而是向内交止于山柱，使原来的五架梁变成为前后两根双步梁，三架梁变成为前后两根单步梁。单步梁、双步梁是因它们的长度分别是一个步架和两个步架而得名。从实质上看，所谓单步梁、双步梁就是因梁架跨空距离太大而需分段设置的、并不跨空脊檩前后的梁，故廊上的抱头梁或挑尖梁实际也是一根单步梁。如果廊宽以及排山梁架的檐柱（或老檐柱）与山柱之间的跨空距离增大，其上的檩数也随之增多，只用一根梁来支承是不够的，就设置单步梁、双步梁乃至三步梁、四步梁来承接上面增加的檩木，上承二檩长一步就谓之单步梁，承三檩长二步就谓之双步梁，四檩三步谓之三步梁，五檩四步谓之四步梁。这与跨空大梁不同架数的起架及命名原则是一样的，只是并不是如大梁那样是跨空前后的，而是外端交搭于檐柱或瓜柱上、里端交止于同一侧的金柱或山柱上，所以

叫穿梁法，三步梁、四步梁也叫三穿梁、四穿梁。除了排山梁架外，较大进深建筑的间缝梁架，中央跨仍为抬梁式，而前后跨则常用穿梁法，梁外端搭于檐柱或老檐柱上，里端插入金柱内。故宫太和殿上檐的挑尖梁实际就是一根三步梁（参图 2-43）。三步梁、四步梁较多用于中柱式对金造门座建筑中。宋式中称双步梁为乳栿，称单步梁为札牵[①]，但如三步梁、四步梁者，宋式就复称为三椽栿、四椽栿了。宋式中把除札牵、乳栿、平梁以外的长度在三架椽以上的屋架大梁统称为檐栿。

排山梁架各檩枋向外的一端均做出头，以使檩枋构件与梁柱能结合牢固，然后用山墙将其包砌在内。排山梁架在室内则露出墙面，可以看到。

硬山屋顶的前后两坡，尤其是后坡，往往也有不出檐的做法，椽子只架到檐檩上而不往外伸出（称为哑吧椽），墙一直砌到檐口并将椽头封住，不令露在外面，称为封护檐。这种封护檐有时还用砖做成假椽头和假连檐的形式。

硬山建筑在宋《营造法式》中没有记载，包括《清明上河图》在内的宋代的绘画、雕刻以及建筑遗物中也都没有见到过。由于这种建筑的两山墙体不受屋顶的遮盖，如是土坯墙则极易受雨水冲蚀毁坏，对于山面木构梁架的保护同样是不利的，所以只有在明代砖的生产数量有了极大提高以后，普遍以砖墙取代土坯墙，硬山建筑才广泛应用于我国南北方民居住宅。

第二节　悬山建筑

悬山顶结构与硬山大致相同，只是山面梁架上的各道檩子不像硬山那样止于山面梁架并封在山墙内，而是继续伸出山墙或山面梁架以外一段距离。这样，屋面就有一部分悬挑于山墙或山面梁架之外，故称为"悬山"或"挑山"，其挑出的部分称为"出梢"。悬山屋顶瓦作的设脊形式同于硬山。

悬山檩木悬挑出梢，使屋面向两侧延伸，在山面形成出沿，具有防止雨水侵蚀墙身的作用。但檩木出梢也带来了山面木构架暴露在外的缺点，对于建筑外形的美观和保护木构架端头是不利的。于是，便在挑出的檩木外端钉一道随屋面坡度弯曲的人字形厚木板，从而使暴露的檩木得到掩盖和遮护，叫博风板（或作搏风板、博缝板等）。博风板的尺度与檩子或椽子成正比，清《工程做法》规定，其厚 0.7～1 椽径，宽 6～7 椽径（或二檩径），每步架为一段，长同该步架的椽长。用于悬山建筑的博风板，最下面一块要做博风头，形似箍头枋之霸王拳头（图 2-3）。

为了加强对出梢檩木的支撑，在其下施燕尾枋，高、厚均同垫板，安装在排山梁架的外侧，形式上可以看作是内侧檩垫板向出梢部分的延伸和收头，但实际上二者在构造上不发生任何关系。燕尾枋下面的枋子出头为箍头枋，既具有拉结柱子的作用，又有装饰功能（图 2-3）。

悬山梢檩出梢尺寸的多少，清式有两种规定：一种是由山面柱中向外挑出四椽四档，

[①]《营造法式》原作"劄牵"。劄，一义为古代用的小木片或书信，即"札"的异体字，"札子"是上级对下级的一种公文；二义同于"扎"。此出于方便代以今字。

另一种是由山面柱中向外挑出尺寸等于上檐出尺寸。

与悬山建筑山面构架有关系的山墙,也有不同的做法。常见有三种:一种满砌式,即墙面一直封彻到顶,仅把檩子挑出部分及燕尾枋露在外面;另一种是五花山(墙)的做法,山墙只砌于每层梁架的下皮,随着梁架的举架层次砌成阶梯状,将梁架暴露在外面,余下的梁架间的三角形空当称为"象眼",用木板封堵称为象眼板。五花山墙的做法是悬山建筑所独有的,它的优点在于木构架的透风防腐,同时改变了墙面平板单调的外形,美观了房屋建筑的立面(图2-3);第三种是半砌式,山墙只彻在大柁下面,主梁以上木构更全部外

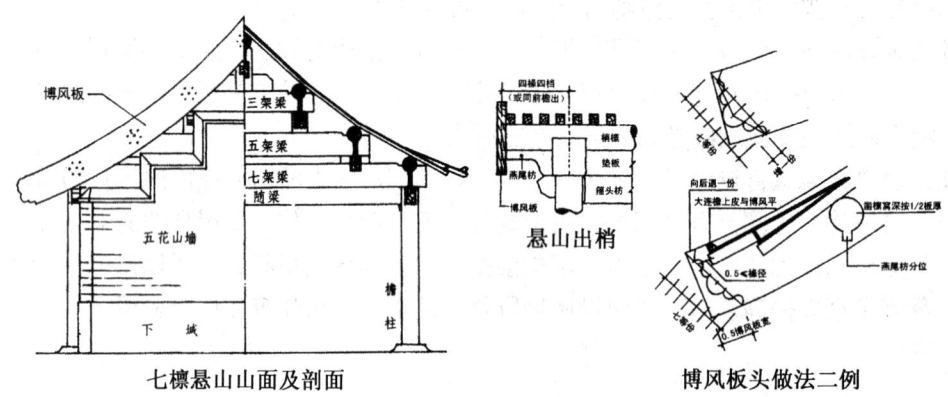

图2-3 悬山博风、出梢、五花山墙

露,梁架之间的空当用木板(封山板)来封堵。这种做法山面外露的梁架常做彩画,也具有较强的装饰效果。此外,还有一种五花山结合半砌式的做法,即下部为五花山墙砌法,但并不通上而砌,而将其以上的梁架又全部外露,其山墙形成的折阶数要少于一般的五花山墙,通常前后总共只有三阶,故或谓之三花山墙。这种做法常用在前后廊式悬山建筑,前后廊部位山墙砌至穿插枋下,之间的屋身山墙砌至大梁或随梁枋下。官式硬山建筑的山花常以方砖贴出模仿悬山的假博风,宫廷中甚至还以琉璃砖镶嵌出山墙上部的梁架图案,形成类似于悬山的五花山墙或半砌式山墙的外观形式。

悬山应该是两面坡屋顶的早期做法,也是我国一般建筑中最常见、最基本的形式。从相关材料反映的情况看,唐以前重要建筑都未用悬山顶。山东肥城孝堂山汉郭巨祠、北魏宁懋石室为悬山顶,其他如汉画像和明器中也仅见用于民间建筑。南北朝迄唐的石刻、壁画和建筑实物中,同样如此,凡属较重要的建筑都未用悬山。宋画《清明上河图》所表现的汴梁街道,其城门门楼用庑殿顶,酒楼用歇山顶,而一般店肆及民居则用悬山。明清时期的情况仍然如此,虽然宋、元以来有一些寺观的正殿采用悬山顶,但毕竟属极少数,且寺观的规模一般都不算大,大多数情况下也像硬山建筑一样,至多用为宫殿、寺观中的配殿、附属用房及园林建筑。

也许正因为如此,在宋《营造法式》中对这种民居中广泛使用的两坡顶没有一个能反映其特色的名称,仅仅是用"不厦两头造"来和本是由其发展而来的"厦两头造"(歇山)对应而称,表明它是一种两头没有出"厦"(披檐坡)的房屋,而在其他宋代文献中有称其为"两厦"(又写作"两下")、"直废造"的。清式悬山出梢,在宋式中谓之"出际",出际的长度和房屋进深、山尖高度有直接关系:房屋深、山墙宽,则山尖高,出际也就长;房

屋浅，山墙窄，山尖低，则出际可以短。《法式》规定的出际制度只和椽数架深有关，与间数、材等无关，如：两椽屋出际 2～2.5 尺，四椽屋出际 3～3.5 尺，六椽屋出际 3.5～4 尺，八椽、十椽屋出际 4.5～5 尺。

第三节　庑殿建筑

在前后两坡屋顶的基础上，从脊檩的两端往两山的位置向外延伸出斜坡屋面，并与前后屋面相交，成为四面坡屋顶，即庑殿顶。庑殿顶有五条脊：正脊一条，为前后两坡相交而成的屋脊，其下骨架是脊桁和扶脊木；垂脊四条，为前后两坡与两山坡面（也称为"撒头"）相交处的屋脊，也即顺正脊两端斜垂而下的四条屋脊，其下的骨架是由戗和角梁。除了正脊两端的吻兽和垂脊兽前仙人走兽等装饰外，在垂脊端头之下的子角梁头上还套一个兽头，称为套兽。

庑殿建筑是中国古代建筑中的最高等级形制，用于宫殿、庙宇殿堂，是中轴线上主要建筑最常采用的形式。在封建社会后期，庑殿建筑实际上已成为皇权、神权的象征，除皇家建筑及敕建神庙之外，其他官衙、府第、民宅等是不允许采用的。庑殿建筑的这种特殊的政治地位，决定了它用材硕大、体量雄伟、装饰华贵富丽，具有较高的文物价值和艺术价值。

庑殿建筑的构架主要由两部分组成：正身部分，山面及转角部分。正身部分构架是构成和支承前后坡屋面的主要骨架，其梁架的构造与硬山、悬山建筑的正身构架基本相同。山面及转角部分是构成和体现庑殿这种建筑形式特点的主要部分（图 2-4）。

庑殿建筑为四坡顶屋面，前后两坡屋面的桁檩是沿面宽方向排列的，搭置在进深方向的梁架上；山面的桁檩是沿进深方向排列的，它们与梁平行，不具备搭置在梁上的条件。为解决山面桁檩的搭置问题，于是采用设置顺梁的办法。顺，言其搭架方向，顺梁即顺着正身檩子的方向之梁，与正身部分的梁架垂直成正交。顺梁的设置常见的有两种主要方法：一为"顺梁法"。顺，言其方向，梁的标高、断面、形状及做法等均与对应相交的正身梁架相同，外端梁头搭在山面檐柱上，里端插入金柱柱身，与正身梁架的抱头梁或挑尖梁垂直正交，从山面方向看，这道顺梁类似于正面挑尖梁或抱头梁的形式，故称挑尖顺梁或抱头顺梁，只是其长度一般要较正身的挑尖梁或抱头梁为长，向后延长至尽间面阔之度，顺梁下还常施平行的顺梁随枋；如果梁头下面没有柱子支承，就不能采用顺梁法，而改用"趴梁法"。趴字或写作扒、爬，言其搭架方法位置，两端或一端趴搭在桁檩或梁上，由檩或梁来支承而非搭在柱上由柱来支承。趴梁与顺梁的上下位置正好相反：顺梁在桁檩之下，梁背端头做成桁椀承接桁檩；趴梁是外端搭扣在桁檩上，里端搭扣在正身的梁上或者榫插于正身梁架的瓜柱或驼墩身，趴梁上面再承接其他桁檩。在庑殿木构架中，顺梁与趴梁常常是结合起来使用的。在庑殿山面有檐柱承接的情况下，山面的最下第一层梁一般用顺梁，顺梁之上承接山面檐檩和下金檩，下金檩上面置趴梁，趴梁上面承中金檩（或上金檩）……如此逐架往上。如果山面没有檐柱承接，或者顺梁与室内天花或其他构件相矛盾时，则由第一层起就改用趴梁，趴梁外端扣搭在山面檐檩上，其上承山面下金檩，下金檩上承第二层趴梁，其上承中金檩（或上金檩）……如此逐架往上。庑殿建筑山面与正身的檩木在转角处扣搭相交，成为搭交桁檩。桁檩下面的枋木、垫板共同交在一根承接搭交檩的短柱——交金瓜柱（或交金柁墩）之上。交金瓜柱按位置有上、中、下之分。这样，顺梁、趴梁并山面桁檩层层迭落，形成庑殿山面的基本构架。因山面趴梁与顺梁的方向一致，即从方向上说也是一种顺梁，故常将其称为顺趴梁（相应地，趴梁还有其他方向的，如斜趴梁或抹角趴梁）。顺趴梁按起架位置不同也有上金、中金、下金顺扒梁之分。

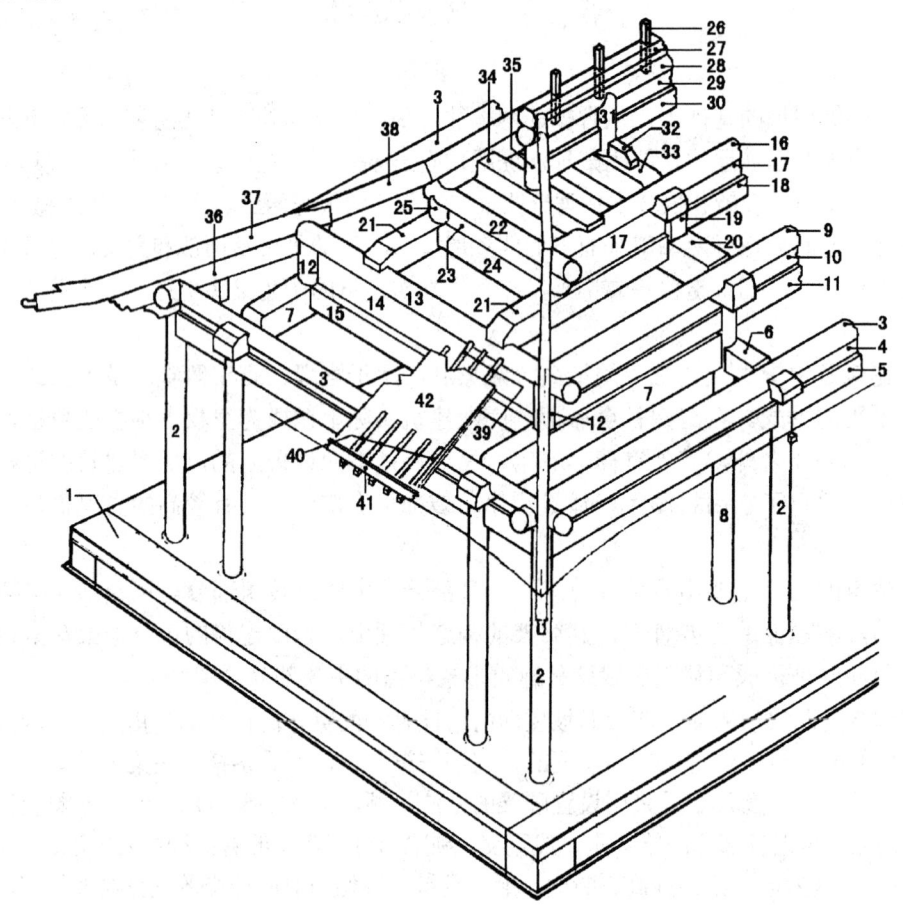

1.台基 2.檐柱 3.檐檩 4.檐垫板 5.檐枋 6.抱头梁 7.顺梁 8.金柱 9.下金檩 10.下金垫板 11.下金枋 12.下交金瓜柱 13.山面下金檩 14.山面下金垫板 15.山面下金枋 16.上金檩 17.上金垫板 18.上金枋 19.柁墩 20.五架梁 21.顺趴梁 22.山面上金檩 23.山面上金垫板 24.山面上金枋 25.上交金瓜柱 26.脊桩 27.扶脊木 28.脊檩 29.脊垫板 30.脊枋 31.脊瓜柱 32.角背 33.三架梁 34.太平梁 35.雷公柱 36.老角梁 37.子角梁 38.由戗 39.檐椽 40.飞椽 41.连檐 42.望板

图 2-4 清式庑殿建筑的基本构架

在转角处，从下交金瓜柱起向下设老角梁和子角梁，向上逐架设由戗，直到与脊檩相遇为止。老角梁的前端放在搭交檐檩上，并且外端继续延伸，较檐椽略长，梁头做成霸王拳一类雕饰。子角梁伏在老角梁上，二角梁上下相合，后端正好将搭交金檩头包扣柱。子角梁的前端长过老角梁，如飞椽之长于檐椽，长出部分同样翘起接近水平，头上留有套兽榫以备安设套兽。究其实质，角梁与檐椽的地位作用相似，区别只在于用材较大，断面为方形，作45度角斜置。角梁和由戗起连接各层搭交桁檩和合缝的作用，是屋面垂脊瓦作下的骨干构架。

以上即庑殿建筑山面方角的基本构架。此外，还有递角梁和抹角梁的做法。递角梁最常用在庭院四周廊屋正侧两面合角相联以及曲尺形、匚字形等组合平面建筑的合角处[①]，此时它也有七架梁、五架梁、三架梁之分，形式做法都与正身梁架相同，但因其处于合角部位，长度是对应正身梁长的$\sqrt{2}$倍，在房屋的前后坡中，出角部位梁头上的檩是出头搭接的，窝角部位梁头上的檩是顶头对接的（图 2-5）。如果庑殿建筑转角用递角梁法，脊檩端下由一根落地通柱支撑，此时递角梁的形式类似于以中柱分开的半面排山梁架，就像是角梁及由戗的水平投影（图 2-6）。大型庑殿建筑转角完全用这种递角梁构造的很少，在有角金柱的情况下，使用顺梁法或趴梁法的同时，有时也在角梁之下于角檐柱和角金柱间加施一根水平斜梁，帮助传递梁荷载并加强内外角柱的联系，也叫递角梁；抹角梁是在正侧檐檩之上与正侧面各成 45 度角、与角梁成 90 度角的方向安置的水平斜梁，其在屋架平面图上如斜抹屋角，故名。抹角梁的中轴线要通过搭交金檩轴线的交点，其上放交金瓜柱以承搭

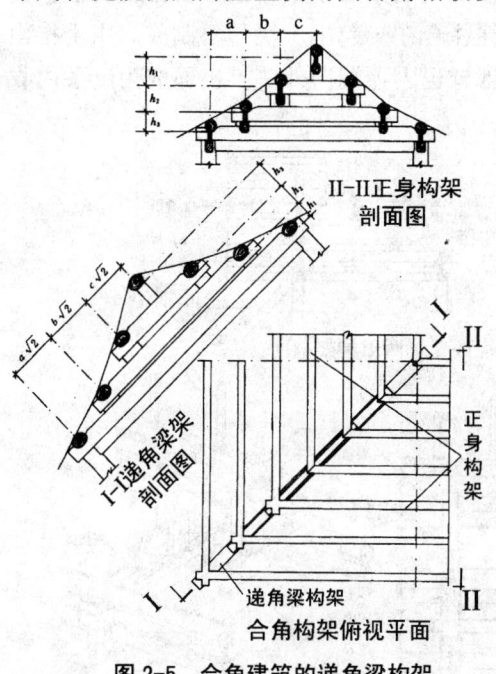

图 2-5 合角建筑的递角梁构架

交金檩，这样反复叠架以成。这种抹角梁的放置方法类似于趴梁法，也叫抹角趴梁或斜趴梁（图 2-6）。也有将抹角梁放在额枋、平板枋或斗栱上而承檩的，类似于顺梁法而斜置。抹角梁构架简洁明快，在小型转角建筑及多角攒尖建筑如亭子中用得很多，在大型楼阁建筑中它也常用为上层内柱的支点。

庑殿建筑有所谓"推山"做法（图 2-7）。在不推山的情况下，庑殿的山面梁架与正身梁架各步架是对应相等的，两山屋面与正身屋面的坡度也是相同的，转角合缝的垂脊在平面上的投影

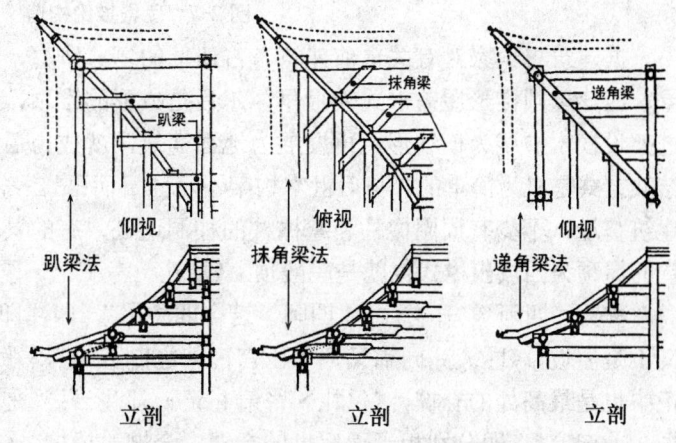

图 2-6 庑殿顶转角结构趴梁、抹角梁、递角梁法比较图

是一条与两面檐口各成 45 度角的直线。推山就是为了避免这种机械性的呆板而做的一种构架处理方法及艺术处理手段：将山面步架依一定规律从下往上逐步递减（实际通过将正身各檩向两侧延伸加长一段距离来实现），从而使两山屋面坡度变陡，就如同将原先不推山时的两山屋面整个向外推起一定角度一样，故名"推山"。到了脊步和脊檩，山面已向外推出

---

① 有人也称此为转角房屋或建筑，与庑殿或歇山的转角部分相混称，不如称合角建筑或房屋以相区别为宜。

一段比较显著的距离，脊檩延于三架梁之外形成一段悬挑部分，就需要在这段悬空的脊下再用一根瓜柱来支承它，这根瓜柱叫雷公柱。雷公柱的下端同样需要架设一道短梁来支承它，这道短梁位在三架梁之外与之平行的同一层位上，叫做太平梁。由于雷公柱的位置又是脊上正吻所在位置，所以正吻的吻桩与雷公柱往往合在一起由一块整料制成。由于推山的做法，使两山的坡度较前后坡度为陡峭，四条戗脊也因顶端向外侧推出而成为一条内收的曲线，增加了庑殿屋顶的外形美感。

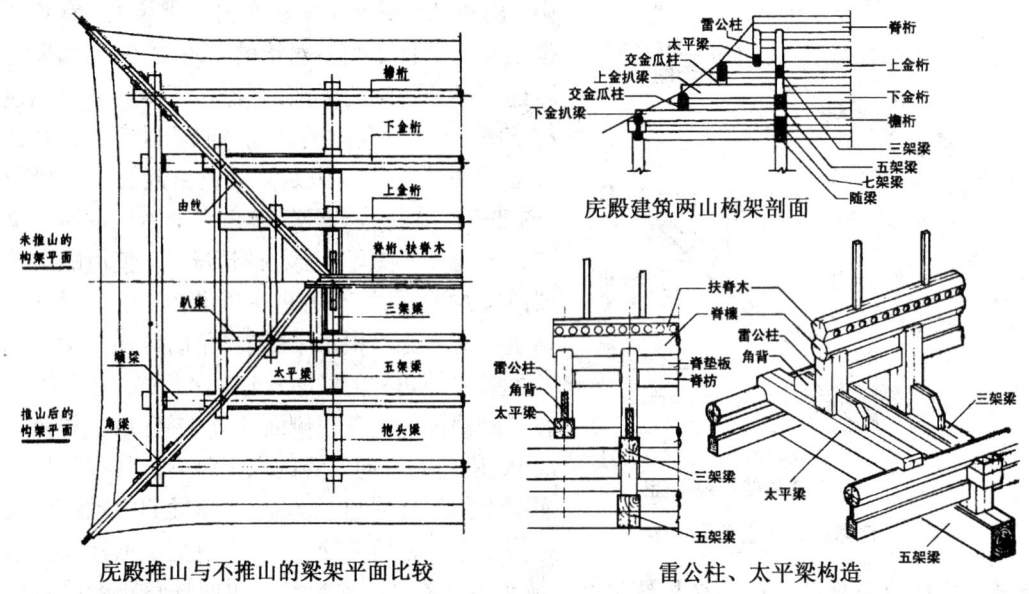

图 2-7 庑殿推山构造

据建筑史学家对有关史前建筑考古遗址的复原研究，原始社会晚期的穴居、半穴居房屋，应该以圆锥形屋盖形式为最早，尔后是方形的锥顶，继之将方形锥顶的顶部结扎点通过架设横木扩展为横线形，再发展为地面建筑，就成为后世庑殿建筑的雏型，当然彼时的结架方式是极为简单的，与后世木构架不可同日而语①。考古发现的夏商周时代的重要宫室建筑基址，不少有周圈檐柱和擎檐柱的柱洞遗迹，有的甚至还有四周散水的遗迹，说明殿堂的屋顶为四坡出檐式也就是庑殿顶。《周礼·考工记·匠人》篇中记这种屋顶形式始于殷商，称为"四阿"，郑玄注："四阿，若今四注屋"，四注即四面落水的的四坡顶。但阿之本义不是屋坡，《匠人》同篇又记"王宫门阿之制五雉"，郑注："阿，栋也"。栋，就是屋架正中也是最高处的脊檩，《仪礼·乡射礼记》郑注云："是制五架之屋也，正中曰栋，次曰楣，前曰庪"，即分别相当于后世的脊檩、金檩、檐檩。《释名·释宫室》："栋，中也，居屋之中也。"栋又叫"极"，《说文》："栋，极也"，徐锴注："极者，屋脊之栋，今人谓高及甚为极"。但阿又不是栋之别名，孙诒让《周礼正义》引胡培翚《仪礼正义》云："郑以栋训阿者，非谓栋有阿名，谓屋之中脊其当栋处名阿耳。"实际"阿"在这里就是屋脊的意思。阿，字从阜，有高、曲之义。《说文》："大陵曰阿。一曰，曲阜也"；《尔雅》释山："大陵曰阿"，又释丘："偏高阿丘"；《诗·大雅·卷阿》毛传："卷，曲也"，郑笺："大陵曰阿"，《诗·卫风·考槃》传云："曲陵曰阿"。商和西周时瓦作仅限于屋脊、天沟等防水薄弱处及

---
① 参见《中国古代建筑技术史》第一章。

檐口出水施用，处于屋顶最高处的正脊要经铺泥扣瓦，即便不用瓦作，正脊亦必经重点铺泥加厚，整条屋脊呈现圆形隆起的形式，成为屋顶上非常突出醒目的部位，所以就被称为"阿"。《说文·瓦部》云"甍，屋栋也"；《释名·释宫室》："屋脊曰甍"。所以，孙诒让说："凡屋之中脊最高处谓之极，上覆以瓦谓之甍，下承木谓之栋，二者上下相当，故郑《礼注》训阿为栋，当阿为当栋。"《考工记·匠人》所谓"王宫门阿之制五雉"，正是通过限定正脊之高从而限定了门楼的总高度不得超过五丈（高一丈为一雉）。四面屋坡相交合缝处由于防水的要求也需做同正脊一样的处理，成为四条斜下隆起的垂脊，也就是"四阿"，之所以未称"五阿"，当是正脊于两坡屋顶也是同样做法，已成为长期自然、司空见惯的形式，不言自明，言"四阿"已足可区别之故。由此可推知，商周时代的普通两坡悬山草泥屋顶大概只有正脊一脊，而没有后世的垂脊做法的。四阿顶形象在商周时代的其他文物上也有所反映，如横截面为方形或长方形的商周青铜容器方彝，其器盖及盖钮就是做为一个四坡屋顶形的，几件描绘上层贵族宫廷宴饮娱乐生活的战国刻纹铜器所显示的宫室建筑，尽管由于绘画手法的古拙，以平面表现立体，尚不掌握透视原理，图像难以形象直观，不过还是能大致判断出它们基本属于四阿顶的形式。战国漆器上也绘有庑殿顶宫室建筑的形式。而普通民居却绝少有这种情形发现，虽然由于规模小而结构简陋，普通民居房屋基址得以保存下来的很少，但结合《仪礼》、《礼记》等先秦文献所记述的士大夫阶层的宫室住宅同样看不出有四坡顶的情况来看[①]，认为庑殿顶建筑从先秦时代就已专用于上层贵族统治者的宫室礼仪建筑，应是没有问题的。《左传》还记载了这样一件事：成公二年"宋文公卒，始厚葬，椁有四阿。君子谓华元、乐举于是乎不臣，生则纵其惑，死又益其侈，是弃君于恶也"，宋文公为诸侯，死后的葬具椁做为房屋形式而有四阿，被《左传》作为僭礼逾制之例而批评，可见春秋时不独卿大夫不能用四阿顶，即便是诸侯依礼也不能用。自然，部分原因是由于此时大规模的四坡顶地面建筑，其结构技术已远较两坡屋顶复杂得多了，体现着最高的建筑技术与能力。汉代所见建筑形象，以庑殿顶构造较为复杂，也是大多运用于高等级的建筑，近于方形平面的庑殿顶的正脊甚为短促，垂脊仍依45度角斜上与正脊相交，由此判断，当时尚未行"推山"之法。关于推山做法产生的原因，有人做过这样的推测："方形建筑的平面……如果赋予庑殿顶，它的正脊就会显得特别局促甚至缩为一点，建筑形象不够舒展，不仅缺乏明确的方向感，也难与纵深延伸的建筑总体布局方式相配合。为了使这种四方形平面上形成的庑殿顶具有明确的方向感，古代工匠们采取了延长脊檩使之向两边挑出的办法"[②]，最终发展为推山做法。这是有道理的，在汉代画像上可以看到正脊两端延长挑出于屋面的形象。但是推山做法究竟产生于何时，目前尚无法做出明确的判断。北朝以至隋唐石刻壁画等所见庑殿顶形象，除个别例子如北齐义慈惠石柱上小殿的正脊极其短促外，大多数正脊已有相当长度，不似汉代那般局促，而且也不见了将正脊延长挑出于屋面的现象。现存古代庑殿建筑遗构中，河北新城的辽代开善寺大殿大概是最早的一例，但我们仍不好说唐代甚至于南北朝时期就一定没有推山做法，因为现存明清以前的庑殿遗构本来就不多，即便在宋《营造法式》中对推山做法有明文规定，自宋辽金迄元明的建筑实例中也不是普遍运用，有用的有不用的。山西芮城永乐宫三清殿和龙虎殿，同为一观之中的两座元代庑

[①] 参郑良树《仪礼宫室考》，台北中华书局1971年。
[②] 王鲁民：《中国古典建筑文化探源》，同济大学出版社1997年，第91页。

殿建筑，一座推山，一座不推。虽明代大部分庑殿建筑已行推山，但也仍有少数如十三陵长陵祾恩殿和北京太庙戟门等未用推山的。直到清代，庑殿推山才成为普遍行用的制式。

在《营造法式》中，庑殿推山做法与清式不同，只是将脊槫两端外延加长为固定的三尺，即所谓"增出"，而且只局限于少数几种椽数和间数的房屋："凡造四阿殿阁，若四椽、六椽五间及八椽七间，或十椽九间以上，其角梁相续，直至脊槫，各以逐架斜长加之。如八椽五间至十椽七间，并两头增出脊槫各三尺（随所加脊槫尽处，别施角梁一重）"①。宋代建筑的间广略符两椽架深，若四椽或六椽五间、八椽七间、十椽九间乃至十椽十间、十二椽十一间等，其平面大约接近 2∶1 左右的宽深比例，正脊有足够的长度，不必增出；若八椽五间、十椽七间者，平面接近于方形，便有脊短局促之感，因此需要将脊槫增出。现存宋辽金时期的庑殿遗构，数量很有限，有增出的更少。除了新城开善寺大殿外，现知其他几座辽代庑殿遗构都未用推山。开善寺大殿仅宽五间深六椽，却做增出，为 1.3 尺；山西大同善化寺，辽代建筑大雄宝殿宽七间深十椽而没有增出，金代建筑三圣殿宽五间深八椽而增出 1.35 尺。可见，当时是否施用增出、施用增出的具体间架规模，不尽符《法式》规定，增出尺寸也都较小。到清代，推山成为庑殿建筑的固定法则，其方法是从下而上逐架推出。关于清式庑殿推山的具体法则，详论于本章第五节。

庑殿在宋《营造法式》中称为四阿殿，顶称四阿顶，是沿用古称，时又俗谓吴殿、五脊殿。梁思成先生以为清式"庑殿"之称或是"吴殿"的同音别写②。清式顺梁、顺趴梁，在宋式称为丁栿，因其是在山面所施的与正身横梁呈丁字相交的纵向梁栿，故名③。角梁部分则包括大角梁、子角梁、隐角梁和续角梁四种名称（图 2-8）。子角梁伏于大角梁背，二者的关系即相当清式之子角梁和老角梁，但宋式子角梁的长度要短于大角梁，大角梁长自檐头斜至下平槫，子角梁则仅从飞檐头外小连檐下斜至柱心（此应指角檐柱心）；隐角梁从子角梁尾斜至下平槫，隐角梁以上逐架接续角梁。如果是这样，则宋式隐角梁似相当于清式子角梁的后半段，或说清式子角梁是将宋式隐角梁与子角梁合二为一（清式加强了角梁的整体性，更有利于承荷），清式由戗则相当于宋式续角梁，梁思成先生《营造法式注释》即是如此认为。但是《法式》大木作制度中造角梁之制说得最不清楚，原文"隐角梁"条下有小注曰："余随逐架接续，隐法皆仿此"，似续角梁上

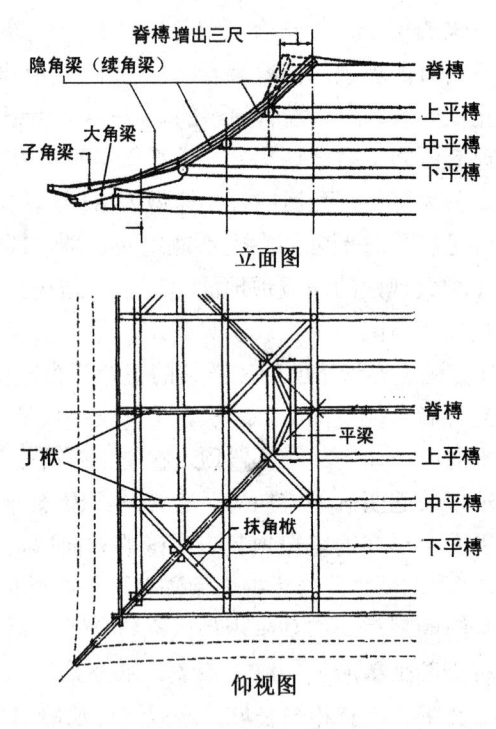

图 2-8 宋式四阿顶山部梁架构造示意

---

① 《营造法式》卷五"阳马"条。
② 梁思成：《营造法式注释》卷上，第 159 页注释 59。
③ 现今学术界也有人仅把"丁栿"用指一头搭在山面的檐柱或斗栱上、另一头搭在横梁上，与横梁丁字相交的梁。实际上，在宋式四阿顶山面檐步以上梁架也有使用类似清式顺趴梁的情况，而又未见有其相关的名称，所以丁栿应不仅限于山面檐步，凡用于山面的与正身梁栿丁字相交的纵向梁栿都可谓之丁栿。

同样也逐架使用隐角梁。所以,也有的学者推测,隐角梁是在角梁与续角梁背的折线转折点上加垫的木条[1],还有学者认为可能是大角梁与子角梁相接处的下凹折面填充的材料[2]。其实,隐角梁与续角梁乃是一事。《法式》于大木作制度造角梁之制下仅提到大角梁、子角梁和隐角梁,隐角梁安于大角梁背与前子角梁相接,实际等于是续子角梁,而于此并未提及续角梁的名称,仅仅说是"余随逐架接续,隐法皆仿此"。所谓"隐法",是承前"上两面隐广各三分,深各一椽分"而言,指隐去角梁两侧上部,使其断面呈凸字形,以便承贴椽,"隐角梁"一名由此而来,再上的续角梁同样也需要"隐"而承贴椽,自然也可谓之隐角梁。所以,《法式》在"大木作制度"中仅提到大角梁、子角梁和隐角梁而未及续角梁的名称,而在"大木作功限"中又只提到大角梁、子角梁和续角梁而未及隐角梁,正说明隐角梁与续角梁是一物而二名,就形式而言隐角梁可谓之续角梁,就做法而言续角梁可谓之隐角梁,《法式》大木作制度下提到的隐角梁做法仅仅是举紧接于子角梁后的一段续角梁而言。至于有的学者提到的角梁相接转折处的填充木料,实例中没有见到。大角梁和子角梁、隐角梁的头尾结合,《法式》仅说是子角梁安于大角梁内、隐角梁安于大角梁中,如何安法则未作说明,还有大角梁与搭交下平榑头的交接方式也未作交待。实例曾见有三种做法,一为太原晋祠圣母殿,这是角梁构造组合关系最符合《法式》的一例,大角梁尾至下平榑下,上伏子角梁,子角梁后尾只到转角铺作正心处亦即角柱心,子角梁尾端上叉入一根续角梁(隐角梁),伸至搭交下平榑上,再以上叠续角梁;二为正定隆兴寺摩尼殿,子角梁尾与大角梁尾同长,伸至搭交下平榑上,合抱续角梁头,与《法式》不尽一致(图 2-9);三是一些宋代砖石建筑遗构上所见,如福建鼓山涌泉寺之陶塔,檐角起翘较高,将子角梁尾插入大角梁中,南方现存明清时期建筑的高角翘做法也正是这样,《法式》所记子角梁或隐角梁安于大角梁内可能即是与此类似者,但《法式》图样中的檐角起翘都并不高。角梁头端行卷杀,《法式》交待也不甚清楚,大约大角梁头杀卷为三瓣,子角梁头杀折为方头形式。实例中角梁做法有多种,并不限于《法式》所述。支承大角梁后尾的,可用丁栿(明栿、草栿均可),可用安于丁栿或斗栱之上的 45 度抹角斜梁——抹角栿(即清式之抹角梁),还可用转角及近角斗栱的后尾(昂尾或里跳华栱)等。《法式》记在角梁下有时又施隐衬角栿,宋代实例未见,依文义推之当是在内外角柱之间叠于大角梁下的一道草栿,外至撩檐枋、支于

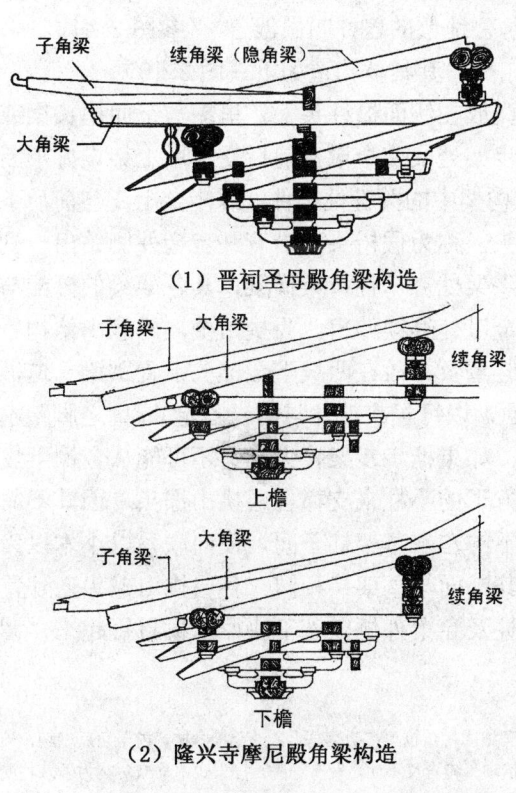

(1) 晋祠圣母殿角梁构造

(2) 隆兴寺摩尼殿角梁构造

图 2-9 宋代木构角梁构造实例

---

[1] 五卷集《中国古代建筑史》第三卷,第 660 页。
[2] 徐伯安、郭黛姮:《〈营造法式〉术语汇释——壕寨、石作、大木作部分》,《建筑史论文集》第六辑,清华大学出版社 1984 年。

转角铺作上，内作栿项交于内角柱，可以加强大角梁的荷载力及内外角柱间的联系[1]，略似清式递角梁。

《营造法式》卷十九"仓廒库屋功限"名件中有大角梁、子角梁、续角梁等，可见当时四阿屋盖也可用于仓库一类。明清不复如此，庑殿专用于皇家建筑及寺庙正殿。

第四节 歇山建筑

从外形上来看，歇山顶可以说是悬山顶和庑殿顶上下覆合而成，即由一个悬山顶再向四周伸出坡面屋檐，就成为歇山形式。歇山上部的垂直山尖在清代也称为"小红山"，两侧坡面也叫"撒头"。歇山屋顶共有十一条脊：一条正脊、四条垂脊、四条戗脊、两条博脊。上部正脊、垂脊的做法相应与悬山顶一致（但垂脊由正吻到垂兽为止，不再有兽前部分），较重要的建筑一般采用尖山正脊，园林建筑则常采用卷棚过垄脊。两山坡面与上部山尖相交处所做的两条脊叫博脊。下部四坡相交处所做的四条脊叫戗脊（俗称"岔脊"），与上面的垂脊在平面上成45度角相交，做法与庑殿垂脊大致相同，兽前、兽后的分配也同庑殿垂脊一样，只是兽后的距离要短得多，类似庑殿垂兽地位的兽件叫做戗兽[2]（参图2-41）。

歇山结构中，关键是如何使这两部分结构相交。其具体构造如下（图2-10）：

在尽间底层柱间，置抱头或挑尖顺梁，梁头放在侧面檐柱头上，里端与正面抱头梁或挑尖梁垂直正交于金柱。挑尖顺梁之上，退一步架处安交金墩，前后交金墩上架设方形断面的"踩步金"，与顺梁成正角，这是歇山山面构架中的关键性构件。踩步金上皮与前后下金檩上皮平，两头与檩交，出头做为圆形的檩头，称为假桁头。沿着踩步金外侧钻出一列椽窝，以承受山面椽尾。踩步金上两端各退一步架处立瓜柱，架横梁，其各架梁的分配与其余梁架完全相同。前后两坡的各层檩在采步金以外继续伸出，为挑山檩，成悬山结构。但因挑出的距离较一般的悬山要远，挑山檩不胜重负，故在两坡下金檩头下置趴梁一道，平放在山面檐椽之上（底面随檐椽坡度砍为斜面，以钉子或铁件与檐椽固定），谓之脚踏木（或踏脚木）。脚踏木两端同前后金檩交在一起，如果檐步步架较大，它还可能从金檩下皮通过直达角梁侧面。脚踏木之上，竖立断面为方形的小柱来支撑各层挑山檩头，因其不露明，不做细致加工，故名草架柱子。前后金檩下的左右草架柱子间，横向联系以小木以为稳固，谓之"穿"或"横穿"，又称"穿梁"，其断面与草架柱相同。各层挑山檩头之外置博风板如悬山博风之制。博风板之下紧贴草架柱及穿梁外侧以若干块厚木板封钉起来，谓

---

[1] 《营造法式》卷五大木作度造梁之制一节中载："凡角梁下又施隐衬角栿，在明梁之上，外至撩檐枋，内至角后栿项，长以两椽斜长加之"，梁思成先生《营造法式注释》以为"内至角后栿项"句含义不明，疑有误脱。按宋式中梁栿两端为了入柱或入斗栱斗口而减薄的一段梁称为"栿项"，内柱有栿穿之者谓之"栿项柱"，故此"内至角后栿项"似应脱去最后一"柱"字。另按，此隐衬角栿之"隐"字，《法式》原作"櫽"，与隐角梁之隐及櫽字均不同，字典未录，义亦不明。此为方便故代以"隐"字。

[2] 由于戗脊和庑殿垂脊都是沿角梁和由戗方向设的脊，所以有人把庑殿垂脊也叫做戗脊，进而把凡是沿角梁方向的脊如攒尖的垂脊、重檐建筑下檐之角脊都说成是戗脊，而把垂脊限指为硬山和悬山两坡的边脊；又有把庑殿垂脊之兽前和兽后分称为岔脊和垂脊、把歇山戗脊之兽前和兽后分称为岔脊和戗脊的。我们觉得这些叫法都易造成混乱和使用上的不便，所以这里不予采纳，将垂脊明确为自正脊或攒尖宝顶沿屋面下垂之脊，戗脊明确为歇山屋面斜上与垂脊相交的脊，又称"岔脊"是言其就象是从垂脊前段岔分出来的脊。

之山花板。山花板下脚立于踏脚木之上或附在踏脚木外皮,山花板外皮要加上绶带等雕饰。从山面檐檩(正心桁)中线向内退入一檩径处,为山花板外皮位置,此所谓"歇山收山"法则,按此法则实际上就等于确定了正身檩木由踩步金向山面挑出的长度。清式歇山建筑,无论大小式,一律遵从这一法则。但在非官式的地方建筑中,收山的距离常是自由灵活的,江南地区往往是一个步架,更显俏丽。

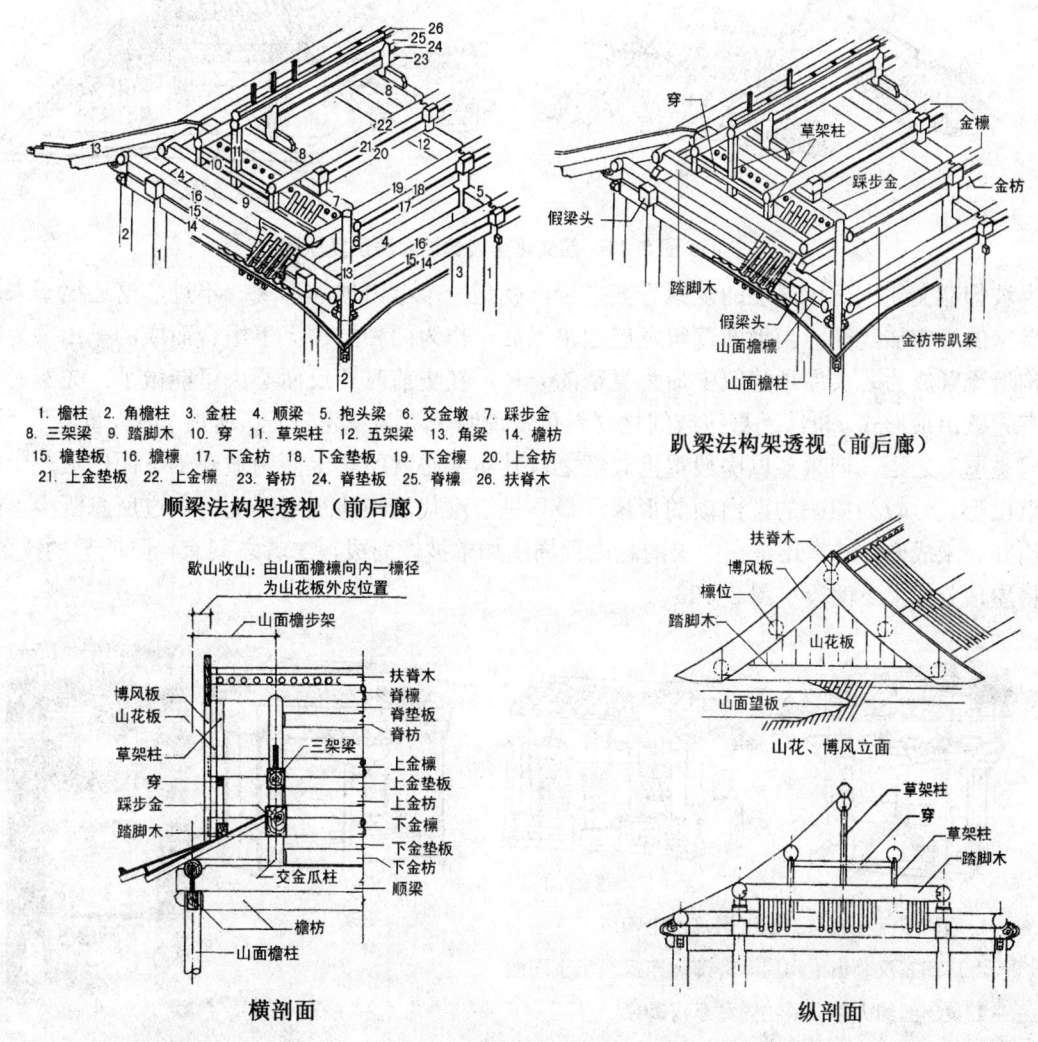

图 2-10 清式歇山建筑的山面基本构造

如果把承托踩步金的顺梁位置提高一些,梁端头不落在山面檐柱头上,而是趴扣在山面檐檩上,里端榫入金柱头,就变为了顺趴梁。采用这种结构方式时,趴梁恰处于尽间金檩枋的位置,也就自然取代了后者,其断面要略大于一般的金枋以满足承载踩步金及其上构架以及屋面荷重的需要,这一构件就名"金枋带趴梁",这也是带前后廊的歇山建筑常见的构造形式。如为无廊的前后过梁式构架,则趴梁里端放在底架跨空梁上。采用趴梁法构架方式时,趴梁下的柱头上也常做出假梁头。

歇山建筑起于何时,就目前材料仍不好做准确估计。史前从穴居窝棚到地面建筑,其屋盖顶上都留有排烟、通风及采光的孔洞,为避雨雪,后来就在这孔洞上另搭加一个小顶棚，即成后世所谓的"天窗"或"气窗"，其在先秦时期也一直都有，文献中谓之"屋漏"、"中霤"。歇山顶建筑的创意最初可能即来自于此。图2-11所示，是建筑史学家对陕西西安

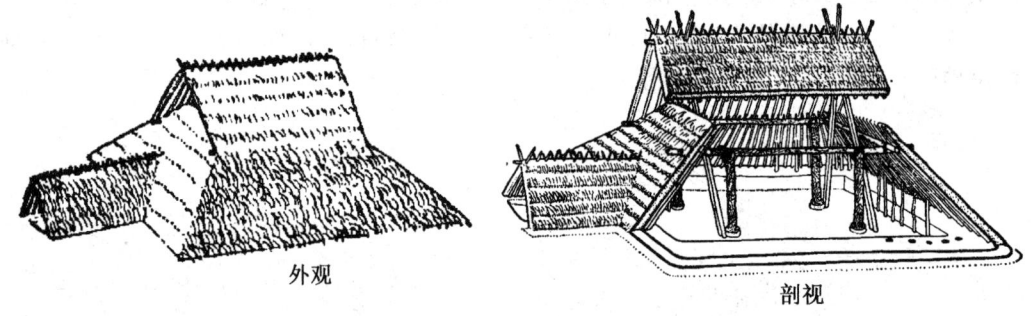

外观　　　　　　　　　　　　　剖视

图2-11　韶文化半坡遗址大房子复原图

半坡仰韶文化大房屋遗址的复原方案之一，就是一个歇山顶的形式。不过，这还属于未起墙壁的半穴居建筑，当地面建筑发展起来以后，作为两种屋顶上下组合而成的歇山顶，其构造无疑成为各类屋顶建筑中最为复杂的一种，在史前时期反而不大可能做了。先秦时期有无歇山顶形式，也缺乏直接或间接材料可资说明，《周礼·考工记》所谓"殷人重屋"、"四阿重屋"之语，向来多以庑殿重檐式解之，其实未必就不含上面两坡覆于下面四坡之上的歇山形式。较为明确的歇山顶的形象，最早见于汉代的陶建筑明器上，不过所见既少，结构亦尚未成熟，基本还是在中央的悬山顶周围加单披檐而成，二者之间有一阶明显的跌落，将屋顶分成上下两段（图2-12）。

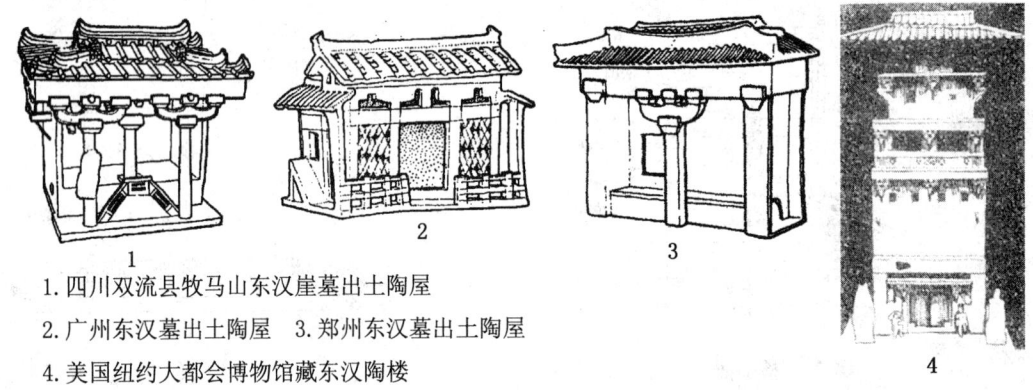

1. 四川双流县牧马山东汉崖墓出土陶屋
2. 广州东汉墓出土陶屋　3. 郑州东汉墓出土陶屋
4. 美国纽约大都会博物馆藏东汉陶楼

图2-12　汉代建筑明器所见歇山或类歇山式屋顶

南北朝时期的歇山顶形象在北朝石窟雕刻和壁画中多见，既有作上下二段迭落的传统屋顶形式，也产生了悬山顶和四周披檐上下连为整体、前后一坡而下的成熟的歇山顶形式。二者长期并存的情况一直延续到北朝末期，至隋代二段迭落式就基本不见了。山西寿阳市北齐厍狄回洛墓木椁，作房屋形，虽已朽败，但有很多柱、额、斗栱等构件保存下来，成为研究北朝木构建筑的极为珍贵的直观实物资料，古建筑学家将它复原为一座面阔三间（3.82米）、进深三间（3.04米）的单檐歇山顶建筑（图2-13）。地面木构实例则以山西五台唐代中期的南禅寺大殿为最早。晚唐以后，歇山顶已是相当重要的建筑制度了，在唐末、五代、辽、宋等建筑遗构中以及壁画、摩崖造像上和绘画中，有很多歇山顶形象。

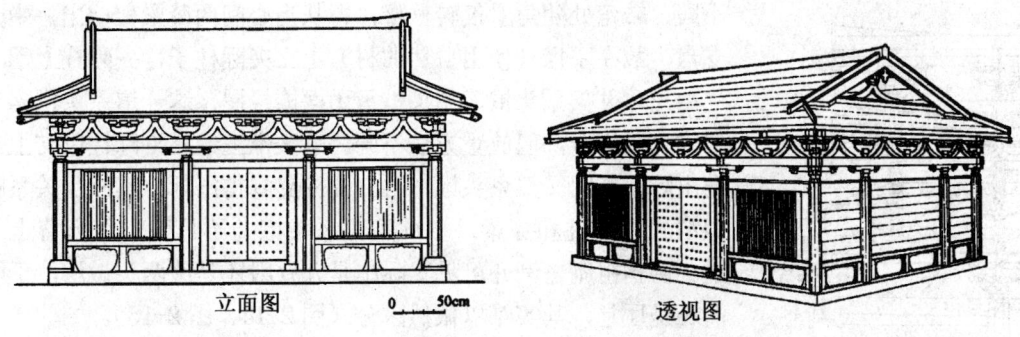

图 2-13 山西寿阳北齐库狄回洛墓木椁复原图

相当于清式歇山式建筑的，在宋《营造法式》中有两种名称：厦两头造和九脊殿。用于厅堂者称厦两头造，用于殿堂者称九脊殿。厦两头是沿用唐代的名称（唐宋文献并有称"二厦头"的），九脊殿时又俗称"汉殿"、"曹殿"，则可能是从汉魏时期沿用下来的名称。厦两头，顾名思义，是把两坡顶房屋的两头加上披檐而成为两厦（也有解释为"厦"字音同"杀"，即斫杀、切去两坡顶房屋两头一间的上部屋顶）。厅堂两厦深为二椽，即包括从檐柱至中平槫的范围，转角用角梁架于槫上转过两椽（故又称转角造），中平槫以上按不厦两头造做法。如果亭榭一类作厦两头造，规模小而只转一椽，即山面两厦深一架椽，自檐柱至于下平槫，下平槫以上按不厦两头造做法。厦两头造在唐代原是王公以下居第和厅堂上使用的一种屋顶，把它使用于殿堂，就称为"九脊殿"，做法也稍复杂一些，《法式》交

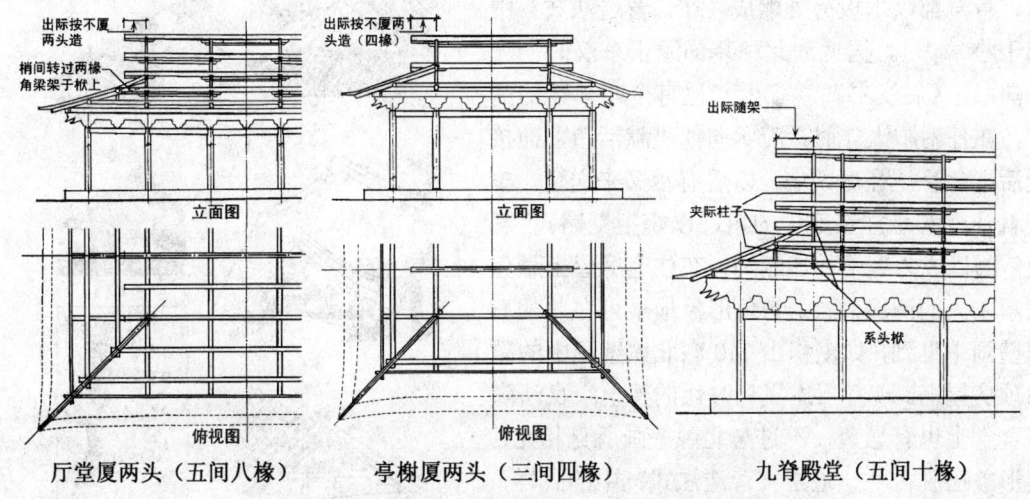

图 2-14 《营造法式》厦两头造、九脊殿转角及出际构造做法示意

待太简而无法深究，大约可知是出际比普通厦两头造加大，长随架深，于丁栿背上随架立蜀柱——称为"夹际柱子"，以承出际之槫，约略当清式歇山踩步金这一缝上的梁架之用。"或更于丁栿背上添系头栿"[①]，但是系头栿与夹际柱子的关系如何，则不清楚。略可体现这种作法的实例是河南登封北宋初祖庵大殿，其为面宽三间、进深三间六椽的近方形九脊顶

---

① 见《营造法式》卷五大木作制度二"栋"条。系，梁思成注本字从"门"从"系"，音"契"；徐伯安、郭黛姮《宋〈营造法式〉术语汇释》以为音"系"，有关闭、封住之意，取其有封闭九脊殿山面的意思；邹其昌校文渊阁四库全书本字作"关"。查《说文解字》、《康熙字典》、《辞源》、《辞海》、《汉语大词典》、《汉语大字典》等古今流通字书、辞书均无此字，未知其出处和读音依据。本书为方便起见，代以"系"字，义亦相近。

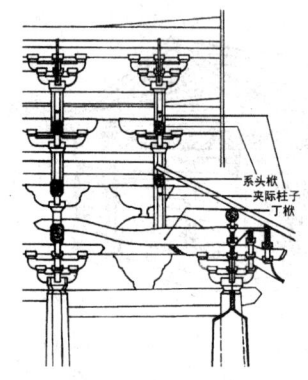

图 2-15 少林寺初祖庵大殿九脊顶转角及出际构造

小殿，转角处随角梁仅转一椽，槫从当心间两缝梁架伸出，中无支点，故在丁栿（使用自然曲材）上立夹际柱子，夹际柱上承下平槫出际并架系头栿，系头栿承山面檐椽尾，这一道系头栿略当清式之踩步金，但放置方法不同。系头栿上继立夹际柱以支上平槫出际，其间又架系头栿，再立蜀柱支脊槫出际，其相互关系略似清式草架柱和穿梁。由此可见系头栿并不只限于丁栿背上一道。由初祖庵之例亦可见实际中是九脊殿还是厦两头做法，于殿阁还是厅堂，其实难以截然区分（图 2-14、图 2-15）。

从山面檐檩到出际槫端约为一步架，这可以视为宋式厦两头造和九脊殿的收山距离，大约在 1 米左右（亭榭造等只转一椽者则不足一步架）。从早到晚历代歇山收山的尺度大体上是由大变小的，相应的是正脊尺度由短变长，上悬山顶部分由小变大。如五台唐代南禅寺大殿歇山山面收进 131 厘米，河北正定宋代隆兴寺转轮藏殿收进 89 厘米，元代芮城永乐宫纯阳殿收进 39.5 厘米，北京明代智化寺大智殿收进 42 厘米与元代接近。清代规定歇山收山距离为一檩径（4.5 斗口），一般约为 30 厘米左右（明代可到二檩径）。

明代以前山花较小而多不做山花板，为透空式山花，可以看到内部的木构。在博风板下合尖处安悬鱼，其余出际槫木头处安惹草，悬鱼、惹草都以木板另外雕成（在《营造法式》中属于小木作）。据说，此种装饰源于东汉时的一个典故，《后汉书》卷三十一记有个叫羊续的清官，在任南阳太守时，府丞向他进献活鱼，他接受后把鱼悬挂在庭院中，以后府丞又来送鱼，羊续就让他看悬挂在庭中的鱼，以婉拒受贿。"悬鱼"因以成为廉洁的比喻词，在住宅房屋上悬鱼以示主人的清廉高洁。悬鱼形象最早可在北朝石窟壁画中见到，如麦积山 140 窟北魏壁画中的歇山顶房屋上。现存日本飞鸟时代的建筑奈良法隆寺金堂上也有悬鱼，不过与北魏壁画所见相比，其形象已脱古朴，近于《营造法式》中的式样，很难说仍是原物了[①]。悬鱼在《营造法式》中称为"垂鱼"，其所附图样已较抽象和图案化，雕作如意云头形，惹草亦略同。现存宋元时期建筑遗构上的悬鱼惹草装饰多已非原构，但其形象在唐宋壁画和绘画中多见，除歇山外，悬山建筑也有用的，有的在惹草部位也使用悬鱼（图 2-16）。

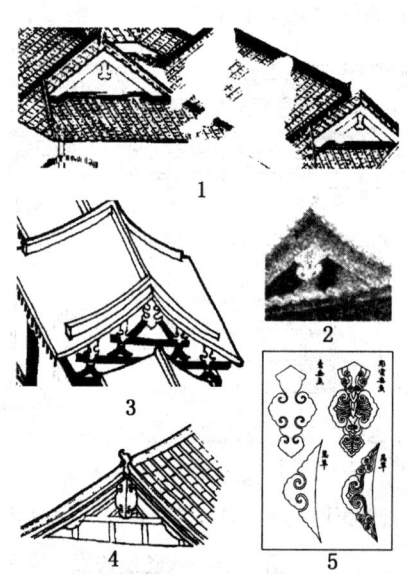

1. 甘肃天水麦积山 140 窟壁画（北魏）
2. 日本奈良法隆寺金堂（飞鸟时代）
3. 敦煌 148 窟壁画（盛唐）
4. 《清明上河图》中的住宅（北宋）
5. 《营造法式》中的悬鱼惹草图样（北宋）

图 2-16 悬鱼惹草举例（一）

[①] 日本现存具有飞鸟时代建筑风格的木构五座，虽然其重建的绝对年代已在唐代，但现基本被中日学术界公认为是从朝鲜半岛传入的中国南北朝末期或南朝后期的建筑式样。

明清时期歇山收山距离缩小，成为大歇山顶，并作封山处理。明代多用砖垒砌山花并施砖或琉璃博风，清代才盛行在博风板里皮安山花木板，山花板上做椀花结带等雕饰，博风板不用悬鱼惹草，而是在檩子的部位钉梅花钉为饰。但在民间许多地方直到清末仍然多有透空山花，并施以悬鱼惹草之类装饰，悬鱼式样繁多，很多悬鱼形象更加抽象、简化，有的发生了变异，如用蝙蝠以喻"福"意（图 2-17）。比较起来，明清的大歇山顶不如宋式的小歇山顶显得开朗生动、轻灵秀丽。

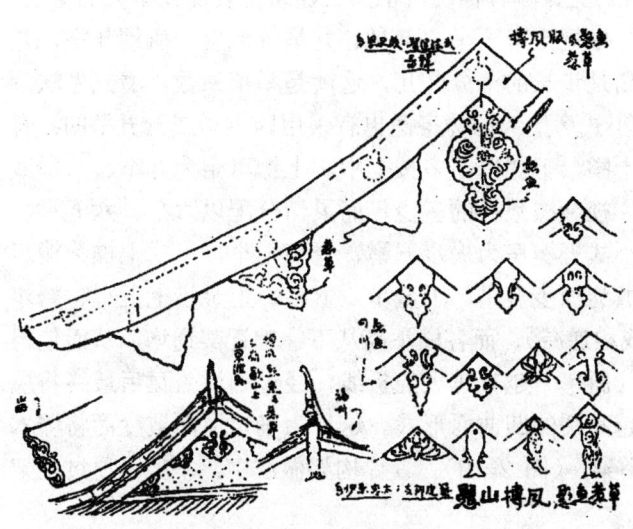

图 2-17　悬鱼惹草举例（二）

歇山建筑屋面挺拔陡峭，四角起翘轻盈，既有庑殿建筑雄浑大度的气势，也有攒尖建筑俏丽活泼的风格，又基本不受阶层等级的限制，所以无论帝王宫殿、王公府邸、寺观住宅乃至城楼商铺等都大量使用，尤其多用在园林建筑中，成为古建筑中最多见的、最富有变化情趣和艺术表现力的一种建筑形式。在宫殿的次要建筑和住宅园林中，常用卷棚歇山，还有四角攒尖歇山。至于各种组合屋顶和组合建筑形式，也多以歇山顶为主体或组合单元（参图 2-1）。如常见的勾连搭和抱厦（将一高一低、一大一小、一主一次两个屋顶毗连，则小屋谓之抱厦，宋式称为龟头屋），都以歇山顶用得最多（图 2-18）。抱厦可以前出一个，也可以前后左右出四个，

图 2-18　歇山抱厦（山面向前）

抱厦与主屋可以是同向平行，也可以纵横垂直，等等。更复杂的组合形式，如著名的黄鹤楼、滕王阁、故宫的角楼等，宋画中有很多这种成组的楼阁殿顶拼合在一起的形象，大多都是以歇山顶为基本组合单元的。

第五节　屋顶曲线制式

一、折曲屋面

无论是硬山、悬山还是歇山、庑殿顶建筑，其前后两坡屋面都不是直坡，而是呈一种越往上坡度越陡峭、越往下越和缓的凹曲面形式，反映在侧立面投影上就是一条凹曲线。这是古建筑屋顶最基本的一条曲线形式，其是由梁架结构的举架做法造成的。

前面说过，清式同一建筑中，除檐步或廊步尺寸略有变化（一般较金步稍长）外，其

余各步架长一般是相等的。在这种情况下，如果各步举高也相等的话，则屋面的侧投影就是一条直线。也有步架逐步缩短的情况。无论哪种情况，中国古建筑都要加以举架的做法。关于举架的具体方法，清《工程做法》中规定有五举、七举、九举等制度。所谓几举，是指各步举高是本步长的几折，亦即举高是步长的十分之几，这就是举架系数。清式做法，檐步一般定为五举，称"五举拿头"，小式房屋或园林亭榭也有采用四五举或五五举的；脊步，七檩以上多按九举，一般不超过十举，七檩以下多按七举，七檩可定为九举、八举或八五举等；在檐步和脊步之间的金步，视金檩数目的多少，而灵活分配以六举、六五举、七举、七五举、八举、八五举等。如小式五檩房为檐步五举、脊步七举，小式七檩为檐步五举、金步七举、脊步九举，大式九檩为檐步五举、下金步六五举、上金步七五举、脊步九举，等等。这样，各檩步架相同（或相递减），而各檩举高从下往上逐架递增，从而使得架椽分位线就成为一条从下往上角度（斜率）越来越大的折线，经过铺泥盖瓦后最终将屋顶坡面处理为越往上越陡峭、越往下越和缓的凹曲面形式。这种为确定屋面坡度而将檩木逐架递增升高的处理方法，就称为"举架"（图 2-19）。具体构架做法中，举架是通过逐架

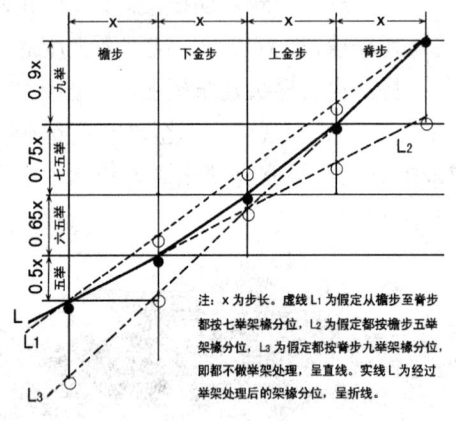

（1）举架与不举架做法屋面侧投影比较

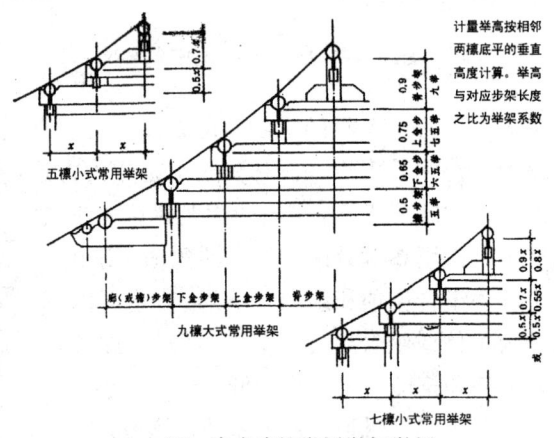

（2）清式建筑常用举架举例

图 2-19 清式建筑举架法示意

加高檩下的瓜柱来实现的。在脊瓜柱上端，举架之外往往还另加一段"平水"高度，以便将房脊推到适当或需要的高度。平水高，有斗栱的大式建筑为四斗口，无斗栱小式按柱径减一寸，或按实际需要而定。有所谓重要的高大建筑脊步达十三举的说法，实际上是加了平水在内。

宋《营造法式》中把这种取得屋面斜坡曲线的方法称为"举折"，但它和清式举架的出发点和确定步骤是不同的。清式的举架是先从最下一架起，向上逐架增加各檩间的高度差，得到各架檩位高度，由各架举高之和得到梁架的总举高，可以简单地概括为"先架后举"。宋式举折，可以简单概括为"先举后折"："举"为"举屋"，即先在一定的房屋进深（前后檐槫或檐柱心间距，有斗栱出跳则为前后撩檐枋或撩风槫心间距）上，确定梁架的总举高（檐槫背至脊槫背的高差，有斗栱出跳则为从撩檐枋或撩风槫背至脊槫背之高），其总举高与进深比即为举高值或举高系数，也即屋面的总坡度；"折"为"折屋"，即接着从上而下逐架折减，求得各缝槫位高度，屋面逐架"折"下、降低坡度，形成屋顶剖面的折线形式。具体"折"法为：设脊槫总举高为H，从上而下，第一缝平槫从脊槫坡度（从

脊槫背上至檐槫背拉成一直线）分位向下降低 H/10，为其实际高度分位，成第一折；第二缝平槫从上第一缝平槫坡度（从第一缝平槫背至檐槫背拉成一直线）分位向下降低上缝平槫所降高度的一半即 H/20，为其实际高度分位，成第二折；如此逐架下折，下缝槫都降低上缝槫所降高度的一半，即下折系数递降为 1/40、1/80、1/160……从而形成一条越往下折角越小（即坡度越缓）的折线（图 2-20）。

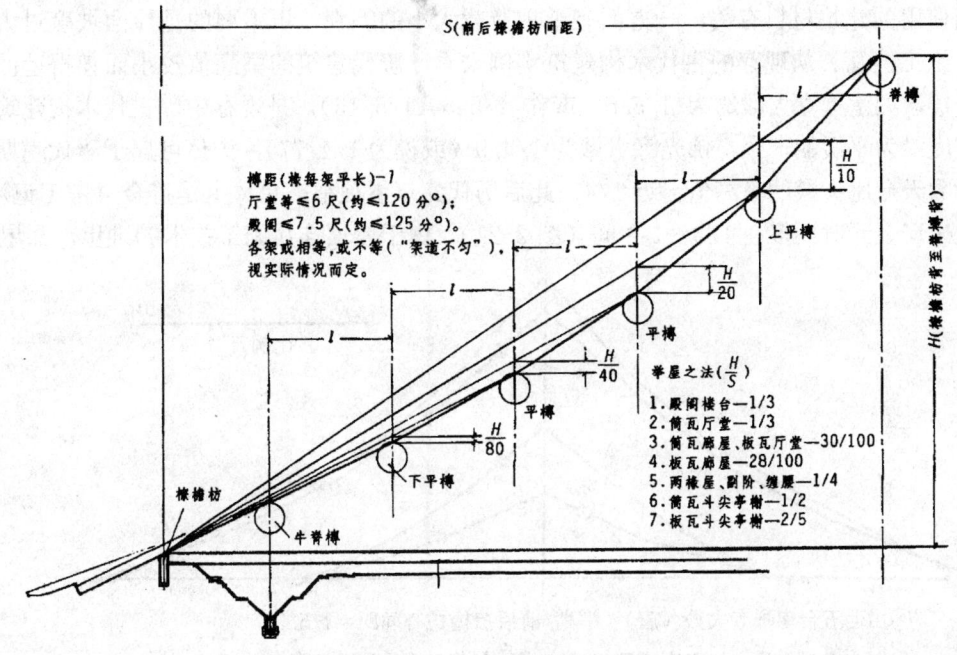

图 2-20　宋式建筑举折法示意

宋式不同建筑类型屋顶有不同的举屋尺度，致使屋面举折有不同的陡缓形式。具体举屋尺度有七种：

（1）殿阁楼台，为三分举一，即脊槫举高（设为 H，下同）为进深（设为 S，下同）的 1/3，用公式表示为 H=S/3≈33.3%S；

（2）筒瓦厅堂，为四分举一又加百分八举一，即脊槫举高为 1/4 进深再加 8/100 进深，用公式表示为 H=S/4+8S/100=33%S；

（3）筒瓦廊屋及板瓦厅堂，为四分举一又加百分五举一，即脊槫举高为 1/4 进深再加 5/100 进深，用公式表示为：H=S/4+5S/100=30%S；

（4）板瓦廊屋之类，为四分举一又加百分三举一，即脊槫举高为 1/4 进深再加 3/100 进深，用公式表示为：H=S/4+3S/100=28%S；

（5）两椽屋为四分举一，副阶或腰缠（重檐之下檐）为一面架深二分举一，即相当于两面架深四分举一，用公式表示为：H=S/4=25%S；

（6）八角或四角筒瓦斗尖亭榭，为二分举一，即 H=S/2=50%S；

（7）八角或四角板瓦斗尖亭榭，为十分举四，即 H=4S/10=40%S。

由上可见，各类建筑的举高值除了斗尖亭榭类较大而屋面较陡外，余以殿阁楼台类最大为三分举一强，两椽屋及副阶最小为四分举一，其余厅堂廊屋类建筑的举高值在在三分举一至四分举一的范围内，总体相差都并不大。在编修《营造法式》时所见当时房屋建筑的举高值（即《法式》卷三十一"看详·举折"条所谓"今来举屋制度"）是四分举一，"虽殿阁与厅堂及廊屋之类，略有增加，大抵皆以四分举一为祖"。而《法式》所规定的举高之制是据成书于战国时代的《周礼·考工记》修立的。

《考工记·匠人》有"葺屋三分，瓦屋四分"一语，指的是屋顶的高跨比，即茅草屋顶屋架举高是其进深的三分之一，瓦屋顶屋架举高是其进深的四分之一。这反映其时屋架举高与屋面使用的建筑材料有关，一方面有承重荷载大小的差别，更重要的是屋面坡度过大则不利于施工挂瓦。从现存的古代木构建筑实例来看，唐代建筑的举高值较小而使得屋面坡度较平缓，如南禅寺大殿约为 1/5.6（或作 1/5.5、1/5.15），是现存中国古代木构建筑中屋顶坡度最为平缓的一个，佛光寺大殿为 1/4.9（或说为 1/4.77），大体可属于唐代晚期的山西平顺天台庵大殿的举高值已近 1/4，此后历代建筑屋顶举高总体上是符合《考工记》制度的，宋辽金元时期多在 1/3～1/4 间（图 2-21）。由于屋顶挂瓦施工技术的进步，瓦屋

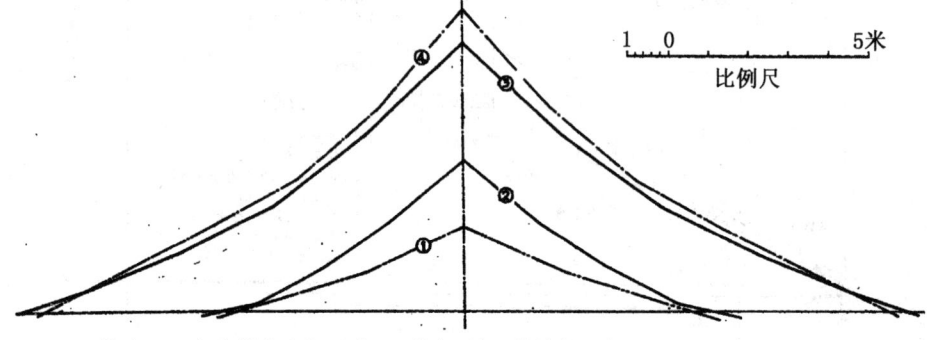

①山西五台南禅寺大殿（唐）（举高/前后撩檐枋心间距=1/5.5）
②河南登封少林寺初祖庵大殿（宋）（举高/前后撩檐枋心间距=1/3.4）
③《营造法式》（宋）（举高/前后撩檐枋心间距=1/3.5）
④山西大同善化寺三圣殿（金）（举高/前后撩檐枋心间距=1/3.0）

图 2-21　唐宋金建筑实例屋顶举折比较图

顶可以达到《考工记》茅屋三分举一甚至更大些的程度，亭榭一类有观赏审美要求的建筑屋顶坡度则更陡峻。清式一般约是三分举一，十一檩殿宇按步架相同情况下依五举、六举、七举、八举、九五举和五举、六举、七五举、八五举、九举两种举架法计算，则举高值分别为 35.5% 和 34%（不计平水在内），略大于三分举一，但如果计入檐步大于金步的距离，实际也接近三分举一。当然也有超过三分举一较大的例子，如清初重建的曲阜孔庙大成殿举高值达到 1/2.5。总之，从三分举一至四分举一，是中国古代建筑普遍采取的举高值，也是具有悠久实践历史的处理瓦屋面坡度大小的有效经验。

总体上宋式建筑比清式建筑的屋面坡度显得和缓。比较清式十一檩和宋式十椽架深殿堂，则前者举架与后者举折所得屋面折线形式差别不大。但是，清式之九檩、七檩以及小式五檩屋宇，在步架相同的情况下，其举架曲线形式都与十一檩建筑比较接近，而宋式筒瓦殿堂下以下各式屋面的举折坡度就显得和缓了不少，并且随着举高值的递减而愈益和缓。这是两种不同的方法得出的不同屋面曲线，形成不同的艺术效果和风格（图 2-22）。在宋式先定总举高而后逐架折下的做法下，如果折数过多，就难以避免檐口部分过于平缓，所以到了清式中就先把檐步举高固定为五举，然后逐架举高。由举折到举架的转变，大约是在

明代后期。另一方面，举架法虽然比举折法易于操作，但屋顶总举高因是由举架推定出来，或者先定檐步和脊步再推定金步举高，所以反不如举折法容易掌握适度，故明清建筑常有屋顶与屋身比例不太完美之弊，屋顶总举高较唐宋陡峻，但却失去了后者的舒缓从容之态。

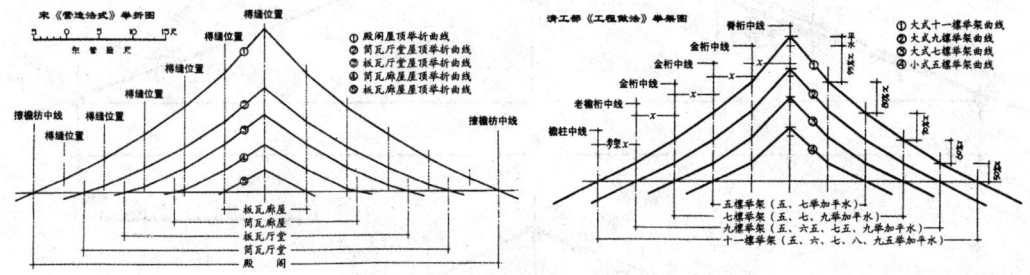

图 2-22 宋式举折与清式举架比较图

举折或举架，就是形成通常所称的中国古建筑的"凹曲屋面"的构造原因。鉴于古建筑屋顶还存在由于"生起"做法而形成的在开间方向的曲线形式（详后），泛称凹曲屋面容易造成混淆，所以这里将进深方向上的这种曲线屋坡形式概称为"折曲屋面"，既可与生起曲线相区别，也比凹曲屋面一词更直观形象地反映了屋面曲线形式下的实际折线构造。

从现存木构建筑实例来看，唐代已有举折之制。唐代木构建筑现存四座，都在山西境内，即五台山南禅寺大殿和佛光寺大殿、平顺天台庵大殿、芮城五龙庙（传建于唐会昌年间）。其中五龙庙经不适当的修缮，已基本丧失其特点；天台庵经金代大修，截短柱高，改变比例，又大量换易构件，也仅有一定参考价值，不能再据以推求唐代建筑设计规律。只有南禅寺大殿和佛光寺大殿保存基本完好，南禅寺虽经北宋重修但基本构架未变，佛光寺大殿甚至未经后世大修而基本为唐代原貌。南禅寺大殿举高值为 1/5.6，进深四架，只有一折，折下约为举高的 1/10 强，近于《法式》，或以为是北宋重修的结果[①]。佛光寺大殿屋顶有可能还保持着原来的举折，其举高值为 1/4.9，进深八架，有三折，如按《法式》折屋法计算，第一、二两折各下折举高的 1/20 左右，第三折下折举高的 1/50 左右。由此可见唐式建筑举折屋面的平缓，不仅举高值远小于宋式，而且各折折下的高度差别也较小，尚不是宋式下折比上折减半的做法，故各折间的坡度变化也不如宋式大，整个屋顶显得平缓、舒展，和宋式屋顶脊部陡峻、屋面弧度变化大的风格特点迥然有别（图 2-23）。由于实际上只有佛光寺大殿这一举折孤例，关于唐代建筑的具体折屋方法和规律目前尚难有完整认识。

唐代之前更缺乏木构建筑实例的遗存，只能从一些间接材料来略窥其一二（图 2-24）。目前汉代有关材料所见的建筑形象，绝大部分反映的是直坡屋盖，也有个别例子反映折曲屋面。旅顺南山里东汉墓曾出土一件简易陶屋明器，是当时一般民居形象，其屋面有折曲现象，但表现比较生硬，严格说来是"折"而无"曲"。四川牧马山东汉崖墓出土的陶制二层楼房模型，则略微表现了柔和平缓的折曲屋面，是很珍贵的一件材料。在南北朝时期的石刻、壁画中，表现折曲屋面的形象已稍多见，但仍属少数，多数仍为直坡屋顶。有种意见认为，折曲屋面的流行以至成为重要建筑物的标准式样，大约是从南北朝晚期或隋代统一后开始的。不过，在上述反映建筑形象的各种类型的间接材料中，想要比较准确形象地表现完整而弧转的折曲屋面，在技法上存在一定困难，像旅顺南山里东汉陶屋和河南省

[①] 参见五卷集《中国古代建筑史》第三卷第 576 页。

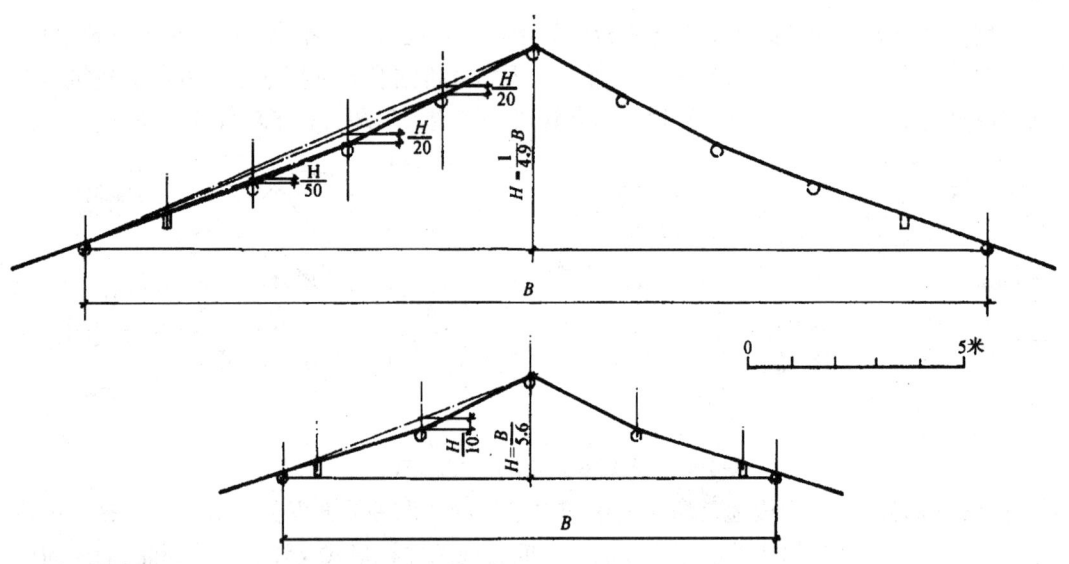

图 2-23　唐代佛光寺、南禅寺大殿屋顶举折示意（上：佛光寺大殿；下：南禅寺大殿）

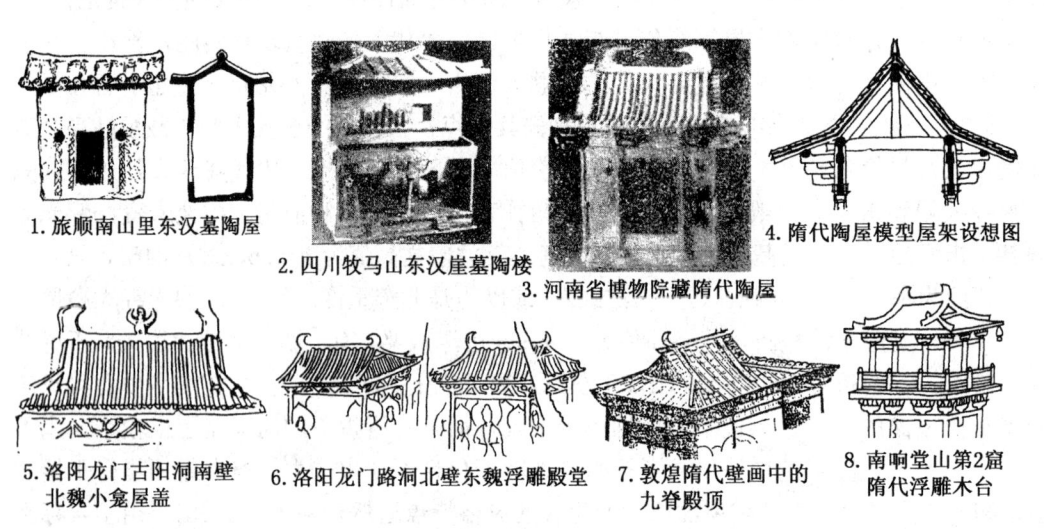

1. 旅顺南山里东汉墓陶屋　2. 四川牧马山东汉崖墓陶楼　3. 河南省博物院藏隋代陶屋　4. 隋代陶屋模型屋架设想图
5. 洛阳龙门古阳洞南壁北魏小龛屋盖　6. 洛阳龙门路洞北壁东魏浮雕殿堂　7. 敦煌隋代壁画中的九脊殿顶　8. 南响堂山第2窟隋代浮雕木台

图 2-24　东汉、北朝、隋代陶屋明器、石刻、壁画中的折曲屋面形象

博物院所藏隋代或北朝晚期陶屋模型所显示的，都是每坡只有脑椽和檐椽两段屋椽所构成的一个折面，本身或模型规模又太小，故而转折处显得比较生硬僵直，缺乏过渡，其实际情况或也如此。而且更重要的是，汉魏六朝图像资料所见多数是这种进深只两架椽的房屋，其屋面只能是直坡式的，即使如旅顺南山里和河南省博物院陶屋，甚至包括四川牧马山陶楼者，大约也都是在两架椽外再接续一段折起的檐椽所致，而并非是由梁架本身的举折所形成的折曲屋面。即便是在隋唐壁画中，折曲屋面的反映已较多见，但描绘得仍然比较隐约含蓄，同时也还有大量直坡形式的表现，这是受中国绘画缺乏透视原理的运用而难以准确表现立体感的传统技法所限，并不见得实物就是如此。另外，所见有关建筑形象的有限资料也只是代表部分的房屋，而折曲屋面可能多半用于宫殿庙宇等重要高大的建筑物上，而这方面的资料更是缺乏。日本现存飞鸟时代的五座建筑——奈良法隆寺金堂、五重塔、

中门、回廊和奈良法起寺三重塔，都是折曲屋面，可以作为中国南北朝建筑有折曲屋面做法的旁证。

如果从文献上考证，折曲屋面的形式最早似可推溯至东周时期。《考工记·轮人》记轮人为盖（车盖）："上欲尊而宇欲卑，上尊而宇卑，吐水疾而霤远。"尽管这句话讲得是制作车盖的情况，但由以下两个原因，它也可以作为屋盖建筑规制的旁证：其一，《考工记》有言："有虞氏上陶，夏后氏上匠，殷人上梓，周人上舆。故一器而工聚焉者，车为多"，可以说当时以车制最为复杂和精巧，是最得周人重视的手工业，以"轮人"、"舆人"、"辀人"、和"车人"等为代表的制车系统是国家机械制造工艺的集中代表，也反映了木作技术的最高水平；其二，"宇"字的本意是指屋檐（详后）。故知当时既为车盖如此，则为木构房屋亦必如此，车盖制作应是借鉴了屋盖建筑的经验。自然，这句话也就反映了折曲屋面形式。如果说仅从字面上所谓"上尊"和"宇卑"也可以是指直坡屋盖的形式，那么据建筑史和考古学家对史前房址的复原研究，它至少从仰韶文化以来就一直存在，到了《考工记》的时代是没有丝毫必要这样特意强调的，也没有什么"欲"不"欲"的意义，而且直坡屋盖也不会"吐水疾而霤远"。所以，"上尊而宇卑"，表达的实是"上愈尊而宇愈卑"的递进意思，即指坡度越往上越陡峻、越往下越和缓的折曲屋面形式，如此才能"吐水疾而霤远"，即将屋顶的雨水很快很远地抛离檐口。只不过战国时期的折曲屋面在具体做法上大概并不似宋、清之举折或举架有严整成熟之规制而已，会有一定的随意性和自由度[①]。并且，从《考工记》特意强调"上欲尊而宇欲卑"和点明"吐水疾而霤远"的文意来看，似乎这还是个新鲜事物，故在东周之前可能是没有这种折曲屋面做法的。从现知的几件战国刻纹铜器上的建筑形象来看，仍是直坡屋盖。当然这既有这种做法并不普及的原因，也有现知材料有限和当时的绘画技法所限的可能。

至于折曲屋面的产生，有建筑史学家推测为如下过程：重檐建筑的下层披檐逐渐上抬，先形成两段迭落式屋面——最后形成联为一体的折曲屋面[②]。且不论两段迭落式屋面的大量出现是在汉代和南北朝时期，并不早于折曲屋面的产生，就这个过程而言无疑显得复杂了一些。由于先秦时期的建筑没有实物遗存，即便是有关图像资料也是相当匮乏，只有寥寥几例并不完整和直观的铜器刻纹而已，所以对当时的建筑构架情况学者们只能根据考古发现的有限的建筑基址进行推测，各家的研究复原结果也就不尽一致。建筑史学界普遍认为，在抬梁式结构产生之前，古代屋架是采用大叉手即人字形的构架方式的。而大叉手屋架发展或过渡为抬梁式屋架，是在什么时期，则看法不一。就目前资料来看，汉代采用抬梁式结构已毫无疑问。当然，汉代多是抬梁与叉手相结合的情况，即在抬梁上以小叉手来承脊，其实这种方式一直延续到唐宋时期。战国文献中有"山节藻棁"之语（《论语·公冶长》），"棁"即梁上的短柱，故一般较为保守的估计也将大叉手向抬梁屋架的过渡定在战国时期。在檩数较多的较大型建筑上，完全采用大叉手屋架固然在力学上没有什么问题，但由于檩木不是落在水平梁上，而是置于斜向的叉手木上，所以檩木的固定就殊为不易，无论是绑扎还是榫卯固定，都难免日久发生下滑。本来，大叉手是始于史前原始居住建筑的一种简单易行的坡顶屋盖结构，当有了在三维上扩大房屋内部空间的需要时，大叉手非分段设置

[①] 需要指出的是，有人也把《考工记》"葺屋三分，瓦屋四分"之语认定是举架之制的反映，是不妥的。这句话指的是屋架的高跨比，即总举高与通进深的关系，而与举架无涉。

[②] 杨鸿勋：《中国古典建筑凹曲屋面发生与发展问题初探》，载《建筑考古学论文集》。

不可，就有了相当的困难，不是那么方便易行的了。从建筑史学家对仰韶文化半坡 F1、F24、F25 等房址的复原情况来看，在立柱上开始起架之处，已经是矩形交圈的形式（图 2-25）。

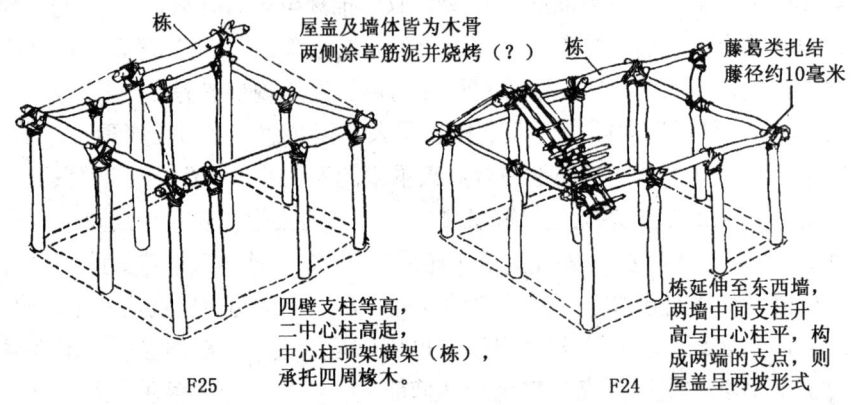

图 2-25 仰韶文化半坡房址复原构架示意

当有多层起架的要求时，最初可能是会皆由落地柱来支撑所增加的檩木或者是叉手斜木，在柱间施以水平联系和加固横木，形成类似于穿斗式的构架，或者为木骨泥墙。而将落地柱在联系横木以下的部分去掉，那么抬梁式构架的雏型就形成了，反过来说在下层交圈的联系横木上立短柱来承上层构架，实在也是一件极自然不过的事，由此联系横木也就发展为承重梁，当然前提是要保证联系横木有足够的承重能力。事实上，中国汉代以前的木构建筑往往是同时辅助以泥土墙承重的，大型的组合式的建筑还要依赖于夯土台壁来进行构架，所以先秦两汉的建筑基址常发现有墙内柱和倚壁柱遗迹，这种情况直到初唐以后才得以彻底改变，墙壁完全沦为柱间的填充物。按照这个并不算复杂的逻辑发展过程，从半坡到商周时期，对于孕育出较为成熟的抬梁构架已是足够长的了。所以，商周时期的大型宫殿建筑应该是采用了抬梁式构架的，或者说是抬梁与叉手结合并辅助以墙壁承重的方式。河南偃师夏代晚期的二里头一号宫殿遗址（图 2-45:A），从其布置较为匀称的前后檐柱列特点来看，也有可能采用抬梁式构架，当然其进深达 11.4 米，采用通檐二柱抬梁的形式固然可能性不大，但这样大的跨度采用大叉手屋架同样存在很大难度。同时的二里头二号宫殿遗址（图 2-45:B）以及商周时代的其他宫室建筑遗址，外檐以内多有木骨泥墙遗迹，特别是湖北黄陂盘龙城 F1 房址，泥墙中每隔 70～80 厘米置有直径 20 厘米的木柱一根，此墙与柱无疑应起着承重作用，不仅是围护结构。二里头一号宫殿遗址或许也有着同样的结构方式，而遗迹无存了。

无论在抬梁以上承以短柱还是叉手斜木，抑或是二者的结合，发生折曲屋面不过是顺理成章之事。例如简单的四椽屋架，不管是有意还是无意，将脊檩下的支撑件（短柱或叉手）做得比金

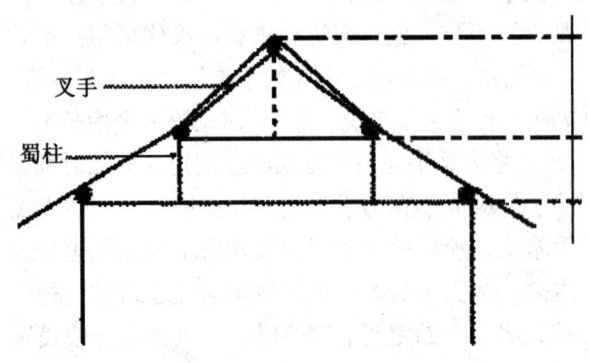

图 2-26 四椽屋架举折示意

檩下的支撑件（短柱或木墩）更高一些，恐怕都是再自然不过的了（图 2-26）。实际上，当

需要扩大室内空间而增加屋架檩木时，也即需要将原先一坡而下的大叉手分段设置而下的时候，将不同段屋顶做得坡度一致、整齐规则，反而是不容易的，换种说法，在原始的技术条件下，即便是有意识要尽可能做得规整，造成不规整结果的概率也要比规整结果大得多。正如刘致平先生所说："中国屋顶之所以有凹曲线，主要是因为立柱多，不同高的柱头彼此不能画成一直线，所以宁肯逐渐加举做成凹曲线，以免屋面有高低不平之处，久而久之，我们对凹曲面反习以为美了。"[①]所以，折曲屋面的发生，最初是无意识的，或者是因形就势，而一旦这种折曲屋面被逐渐发现具有某种实际功用（"吐水疾而霤远"）和美观效果后，就被固定下来，渐成一种建筑规制。

但是，抬梁式的形成，并不意味着叉手的废除。除前述叉手与抬梁的结合方式外，特别是在民间小型建筑上，由于空间跨度不很大，因而更可能还是普遍采用简易经济的大叉手屋架。特别是进深只两架椽屋者，根本就用不着抬梁，若在脊槫下只用蜀柱来支撑而不用叉手，蜀柱无以联系是极不稳固的。汉代南北朝时的明器、石刻、壁画以及石祠等所反映的情况，大多数正是两架椽屋而使用叉手者。至于其时的两段迭落式屋面，不会是抬梁式举折的前身，它很可能是由叉手屋架在不改变原有构架方式的前提下，在扩大房屋面积的同时，模仿抬梁式举折所致，是一种简易的变通处理手法（图2-27）。

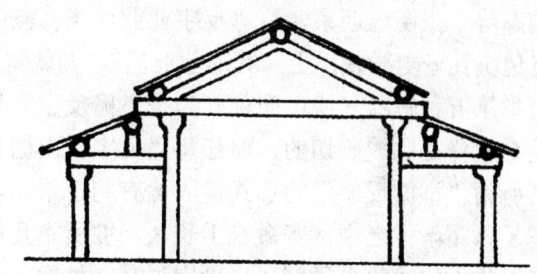

图 2-27　大叉手屋架模仿抬梁举折形成两段迭落式屋架示意

二、飞檐之制

除了一些简陋民房有"老檐出"的做法外，中国古代多数房屋建筑在檐椽之外还要增设一段飞椽，飞椽后尾呈楔形附贴于檐椽前端之上，从而向外挑出一段略向上反翘的飞檐，使得屋面出檐这段也形成一条凹曲线形式。由于飞檐的举度较低（清式通常按三五举），又呈向上反翘之势，因而在加大出檐距离的同时又不致使檐口过低而影响采光，同时与举度上陡下缓的折曲屋面相配合，使从屋面下泄的雨水呈抛物线之势抛离开檐口更远，外观上也使硕大高耸的屋顶更显得舒展开阔，增加了建筑的美感。

在汉魏文献中，曾提到一种"反宇"的建筑形式。对此，当今学术界有不同的解释：或认为"反宇"即指飞檐形式[②]；或认为是指上述进深方向上的折曲屋面形式[③]；或认为是指屋面和檐口在开间方向上生起翘曲的形式[④]；或认为是指"两段迭落式"的折面屋盖形式[⑤]；或认为是汉唐以来一种特殊的檐下做法，即"在原有的斜下屋宇下面再加上一道或两道呈弧状向上举起的椽子而形成的，其简略的做法是将这新的宇面外理成直线斜上的形

---

① 刘致平：《中国建筑类型及结构》，第57页。
② 马炳坚：《中国古建筑木作营造技术》，第19页。
③ 潘谷西主编：《中国建筑史》（第五版），第267页。
④ 刘敦桢：《中国古代建筑史》，第76页。
⑤ 杨鸿勋：《中国古典建筑凹曲屋面发生与发展问题初探》，载《建筑考古学论文集》。

式"①。我们赞同飞檐反宇的说法。汉代文献中言及"反宇"时往往与"飞檐"并称。"宇"的本意就是屋檐。《说文》:"宇,屋边也。"《释名》:"宇,羽也,如鸟羽翼自覆蔽也。"《诗·豳风·七月》:"七月在野,八月在宇,九月在户。"(唐)陆德明音义曰:"宇,屋四垂为宇。《韩诗》云:'宇,屋霤也'。"《易·系辞下》称"上古穴居而野处,后世圣人易之以宫室,上栋下宇,以待风雨",是"宇"与最上之"栋"(脊檩)对举,为最下之屋檐无疑。《淮南子·览冥训》:"凤皇之翔,至德也……而燕雀佼(骄)之,以为不能与之争于宇宙之间。"高诱注:"宇,屋檐也;宙,栋梁也。"所以,"反宇"应与屋檐有关。班固《西都赋》:"上反宇以盖戴,激日景(影)而纳光",说明"反宇"结构具有遮阳和利于采光的双重优点。如果不加飞檐,无论屋面举折的程度有多大和出檐有多深,其出檐部分总还是直线斜下的形式,于遮阳固是可以,但却并不利于采光。结合"反"的字义,"反宇"应是指一种伸展方向上与一般无飞檐的斜下屋檐不同的出檐形式,即由于使用飞檐所造成的向上反翘的飞檐态势。张衡《西京赋》:"反宇业业,飞檐辅辅",薛综注:"凡屋宇皆垂下向,而好大屋飞边头瓦皆更微使反上,其形业业然",乃就其形式而言,说得再明白不过了。本来,作上举第五种解释(或可简称其为"举檐反宇"说)的学者,对"宇"的认识及与"反"的关系解释是比较确切的,但却将"反宇"出檐夸张为完全相反的向上方向就不太妥当了。其所谓"举檐反宇"的形式,固然有利于采光,却无法遮阳,不能避雨,更不利排水,暴露于风霜雨雪之中,寿命难于长久,彼所举几例图像资料,不过是些石塔台观之类,既不能以为木构建筑之通例,也毋宁说是一种檐下装饰更为合适。另外,唐代壁画中此类塔台檐角常以仰视角度画成,故而显得反宇颇甚,实际并不见得就是所谓"举檐"。

前述大叉手屋架结构下模仿抬梁式折曲屋面的做法,有学者还设想了另外一种适用于小型房屋建筑上的方法:在大叉手上安置类似后世建筑上可以看到的生头木一类的构件②

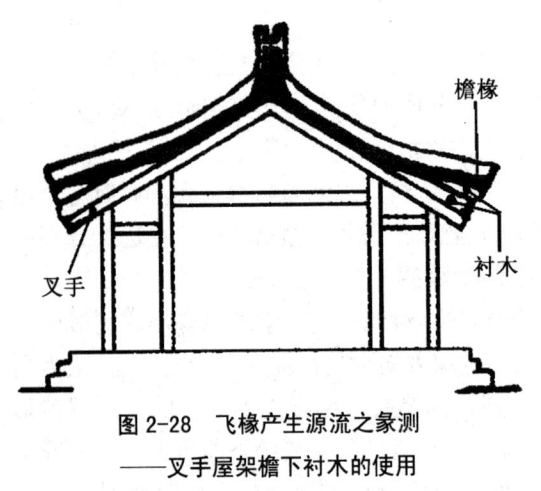

图 2-28 飞檐产生源流之臆测
——叉手屋架檐下衬木的使用

(图 2-28)。在宋《营造法式》中可以看到这种在小型的亭阁建筑上利用衬木将檐椽衬起从而取得屋面折起效果的做法。如果汉代有这类做法的话,那么可能正由此而导致了飞檐的产生:如果衬木不是衬起檐椽而是将其楔形面向下附贴于檐椽之上(当然此时实已不能称为"衬木"了),则同样可以取得屋面折起的效果,继而将此"衬木"加长延伸于檐椽之外,则又形成一段折起的出檐,于是就发展成为飞檐。由于原是出于屋面折起需要的考虑,所以汉代飞檐向上反翘的程度可能是比后世大的(即楔角比后世的飞檐大,也不排除同时使用下层衬木和上层飞椽或者是双层飞椽的可能性),故才有"反宇"一说。

《洛阳伽蓝记》一书记述了北魏都城洛阳大寺43座,仅在"高阳王寺"一条提到有"飞檐反宇",高阳王寺是高阳王雍舍宅所为,高阳王雍是献文帝之子,孝明帝正光中任丞相,

---

① 王鲁民:《中国古典建筑文化探源》,同济大学出版社1997年,第11页。
② 王鲁民:《中国古典建筑文化探源》,同济大学出版社1997年,第8页。

"贵极人臣,富兼山海,居止第宅,匹于帝宫"①。可见北魏末期飞檐反宇的做法尚不普遍,大概只有宫殿和少数王族府第才有使用。故汉晋南北朝绝大多数有关建筑形象的材料上,都见不到飞椽的形象。飞椽在敦煌首见于北魏石窟的阙形龛屋顶上,但为数很少,同期的阙形龛屋顶仍大都不用飞椽,云岗石窟中也未见飞椽②。北齐义慈惠石柱上小屋檐下表现为上方下圆二层椽,但可能限于石质材料和规模太小,没有表现出明显的反宇形式。初唐以后的石刻、壁画中表现有飞椽的例子就多了起来③,其上翘程度要大于宋式,仍有"反宇"遗意(图2-29)。日本飞鸟时代的建筑遗存上也未见飞椽,到相当于中国盛唐时期的奈良时代前期的建筑方始见到。宋辽以后就普遍使用飞椽了,在《营造法式》中称为"飞子"。

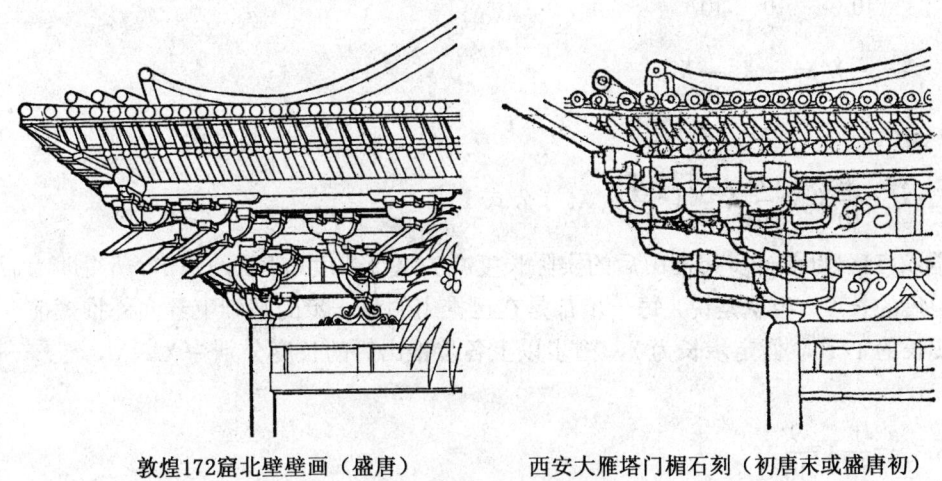

敦煌172窟北壁壁画(盛唐)　　西安大雁塔门楣石刻(初唐末或盛唐初)

图 2-29　唐代飞椽二例

三、关于清式营造的庑殿推山法则

关于庑殿推山源流,前文第三节已有述。这里讨论一下清式营造的庑殿推山法则。

庑殿推山,自然是在举架的基础上所做的推山。经推山以后,山面步架的举高相应随正身步架,而步长由下往上逐步缩短,因而举架系数不仅是从下往上递增的,并且较之正身对应步架的举架系数也是增大的,所以坡度显得比正身更为陡峻。

关于清式庑殿推山法则的具体方法,在梁思成先生据民间工匠秘本整理编订的《营造算例》(以下简称《算例》)中是这样规定的:"(庑殿推山)除檐步方角不推外,自金步至脊步,按进深步架,每步递减一成。"④所谓"檐步方角不推",是指山面檐步架不推,即山面檐步与正身檐步的步架、举高都相同,转角相邻的两面檐步构成正方形,合缝角梁处于

---

① (魏)杨衒之《洛阳伽蓝记》卷三"高阳王寺",周祖谟校本,中华书局1963年。
② 参萧默《屋角起翘缘起及其流布》,载中国建筑学会建筑历史学术委员会编《建筑历史与理论》第二辑,1981年;又载萧默编《敦煌建筑》,新疆美术摄影出版社、新西兰·霍兰德出版有限公司,1993年。
③ 现存唐代木构建筑南禅寺大殿和佛光寺大殿,当初发现时都没有飞椽,甚至南禅寺大殿的出檐也很短,显然是后代修葺时将朽坏的檐椽头锯短了。现学术界一种意见认为这两座佛殿可能原来就没有飞椽(见上注萧文),另一种意见认为它们的飞椽在后世屡经锯短以至干脆取消了(张静娴:《飞椽翼角(下)》,《建筑史论文集》第四辑,清华大学出版社1980年)。另一座唐代建筑平顺天台庵大殿有飞椽,已为后世大修易换之物。这几座唐代建筑原构是否使用飞椽已不明了。
④ 梁思成:《清式营造则例》后附《营造算例》。

檐步方角的45度中分线上。这是庑殿推山的一条重要原则。

在自金步至脊步步架相同的情况下,"每步递减一成"这句话可作两种含义的理解:

含义 I:每步递减 1/10 步架。即檐步以上的第一步长为减去 1/10 步架,第二步长为减去 2/10 步架,依次类推。或者说是,每步都是在已推山的前一步的基础上继向外推短 1/10 步架。假定步架长为 X,檐步以上各步推山后的长度分别为 X_1、X_2、X_3……X_n,则有:

$$X_1 = X - \frac{1}{10}X = \frac{9}{10}X,$$

$$X_2 = X_1 - \frac{1}{10}X = X - \frac{2}{10}X = \frac{8}{10}X,$$

$$X_3 = X_2 - \frac{1}{10}X = X - \frac{3}{10}X = \frac{7}{10}X,$$

……

$$X_n = X_{n-1} - \frac{1}{10}X = X - \frac{n}{10}X = (1 - \frac{n}{10})X。（公式 I）$$

含义 II:以前一步架推山后的实际长度减去这个长度本身的 1/10,所得即为后一步架推山后的长度。也就是说,每一步都是在已推山的前一步的基础上继向外推短前一步推山后实长的 1/10。假定步长为 X,檐步以上各步推山后的长度分别为 X_1、X_2、X_3、……X_n,则有:

$$X_1 = X - \frac{1}{10}X = \frac{9}{10}X,$$

$$X_2 = X_1 - \frac{1}{10}X_1 = \frac{9}{10}X_1 = \left(\frac{9}{10}\right)^2 X,$$

$$X_3 = X_2 - \frac{1}{10}X_2 = \frac{9}{10}X_2 = \left(\frac{9}{10}\right)^3 X,$$

……

$$X_n = X_{n-1} - \frac{1}{10}X_{n-1} = \frac{9}{10}X_{n-1} = \left(\frac{9}{10}\right)^n X。（公式 II）$$

那么,究竟哪种含义更符合《算例》本义呢?首先,含义 I 在理论上是不成立的:按公式 I,如果推到第 10 步(从檐步以上算),则 $X_n = 0$,如果推到 10 步以上,X_n 就为负数($X_n = 0$ 时,该步椽子与地面垂直;X_n 为负数时,该步椽子向外侧倾斜)。当然,大式建筑可多至十一檩,故宫太和殿达十三檩(不计挑檐桁)已是极为特殊的了,所以实际上庑殿推山一般最多也以五步为限,并没有推到十步及十步以上的情况。这样看来,似乎第一种方法也可行。不过,《算例》在上述推山法则的表述之后,还列举了两个具体的例子加以说明。第一例:"如七檩,每山三步,各五尺;除第一步方角不推外,第二步按一成推,计五寸;再按一成推,计四寸五分,净计四尺零五分。""净计"即推山后的实际步长,按公式 II 计算,第二步(即檐步以上推山的第一步)长为 $5 尺 - \frac{1}{10} \times 5 尺 = 4.5 尺$,第三步(即檐步以上推山的第二步)为 $4.5 尺 - \frac{1}{10} \times 4.5 尺 = 4.05 尺$,这与《算例》述例是相符的;若按公式 I 计算,第二步长推得结果相同,第三步长则得 $4.5 尺 - \frac{1}{10} \times 5 尺 = 4 尺$,与《算例》不符。所以,《算例》推山法则的本义应是上述含义 II，即"按一成推"是指每步实长都是前一步按其实长的一成再推得的结果。

在梁思成先生所著《清式营造则例》（以下简称《则例》）一书的图版拾肆中对九檩庑殿推山的具体方法表述为："檐步方角不推，下金步推出 1/10 步架，上金步将下金步已推出由戗中线延长与上金桁中线相交，由此相交点再推出 1/10 步架。脊步推法与上金步同。"这段文字看上去似乎与《算例》所述差不多，但很容易使人理解为上述含义 I。在此版推山示意图中是将下金、上金、脊各步推出的尺寸都标注为 $\frac{1}{10}X$ 的，这说明梁先生也的确是按含义 I 来理解的（图 2-30）。《则例》自 1934 年出版以来，成为中国古建筑学入门必读的一

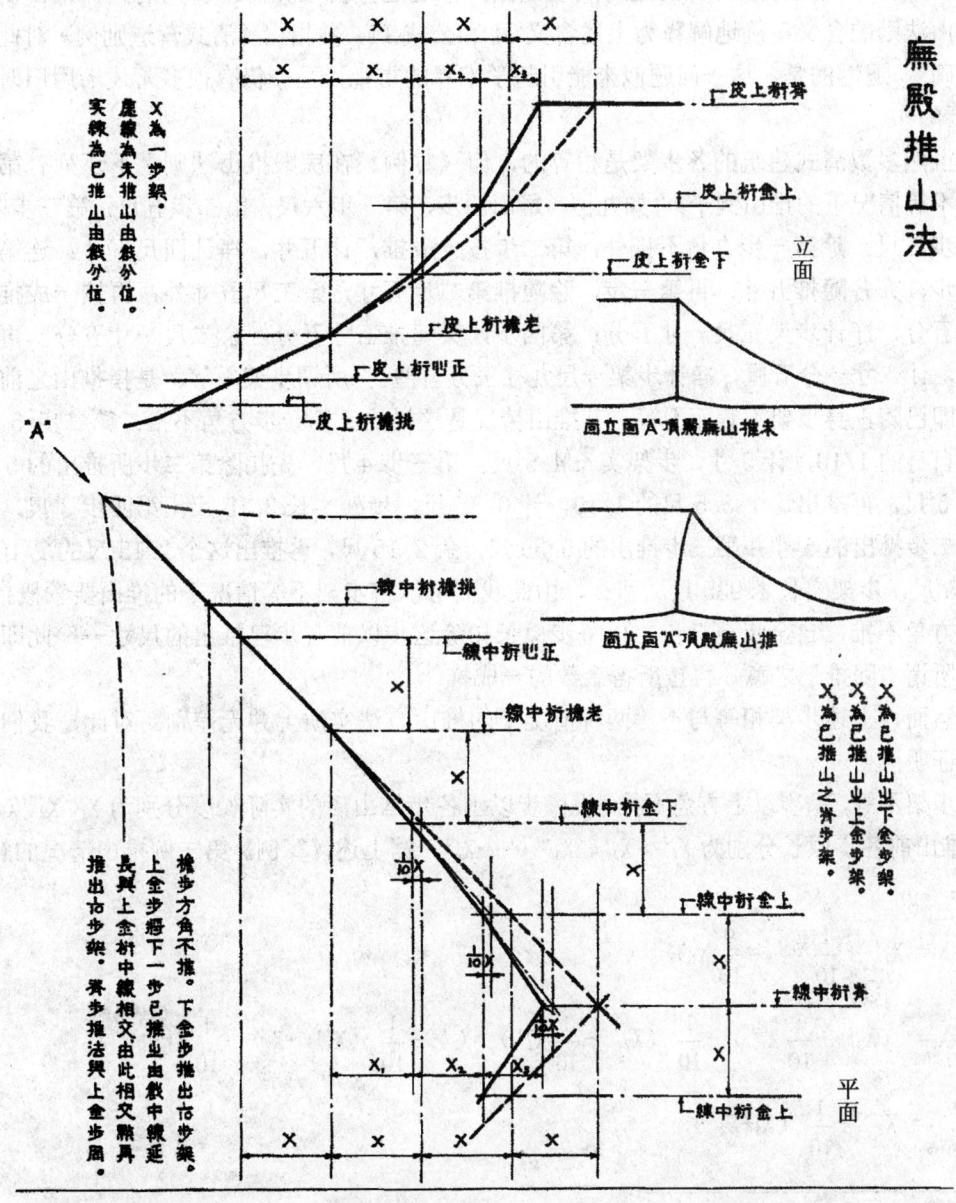

图 2-30 《清式营造则例》图版拾肆庑殿推山法示意

部重要的"文法课本",后来凡涉及清式庑殿推山法的有关著述,多是循着梁先生的这一"则例"来说明的。有的学者可能也注意到了其中的问题,如郭黛姮、徐伯安先生在《中国古代木构建筑》一文中说庑殿推山的"具体办法有两种:一种是由山面第二步架起每一步架扣除第一步架的10%;另一种由山面第二步架起每步架扣除它前一步架的10%"[①],但其第二种方法说得不是很清楚,没有明确是由前一步推山后的实长扣除这一实长的1/10而得后一步架长度的含义。在清华大学出版社2006年新版《清式营造则例》中,图版拾肆下有郭黛姮先生小注已将原图所标各步推山尺寸正确地改为$\frac{1}{10}X$、$\frac{1}{10}X_1$、$\frac{1}{10}X_2$(见图2-30)。对《算例》庑殿推山法则详加解析的是马炳坚先生,他通过分析《算例》所列的具体推山例子,将推山法则的含义正确地解释为上述含义II和公式II,并指出《清式营造则例》对此解释的不确[②]。遗憾的是,这一问题似未能引起学术界的重视,至今仍有很多著述沿用旧时的错误解释。

虽然多数清式建筑的各步架是相等的,但《算例》在庑殿推山法则之下还列有第二个步架不等情况下的推山例子:"如九檩,每山四步,第一步六尺,第二步五尺,第三步四尺,第四步三尺。除第一步方角不推外,第二步按一成推,计五寸,净计四尺五寸;连第三步第四步,亦各随推五寸;再第三步,除随推第二步五寸,余三尺五寸外,再按一成推,计三寸五分,净计步架三尺一寸五分;第四步,又随推三寸五分,余二尺一寸五分,再按一成推,计二寸一分五厘,净计步架一尺九寸三分五厘。"所谓步架不等,是指推山之前山面步架即已随正身步架不等而不等,其推山情况是这样的:第一步方角不推;第二步5尺,推出自身的1/10,计5寸,步架实长4.5尺;第三步4尺,先扣除第二步所推出的5寸,余3.5尺,再推出这个3.5尺的1/10,计0.35尺,步架实长3.15尺;第四步3尺,先扣除第二步推出的5寸并第三步推出的0.35尺,余2.15尺,再推出这个2.15尺的1/10,计0.215尺,步架实长1.935尺。那么,由此我们可以将步架不等情况下的推山要领概括为:檐步方角不推,自金步至脊步,以每步原长扣除这步以前各步已推出的尺寸——此即《算例》所谓"随推"之意,再按所得余数的一成推。

然而,上述步架相等与不等两种情况下的推山方法实质上并无差别。对此,我们可作如下证明:

步架不等,檐步以上方角不推,设檐步以上各步推山后的实际长度分别为X_1、X_2、X_3……X_n,推山前各步原长分别为X_1'、X_2'、X_3'……X_n',据上述《算例》第二例推山情况的解析,则有:

$$X_1 = X_1' - \frac{1}{10}X_1' = \frac{9}{10}X_1',$$

$$X_2 = (X_2' - \frac{1}{10}X_1') - \frac{1}{10}(X_2' - \frac{1}{10}X_1') = X_2' - \frac{1}{10}(X_1' + X_2' - \frac{1}{10}X_1')$$

$$= X_2' - \frac{1}{10}(X_1 + X_2'),$$

[①] 郭黛姮、徐伯安:《中国古代木构建筑》,《建筑史论文集》第三辑,清华大学建筑工程系1979年。
[②] 马炳坚:《庑殿建筑木构技术浅探》,《古建园林技术》1987年第1期;又见其著《中国古建筑木作营造技术》第24~27页。

$$X_3 = [X_3' - \frac{1}{10}X_1' - \frac{1}{10}(X_2' - \frac{1}{10}X_1')] - \frac{1}{10}[X_3' - \frac{1}{10}X_1' - \frac{1}{10}(X_2' - \frac{1}{10}X_1')]$$

$$= \frac{9}{10}[X_3' - \frac{1}{10}X_1' - \frac{1}{10}(X_2' - \frac{1}{10}X_1')]$$

$$= \frac{9}{10}X_3' - \frac{1}{10} \times \frac{9}{10}X_1' - \frac{1}{10} \times \frac{9}{10}(X_2' - \frac{1}{10}X_1')$$

$$= X_3' - \frac{1}{10}X_3' - \frac{1}{10}X_1 - \frac{1}{10}X_2$$

$$= X_3' - \frac{1}{10}(X_1 + X_2 + X_3'),$$

……

$$X_n = X_n' - \frac{1}{10}(X_1 + X_2 + X_3 + \cdots + X_{n-1} + X_n') 。（公式 III）$$

检验：将 X_1' = 5 尺、X_2' = 4 尺、X_3' = 3 尺代入公式 III，得：

$$X_1 = 5 - \frac{1}{10} \times 5 = 4.5 （尺），$$

$$X_2 = 4 - \frac{1}{10}(4.5 + 4) = 3.15 （尺），$$

$$X_3 = 3 - \frac{1}{10}(4.5 + 3.15 + 3) = 1.935 （尺）。$$

所得推山结果与《算例》述例二相符，说明公式 III 的归纳是正确的。

现在，我们试以公式 III 来计算一下《算例》述例一步架都是 5 尺的推山情况。以 X_1' = X_2' = 5 尺代入公式 III，得：

$$X_1 = 5 - \frac{1}{10} \times 5 = 4.5 （尺），$$

$$X_2 = 5 - \frac{1}{10}(4.5 + 5) = 4.05 （尺）。$$

结果又与《算例》所述相符。我们还可以将例一的七檩增至九檩，每山四步，各五尺，则第四步（檐步以上第三步）再按一成推（含义 II），计四寸五厘，净计三尺六寸四分五厘。如按公式 II 计算，就是 $X_3 = 5 - (\frac{9}{10})^3 \times 5 = 3.645$（尺）；同样可以公式 III 计算，得 $X_3 = 5 - \frac{1}{10}$ (4.5 + 4.05 + 5) = 3.645（尺）。两种计算方法所得结果完全相同。由此可见，公式 III 同样适用于步架相等情况下的推山计算，步架相等与不等两种情况下的推山方法在实质上是相同的。对《算例》第一例推山方法的具体说明，也完全可以作这样的解释："如七檩，每山三步，各五尺。除檐步方角不推外，第二步按一成推，计五寸"；第三步"再按一成推"，是指以本步原长 5 尺扣除第二步推出的 5 寸，得 4 尺 5 寸，再以此为基数按一成推，计 4 寸 5 分，净计 4 尺零 5 分。如九檩，则第四步再按一成推，就是用第四步原长 5 尺扣除第二步推出的 5 寸并第三步推出的 4 寸 5 分，得 4 尺 5 分（步架相等时此实即第三步推山后实长），再以此为基数按一成推，计 4 寸 5 厘，净计 3 尺 6 寸 4 分 5 厘。这与前面我们对第二例推山方法的具体说明在文字形式上也几无二致，只不过是例二中各不相等的原步架长度，到例一中变为了相等的原步架5尺而已。

至此，我们可以再回头来看《算例》中"庑殿推山"法则开首的一句表述："自金步至脊步，按进深步架，每步递减一成"。它的真正含义实为：每步皆要随前面各步推出，即每步都要先以本步原长扣除前面各步已推出的距离，然后再按一成推。步架相等还是不等，并不重要，关键是都须"随推"——随前面各步推出。一言以概庑殿推山法则，就是"随推一成原则"。这本来是于步架等与不等两种情况都相适用的，是故《算例》在"庑殿推山"法则开首仅作此一句总括，紧接其后就连续列举了"如七檩"步架相等和"如九檩"步架不等两个具体例子。这段话很可能就是梁思成先生所据以整理的民间工匠秘本原文，但梁先生可能有些失之于对"每步递减一成"这句话的想当然，对后面两个例子未进一步详作考察，致有《则例》中的误释。而马炳坚先生虽然指出了《则例》的问题所在，对《算例》庑殿推山法则及其述例都做了正确的阐释，但也未认识到《算例》行文"总括——举例分述一、举例分述二"这种合理简洁的逻辑结构，没有全面考察两个例子之间的关系，认为它们的推山方法是各不相同的，把开首"每步递减一成"的表述仅仅看作是步架相同情况下的推山法则，这同样是与《算例》本意不符的。

我们可以把推山后各步所在位置偏离于全部未推山前相应各步所在位置之外的距离称为每步的"绝对推山度"，把每步都随前面各步推出以后再行推掉的一成距离称为每步的"相对推山度"。那么，在上述庑殿推山法则下，绝对推山度是逐步增大的，而相对推山度是逐步减小的。这样，庑殿推山的结果，一方面，山面步架在与正身对应步架举高一致的情况下，步长较正身缩短，使山面坡度较正身屋面坡度增大，同时山面步架从下往上逐步缩短、绝对推山度越来越大，并与原有举架之制相配合（推山后各步的举架系数较推山前增大），使山面坡度从下往上越来越大，越发显得庑殿的两山屋面陡峻雄奇；另一方面，由于推山法则限定了山面步架的相对推山度是从下往上逐步减小的，从而保证了山面坡度渐陡的变化频率又是和缓的而非剧烈、突兀和生硬的，使得两山屋面在陡峻雄奇中又不失柔和与秀美的曲线轮廓。这正是庑殿推山法则的实际意义所在！"随推"原则并非是无缘无故制订的！这种巧妙的设计匠意体现的智慧，不能不让我们心底油然而生无限折叹！

四、角翘与生起

中国古建筑凡有屋角的，也即屋顶系庑殿、歇山或多角攒尖者，转角处两面檐口平视并不是一条水平直线，而是往角端渐向上翘起，这称为"起翘"；同时，檐口俯视也不是一条直线，而是往角端渐向外伸出，这称为"出翘"（或出冲、冲出）。我们可以把屋角的起翘与出翘合称为"角翘"[①]。

清式角翘做法是因处理角梁和椽子的关系而造成的（图2-31）。角梁实际相当于屋檐转角处所设45度方向上的檐椽，起正身和山面梁架的交圈合缝作用，并承受檐步转角的屋顶重量。中国古代建筑的出檐较大，到了庑殿或歇山建筑转角处的一间，合缝线45度方向上的出檐则更深远，由正侧两面出檐形成的屋顶面积要比普通开间大得多，屋顶具有向外的倾覆性。为支挑如此巨大的出檐，用普通开间那样的檐椽，力量显然是不够的，于是就用

[①] "角翘"之称，是借用萧默《屋角起翘缘起及其流布》一文的提法，但萧文只指起翘而言。

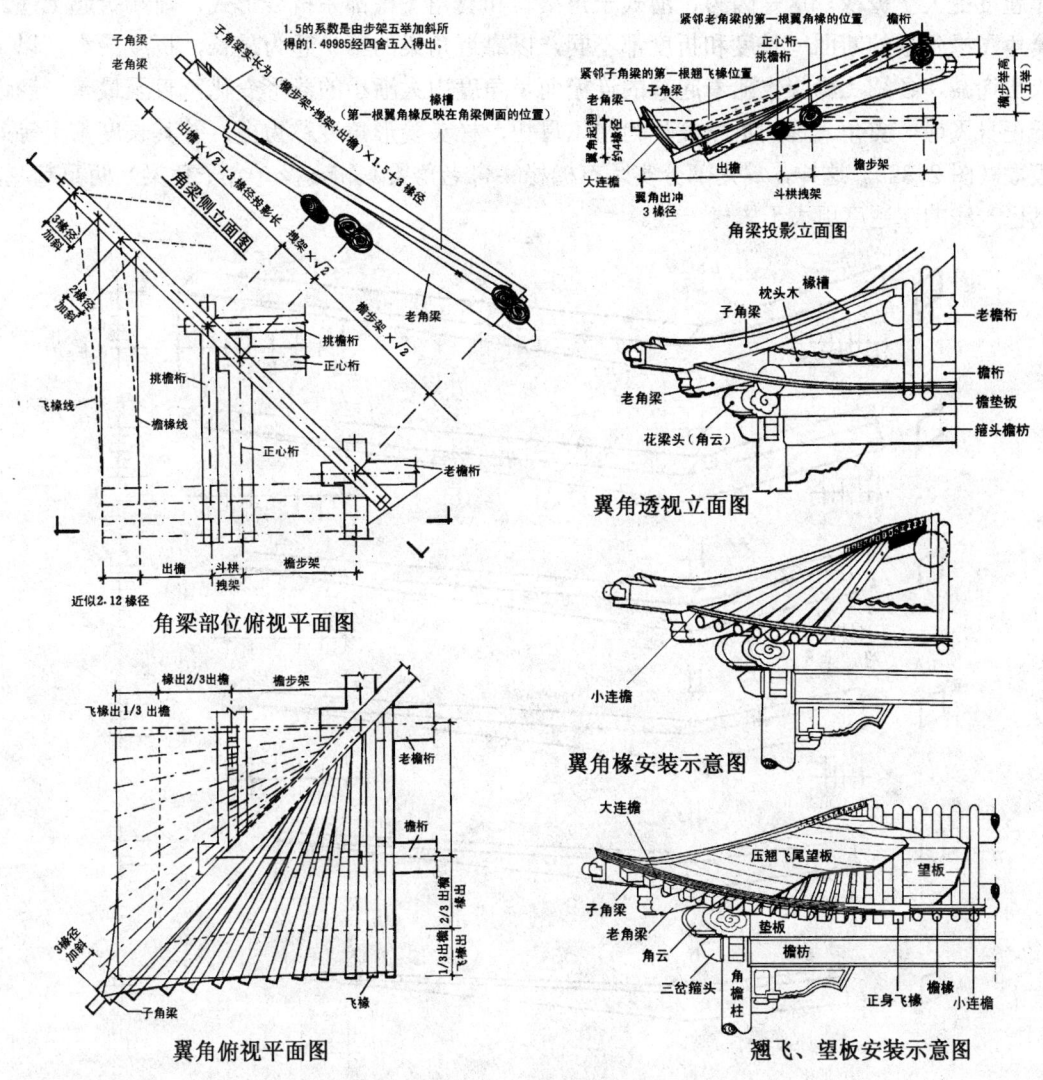

图 2-31 翼角部位结构图

断面尺度更大的角梁来作为角上出檐的骨架。角梁由老角梁和子角梁两层构成,子角梁伏于老角梁上,上下二层角梁相合,后尾将搭交下金檩头包住。子角梁前端长过老角梁,如飞椽之长于檐椽。清式老角梁高一般为椽径的 3 倍,并且其后尾压于下金檩之下从而造成角梁与正身檐椽的斜度不同,角梁的头部翘起高于正身檐椽,这就需要在转角处将檐椽渐次抬高,以与老角梁上皮取平(以便铺钉望板)。这了达到这一目的,就在这些需要渐次抬高的椽子下面,顺檐檩(有斗栱建筑并正心桁与挑檐桁)上加钉一条细长三角形条木,称为"枕头木"(或称衬头木),其长同檐步,向角梁方向渐次高起,上刻椽椀以承椽。同时,转角处这些渐次抬高的椽子,在平面上也改变方向,渐次作由进深方向的 0 度到 45 度斜出,呈放射状排列,并且椽头向外伸出于正身檐口线,伸出距离逐根增加,直至最终与角梁平贴为止(角梁头较紧邻椽头又稍向外冲出一些)。这样,就形成了屋角檐口的起翘和出翘两条曲线形式,转角屋檐如同鸟翼般展开,故有"翼角"之称,这部分的檐椽被称为"翼角檐椽",飞椽更被生动地称为"翼角翘飞椽"。翼角飞椽起翘与出翘随同檐椽,但是其起翘度更大于檐椽。这是因为,清式子角梁背和翼角飞椽都系折线形式,前端折起上翘。翼角飞椽各根的断面、长度和折度都不同,以靠近角梁的第一翘为最长,折度最大,以下依次递减,各翘飞椽头也随着起翘的连檐而呈角度由大渐小的菱形变化,直至最末一翘近于正身飞椽。翼角飞椽的折角度称为翘飞母扭,椽头菱形角度称为撇,并其长度都呈等差级数(图 2-32)。这样,翼角部分实际有檐椽(含老角梁)和飞椽(含子角梁)两重起翘,飞椽一线的起翘度更大于檐椽一线。

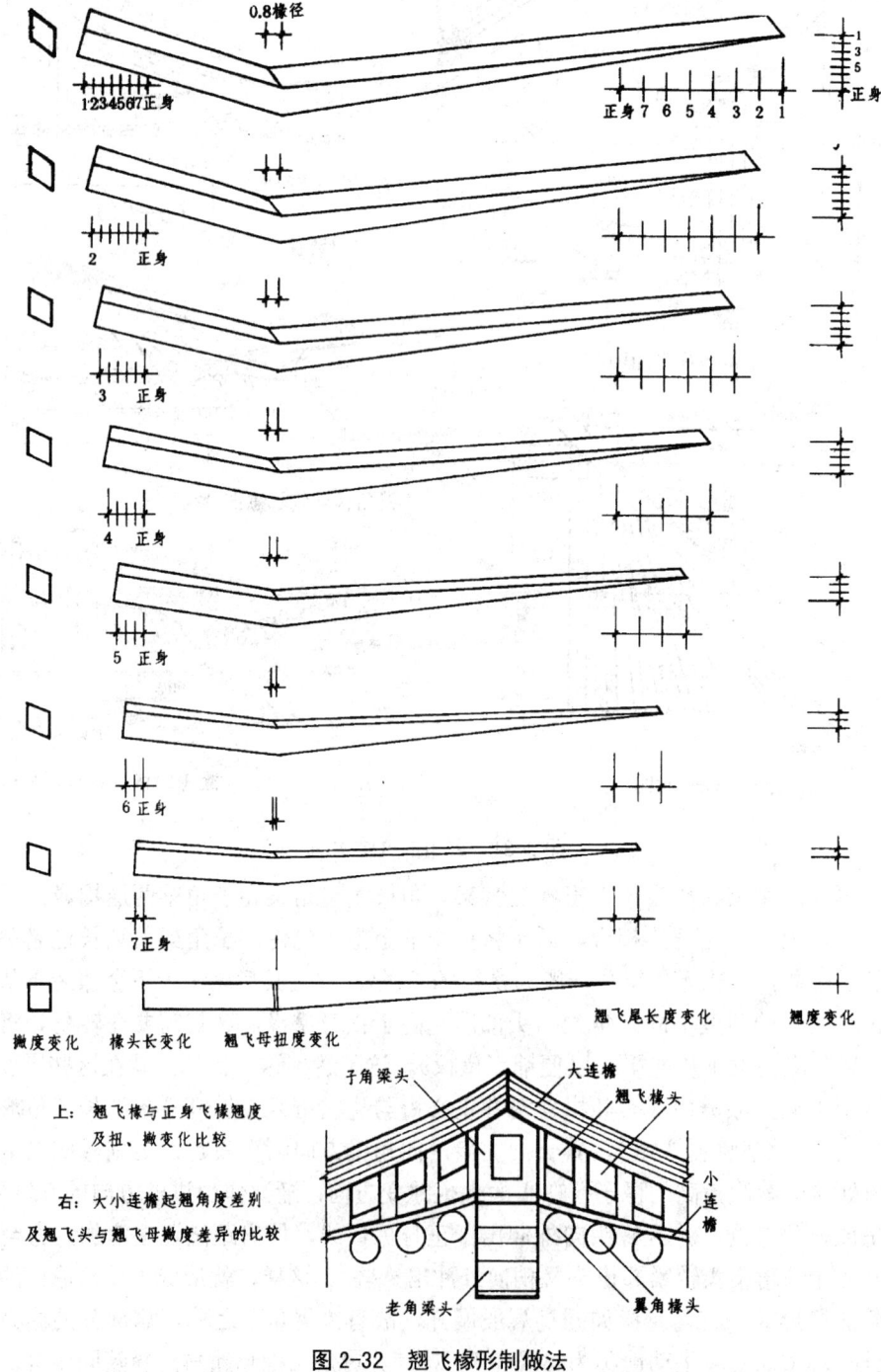

图 2-32 翘飞椽形制做法

起翘和出翘的程度，清式有所谓"冲三翘四"的口诀。所谓"冲三"，是指子角梁头（不包括套兽榫）比正身飞椽头部长出三椽径的水平距离（大式建筑 4.5 斗口），老角梁冲出尺寸通常规定为子角梁冲出尺寸的 2/3，即老角梁头比正身檐椽头水平长出 2 椽径；所谓"翘四"，是指子角梁头上皮边线（即大连檐下皮，第一翘飞上皮位置）高出正身飞椽椽头上皮的垂直距离为四椽径，老角梁头上皮高出正身檐椽头上皮 3 椽径。清代早中期建筑的角梁起翘大部分都遵循"翘四"的规定，按这个规定起翘的子角梁底皮近于水平状态。清晚期以后的一些建筑，特别是园林建筑，角梁头部一般抬起较高，有的比水平位置还要抬起 0.5~1 椽径，近现代重修或仿修的古建筑往往翘起程度更大。所以，"翘四"既是法则性规定，又不是僵死不变的教条。

在角梁的内侧面要剔凿出内凹的椽槽，以便安置翼角椽。椽槽从大约离老角梁头约 6 椽径的地方开始往后，是直一条由浅至深的斜槽，至搭交下金檩处最深约为半椽径。翼角檐椽分圆形与方形两种，圆形多用于宫殿、坛庙、府邸等大式建筑，方形多用于小型园林建筑。翼角檐椽长度与正身檐椽的长度基本相等，从紧贴角梁的第一根开始，后尾按 0.8 椽径的等距依次向后移，安于老角梁后部的椽槽中，最末一根后尾交于搭交下金檩。这是矩形或方形建筑转角为 90 度的情况，如为六方（转角 120 度）、八方（转角 135 度）建筑，其翼角椽后尾应分别按 0.5 椽径和 0.4 椽径向后等距推移，口诀所谓"方八、八四、六方五"。子角梁身要略高于紧邻的一根翘飞及望板，其上承脊瓦。

在宋《营造法式》中分别把起翘和出翘称为"生起"和"生出"，枕头木称为"生头木"，但宋式的檐角生起是统一于整个檐口生起的，其做法是在柱生起的基础上，转角处撩檐枋背上贴三角形的生头木，渐高与角梁背平，或随宜加高，令椽头背低角梁头一椽分。《法式》没有具体规定檐角的生高值，只是规定了柱生起为从平柱到角柱逐根生起 2 寸，虽然七间以上大殿的生起总值（心间飞子头背和子角梁头背的垂直距离）往往比清式起翘为大，但由于角柱生起所形成的檐口曲线微缓向屋角自然过渡，没有明显的起翘点，整个曲线显得柔和而不生硬。另外，由于宋、清式角梁及翘飞做法的不同，造成的起翘形式也有所差别。

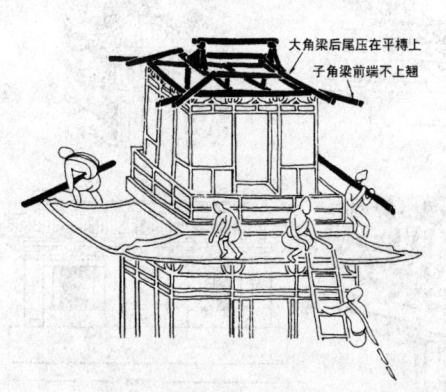

图 2-33 敦煌第 445 窟"拆屋图"（盛唐）

宋式大角梁后尾与下平槫头的结合，在《法式》中没有交待，实例所见有在槫下的如晋祠圣母殿者，但更多是搭于槫上的，如正定宋隆兴寺摩尼殿（图 2-9）、敦煌盛唐第 445 窟壁画"拆屋图"所示[①]（图 2-33），敦煌几座宋初窟檐（427 窟、431 窟、437 窟）的大角梁也是压在承椽枋上的（图 2-34）。有学者认为大角梁后尾由搭在平槫上改为托在平槫底的做法大约是从元代开始流行的[②]。《法式》所附子角梁图样不甚直观准确，其背部似直又似略有曲折，而实例及壁画所见子角梁背都是直线形式，并不上翘。子角梁背前端折起的做法，也是从元代以后流行的[③]。这样，宋式角梁与檐椽的斜度可以保持

---

① 此图以前曾被称为"建屋图"，萧默《屋角起翘缘起及其流布》一文认为按它所表现的《弥勒下生经》的内容，应改称为"拆屋图"。
② 萧默：《屋角起翘缘起及其流布》。
③ 萧默：《屋角起翘缘起及其流布》。

一致，二者取平比较容易，飞子也不必做成前端折起上翘的形式，飞子一线的起翘只是延续檐椽一线的起翘度而并不增大，翘度比清式和缓，甚至如敦煌几座宋初窟檐所示都是无生起的平直檐口。檐角生出尺寸，随房屋间数递增，"自次角柱补间铺作心，椽头皆生出向外，渐至角梁，若一间生四寸，三间生五寸，五间生七寸（五间以上约度随宜加减）"[1]，上列尺寸不超过 1.5 椽径，比清式 3 椽径的出翘度小了一倍多。虽然檐角部分的相对生起值小于生出值，

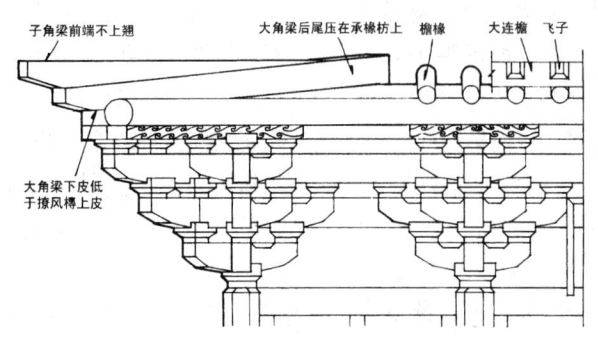

图 2-34　敦煌第 431 窟窟檐转角构造（宋初）

但加上生头木，一般生起仍与生出相近。翼角椽的放置，一般都是从转角一间的补间铺作中心线开始逐根斜出作放射状扇形排列，直至与角梁相靠。但在福州鼓山涌泉寺前宋代陶塔上则是作短椽平行放置[2]，此可视为早期建筑转角置椽方式的遗风，虽中国再无其他木构遗物实例，但在日本古建筑上从飞鸟时代一直到近代的江户时代都历有保存。

屋角起翘，最早在东汉的有关建筑形象的材料中已有反映，如前举四川牧马山崖墓出土的二层陶楼，以及日本学者滨田耕作的《东洋美术史研究》一书中著录的一幅陶屋照片，并且整个檐口都呈曲线。但是现有汉晋南北朝多数材料反映的是平直檐口，定兴义慈惠石柱上小屋尽管有飞椽及子角梁的表现，但檐口仍是平直无翘，角部檐椽也是作平行排列的。在云岗第 10 和 12 窟前室西壁的北魏屋形龛上，以及洛阳出土的一组北魏末石刻线画上，可以见到起翘的形象（图 2-35），在东晋的一些壁画碑刻上也有屋角起翘的表现[3]。日本现存飞鸟时代的五座建筑物中有四座都有起翘做法，可以做为中国南北朝建筑有屋角起翘做

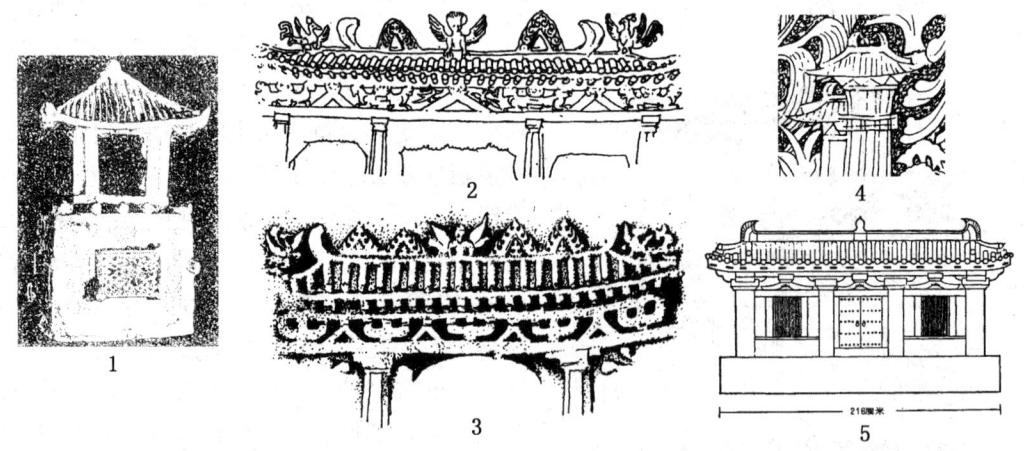

1.《东洋美术史》图版 41 著录东汉陶建筑模型　2. 云冈北魏第 12 窟前室西壁屋形龛顶　3. 云冈北魏第 10 窟前室西壁屋形龛顶　4. 洛阳出土北魏末石刻线画阙顶　5. 西安隋李静训墓石棺

图 2-35　东汉南北朝隋代有关材料反映的屋角起翘形象

---

[1]《营造法式》卷五"大木作制度·造檐之制"。
[2] 见梁思成《营造法式注释》大木作图 115。
[3]《云南省昭通后海子东晋壁画墓清理简报》，《文物》1963 年第 12 期。

法的旁证。隋唐以下有起翘形象的材料就多了起来，除陶屋明器、石刻壁画及石塔等外，还有隋李静训墓石棺、南禅寺大殿、佛光寺大殿这样反映起翘已比较成熟的具体实物。但是平直无翘的做法，在同期仍占有相当数量。从五代宋辽以后的建筑实例就几乎全部有起翘了。所以，学者认为，屋角起翘发微于东汉，但魏晋南北朝时仍应用极少，基本推广时期约在隋或唐初[1]。不过，唐时屋角起翘与不起翘做法是同时并行的，并且南禅寺、佛光寺二殿实例还没有使用生头木，屋角起翘由柱生起导致。在敦煌石窟壁画及窟檐中，平直无翘的檐口形式一直延续到北宋，直到西夏晚期才大量出现了屋角起翘的画面，所以也有学者认为起翘的普及是在北宋[2]，其实敦煌所见可能与其地处边远有关。

早期建筑的出檐不是很大，而且转角部分可以使用擎檐角柱或是插栱来支挑，插栱的悬挑距离很大甚至可以直达檐端，所以角梁可能并不需要在尺寸上大于檐椽很多，同时角梁后尾可以搭在槫上，一切做法都与正面椽子相同。甚至如四川汉晋一些石阙所示无所谓角梁，其转角45度

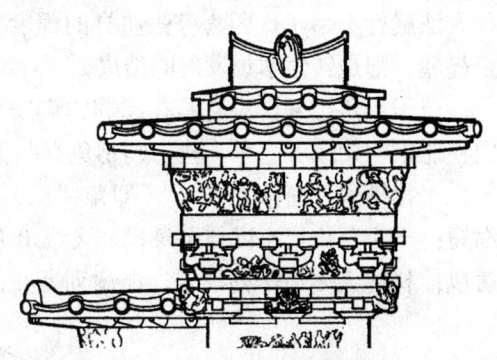

图 2-36　四川雅安高颐阙顶部

线上的椽子断面和正面椽子断面完全相同，只是略长而已（图2-36），这样的形式在云岗北魏石窟中心塔柱还可看到。这种情况下，就不一定非要抬高转角处的檐椽，亦即屋角不必有起翘。有的学者提出早期建筑解决角梁与檐椽不算很大的高差的另外两种办法：一是把凸出于屋面的角梁部分全盘地包入垂脊中，而檐口仍为平直状；二是将承托角梁的撩檐枋背砍去少许，降低大角梁突出于屋面的高度，以保持檐口的平直状态[3]，这一做法直到宋初的敦煌窟檐中还有保留，如431窟窟檐（图2-34）。这两种做法最终都会使角梁上的垂脊瓦作较大而厚实，现有汉晋南北朝材料所反映的建筑形象多数都是如此，甚至有的垂脊造型是十分夸张的，还有的将屋角处檐瓦加厚或提高，造成了一种檐角微微"起翘"的形式，如义慈惠石柱上小屋。河南登封嵩山东汉太室阙和梁思成先生速写散失在国外的一件"汉明器三层楼阁"的檐部处理，不仅是垂脊端高起，也连同靠近垂脊的一垄檐端板瓦和筒瓦都一并提高（图2-37）。

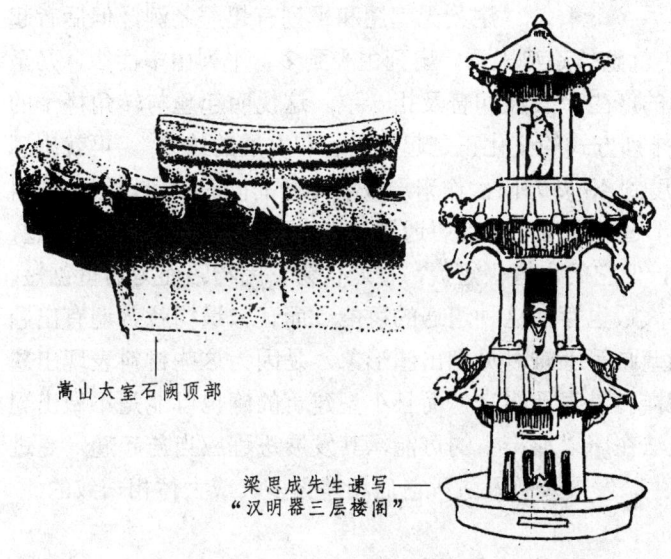

图 2-37　汉石阙和陶建筑明器上的垂脊端部加厚"起翘"做法

---

[1] 杨鸿勋：《中国古典建筑凹曲屋面发生发展问题初探》，载《建筑考古学论文集》。
[2] 萧默：《屋角起翘缘起及其流布》。
[3] 王鲁民：《中国古典建筑文化探源》，同济大学出版社1997年，第19页。

所以学者推断起翘的构思最初是从瓦作表出现来的①，大概不错。不过，屋角瓦作起翘的构思还当有另外一个因素，在汉晋南北朝有关建筑形象的材料中，大量地反映了一种在正脊端头塑砌成向上翘起的造型或装饰，最初屋角起翘的构思也与此有关，为的是与这种正脊造型相呼应。上述早期建筑解决角梁与檐椽高差的两种处理方式，与真正的木构屋角起翘相比，美观程度固是逊色，同时也有很大的局限性。一般而言，出檐越深远，角梁的用材就越大。随着中国古代建筑出檐向深远发展，角梁与檐椽的高差超过一定程度时，上述两种方法就行不通了，因为夸张屋脊的程度和砍去撩檐枋背的部分都毕竟有限。所以屋角真正起翘，则是转角木构发展的结果。

至于屋角出翘，说它是在起翘的启发下创造的，大概不错。不过有学者把其创始时间定在北宋初期或者更早一些，则不免有些保守了②。按转角檐椽、飞椽的排列方式有两种：一为平行排列，简称"平列"，即角部椽、飞仍与正身椽、飞方向一致，只是长度至角渐次缩短；一为至角依次以与正身椽、飞成0度到45度角方向作放射状排列，简称"扇列"。唐以前材料大多为平列形式，但扇列者在汉阙及北朝石刻中亦屡见，如四川汉晋诸阙，云冈北魏第2、5、6、39、51诸窟中心塔柱等；唐代作扇列者较多，但在石刻壁画中与平列者并行，敦煌唐宋壁画中一概仍作平列；木构实例从最早的唐代南禅寺和佛光寺大殿开始，到宋辽以后，包括敦煌宋初无起翘的窟檐在内，则全部通行扇列。其中，凡平列者屋檐大多是平直无起翘的，凡无起翘的大多也是平列形式；也有少数扇列无起翘和平列有起翘之例，但后者起

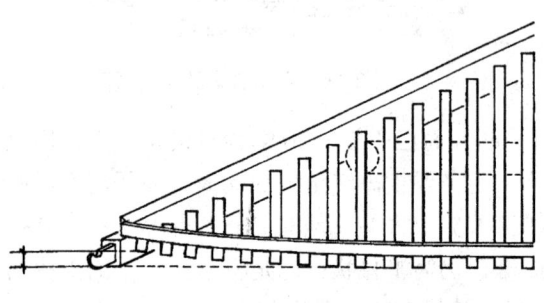

图 2-38 平列椽屋角起翘示意

翘曲线表现得十分和缓（图2-38）。就整体趋势上看，扇列由少到多，平列由多而少，乃至完全为扇列所取代，其进程与起翘的产生、发展和普及相一致。这说明起翘与转角椽子的排列方式有着内在联系，椽、飞的排列方式的变化正是起翘兴起和发展的结果③。再就出翘而言，转角椽子在其至角逐根从0度到45度方向上作扇形放射排开的同时，也逐根向外斜延而出，是再顺理成章和自然天成不过的做法了。晚唐遗构佛光寺大殿屋角已有轻微出翘，南禅寺大殿屋角虽看不出明显出翘，但它的出檐极短促，普遍认为它因朽毁而为后世锯短，当时有无出翘已不能明了，佛光寺大殿也存在这种遭遇的可能。而辽宋遗构就普遍有出翘形式了。之所以在陶石模型和石刻壁画等上难以见到出翘形象，是因为这些材料表现出翘存在技法上的难度，并不如起翘那样容易表现出来，而且小型建筑的确也可能是不做出翘的。所以，我们并不能排除出翘做法在唐以前产生的可能，其发展进程应当与起翘，更进一层说是与转角椽子扇列方式的产生、发展及普及进程前后相差无多，或大体一致的。

---

① 杨鸿勋：《中国古典建筑凹曲屋面发生与发展问题初探》，载《建筑考古学论文集》。
② 杨鸿勋：《中国古典建筑凹曲屋面发生与发展问题初探》，载《建筑考古学论文集》。
③ 参萧默《屋角起翘缘起及其流布》、萧默《敦煌建筑研究》第363页。

宋式生起还包括，在尽间各架槫背上亦贴生头木，长随尽间。这样，宋式建筑的正脊、檐口、屋面都纵向"生起"呈一种凹曲线形式，它们的凹曲度圆和一致而互为呼应（图2-39）。檐口和正脊生起，最早同样是在牧马山的那件东汉二层陶楼上有所表现，只是其正脊的生起可能仅是一种瓦作，而屋架仍是平直的，同时檐口的生起也不能排除这种可能性。此外，除了前举滨田耕作《东洋美术史》所著录

图2-39 宋式建筑的檐口、正脊、屋面生起示意

的汉代陶建筑模型的檐口也为曲线形式（其曲线不甚圆和，也可能是陶坯没有捏规整或者烧制过程中变形所致）外，汉晋南北朝的材料很难再见到整个檐口呈曲线生起的形式。正脊生起形象虽稍多见，甚至如山东肥城孝堂山东汉郭巨祠虽然只是一个两开间的小型悬山建筑，正脊似也有轻微的"生起"曲线，只是它也更可能还是一种瓦作（图2-40）。总之，汉晋南北朝的正脊"生起"，可能多属瓦作，而且它

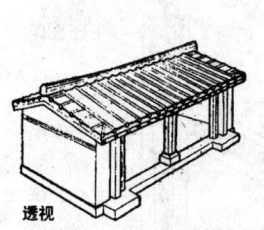
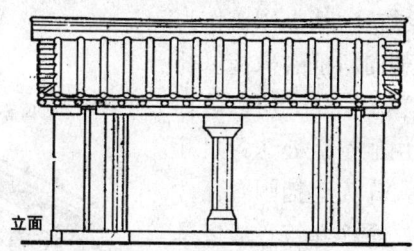

图2-40 山东肥城孝堂山郭巨墓祠

应是源于对正脊两端翘起的造型装饰的一种扩延（夸大正脊端头翘起装饰的另一结果是发展为鸱尾）。至唐代为与屋角生起相呼应，而有檐口之生起，为与檐口之生起呼应而又有正脊之生起以及屋面之生起，虽然它们的构思都有可能源于更早的瓦作。南禅寺、佛光寺大殿的屋面和正脊以及檐口都已作轻微的生起曲线。这些建筑开间方向上的生起曲线，与进深方向上的折曲屋面，共同构成了唐宋建筑的双曲屋面形式。一时看来，这种双曲屋面颇有生动活跃之势，柔和秀丽而富有弹性，但曲线形式应未免应用过滥，有失端庄典雅气质，审美韵味其实不足。不仅使设计施工复杂化，在结构力学上也存在问题，屋顶重力趋于中心，日久易覆。所以，檐口生起、正脊生起以及屋面生起到元代复趋于平直，至明清建筑皆被废除而改为直线形式，只保留了折曲屋面和角翘曲线形式，而屋角起翘由于骤然生起而陡峭，整体端庄的气氛中也多了几分轻快。

第六节 重檐建筑和楼阁建筑

一、重檐建筑

重檐建筑是指在一层的高度内有上下两层屋檐的形式，多是比较重要的大体量建筑，等级高于单檐。重檐建筑按其上层檐的屋顶形式有重檐庑殿、重檐歇山或重檐攒尖顶。上

檐屋脊形式与相应各种单檐屋顶的屋脊相同。无论上檐为何种屋面形式，下檐的屋脊只有两种，即围脊和角脊（圆形攒尖重檐则无角脊）：下檐屋面是由上檐柱身伸出（这种出檐形式称为"腰檐"），二者相交处所设的四面围合的四条水平脊叫围脊（俗称"缠腰脊"）①，四条围脊交角处设一绕过角柱的吻兽叫合角吻或合角兽；下檐屋面的坡面交界转折处的四条脊，叫角脊，装饰同于上檐，其垂兽也称角兽②（图2-41）。

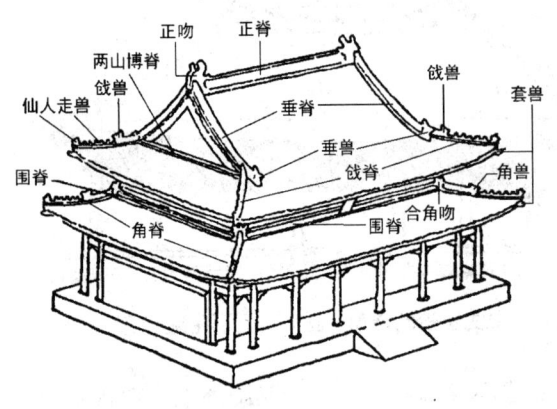

图2-41 重檐歇山顶的屋脊及其兽件装饰

重檐建筑的下檐一般构成其周围廊或前后廊的屋面层。下檐檐柱（廊柱）与外围金柱（老檐柱、上檐檐柱，亦可叫殿身檐柱）间为其廊深，这两排柱间施挑尖梁（抱头梁）、穿插枋作为联系构件。上檐檐柱同下檐檐柱一样，在柱头间设有大小额枋，其小额枋作为下檐檐椽尾端的支点，外侧刻出朝向斜下的椽椀以插入下檐檐椽后尾（也有将檐椽搭在枋上的），所以就称为承椽枋。承椽枋上相当于原来由额垫板处迭置尺寸规格大于普通垫板的枋件或板件，作为遮挡围脊瓦件的骨架，所以称围脊枋或围脊板。重檐建筑一般多是金里安装修，需在纵向的金柱间、承椽枋之下适当位置设置一根枋子，以便为金柱间安装门窗槛框提供条件，这称为棋枋，也属于大木构件，全部装修槛框（包括横披）都安装在棋枋之下，棋枋之上与承椽枋之间遮挡以棋枋板（又称走马板）（图2-42）。

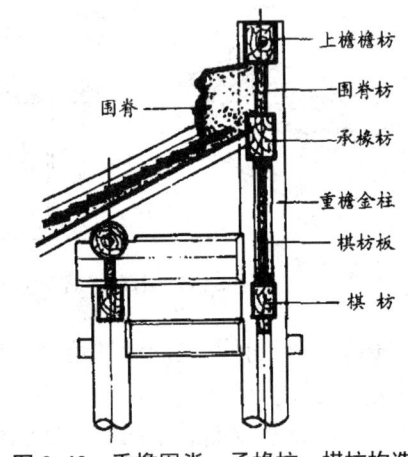

图2-42 重檐围脊、承椽枋、棋枋构造

上檐构架与单檐构架基本相同，但高大殿宇的梁架往往以天花界分为上下两套，类似于唐宋殿堂的明栿与草栿关系。以故宫太和殿为例（图2-43），前后用六柱，除去下檐柱即廊檐柱，殿身前后用四柱十三架檩（不计挑檐桁），前后挑尖梁对中间七架梁，七架梁以天花界分为上下两道，二者名称虽然相同，但实际功能是不同的：天花以下的一道七架梁主要是作为金柱间的联系构件和作为天花的支撑构件，故又可称为天花梁。挑尖梁位置在天花以上根据步架要求安装双步梁、单步梁，梁后尾向内插在金柱上，但这根金柱下脚并不落地而是落在其下的金柱上，实际相当于是将金柱分段设置，中间以平盘斗或梁枋间隔，这根不落地的金柱就称为童柱，形式类似于瓜柱（较普通瓜柱的断面尺寸和高度都大），所以在江南苏式建筑中也把瓜柱称为童柱。天花上面的七架梁及其上梁架就由前后童柱来支承。有时，在老檐柱之上也施用一段或两段童柱，相当于将老檐柱分段设置，分别以其来支承上下檐的檩枋。

---

① 或将围脊称为下檐（重檐）博脊，或径称博脊，不能与歇山博脊相区别，本书亦不取。盝顶有四条正脊，也有人把它叫做围脊，是因为它呈围合状又使用合角吻。

② 有将角脊称为下檐（重檐）戗脊（岔脊）或径称为戗脊（岔脊）的，有将庑殿、歇山建筑转角部位的垂脊、戗脊称为角脊的，本书亦皆不取。

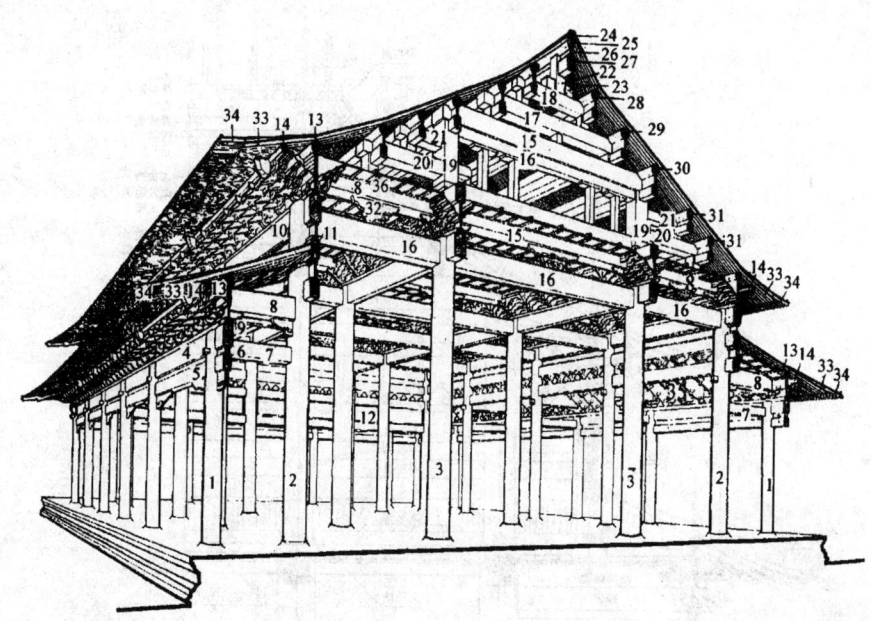

1. 檐柱 2. 老檐柱 3. 金柱 4. 大额枋 5. 小额枋 6. 由额垫板 7. 挑尖随梁 8. 挑尖梁 9. 平板枋 10. 上檐额枋 11. 承椽枋 12. 走马板 13. 正心桁 14. 挑檐桁 15. 七架梁 16. 随梁枋 17. 五架梁 18. 三架梁 19. 童柱 20. 双步梁 21. 单步梁 22. 脊瓜柱 23. 脊角背 24. 扶脊木 25. 脊桁 26. 脊垫板 27. 脊枋 28. 上金桁 29. 中金桁 30. 下金桁 31. 金桁 32. 隔架科 33. 檐椽 34. 飞檐椽 35. 溜金斗拱 36. 井口天花

图 2-43 故宫太和殿梁架结构示意图

天花之下，在面阔和进深方向的柱间使用枋木来联系加固，形成矩形框架，并与天花梁枋之间以斗栱隔架，称为跨空枋。其中面阔方向的跨空枋与外檐的额枋形式相同，或称内额（枋）。进深方向上的天花梁和跨空枋，如上所述，与天花上的底架大梁及其随梁（枋）构架形式类似，故也以后者的名称来称之。

上层檐山面的构架，则主要凭借层层趴梁来支承迭落，构成山面屋架。

有的重檐建筑只有前后廊而无周围廊，山面构架与正身构架略有不同。以景山寿皇殿为例（图 2-44），为前后廊式重檐庑殿，由于山面没有直达上层檐的外围金柱，需在下层尽间外围金柱位置施挑尖顺梁，在挑尖顺梁上自山面正心桁向内退一廊步架处立童柱作为上层檐柱。为增大顺梁的承载力，还常在顺梁下面设随梁（枋）。也有的重檐形式只是从较高大的殿身檐柱身挑出一层腰檐，其下靠入柱的半面出跳斗栱悬挑，或是紧靠或邻近殿身檐柱之外再立一柱，柱上用斗栱悬挑腰檐，腰檐之下并不成廊。这种形式主要见于宋元时期，且较多是在多层楼阁建筑中组合运用，大概就是《营造法式》中所谓的"缠腰"[①]，而单纯采用这种方式的单层重檐建筑很少，河北定兴元代慈云阁可算一例（参图 2-50）。

[①]《营造法式》中并没有对缠腰形式做出专门说明，只是在卷四"总铺作次序"条中提到"其副阶缠腰铺作，不得过殿身或减殿身一铺"，在卷五"举折"条中有李诫小注"其副阶或缠腰，并二分中举一分"，可见缠腰与副阶既相类似又有所区别，陈明达先生即以为系指殿身主体屋檐下贴加腰檐成重檐屋盖的形式（参其著《营造法式大木作制度研究》第145~146页）。

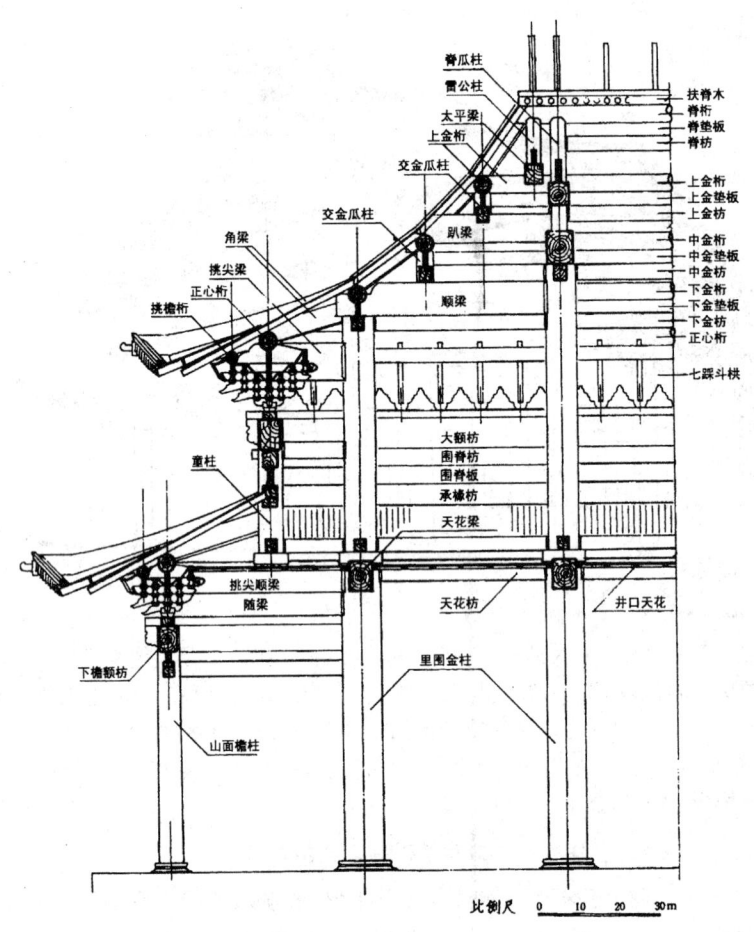

图 2-44　景山寿皇殿西山面梁架剖视

重檐建筑的历史悠久。《周礼·考工记·匠人》云："夏后氏世室……殷人重屋，堂修七寻，堂崇三尺，四阿重屋；周人明堂……"历汉以来学者大多将重屋解释为重檐。问题在于，这种在殷商和宋清时期都作为高级建筑的重檐形式，何以在汉晋南北朝的有关建筑形象的材料中却绝无一例表现呢？有的学者推测汉魏时的两段迭落式屋顶即是由殷商重檐建筑逐渐抬高其下檐发展而来，如果是这样，恰恰说明秦汉之世对重檐形式的抛弃。事实上，汉代还是存在重檐形式的，这就是汉代文献中所谓的"复笮"或"重檐"。其本是高大建筑出于防雨需要而在周围增设的披檐，初时也仅仅是一种不得不用的附属结构形式而已，并不一定具有高级的意味。以后抬梁构架的日益完善，披檐加大，披檐与殿身从结构到形式的联系和统一性、整体性加强，檐下成为使用空间，就成宋式所谓"副阶"和清式所谓"廊"，也成为一种高级建筑形式。所以，后人以"重檐"解殷商之"重屋"，是否确实，颇可疑问。近现代学者也有一些不同见解，如解为古代明堂太庙于大屋中部复起不能登临之高屋即类似后世气楼的形式[①]；或是外围房屋包围中央房屋或庭院的亚形复合建筑[②]；现代更有

---

① （清）孙诒让：《周礼正义·考工记·匠人》。今人王世仁《明堂形制初探》一文（载《王世仁建筑历史论文集》，中国建筑工业出版社 2001 年）看法与此略同。

② 王国维：《观堂集林·明堂庙寝通考》，中华书局 1959 年。

人直解为楼房的①，或是干栏式的楼阁建筑②；或是赋予"重屋"为二室相连或相错的建筑形式（亚形的透视之状）上代表殷商图腾或祖先宗庙的含义③，或"重屋"即崇屋之讹，乃宫室之上有鸟图腾柱的宗庙④；或认为"殷人重屋"与"四阿重屋"的两个"重屋"的含义不同，前一"重"义为王之神主，殷人重屋就是国家级的宗庙，后一"重"才是重叠的意思，"四阿重屋"为平面方形缺四角即所谓"亚形"、屋面为双层顶其下层为天花藻井或轩之类精美装饰顶的建筑形式，秦汉以后的"重屋"才大多为重楼之意，唐以降重檐之屋流行才又有人解释其为重檐⑤，等等。由于缺乏实际例证，殷人"重屋"究竟属于何种结构形式，已难明了，上述包括重檐在内的各种解释，单从字面含义上看似都能成立。

不论对甲骨文中的宫、高等字形取象作何解释（其中比较普遍的看法是象高台或台基建筑之形，此不具论），从先秦时期的宫殿遗址所显示的柱网结构来看，显然还不能解决高层建筑的构架问题，秦汉的大型宫殿尚且如此，汉明器和画像虽见有多层楼阁形象，但皆限于梁架栋深亦即平面地盘不大的建筑（详本节第二部分）。后世虽然可以建筑较大体量的多层楼阁，但除了少数佛寺外，此类建筑却绝少在整体建筑群中占据主导地位，居于核心地位的最重要的殿堂仍然是单层建筑，这一方面是因为多层楼阁实不便于朝政参拜等较大规模礼仪活动的进行，另一方面因为重要殿堂的间架体量更大并常有重檐做法，看上去倒是这些单层殿堂建筑更显稳重端庄，周围楼阁配属建筑则显得生动轻秀，二者配合相得益彰，并无丝毫轻重主次不分之感，整个建筑群呈现十分和谐一致的气氛。《考工记》中的"殷人重屋"与"夏后氏世室"、"周人明堂"并列而下，显然属于性质用途一样的同类建筑，不论是政殿还是宗庙抑或是二者合一，都是极重要的核心建筑，以此推论"殷人重屋"也不会是楼阁形式。如果"重屋"是重檐，从结构技术上也不可能如后世的重檐建筑形式，因为以后者的结构技术是没有理由否认其做为楼屋的可能性的。又有的学者认为"重屋"是一种将屋面做为两截、部分重叠的形式⑥，其实这种形式不仅不为简单，反而造成了更甚于"重檐"的构架上的复杂与麻烦。鉴于"殷人重屋"是和"周人明堂"性质用途相同的极重要的礼制建筑，如是和汉代所谓"复笮"一类相似的简单披檐，也没有必意刻意强调。

前引《考工记》文中"重屋"一词重复两见，含义确可能有别。如果一般认为的"夏后氏世室"之"世"为"大"、"特"的解释不错的话，那么"殷人重屋"就很可能是指平面上的多进院落和多排房屋的组群建筑形式，比较河南偃师二里头夏代晚期和河南安阳小屯殷代宫殿或宗庙建筑遗址的形式差异（图2-45:A、B、C），也正可与《考工记》排比的"世室"与"重屋"的这种含义相符。而后面的"四阿重屋"一语，说得才是其中主体殿堂的具体建筑形制，其最大的可能是一种在夯土台上建屋而在台壁四周又构筑单披檐屋的形式，我们可将此称为"高台层屋"。安阳殷墟宫殿建筑遗址中有一当年被考古学家称为"黄土台"的，即乙一基址，由纯净黄土夯筑，平面近方形（11.8×11.3米），位于整个殷墟宫室建筑遗址的中部偏北、乙组基址的北端，如果从李济先生根据遗址因紧邻洹水而有相当部分已

---

① 温少峰、袁庭栋：《殷墟卜辞研究——科学技术篇》，四川省社会科学院出版社1983年，第381~382页。
② 张良皋：《匠学七说》，中国建筑工业出版社2002年，第37~39页。
③ 余健：《中国早期建筑若干称谓考》第四章，东南大学1990年硕士学位论文；曹春平：《中国古代礼制建筑研究》，第27页，东南大学1995年博士学位论文。
④ 余健：《堪舆考源》第17页，东南大学1999年博士学位论文。
⑤ 马晓：《中国古代木楼阁》，中华书局2007年，第95~107页。
⑥ 张家骥：《中国建筑论》第106页。

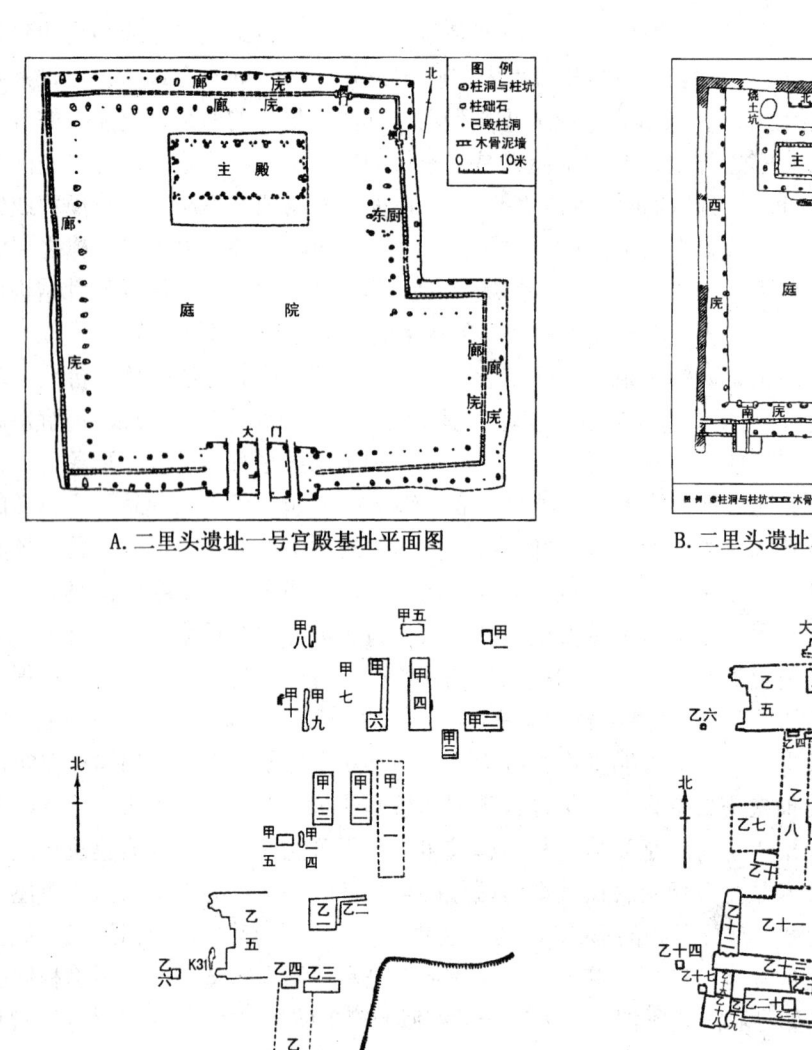

图 2-45 二里头和殷墟宫殿建筑基址平面图及殷墟乙一基址建筑复原示意图

被冲毁这一推测所作的复原设想来看(图 2-45:D),乙组基址的重要建筑都布置在"黄土台"

前的东西两侧,呈中轴对称形式[①],这一中轴线也可以说是整个宫室建筑群的中轴线,可见"黄土台"地位的突出与重要性(出土著名"大龟四版"甲骨的大莲坑就邻于此台之北),殷墟的发掘者之一石璋如先生把它复原为如图 2-45:E 的形式[②],但我们认为它更可能在下周壁也是有披檐屋顶的,即高台层屋形式,或许这就是殷人的"重屋"吧。只是在时间的长河中它的大部分容貌被摧蚀而去,今天的任何复原都属一种推测了。当然,商周时期只有较高等级的建筑才用台或台基,而民宅建筑是不用或很少用的,象甲骨文的"家"、"宅"等字形就是没有台基形象的,考古遗址反映的实际情况也是如此。由此可见,所谓"殷人重屋"并不具普遍意义,只限于一二极其特殊重要的礼制建筑而已。这种高台层屋形式,直到战国秦汉时的大型建筑还是如此(详本节第二部分)。

二、楼阁建筑

(一)楼阁建筑的基本构造

楼阁,简单来说就是单层屋宇的叠加即屋上架屋的建筑形式,各层楼板是其分层单元。

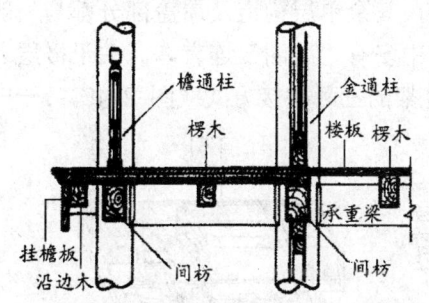

图 2-46 楼阁建筑的楼板层构造

清式楼板结构一般为:在进深方向柱间架楼板承重梁(清《工程做法》谓之"承重"),承重梁高为柱径加 2 寸,宽同柱径;在面宽方向柱间架间枋,与承重梁交圈,断面比承重梁略小;在承重梁上与间枋平行搭置楞木,楞木高约为承重梁之半,间距大小依建筑物体量大小、楼板厚度及使用要求不同而定,楞木上皮与间枋上皮平,并与承重梁上皮平或高于承重梁上皮;楞木之上铺钉地板(图 2-46)。

出檐方式,除最上层屋顶外,在上层檐柱身间施承椽枋,以插入或托住檐椽后尾,檐椽前端放在下层檐柱柱头檩上,形成下层出檐,是为腰檐形式。承椽枋与间枋之间遮挡以围脊枋或板,同于重檐构造。

中国古代的楼阁,都是从下而上逐层内收的,使富于稳定感。明清在很多城镇最常见一种外观为三层檐的楼阁,被形象地称为三滴水楼阁。但三层檐并不意味着就是三层楼阁。因为楼阁的最上一层或最下一层往往会做成重檐形式,所以二层的楼阁也可以是三檐。更主要的是,中国古代楼阁常在上下层檐间加做一层不出檐的平座(平台),楼板层跨出檐柱以外较大一段距离(处于上檐蔽护之内),这时需将楼板下的承重梁穿过柱子或柱上斗栱向外挑出,承重梁端头安装边沿木(或称沿边木,为断面等于或略大于楞木的枋木),边沿木外钉装挂檐板(挂落板、滴珠板)将地板、沿边木和斗栱一并遮挡起来,地板上周缘围以栏杆或廊柱,作为人们登临凭眺的场所走道。这样,就形成外观不显出檐而内里实际存在的所谓"暗层",平座的面层成为上层的实际地板层,外观立面好似上层屋身之下的一个"基座",平座的底层(地板层)成为下层的顶层(天花层),其外檐柱被下层屋面遮蔽仅露出

[①] 李济:《安阳》(英文),华盛顿大学出版社 1977 年,第 151 页;中国社会科学院考古研究所:《殷墟的发现与研究》,科学出版社 1994 年,第 57 页。
[②] 石璋如:《殷虚地上建筑复原第七例——论乙一及乙三两个基址》,台湾《中央研究院历史语言研究所集刊》第 66 本 4 分本,1995 年 12 月。

柱头之上的一圈斗栱即平座斗栱。以三檐三层楼阁为例，如果于下两檐或上两檐间加一个平座，内里实际成为四层，谓之"明三暗四"；如果于每两檐间各加一个平座，实际成为五层，谓之"明三暗五"。常见的做法是一层腰檐之上一层平座交替用之。处于平座楼面层（上层地板层）和地板层（下层天花层）之间的暗空间，对于人的活动用途来说，实际意义并不大，所以这一空间常常被压缩得很低矮，多数仅仅是作为上下楼层间的一个过渡通道（楼梯）层，甚至还有干脆将下层的天花结构层省去而以平座楼板层为下层天花层的情况，以为下层让出更高的空间，从而导致这一"暗层"实际又不存在了，如河北正定隆兴寺转轮藏殿（北宋）（图2-47）。

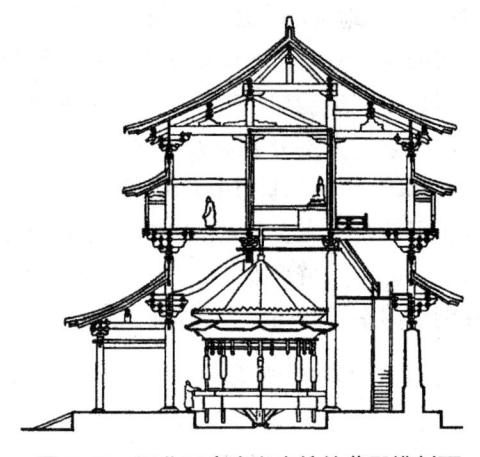

图2-47 河北正定隆兴寺转轮藏殿横剖面

楼阁建筑在宋《营造法式》中未单列为一类，只在卷四大木作制度中列有"平座"一项。这大概是因为除了上下楼层间的构架叠接方式外，其余单层构造及屋盖部分都与一般殿堂大同之故，故在木作制度、功限以及图样的文字中多有"殿阁"连言者。关于楼层之间的结构，《法式》仅在卷四平座一节中载有上下层柱架的三种叠接方式（图2-48）：一曰

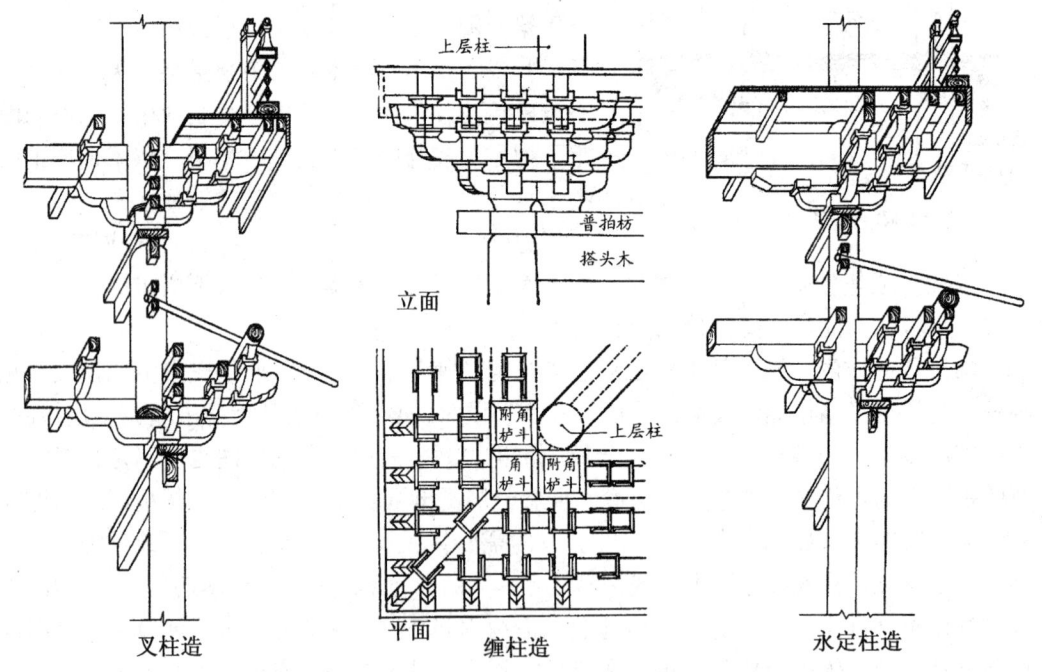

图2-48 宋式楼阁建筑上下层柱架叠接构造示意

若叉柱造（或称为"插柱造"），即上层柱脚叉立于平座斗栱的栌斗上或栌斗上方，平座层由短柱、阑额、梁栿地板以及斗栱等构成；二曰若缠柱造，即上层柱根比平座柱向内退入约一柱径，落于平座栌斗普拍枋内侧的柱脚枋上，至转角处由上层柱在正侧两面皆退入一柱径，平座柱斗栱栌斗于每面增加一枚（称为附角斗），每面两斗相并，三枚栌斗围绕着上层柱根，故此得名。以上二种为上层柱与平座层的柱架结构关系，前者可在辽宋金遗构中

见到，而后者实例未见；三曰永定柱，是平座与下层的柱架关系，指平座柱全部或部分是直接自地面起立，柱之上段即构成平座柱的一段，亦即平座与下层是通柱形式。至于平座柱不从地起而叠接于下层柱上的情况，《法式》未详，以其"若叉柱造"、"若缠柱造"之语例，推想也适用这两种方法，如下述河北正定隆兴寺转轮藏殿和慈氏阁之例。楼阁一般要做出逐层内收的形式，上层或平座檐柱较下层檐柱须向后退位，实例所见多是平座柱叉立于下层柱头斗栱的里跳构件及内侧梁枋上，形式似介于上述叉柱造和缠柱造之间，今一般将其视为叉柱造的形式之一（即叉柱柱脚不落于栌斗正上方而在其内侧。也有人视此为缠柱造）。由此可见，宋式楼阁上层较下层内收程度较小，大约也就是半个柱径，至多若缠柱造者也不过一个柱径，若是标准叉柱造者只能靠柱侧脚做法来取得甚微的收分，上下檐几乎就是在同一垂线上的。

叉柱造和缠柱造明显不利于加强层叠楼阁的结构整体刚性，在受到水平推力时容易产生扭曲变形，而永定柱则在一定程度上可以弥补这一缺点。河北正定隆兴寺转轮藏殿和慈氏阁都是将叉柱造与永定柱造结合使用的。转轮藏殿平座下的暗层虽然形式上取消，但结构上仍然存在，暗层和底层的界限在前檐老檐柱和后檐柱柱头铺作上，此前后檐柱即采取叉柱造方式相接续，但内柱是从底层直通平座楼板的通柱即永定柱形式，上层柱与平座暗层柱则用叉柱造叠接（图2-47）。慈氏阁底层与二层（平座下暗层）前檐柱同样是叉柱造，底层后檐柱通上暗层后檐柱为永定柱造，平座上第三层与平座下暗层前后檐柱为叉柱造；其底层为了让出空间以容纳大佛，将前第二列两根内柱减去，到了暗层上又将这两根内柱恢复，立于前檐柱与后内柱之间的大梁上，通上为第三层内柱的永定柱造；底层两根后内柱更是从地面起立向上一直通到三层屋顶平梁下，等于是将一般两层永定柱进一步延伸成为上下三层通柱做法，成为整个建筑的竖向刚性构件，使木架的整体性得到加强（图2-49）。元代河北定兴慈云阁（图2-50），名阁而实为单层缠腰式重檐建筑，或又可视为取消楼阁暗层结构、内柱通上为上檐柱的通柱做法。明代楼阁建筑开始多用通柱，但尚不彻底，如曲阜孔庙奎文阁者（图2-51），外观二层三檐，内部三层，有一暗层，下层46根柱子都是同样高度，内柱只于平座和上层采用通柱直达上檐顶，其中后内柱直抵三架梁下。至清代则全部采用上下通柱形式（图2-52）。通柱形式的发展，一方面与构架要求稳定有关，同时也是这一时期拼合柱技术发展的结果，可以包镶斗接为一根很长而牢固的整柱。

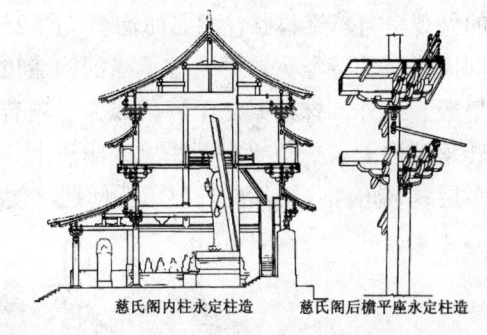

图 2-49 正定隆兴寺慈氏阁永定柱构造（北宋）

明清楼阁由于采用通柱，取消了上下层柱间的斗栱结构层，不仅使构造更简单、传递荷载更直接均匀、整体构架刚性得以加强，而

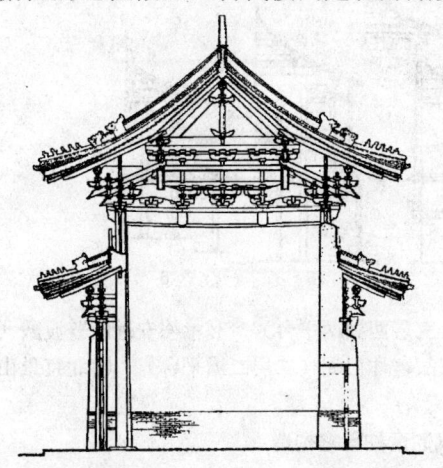

图 2-50 河北定兴慈云阁永定柱构造（元）

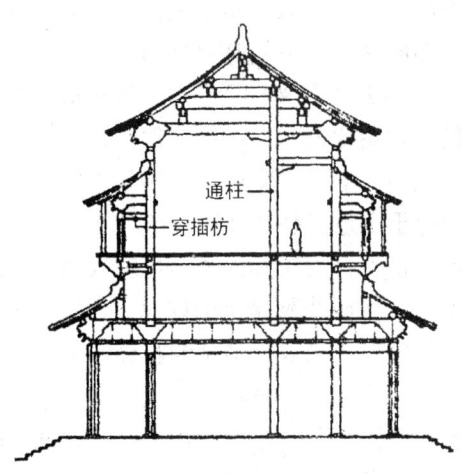
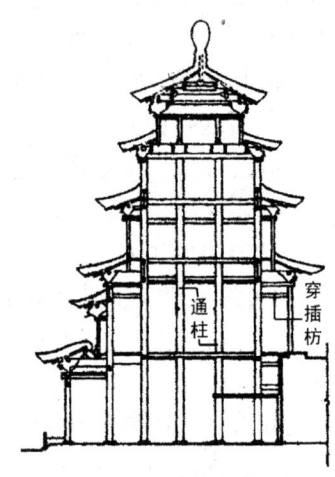

图 2-51 曲阜孔庙奎文阁通柱构造（明）　　图 2-52 承德普宁寺大乘阁通柱构造（清）

且也改变了外观形式，一反传统的柱身、腰檐、平座的三段式依次重叠的立面构图，可随意加设平台、披檐、檐廊，丰富了立面。由于内柱通柱对楼阁的整体稳定性提供了足够的支持，各层外檐口就可采用在下层挑尖梁或大梁上立童柱的办法来支承，童柱与内柱间以挑尖梁、穿插枋、随梁枋相联系固结，各层檐口收进的距离可以自由决定于童柱的位置，因而内收程度可以比宋式大得多，内收尺寸可以各层相统一，也可以逐层递增，从而使楼阁的外观呈自然锥体状，稳固而均衡（图 2-53）。这是由结构所决定的宋、清式楼阁建筑的不同风格面貌特征。这种童柱承檐的构造也通行于单层的重檐及多重檐建筑，如前述景山寿皇殿。此外，抹角梁法至清代成为一项普遍的技术，也被运用到包括楼阁建筑在内的各种转角结构上。抹角梁搭于檐檩或额枋上，或榫接在角部两侧的柱身上，妥善灵活地解决了多层建筑角部收缩后的柱位承托问题，使得转角结构方式大为简化。

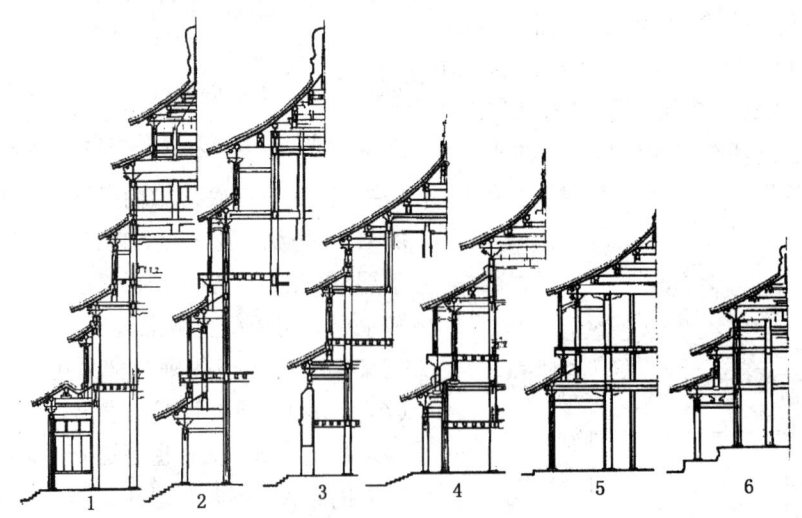

1.承德普宁寺大乘阁（三层六檐）　2.北京颐和园佛香阁（三层四檐两平台）　3.承德安远庙普渡殿（三层三檐）　4.北京雍和宫万福阁（二层三檐平台）　5.北京故宫体仁阁（二层二檐平台）　6.北京景山万春亭（单层三檐）

图 2-53　清式楼阁及重檐建筑的童柱承檐构造

（二）楼阁建筑源流

在中国古代，楼与阁原是两事。阁最初很可能是从干栏式结构发展而来的一种建筑形式，无非是将干栏式房屋下的木桩加高成柱梁结构而已。阁的初义是为挡住打开的门扇而钉立在门旁地上的木橛，《说文》所谓"阁，所以止扉者"。若把这种长木橛横向钉在墙上，上面铺架木板，就可以放置食物东西，故"庋食物之版亦为阁"（《说文》）。又"阁"与"干"字音近可转，阁字初义为木桩、木橛，其实也就是"干"，所以干阑也有叫阁阑的。上海博物馆所藏战国铜椭杯上的建筑，有人以为是建在台上的，但其下层中部却有三棵柱子，两侧各一棵，中部一棵，所以它是属于由干阑而来的阁（图2-54）。江苏铜山东汉画像石上残留一角二层的阁，也带有明显的干阑式建筑的遗意，下层空敞，用带斗栱的柱支承大梁，上层柱立于梁上，但极可能仍是以层叠枋木做为上层的地盘而被作者所简化概括了的形象（图2-55）。

图2-54　上海博物馆藏战国铜椭杯刻纹　　　图2-55　江苏铜山东汉画像

秦汉时期在通往巴蜀之地的崇山峻岭中修筑有栈道，即将许多横木一头插入崖壁，下以柱支顶，上铺木板成为依山傍崖的通行道路，其上覆以屋盖则又称为桥阁、阁道，或简称为阁，正是庋物之阁板和干栏之阁的引申。这样的阁道在战国时就有了，《战国策·齐策》："为栈道木阁，而迎王与后于阳城山中"。秦汉时期，还在高台宫室建筑之间架设高架通道走廊，因其有凌空飞架之势，故也称为"阁道"、"飞阁"等，至唐代王勃作《滕王阁序》还有"飞阁流丹，下临无地"之语。宋《营造法式》中将楼阁建筑的中部悬挑而出的"平坐"（平台）解释为"阁道"、"飞陛"或"飞阁"，大概也是从其悬挑结构方式和凌空飞架的阁道一样这一角度而言的。

汉魏文献载汉长安未央宫中有石渠阁、天禄阁、麒麟阁，为庋藏图书典籍之所，这是最早以"阁"为房屋类建筑名称的。之所以名阁，大概有功能与形制两方面的因素。形制上，可能是底层空敞的房屋建筑。现在这些阁址所在已能与汉长安的考古遗址对应起来，虽然它们的基址都是夯土高台，但却不妨在这夯土台上构筑底层架空的房屋即阁。之所以采取这种建筑形式，是因其庋藏图书典籍，其下空敞可通风保持干燥；功能上，是由前述庋物之"阁"引申而来。这也是后世藏书处多称为"阁"的来由，如晋藏书秘阁，唐藏功臣画像之凌烟阁，宋藏书秘阁及龙图阁，清文渊阁等内廷四阁和江南三阁等，及至私家藏书亦多以阁名如浙江宁波"天一阁"者。宫廷之阁，所藏非一般图书，常有皇帝手谕等朝廷的重要文献和图籍，保管典校整理图书的是当朝学识高深之人，他们负有对皇帝决策提出典籍理论依据的使命，因而多有机会亲近皇帝和参与政务。明代初年，为加强皇帝专制统治，废丞相，明成祖时命翰林院官品较低的官员，入午门文渊阁当值，参与机务，称"内阁大学士"。后来内阁成员的官品和权位逐渐加高，实际上掌握了宰相的权力，内阁就成为最高级官署的名词了。

后来逐渐将作庋藏之用、不住人的建筑或建筑的空间部分，也都称之为阁。如在建筑物中专用于贮藏物品的房间，也称为阁。宋《保和殿曲宴记》述宣和元年落成之保和殿："殿三间，楹七十架，两挟阁……中楹置御榻，东西二间列宝玩与古鼎彝玉器。左挟阁曰'妙有'，设古今儒书子史，楮墨名画。右挟阁曰'日宣'，设道家金柜玉笈之书与神霄诸天隐文。"保和殿三间两挟阁，实是五间，"挟阁"在两梢间，一般开间较窄，用墙间隔专作贮藏之用。清故宫太和殿，实际上也是九间挟两阁的十一间建筑。至于一般人家，非日常所需的服饰器物或古董珍玩，往往在曲室奥房中密藏，或于房中利用上部空间搁栅铺板以庋藏，也都称之为阁。

"阁"为止扉之木橛，为静止存放物品的木板，故又引申为"凡止而不行皆得谓之阁"（《说文》段注）。藏书之"阁"必是环境幽静之所，人至此可止行而静读；于风景雅致处建"阁"，人至此可驻足而登览。这也是"阁"作为建筑名称的意义所在。为供奉特别高大的佛像而建"阁"，人至此可止行瞻仰。在中国佛教建筑中，阁已成为专门供奉超楼层高度的特大型菩萨立像的独特建筑，多为三到五层，中部上下贯通，所供奉的菩萨塑像可以高达十几、二十余米，人们可以登临佛像周围的楼层而从不同的层面和角度来观瞻佛像，独特的空间形式赋予了佛像更加崇高神圣的视觉效果。

楼，在一开始也不是用于居住生活的建筑，也没有在建筑空间上层叠的意思。《释名·释宫室》："楼，谓户牖之间诸射孔，楼楼然也。"《说文》段注："《释名》……楼楼当作娄娄。女部曰：娄，空也。"这种出于军事守卫用途的楼，大概只要有相当的高度而无所谓房屋的层叠。它的起源相当之早，史前的一些氏族聚落遗址，在环绕聚落周围的防卫性设施壕沟或土墙的出入口附近，就有考古家所谓"哨所"一类遗迹的发现，其形式大概是用若干较高的木柱杆架起一个平台小屋（或可称为干栏式高楼），或者是建于高墙之上，以作瞭望守卫之用。后世之城楼、门楼、角楼以及岗楼这些建于墙垣之上的具有同样性质的房屋，皆其遗制，即若单层形式也仍称为"楼"。以后夯土技术发展，此种高"楼"形式也可以通过在较高夯土台上建屋的方法取得。《尔雅》："四方而高曰台，陕而修曲曰楼。"（晋）郭璞注："修，长也。陕，狭"；（宋）邢昺疏："凡台上有屋陕而屈曲者为楼"。这种狭而修曲的建筑，似宜理解为一种台上房屋之间的联系走廊的形式，之所以也为楼称，可能是起初多于城台角隅处两面为之，或与城门相结合，成为具有防御性质的角楼或门楼之一部分。汉明器的坞堡建筑中，有在上层的门楼与角楼或角楼与角楼间联以廊屋的，其外壁有直棂窗，亦可能为施弓弩之射孔，廊上并构两坡屋顶，所谓"台上有屋陕而屈曲者"或即指此种形式（图2-56:1、2）。

《周礼·地官·司徒·遗人》："凡国野之道……五十里有市，市有候馆。"郑玄注："候馆，楼可以观望者也"；《孟子·尽心下》："孟子之滕，馆于上宫"，赵岐注："上宫，楼也，孟子舍止宾客所馆之楼上也"。可知周代诸侯国家于国野道路上所设宾馆是楼房的形式，可供来往使者宾客食宿。但这也仅是汉人的说法，周代实情是否如此则很难说，或为高台上建屋的形式亦未可知，而孟子所馆之上宫也可能是指方位而言，即如《诗·国风·桑中》"邀我乎上宫"一样，至少当时是不叫"楼"名的。不过战国时期似确有用于住宅居家之楼，《史记·平原君列传》："平原君家楼临民家。民家有躄者，槃散行汲。平原君美人居楼上，临见，大笑之。"平原君家居之楼，可能是屋上架屋，也可能是台上建屋，亦或如前述之干栏式阁形，其名"楼"者也不过是太史公的说法，当时叫什么则无从知晓。无论如何，此"楼"（至少是部分地）已失去军事防卫的性质，而转为登高游览之用，其上部已不作射孔而为户牖了。屋上架屋的层楼形式，当是在台楼和阁的形式共同启发下形成的，如果把搂台下部的"台"做为有空间的屋形，或者把阁之下部开敞的空间以土坯或木板封闭起来，就成为一种层叠的楼屋。至少汉代有层楼已毫无疑问，《说文》所谓"楼，重屋也"，具体形象也于汉明器及画像中多见，以其形式之成熟来看，战国时出现楼屋是完全可能的。吕思勉先生说"人家之楼，实承城楼及巢车之制"，"今之楼，战国之世，乃能为之，春秋时尚无有也"[①]，大体可信。只是所谓"巢车"虽然外形简单做起来却并不容易，其未必先于家居之楼出现。《汉书·陈胜传》："胜攻陈，守丞与战谯门中"，颜注："谯门，谓门上为高楼以望敌者。楼一名谯，故谓美丽之楼为丽谯，谯亦呼为巢，所谓巢车者，亦于兵车之上为楼以望敌也。谯、巢声相近，本一物也。"巢楼、巢车者，象树上鸟巢之谓，大约是车上架一根高木杆、其顶端做悬空小屋，由于其很高而又有与望楼相同的功能，故亦为楼称。

　　成都曾家包东汉墓画像石所示建筑形象，很明白地显示了楼和阁这两种同构而异形的建筑，前面是一个带斗栱的四角干阑柱上承一个三开间房屋的阁，后面为一个上下房屋重叠的二层楼屋（图2-56:3）。在外观形式上，阁算上空敞的下层在内，一般多作二层，而楼可有多层。在用途上，楼用于住人及举行活动，阁则多用于庋物，当然这并非绝对，阁也可提供人活动的空间，特别是有些阁上层也开敞而具有凉亭的性质，可供人在此闲饮娱乐等，就如战国铜椭杯上所示，但终究不是正式的起居生活场所。汉代画像石和建筑明器所见住宅中的楼屋，大多为两层或三层，或迳于单层建筑上加局部之二层，建为四层以上者绝少。又有将上层楼屋之中央部分进一步升高者（图2-56:4），或将上层楼屋作梯次之排列（图2-56:5）。江苏徐州出土画像石中，有一阁或楼屋的建筑，其正面下只以一棵柱头上横叠多层交手栱来支承，形制至为奇特，其两侧建递落式廊屋阶梯，学者或谓之"桥屋"形楼阁（图2-56:6）。汉代还有一种所谓"塔楼"或"望楼"的，是住宅或坞堡的制高点，层数自三层到六层不等，有的作为单体建筑独立存在（图2-56:7、8、9），有的虽与庭院、坞堡相结合（图2-56:10、11、12），但在建筑形体和外观上都自成一系，与住宅中其他建筑有显著之不同。其平面多呈方形，外观颇似后世之楼阁式塔，大都表现出自下而上逐层收小减低的形象，但也有各层宽度相等甚至递增的例子。上下层间以屋檐及平座区分，有逐层均用屋檐及平座的，有只用屋檐不用平座的，有逐层相间用屋檐或平座的。也有全不以屋檐及平座界分的则颇似阙制，或是古之干栏高楼的遗制，如成都杨子山汉墓住宅画像砖所表现的东区北院中的建筑，即是这样一座塔楼（图2-56:10）。河南焦作市白庄东汉六号墓所出，为一建于庭院内之陶楼与建于院外之另一独立的似阙的陶楼（此庭院大门两旁另有双阙）相组合者，其间并联有覆顶之阁道，比例及造型俱极优美，为已知出土汉代陶楼中之罕例（图2-56:11）。平座做法多系直接与下层屋檐相接，少数平座下有斗栱承托。还有所谓"水阁"者，即在独立式陶楼下置以方形或圆形水池，池中有的还放有若干水鸟鱼鳖（图2-56:15、16）。此种水中楼阁，也曾运用于皇室宫殿，如王莽地皇四年，长安起义军攻入未央宫，王莽走避于宫西渐池（又称沧池）中之楼阁（事见《汉书·王莽传》）。此

---

① 吕思勉：《先秦史》，上海古籍出版社1982年，第352页。

类水阁塔楼陶明器有的上有手执弓弩的偶人，表明它具有游观与防卫双重功能。河南灵宝县张湾东汉墓出土之"水阁"明器，又在池隅各建一方形亭式角楼，也是防卫功能的体现（图2-56:16）。还有的塔楼是附建于住宅房屋之上的，多建于较小住宅之楼屋中央或一端，本身一般仅较住宅高出一层，平面亦作方形或长方形。塔楼各层之屋顶，均为四注单坡形式，顶层大多用四阿顶。当平面为方形或接近方形时，其屋顶正脊甚为短促，有的已接近于攒尖顶。附建式塔楼屋顶也有使用两坡悬山顶的（图2-56:17）。

山东沂南东汉墓画像石中有一个楼屋阙门画出了在纵横层叠的枋木上竖立上层柱子（图2-56:18），与当时大多数石阙的楼顶结构表现形式相同。另有一个仓屋上下层都还有腰

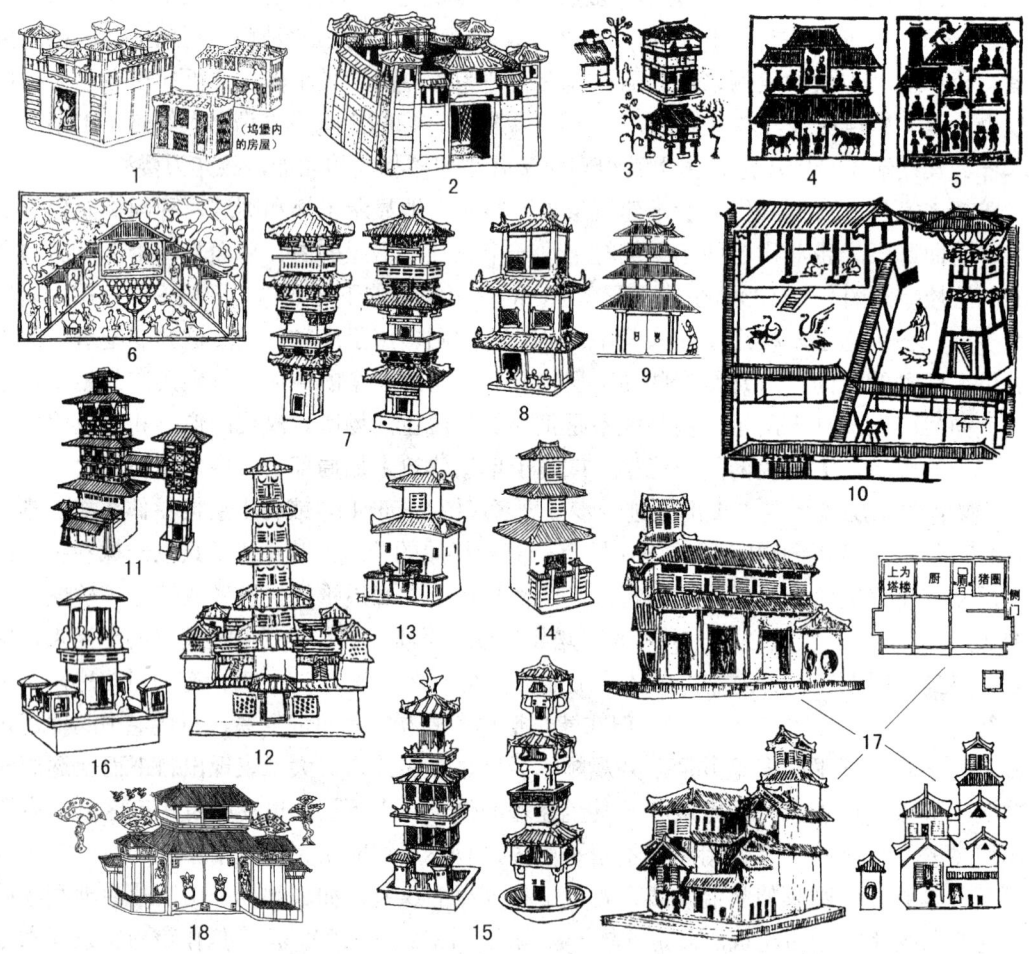

1、2. 广州东汉墓出土陶坞堡　3. 成都曾家包东汉墓画像石　4、5. 江苏徐州利国镇东汉墓画像石　6. 江苏徐州汉画像石　7. 北京顺义临河东汉墓陶楼　8. 河南灵宝张湾汉墓陶楼　9. 河南南阳杨官寺汉墓画像石　10. 成都杨子山东汉墓画像砖　11. 河南焦作白庄东汉墓陶楼　12. 甘肃武威雷台东汉墓陶楼　13、14. 湖南常德出土东汉陶楼　15. 河南陕县刘家渠汉墓陶楼　16. 河南灵宝张湾汉墓陶楼　17. 湖北云梦癞痢墩汉墓陶楼　18. 山东沂南东汉画像石

图 2-56 汉明器和画像中的楼阁建筑形象

枋的明显表示，直类于穿斗结构。可能汉时楼阁的各层都是以纵横叠置的枋木若干层作为地盘以承柱并铺楼板。由于每两层（包括平座）之间须做屋面，上层柱位必须较下层柱位

收进较多，才便于安椽，所以上层柱只能采取叉立于层叠的枋木之上的方法。

秦汉时的楼阁，受这种下层梁架上叠置枋木以为上层地盘的结构技术的限制，其形成的建筑体量不会很大，平面地盘面积很大的单体建筑是很难以这种方法构架成楼阁形式的，若汉明器及画像所见楼阁都是梁架栋深较小的建筑。考古遗迹显示，这一时期大面积、大体量、多层次的建筑，是采用划分为若干小面积、小体量的单体建筑，把它们聚合组织在一个夯土台上及其周围，从而解决结构问题的。夯土台可以做成梯级形，每级都可以依赖夯土台壁作为后部构架的承重体而构成披檐屋顶，夯土台中心部分高出于外围，面积也缩小，其上可照普通起架构屋，这样就可以取得体量较大、形式多变的建筑式样，并保证整个建筑结构的稳定性，这就是所谓高台层屋的形式。考古资料证明，从秦咸阳宫到汉未央宫，以至唐大明宫，尽管组合的形式不尽相同，但这种依赖于土台厚墙承重构建平面组合复杂、体量庞大的高台宫殿形式的本质是一致的，其中可以建筑史学家和考古学家复原的战国中山王陵墓上享堂和汉长安南郊西汉末年的"明堂"或"辟雍"礼制建筑为典型代表（图 2-57、图 2-58）。与此

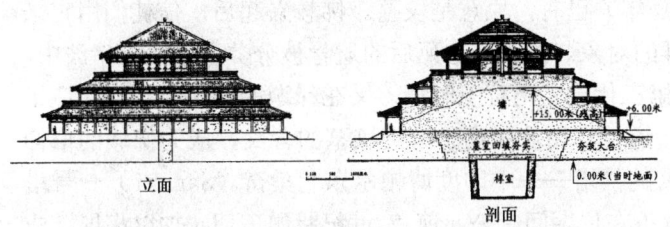 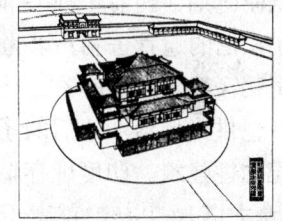

图 2-57　河北平山战国中山王陵享堂复原图　　图 2-58　汉长安南郊礼制建筑中心建筑复原图

可相映证的还有其他一些建筑图像资料，河南辉县出土的战国铜鉴和山西长治出土的战国铜匜上所刻画的建筑图（图 2-59），不少人认为是楼阁，其实是"高台层屋"形式：其两侧屋面低，可能就是表示两侧和中部是分别的、单独的建筑物，可以看出它们至少是三层的宫室建筑，上层似为四坡屋面，下层残缺，中层两侧画出一面坡屋，上层的屋檐都没有伸出于下层的台面之外，上下层的柱子不在一条中线上，可能是上层较下层退后的表示，没有阶级

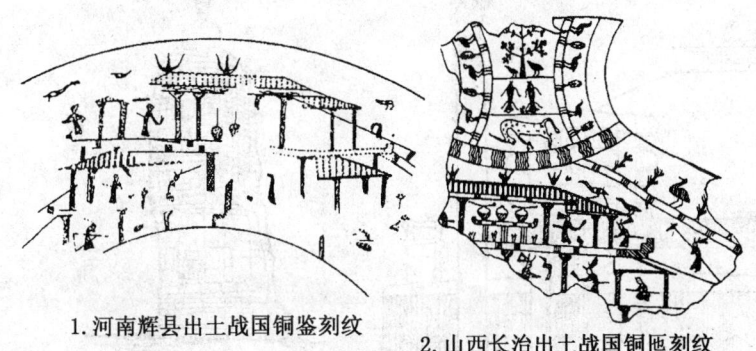

图 2-59　战国铜器刻纹反映的高台层屋形象

而是由平缓的坡道上去，这些说明上层建筑是建在一个高台之上，而中层和下层的建筑是紧贴台壁构筑的单坡屋子。还有其他几件战国铜器纹饰中有与此类似的建筑形象，大约都可作此理解。

上述构架技术下的楼阁建筑，并因其地盘的狭小而在空间上所能取得的高度也是有限的，今见汉明器塔楼最高亦不过六层。所以，若追求更多的楼层、更高的高度，汉时只能以所谓"井干楼"的形式来达到。《三辅黄图》言建章宫中有"井干楼高五十丈"；《汉书·郊祀志》："立神明台井干楼高五十丈，辇道相属焉"，颜师古注曰："井干楼积木而高，为楼若井干之形也。井干者，井上木柱也，其形或四角或八角。张衡《西京赋》云：'井干叠而

百层'即为此楼也。"井干也是早已有之的一种木结构建筑形式,殷商的墓葬木椁就是这种形式,所谓井干楼只是扩大了规模,增加了远超出于一般房屋的高度而已。文献言井干楼有高五十丈者,可能是夸张之辞,但一定是大为超过了一般房屋。所以《盐铁论》说:"今富者井干增梁",表明它曾为当时贵族阶层广为使用。

如前所述,高层楼阁不用于中国古代宫殿中的核心建筑。汉时有不少楼屋是在"仙人好楼居"①的迷信思想下为求仙而建造成的。佛教传入后,中国人最初是按照中国的神仙模式来理解佛陀的,多层高楼成为彰显崇高佛界的最好形式,这就是塔。佛教传入中国的确切时间已难考,大约是在西汉晚末到东汉之初。"塔"为梵文音译之略,梵文的英语音作Stupa,古印度巴利文又称Thupa,中国古籍和佛经中最初音译为窣堵波(坡)、薮斗婆、率都婆、偷婆、兜波、塔婆等,后逐渐合流简化为"塔"("塔"字中国原无,为晋宋间译经所造)。又,梵语中对释加牟尼的尊称英语音为Budda或Buddha,汉文音译作佛陀,简为佛,最初也译作浮图、浮屠、浮都、佛图等,并常与塔相混讹或借称。窣堵波在印度产生佛教以前的吠陀时期(约前1500~前600年)已有,原意是坟墓。佛教兴起后,信徒们用它来供奉释迦牟尼的遗骨舍利,以为礼拜的对象。据说释迦死后的遗骨被分葬于八座窣堵波中。到孔雀王朝(建于公元前322年)第三代君主阿育王时期,又在释迦的重要经行处建造了许多塔,也供奉佛道业成后的圣物,遂使窣堵波脱离了单纯坟墓的含义,成为佛教的信仰标志和纪念性建筑。印度现存最著名的佛塔——中印度博帕尔东北桑奇(Sanchi)一号塔(俗称桑奇大塔),其核心就建于阿育王在位期间,公元前2世纪巽迦王朝时加以拓展,成为现在的规模(图2-60:1)。大塔座落在高约100米的小山上,整体比例扁阔,由四部分组

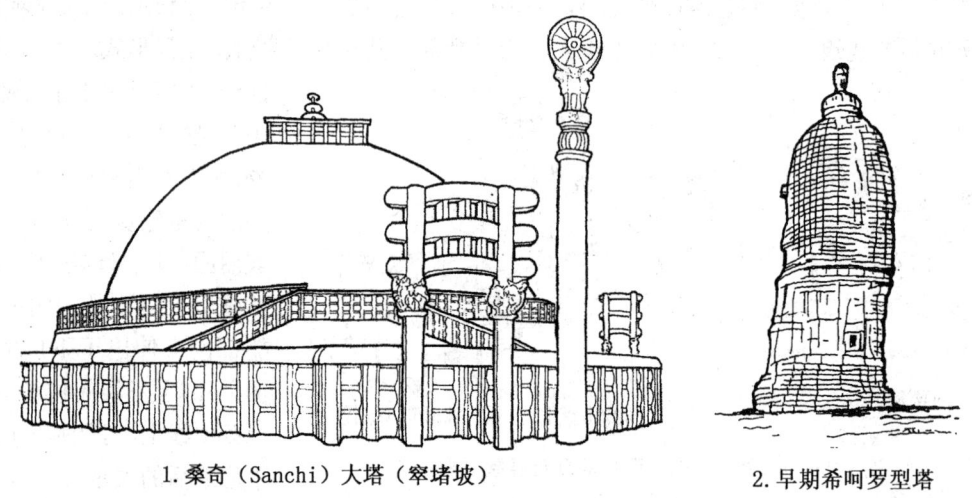

1. 桑奇(Sanchi)大塔(窣堵坡)　　2. 早期希呵罗型塔

图 2-60　印度早期的佛塔

成:最下是一座4.3米高的圆形砖砌包石基台,基台边缘有一圈石栏;台上为以石块包面的半球状实心覆钵,平面直径32米,小于基台,高12.8米;覆钵顶上竖立石栅栏,围成正方形,称"平头";平头正中竖立一根石竿,竿上串连三层圆盘伞盖(梵文Kserta,译作"刹多罗"等,简为刹),其源于吠陀时代以前印度河流域的原始土著达罗毗荼人生殖崇拜的圣树,被佛教继承后名为菩提树,以纪念佛在菩提树下诞生和成道,伞盖三层喻指佛、

---

①《史记·孝武本纪》。

法、僧三宝，以后发展为多重，到了中国就成为塔刹"相轮"。伞盖下的平头通常埋置舍利子，古印度人习惯于在圣树或圣迹外建一圈栅栏，先是木制，后改为石，桑奇大塔的平头就是一周围栏，以后也做为方形小室，也叫方形箱、祭坛。同时，围绕整个大塔，又有一圈称为"玉垣"的围栏。公元前1世纪安达罗王朝时，在这圈围栏四面加建了四座砂石牌门，标志着宇宙的四个方位，信徒从东门入，顺时针方向右旋绕行大塔一周，与太阳运行的方向一致，被认为与宇宙的律动一致，可以超升灵境。

这种以桑奇大塔为代表的印度早期佛塔，其主体部分基台和覆钵并没有脱离窣堵波坟墓的基本特征，只是被神化的释迦牟尼不能同凡人一样埋入土中，为了崇敬将其舍利安置在覆钵顶上的平头里，又为了高显而富纪念性，在平头上用杆、伞盖制成相轮的特殊装饰形式。古印度婆罗门教和耆那教也有塔的崇拜，却没有相轮，因此有无相轮是区别是否佛塔的标志。

现知印度南方的早期佛塔，除了以桑奇大塔为代表的窣堵波式外，略晚还有一种立于礼拜窟（Chaitya，汉文音译作支（枝）提、脂帝、制底等，有时也指塔，或与浮图连称）中的小塔（按《摩诃僧祇律》第三十三"塔枝提"条所说："有舍利者名塔，无舍利者名枝提"），其外观构成与大塔相仿，只是各部比例有所改变，特别是基座加高，使整体比例成为瘦长，并逐渐出现了双层基座的形式。公元1世纪以后，佛像艺术在西北印度的贵霜王境内开始流行，同时由于希腊、波斯以及中亚本土建筑的影响，这时的佛塔形式沿南方早期小塔的变化趋势进一步发展，产生了新的建筑造型。最显著的变化是出现了方形平面的基座，四面分间列有倚柱，柱头为希腊、波斯风格的式样，柱间设有佛龛，塔身同样出现方形、多层、表面列柱设龛的做法，逐层上收，原来做为塔身主体的覆钵，比例相对缩小，逐渐退化，最终与塔刹合并成为塔顶部分[①]。在西域[②]犍陀罗文化中心的富楼沙城（今巴基斯坦白沙瓦）东南曾有一座著名的高塔，建造于公元二世纪中的印度贵霜王朝迦腻色迦王时期，中国文献译名为"雀离浮图"或"爵离浮图"，号称西域第一大塔，最早在东晋高僧法显的《佛国记》中即为记载，其后《水经注》和《洛阳伽蓝记》都有述，法显言其高四十余丈，《水经注》也说它和洛阳永宁寺塔高度相若。《洛阳伽蓝记》则说合塔身上铁柱、金盘十三重去地七百尺，虽未必可靠，但引《道荣传》称此塔"上构众木，凡十三级"大约可信。此塔基址至今尚存，保留有一段周长达300米、高近5米的以砖石土坯混砌而成的方形台墩，四角有方形小墩也与永宁寺塔基址所见相似，西方考古学家曾以实地考察资料推断基址上可能存在过为火所焚的木浮图[③]。这种方形重层佛塔是当时西域一带流行的佛塔形式之一，与此同时，西域地区还流行在方形基座之上立圆形塔身的做法。

据《后汉书·陶谦传》中记载，东汉末献帝时丹阳人笮融在徐州"大起浮屠寺。上累金盘，下为重楼，又堂阁周回，可容三千许人。作黄金涂像，衣以锦綵"，类似的记载也见于《三国志·吴书·刘繇传》。这是最早见于记载的中国佛教寺塔，从其描述可知是一座以上有塔刹（"上累金盘"）的木构楼阁（"下为重楼"）式塔为中心而四周绕以堂阁附属建筑的寺院。文献记载和石窟中所见魏晋以来的佛塔形象，基本都是这种方形平面的多层楼阁

---

① 参五卷集《中国古代建筑史》第二卷，第176~177页。
② 西域是汉唐文献对甘肃敦煌玉门关以西地域的总称。狭义指玉门关以西葱岭以东约今新疆地区；广义上则泛指由丝绸之路过葱岭以西可以通达的广大地区，包括中亚、西亚，甚至远及欧洲东部、南部和非洲北部。本文这里用其广义。
③ 参萧默主编《中国建筑艺术史》上册，第298页。

式塔。从文献记载来看，汉魏西晋时期，汉地尚未出现三层以上的佛塔，塔身体量也较后世佛塔为小。后来《魏书·释老志》对塔的解释说："凡宫塔制度，犹依天竺旧状而重构之，从一级至三、五、七、九。世人相承，谓之'浮图'，或云'佛图'"，所谓"天竺旧状"是指印度的窣堵波，"重构之"就是多层形式，即在多层的塔身之上加上窣堵波式的塔顶（也有人认为是指重叠多层窣堵波以成一塔）。在中国木构架建筑体系日趋成熟的基础之上，有可能受到前述中亚方形重层佛塔建筑艺术的影响，将印度佛教窣堵坡与中国传统木构楼阁巧妙结合，便产生了一种新的建筑形式——中国楼阁式塔。塔刹与楼阁的结合，使得传统的楼阁建筑形象产生了特殊的艺术魅力。象征佛国的塔刹冠于全塔的顶峰，玲珑挺拔，直指苍穹，与塔身楼阁层层檐宇翘飞相应，使整个宝塔在沉稳静穆中透出欲上九天的飞动之势。这种艺术魅力是汉代以来垒木而成的"井干楼"所难以具备的。这种新颖的建筑形式甫一产生，很快就得以发展起来，除皇室兴造外，在民间也竞相造塔。自东汉献帝末年到隋唐之初，木构楼阁式塔一直是建塔的主要形式，随着这种更为进步的高层建筑木构技术的应用，原先以叠木方式来取得很大高度的"井干楼"也就消失了。可以说，也正是造塔的需要促成了中国高层建筑结构技术的发展，而此后中国的高层建筑就几乎全部集中在了塔上。东晋十六国时已能建造四层、五层的佛塔，南北朝时开始出现七层、九层的佛塔。其中第一高塔为建于北魏孝明帝熙平元年（516年）的洛阳永宁寺塔，据文献记载为平面方形，塔高九层，层层出檐，每层每面三户六窗，可能层层都有平台回廊。今在洛阳汉魏故城遗址存有永宁寺、塔遗址，1979年对佛塔基址作了考古发掘，所得情况与文献记载大体相符，但关于塔高有关文献记述不一，《洛阳伽蓝记》的举高90丈加金刹高至百丈的说法太过夸张，以《水经注·谷水》的49丈和《魏书·释老志》的40余丈说较为可信。即以40丈计，以后魏最小的前尺合今市尺0.8343尺换算[①]，高也达111.24米。塔基中心有方形土台，表明当时建塔仍未能彻底摆脱秦汉以来高大建筑依附高台架立木构的特点，但土台上的柱础遗迹表明，这时已基本形成完整的木构承重体系，只是借助中心高台起到结构的稳定作用而已。另外在底层檐角的转角部分，仍保持汉代建筑中双柱承重的做法，并且沿角缝内外各增置一柱，是在木结构技术尚欠发达时期为确保转角结构坚固而采取的必要措施。塔基中心有一方1.7米的竖穴，穴内四壁整齐，皆系夯土，发掘简报推测是木塔的地宫，建筑史家复原研究认为是立刹之所，塔身正中应有贯穿上下的刹柱[②]。东晋立塔，文献中常有先立刹柱、后架立一层、又加至三层的记载。这时期的木构楼阁式塔的外观形象，可从北魏石窟的中心塔柱及浮雕佛塔和壁画上窥知大概，塔平面多作方形，层数有一至九层，其中以三、五层者居多，多层佛塔的塔身一般表现为木构外观，各层均以柱额斗栱架椽挑檐，上作瓦垄坡顶，并见屋脊鸱尾的形象。佛塔的整体外观形式较多地表现了中国建筑的风格，只有顶部的塔刹相当于是印度窣堵波的缩小但也有所变化，其通常的形式是：下部是刹座，一般为须弥座式，相当于窣堵波的基座，中为覆钵，再上的"平头"变成了刹竿的基座或是干脆被取消，最上是刹竿和相轮（金盘、露盘），另外还添加其他一些装饰如华盖、仰月、宝珠、山花蕉叶、链和铎等。大多数塔刹没有这么复杂，但一般都要有覆钵、刹竿、相轮和宝珠这些基本构件。这样，原窣堵波仅仅成了重楼顶上的一组装饰，是全塔最后的升华之作，也是佛塔的特定标志。

[①] 据吴承洛《中国度量衡史》第十六图，商务印书馆1993年影印版。
[②] 参五卷集《中国古代建筑史》第二卷第187页。

木构本来易于腐朽和遭受火灾，对高层木构来说雷火电击更难避免，一旦失火就是灭顶之灾。如洛阳永宁寺塔的前身北魏平城永宁寺塔，高七级三百余尺（北魏尺），时为天下第一，但建成后仅存在了两三年就被火焚毁，于是才在迁都洛阳后重建永宁寺塔，然而洛阳永宁寺塔前后也不过十余年就尽成灰烬。唐以前木塔无一幸存于今，宋以后很少再建木塔，遗存于今者仅山西应县佛宫寺释迦塔一座，俗称应县木塔。应县木塔建于辽道宗清宁二年（1056 年），平面正八边形，五层六檐，由地面至刹顶高 67.3 米，底层副阶周匝，上层挑出平座，栏楯周绕，结构精巧，形象宏伟，历经千年风雨和多次地震，巍然屹立。由于木塔难以久存，所以在塔的形式产生后不久，南北朝时期就开始用砖石建塔，但多体量较小，内部不能登临，从有关文献描述中可知大约外观形式也是呈楼阁式的。这种楼阁式砖塔在唐以后有大量的建造，实物遗存也很多，分为内部可以登临和不能登临两种，塔身表面通常隐出柱、枋、斗栱等木构件形象。现存唐代楼阁式砖塔基本都是方形平面，五代、辽宋几乎都是八角形平面，这种变化主要与木塔结构做法的改变有关，平面由方形转变为八角形，是尽量消除转角部分结构的薄弱性，从而达到更为均匀的应力分布。北魏孝明帝正光四年（523 年），也就是洛阳永宁寺塔建成六七年后，在河南登封建造了一座密檐式砖塔，就是著名的嵩岳寺塔（寺在北魏时名闲居寺，隋代改名嵩岳寺，塔随寺名），这是现存唯一的南北朝时期建筑实例。塔现状高约 39.5 米，建在约 1 米高的台基之上，除塔刹外均以砖砌。平面为正 12 边形（为国内现存孤例），塔心中空。底层高约 9 米，以上是 15 层密排的叠涩出檐，逐层向内退入并减低高度，从第二层开始塔身高度仅为 0.5 米左右，各层各面都砌出一户二窗。由于各层出檐长度相同，檐间距离逐层缩小，壁面层层收分，密檐部分呈现出丰满而柔和的抛物曲线。顶上塔刹高约 4 米，至下而上为石雕的覆莲、束腰、仰莲及砖砌的七层相轮和宝珠，仰莲以上砖砌部分为唐末宋初修缮时所加，原来的塔刹形式及高度已不详。嵩岳寺塔的造型和结构方式全然不同于北朝时期流行的多层方塔，相对于后者来说，更大程度地体现了宗教崇拜的非理性思想。密檐式塔全以砖构，其源渊目前尚无定论，大约也与印度或是中亚有关[①]（图 2-60:2）。密檐式塔发展到唐代，虽然保持了其主要特点，即密集的层层叠涩出檐和丰满柔和的抛物线轮廓，但却舍弃了塔身 12 边形的似圆又方的模糊形，仍然采取传统楼阁式木塔的方形平面，各层檐间距拉大即变得较为疏朗，塔身卷曲线由向上收杀变为上下收杀，这些变化有在一定程度上向传统楼阁塔回归的因素，也反映出不同时期所受外来佛教艺术形式影响的差异，但唐代密檐塔的造型与塔身卷杀方式究竟源自何处，目前还没有公认的结论。以后除了辽金时期的密檐塔及元时外来的喇嘛塔稍多外，宋及以后的塔便以楼阁式塔为主了。可能是限于石作的技术水平难以达到较高的高度，现存多层高塔基本都以砖砌成，石塔仅有一些高度不大的建筑小品而已。

佛教初传时，塔以其新颖独特的建筑形象，成为最吸引人们眼球的东西。建寺首先在于建塔，造塔更重于建寺，在这种思想的主导下，塔就成为寺院建筑的中心，其他建筑采取传统的庭院式组合，即塔在寺院的中心位置，殿堂和廊庑围绕塔来布置。然而，塔作为供奉舍利（尸骨）之所，以塔为中心建造寺庙，生者与死者共居，这既不符合中国传统的风俗习惯，也不适合人们在空间环境中的生活方式，所以这种建筑布局方式不可能得到发

[①] 五世纪以后北印度有一种被称为"希呵罗"（Sikhara）型的塔庙，内部不分层，中空叠涩穹窿顶，外观有方锥体和抛物线卷杀两种，以后者更具代表性，也更与中国密檐式塔相似（图 2-60:2），出现的时代也相近，故有学者认为它们可能有一定的渊源关系。类似的方底上覆叠涩穹窿顶的塔庙和佛精舍在中亚也有而时代更早，在公元前后，故也有学者认为印度希呵罗和中国的密檐式砖塔都是源于中亚（参萧默主编《中国建筑艺术史》上册第 299~301 页）。

展。在佛教初传的南北朝时期，舍宅为寺风行，大量的宅第成为寺庙，受住宅建筑组合模式的制约不可能在厅前庭院中造塔，事实上就否定了以塔为中心的寺庙形式，反映出中国传统的宗教观念与西方宗教观念的差异。所以在《洛阳伽蓝记》中，舍宅为寺者多无塔。实际上，自东汉末笮融建寺，经魏晋南北朝至隋、唐初，以塔为中心和以殿为中心的寺庙一直是同时存在的。两者在建筑布局上不同，寺庙生活和进行佛事活动的方式也不一样，前者主要是围绕塔进行的，后者是在大殿内进行。随着佛教越来越中国本土化和塔成为普遍的司空见惯的建筑形式，大约从唐代中期开始寺庙就逐渐都转向以大殿为进行佛事活动的核心建筑，而塔移到了寺旁或寺后院内，成为寺院的附属建筑。

在中国传统生活风俗习惯和宗教观念下形成的宫室本位的建筑思想，决定了高层楼阁建筑不仅不能在宫殿建筑中处于主导核心地位，同时在普通住宅中也难以立足。唐宋以后，多层的高楼阁建筑基本上都集中到了佛塔身上，除此而外普通的楼和阁在形式上已基本没有区别了，阁楼二字也经常连称，趋同为一种建筑类型。北方地区已绝少有底层空敞的干栏式阁（除了北方寒冷干燥多风沙的自然气候使得这种建筑形式成为不必要外，可能还有诸如浪费空间、外形不显端庄稳重以及中国人讲究接近地气的居住理念等因素），楼居也仅是为人多地窄的城市临街店铺场馆多所采取，而在宫殿及一般宅第，除了庋物（如藏书）功能以及一些供游乐赏玩性质的楼阁建筑外，主要生活住宅并不取楼阁形式。楼阁除了特殊的高塔外，其普通形式也转而为供奉佛教造像之所，多称阁；又转而为文化景观建筑，或称阁，或称楼，如滕王阁、黄鹤楼者；至于城楼、角楼、钟镂、鼓楼等，则因其建于台上故称楼。这些主要都是建筑名称原始意义的遗留，而不在有何形式之别。曾有学者认为，"单是一座建筑底层空着（或次要的用途）而上层作主要的用途也叫阁，而一般的阁都带有平坐，这平坐也可以说是楼与阁的主要差别所在"[①]。事实上，虽然佛阁差不多都带平坐，但园林、山水及城街中的"独立"式的景观楼阁，或叫楼或叫阁，也都有带平座和不带平座的。汉时的望楼即有带平座和不带平座的。清代各地县城肖曲阜孔庙奎文阁之意，常于东北或东南城角上造奎星阁，也叫奎星楼。四川成都望江楼，又名崇丽阁。楼阁混同为一体以后，纵观其基本特点，即是不以住人为目的，是可以驻足登临的楼房。当然，属于商业性质的市楼和南方的民居住楼是例外的。

第七节 亭·垂花门·牌坊牌楼

一、亭

亭，俗称亭子，其基本形制特征是在攒尖顶下四面开敞透空，无门窗墙壁或有墙无门。攒尖顶是建筑物的屋面向上在顶部汇交为一点而形成尖顶的形式，宋式中称为"斗尖"。原始人类最早的穴居、半穴居茅庐就是圆形攒尖顶，但其结构简单，与后世攒尖结构自不可同日而语。后世圆形攒尖顶结构实际是最为难做的，方形攒尖则最简单，所以也最多用。攒尖顶多用于面积不大的建筑物，以亭为典型代表，平面有圆形、三角、四角、五角、六角、八角、十二角及扇面、梅花等，以四、六、八角（又称四、六、八方）及圆形者为多

[①] 刘致平：《中国建筑类型及结构》，第29页。

见，三角亭极少，单檐者为多，二重檐的较少，三重檐更少见。由两个或两个以上的单体几何形亭在平面和立面上结合，就构成各种组合亭，如套方（又称方胜，是两个正方亭沿对角线方向组合在一起）、双环（两个单体圆亭组合在一起）、双六角（又称套六方或六角套亭，是由两个正六角亭以一边为公用边组合而成）、天圆地方（下层檐为正方形、上层檐为圆形的重檐亭）、十字（由一座中央突起的单体四方或八方亭四面加抱厦组合而成，也可以是中为正脊的主体前后带抱厦。如果在天圆地方亭下层檐各面分别接出一座抱厦，即成天圆地方十字亭）等（图2-61）。两亭相连或一亭两顶的形式，又称鸳鸯亭。三座亭子相连，

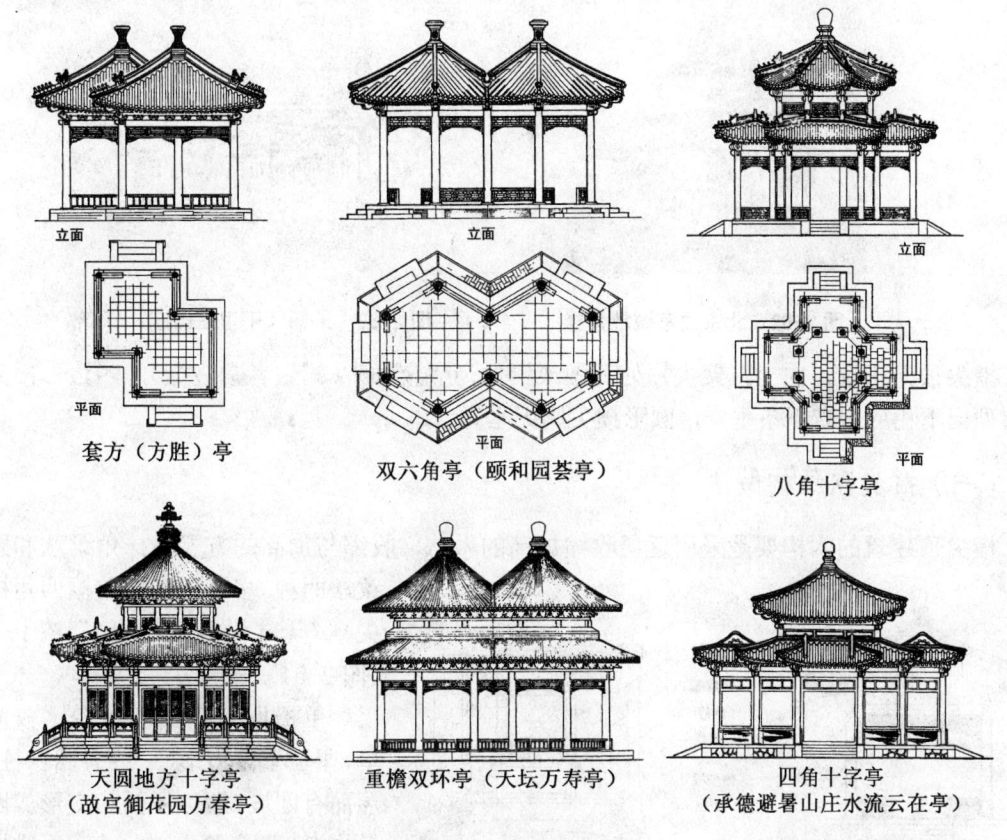

图 2-61　组合亭数例

一亭居中为主，两侧两亭为翼，形如凤凰展翅，故称凤凰亭，如西安大清真寺内的一真亭，就是在六角形的主亭两侧，各有短廊连接着一个三角形的顶如两个三角形的亭，形式非常优美。各式亭可以依附于其他建筑或墙体而做为半个，称为半山亭。长方形的亭在北方很少用，南方则多见，常做三间，中间大而左右两间小。

亭子结构精巧，大小自如，构筑简便，随宜设置，可以灵活创造出多种的组合形式，不止上举数种。少数亭子也加有槅扇门窗的，如北京故宫御花园千秋亭和万春亭。亭以攒尖顶为主，但实际上它还可有庑殿顶、歇山顶、悬山顶、硬山顶、卷棚顶、盔顶、盝顶、十字顶等，几乎包括了中国古建筑所有的屋顶式样。

攒尖顶也用于塔和一些楼阁建筑上。宫殿、坛庙中也有不少攒尖建筑，如故宫中和殿、交泰殿，北京国子监的辟雍，北海小西天的观音殿等都是四角攒尖宫殿式建筑，而天坛祈年殿、皇穹宇则是圆形攒尖的坛庙建筑。故宫紫禁城墙上的角楼（图2-62），平面呈多角十

字形，中心建筑是一个三间方亭，四面各加抱厦一间，屋顶共有三层檐七十二条脊，抱厦出檐两层为重檐歇山顶，整个下檐采用腰檐方法环绕建筑一周，与正中方亭结合为一个整体，最上层屋顶在四角攒尖顶的四面坡上又加做歇山顶，成为四面亮山歇山顶，正脊十字交叉处也即四角攒尖的尖顶处，其上立鎏金宝顶。类似的组合式攒尖顶在宋画中也可以看到，如王希孟《千里江山图》所示（图2-63），是在十字歇山顶上正中部分冠以很高峻的四方攒尖顶，与故宫角楼略有不同。

图 2-62　北京故宫城墙角楼　　　　图 2-63　宋画《千里江山图》（局部）

攒尖顶无正脊，向上汇聚尖顶处瓦做或铜做为"宝顶"（铜做者常鎏金），多边形攒尖由宝顶向下相应有若干条垂脊，圆形攒尖则无垂脊。

（一）攒尖顶结构做法

攒尖顶建筑的木构架是采用逐层收缩加高的做法，收缩与加高的方式有抹角梁法和趴梁法两种。多角攒尖以单檐四角攒尖亭（无斗栱小式）为例介绍于下（图2-64）。

单檐四角攒尖亭构造比较简单，平面呈正方形，一般有四棵柱。屋面有四坡，四坡屋面相交形成四条屋脊，四条脊汇成一点，形成攒尖，攒尖处安装宝顶。其基本构造是：由下自上，柱头安装四根箍头枋（檐枋），使下架形成圈梁式围合结构。每个柱头上各放置角云一件。角云雕为麻叶云装饰[①]，又称花梁头，其上做出十字檩椀以承接搭交檐檩。在箍头檐枋上面，相邻两个角云之间安装垫板。角云和垫

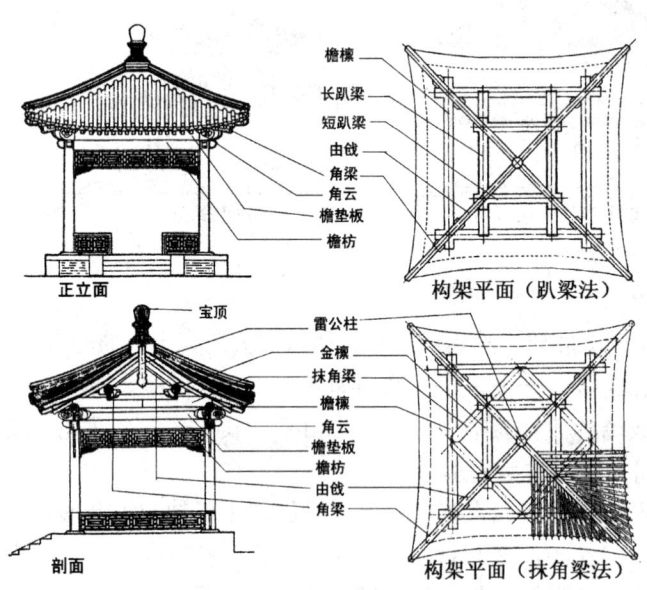

图 2-64　单檐四角亭的基本构造

---

① 麻叶云是构件端头的一种雕饰，其形有所谓"三弯九转"之说，即由中心向外旋出两两相接的凸起弧线，内外弧线一共三层谓之"三弯"，前后弧线交接点共有九处谓之"九转"，线条圆润柔顺，整体犹如一团云朵，故名。麻叶云一般用为斗栱翘、昂等构件尾端雕饰，有时也用于抱头梁、穿插枋等端头，在此因位于角部故称角云。

板之上是搭交檐檩，形成上架的第一层圈梁式围合结构。在檐檩之上还有一圈搭交金檩。为解决搭交金檩的放置问题，需要先在檐檩之上施趴梁或抹角梁。

趴梁法的构造方法是：沿金檩平面中轴线，在进深方向施长趴梁，梁两端搭置在前后檐檩上；在面宽方向施短趴梁，梁两端搭置在长趴梁上。这样，就在檐檩上面架起一层井字形承接构架。其上再置瓜柱，依次安装金枋、金檩等构件。这样反复叠架，逐层收缩加高，形成攒尖顶。

抹角梁的构造方法是：在檐檩之上与面宽、进深各成45度角的位置架抹角梁，抹角梁的中轴线要通过搭交金檩轴线的交点，四角共安装四根抹角梁，在檐檩以上构成方形承接构架，檩上的四根抹角梁水平投影是正方形。再在抹角梁上立瓜柱，安装金步的檩枋。这样反复叠架，逐层收缩加高，形成攒尖顶。除攒尖建筑外，抹角梁也广泛应用于庑殿、歇山等各类转角建筑。当它用于90度转角的建筑物时，与两侧檩子搭置角度为45度，用于六角攒尖建筑时与两侧檩子搭置角度为30度。八角攒尖因梁与檩搭置角度太小，一般不使用抹角梁。

在亭子的四个转角，分别沿45度方向安装角梁，形成转角部位的骨干构件，角梁以上安装由戗（续角梁）。四根由戗共同交在中心的雷公柱上。雷公柱是攒尖建筑顶部的骨干构件，有两种做法：一种是在雷公柱下安装太平梁，使雷公柱落脚于太平梁上。这种做法多见于较大型的攒尖建筑，因为这种建筑宝顶重量很大，仅凭由戗不足以支撑，所以就在上金檩之上安置太平梁以保"太平"。除此之外，一般的攒尖建筑因宝顶较轻，雷公柱下通常不置太平梁，雷公柱悬空而由若干根由戗撑顶。悬空的雷公柱上部置于宝顶之中，下部柱头上常做成垂花头，有仰覆莲、风摆柳等不同形式的雕刻。

四角亭屋面木基层做法与庑殿、歇山式建筑基本相同，在檩子上面钉置椽子、望板，正身部位钉正身檐椽、飞椽，转角部位钉翼角椽、翘飞椽，望板上依次做灰泥苫背、铺瓦、调脊、安宝顶。

圆形攒尖只能使用趴梁法（图2-65）。一般圆亭用六柱或八柱，在柱头之间安装弧形檐枋（不做箍头），柱头上安花梁头（圆亭没有角梁，故不称角云）以承接檐檩及安装垫板，檐檩上架趴梁，长趴梁搭置在进深方向的柱头檐檩上，短趴梁沿面宽方向搭在长趴梁上，趴

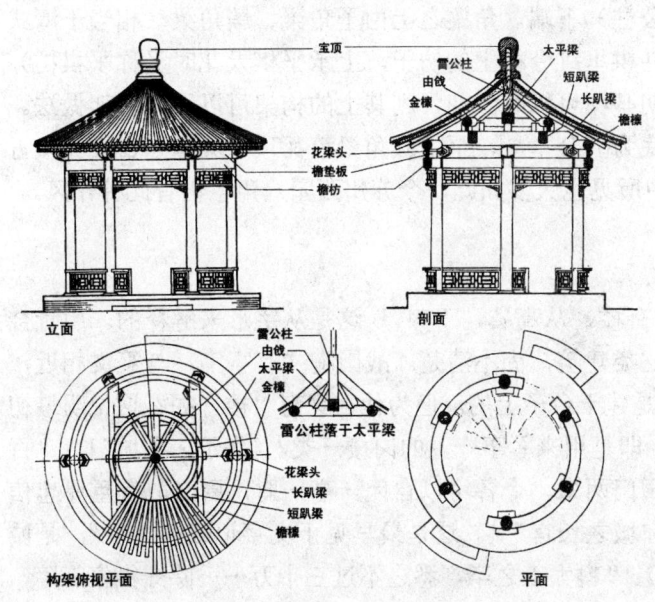

图2-65 六柱圆亭的基本构造

梁上架弧形金檩，金檩对柱位分六段设置，每两段金檩对接处要位于趴梁轴线上（正对柱位），其下承以檩椀（形如檐柱头上的花梁头，但可不做出麻叶云头状），檩椀落脚于趴梁上，各檩椀间安弧形金枋，上承金檩。金檩之上，每两段檩子对接处用由戗一根，共六根由戗向上支撑雷公柱。圆亭雷公柱的作用与其他多角亭相同，但由于由戗以下无角梁续接，

仅凭由戗来支撑雷公柱及其上的宝顶是力量不足的，因此凡圆形攒尖的建筑一般都要在雷公柱之下加用一根太平梁，太平梁两端搭在金檩上，做法同趴梁，雷公柱下脚落在太平梁上。体量稍大的圆亭，可用八柱，基本构造与六柱圆亭相似。

体量较大的重檐亭也常与楼阁建筑一样，在亭内安直通上下层的金柱（或称井口柱）。

攒尖顶建筑在宋《营造法式》中称为"斗尖亭榭"或"撮尖亭子"。从《法式》卷三十所给出的四角斗尖亭子图样中（图2-66），可以看到它与清式不同的是，大角梁后尾一直延

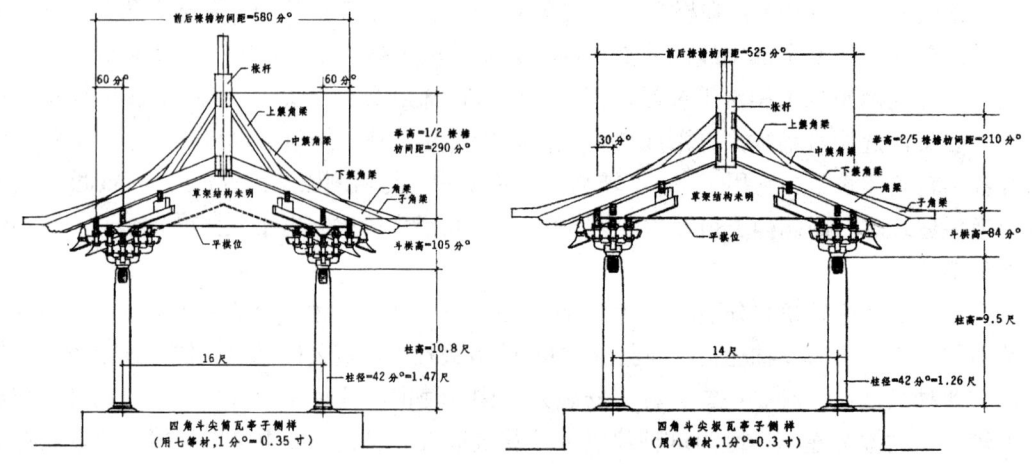

图 2-66　宋式四角斗尖亭子构造做法

伸到亭心，交于枨杆（即清式之雷公柱）下端。角梁之上由子角梁、簇角梁（相当于清式之由戗）形成举折。图中算桯枋（斗栱里跳令栱上的枋子，上承平棋天花时又称平棋枋）上所示水平线，应是天花分位，说明亭榭可以有天花，则其上的构架可以采用草架做法。其举折甚陡高，自撩檐枋背至角梁底为五分举一，至上簇角梁筒瓦顶二分举一、板瓦顶五分举二，坡度可达五六十度，宋画中所见也大多如此，今苏州西园八角亭仍有此种作风。

（二）亭制源流

《说文》："亭，民所安定也。亭有楼，从高省，丁声。"这是从字形来解释的。甲骨金文中没有亭字，西周之前是否有亭这类建筑，尚不清楚。战国陶文有亭字，与篆文相近，已是一个形声字，其从"高"，大约是建于台子上的。但为什么又有"楼"呢？这说明最初亭和楼在功用及形制上有相同之处，即是用来军事守卫的岗楼一类。《墨子·备城门》："百步一亭，高垣丈四尺，厚四尺，为闺门两扇，令各可以自闭。亭一尉，尉必取有重厚忠信可任事者"，岑仲勉注："尉为协助守城之长官"[①]。这是最早见于文字记载的"亭"，是城防守备建筑的一种。《战国策·韩策》："料大王之卒，悉之不过三十万……除守徼亭、障、塞，见卒不过二十万而已矣"，《战国策·魏策一》："魏地方不至千里，卒不过三十万人……卒戍四方，守亭、障者参列，粟粮漕庚不下十万。"从中可知，春秋战国的亭，是设于城垣之上或边境线上的辅助性军事守卫设施，在城垣上位在城门与角楼之间每百步建一座，在边境上大概是位于边关要塞城堡（所谓塞、障者）之间，也是每隔一定距离设一座，有点

---

① 岑仲勉：《墨子城守各篇简注》，上海古籍出版社1958年，第19页。

类似于今天的边境哨所，其下筑有较高的台垣（也不排除干栏高屋的形式），形近于在城门、边关上所筑的城"楼"而规模要小，且要登临所以其下土台是中空的即成为亭垣，它的作用在于瞭望观察敌情以辅助协防。《国语·周语》说周制"疆有寓望"，所指大概就是边境上的这类设施。这种守望之亭常与传递军情的烽火燧台就近而建或合在一起，王国维、劳贞一、陈直等人考证居延汉简中有"亭"即是，统称之则为亭障或亭燧。

周代诸侯国家之间的交通要道上每隔一定距离设有为来往使者和宾客行人提供饮食粮草和休息之所，虽然这些建筑名称和设置的具体距离，先秦及汉代文献的说法不尽相同，但大体可知是短距离内的设施简单，只提供饮食和短暂休息，距离稍远的则有房屋可供住宿和提供粮草。当然若有战事这样的设施同样可以用以守望传递军情消息，及供政府机构间的文书来往传递，成为驿站邮传系统，所以到秦汉时道路上的这种设施也就叫"亭"了。据陈直考证，两汉传递文书，邮驿并称，步递曰邮，马递曰驿，邮与亭相近，联称为邮亭，驿因设站之长短分驿、置两种名称，大者为驿，小者为置，综言邮亭驿置，除传递文书外，皆可供旅客之传舍[①]。《后汉书·百官志》注引《汉官仪》说设十里一亭、五里一邮。《释名·释宫室》："亭，停也，亦人所停集也。"《周礼·地官·司徒·遗人》："凡国野之道，十里有庐，庐有饮食；三十里有宿，宿有路室，路室有委；五十里有市，市有候馆，候馆有积"，郑玄注："庐，若今野候，徒有庌也；宿，可止宿，若今亭，有室矣；候馆，楼可以观望者也"。应劭《风俗通义》："《春秋国语》'疆有寓望'，谓今之亭也，民所安定也。亭有楼，从高省，丁声也。汉家因秦，大率十里一亭。亭，留也，今语有'亭留'、'亭待'，盖行旅宿食所馆也"[②]（明代计成《园冶·屋宇》说："《释名》云：'亭，停也'。所以停憩游行也"，不过是将此作了造园学意义上的解释）。据郑玄说，汉代的亭相当于周代的宿，有房屋供行人住宿；据应劭及许慎说，则秦汉的亭又有楼，似是兼周代宿（路室）和候馆之制。汉代的亭制有楼大概是可信的，《风俗通义·怪神》讲述了一则汝南汝阳西门亭闹鬼怪的故事，有名叫郑奇者，车行途中遇一妇人（实乃亭西八里新亡吴氏之鬼），求车载，同行至亭，"入亭，趋至楼下"，不听亭吏劝阻，"遂上楼，与妇人栖宿"，第二天郑奇腹疼而亡，此后宾客止宿辄有死亡，"楼遂无敢复上"。同样的记载也见于晋干宝的《搜神记》。可见，汉时的亭是以墙围合若干房屋的一处提供饮食住宿的旅馆建筑，内有楼为其标志性建筑并以之为此建筑群之总名"亭"。之所以以高楼为标志，有瞭望和方便行人从远处望而见之两层用意。所以，汉时还在市门楼和城门楼上立旗，以为标志，谓之"旗亭"，王莽时还曾将城门改名亭[③]。

秦汉大一统中央集权国家下为加强中央对地方的统治，在全国范围内整治道路，并建立统一完善的邮亭驿传系统，驿亭的数量众多，分布极广，以至一度被作为了管理地方的基层组织。《汉书·百官公卿表》："县道大率十里一亭，亭有长，十亭一乡"，《后汉书·百官志》："亭有长以禁盗贼"。《说文》"民所安定也"大概是从边防亭障和此维护地方治安之亭两个方面而言的。陈直谓亭长之组织，下有亭父、求盗各一人，平时练习五兵，其任务停留旅客，兼管输送、采购、传递文书各事；汉代亭长分为四种，一为城内之亭长叫街亭长（又名都亭长）、门亭长，二为城外之亭长即十里一乡之亭，三为守卫官署之门亭长，四

---

① 陈直：《居延汉简研究》，天津古籍出版社1986年，第44页。
② 《太平御览·居处部》、《后汉书·百官志五》注、《营造法式·总释上》等引《风俗通义》佚文。
③ 参刘致平《中国建筑类型及结构》第38页。

为边郡守望烽火台之燧长又名亭长,而通常所指则为城外乡亭之亭长[①]。汉高祖刘邦就曾经担任秦的泗水亭亭长。

驿道之亭可供人休息,人在休息时可以登高观景,亭也就被赋予了休憩观赏的功能。东汉之后,原先的行政亭制渐废,但其遗意影响至久,如据《广东通志·肇庆府》所载,晚至明代仍在该地东、北两条要道沿路建亭,"于十里一铺中每五里间建一亭,极其壮固,北路凡四座,东路凡五座"。至于纯以娱游观赏为目的而无实际用途的亭,确切是从何时独立分化出来,文献中还缺乏清楚的线索。著名的浙江绍兴兰亭是所知这类性质建筑中最早的一个。据《水经注·浙江水》:"浙江又东与兰溪合,湖南有天柱山,湖口有亭,号曰兰亭,亦曰兰上里。太守王羲之、谢安兄弟,数往造焉。吴郡太守谢勖封兰亭侯,盖取此亭以为封号也。太守王廙之移亭在水中,晋司空何无忌之临郡也,起亭于山椒,极高尽眺矣。亭宇虽坏,基陛尚存。"是兰亭原在湖口"兰上里"村头,可见初并非为观景而建,尚是汉代亭制遗意,兰亭侯实是以地名为封号,只是不知当年此亭是否仍为高楼制式。后王廙之将亭移建水中,至何无忌又建到山顶,已是为赏湖山胜景之作,且在水中者必为干栏楼阁式,在山顶者已无须再建高台或干栏,只四面开敞而能有"极高尽眺"之美了(今地处兰渚山下的兰亭及其园林建筑群,一说为明嘉靖二十七年后移此重建,一说为清康熙年间重建)。后世再将此种形式复制于平地,遂成普通亭式。兰亭,很可能就是后世山水园林中观景和景观建筑的亭的鼻祖,而这种亭式在后世的推广与风行,怕是与东晋王羲之那次于兰亭召集几十位文人参加的流觞赋诗集会以及由此留下的天下闻名的文学艺术瑰宝《兰亭诗集》和《兰亭集序》有着极大关系的。南北朝时期,亭作为赏景和点景建筑,不仅被引入园林名胜和乡野山水之中,而且还普遍出现于贵族宅第、陵寝寺庙甚至是衙署祠堂中。从此,亭成为中国园林和名胜山水的一种普遍的景观建筑形式,在以无围护结构的四面开敞的攒尖顶为基本形式特征的基础上,又发展出多样的平面及立面变化和组合形制与结构。亭的功用也发展得十分广泛,有用为纪念历史事件、人物的,有用为讲学的,有用为奏乐的,有用为祭祀的,有用为庇护碑井的,有用为迎别息足的,有用为标志象征的,等等。但绝大多数都属于没有实用价值的精神文化功能,整体上都属于景观类建筑,尤以园林中用得最广,明清时期可以说无园不亭,亭成为园林中不可缺少的建筑,所以很多人将园林称为"亭园"或者"园亭"。亭虽结构精巧,美丽多姿,而构筑简便,大小自如,随宜安建,可以观景,本身也可以造景,攒尖耸拔,翼角飞翘,静谧中显飞动,实体上透空灵,成为中国古代一朵具有独特风韵魅力的建筑艺术奇葩。

二、垂花门

垂花门作为一种具有独特功能的建筑,在中国古建筑中占有重要位置,传统住宅、府邸、园林、寺观以及宫殿建筑群中都有它的身影。

在府邸、宅院建筑群中,垂花门常作为二门,开在建筑群的内墙垣上,在二、三进院落的中小型四合院中,它位于倒座与正房之间,两侧与看面墙相连接,将院子分隔为内宅和外宅。在前面有厅房的较大的四合院中,垂花门也可位于过厅与正房之间。在传统住宅建筑中,它是分隔联系内外宅的特殊建筑物。垂花门作为内宅的宅门,有很重要的地位。

---

① 陈直:《居延汉简研究》,第70~72页。

它是主人社会地位、经济地位的标志，因而有很强的装饰性，在垂莲柱、角背等构件上，都有精美的雕刻，在正面的帘笼枋下，还常装有雕镂精美的花罩，枋檩之间安装花板、折柱、荷叶墩等构件，加上色彩绚丽的彩绘，显得富贵华丽，有极强的装饰效果。

在园林建筑中，垂花门除作为园中之园的入口外，还常常用于垣墙之间作为随门，设置于游廊通道口时又以廊罩形式出现，有划分景区、隔景、障景等作用。今见城市住宅小区园林时有以垂花门做园门者，已失原意，实为不美。

垂花门的形式种类很多，有带斗栱和不带斗栱之别，民间也有不少地方手法。常见主要有独立柱担梁式、一殿一卷式、单卷棚式以廊罩式垂花门等几种。

1. 独立柱担梁式垂花门（图 2-67）

这是垂花门中构造最简洁的一种，多见于园林之中，作为墙垣上的花门，在古典皇家园林及大型私家园林中都不乏其例。

它的构造特点是只有纵向一排柱，前后两面完全对称。担梁与柱十字相交，挑出于柱之前后，挑出距离为一步架，梁头各承一根檐檩，梁头常雕饰为麻叶云形式，称为麻叶抱头

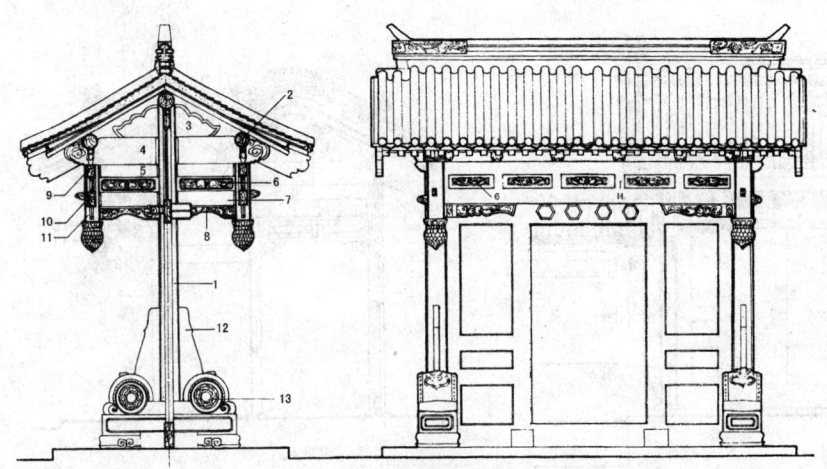

1. 柱 2. 檩 3. 角背 4. 麻叶抱头梁 5. 随梁 6. 花板 7. 麻叶穿插枋
8. 骑马雀替 9. 檐枋 10. 帘笼枋 11. 垂莲柱 12. 壶瓶牙子 13. 鼓石
14. 折柱

图 2-67 独立柱担梁式垂花门

梁。檐檩分位梁头下以麻叶穿插枋悬挑一根垂莲柱，正面与穿插麻叶交圈的枋子称为帘笼枋。帘笼枋与檐枋及穿插枋与抱头梁间的垫板雕以花饰，称为花板。正面花板以折柱均匀间隔。垂莲柱与枋子交角下饰以雀替。左右两柱间装槛框、安门扉。从侧立面看，整座垂花门似一个挑夫挑着一付担子，所以人们形象地称它为"二郎担山"式垂花门。柱子与担梁的组合方式有二种：一种是柱子直通脊部支承脊檩，柱身刻通口，担梁中部做榫与柱成十字插交；另一种是柱头不通达脊部而支抵于担梁下，梁上以瓜柱或荷叶墩一类承脊。以第一种较常见。

柱脚两侧有叫做鼓石的构件。鼓石起初是使用于栏杆尽端望柱的外侧，向里撑住望柱，是一块刻成卷瓣形云纹或水纹中间抱一圆鼓形的陡立厚石，称为抱鼓石，中间圆鼓叫大鼓或鼓镜，抱鼓的尽端形状多为麻叶头或角背头两种式样。完整的抱鼓石形象宋时尚无见，其最早见于金《卢沟桥图》中的桥栏上，明清时除栏杆外又施于大门、垂花门及牌坊、影壁等处，并从纵长方形渐趋于近乎方形，石作之外也有木作。用于大门者又俗称门鼓子、门墩儿，按其形状分为圆鼓石和方鼓石（又叫"幞头鼓子"），前者比后者讲究。鼓石的两侧、前面和上面都可雕刻花纹图案，手法从浅浮雕到透雕均可，鼓石上面多做狮子等兽形。

各地方建筑的鼓石雕饰图案纹样，非常丰富多变。用于垂花门、影壁等处的鼓石常称为"滚（鼓）墩石"，它无需像大门鼓石那样后尾做门枕形式以落门轴，只是对垂花门或影壁等起稳定作用的装饰性构件，在柱或壁之前后作对称设置，中有安装柱子的透空"海眼"，使柱子从中穿过，落于底垫石上。滚墩石上柱之前后两侧对称安置"壶瓶牙子"，垂花门和木影壁的壶瓶牙子多用木制，石影壁的多用石制。

垂花门一般情况下都是左右二柱单开间的形式。但体量较大者也可做为三开间，如清工部《工程做法》卷二十一就载有一座三开间独立柱担梁式垂花门，檐下置一斗三升斗栱。现存北京西黄寺垂花门，建于乾隆年间，基本是按《做法》的标准设计建造的。

2．一殿一卷式垂花门（图2-68）

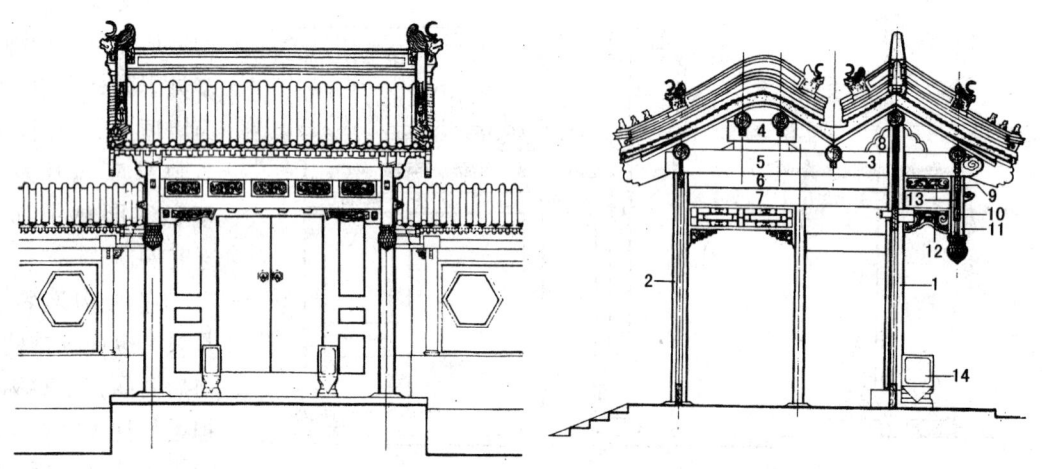

1.前檐柱　2.后檐柱　3.天沟檩　4.月梁　5.麻叶抱头梁　6.垫板　7.麻叶穿插枋　8.角背　9.檐枋　10.帘笼枋　11.垂莲柱　12.骑马雀替　13.花板　14.鼓石后带门枕

图2-68　一殿一卷式垂花门

是垂花门中最普遍、最常见的形式，它既应用于宅院、寺观，也常见于园林建筑之中。

这种垂花门是由一个尖山悬山和一个卷棚悬山屋面一前一后组合而成。平面有四棵落地柱，前排为前檐柱，后排为后檐柱。后檐柱支顶麻叶抱头梁的后端，前檐做法同于独立柱担梁式垂花门，但前檐柱以后构件与后檐通做，以联系前后檐柱。在麻叶抱头梁与麻叶穿插枋之间的空隙处，分别装象眼板和透雕花板。麻叶抱头梁之上共有六根檩，分别为前檐檩、后檐檩、天沟檩、单双脊檩。

一殿一卷式垂花门，一般在前檐柱间安槛框装攒边门（又名棋盘门），在后檐柱间安屏门。屏门起遮挡视线、分隔空间作用，除遇有婚丧嫁娶等大事时开启外，平时关闭，从两侧出入。

一殿一卷式垂花门常与两侧抄手游廊相连接，游廊的柱高、体量均小于垂花门，屋面延伸至垂花门梢檩博风之下，二者屋面高低错落。

3．五檩（或六檩）单卷棚垂花门（图2-69）

单卷棚垂花门在功能、适用范围方面与一殿一卷垂花门相同，仅建筑外形与内部构架不同。平面四棵落地柱，前后檐柱支顶一组五檩或六檩梁架，构成一座独立式卷棚屋面（若六檩，最上为双脊檩；若五檩，梁架形式同于尖山，最上为单脊檩，通过屋顶瓦作处理为卷棚脊的形式）。后檐柱直接支麻顶叶抱头梁后端，前檐柱柱头伸出梁背之上，支顶上面的三架（或四架）梁，这种直达于金檩的柱子称为"钻金柱"。三架（或四架）梁的内一端落在麻叶梁梁背的瓜柱（或柁墩）上。三架梁之上为脊瓜柱、角背等构件，如为四架梁，其上还应有顶梁（月梁），顶梁上面承双脊檩。麻叶抱头梁以下构造及前后檐面宽方向构件均与一殿一卷垂花门相同。前檐柱间安装攒边门，后檐柱间安装屏门。

4. 四檩廊罩式垂花门（图 2-70）

这种垂花门多见于园林之中，常与游廊串联

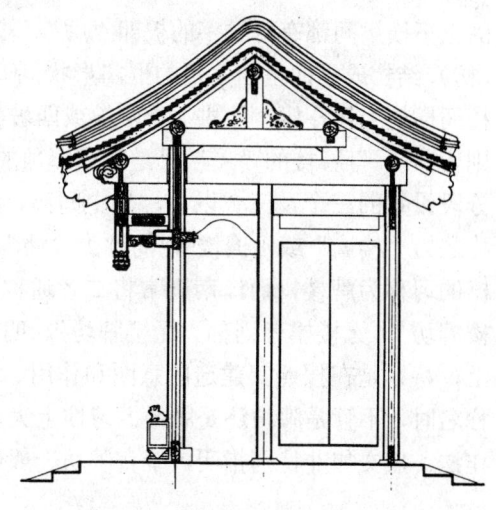

图 2-69 五檩单卷棚垂花门（横剖面）

在一起，作为横穿游廊的通道口。其面宽按一般垂花门或根据实际需要而定，前后柱间距离与游廊进深相同。这种垂花门常采取四檩卷棚的形式，基本构架是：平面四棵柱，进深方向，在柱间安麻叶穿插枋，分别向前后两个方向挑出，挑出长度按实际情况酌定（一般为 45~70 厘米）。柱头上支顶麻叶抱头梁，梁两端分别

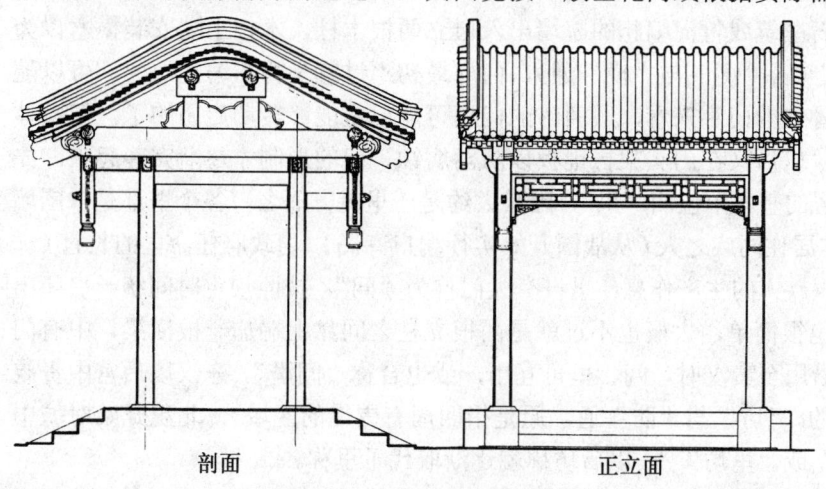

图 2-70 四檩廊罩式垂花门

向外挑出，挑出长度同麻叶穿插枋。麻叶抱头梁下面或加设随梁。麻叶抱头梁上置月梁，由瓜柱、角背等件承托，月梁上装双脊檩。在面宽方向，垂柱间安装檐枋，枋下装倒挂楣子。檐枋上安荷叶墩，托随檩枋，其上安装檐檩。垂花门的脊檩之下一般只安装随檩枋，不安垫板，与游廊构件相一致。在面宽方向柱头间还应有跨空枋起联系拉结作用。由于两侧的游廊直接与垂花门相接，因而在确定廊罩式垂花门柱高时，要保证游廊的双脊檩能够交在麻叶抱头梁的侧面，并且保证游廊的屋面要能伸入垂花门梢檩博风板以下。

三、牌坊和牌楼

牌坊和牌楼，属于一种纪念性和标志性建筑，是中国古代建筑的一个特殊类别。它矗立在古代寺观、祠庙、陵墓、园林的前面或其中，以及城市街衢路口和桥梁等处，作为建筑区域的引导标志或景观点缀，或是具有某种纪念意义。

牌坊与牌楼都是由梁柱构成的平面呈一字形的二维空间的单片结构的"门"形，柱间

的上下横梁间都有可题字的板即"牌"。若细别二者，牌坊是在一排的若干柱之间连结横梁（枋），结构成平面呈一字形的框门形状；牌楼是由牌坊进一步发展而来，是在牌坊上做"屋"：柱间横枋上架斗栱，斗栱上承两坡或四坡的屋盖。《说文》："屋者，覆也，引申之凡覆于上则皆曰屋。"牌楼的"屋"只是做成屋顶的形式，有单个屋顶的，但更多为并排独立分间、分段设置的三个及三个以上，呈中间高、两旁对称叠落的组合形式，看上去层檐重叠，故称之为"楼檐"或"檐楼"，简称为"楼"，在牌坊上做屋顶称之为"起楼"。北方将起有楼檐的习称为牌楼，而江南则常将二者通称为牌坊，即使有楼檐的也称"有楼牌坊"或"牌楼牌坊"，无楼檐者则称"无楼牌坊"。明清时期的牌楼运用要远多于牌坊，但在具体称名上，特别是在按照其建造的意图和作用、使用的环境、所纪念的对象以及牌上的题字等来称名时，不管是牌坊还是牌楼，习惯上大多都称以"某某坊"，即是以牌坊为总名或通名的作法。后文如非特别指明，统言牌坊一般即含牌楼在内。

（一）牌坊源流

牌坊的产生，最初是与古代城邑的里坊居制相联系的。在古代，随着民居院落的出现，产生了门。人们在土石垒筑或竹篱编扎的院墙出入口立两根木柱，木柱上端安装横木以为联系，因谓之"衡门"（古"衡"与"横"通），门扉最初不过就是竹木编扎而成，可以随时堵上或移开。从甲骨文的门字来看，殷商时的门扇可能已是能够转动启闭的了，但整体仍不脱"衡门"形制。以后又在门头架椽铺板以防雨腐蚀，门的形制才逐渐完善起来。先秦时期城邑中居民聚居的基本单位叫"里"，因其大约是一里见方而名，各个里都是以围墙闭合的单独空间，基本居住同族之人（从战国开始实行编户齐民），由政府任命里的长官（一般是族长）来监管组织族人的生产作息，里设有大门称为"闾"，按照规定时间统一启闭出入。最早里门的形式也很简单，大概也不过就是两根立柱之间靠上端加一根横梁，中有门扇可以起闭。里居制沿用至秦汉时，闾、里可互用，或也合称"闾里"。东汉以后宫中贵族的住处有称为"坊"的（"坊"与"防"通，原是指四周有围墙的区域），北魏开始对城中居民的"里"称"坊"或"里坊"[①]，以后坊称就逐渐取代了里称。

《荀子·大略》载："武王始入殷，表商容之闾"。商容是商代贵族，相传被纣王废黜，周武王灭商后，在商容所居的里坊立表（标识之柱杆）对其加以表彰。这是最早见于记载的为表彰善贤者而做的坊门。用于表彰的坊门可称之为"坊表"，其作用，如《周书·毕命》所说，在于"旌别淑慝，表厥宅里，彰善瘅恶，树之风声"。这种有旌表之意的坊门，与普通坊门的区别，大概在于两根立柱特显而或又有特别之装饰，门上或有题字牌板之类（商容之闾表也可能是特立的表柱形式。门有题字牌板者，至迟在五代时已明确存在，据《新五代史·李自伦传》，五代后晋时李自伦因六世孝睦同居，敕准旌表门闾，以所居飞皂乡为孝义乡、匡圣里为仁和里）。

这种坊表之门似乎又是古代所谓"乌头门"形制的由来。乌头门之名最早见于北魏，《洛阳伽蓝记》载："永宁寺北门一道，不施屋，似乌头门。"《营造法式》总释乌头门下又引唐上官仪《投壶经》："第一箭入谓之初箭，再入谓之乌头，取门之双表之义。"可见，乌头门

[①] 一说"坊"称是由一里见方之"方"而来。但当时有一些王公贵族所在的坊的面积和户数都远远大于一般居民之里，虽后者可以坊、里互用，而前者却不叫里，由此可知"坊"之初意是一里见方的说法似难成立。

含有旌表昭示之意，形制具有雅洁古朴之韵，故而受到推崇，大概权贵们喜用之以为标榜，所以唐代就加以控制："六品以上者，仍通用乌头大门"（《唐六典》），从而成为一种社会地位和政治身份的标志建筑。乌头门叫法的由来，据新、旧《五代史》载，后晋时在李自伦之前还有个叫王仲昭的，也是六代孝睦同居，其旌表有"乌头正门，阀阅一丈二尺，二柱相去一丈，柱端安瓦桷墨染，号为乌头"，所述与《营造法式》所载乌头门图式相符（图2-71）。乌头门柱头上套瓦筒，本是为防雨水侵蚀之用，又将其做雕饰并刷染为黑色，成为门之远观最突出醒目的部分，确实可以起到昭示标榜的作用。阀阅，本作"伐阅"，原指功绩和资历，引申指世家门第[1]，此亦成为世宦之高大显赫门柱或门的代称，也有彰显旌表之意（一说门在左曰阀，在右曰阅。见《资治通鉴·宋纪十》胡三省注）。是乌头门与阀阅为一事，所以《营造法式》小木作制度中记乌头门"其名有三：一曰乌头大门，二曰表楬，三曰阀阅。今呼为棂星门"（又曰"俗谓之棂星门"）。但乌头门、阀阅与坊门却

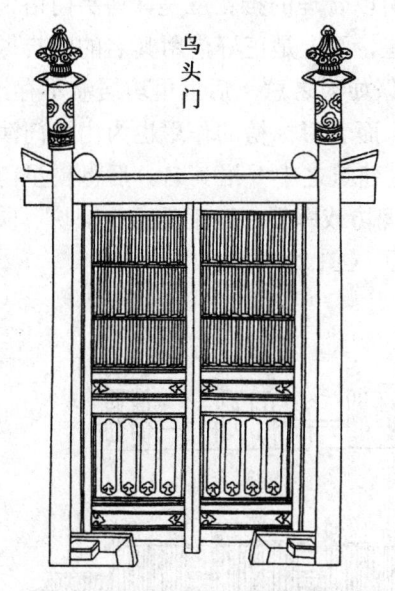

图 2-71 《营造法式》中的乌头门图样

并非一事，新、旧《五代史》记户部奏请欲从王仲昭之乌头门等制为李自伦之旌表，诏曰："王仲昭正厅乌头门等制，不载令文，又无敕命，既非故事，难黩大伦，宜从令式，只表门闾"，于李所居之前，只高其外门，左右建高大方台，涂以白泥，漆赤四隅，"使不孝不义者见之，可以悛心而易行焉"[2]。可见，乌头门不过是贵族官宦们将原来坊门的旌表意义及形制移用到了自家的宅门上，虽然多是出于自作主张（"无敕命"），但朝廷在"只表门闾"的同时，对这种旌表于自家门前的做法也不得不在一定程度上认可，这从一个侧面也反映了古代里坊居制的渐行衰落。

汉高祖时始祭灵星（即天田星，农神），后来凡祭天前须先祭灵星。宋仁宗天圣六年（1028年），筑郊坛外垣，始置灵星门，到南宋时又移用于皇室太庙和孔庙，甚至有的王公园庙也置灵星门。其制沿用于明清，称为"棂星门"，但除皇家陵墓、坛庙及各地孔庙外，其他建筑已不能使用了。按照清人袁枚的说法，是后人以灵星与孔子无涉，又见门形如窗棂，遂改灵为棂（袁枚《随园随笔》）。然则棂星门不独用于孔庙，何以单以与孔子无涉？又何以宋人不以为无涉？从明清遗存至今所谓棂星门的形制来看，大多都是牌坊或牌楼的形式，只是有的加有直棂条的门扉，又与《营造法式》中的乌头门十分接近。《法式》明确说乌头门又叫棂星门或俗称棂星门，《宋史》中"灵星门"与"棂星门"并见，极可

---

[1] 《后汉书》之《章帝纪》和《韦彪传》李贤注引《史记》："明其等曰阀，积其功曰阅。"
[2] 新、旧《五代史》记在门下安有"绰楔"。或以为绰楔为古代牌坊之称，非。据学者考证，绰楔门是官府大门限可抽去以通车马者，门下不用普通地栿（即门限）而代之以可以上下自由抽插的地栿板（《营造法式》文渊阁四库本作"地栿板"，梁思成注释本作"地栿版"），板之两端靠带槽口的石质或木质卧栿、立栿来夹持，江南地区的明清祠庙、衙署官宅遗构中尚可看到这种门制，苏州地区称为"将军门"。《营造法式》彩画作功限中记有一种"乌头绰楔门"，可能即是采用了这种绰楔构造的乌头门，而在小木作制作图样中所列牙头护缝软门和合板软门二式，与同卷所列乌头门图式一样，均应属绰楔门一类（图中均未画出地栿板）。此种绰楔门与断砌门有相类似之处，今人或有混称为后者，但它和断砌门尚有区别，一是阶基不断开，二是门限（地栿板）两旁立栿有斜势（参见《营造法式》解读》第109-110页）。

能是一事。《法式》成书虽然晚于仁宗始置灵星门七十多年，但乌头门却是早已有之的，而棂星门既是一种俗称，也必定在当时已是相当普遍的且已存在了相当时间的一种民间说法了，若当时仅是用于皇家坛庙者称之，又何来俗称？所以合理的推论应是，乌头门俗谓棂星门，可能正是因其门扉用棂条之故，而用于坛祭灵星，不过是正好借用其名的附会做法而已，以后又移用于太庙、孔庙以及陵墓等，皆示尊祭如天之意。后世里坊居制不存，权贵住宅亦渐废乌头门，改用更加牢固安全的大门形式，而表彰标榜的作用也为由坊门演化而来的牌坊所替代（详下），棂星门遂独存于祭祀礼制建筑之中并沿其名。后世棂星门有加棂条门扉与不加棂条门扉两种形式，后者实际就是牌坊或牌楼，这正是因为牌坊、棂星门本就同源之故，只是由于用于不同的地方而异称罢了（图2-72）。

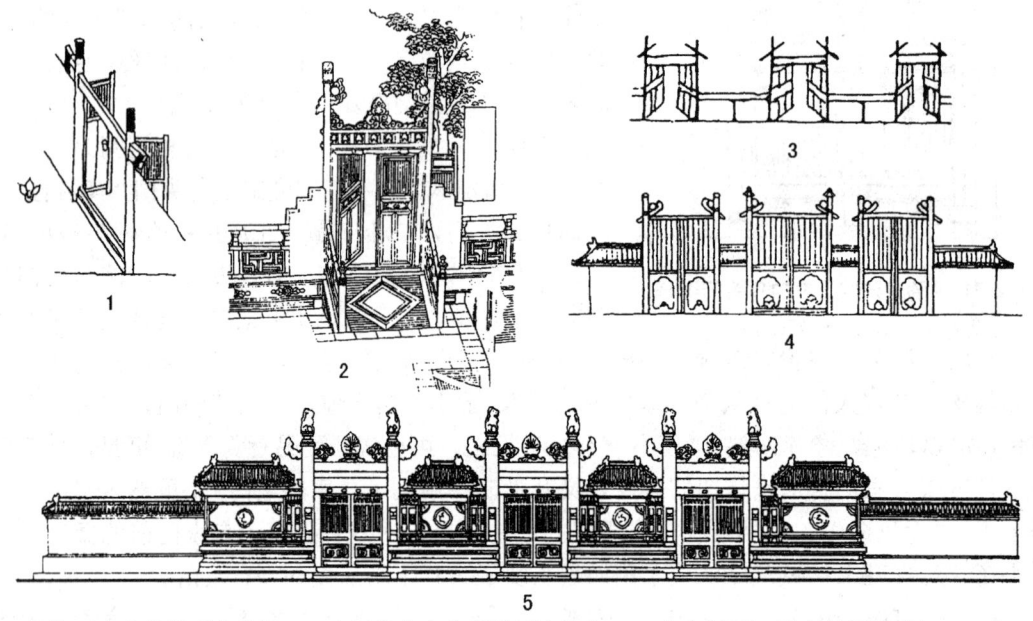

1.敦煌石窟唐代壁画乌头门　2.山西岩山寺金代壁画乌头门　3.南宋刻平江天庆观前棂星门　4.金刻汾阴后土祠图碑后土祠前棂星门　5.河北遵化清东陵泰陵神道棂星门（龙凤门）

图2-72　乌头门与棂星门

封建社会虽然是个体家庭经济生产和生活方式，但城市中的里坊居制仍然维持了相当长的时间，非高官显贵，其住宅的大门是不能朝向坊外大街开设的，只是在坊门的开闭上逐渐松弛，由《墨子》中记载的早晚开后即闭，至唐代改变为晨开暮闭了，居民白天可以自由出入，而夜间禁闭的目的，已由针对人身自由的居民管制，改变为以防范奸盗的安全为主。宋代城市商业经济发展，至迟在北宋中期城市中已突破了坊墙的封闭，店铺和居宅可以自由地面向城市街道建房开门。传统里坊居制的坊墙虽然消失了，但作为居住区域、地段的"坊"名，仍在以后相当长的时期内使用着。从南宋《平江府图》碑可以看到在平江府前的街衢建有不少坊门，形制比较简单，类似于明清所谓"二柱一间一楼"的牌楼形式，二柱上端贯通两道横木，其间横匾书"某某坊"之名，左右无墙，中无门扇，顶上覆有"楼檐"（图2-73）。直到元大都还分全城为若干坊，也应该有这种徒具形式的象征性的"坊门"。

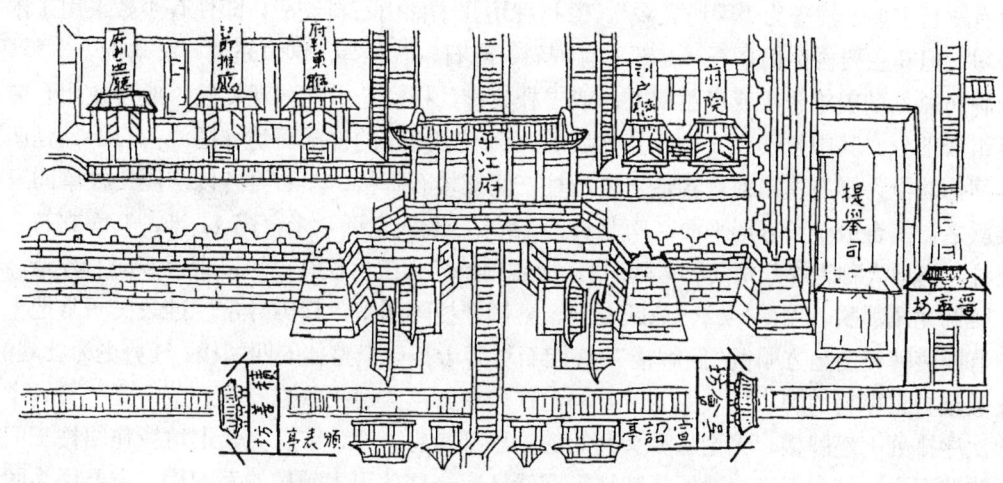

图 2-73　南宋《平江府图》碑平江府前的坊门

明清时期，"坊门"已很少用于一般居住区域的标示，而主要集中在了旌表昭彰的纪念意义和装饰点景作用上，样式趋繁，体量趋大，可以多柱多间，柱上两道横梁间为题字的额板称之为"牌"，此种"坊表"门便被称为了"牌坊"，更多用上加楼檐的形式即牌楼。对人的旌表作用则由活人趋向死人，即生前在忠孝义节、功名道德某一方面有突出表现的死人，如有所谓忠孝坊、功德坊（又可细分为功名坊和道德坊）、节烈坊（又可细为贞节坊和烈女坊）等，也可以在发生过重要事件、具有纪念意义的地方建标志坊。明清牌坊及牌楼的用途十分广泛，可以用于陵墓、坛庙、祠堂、衙署、皇家园林以及城市街衢路口、桥梁之前甚至酒楼店铺等处，作建筑区域的起点标识或装饰点景之用，可以导引环境、烘托气氛，成为一种纯景观性建筑。不过牌坊和牌楼极少用于私家园林和皇宫，大概其对于前者来说体量显得过大，而对于后者又显得体量不足而不够庄重。牌楼还可与宅门、墙门结合，成为牌楼式的门。此外，还有于婚丧庆典时在门前、街口临时支搭的简易牌楼，多用木竹篙苇扎缚而成，形式须与活动内容相应：如丧事时用苇席制成额枋和檐楼称"素牌楼"，喜庆应扎彩布彩绸和各色纸花称"彩牌楼"，偶有用鲜花扎成的叫"花牌楼"，用松枝扎成的称"松塔牌楼"等等。

元代之前，各类"坊门"、棂星门之类，主要为木材建造。明清时全用木材建造的牌坊并不多，主要见于一些酒楼店铺的店面装饰。明清所谓木牌坊主要是作牌楼的形式，并且是柱枋、斗栱等主体结构用木制，而基石、楼顶用石料及砖瓦。木牌楼的使用，城市多于乡野，用于祠庙、衙署、苑园等的门前或建筑之前，或者跨街而立，朱檩彩绘，十分华丽。有的寺庙山门或大殿正面也做为木牌楼式样。木牌楼绝少用于陵墓。

明清以全石建造的牌坊和牌楼于今多有遗存，或精雕细刻，或朴实无华，是各种质地的牌坊牌楼中风格差异最大的，造型也最为丰富。石牌坊的使用，乡野多于城市，尤以其石质的坚硬冰冷之感和坚固耐久特点而盛行于陵墓和各种功德贞节坊。位于明十三陵神道前的石牌楼（图 2-74:1），建于明嘉靖十九年（1540 年），全部由汉白玉石雕制成，为五间六柱十一楼，高达 14 米，宽近 29 米，是国内现存最大的牌楼，也是明代石雕艺术的代表作品。河北遵化清东陵石牌楼是现存第二大牌楼，也为六柱五间十一楼形式。山西五台山龙泉寺前石牌楼，为清末至民国初年重建，以汉白玉石制成，雕饰繁密，晶莹润泽（图 2-74:7）。今皖南赣北的明清徽州地区，是牌坊较多而集中之地。据说徽州原有牌坊一千多座，如今还遗存有一百多座，被誉为"牌坊之乡"。徽州牌坊几乎都由石料制成，即使有少数采用了木料和砖料，但其主要构件仍是石料，石质有青石、麻石、砂石等，这也是徽州牌坊的一大特色。徽州牌坊雕刻精美绝伦，或华丽细腻，或古朴典雅，极富艺术性和观赏性，成为徽州石雕的重要组成部分。其中位于今安徽歙县县城解放街十字路口的许国石坊（图2-74:2），是明万历年间为功臣许国所建，前后各造一座四柱三间三楼石牌楼，左右再各以一座二柱单间三楼牌楼联之，围合成一长方形平面，南北长近11米，东西宽近7米，高11米，其间立有八根通天柱，当地人称为"八角（脚）牌坊"，形制独特，为国内仅有。坊以青色茶园石建造，石枋上雕饰龙凤麒麟、瑞鹤祥云、鱼跃龙门、喜鹊登梅等图案，精美异常。过去民间常把十字路口有四座牌楼的地方叫做"四牌楼"，许国石坊等于是一个整体的四牌楼。气势更为壮观的，是安徽歙县棠樾村的牌坊群（图2-74:3），在一条弧形大道上依忠、孝、节、义、节、孝、忠的次序排列七座牌坊，无论从哪头开始的顺序都是忠、孝、节、义，七坊皆作四柱三间三楼，跨路而立，其中五座为冲天式牌楼。明清还有一些使用木额枋的石牌楼，主要用为陵墓方城明楼前的"二柱门"，见于明十三陵和清东、西陵（图2-74:5）。

皇家以及特赐的牌楼，可以使用琉璃瓦盖顶和琉璃砖贴饰壁面。现存琉璃牌楼不是很多，主要集中于北京，河北承德和山西也有一二零星所见，仅十余座。北京有七处，在香山卧佛寺（图2-74:4）、颐和园众香界、香山昭庙、北海小西天、北海天王殿、国子监辟雍及东岳庙，承德有两处在普陀宗乘之庙和须弥福寿之庙，都是四柱三间七楼式，除东岳庙者外，其余都建于清乾隆年间，因而造型和风格比较统一，皆以厚墙为体，设券洞，墙面抹饰红灰，墙下为白石须弥座，券洞用以雕刻华丽的白石，柱子和梁用琉璃贴面，红墙白石与黄绿琉璃形成鲜明的色彩对比，十分华丽耀眼。东岳庙牌楼建于明万历年间，两侧柱子为青绿色石，中间二柱和券墙都是城砖，色彩效果不甚强烈，尚处于牌楼使用琉璃的开始探索阶段。此外，紫禁城中多有做为琉璃牌楼式的随墙门。山西介休真武庙牌楼则是少有的民间琉璃作，体量甚小，亦无券墙，柱梁琉璃以黄、绿、蓝色为主，间以黑、白、绛、紫、赭等色，柱基、瓦顶、斗栱、椽飞，无一不是琉璃构件镶砌而成，色彩丰富绚丽，与故宫、承德的官式琉璃牌楼相比，别具风格（图2-74:6）。

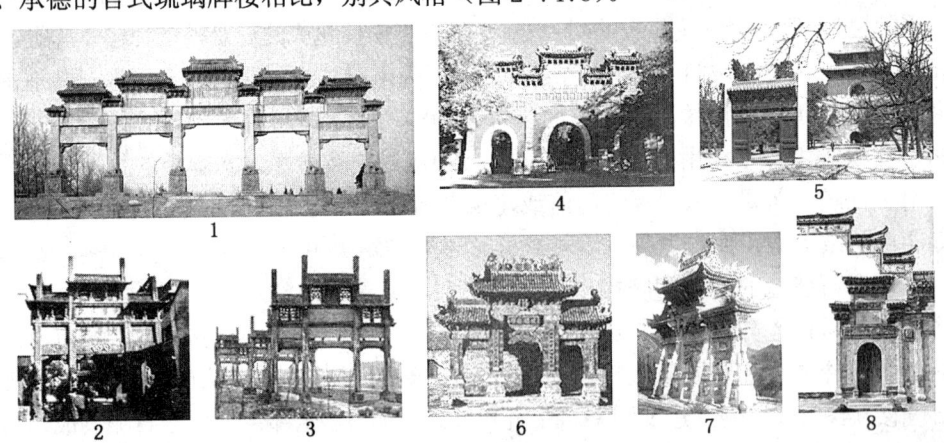

1.明十三陵石牌楼　2.安徽歙县县城内许国石坊　3.安徽歙县棠樾村石牌楼群　4.北京香山卧佛寺琉璃牌楼　5.十三陵长陵二柱门与方城明楼　6.山西介休真武庙琉璃牌楼　7.山西五台龙泉寺前石牌楼　8.浙江东阳"含华佩实"宅贴墙砖牌楼门

图2-74　石（砖）牌楼数例

用青砖砌造的牌楼，虽曾在开封相国寺有过尝试，但终因色调灰暗难有富丽之效而未能发展，于是转向与房屋大门或窗罩相结合，这在清代也相当普遍，尤以南方民居和祠堂所常用，个别施以粉刷。此类砖牌楼大约有两种形式：一种下半部与普通砖墙无异，而在大门上加建牌楼式的门罩，有如牌楼的正楼、次楼，作一高二低布置，柱为不落地的垂柱，用做窗罩时一般也不落地；另一种是在墙上贴附成整座砖牌楼形式，有落地柱（图2-74:8）。

牌坊这种独特的建筑类型，为现代园林建筑所继承和借鉴，成为自然山水和园林造景用来分隔界定空间常用的建筑手法。牌坊和牌楼本身不是空间结构也不构成空间，但由于它的"门"的形式，作为景观空间的界定分隔和联系通道入口，在指示和引导游览方面的作用非常突出，并加强丰富了建筑群体的空间节奏感和艺术感染力。尽管有时牌坊或牌楼离游览的主要或最终目的地尚有数里甚至是数十里之遥，却会引导人们马上进入游览和取景的状态，给人以已经或即将到达之感，即牌楼或牌坊可以成为一处景区、景观的"开场"或"序场"建筑。从这个角度而言，现代学者或将其归入建筑小品一类中。

（二）牌楼的基本构造

牌楼以两柱形成的"一间"为基本单元，可以组合为几个单元，如四柱三间、六柱五间等，明间、次间等的划分一如房屋建筑。其上檐楼的多少与间数不一定对应，如二柱一间可有一楼、三楼之分；四柱三间者可有三楼、七楼、九楼之别。完整的牌楼叫法是"多少柱多少间多少楼"，或可省略间数，如称"四柱三间七楼"或"四柱七楼"之例。

牌楼虽然有木、石、砖等诸作，但石牌楼及砖牌楼多是仿木结构形式，只是木作者多施彩画，砖石制者多做雕刻。这里以木牌楼为例，简略介绍其构造做法。

牌楼的柱子，木牌楼多是圆柱，石牌楼多有方柱，有些较为高大的牌楼在立柱边还附设小柱，以增加承载功能并显示气势。牌楼形式大分为柱出头和柱不出头两种。如果柱子出头即冲出檐楼之上，则称为冲天牌楼，柱称为冲天柱，柱顶覆陶瓦"云冠"（又作"云罐"，其高通常为柱径的 2～3 倍。石作者常取华表柱形式，上有云板及狮兽石雕），以防雨蚀，这都是"乌头门"乃至更古老的"衡门"遗制。每间柱上端横以额枋，常为上下两道（也可以是一道），上下额枋①间镶装透空花板或字画牌板，间以折柱。柱不出头牌楼每间上额枋中段上常又立两根短柱，称为"高拱柱"，高拱柱上端头间置一道额枋可称为单额枋，之上以斗栱挑出楼檐，高拱柱与额枋间空档镶匾额及花板。使用高拱柱来支顶檐楼，使得这部分看起来更接近于"屋"形，与两侧檐楼高低错落，更有"屋上起屋"的层楼重檐的视觉效果，是牌楼最富创造性的结构部分。额枋的做法一般是，次间额枋（或为上额枋，或为下额枋）要穿过明间柱身，出头做为明间下额枋下的雀替形式，并可适当加长至明间面阔的1/3，也即明间下额枋下的雀替与次间下额枋是一根整木连做的。如果次间外还有梢间，则梢间额枋亦然，即其与次间下额枋下的雀替连做。雀替下常再托以栱子、云墩等构件。横跨于明间上的上额枋端头常常要延抵次间高拱柱的外皮，迭于次间上额枋一端之上，成为联系明次间的主要构件，称为"龙门枋"，如次间外还有梢间，则梢间上额枋做法亦然。额枋雀替连做和龙门枋的做法，对于加强牌楼这种"单片"结构的各"间"的拉结联系以

---

① 或分别称为大、小额枋。不过与一般建筑有所不同的是，出于拉结联系各间的原因，牌楼的上下额枋的用材（断面的高与宽）常相若，或者下枋比上枋还要大，所以为不致误解以称上下额枋为宜。

为稳定，起着非常重要的作用。

上面分间分段排列檐楼，其顺序名称为：居于明间上的叫正楼、主楼或明楼，居于次间上的叫次楼，居于梢间上的叫梢楼或梢间楼。冲天牌楼基本是这种一间一楼的形式；柱不出头牌楼，有时也是一间一楼，但更常采用楼数多于间数的形式，即在正楼与次楼、次楼与梢楼之间又夹有小楼，称为夹楼，夹楼是处在各间立柱顶上的，在梢间楼外侧的边柱顶上也一个小楼称为边楼。各楼高度依明、次、梢、夹、边的次序依次降低，明楼以及明间的高、宽度一般应是最突出的。同一部位的楼檐多为一重，但店铺楼或某些地方民间式样也有重檐甚至三重檐的。若是冲天牌楼，则无柱上夹楼及边楼。由于冲天牌楼的楼檐是夹在柱间的，故多做两坡悬山顶，也有做庑殿顶的，但基本不做歇山顶，而柱不出头式牌楼的檐楼多做庑殿顶或歇山顶。楼顶上同样以筒瓦盖顶和做吻兽脊饰，冲天牌楼正脊吻兽上皮与云冠下皮相平。

承挑檐楼的斗栱置于上额枋和高拱柱单额枋上，斗栱与额枋之间设有平板枋。一般民间建筑不能使用斗栱，唯独牌楼可以，且可不遵循一般建筑的通用规矩。有斗栱建筑例以空档坐中，牌楼则可斗栱坐中。除了重要的殿堂，一般建筑的斗栱大多只出到两跳为止，牌楼却常出至三跳、四跳乃至五跳。屋宇建筑明、次、梢间斗栱出跳数一般均相同，而牌楼常是边楼比夹楼多一跳，次楼又比边楼多一跳，正楼可与次楼相同也可再增一跳，各楼出檐深度也随之不同。

上述是比较完整和典型的牌楼做法，具体可以四柱三间七楼柱不出头式牌楼为代表，这是相当普遍的一种牌楼，造型极优雅美观（图 2-75）。另外还有一些变例做法，如柱数、间数及

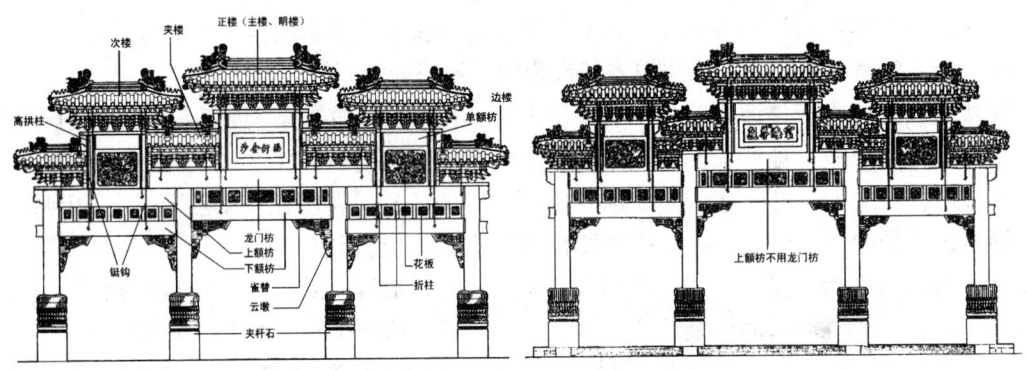

图 2-75　四柱三间七楼柱不出头牌楼

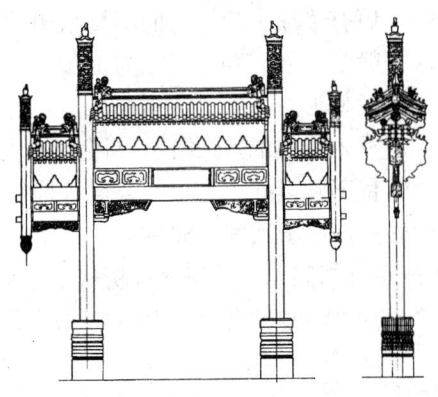

图 2-76　二柱带跨楼柱出头木牌楼

楼数较少的小体量牌楼，也可没有高折柱部分；或不用龙门枋做法，即每间上额枋均至柱头止而不外延；边间额枋可以伸出边柱之外一段，外端承挑不落地的垂莲柱，上面也做楼檐叫"跨楼"，以用于二柱冲天牌楼为多；跨（过）街牌楼，常做为二柱一间式，二柱立于街之两侧，如果跨度较大其间可以悬空垂莲柱来分间，顶上檐楼三、五、七楼不等。下面再举二柱带跨楼冲天牌楼、四柱三间三楼冲天牌楼、四柱三间三楼柱不出头牌楼三式略加说明。

二柱带跨楼冲天牌楼（图 2-76）。明间构件自

下向上依次为夹杆石、明柱、下额枋、折柱花板、上额枋、斗栱、檐楼。下额枋两端挑出于明间两中柱，作为跨楼的上额枋，上置斗栱支挑跨楼，外端支挑悬空垂莲边柱（柱径一般为中柱径的 2/3）。跨楼上额枋下的折柱花板及下额枋，与明间雀替连做。跨楼下额枋下安装骑马雀替。由于受悬挑限制以及作为正楼的点缀，跨楼尺度不宜大，通常开间置两攒斗栱，出跳可与明楼同也可减一跳。跨楼的使用，使得牌楼立面更加丰富又主次分明，造型精巧优美，增加了牌楼的轻灵和险峻之感。

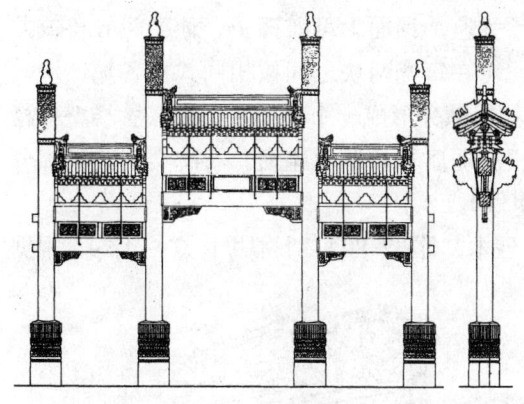

图 2-77 四柱三间三楼冲天木牌楼

四柱三间三楼冲天牌楼（图 2-77）。构件层次为：下额枋、折柱花板、上额枋、斗栱檐楼。次间上额枋与明间下额枋下雀替连做。

四柱三间三楼柱不出头牌楼（图 2-78）。构件层次为：下额枋、折柱花板、上额枋、斗栱檐楼。不用高拱柱和龙门枋。次间上额枋向明间出头做为雀替，迭于明间下额枋下。

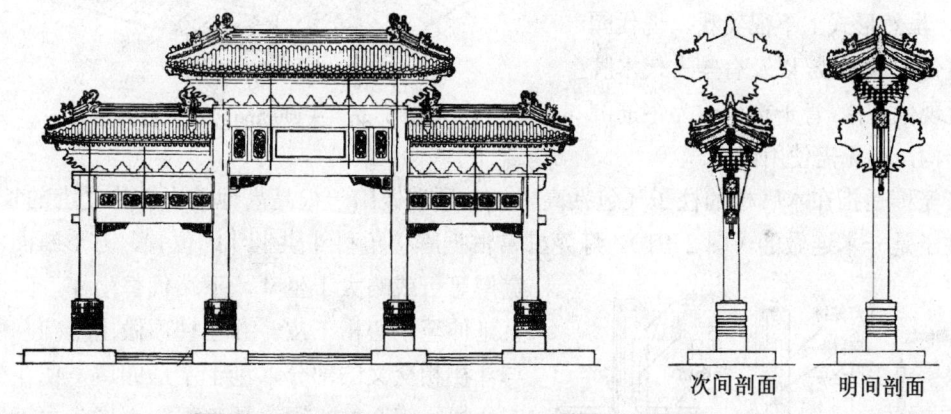

图 2-78 四柱三间三楼柱不出头木牌楼

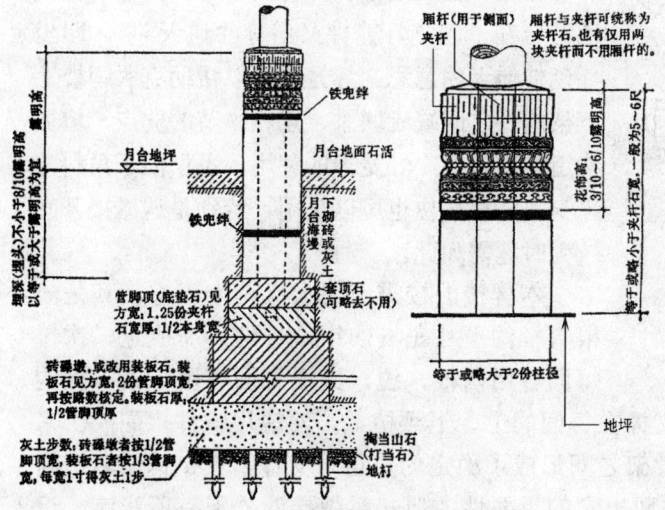

图 2-79 木牌楼夹杆石、基础做法

一字形平面的单片结构的牌楼，需要有一些特殊的措施构件以使其稳定矗立，包括夹杆石、戗柱、灯笼榫及挺（铤）钩等。

柱下为夹杆石基础做法（图 2-79）。每棵柱根部均由夹杆石箍住，夹杆随柱入地相当深度，下由套顶石（可略而不用）和底垫石组成的"柱础"承托，础石下以砖码磉墩或改用装板石，之下还有灰土地基若干步，之下再加打柏木桩（地钉）。一般夹杆石宽（见方）约为柱径2倍，露明高度约为其宽度的1.8～2倍，一般都在5～6尺，埋深不小于明高的8/10，柱子埋深近于柱子地坪以上高度的一半。露明部分在地坪以上约3/10～6/10处向上做雕花图案，常雕莲瓣、番草、如意云等，式样略似须弥座，顶面上可雕狮子、麒麟、异兽或龙等。夹杆石一般为前后两块。当柱子较粗大时，可在每侧两块之间按相同式样各加一块，称为"厢杆"。夹杆石是牌楼特有的构件，它与柱根部分形成一个整体，不仅在牌楼整体稳定性方面起着至关重要的作用，并可以保护柱根减弱腐蚀和避免碰损。石牌楼的夹杆部分也常做为前后大抱鼓石形式（有的在边柱外侧也做）。

木牌楼在每柱之前后斜置两根戗柱（戗杆、戗木）（图2-80），上端撑住立柱上端，根据地势情况选择斜置角度，下脚与立柱间距可为立柱高的1/2或1/4。戗杆下脚由一块石头顶住叫戗石，讲究者戗石可以做成异兽形象叫戗兽。戗柱的作用在于增强牌楼这种二度空间单片结构的稳定性，使之免于倾倒，它是纯木结构牌楼不可缺少的构件（砖石牌楼一般可不用），虽然形式上不很美观。现代园林建筑仿古木牌楼，以及有些古代木牌楼经近现代重修，骨干构架改为钢筋混凝土结构，已无需使用戗柱。

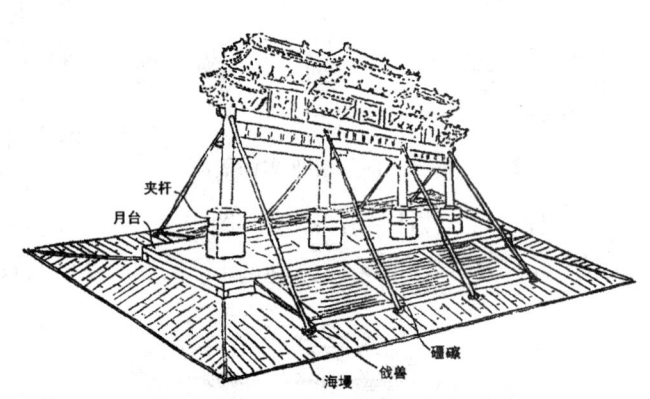

图2-80 木牌楼的戗柱、月台示意

灯笼榫是指在木牌楼的柱子（包括高栱柱）顶端做出一根高高地伸出柱头之上的长榫，其与柱子是一木连做的（图2-81）。灯笼榫常占据牌楼角科斗栱坐斗的位置，方形断面，其宽厚等于或略大于坐斗，下端代替坐斗，向上一直延伸至正心桁下皮，并在柱顶做出桁碗。中部与斗栱相交叉的部分，刻十字形卯口，使斗栱的正心栱、正心枋、翘、昂、耍头、撑头木等件由口内穿过，通过这根长榫将角科斗栱与柱子有机地结合在一起。灯笼榫又俗称"通天斗"，即坐斗延伸通天的意思。灯笼榫可以帮助克服牌楼上下架构件之间缺乏联系、互相脱节的弱点，增加构造的整体性。灯笼榫的使用，不仅限于角科，平身科斗栱部位也可以采用，特别是遇檐楼开间较大时尤需如此。

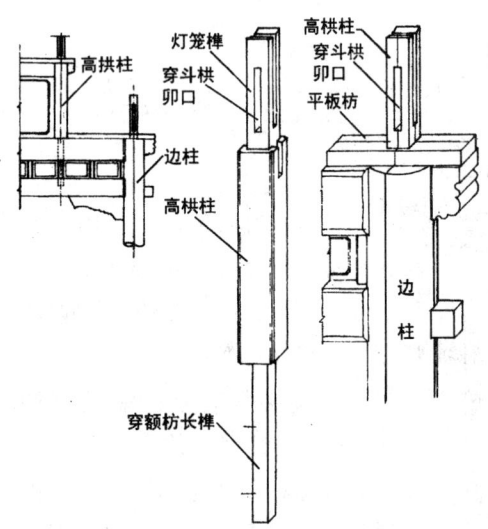

图2-81 木牌楼灯笼榫构造示意

木牌楼的楼檐下用大挺钩来支撑，其是一根直径约一寸左右的钢铁杆件。一般正、次楼每面各用四根，边、夹楼每面各用二根。挺钩上端支顶于斗栱上的挑檐桁，下端支撑在每间的上、下额枋上，两端用铁件"屈戌"来固定。这样，便在檐楼与牌楼主要骨架之间形成了稳定的三角形支撑。大挺钩俗名"霸王杠（杆）"，又叫"擎"，正充分体现出它的重要性，但却对牌楼的外形有所影响，近处视之不甚美观（图2-75）。

此外，木牌楼斗栱之间不装垫栱板，在各间柱、枋之间，凡不起承载作用的部分均施以透雕镂空花板，整座建筑玲珑剔透。这不仅仅是建筑装饰的需要，也是结构稳定性的需要，牌楼透空的面积越大其抗风能力就越强。

图2-82 山西和顺县城中和街木牌楼

牌楼往往还有台基，称为月台，围绕月台四周还有一片较大范围的海墁砖或石，这对于减弱单片结构的牌楼在视觉上的单薄感非常有益（图2-80）。

绝大多数牌楼的平面都呈一字形。一些地方也偶尔有作⌒、＞—＜（图2-82）、＝形平面的，虽然在结构上较一字形平面更为合理而稳固，却有失牌楼那种独特的奇险空灵的意境。

我国传统牌楼建筑，集庄重华丽与大方简约于一体，气势宏伟而又精巧轻灵，高耸而不感沉重，是建筑结构和建筑外形高度统一的完美之作。

第八节 明清地方建筑木构架形式做法概述

明清建筑除官式外，还有许多地方性的不同做法，或也将地方建筑称做民间建筑[①]。

北方民间建筑结构也多采用抬梁式构架，与官式建筑做法相近，即使民居也与官式中的小式相似，只是更加简化，所以实际上北方民间建筑，特别是以北京为中心的京畿、华北地区的民间建筑，通常是涵于官式建筑系统的。当然，除抬梁架外北方民间还有更简单的硬山搁檩和三角架（又叫人字架、叉手）。硬山搁檩，没有梁架和柱子，檩条直接架搁在山墙和各间横隔墙上，即属于墙壁承重的结构方式，主要见于西北及华北缺乏木材的地方民居。三角架，即在大梁中间立瓜柱，从大梁两端向瓜柱顶斜架大托脚（或叫斜梁），托脚上搁檩，主要见于华北和东北地区。这两种做法都比较原始，开间或跨度都受限制，形成的空间狭小，屋面不能太重，建筑形体也不能有所变化。人字架属于史前人类最早使用的原始屋顶构架形式，后世发展为在人字架下加用下弦成为真正的三角架，有些还用相反的人字木构成复合的三角架，可以较好地解决水平推力的问题。即使在抬梁构架已经很成熟的唐宋辽金时期，官式建筑中也常有将抬梁和叉手结合使用的情况，即在抬梁架的脊步以叉手来承脊檩，或者各架辅助以斜撑托脚，其实是一种很好的三角形稳定结构，在明清时期的官式建筑中反被抛弃，只于民间的小体量建筑上有使用。

民居多为两坡硬山顶，也有单坡顶和略带坡度的平屋顶，建筑形式简朴。单坡顶在官式建筑中也有使用，多为辅助性建筑，常附于围墙或建筑的侧面。单坡屋面虽然是斜屋面的最基本单元，一切较复杂的斜屋面都可由它组合而成，但它最初需要借助墙壁支承来完

[①] 关于官式建筑与民间建筑或地方建筑的概念内涵与范畴，详见本书"导论"部分。

成结顶，故并不是人类最早使用的屋顶形式。据考古学家和建筑史学家的复原研究，史前时期从穴居、半穴居到地面建筑，大概以圆形攒尖为最早，其次为四角攒尖，再次为四面坡顶，又次是两面坡顶，最后才是单坡顶。单坡顶最初既不是以独立的建筑形式出现的，要依附于其他建筑墙体构筑，后世也很少是完全独立的单体建筑。河南郑州大河村仰韶文化晚期居住房屋遗址F1~F4，是一排四间并列连续的长方形房址，据考古发掘和复原研究，主体建筑F1、F2的墙体连续，是一座完整建筑，内有隔墙分间，F3与F1之间、F4与F3之间墙体断开，是后来依次向东增建出的两间，而F4就被复原为一座依附于F3东壁东向出单坡披檐的小屋形式[①]。河南偃师二里头夏代晚期的宫殿建筑遗址显示有单面廊和复廊，前者无疑是使用单坡屋面，后者可能为合用一个两坡顶，也可能在墙的两侧各用一个单坡顶。战国秦汉的台壁式重屋建筑其下层屋顶与大河村者实也是同样的性质。汉明器中有不少单坡廊和杂屋的例子。今日乡村民居也还有不少使用独立单坡顶的，多见于陕西关中地区，屋之后墙多与院墙结合。在西北、西南以及华北一些地区，因为年降雨量少，通行一种无出檐的平顶建筑，多属密梁式结构，其顶上可以作为晒粮食的场所。在我国古代建筑记载和遗物中尚未见到这种平顶形式，但有一种称为"盝顶"的，四面都有出檐，相当于将庑殿顶上部截去而成一台形平顶，最早见于汉明器及画像石上，宋画中也有不少表现，金、元时期多用，明代也喜用。

南方地区，包括江南、华南、岭南和西南，各地建筑都有自己的一套习惯做法，从结构构造到艺术风格，都与通行于北方的官式建筑有着显著的差异。限于篇幅，下面于此仅做简要概括介绍。

一、苏式抬梁构架

南方较高级宅第园林厅堂或寺观殿堂，仍多采用与北方大体相近的抬梁式构架。其中，以江南地区建筑为典型代表，有较多实例遗存至今，并有清末民国时期苏州著名匠师姚承祖《营造法原》[②]一书为作系统总结，被现代古建筑学界通称为苏式或苏南建筑做法。苏式建筑以苏州为中心，通行于无锡、常州、南京、上海以至浙北的杭州、湖州等地，可以说是泛江南太湖地区的通用做法。一般认为，因南宋时期中原工匠随国南徙，《营造法式》又先后两次重刊于南宋平江府（即今苏州），所以明清苏式建筑中较多地保存了宋代建筑的做法，在北方反而有不少失传了。此外，南方其他地区，像闽南、华南等地的建筑，也有一些自己的独特做法，但因地理环境比较闭塞，流传影响不广且各地互有差异，又缺乏技术典籍文字传世，仅有少量的现代调查研究报告，所以至今尚无法作出系统性的总结。

苏式建筑将明间称为正间，其余均称次间，硬山顶建筑的两头称边间。称檩为桁或栋，相邻两桁间的水平距离除称为"步"外，更多称为"界"，其长同于北方建筑的一步架或一步，大约也是长1~1.5米。一缝梁架称为一贴，正间的梁架称为"正贴"，山面的梁架称"边贴"，不同的柱架侧样（横剖面）称为"贴式"。建筑构架按性质等第可分为三类：宅屋

---

① 郑州市博物馆：《郑州大河村仰韶文化的房基遗址》，《考古》1973年第6期；杨鸿勋：《仰韶文化居住建筑发展问题的探讨》，载《建筑考古学论文集》。

② 《营造法原》原为姚承祖在20世纪20年代教学于苏州工业专科学校时，据家传秘籍及多年从事建筑工程实践编写的讲稿，后经张至刚教授整理、释义、重绘和补充图版而成，中国建筑工业出版社1959年初版。

构架（包括平房和楼屋）、厅堂构架（包括楼厅）、殿堂构架，各类贴式灵活多变[1]。

宅屋构架为规模较小的居住用房，主体屋架一般不超过三间五架，大梁跨度最大为四界（四步架），称为四界大梁（相当于清官式的五架梁和宋式的四椽栿）。如需扩大进深，可在"内四界"前后加设出一界或二界，即设单步或双步廊之类，如果是单面加廊，或者一面加单步、另一面加双步，则成为前后屋坡一长一短不对称的"前后坡"式。山面屋架加设中柱以使构架更加稳固。有的构架前后内柱不等高，高内柱将屋架截分为前后两段抬梁式构造，成为"前后屋"形式。若为楼房则加高列柱，在柱中腰设承重大梁，上加搁栅及楼板，楼层上可利用承重梁或穿枋出挑做出阳台或用斜撑支承挑木、挑枋，做成雀宿檐等（图 2-83）。

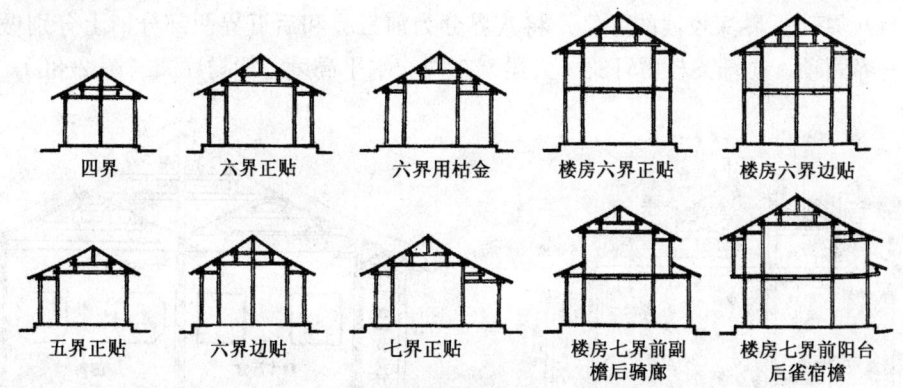

图 2-83 苏式宅屋平房及楼房贴式举例

厅堂构架为等级较高的大型住宅的会客集会大厅、花厅、门厅及家族宗祠和园林等所用，虽然进深较深，但大梁跨度一般仍以四界为限，而在前后加设出界。这种构架以用料断面的型式变化、复水重椽构成的内天花或轩顶以及丰富华丽的雕饰为其生动而鲜明的特点，有诸多的变化形式。按梁枋的形状可分为扁作厅、圆堂厅、贡式厅。扁作厅梁架露明，用料断面为矩形；圆堂厅梁架为圆木；贡式厅是将扁作大梁做成折线弓形的月梁形式，是扁作厅的衍变类型。此外，如果厅堂的金柱不落地而代之以垂莲柱，柱下端雕饰花蓝等形式，则称为花蓝厅。整体屋架的做法，以天花分为草架与正架。天花以上的屋架为草架，形成外屋面的起脊、分坡，用料不需做整齐精细加工。在屋顶草架之下的天花，是按照空间需要，增设椽子和铺望砖，形成一个或数个内部屋顶的形式，也就是所谓的轩顶或复顶、假顶。轩顶天花之下的梁架为正架，多扁作取月梁形式，梁面并有雕花装饰，各梁枋节点处也做雕饰。构成轩顶的椽子称为重椽、复水椽或复水重椽，有直椽斜吊顶的形式（参图 1-19），但更多为弯椽（即北方的罗锅椽）构成的各式卷棚式轩顶。如：回顶式，又叫船厅、鳖壳、抄界式等，是将内部椽望的顶端下又施弯椽，形成卷棚式内顶。如图 2-84 所示苏州最古老的园林沧浪亭的

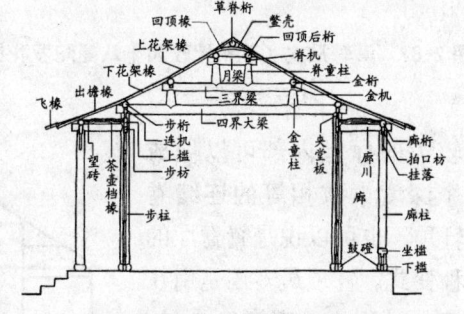

图 2-84 回顶鳖壳贴式（苏州沧浪亭面水轩）

---

[1] 苏式建筑构件名称与清官式多有差异，于此不能尽述，具体可参《营造法原》及五卷集《中国古代建筑史》第五卷第 419 页表 8-4 "清式宋式及苏南作法大木构件对照表"、罗哲文主编《中国古代建筑》附录三 "宋式、清式与苏州地区古建筑常用名词对照表"。

面水轩，面阔三间，进深六界用四柱（相当于宋式六架椽屋用四柱），四界大梁前后增单步廊川（相当于北方官式之单步抱头梁），最上脊桁下施弯椽（称为回顶椽），回顶椽两端下再设两根脊桁（分别称为回顶前桁和回顶后桁，又叫上脊桁和下脊桁）支承，回顶桁下又承以平梁（圆堂者称月梁，扁作者称荷包梁），支顶此平梁的童柱下脚落于原来的三架梁（苏式叫山界梁）上，这样等于是将原内四界做成了"五界回顶"，原山界梁变成了承四檩三步的形式，所以又可叫三梁。不过顶步这一界是在原界内另做出的，界深很小，回顶上与原屋顶间的空间也非常狭小，但仍是草架的一种，最上的脊桁称为草脊桁，与回顶椽间有枕头木为垫托，顶上不筑脊，略似于北方卷棚罗锅脊而瓦作处理弧度甚小，形象较后者显挺拔峻秀。回顶建筑多建于园林水际；前后双卷轩顶式（图2-85），多用于将内四界进深扩大一倍为八界、且界深较浅的厅堂，将八界分为前三界和后五界两部分，上分别做为三界回顶和五界回顶，前轩梁与后轩梁（大梁）在同一水平高度；鸳鸯厅式（图2-86），将内四

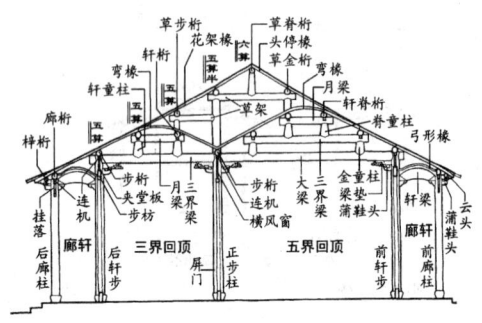

图2-85 前后卷贴式（苏州怡园可自怡斋）

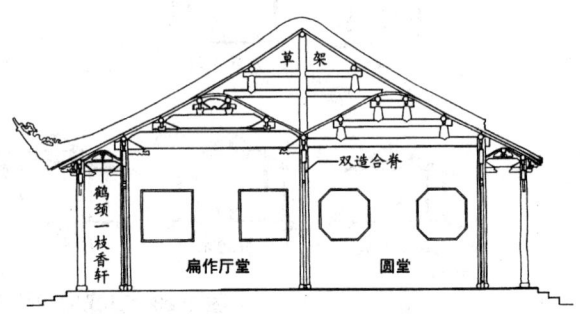

图2-86 鸳鸯厅前圆堂后扁作厅贴式
（苏州留园林泉耆硕之馆）

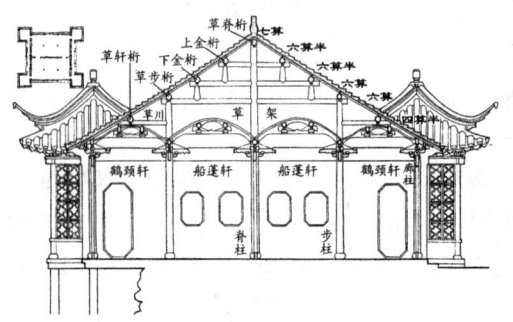

图2-87 满轩贴式（苏州拙政园十八曼陀罗花馆和三十六鸳鸯馆）

界扩大为八界且界深较深的大厅堂常用此式，厅堂中间有中柱，并其间装修将大厅内部分隔成大小体量相等的前后并列二厅形式，相同的正架形式又采取前圆后方的梁作，即前厅用圆堂梁架，后厅用扁作梁架，两者之间的中柱也随做成前圆后方的的截面形式称为"双造合脊"，两山窗牖及前后门窗格扇等内外檐装修，均采取不同做法，从而创造出两个并立的、具有不同观感和艺术氛围的空间环境；满轩式（图2-87），进

深较大的厅堂内部可以做成几个深度大致相等的连续卷棚轩顶，也可以说是鸳鸯厅的一种变式。轩顶最多还是用在檐廊上，称为"廊轩"。大的构架方面有磕头轩和抬头轩两种（图2-88）。磕头轩是直接在四界前加一界或两界成

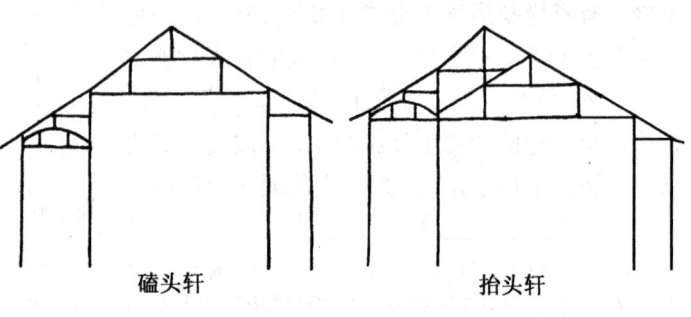

图2-88 厅堂磕头轩、抬头轩贴式图

廊，廊顶天花做轩顶。这种形式有檐口低而影响采光通风之弊，所以更多是采用抬头轩，即将四界大梁后移一界，使轩梁与大梁相平，从而将檐口抬高。廊轩根据椽子的形状和布列方式又有不同名称（图2-89），如：弓形轩——将椽子加工成弯曲的弓形，轩梁做成与椽

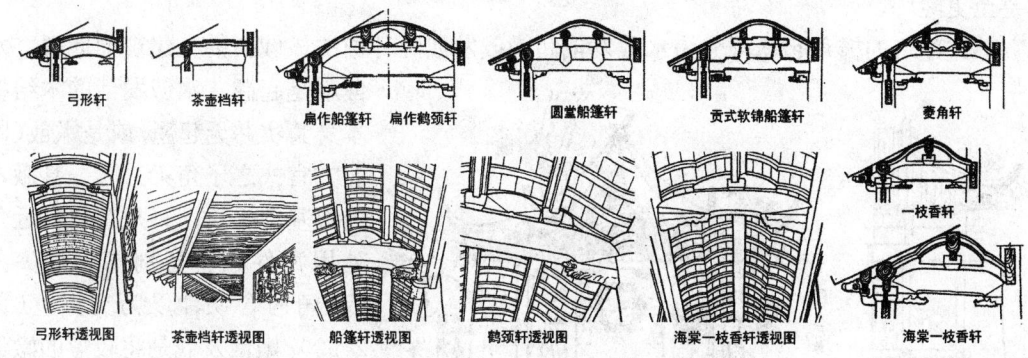

图 2-89 苏式建筑的廊轩形式

子弧度相同的月梁，离梁背三寸许将椽布列于廊桁（相当于官式檐檩）和步枋上（相当于官式金枋）。这种形式的轩梁和椽子的跨度不宜过大，多用于深一界的廊轩；茶壶档轩——是最简单一种轩式，椽子用直的小方木，中间高起一望砖厚，形如茶壶档（茶壶的提梁），置于廊桁和步枋上，柱间不用轩梁而用廊川相连系。这种轩顶基本是水平的，视觉上不够轩敞，多用于深一界的檐廊或游廊；船篷轩——是将轩顶做成如小船，适用于深二界六尺到九尺左右的檐廊，顶上呈弧形，用双桁做成三界回顶，顶界较小，两根轩桁上置弯椽，亦称顶椽，顶椽下两边接直椽或弯椽，用弯椽时则称船篷三弯椽。船篷轩的形式用于廊轩以内时称内轩，可用圆木，亦可扁作；鹤颈轩、菱角轩——深一般为二界，梁架结构做法与船篷轩同，双桁上置弯椽成三界回顶。鹤颈轩与菱角轩不同处是，前者将两旁的椽子做成形如鹤颈状弯曲者，后者做为形如菱角状弯曲尖起者；一枝香轩——回顶不用双桁，只在轩梁当中安一坐斗、上架一根轩桁者，适用于进深较小的檐廊，椽子可加工成各种形式，视椽子的不同形状有鹤颈一枝香、菱角一枝香、海棠一枝香等形式。轩顶的使用，使室内梁架显得整齐而美观，丰富了空间感觉，示意出不同的空间分区，是苏式建筑创造的最突出的技术和艺术成就。

殿堂构架开间三、五、七不等，最大可至九间，进深相应亦深，有硬山、悬山及单檐、重檐的歇山顶（苏式将歇山顶的两侧坡顶称为落翼，如七开间的称五间两落翼，五开间的称三间两落翼，三开间的则称为次间拨落翼）、庑殿顶（苏式称庑殿顶建筑为四合舍）。殿堂除用料较大外，使用斗栱（苏式称牌科）与北方官式规制相似，但比较简约：栱身用料高度较小且为单材栱；材制仅分为三种，即五七式、四六式、双四六式（分别相当于清官式斗口的八等材、九等材和五等材），常用的为五七式，不像清官式分为十一种材制；牌科出参（即斗栱出踩）自三参至九参；牌科具体有六种：一斗三升、一斗六升（即重栱造）、丁字科（即仅出外拽栱）、十字科（内外拽栱同出）、琵琶科（类似北方官式的溜金斗栱）、网形科（即十字科间出45度斜栱，北方官式称为如意斗栱）（关于清官式斗栱规制详于第三章，斗口材制详于第四章）。

清官式建筑确定屋面坡度的举架之法，在苏式建筑称为"提栈"，也是以桁条的垂直高

差（举高）与界深之比来确定，《营造法源》记其具体方法为从三算半、四算、四算半、五算……以至九算、十算，三算半就是以界深的35%作举高，四算就是以界深的40%作举高，依此类推。苏式建筑惯用的提栈数据较北方官式为小，但殿堂构架脊部较陡，亭子可达十算甚至更陡。

苏式建筑的檐角起翘可分为水戗发戗和嫩戗发戗两种做法。戗指的是建筑的戗脊，发戗就是起翘。水戗发戗的木结构本身其实并无起翘，或是嫩戗（即北方官式之子角梁）起翘甚微，檐口基本平直，只是在斜脊近角处用瓦件砌出特别高起的尖角（尖角内含铁件以为支撑）（图2-90）。嫩戗发戗是将较短的嫩戗（一般为飞椽露明长度的三倍）不是铺放而是直接斜插在老戗（即老角梁）头上，二戗之间的夹角约为50度～60度，在两条戗木

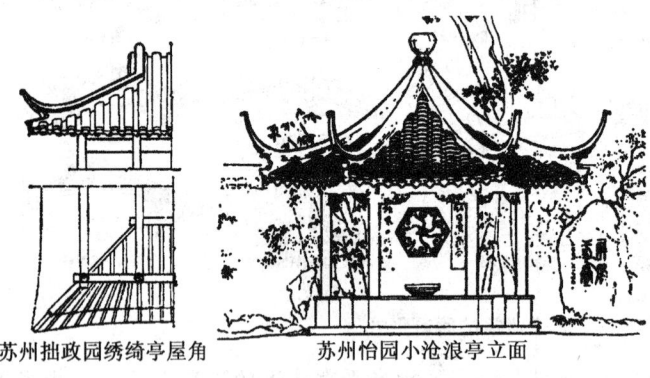

图 2-90 水戗发戗二例

之间以多层多条名称各异的木料（有菱角木、箴木、扁担木等）填嵌做成凹曲线轮廓，整个角翘十分高峻，耸起如弯月状（图2-91、图 2-92）。随之翼角飞椽、封檐板的做法也不同于北方官式，其角部的出翘（角尖在平面上的投影伸出的程度）同

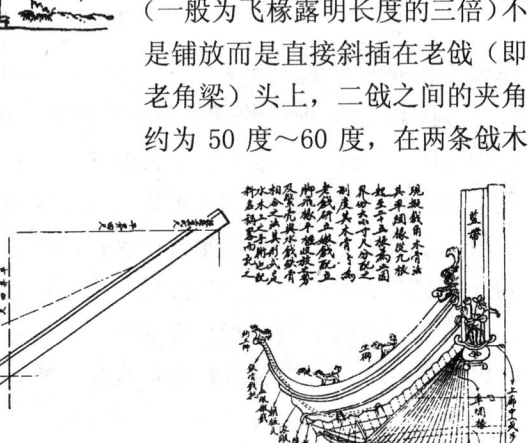

图 2-91 《营造法原》中的嫩戗发戗做法

样也特别发达。高峻的嫩戗发戗形式不仅限于苏式建筑的地区，在四川、湖南、广东、福建等地都可见到类似的形式做法。角翘做法最初也许是由北方传到南方的，而大约于南宋至元代逐渐发展为嫩戗发戗形式。五代时的南京栖霞山舍利塔、杭州石塔和北宋镇江甘露寺铁塔（元丰元年建）的屋角起翘还比较平缓，宋画中已能见到屋檐转角处老角梁头刚刚露出转角斗栱以外、其上即是斜坐着的子角梁的形象，至如南宋绍定五年所建苏州宝带桥石塔的子角梁起翘较高并与大角梁成45度交角，泉州开元寺南宋石塔和四川大足宝顶山南宋摩崖石刻

图 2-92 嫩戗发戗二例

的建筑物屋角起翘也都较高,元至正二十三年所建苏州天池山寂鉴寺石殿屋角已很接近明清苏州一带的嫩戗发戗。无论是哪种做法,南方屋角起翘的总体效果都比北方起翘的和缓庄重更富轻灵妩媚之姿,成为南方建筑重要形象特征之一。

皖南、赣北的民居大木结构与苏南亦较类似,但梁身构件造型皆取月梁形式,雕饰流畅。

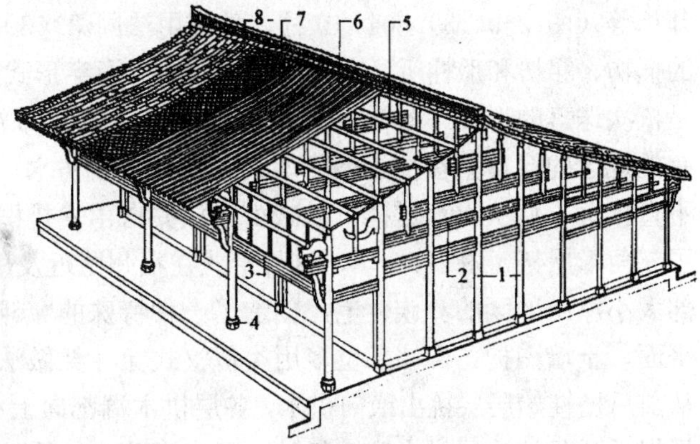

二、穿斗式构架

1.柱 2.穿枋 3.斗枋 4.础 5.檩 6.椽 7.竹篾 8.瓦

图 2-93　穿斗式构架示意图

南方民间更多地是使用穿斗式构架。

穿斗房架的构件主要是柱、穿枋、斗枋、纤子、檩子五大件(图2-93)。穿斗架用材较之抬梁架小而密,一般柱径约 20～30 厘米左右,柱上承檩,檩距亦即"步"距约 60～80 厘米左右,大约只及抬梁架步距的一半。穿枋断面高而窄,高宽比约为 2:1～3:1,一般尺寸是高 10～20 厘米、宽 5～10 厘米。穿枋不承重,只起联系各柱加强稳定的作用,有穿连全部柱子的,也有只穿连大部分或一部分柱子的。穿枋有上下数层,其使用数目,视房架的大小也即檩数或柱数(包括落地柱和瓜柱在内,每柱支一檩)的多少而定。一般的情况是,三檩三柱一穿(这根穿枋穿过中柱而两端插于前后两檐柱上,所以它对中柱来说是"通穿",对前后两柱来说实际算是联系柱间的"插枋",下谓"插枋"即此意),前后每增两檩两柱则增一穿,即五檩五柱两穿、七檩七柱三穿、九檩九柱四穿、十一檩十一柱五穿等。按柱子和穿枋的配列方式大致有如下六种形式(图2-94):(1)全用落地长柱,称"千柱落地",每前后两柱间的"插枋"都穿过其间的其他柱子。此种形式多见于四川、云南一带(图2-94:1)。(2)落地长柱与瓜柱(又称"偷柱")相间使用,穿枋的用法同于第(1)种,瓜柱全部叉立于最下一根穿枋上,因此瓜柱是从檐口向内依次增高(图2-94:2)。(3)长柱、穿枋的用法同第(2)种,而瓜柱均只被一枋穿过而叉立于下枋之上,这样全部瓜柱的长度

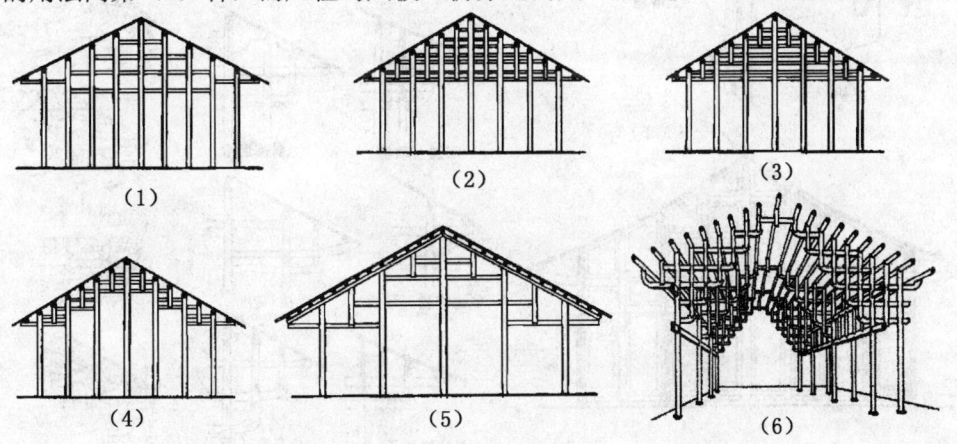

图 2-94　穿斗式构架的柱穿配置方式

都相等（图 2-94:3）。(4) 立柱、瓜柱用法同第（3）种，但除了最上、最内的两根瓜柱间的插枋、穿枋和瓜柱所叉立的下枋采取前后通穿形式外，其余穿枋都以短枋向外半面穿插，呈依次迭落的形式（图 2-94:4）。以上后三种形式以湖南、湖北、广西一带使用较多。(5) 有的地区的穿斗架在柱上檩下增设两根斜梁或枋木，所有的檩条都落于人字形斜梁枋上而不直接落于柱头上，这样可以减少立柱并自由安排檩距，是穿斗架的一种改进做法，构成了三角形屋架（图 2-94:5）。这种形式在福州附近及广西南靖地区都可见到。(6) 在四川西部大小凉山地区的彝族住宅，创造了一种特殊的穿斗式构架——木拱架。彝族住宅为矩形平面，土墙围护。山墙部位多用类似汉式穿斗架做法，室内为取得较大空间，减去内柱，从前后檐柱始层层挑出横向栱木，各层栱木端都向上承托不落地的垂柱（瓜柱），柱上承檩，根根瓜柱又被层层栱木穿透拉结而形成穿斗式结构，前后檐的挑架至脊檩外搭接在一起，整榀梁架就是一道拱券形式（图 2-94:6）。还有一种简化的拱架，在前后檐柱向内出挑两层以后，也是改用两条人字形斜梁在脊檩处斗接，所有脊檩都承于斜梁上。也有跨度较小的构架不用挑栱，直接将各根垂柱落于横向大梁上，则又是部分结合了抬梁式的结构要素。在各榀屋架之间以及廊檐下，还设有纵向拉枋组成的纵架，以加强整体稳定性。彝族住宅外墙不开窗，仅有极小的方洞，依靠门口采光，故屋内较暗；木板瓦屋面，族人称"黄板"，顶上以石压紧，间或有小青瓦或稻草顶屋面。

斗枋，和抬梁式构架的额枋相同，起着固定穿斗排架的作用（四川地区叫"落檐枋"）。在檩子之下也有安檩斗枋的（或称为牵枋），全柱有上斗枋、下斗枋，有瓜柱斗枋等。它与抬梁式的枋子不同之处，在于都穿过柱子，斗成屋架。

纤子，位置在下层穿枋的上皮，犹如纵向的龙骨，和斗枋一起起着拉连穿斗排架的作用，使穿斗排架纵向更为稳定。若为楼房则纤子可兼作搁栅，上面铺楼板，作为寝处或储藏物品之用。纤子的尺寸较大，宽高比约为 3:2 左右。

穿斗架建筑都有宽大的挑檐（图 2-95）。以挑枋承托挑檩（即檐檩），挑枋有另设的，后

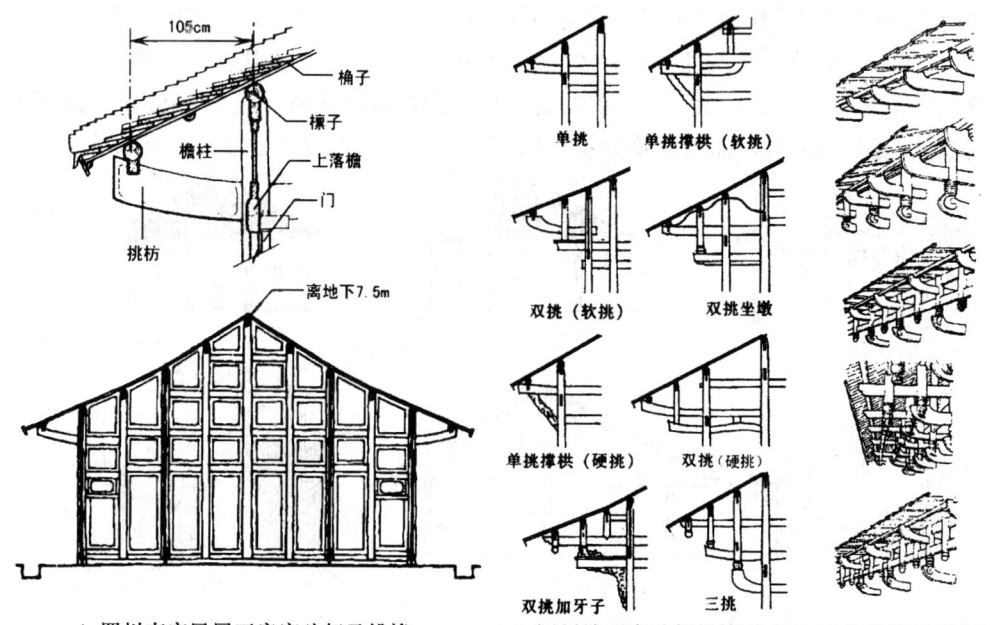

1. 四川李庄民居正房穿斗架及挑檐　2. 四川地区穿斗架挑檐形式　3. 凉山彝族民居的挑檐

图 2-95　穿斗式构架的挑檐

尾穿入内柱或是压在穿枋之下——称为"软挑",也有直接用穿枋出头挑檐的——称为"硬挑"。根据出檐长短的需要有一挑、双挑或三挑的,双挑、三挑本身又构成一个穿斗式排架。一般一挑出檐可达1米以上,两挑可达2米,三挑可达3米。一挑出檐为了防止剪切,常在挑下加斜撑,斜撑上常进行艺术加工,施以雕刻彩绘。根据木结构技术的发展规律,抬梁式斗栱的竖栱和昂,可能就是从这种原始的挑出构件发展而来的。与抬梁式繁复华丽的斗栱挑檐或生硬僵直的抱梁挑檐相比,穿斗式构架的挑檐显得更为轻秀灵巧和经济实用,别有一番情趣,成为南方建筑外观形象上又一极富特色的部分。穿斗架的屋面也有折曲,但曲度较小。

穿斗式房架是中国古代木构建筑技术上的又一个重要创造。它具有省工省料、简便易行、结构坚固的优点。穿斗架尽量以竖向木柱取代受弯构件横梁来承重受力,可以充分发挥竖向构件承重能力强的特点,每根柱只承受一根或两三根檩的荷载,虽然有些穿斗架的一部分穿枋承受瓜柱的荷载,但跨度很小而受力不大,这样不仅使结构牢固,也得以减小立柱用料,以小材可充大任,同时屋面由于檩距小故可省去椽条、望板等而改用密排的小椽木直接挂瓦,节省用料的同时也减轻了屋面荷载。由于穿枋、斗枋穿过许多柱子构成了框架,虽然仍可活动,但是不易拔出,不像梁头那样一拔榫就容易散架,尤其是墙壁是在柱子与穿枋之间安装木板或编竹夹泥,既轻且坚固,不容易倒塌。因此穿斗架抵抗地震、风暴等破坏的能力是强于抬梁架的。用挑枋挑檐的形式也比抬梁架的斗栱来得牢固有力和轻便省料。另外,穿斗架在柱网调度上较之抬梁架显然具有更大的自由和灵活性,柱枋穿插相应带来了构架伸缩、叠落、悬挑、连接等方面的灵活性,便于适应不同的地形环境和材料条件,因地制宜、因材制宜,根据需要灵活扩建,形成不同的空间组合和外观造型。由于穿斗式构架的这些优点,从它至迟可能在汉代成熟以后,一直流传至今,使用地区很广,不仅为中国南方四川、云南、贵州、湖北、湖南、江苏、浙江、江西、福建等地民间建筑所普遍采用,成为与北方抬梁式并行的两大传统木结构型制,在北方中原地区也有使用,此外在北方官式建筑中的一些小式建筑物上也有使用的,如垂花门、过道门等处。但是,穿斗架用料较小,构架高度有限,内外立柱较多也不能形成大的空间,不适合构建大型殿阁厅堂要求的大跨度空间,故多用于屋顶荷载较轻的两层以下的民居住宅。南方若大型的殿宇、厅堂及住宅建筑,仍采用抬梁架或抬梁与穿斗的混合构架。这种混合构架多为山面边贴用穿斗式,中央诸间用抬梁式。皖南、江浙、江西一带住宅中,山墙边贴用穿斗式,以较密集的柱梁穿插辅以墙体,增强抗风能力;明间为使空间开敞,虽然柱梁交接处还是横向榫卯关系,具穿斗特征,但已改用大梁联系前后柱,省去多根柱子,同时大梁上再抬上部梁架,为抬梁、穿斗混合式(图2-96)。

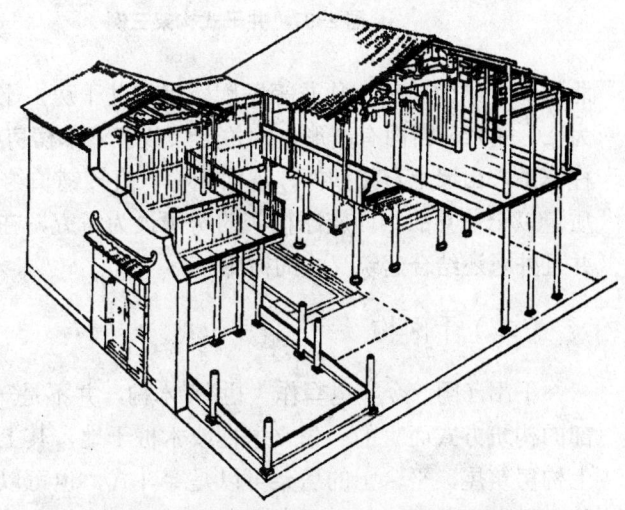

图2-96 皖南住宅的抬梁、穿斗混合式构架

三、其他

（一）井干式构架

所谓井干式构架，是指用天然圆木或方形、矩形、六角形等断面的木料层层垒叠，构成房屋的壁体，因类似古代井干（井台的木栏）而名。井干也是一种早期的结构形式。在殷商时期的墓葬已见有采用这种井干式结构的木椁，文献记汉代宫苑中有所谓井干楼，可以叠至百层。至于井干式结构的房屋，据云南晋宁石寨山西汉时期滇国遗址墓葬出土的青铜器建筑模型及图像所示，既可直接建于地上，也可像穿斗式构架一样建于干栏式木架之上。井干式构架对木料的使用显然是很费的，所以至今只在东北、云南等少数森林地区以及某些特定的建筑如粮仓上，还保持这种建筑方式，但在工艺上也有很多改进，如一般已不用圆木而改用长方形截面的方木或厚木板，结合的榫卯做得很精致，可以随时拆卸、拼装，等等（图 2-97）。黑龙江地区的井干构架多为两间的矩形平面，垒壁木材较粗大，直径 20～30 厘米，在前后檐墙的中部内外各立一柱以夹持墙体，房中央立木柱托大梁，梁上置三根瓜柱托金、脊檩，俗称"三柱香"，两山则以木墙承重挑出悬山，构造比较简单、粗犷。许多井干式建筑多在木墙内外抹泥以防寒、防火，屋顶亦为草泥顶。滇西

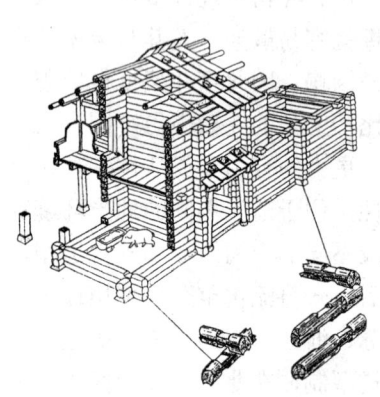

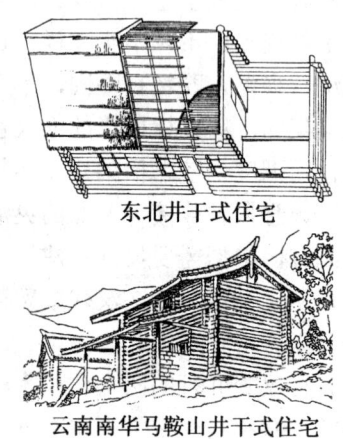

东北井干式住宅

云南永宁纳西族摩梭人的井干式住宅　云南南华马鞍山井干式住宅

图 2-97　井干式构架三例

北傈僳、纳西、怒、独龙等民族所用的井干房，平面亦为矩形，木墙用材较小，一般直径为 20 厘米，断面有圆形、六角形（故有"木楞房"之称），也在房中央立大柱托大梁支瓜柱檩条，山墙上直接搁檩，屋面无椽，直接铺长约 2 米的木板瓦，以石块压紧。建筑装修质量以宁蒗县的纳西族摩梭人的房子最为考究，在重要房间如主室、佛堂等外，有龛室，并且外檐还结合建筑汉式的檐廊。

（二）干阑构

干阑（阑，今字也写作"栏"）木构，并不是一种独立的整体构架方式，其是指建筑下部的构筑方式而言的：先立木柱或木桩于地，其上铺木板，构成一个平台，然后在此平台上构房筑屋，平台上的房架可以是穿斗式，也可以是抬梁式，还可以是井干式。干阑立柱的方式有两种，一是"截柱式"，即平台支柱断于平台底；一是"通柱式"，即柱从地面起立，贯穿平台直通屋顶。以二者结合使用的方式为多见。干阑构造主要用于南方潮湿山区或水域地带，平台以下因空敞可以通风祛潮和避兽虫侵袭以及防洪排涝，也或储藏柴草或圈养猪牛。

干阑可能是由原始巢居发展于地面上的最初的建筑形式,其历史相当悠久,目前最早可以上溯至新石器时代的浙江余姚河姆渡文化遗址的干阑建筑,其后成都十二桥商代后期遗址(图 2-98)、湖北蕲春毛家嘴西周中期遗址也都发现有大型的干阑住宅建筑遗址。甲骨文中的"京"字古文字学家一般认为是取高架干阑之形,战国铜器刻纹,云南晋宁石寨山西汉时期滇国遗址墓葬出土的青铜器建筑模型及图像,南方出土的汉代陶屋明器中,都有若干干阑建筑之例。秦汉及其以前,干阑建筑在中国北方无论其是否普遍,但至少可能是存在的。自汉以后北方已较少有用干阑,历代史书诗文中时有提及者,都是属于南方少数民族的,其名称有阁阑、葛阑、高阑、麻阑、栅居、巢居、阁阑头等。近代以来的干阑房屋主要分于云南、贵州、四川、湖南、广西、海

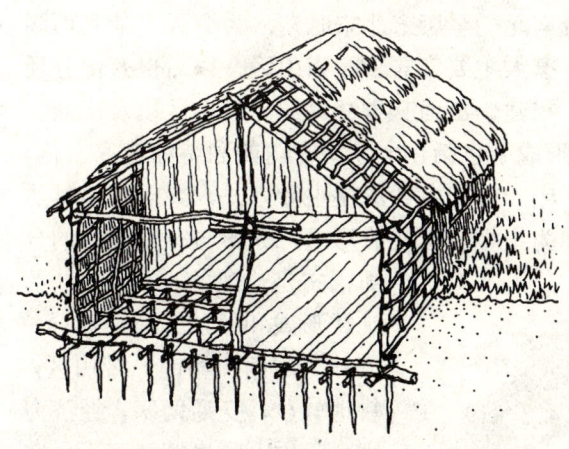

图 2-98 成都十二桥商代遗址干阑建筑复原图

南等壮侗语族地区[①],是包括傣、壮、侗、苗、布依、景颇、佤等十多个民族(一说为大约三十个南方民族)的住屋形式。有竹构和木构,其形式类别有高脚干阑(或称高楼干阑,即底层架空较高)、低脚干阑(或称低楼干阑,即底层架空较低)、重楼麻阑(架空的底层以竹编、板壁封闭,呈重楼外观)和半依地半悬吊出楼的半边楼或吊脚楼等(图 2-99)。清代东北地区尚有一种用作仓库的干阑建筑,距地较矮,纯为隔潮之用。

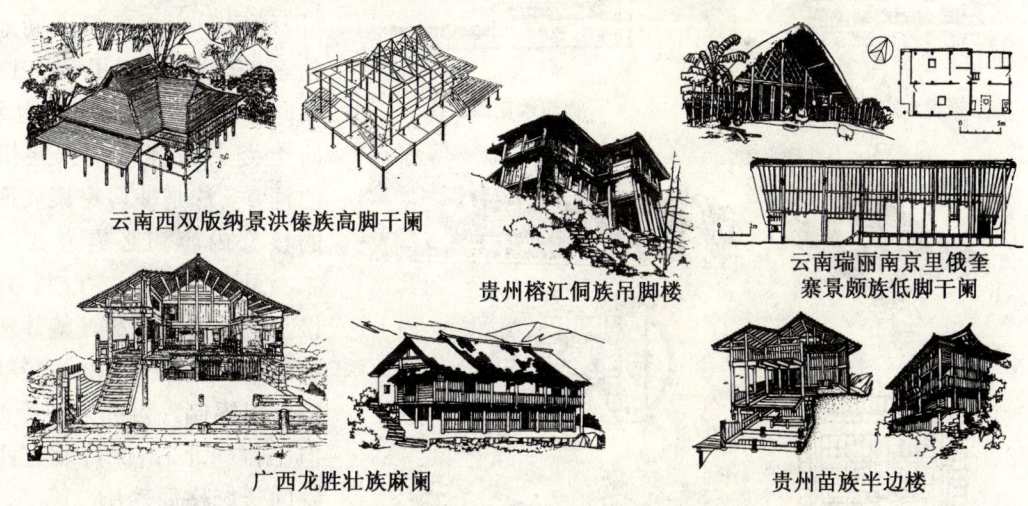

云南西双版纳景洪傣族高脚干阑　　贵州榕江侗族吊脚楼　　云南瑞丽南京里俄奎寨景颇族低脚干阑

广西龙胜壮族麻阑　　贵州苗族半边楼

图 2-99 西南少数民族干阑住宅建筑数例

虽然干阑平台上可以做穿斗、抬梁、井干式构架房屋,但南方民居住宅既以穿斗式为普遍的构架形式,自然也以穿斗与干阑的结合为最多见。南方多山地丘陵,人稠地窄,多有楼房之居。穿斗构架以之本身胜于抬梁及井干构架的灵活性,和干阑构造结合后,更擅

---

① 干阑语源,有侗族学者研究认为出于侗语,也有学者认为是古音"昆仑"之转(参见张良皋《匠学七说》第 33 页注 1,中国建筑工业出版社 2002 年)。

适应依山傍水、高下偏斜的地形地势,形成总体形象千变万化的各种组合楼居形式。

(三)客家土楼

客家的先民是黄河流域的汉人,从东晋南北朝至唐末北宋时期,为避天灾战乱而陆续辗转迁徙到南方各地定居。南宋以后,客家人主要集居于岭南山区,以后也有部分迁移到他处的。今客家人大体上居住于广东、福建、江西三省交界的广袤山区以及广西、海南、台湾等地,历经数十个世纪的发展,形成了包括住宅建筑在内的独特的客家文化。客家人住宅,由于移民之故,以同族群聚一宅一楼为主要居住生活方式,聚居规模可达近百户、数百人,楼宅高耸而墙体厚实,称为土楼。土楼的形式、分布与客家民系的分布形态是一致的,不同地区的土楼形式和做法上不尽相同,大体上闽西、赣南一带山区,耕地较少,交通闭塞,经济穷困,历史上匪患械斗多发,宅屋非常强调防御功能,以多层的圆形、方形土楼为主;而像广东梅州、惠州一带的盆地地区,经济、交通及社会治安相对来说优于山区,宅屋的防御功能就不是很突出,以单层的"围垅屋"为主。但不同地区的客家土楼形制仍存有许多共同之处:第一,向心内聚,即土楼中心有奉祭家族祖先的祠堂,这是使客家聚族而居的核心内容和必需方式;第二,无论是圆楼、方楼、弧形楼,均取中轴对称,整体座北朝南(一些特殊情况如受禁忌风水等限制,可朝东或朝西,但不得朝北),保持北方四合院的传统格局性质;第三,楼内基本居住模式是小家庭单元式住宅(图2-100)。

客家土楼以闽西南和赣南山区比较多,仅福建龙岩适中镇,三层以上的大土楼最多时竟达362座,现仍存有262座,

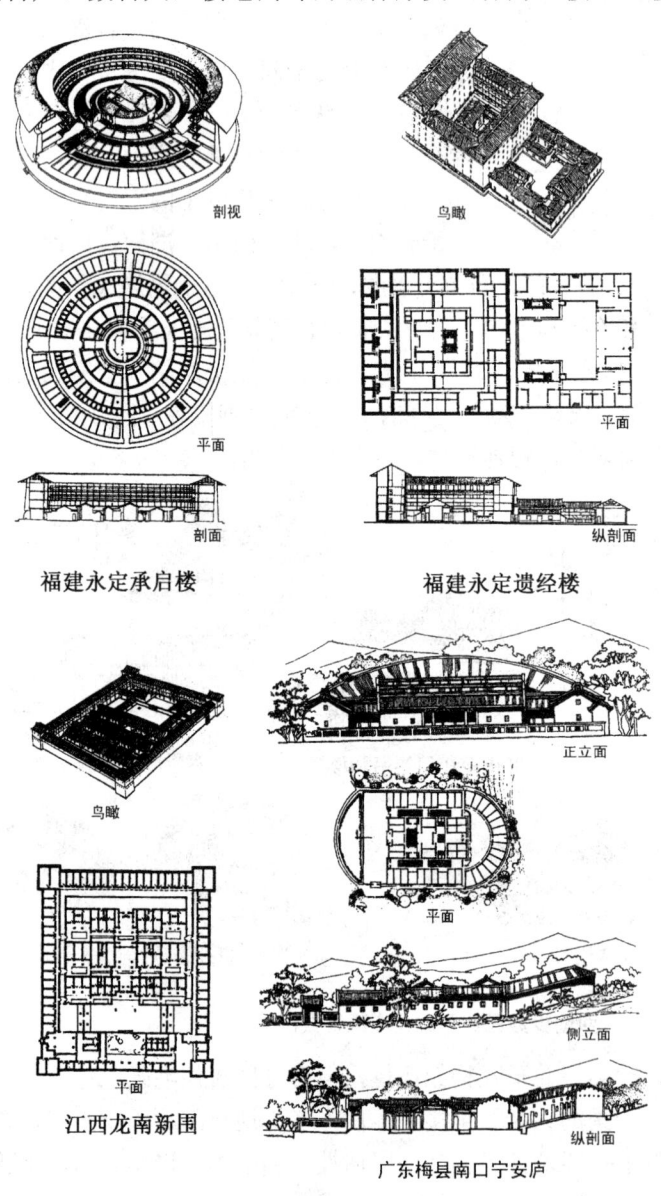

图2-100 客家土楼四例

多为清代所建,几个、十几个土楼毗邻而建,形成庞大的土楼群,气势恢弘。龙岩永定县

源昌楼建于明代,至今已有五百多年的历史。闽西南赣南的客家土楼分圆楼和方楼两种。圆楼可以永定县古竹乡高北村的"承启楼"为代表,此楼建于清康熙四十八年(1709年,一说建于顺治元年即1644年),盛期曾住80多户、600余人。全楼共作4个同心圆环布局。外环(一环)直径达72米,高12.4米,分4层,每个开间的1~4层为一家,底层作厨房,二层作谷仓,三、四层作卧室;二、三环均为单层,二环为牲畜栏舍、贮藏杂用及厨房,三环为客厅和家族长辈居室;四环为环形回廊,内为圆形天井,中心建单层祠堂。外墙为夯土承重墙,内部木构架为干阑穿斗式,并加设若干与外墙垂直相交的隔墙,以增强整体刚性。屋顶为环形,双坡瓦顶,出檐极大。外墙高大,厚达1米以上,一、二层对外不开窗,三、四层开外小内大的梯形箭窗,利于防卫,各层各室有单面走廊相通。内院和各卧室采光通风良好。全楼共392个房间,有1个大门,2个边门,3口井,各环有巷门6个。圆形土楼为一整体筒形结构,十分稳固,圆楼向内的迴廊由二层以上层层向外挑出,产生向内的倾复弯矩,使全楼形成向心内聚力,整体刚度更为增强。

方楼可以永定县高陂乡上洋村的"遗经楼"为代表,此楼建于清嘉庆十一年(1806年,一说建于清道光年间)。全楼以3座并列的5层正楼为主体,以正楼前大厅为中心,左右前方均为4层回廊式围楼,构成回字形楼群,楼群前有一个几十平方米的石坪,石坪左右两侧建学堂,供楼内本族子弟读书,石坪尽处是大门楼,高6米、宽4米。全宅共有房间285间。

江西龙南县关西乡新围,也是一种方形土楼,当地称"围子"、"土围"。围屋高三层,四角设高四层带歇山顶的炮楼。院内前区设马驹房、轿车房、游乐房,并有一处花园。后区设三路三进合院,共有14个天井,俗称"九井十八厅"。中路三进面阔达9间,其布局井然,空间丰富,层次分明,蔚为壮观。围屋为晚辈及什役住所,不设固定楼梯,只在炮楼架梯登楼,平时大多空置,械斗时集中人丁成为临时"兵营"。

广东梅县南口"宁安庐"则是客家地区围垅屋的代表。平面为前后正屋与后部围屋两个部分。正屋由中轴三堂与两排横屋组成,称为"三堂两横"。三堂均为五开间,第一进明间为下堂,用作门厅;第二进三开间为中堂,是家族公共活动场所;第三进明间为上堂,用作祖堂,次梢间分为前后房,作长辈居室。两排横屋共设4厅16室,都面对天井朝向堂屋,是晚辈居所。后部围屋呈半圆形,由正中用于祭祀的"垅厅"和14间用作厨房、贮物间的房屋组成。围屋围出的半圆形后院,当地称为"花胎",是晾晒衣物的场所。正屋前方有宽大的禾坪和半月形水池。整组建筑依山而建,前低后高,层次分明。

客家土楼是北方中原人南迁后结合实际需要及当地质气候条件创造出来的南北兼得又因地制宜的移民文化住宅建筑形式。客家人居住的地区,多属"红壤"或"砖红壤"性土壤地带,土质有较大的黏韧性,容易夯筑起高大厚实的墙体以为防卫,在土墙

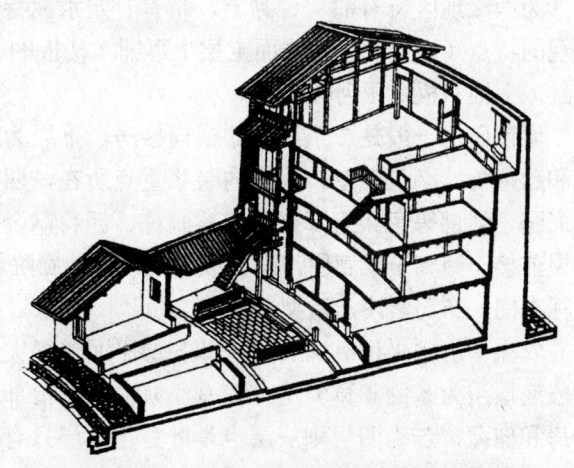

图 2-101 福建客家土楼内部构架情形

内往往羼加竹筋、松枝、稻壳糯米，混合以砂石、石灰，夯筑成墙后十分坚固。福建永定一带的土楼墙一般厚达 1～1.5 米，沼安"在田楼"墙厚甚至达 2.4 米。建筑内部，多用穿斗构架，或混合抬梁架，采用活动式屏门、格扇，空间开敞通透，在内墙、天井、走廊、窗口处及屋顶部分出檐以排水遮阳（图 2-101）。

（四）藏式碉房

据《后汉书·南蛮西南夷列传》，在西南边疆一带汉时或更早已有碉房，"冉駹夷者，武帝所开，元鼎六年以为汶山郡……皆依山居止，累石为室，高者至十余丈，为邛笼"，唐李贤注"邛笼"："今彼土夷人呼为'雕'也。"明人曹学佺《蜀中广记》中称其为"碉"。这种以高大厚重的外壁石墙、平屋顶、梯形窗为外观特征的碉房（藏式碉房主要是楼房的形式，故又叫碉楼），主要是青藏高原上藏族的建筑形式，在西康和内蒙古一带也有分布，属于由藏族迁出的分支或属于同一文化体系的羌氏族系。

藏式碉房虽然外部有很厚重的石墙或土坯墙，但内部仍为木构架承重，平房的屋面及楼房的楼面荷载皆由简支梁的梁柱系列支承。由于青藏高原靠牦牛驮运木材，木料长度一般限制在 2 米左右，导致碉房普遍以 2 米见方的柱网为单元，组成 2 米×4 米、4 米×4 米、4 米×6 米等几种平面，而寺庙殿堂等可采用 6 米×6 米至 6 米×9 米等较大距离的柱网，建筑层高一般为 2.3 米左右，适合藏区的干寒气候和符合藏民习惯于游牧帐篷低矮空间的传统，经堂可至 2.8 米左右或 5 米以上。木构架系由木柱承托短跨大梁，梁上纵向密排楞木（密肋），作为屋顶的椽木或楼层的搁栅，梁柱之间都是榫接，有时在檐廊或室内的柱头上加设替木，以使大梁交接处更为稳固。木柱一般为方柱，寺庙殿堂建筑的木柱有多种形式的截面，如方、圆、八角、亚字形等，柱身下大上小有显著收分，柱顶部刻出柱披或莲瓣及大斗等，替木做成圆角或波浪状。大梁部分是复杂的叠合梁，由盖板、间枋、连珠枋、莲瓣枋、花牙枋（亦称蜂窝枋、金刚结枋，为外观呈现层层堆叠的小木块状的装饰枋）等组成，上部横搭椽木。在布达拉宫等重要殿堂中，花牙枋之上还要叠加两层短椽，椽头雕成蹲兽状。一般藏式建筑不设斗栱，但在重要建筑的大门入口处常用 2 至 4 攒斗栱，以华栱出挑，托厢栱，栱上托带奇数（3、5、7）的小斗，再上为挑檐枋，栱身粗壮，斗座高厚，不同于汉式斗栱权衡。楼层和屋顶都是在密肋上铺楼板或树枝，灌小卵石粘土浆，以阿嘎土（为西藏地区特有的一种黏土，带有一定水泥特性）夯实，渗油压光，具有防水和光洁美观的特点（讲究的也有楼面土层上再铺木楼板的）。屋顶有女儿墙，墙顶设木椽，椽头刷深红，上铺石板，压阿嘎土。

城市碉房一般是二至三层的横向楼房，下层为起居室、客房、卧室和贮藏，上层除卧室和贮藏外，必设经堂，为室内装修重点所在，四壁贴护墙板，后墙有制作精细的佛龛，绘彩画，活佛等贵族府邸更是雕梁画栋、沥粉贴金。贵族的碉房常内带天井小院，或是在主屋前接一圈廊子或廊屋，围合成或大或小的廊院。大部分房间是带一根中心柱的 4 米×4 米标准间，布局紧凑，造型严谨。

农家碉房常采用纵深布局，即各层平面进深大于面阔，常见为三、四层，后部高起。一般底层用为畜圈和草料房，前有小院；二层前部为卧室兼起居，向前凸出阳台，后部为厨房和储藏，若为四层则三层也是卧室；顶层只有后部凸起，为经堂，装修较好，其前屋顶用作晒台和堆栈。底层不开窗，只开很小的通气透光口，上层开窗也较小，整体沉重厚实。屋顶四角普遍装饰有"嘛呢旗"座，以悬吊各色小旗。

藏区寺庙建筑的做法结构与碉房住宅相差不大，其正是从普通碉房发展而来的，只不过用料较大，装饰更考究而已。

藏式碉房是把各种房间都安置在同一幢建筑内，处于同一个屋顶之下。外观的主要特征为平屋顶、厚重的粗石墙或土坯墙，石墙一般多用毛石、片石，土坯墙抹泥，墙内壁垂直，外壁有收分，每层收进约一穹都[①]，下大上小，敦实如台，上开窄小的梯形窗口，名为"碉房"或"碉楼"的确很贴切。为打破体形的单调，平面可有进退，立面可有起伏，入口处可设门斗，上有一层或数层阳台，张覆布幔，楼层上也常用悬挑手法做出木构挑楼，扩大空间的同时也丰富了立面造型。碉楼的外墙高可达数十米，四川阿坝黑水佳山寨的石造碉楼高达33米。施工时不挂线，不立杆，不用外脚手架，全凭手工砌筑，而能达到平直、美观，体现了高超的砌筑技术（图2-102）。

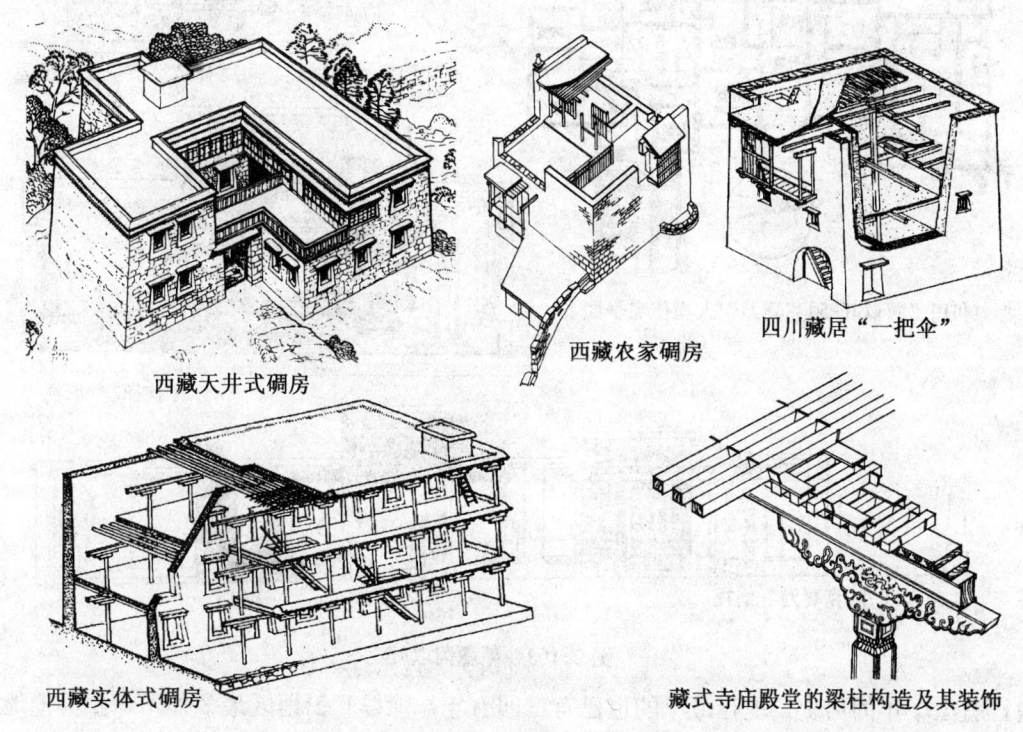

图 2-102 藏式碉房及其结构做法示意

（五）新疆阿以旺

新疆南部地区，气候干燥少雨，年温差和日温差都很大，导致当地的维吾尔族民居形

[①]"穹都"是藏族建筑尺度的度量单位，一穹都等于成年人手掌一卡（即北方民间俗称的"一拃"，指手掌平伸后从大拇指尖至中指尖能够卡定的距离）加一大拇指（指大拇指端部第一节的长度）的距离，大约合23厘米左右。此外，四川藏族还以排、跪等人体尺度为建筑尺度度量标准，一排即两臂平伸后中指尖到中指尖的距离，约合1.7米左右；一跪即手掌攥拳拇指平伸后拳顶距离，约合12厘米左右。

成一种以"阿以旺"为中心组合式的土木结构的平顶住宅形式（图 2-103）。阿以旺住宅据

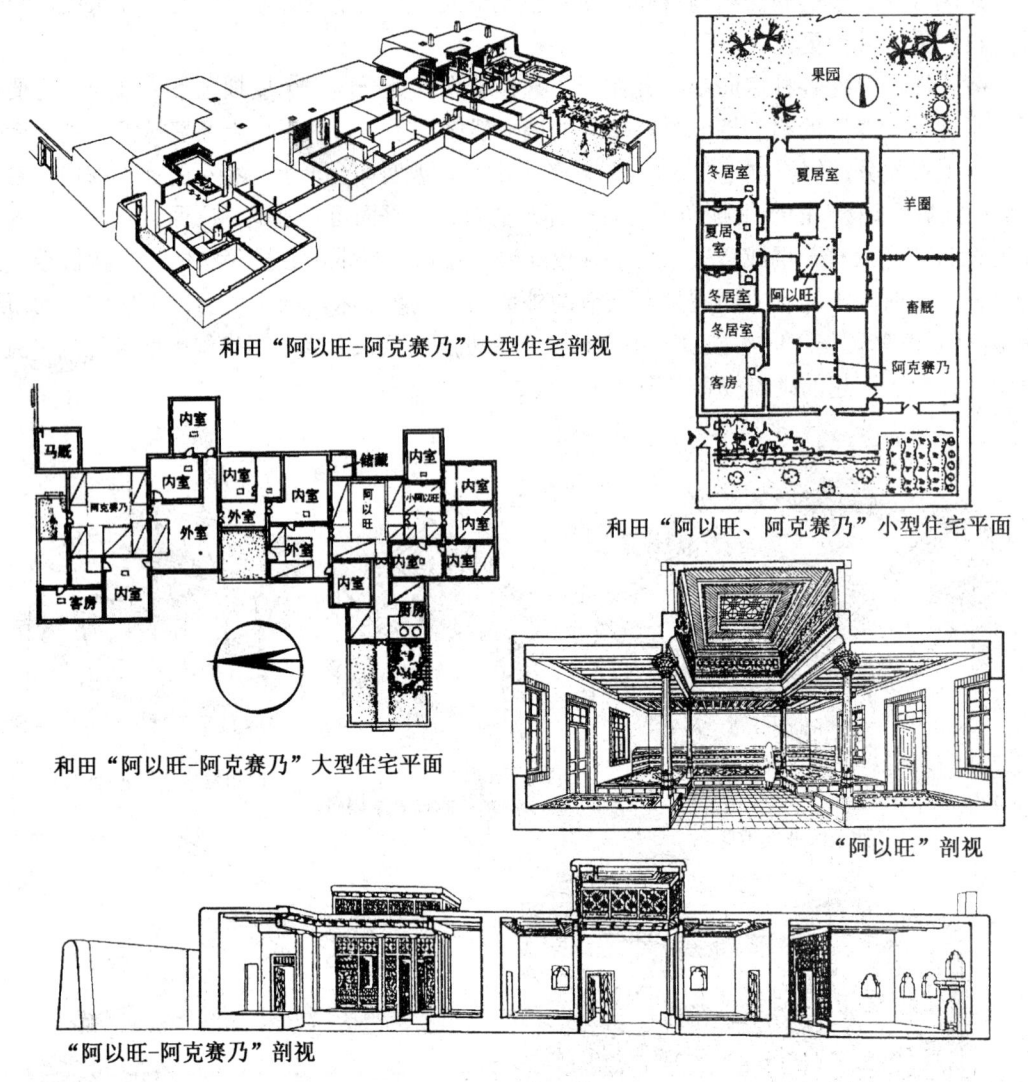

图 2-103 新疆阿以旺

说已有上千年的历史，现存最早的也已有三四百年，除以和田地区最多外，南疆其他地区如喀什、库车和吐鲁番也有。维语"阿以旺"据说源于波斯语 Iwan，意为"明亮的处所"。阿以旺住宅以名为"阿以旺"的中厅为中心布置，此中厅在正中四根木柱之上的屋顶向上凸起约 40～80 厘米，侧面设窗成为采光大天窗，为全宅最明亮和装饰最讲究的房间，作为全宅公用的起居、会客和歌舞集会之所。全宅其他居室布置极为灵活，所有屋顶均为平顶，空间组合不受屋顶和外墙牵制，可以纵横自由扩展延伸，没有明确的轴线和对称要求，也没有定规的朝向。居室没有上房下房、正房偏房之别，只分夏室（外室）和冬室（内室）。夏室面积大，靠近阿以旺，通风和采光较好，冬室面积小而封闭，各室屋顶也开有小井孔以采光通风。如果在阿以旺凸出部分不覆盖平顶，就成了一个带周围廊的天井，称为"阿克赛乃"。有时在内廊或过厅一类地方使用一种凸出面积很小的阿以旺，形状似笼，也即此处屋顶是部分覆顶、部分开敞的，称为"开攀斯阿以旺"。在一幢住宅中，经常是阿以旺与

后二者之一或三者同时并用的，也有阿以旺与外廊并用，外廊直接面对果园。

房屋结构为木柱、梁枋加斜撑承重，梁枋不分，呈井字状搭接在柱头上，梁上檩木较稀疏，檩上密排以半圆形的白杨木椽条，形成富有装饰意味的顶棚。外砌很厚的干土墙、插坯墙，普遍不开窗，外带廊檐，室内周边设高约40～50厘米的土台用于起居，周辟各式壁龛、壁炉，用石膏花纹作装饰，龛内可放被褥或杂物。廊檐木柱、阿以旺的内柱、顶棚及四壁门窗是雕饰的重点部位。木柱一般较高细，有收分，柱身断面简单者为方形，复杂者上下有所变化，或方或圆或八角。柱头、柱身及柱座皆施雕饰，尤以柱头雕饰最为华丽，颇有西方建筑柱式之风格。水平伸出的檩头都刻作牛腿形状，檐口砖木挂檐板也装饰以图案。墙面喜用织物装饰，并以其质地和大小、多少来作为主要身份与财富的标识。屋面为草泥平顶，做出一定泛水坡。屋侧有庭院或果园，夏日葡萄架下可以纳凉作息，十分惬意。

一般阿以旺皆为单层。喀什地区因用地少，故城市住宅发展为两层的阿以旺楼房，有些民居还将部分房间架于街巷之上。

中国幅员辽阔，各地材料、气候和地形地貌等自然条件和环境千差万别，各地民间及不同民族的住宅构筑方式还有很多，如华北、关中、东北山区的砖石墙承重房屋，西北、华北地区的横挖进黄土壁面的靠崖窑洞、下沉式天井窑洞以及用土坯或砖起券的独立式窑洞，北方辽阔草原上的蒙古族和哈萨克族等游牧民族的活动毡包（蒙古包），藏北高原藏族牧民的帐房等，它们既非木构架建筑系统，或者属砖石土木并用的混合结构，于此也不能一一尽述了。实际上，各地民间一幢完整的住宅建筑，往往是多种构筑方式结合共同完成的，上述土楼、碉房、阿以旺住宅建筑就是土（石）木并用的。又如分布于以昆明为中心，西迄大理，南至普洱、墨江、建水，东至昭通、沾益一带的云南一颗印住宅，以平面和外观方整如印为特征而名，由于地处多风的高原地区，故墙厚瓦重，住宅外围用厚实的土坯砖或夯土或外砖内土筑成，"印"内的房屋梁架则主要是穿斗式；又如徽州住宅主体是穿斗式或抬梁、穿斗混合式，但由于建筑密集，又位于山区，出于防火、防风的需要，除梁架为木构外，山墙以砖砌，和柱、梁脱开而用铁件联结，使得木构受山区的潮湿影响较小。

第三章 斗　栱

中国古代较高等级的建筑，上、下架之间往往布置一圈层层叠木挑出结构的斗栱，作为梁檩与柱头之间的过渡构件（如按宋代喻皓《木经》中房屋"三分"之法，斗栱与柱为"中分"，在此可属之下架，柱上斗栱承梁的作用也与柱同）。中国古代建筑，远看屋顶、近看斗栱，并成为最有特色和最为醒目的部分。斗栱是中国古代建筑所特有的构件，在历史上这种结构形制也传到日本、朝鲜、越南以及东南亚国家。

斗栱在中国建筑木构架中占有非常重要的地位，它的功能和作用，归结起来大致有如下几点：（1）出挑承檐。承檐是斗栱最基本的功能，也是斗栱发生、发展的初始因由，其他的承梁、承天花、承平座等功能都是由此衍生的。清式带斗栱的大式建筑的出檐尺寸由两部分构成，一部分为挑檐桁中至飞椽头外皮的水平距离，通常为21斗口；另一部分为斗栱挑出的尺寸，即正心桁中至挑檐桁中的水平距离，其大小取决于斗栱挑出的尺寸多少，建筑的等级越高、斗栱的出跳数越多，其挑出的距离就越大，出檐就越深远。可见，檐下斗栱在增加出檐深度、保证出檐安全方面起着重要作用。（2）传递荷载。斗栱作为较大建筑物柱子与屋架之间的承接过渡部分，承受上部梁架、屋面的荷载，并将荷载（直接或间接）传递到柱子上，再由柱子传到基础，具有承上启下、传导荷载的功能。（3）减少跨度。斗栱用于室内向两端挑出，可以缩短梁枋跨度，减少弯矩。（4）改进梁架节点间的搭接状况，分散和消弱剪力，增加建筑结构弹性。斗栱是在建筑物的上下架构架之间的由纵横构件、方形升斗组成的富有弹性的结构层，就像一层巨大的弹簧层，组成可以吸收纵横震波的空间网架结构，对于增强建筑的抗震性能十分有利。（5）富有装饰效果，是构成中国木构建筑艺术的重要因素。经过造型加工和色彩美化后的斗栱，又是非常富有装饰性的构件。斗栱开始使用时是作为梁架整体结构的有机组成部分，明清以降，斗栱逐渐减少了结构上的功能，而增强了其装饰性，有些斗栱已成为纯粹装饰性的构件了。

此外，在封建社会，斗栱还是封建等级制度在建筑上的主要标志之一，建筑物使用斗栱与否和施用斗栱的制式如何，直接表现着建筑物的等级。故斗栱就被作为重要建筑的尺度衡量标准，如清的"口份"制所规定的那样，在制作有斗栱建筑各部分和各种构件的大小尺寸时，都以斗口做度量的基本单位，而宋代的材分制实际也是从斗栱出发以定"材"、"栔"的。斗栱一般使用在高等级的官式建筑中。至清以后，南方的许多大木大式建筑一般不再使用斗栱，只有宫殿、庙宇仍坚持这种官式做法，以显示皇家与神佛的庄严尊贵。

由于在整个建筑物中所处的部位不同，所起的作用不同，本身的构造与形状不同，斗栱的种类繁多。清《工程做法》共罗列有近三十种不同形式的斗栱，实例所见远多于此。斗栱在古建筑木构架体系中，是一个相对独立的门类，清代木作中专门有"斗栱作"，从事斗栱制作的工匠称为"斗栱匠"。

每种类型斗栱及其各个构件的名称,在不同时期有不同的叫法。清式营造中称斗栱为"斗科",其单位为"攒";宋式中称斗栱为"铺作",单位为"朵"。清式建筑中的各种斗栱,常根据它们所处的部位或构造的不同而称为"某某科",宋式则称为"某某铺作"。

第一节 斗栱的结构与构造

斗栱的基本构件就是斗和栱。

斗:为方形木块,上大下小,形状如量米之斗,故名。在整个斗栱结构中起着上下承托联结的作用。斗上开十字口或开横向的一字口,称为斗口。斗身从上到下可分作斗耳、斗腰、斗底三段。斗口两侧凸起的部分为斗耳,为斗高的 4/10;斗口与斗耳下平直的部分是斗腰,占斗高的 2/10;斗腰下斜收的部分是斗底,占斗高的 4/10。宋式中斗的这三部分称为耳、平、欹,三者高度的比例与清式相同,即亦为 2:1:2(从唐到清差不多大都是这个比例,唯辽金建筑的欹要高一些),不同的是清式斗底为斜直面,宋式斗欹为一凹曲面(营造术语常将建筑构件表面的这种内凹曲线形式称为"颛")(图 3-1)。

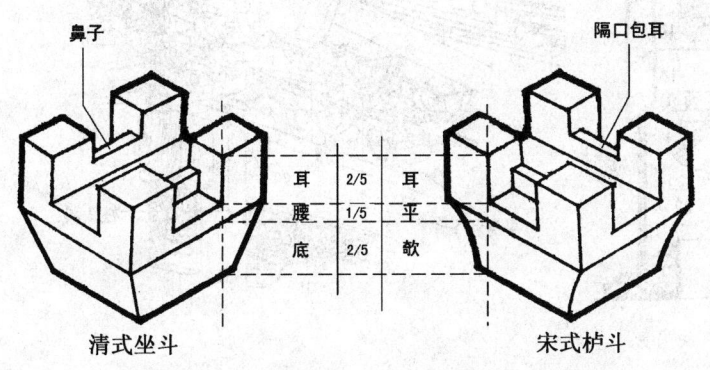

图 3-1　清式坐斗和宋式栌斗形制结构比较示意图

栱:搭嵌在斗口上向前后或左右伸展挑出的长方形短木条。迎面阔观之,其前后纵向(即进深方向)挑出的可统称为竖栱,左右横向(即开间方向)伸出的可统称为横栱。横栱两端需做卷杀处理成弯曲形状,略似弓形,故名。竖栱除最下一层(或重叠的几层)的外观形制与横栱基本相同外,其余形制都与横栱不同[①]。

斗上搭嵌一层两道纵横相交的栱,栱上再装置斗,其上再搭嵌一层栱,再置斗,又搭栱……这样层层搭嵌挑出,就组成了一组斗栱。但在这一组斗栱结构中,斗与栱因所处的位置和方向不同而又有不同的名称。不同位置、作用和类型的斗栱又有不同的斗栱组合形式。按斗栱在建筑物中所处的位置,可以把它们分作外檐斗栱和内檐斗栱两大类。凡处于建筑物檐下部位的,称为外檐内栱;内檐斗栱使用在房屋内部的檩柱梁架之间。外檐斗栱包括平身科(补间铺作)、柱头科(柱头铺作)、角科(转角铺作)(括号内为宋式名称),是最主要、最典型的三种斗栱类型,采用翘昂前后出挑上施横向栱枋的完整斗栱结构形式,又总称为翘昂斗栱或翘昂斗科。以下以清式单翘单昂五踩斗栱为例,介绍平身科、柱头科、

[①] "栱"有广义和狭义。一般所谓"栱"是狭义的,即指形制都基本相同的横栱。斗栱的纵向构件各有专名,一般最下一层(或重叠的几层)与横栱形制相同,在宋式叫"华栱"仍是栱件,在清式则名为"翘"已不算在栱件之内,而华栱或翘之上的纵向构件如昂、耍头等,形制与横栱有较大差别,都不属栱件。为叙述的方便,本书将斗栱中的纵向构件统称为竖栱,是一种广义用法。一般所说斗栱的纵向、横向构件,与建筑整体的纵向(开间方向)、横向(进深方向)正好相反,这是需要注意的。

角科三种斗栱的构造，同时对照以宋式结构名称。

一、平身科——补间铺作

平身科斗栱位于相邻两柱的柱头斗栱之间，一般作等距离排列若干攒，由下面的额枋和平板枋来承托。在大额枋之上再平放一层板木，称为平板枋，它的用途就是来承托平身科斗栱的。平身科斗栱略可帮助传递屋顶的重量，但其功用并不很重要，有时似乎纯粹是一种装饰，尤其在明清建筑更是如此。

平身科斗栱的构造如下（图3-2）：

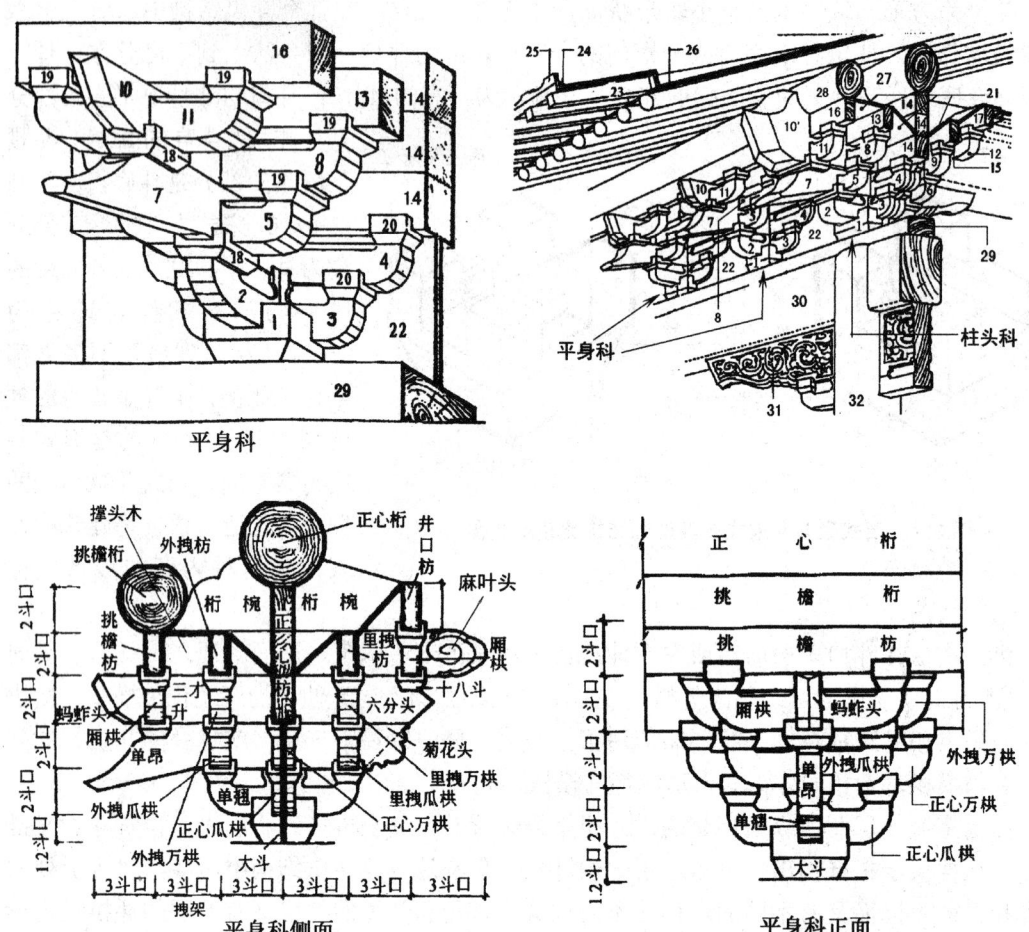

1. 坐斗 2. 翘 3. 正心瓜栱 4. 正心万栱 5. 外拽瓜栱 6. 里拽瓜栱 7. 昂 8. 外拽万栱 9. 里拽万栱 10. 耍头（蚂蚱头） 10'. 挑尖梁头 11. 外拽厢栱 12. 里拽厢栱 13. 外拽枋 14. 正心枋 15. 里拽枋 16. 挑檐枋 17. 井口枋（机枋） 18. 十八斗 19. 三才升 20. 槽升子 21. 盖斗板 22. 栱垫板 23. 飞椽 24. 连檐 25. 瓦口 26. 望板 27. 正心桁 28. 挑檐桁 29. 平板枋 30. 额枋 31. 雀替 32. 檐柱

图3-2　清式单翘单昂五踩斗栱构件构造示意图

第1层：坐斗。

是全攒斗栱的最下层的承托基座。全攒斗栱的重量集中其上，因而是全攒斗栱中最大的斗，故又叫大斗（宋式称为栌斗）。有时也可单独使用。坐斗上面居中开十字口，以安装横竖栱件。平身科坐斗正面安装进深方向竖栱的开口宽度，就规定为清式有斗栱建筑尺寸权衡的基本模数单位，即 1 斗口（其口深 0.8 斗口）。此安装竖栱的刻口内，通常还要做出鼻子（宋式称"隔口包耳"），作为固定竖栱的暗销（图 3-1）。

第 2 层：翘、正心瓜栱。

出坐斗正面斗口，前后纵向挑出一道竖栱，叫翘。出坐斗侧面斗口，左右横向挑出一道横栱，叫正心瓜栱。翘与正心瓜栱在坐斗斗口中十字搭嵌。

第 3 层：正心万栱、瓜栱、昂。

左右方向，在正心瓜栱上与之平行再承挑一道横栱，叫正心万栱。前后方向，在翘之前后（里外）两端上分别向左右挑出一道横栱，为（单材）瓜栱，因在正心以外和以里各有一道而可分别称为外拽瓜栱和里拽瓜栱。

在翘上与之平行纵向挑出昂。昂身向后依次十字搭嵌穿过外拽瓜栱、正心万栱、里拽瓜栱。昂前做成长扁而尖斜下垂的形状，叫昂嘴或昂尖。昂嘴上皮叫昂面，昂身的上皮叫昂背，昂的后端叫昂尾。

第 4 层：万栱、外拽厢栱、耍头。

正心万栱上与之平行承挑正心枋一根。在单材瓜栱上与之平行再承挑一道横栱，叫（单材）万栱，也是里外各一道，分别称为外拽万栱和里拽万栱。

与昂平行纵向挑出耍头，身尾扣在昂上。耍头前端雕成"蚂蚱头"式样。

在昂前端左右挑出一道横栱，为厢栱。因里拽上也有一道厢栱，所以分别称为外拽厢栱和里拽厢栱。但里外拽厢栱不在同一层次上。因为在第四层次的纵向构件耍头，向后依次穿过同层的外拽厢栱、外拽万栱、正心枋、里拽万栱后，尾端上置小斗再挑出里拽厢栱，故里拽厢栱实属第五层次。

第 5 层：正心枋、挑檐枋、里外拽枋、里拽厢栱、撑头。

下层正心枋之上续叠正心枋一道；在里、外拽万栱上各置里、外拽枋一道；外拽厢栱上置挑檐枋一道；耍头后尾上置里拽厢栱。

进深方向，耍头上扣撑头木，前端撑住挑檐枋里皮而不露明，故名。撑头向后依次穿过外拽枋、正心枋、里拽枋、里拽厢栱。

第 6 层：正心枋上，再续叠正心枋至正心桁底皮，枋高由举架定。在内拽厢栱之上，安置机枋，为承井口天花之用，又称井口枋。在撑头木上纵向平行安置桁椀，作为承托固定正心桁、挑檐桁的构件，它和撑头木一样外视都看不到。

综观一攒斗栱的构件组合，从立面上看，无论斗栱的规模大小，其向前后（里外）挑出的竖向栱件都只有一列，位于斗栱的纵向（进深方向）中心线上，由下至上依次为：翘、昂、耍头、撑头木（前端不露明，外视不能见）。向左右两侧挑出的横向栱件则有多排，除了最外和最里、也是最上的厢栱是单独一层栱外，其余各排都是瓜栱和万栱两层相叠，瓜栱在下，万栱在上，其中位于斗栱的横向（开间方向）中心线上的即为正心瓜栱和正心万栱，在正心线里外对称分布的是里拽和外拽瓜栱、万栱，厢栱则只有里拽、外拽而无正心。需要注意的是，外拽厢栱是坐落在昂头上、和耍头呈十字相交的，而里拽厢栱则坐落在耍头后尾上、与撑头木后尾呈十字相交，是故里拽厢栱在立面上的层次就要比外拽厢栱高出一层——即撑头高出耍头的一层。横栱的形制都相近同，其中万栱最长（这可能是宋式中叫"慢栱"的得名由来，慢、万音近），瓜栱因处于最下一层故是最短的（与瓜柱之瓜同是短意），以保证其上的万栱可自瓜栱两端伸出一定的长度，厢栱又较瓜栱略加长一些。栱及翘的端头要做出"栱瓣"，即经卷杀处理而形成的连续折面，每一折面称为一瓣。瓜栱、万栱、厢栱分瓣的数量不等，有"万三瓜四厢五"之说。

斗栱在上下的竖栱层数增加时，在昂上可以再设昂，有单昂、双昂、三昂之形式，各昂分称头昂、二昂、三昂；或同时增加翘的数量，成单翘、重翘形式（外檐有昂一般以重翘为限），各翘分称头翘、二翘。耍头、撑头的数量则不增加，各只一道。翘、昂、耍头及撑头杆件的后尾分别雕成翘头、菊花头、六分头（成锐角形式，角端从上承之斗底外出0.6斗口的水平距离，当宋式材分模数制的6分°，因名）、麻叶云头形式。在斗栱层增加时，里端从上至下仍旧依次保持麻叶头、六分头、菊花头各一件，再下其余的昂、翘后尾形式保持一致，即一律做成翘头的形式。也有从坐斗不出翘而直接出昂的情况，即斗口单昂、斗口重昂，单昂后尾带翘头、耍头后带麻叶头，重昂者同单翘单昂（图3-3）。

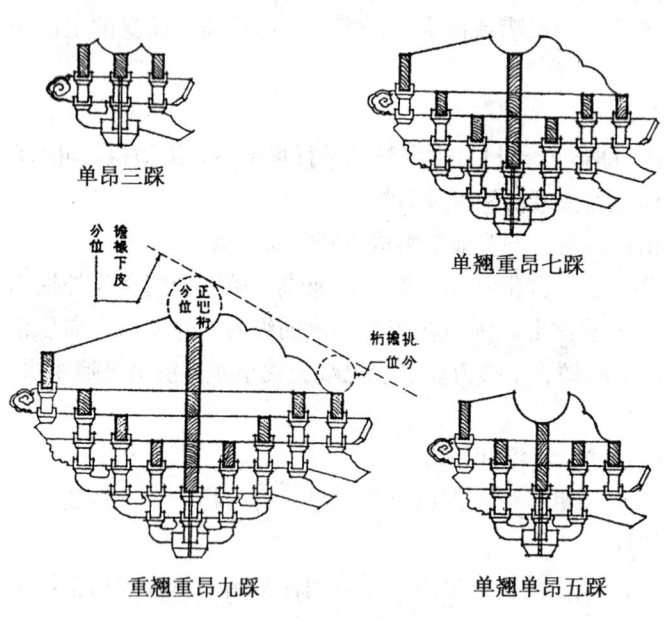

图3-3 斗栱出踩图

除正心栱一排外，斗栱中的每一排横栱都是由竖栱构件的翘和昂来向外（里）挑出的，每出一道翘或昂，其端头就向外（里）、向上挑出了一排横栱。翘和昂是主要受力构件，所以在与同层的横栱十字相交时，要遵循"山面压檐面"的原则，即竖栱开口在下（谓之盖口卯），横栱开口在上（谓之口卯），竖栱盖嵌于横栱口卯上。不论挑出多少排横栱，除了最外和最内一排上各只有一道横栱——厢栱外，其间包括正心在内每一排的横栱均是上下承叠的两道——瓜栱和万栱。各栱之长、高各有模数定制。可见，斗栱的大小，包括纵向挑出的距离及立面挑起的高度，取决于用竖栱翘、昂的多少。所以，所谓斗栱出跳，即是指其纵向挑出而言，清式中谓之"出踩"。有些斗栱只有横栱而没有竖向挑出构件，就是不出跳或不出踩的的斗栱，只能起隔架的作用。

具体一攒清式斗栱的出踩数可照如下方法计算确定：从正心向外或向里每挑出一排横栱，就是出一踩。一层竖栱（翘或昂），内外各挑出一排横栱，就是出两踩，合正心栱在内共三排横栱，计为三踩；二层竖栱（翘或昂），其两端又各挑出一排横栱，即内外又各延伸出一踩，合正心共五排横栱，计为五踩；三层竖栱（昂），内外又各挑出一排横栱，即内外又各延伸出一踩，合正心共七排横栱，计为七踩……依次类推，以十一踩为限。所以，从外面来看，一攒斗栱向外挑出的横栱排数，二倍之，再加正心一排，等于其横栱总排数，也就是其总踩数；或者：合翘与昂之数，二倍之，再加正心一踩，即等于其总踩数。因为最外（里）端的厢栱一排是由昂支挑的，昂以上的耍头、撑头不再挑出横栱，所以计算出踩时，不计昂以上耍头、撑头等。清式斗栱就是以"几翘几昂几踩"的形式来称名的，如：单翘单昂五踩，单翘重昂七踩，单翘三昂九踩，重翘重昂九踩，重翘三昂十一踩（图3-3）。虽然一般而言建筑的规模越大，其斗栱的踩数可能越多，但斗栱出踩的多少主要是由建筑的类型和其使用部位的需要来决定的，并不完全与建筑的规格等级一致。如故宫太和殿斗栱为单翘三昂九踩，而牌楼主楼品字斗栱可用重翘三昂十一踩。

每两排横栱间的水平轴线距离，即出踩的距离，都是相同的，也称为"拽架"。清工部《工程做法》规定斗栱挑出三斗口为一拽架（这一距离在实际运用中往往略有调整）。挑出的各排横栱往往也用"拽"来指称，如里拽、外拽和头拽、二拽、三拽之类。

每一拽上面的栱都承托枋木，它是各攒斗栱之间的联络构件，通间设置，置于横栱之上，与檩平行。正心枋是在正心万栱之上一层层迭落起来直到正心桁下皮，上托正心桁。其余里、外拽枋每出一踩用一根，置于里、外拽万栱之上，纯作各攒斗栱间的联络构件。挑檐枋用一根，置于外拽厢栱上，上托挑檐桁。井口枋亦用一根，置于里拽厢栱之上，用来承托安装天花。

在竖向的翘或昂的两端上承托上层构件的小斗叫十八斗，形与坐斗同而小于坐斗，它的作用在于承接来自纵、横两个方向上的构件，所以和坐斗一样也开十字口。在横栱两端承托上层构件的小斗，因小于十八斗而叫升，其向上只承托横向的栱或枋，所以只需开横向的一字口。里外拽的瓜栱、万栱及厢栱两端的升叫三才升，正心瓜栱和正心万栱两端的升叫做槽升子。正心栱和槽升子常以一根木材连做（即足材），在侧面贴升耳。十八斗和三才升都是单独制作和安装的。

在每拽之间枋上覆以盖斗板，用以遮挡拽枋以上部分及分隔室内外空间、防寒保暖、防止鸟雀进入斗栱空隙内等，类似于室内天花板的作用。相邻两攒斗栱之间，在正心枋之下、平板枋之上，加一道栱垫板，作为斗栱间的卡挡和分隔室内外。坐斗、正心瓜栱、正心万栱以及它们上面槽升子的侧帮中线要刻剔出槽口以纳栱垫板。槽升之得名，除因其是位于正心槽（缝）上之外，也有开这道栱垫板槽口的缘故。

清式平身科在宋式中叫补间铺作，但宋式补间铺作一般每间仅有一朵或两朵。按《营造法式》可于当心间用二朵，其余各间一朵，间广均等时可逐间都用二朵。实例及图像所见当心间都是一朵或两朵，次间以外各间多做一朵或不用，偶有于开间较广的次间置二朵而开间较窄的次间置一朵的，大体都在《法式》规定的范围之内[①]。宋式铺作与清式斗科结构大体相同，而构件名称多异。宋式（补间）铺作的构件结构如图3-4所示，其与清式斗栱构件名称异同对照如表3-1。

表 3-1　宋式、清式斗栱构件名称对照表

	清 式 名 称	宋 式 名 称
斗件	大斗（坐斗）	栌斗
	十八斗	交互斗
	三才升、槽升子	散斗
		齐心斗（华心斗）

[①] 在《营造法式》小木作图样所示及宋辽时期的小木作实物上的补间有设三至五朵者。

续表

	清式名称	宋式名称
栱件	翘	华栱（抄栱、卷头、跳头）①
		华头子
	昂	昂、下昂
		上昂
	耍头（蚂蚱头）	耍头（前后皆作蚂蚱头式样）
	撑头（撑头木）	衬枋头
	正心瓜栱	泥道栱
	单材瓜栱	瓜子栱
	正心万栱	慢栱（泥道慢栱）
	单材万栱	慢栱
	厢栱	令栱（单栱）
枋件、板件	正心枋	柱头枋（素枋）
		压槽枋
	拽枋	罗汉枋（素枋）
	挑檐桁	撩檐枋、撩风槫
	机枋（井口枋）	算桯枋、平棋枋
	平板枋	普拍枋
	额枋	阑额
	栱垫板	栱眼壁板
	（正、斜）盖斗板	（正、斜）遮椽板

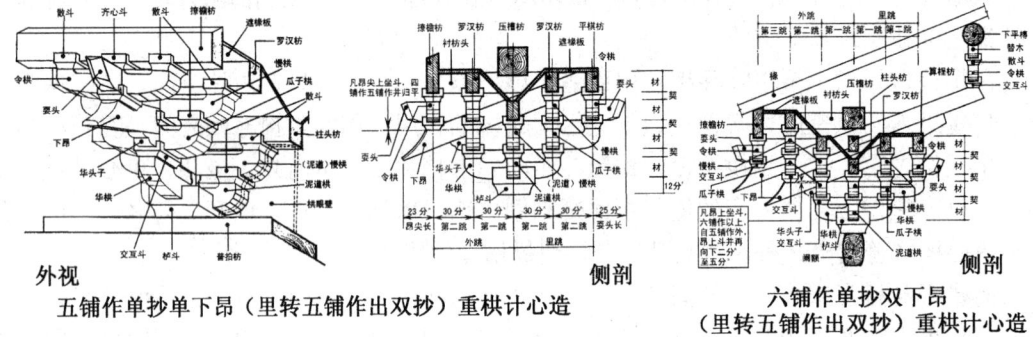

图 3-4 宋式补间铺作构件构造示意图

宋式铺作与清式斗科最大的不同，在于前者用所谓真昂，后者用假昂。真昂又谓之下昂，昂尖斜下至斗栱外端，昂身很长而向内斜上，昂尾至下平槫之下。其承挑下平槫的方式有二：一是彻上明造时于昂尾上安斗或上再挑一层横栱及斗，上支替木承槫②；

---

① 华栱的另一名称"抄栱"，在《营造法式》的不同传抄版本中又写作"杪（音妙）栱"，目前学术界用抄、杪者兼有，孰是孰非，尚争议不定。作"抄"者，认为其有向上卷曲、包拢、抄起、掠取之义，引申为承托，与卷、跳相对应，均为动词；作"杪"者，认为其有细枝、树梢、末端之义，也与跳头、卷头的意思一致，是用树枝来比喻出跳的华栱。这两种说法都能讲通。近年有徐怡涛《"抄"、"杪"辨》一文（载《建筑史论文集》第 17 辑，清华大学出版社 2003 年），论证"杪"栱很可能是宋以前的称谓，而"抄"是"杪"的讹或误抄，这个讹误产生在《营造法式》编修之前，由于抄、杪已存在于《营造法式》的不同版本中，并都得到了广泛流传，形成了既成事实，故二者可并存。不过，从梁思成等早期的建筑史研究者开始均用"抄"，抄、杪误讹问题提出于 20 世纪 70 年代末，其后一直争议不下。相比之下，就中国建筑史学的历史来说，"抄"的使用时间更长、流传也更广，中国语言文字流传中讹久为正、约定俗成的现象其实很普遍，其既成一种事实，也不影响词义，就没有必要非得改正。本书中即统一仍用"抄"字。

② 图 3-4 右图引自梁思成先生《营造法式注释》大木作制度图样一，其下昂尾挑一材两栔，故原图所标"平棋枋"宜改为"算桯枋"（在没有平棋时里跳令栱上的枋木之称）。

二是用平棊时昂尾上叉立蜀柱以承榑（图 3-5）。下昂的作用有二：(1) 作为一种悬挑承

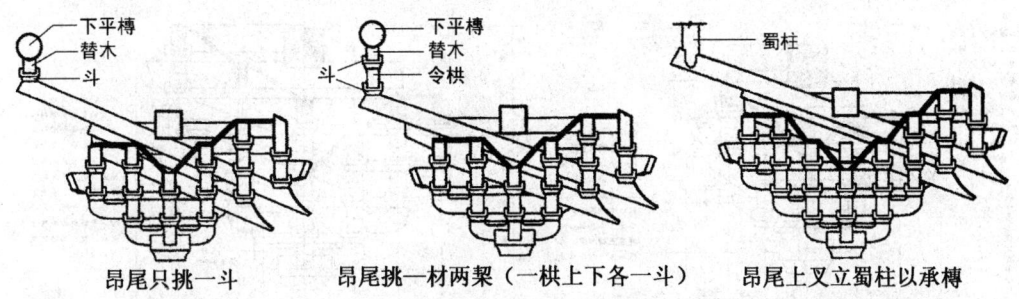

昂尾只挑一斗　　　昂尾挑一材两栔（一栱上下各一斗）　　昂尾上叉立蜀柱以承榑

图 3-5　铺作昂尾交待图

重构件，下昂前后于檐架前后分别既是受压关系又是承挑关系，巧妙地使挑檐的重量与后面屋面重量互相平衡，所以人们常将其比喻作杠杆；(2) 调节出跳与挑高的关系。在铺作外跳上，出跳越多，出檐就越深远。如果全用华栱挑出（也有这样的铺作形式，称为"卷头造"），层数多了檐口就会过高，对于保护檐下木构及土墙是不利的。在需要较大的檐深而又不能将檐口抬得过高时，就用斜置的下昂来将铺作外跳部分的高度降低。按《营造法式》的规定，"凡昂上坐斗，四铺作五铺作并归平；六铺作以上，自五铺作外，昂上斗并再向下二分至五分"①，就是说铺作只出一跳（四铺作）或两跳（五铺作）者其里外跳的挑高是相同的，而出三跳（六铺作）以上者则从头一道昂上的坐斗就要比里跳上同一层次的坐斗降低 2 分°至 5 分°的高度了（分°为宋式材分制单位，详第四章）。天津蓟县独乐寺观音阁（辽代），上檐采用双抄双下昂，铺作总高 2.21 米，下檐采用出四抄卷头造，铺作总高 2.58 米，两者都是出四跳七铺作，但高度相差了 37 厘米。同时，在铺作里跳上，由于屋面是斜上的，如用华栱层层挑达，出跳势必过多，占据很大的水平空间距离，且里外跳过分不均衡，实也难以结构和稳定，而采用下昂，就可以减少里跳华栱出跳层数，使里外跳基本保持平衡。此外，斜长下昂的昂尖和后尾，经艺术加工后都具有高度的装饰效果。在出下昂的斗栱中，将第一跳下昂之下相应里跳华栱的外端，顺昂底斜面切去一部分以与昂底贴合为同一跳，余下斗口外的一小段华栱头，刻作两卷瓣形式，叫华头子，上承昂底。

　　而清式斗栱的昂，只在外端还具昂形，内部不再向上斜伸，而与翘平行放置，可以视作只是将出跳的竖栱外端做成昂形而已，完全没有了结构上的杠杆作用，而演化为装饰性构件，所以就称为"假昂"。唯清式溜金斗栱上尚有早期真昂的遗意（详后）。

　　作为主要承重构件，下昂与华栱一样，在与横栱十字相交处的卯口都开于身下，以避免过多损害其结构刚度，即以竖栱压嵌于横栱之上。而其他同向耍头、衬枋头与昂相遇时要尽量做到"放过昂身"（《营造法式》卷四）。所以，宋式殿阁铺作耍头木是以昂身为分前后两件的，即里外两耍头，都做为蚂蚱头式样，且重昂（六铺作）以上者处于不同跳数及高度上，外跳高于里跳。也有安于里外令栱之内不出头的情况。至于衬枋头，在下昂造中一般只外跳一件止于昂身，处于里跳上的是昂尾。

　　一般所称的昂，于宋式即是指下昂。与下昂相对，又有所谓上昂。按《营造法式》的

---

① 《营造法式》卷四 "飞昂" 条。

规定和图样,上昂是用于身槽内铺作里跳和平座铺作外跳上的(图3-6)。上昂的形式是自

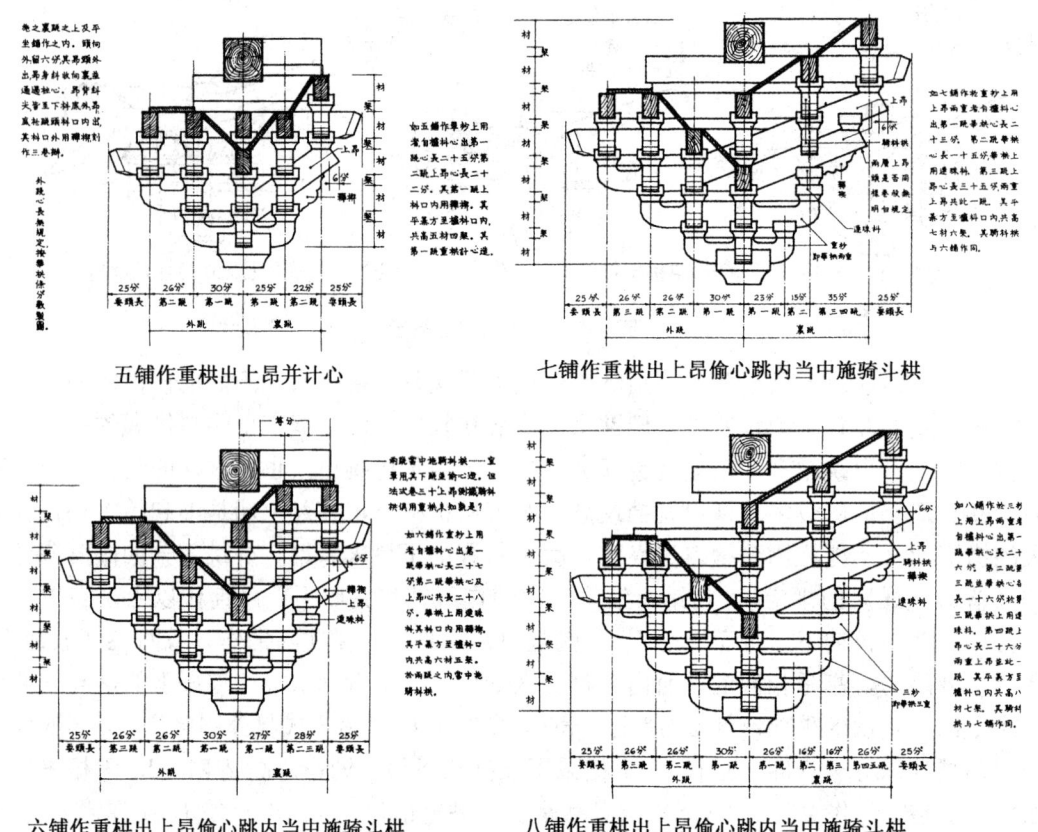

图3-6 上昂造铺作

铺作中心(下端抵于或通过柱心)向上斜出,至里跳跳头上,上承令栱平棋枋,或压于梁下。昂身底的跳头斗口施以刻成三卷瓣的楔形垫托构件——名"靴楔",昂头从上挑之斗底向外留6分°(此即后世斗栱后尾"六分头"装饰之由来)[①]。双抄及以上者于上抄跳头施上下相叠的"连珠斗"以承上昂,在昂背两跳中间施一层或两层横栱以承耍头等上层构件,此称为"骑斗栱"[②]。与下昂在保持铺作出跳深度的同时降低铺作高度的作用相反,上昂则可在较小的出跳内加高铺作的挑高,同样也是一种代替层层叠架华栱的简化出跳结构以让出空间和节省工料的做法,但它的力学性质类似于斜撑,斜度不宜太小(即应较陡立),即一定的挑高下的挑出距离是有限的,所以上昂一般用于殿堂内部及平座,可以提高平棋及平座楼面的位置,《法式》所列都是外跳卷头造里跳用上昂的形式,未见用于外檐与下昂并用者。实例主要见于江南地区,如苏州昆山角直镇保圣寺大殿(北宋)、浙江金华天宁寺大殿(元),都是与下昂并用于外檐补间铺作的,在里跳上以上昂支撑下昂后尾;苏州玄妙观三清殿(南宋),其上昂又是对称施于身槽内铺作之里外跳上的;施于平座者所知仅浙江湖

---

① 此上昂头、尾之分从《营造法式》,今也有人将此头、尾对调而称的。
② 图3-6引自引自梁思成先生《营造法式注释》大木作制度图样八、九。按《法式》对上昂制度的叙述有含混不清之处,据《法式》卷三十所给上昂侧样图,施上昂两重者似各昂下都有靴楔,而梁图中只下一昂之下画有。

州飞英塔（南宋）一例；也有一些用于藻井铺作上的例子，如苏州报恩寺（北寺）塔（南宋）第三层塔心室门道顶上藻井及苏州虎丘云岩寺塔（宋初）第三层塔心室门道顶上藻井。北方迄今所知唯一的上昂实例，是金代山西应县净土寺正殿藻井铺作。上述上昂实例并未施用连珠斗，苏州虎丘云岩寺塔第三层内槽斗栱上有见，但为用于华栱跳头，其时间早于《法式》百余年（图3-7）。

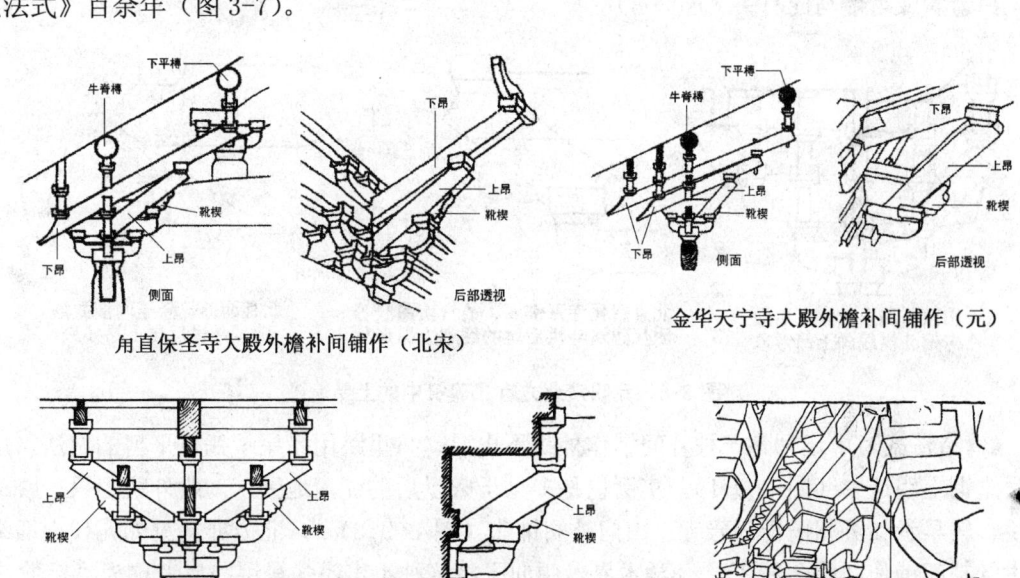

图3-7　江南宋元时期建筑铺作中的上昂及连珠斗实例

有种意见认为下昂是源于原始斜梁的受弯构件，上昂是源于斜立短柱即斜撑的受压构件，"昂"的本意是上举，昂的初形亦应是一上举构件，则上昂应是昂的本相，下昂或是上昂的演化或派生，南方早在汉代已见上昂的运用（如四川石阙），所以从源流上看上昂的出现并不一定晚于下昂，至少二者或应视作独立并存的构件[①]。但上昂的运用远不及下昂普遍，尤其是在北方，虽然据文献记载北方初唐的重要建筑上即有用上昂之例，但在中晚唐以后北方就很少用了，至少到《营造法式》的时代已不是北方建筑中的流行做法，《法式》虽有提及但未作详论，仿效中唐中原建筑的日本奈良时代的建筑中亦未见上昂的身影。相对而言，上昂在江南建筑中运用较为普遍，甚至一直沿续至明清，成为江南建筑斗栱构成上的一个特色，明清江南民居内外檐上还多见在丁头栱上出各式斜撑的结构形式，与上昂相似或趋近，具有同源关系，学者或谓之"斗栱化斜撑"，其装饰化的倾向和特色显著[②]。

江南宋元的上昂做法，对后世北方官式建筑亦产生一定影响。元代山西芮城永乐宫纯阳殿及重阳殿的内槽斗栱虽然没有上昂，但却在里跳第二跳华栱及耍头上画出两条平行斜线以示意上昂，并将端部分别刻为锐角六分昂头和靴楔形式。这种将斗栱里跳隐刻或彩画为上昂形象的做法，在明代官式建筑中亦多有其例，如长陵祾恩殿和故宫角楼内檐斗栱、

---

① 张十庆：《南方上昂与挑斡作法探析》，《建筑史论文集》第16辑，清华大学出版社2002年。
② 张十庆：《南方上昂与挑斡作法探析》。

故宫南薰殿和北京智化寺万佛阁外檐斗栱里跳以及曲阜孔庙等处所见,这种上昂遗意直到清乾隆以后才完全消失,但端部的锐角六分昂头和靴楔形式却保持了下来,成为清式建筑外檐斗栱后尾的固定装饰形式,就是六分头和菊花头,分别用于耍头尾和假昂尾。山西建筑多存古制,做法上与江南建筑多有相似之处。而明初营建都城北京,大量"南匠北调",其上昂遗意或可能与此有关(图3-8)。

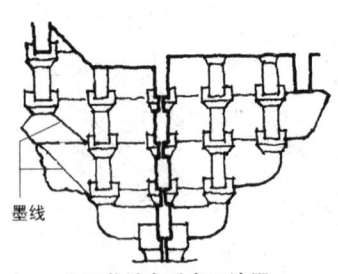 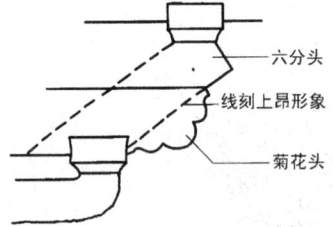 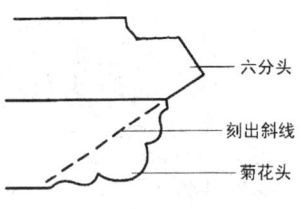

图3-8 元明清北方官式建筑中的上昂遗迹

《营造法式》中还列有一种补间铺作外跳不出昂、只里跳用昂尾承托下平槫的做法,用于堂彻上明造中(图3-9:1)。实例也是多见于宋以后的江南地区,一般外跳上只一跳或两跳,较早者如苏州虎丘云岩寺二山门补间铺作(图3-9:2)[①],北方亦偶见如元代山西绛州大堂补间铺作(图3-9:3)。今学术界多倾向于将这种不出昂尖只用昂尾者称为"挑斡",作为一种约定以成的使用名称以区别于下昂,此虽无不可,但未必就符合《法式》本意。按《营造法式》说:"若屋内彻上明造,即用挑斡,或只挑一斗,或挑一材两栔[李诫注:谓一栱上下皆有斗也(笔者注:即不计最上之替木,昂尾挑一斗之上再加一栱一斗的挑高)。若不出昂而用挑斡者,即骑束阑枋下昂桯];如用平棋,即自槫安蜀柱以叉昂尾;如当柱头,即以草栿或丁栿压之。"[②] 尽管这段话说得不太清晰明确,特别是李诫注言"若不出昂而用挑斡者即骑束阑枋下昂桯"一句,意甚难解,梁思成先生疑有脱误,不过大体可知这是交待了铺作中昂之后尾与梁架的三种结合方式,似可以认为,《法式》原意是无论出不出昂头,凡具有昂尾挑一斗或一材两栔以承下平槫的构造形式,就可以称为挑斡,由于这种形式用于彻上明造,也即凡砌上明造的昂之后尾都可叫挑斡。至于不出昂头的昂尾挑斡,《法式》中没有具体实名,仅言"若不出昂而用挑斡者",或可以"无昂(头)挑斡"名之。无昂挑斡在形式上又与上昂相接近。由于《法式》的相关记载太过简略不清,挑斡形制及其与下昂、上昂的关系颇难定论。梁思成先生《营造法式注释》中将挑斡指认为下昂后尾,但亦多作存疑待考。近年来有学者结合江南建筑的研究,指出挑斡未必就是下昂后尾,也未必就是上昂[③]。有的学者又进一步提出结合受力形式、功能特点和位置关系来定义和区分上昂、

---

① 关于苏州虎丘二山门的时代,学术界意见不一。最早刘敦桢先生于1936年调查时据元至正六年《虎丘云岩寺兴造记》碑文定为元代(见刘敦桢《苏州古建筑调查记》,《刘敦桢文集》(二),中国建筑工业出版社1984年),后陈明达先生对碑文重新释读,认为山门主体仍是宋至道中(995~997年)重建后之原构(见陈明达《营造法式大木作制度研究》158页)。今张十庆先生也认为仅就作法时代特征而言虎丘二山门明显早于同地区的元构,至少可以说二山门的式样年代要早于实际年代,或存宋构的可能(张十庆:《南方上昂与挑斡作法探析》)。

② 《营造法式》卷四大木作制度"飞昂"条。按"斡"字为《法式》原文,义难解,疑为形近之"幹"(杆)字传抄之误,即"挑斡"实即"挑杆"。

③ 朱光亚:《探索江南明代大木作法的演进》,《南京工学院学报》1983年第2期。

下昂和挑斡：杠杆式受弯者为下昂和挑斡，斜撑式受压者为上昂；挑斡是下昂的特例即不出昂尖者，其前端与铺作里跳咬接，后尾斜上挑承槫底，并以此平衡铺作里外跳荷载；上昂组合于铺作内，不与梁架下平槫直接相连，其平衡依靠铺作自身[①]。这是目前对下昂、上昂、挑斡所做的程度最为明晰的区分。不过，这也只是大体而论，在一定程度上挑斡也受压，上昂也受弯，只能是取其主要的受力方式，而实例有时很难截然界分，特别是后世构件的演化中，挑斡与上昂的受力形式存在着互相接近和趋同的倾向，或是介于二者之间，有些挑斡下脚立于里跳华栱上、位置偏离柱心且更加陡立，受力方式接近于受压斜撑，所以不同的研究者叫法也就不一，或称为上昂或称为挑斡（图 3-9：4、5）。

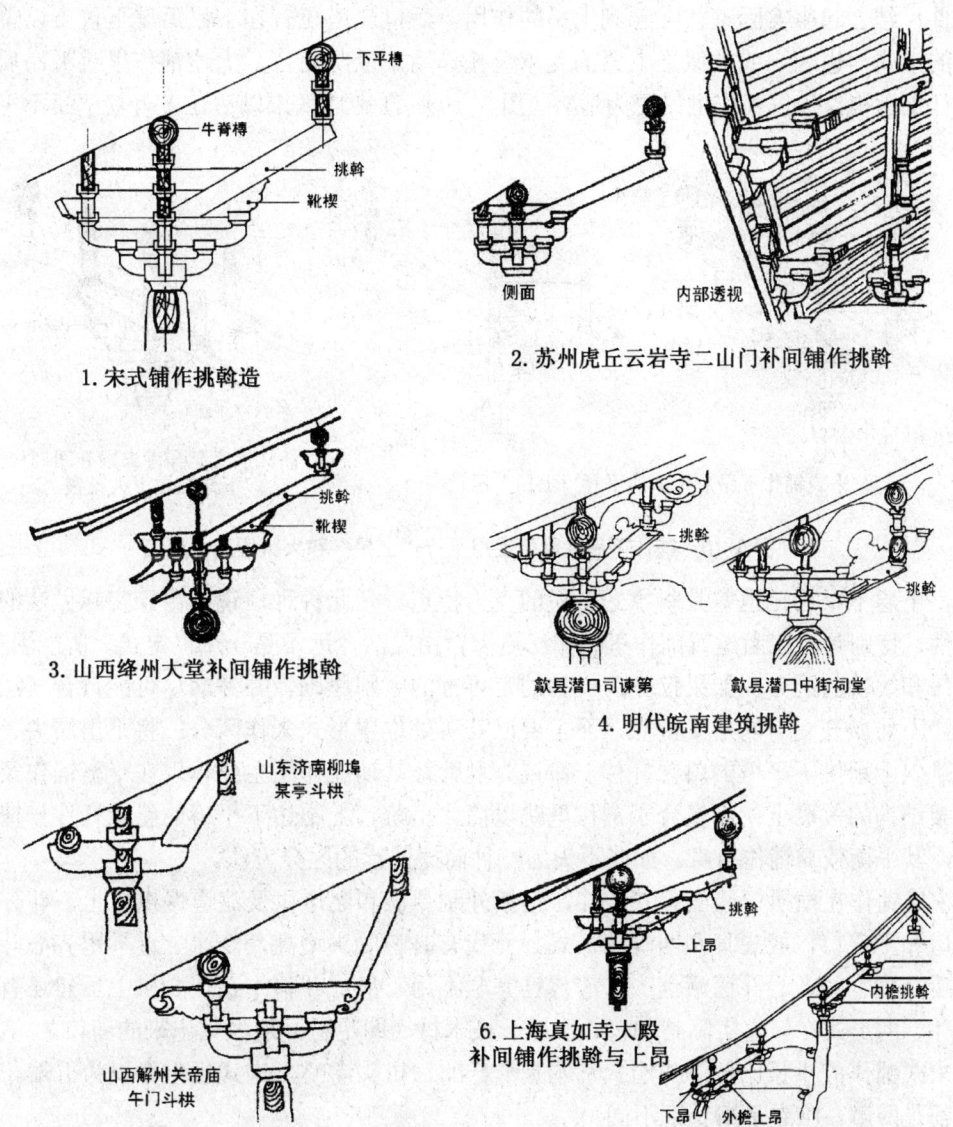

1. 宋式铺作挑斡造
2. 苏州虎丘云岩寺二山门补间铺作挑斡
3. 山西绛州大堂补间铺作挑斡
4. 明代皖南建筑挑斡
5. 明清北方山东、山西、河南一带的挑斡形式
6. 上海真如寺大殿补间铺作挑斡与上昂
7. 用直保圣寺内檐挑斡与外檐上昂

图 3-9　挑斡形式

---

① 张十庆：《南方上昂与挑斡作法探析》。

前举角直保圣寺大殿和金华天宁寺大殿，都是上昂施于外檐补间铺作里跳、以上昂承下昂后尾的形式（角直保圣寺并于外檐用上昂和内檐用挑斡，是所见唯一实例。见图3-9:7）（这种同一铺作中上下昂并用的做法，在以江南宋末元代建筑为祖型的所谓日本唐样建筑铺作中多有），唯一的区别是前者为单下昂，后者为平行双下昂，且前者上昂与下昂的夹角较后者为小而更接近于下昂的受力方式。类似的还有以上昂承挑斡的形式如元代上海真如寺大殿外檐铺作（图3-9:6）。问题就在于，下昂下的这一辅助支承构件如果与下昂完全平行，后端的受力方式与下昂一样，是该视为上昂还是不出昂尖的挑斡呢？实际研究者分别作二者看待的都有。考虑到此下层构件下往往还加施靴楔，作为与华栱间三角形空档的楔形垫托构件，结合起来实际整体上起到上昂的作用，后世江南还有在下昂后尾下仅支以单斗大靴楔的形式，也相当或类似于上昂的支承垫托作用。以此而言，上述铺作里跳下昂后尾下的平行支承构件似以视作上昂更为适宜（图3-10）。江南地区宋以后还多有双下昂不平行的

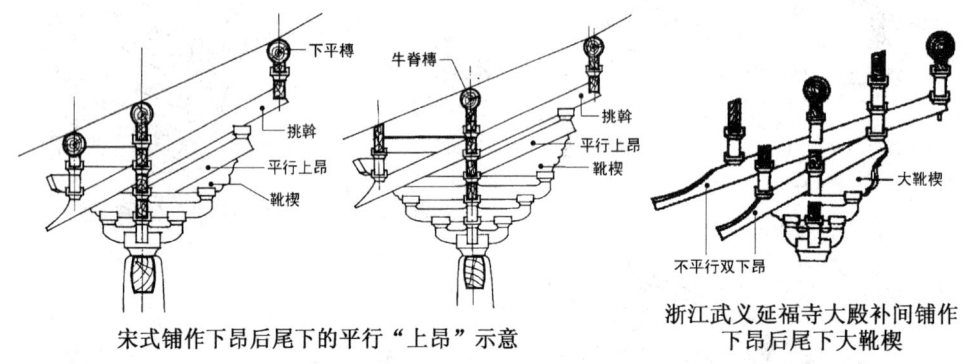

图3-10 铺作下昂后尾下使用平行"上昂"和大靴楔形式比较

做法，下层下昂后尾也兼具斜撑式上昂的受力特点。凡此种种，说明由于实际做法的丰富多样性，特别是于江南建筑铺作里跳作法更为自由灵活，远不是一二"定式"所能涵盖的。对上昂和挑斡的区分，如果仅作为一种约定可行的区别原则，并考虑尽可能符合《法式》本意，不妨抛开受力的形式特点，而主要以其所处位置形式来作区分：将不出昂尖、从铺作里跳斜上承挑下平槫的斜置杆件一律视为挑斡，其功能作用主要体现在平衡铺作及与其上梁架结构的关联上；而组合于铺作里跳以简化出跳、上不达下平槫的斜置杆件一律视为上昂，其平衡依靠铺作自身。如此不失为一种简捷便行的区分方法。

宋式铺作在横栱中心上置齐心斗，包括外跳令栱和泥道栱及泥道慢栱之上，斗分别开丁字口和十字口，成三耳和四耳的形式。元代有时将耍头增高，令栱上遂不用齐心斗。明初以后令栱上的齐心斗逐渐消失，清代已完全不用。清式斗科中在正心栱上虽然还有一个似"斗"的形式，但它实际是和正心栱以一根木材（即足材）连做刻出来的卯口。

宋式铺作的栱长比例，与清式基本是一样的。栱头卷瓣，宋式规定令栱为五瓣，其余各栱都是四瓣，唯卷杀瓣长度不同。

宋式用长为间广、断面为标准"材"的枋木作为左右铺作间的联系构件，称为"素枋"。素枋之位于正心缝（柱头中心线）上者谓之柱头枋（相当于清式之正心枋），位于铺作跳头上方的谓之罗汉枋（相当于清式之里外拽枋）。外跳令栱上承撩檐枋（用材大于素枋。或用替木承撩风槫），里跳令栱上承平棊枋（无平棊则称算桯枋）。

清式斗栱出踩，在宋式谓之出跳，计算方法也有所不同，前者是一分为二（并加正心坐斗一踩），后者是合二为一：凡从栌斗上伸出一道竖栱（指华栱或昂）谓之一跳（相当于清式三踩），伸出两道竖栱谓之两跳（相当于清式五踩），三道竖栱出三跳（相当于清式七踩），四道竖栱出四跳（相当于清式九踩），五道竖栱出五跳（相当于清式十一踩）。宋式中具体是以"铺作"数来计斗栱的出跳并称名的。宋式"铺作"一词，原意是指斗栱由层层木料铺叠而成，"铺"就是铺叠、累叠、层叠的意思，"作"就是做法、构造的意思，在具体使用上"铺作"有两个涵义：（1）斗栱总称和对分布在各个部位的不同斗栱的分称，如补间铺作、柱头铺作、转角铺作、外檐铺作、身槽内铺作等；（2）指每朵斗栱本身相叠层数、出跳多少的次序。铺作计数方法为：自栌斗算起至衬枋头，每铺叠一层构件，算作是一铺或一铺作，即每出一跳就加一铺，同时不出跳的栌斗、耍头、衬枋头都各算作一铺（在大多数情况下这三种构件是一朵斗栱中不可少的，不论出几跳，三者都各是一件，也都各构成一层。有时耍头或衬枋头会以其他变化形式出现，而层次并未发生变化；或者偶有将耍头或衬枋头省略的情况，但仍有同层横向栱件或枋件的存在，可以认为是"虚挑"）。所以，**铺作数=出跳数+常数3**。如此，出一跳谓之四铺作，出两跳谓之五铺作，依此类推，以出五跳八铺作为限。宋式斗栱的称名形式即是："几抄几昂几铺作"或"几铺作几抄几昂"，如：单抄单（下）昂五铺作，单抄双昂六铺作，七铺作双抄双下昂，八铺作双抄三下昂等（图3-11）。宋辽金元时期的建筑，外檐斗栱最高使用七铺作，八铺作的大木实例未见，所

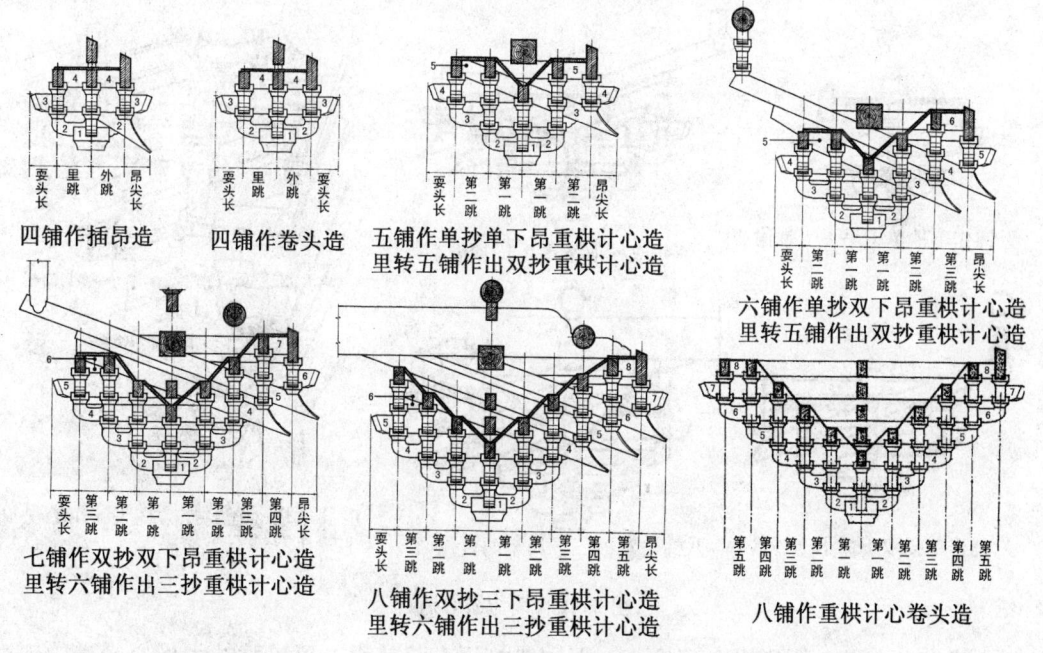

图3-11 铺作出跳与计铺

见只有正定隆兴寺转轮藏殿的"转轮藏"经柜上下层柱头铺作和补间铺作（双抄三下昂）、大同辽代善化寺大殿内当心间藻井上层（五抄）使用了八铺作斗栱，二例都属于小木作，此外还有就是陕西榆林石窟五代第16窟壁画有一组出五跳的八铺作柱头斗栱（图3-61），再就是五代末福州华林寺大殿山面中柱及后檐转角里跳做八铺作五抄全偷心造。

以上铺作出跳的计算，以出一道竖栱（华栱、昂）为一跳，这也是有条件的：它必须是一个悬挑构件，其端部要作为挑出一排横栱（或上层出跳竖栱）的支点（跳头），才谓之出跳。各跳竖栱上施横栱（即都挑出一排横栱）的做法，称为计心造；各跳竖栱（可不含最末一跳）上不施横栱的做法，称为偷心造。偷心造可看作是将竖栱上所承挑的横栱抽去了，是一种简化省略做法（虽然从斗栱的发展过程来看大约是先有偷心造后有计心造，偷心的实质是以较小的木料叠续组合挑出较大距离的悬臂梁，后来为了加强横向联系以求斗栱的稳定便出现计心做法，但也仍然承挑着上一层出跳的竖栱，所以仍然是悬挑出跳构件（可以认为是"挑虚"）。具体到一朵斗栱，存在各跳全部偷心（或称逐跳偷心）、全部计心（或称逐跳计心）以及有偷心之跳又有计心之跳三种不同情况，按说称名上也应该分别为全偷心造、全计心造、偷计心混合造（或部分偷心造或部分计心造）三种为宜。不过，由于出跳较多时的全偷心造比较少见，特别于外檐一般至多用到连续两跳偷心，大多数情况下都是偷计心混合造，人们所习见的晚近明清以来的斗栱又基本都是全计心造，所以在实际使用习惯上，单言"计心造"一般就指全计心造，"偷心造"一称则包括全偷心和至少一跳偷心的部分偷心做法在内，本书亦如是。偷心造结构简约，性能明确，外观疏密有致。但如果全部偷心且铺作出跳较多（六、七、八铺），缺乏横向构件会使斗栱不稳定，所以往往采用部分偷心和部分计心相结合以及里（外）跳偷心与外（里）跳计心相结合的做法，如其中一跳或两跳偷心或隔跳偷心等（图 3-12）。《营造法式》卷三十上昂造铺作侧样，其六、

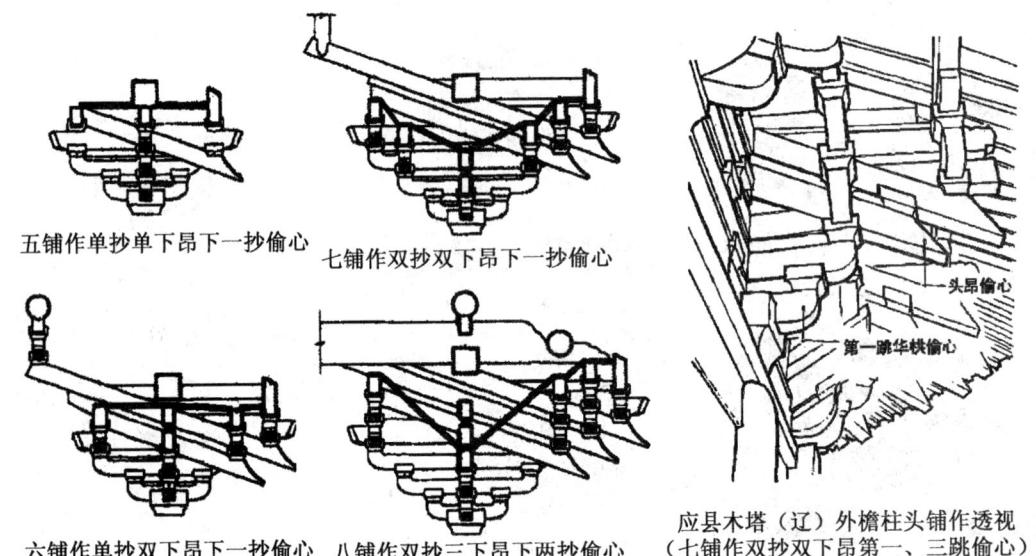

图 3-12 铺作偷心造

七、八铺作在上昂一侧华栱全部偷心，但同时施用有骑斗栱，可以弥补因偷心带来的失稳问题，且其另一侧仍然采用计心造（图 3-6）。偷心造做法在唐、宋、辽、金时期是很普遍的，从明代以后虽大大减少，但有时也采用。明清斗栱偷心的做法，主要是取消时里拽的部分横栱，外拽部分很少有偷心的。

宋辽金时期的建筑有的外檐铺作外观出"昂头"，但其实际并未出跳，即没有向前伸挑出一段距离，或者用《营造法式》的用语就是并未"传跳"，不具悬挑功能，故不能算是昂（图

3-13）。如山西应县木塔（辽）副阶和三、四、五层的柱头铺作以及三、四层的补间铺作，宝

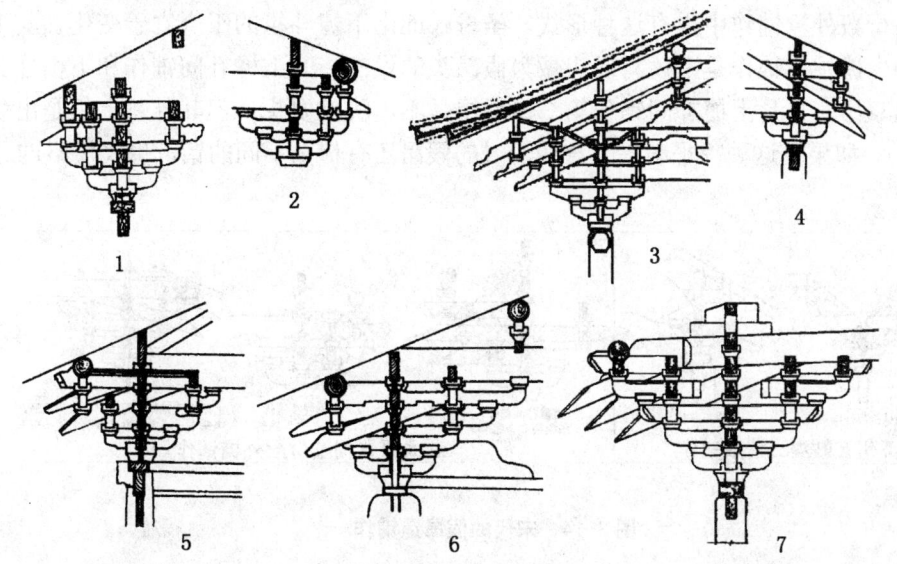

1. 山西应县木塔（辽）　2. 天津宝坻广济寺三大士大殿（辽）　3. 福建福州华林寺大殿（五代末）
4. 山西榆次永寿寺雨花宫（宋）　5. 河北正定兴隆寺转轮藏殿上层（宋）　6. 正定隆兴寺摩尼殿上檐（宋）　7. 山西朔州崇福寺弥陀殿（金）

图 3-13　铺作中的昂形耍头

坻广济寺三大士殿（辽）①柱头铺作，"昂头"平出，实际是将耍头作成了昂头的形式；如福州华林寺大殿（吴越末年）、山西榆次永寿寺雨花宫（北宋）、河北正定隆兴寺摩尼殿及转轮藏殿（北宋）、山西朔州崇福寺弥陀殿（金）者，最上的"昂头"虽都和下昂一样斜出，并且可以随昂身斜上很长，其实也不过是耍头的变体。它们在计算出跳时自然应予以排除，计算铺作数时也应将其作为耍头层而不能作为昂层计，这种"假昂头"与清式斗栱中出跳的假昂并不相同。福州华林寺大殿斗栱实为出双抄双下昂，它在将耍头一层做为下昂形式的同时还省掉了衬枋头，但其层次仍在，跳数未变，故一般仍习惯称其为七铺作。一般铺作衬枋头在撩檐枋以里不出头，其与撩檐枋又在同一层次高度上，故也有学者提出用撩檐枋作为铺作计数不可缺少的构件，这虽似与"铺作"的含义不符（撩檐枋是被铺作承托的通间长构件，不是铺作中铺垫的一层），不过由于有这种省略衬枋头的做法，以撩檐枋作为铺作计数考虑也是合宜的。山西朔州崇福寺弥陀殿外檐柱头铺作，为双抄双下昂七铺作，昂形耍头之上的衬枋头直伸至撩风槫外，出头做为蚂蚱头或麻叶头形式，又似耍头了，正定隆兴寺转轮藏殿同样是衬枋头与令栱上的替木及撩风槫相交出头作为耍头形式，尽管这样的情况并不多见，却极易被混同于普通的昂及耍头，实质上它们是昂形耍头之上又出耍头形的衬枋头，只是铺作构件外形的改变而原本的构件层次并没有发生变化。苏州玄妙观三清殿上檐铺作（南宋），甚至外跳也没有耍头木出头，双昂平出为假昂，但其是出跳的，所以仍然是双抄双昂七铺作（图3-14:1左）。

苏州玄妙观三清殿上檐铺作的出跳双昂平出，相当于是将出跳的华栱前端延长并做为

---

① 此殿建于辽太平五年（1025年），略晚于蓟县独乐寺观音阁，惜于解放战争中被拆毁。1932年梁思成先生曾对寺殿做了详细的考察测绘，有关图文资料发表于《中国营造学社汇刊》第三卷第四期。

昂嘴的形式，这已与明清斗栱中的"假昂"非常相似。早此在建于崇宁元年（1102年）的太原晋祠圣母殿外檐铺作中也有这种形式。圣母殿的上下檐斗栱的组合富于变化，其下檐补间铺作和上檐柱头铺作是上述将耍头做为假昂头的做法，其上檐补间铺作和下檐柱头铺作则是平出双昂，只是上檐补间铺作第二昂后尾不出跳的耍头，但其外跳上仍是出跳的（图3-14:2）。如果说这种"平出昂"与明清时的假昂还有什么不同的话，也仅仅不过是其

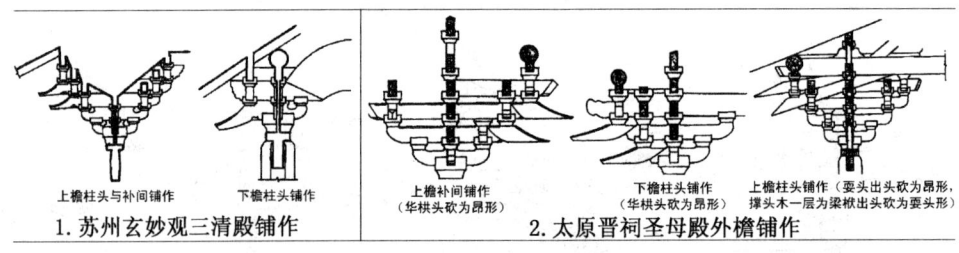

图 3-14　宋代的假昂造铺作

昂嘴平出、后者昂嘴斜下而已。《营造法式》中还规定了一种"插昂"（挣昂、矮昂）做法，是一种仅有昂首而无昂尾、昂身不过正心、长斜随跳头的短昂，多用在四铺作上，也有用在五铺作或六铺作上的，昂数有单有重，实例可见于河南登封少林寺初祖庵（宋）、山西应县净土寺大殿（宋）、大同善化寺山门及三圣殿（金）等（图3-15）。也如果说这种"插昂"和清式假昂有什么不同的话，只在于它斜出的形式多少保留了真下昂的特征，并且往往为单做的构件（实例中也有与相当于栱件的栱下枋件连做的，如少林寺初祖庵）。将"平出昂"与"插昂"做法相结合，就成为如玄妙观三清殿下檐柱头铺作所示的假昂头附带假华头子（二者连作一体）的形式（图3-14:1右），其除了隐出假华头子外已与明清假昂几无二致了，这三者在同一水平层次上的出跳结构和悬挑作用是完全相同的。平出昂、插昂以及上举充作耍头的不出跳的"假昂头"，都应是导致后世假昂做法的先声。过去讨论假昂做法的产生，大多追溯至北宋晚期的晋祠圣母殿。然而，据对敦煌建筑的研究，假昂做法最

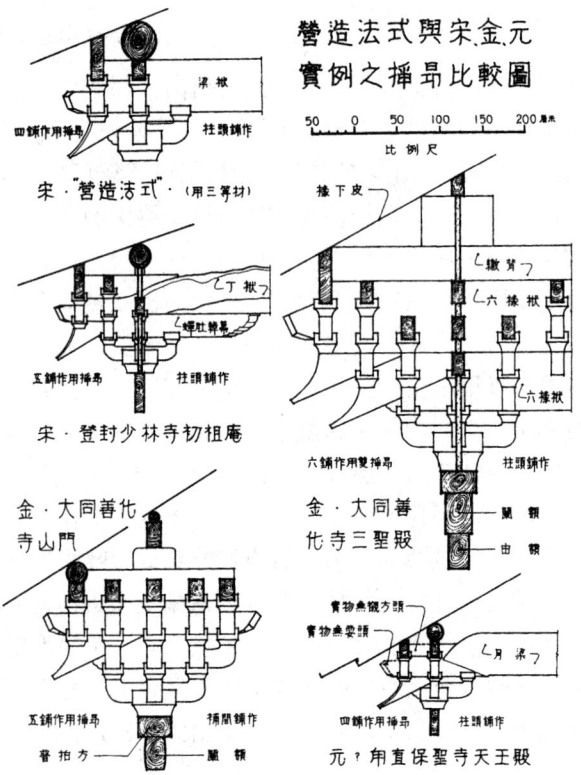

图 3-15　插昂造铺作

早在中唐时期的敦煌壁画中就出现了。敦煌第8窟壁画中的水中平台（相当于平座）的斗栱为五铺作单抄单昂，令栱中心交出昂形耍头，故外观似为单抄双昂，昂身底与华栱平行

置放，所以是一个假昂，只把华栱头砍作昂形而已[①]（图 3-16:1）。假昂之所以首先出现于平座斗栱中，是因上面是楼板，若用真下昂，则昂尾无从交待，故《营造法式》规定："凡铺作，并外跳出昂，里跳及平座只用卷头"[②]，并不用昂。由此看来，假昂做法的产生并不太晚于真昂，最初就是在不能用真昂的地方从外观形式上对真昂的模仿。莫高窟附近的一座建于公元 1000 年前后的木构单檐八角亭式塔——老君堂慈氏塔，柱头铺作为五铺作出双抄偷心，无令栱和耍头，各华栱头都砍作昂形，昂底略向下斜，昂侧隐出华栱，同样是上述假昂做法，也早于圣母殿一百年左右[③]（图 3-16:2）。慈氏塔为土坯塔室外绕以木构柱廊的形式，廊宽不大，如为真昂，则昂尾似只能采取斜上插入土坯塔身的形式，这种交待于结构似不甚合理和美观。河北正定隆兴寺转轮藏殿上檐后檐柱头铺作平出假昂，昂尖斜下，与上举苏州玄妙观三清殿下檐柱头铺作的形式是完全一致的，时间也在北宋前期（图 3-16:3）[④]。或疑此可能已非宋构，但转轮藏殿的上部梁架在历代修葺中保持宋貌没有大变，

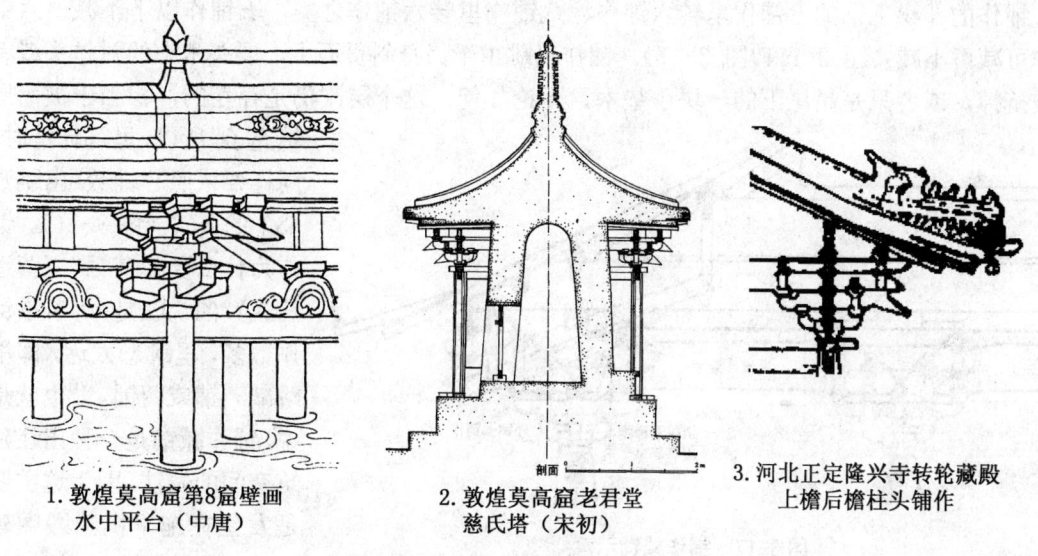

1. 敦煌莫高窟第8窟壁画水中平台（中唐）　　2. 敦煌莫高窟老君堂慈氏塔（宋初）　　3. 河北正定隆兴寺转轮藏殿上檐后檐柱头铺作

图 3-16　中唐和宋初假昂造斗栱三例

上檐后檐柱头铺作耍头略作昂形、其上衬枋头也同样出头略作耍头形，这种特殊做法与前檐基本一致，只不过前檐的昂形耍头是另做的，后檐的耍头是由梁栿出头斫成的。与转轮藏殿差不多同时的隆兴寺慈氏阁，上部梁架已非宋构，其上檐柱头斗栱采用假昂做法，故

---

① 见萧默《敦煌建筑研究》第 236 页。按对此例斗栱学者或有不同意见，认为应是插昂，也属可能，但如果认为插昂属于真昂类（关于这一观点，见冯继仁《中国古代木构建筑的考古学断代》，载《文物》1995 年 10 期），则是不妥的。插昂虽然可起到真昂的部分功能，即仍有条件比用抄栱时低下一定距离而从性质上具备下昂保证挑出深度的同时又可适当调整屋檐高度的功能，但是它同样也失去了真昂昂尾可以调节减少里跳华栱层数的功能，所以《法式》才规定用于四铺作，尽管实例也有用于五铺作、六铺作的，但《法式》又规定"凡昂上坐斗，四铺作、五铺作并归平"，即里外跳挑高相同，如此插昂调整挑的功能几乎就显不出来，成为没有必要的虚构。更重要的是，插昂并不能单独成为一跳，它是和后面的抄栱合为一跳的，即它充其量不过是同层华栱的跳头而已。如此看来，插昂是更接近于假昂的，如果还不能视其为真正的假昂，也当视为假昂的前导或过渡形式，而不可视其为真昂。

② 《营造法式》卷四大木作制度·总铺作次序条。

③ 见《敦煌建筑研究》第 387~391 页。

④ 正定隆兴寺的基本布局规模是经宋初至元丰年间将近一百年的兴建形成的，主体建筑大悲阁始建于开宝四年（971 年）（现在看到的是 1940 年以后复原重建的），作为其配属建筑的转轮藏殿及慈氏阁的建造年代，从形制判断与大悲阁也不会相去太远。

多认为是后世重修所致。我们看慈氏阁上檐斗栱平出假昂上的耍头同样做昂形，其上的衬枋头也同样出头做耍头形，二者分别由梁栿及随梁枋木出头斫成，昂的后尾也不做为清式的菊花头而保持栱头形，与转轮藏殿者形式风格接近，即便是后世修葺所为，结合上述已非偶见的各假昂实例，我们也有理由认为它可能保持了原来的面貌特征。所以，至少宋代已行假昂做法当无疑问，只是并不普遍而已，且多用于柱头斗栱，可使之与梁栿的结合更为合理而简约，施工简便易行。实际上，下昂斜上很长的昂尾，给天花的架构也造成了一定麻烦，所以当明清建筑普遍采用天花，而主要由柱头斗栱的挑尖梁承担了挑檐功能，补间斗栱的作用基本只在于作为檐下支点使檐口不致下弯和装饰性的构件后，就一律取消斜上昂尾而变为假昂了。

宋式中铺作数较多的斗栱，其里外出跳数亦即里外铺数常常是不等的。外檐下昂造铺作，一般是里跳较外跳减少一至二跳（铺），这称为"铺作减铺"，其主要是发生在七铺作、八铺作的斗栱上，如七铺作里转六铺作、八铺作里转六铺作之类，五铺作以下不减，六铺作可减可不减（图 3-11、图 3-17）。铺作里跳由于昂身斜贯而上，耍头木上的衬枋头或者被挤掉，或者只是昂尾下的一块小垫木，无论如何，这个层次仍是存在的，相当于被昂尾填充了。

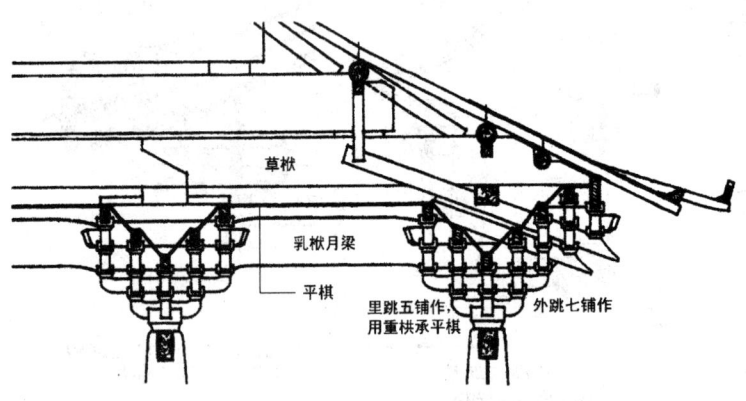

图 3-17 铺作减铺示意

所以，里跳计铺时，同样要依照"铺数=出跳数+3"的公式（图3-11）。铺作为什么要减铺呢？《营造法式》的说法是："若累铺作数多，里跳恐太远，即里跳减一铺或两铺。"①也就是说，铺作减铺是一种出让建筑空间的做法。因为这主要是发生在施平棋的殿阁建筑的外檐铺作上，外檐铺作之里跳与身槽内铺作之外跳是对称分布的，如果铺作数多而不减的话，铺作出跳太远，所占的空间过大，前后铺作间的距离（亦即其间平棋的宽度）相应变小，从而造成建筑空间比例方面的失调。另外，铺作数过多，外檐下昂上的坐斗高度下降，如果里跳不减铺，则里跳因均用华栱卷头，其高度就会比外跳高，其上的平棋相应被架高，很可能会高于草栿的梁底，把草栿露出。但减铺也可能带来一个新的问题，就是使平棋过低。所以《法式》又提出"若平棋低，即于平棋下更加慢栱"，这是指把里跳最后一跳上承托平棋枋的单栱令栱，改用重栱慢栱，从而将平棋抬高（图3-17）。至于身槽内铺作，相对比较简单，一般里外均用卷头造，里外跳铺作相同，故而内外天花处于同一高度。但也有身槽内中间的天花高于四周天花的情况，此时可以采用上昂来挑达较高的高度，或者增加里跳铺数，亦即相当外跳较里跳减铺，一般也是增减一至二铺。

---

① 《营造法式》卷四大木作制度"总铺作次序"。

在实例中，也有外檐铺作里跳多于外跳的情况（图3-18）。如正定隆兴寺摩尼殿上檐，外跳为单抄单下昂五铺作，里跳出四抄为六铺作（其中上两抄分别相当于衬枋头和耍头尾的两铺）；宁波保国寺大殿，外跳作双抄双下昂七铺作（省去衬枋头），里跳有的部位变成出五抄八铺作。前者是下昂向内伸出太短，故不得不继之以华栱出跳；后者则里跳因全部偷心，除了填充昂下空间和略为辅助承托昂尾以外，已无实际悬挑意义，特别是多出的一抄就类似于靴楔的填充作用，正式做法中，这个空间可以重栱素枋或单栱素枋来填充，或者用无昂挑斡或是上昂一类，如元代金华天宁寺大殿者（图3-7）。这些较多的里跳上，常采用部分甚至全部偷心的做法，所以对于内部空间并不造成太大影响。

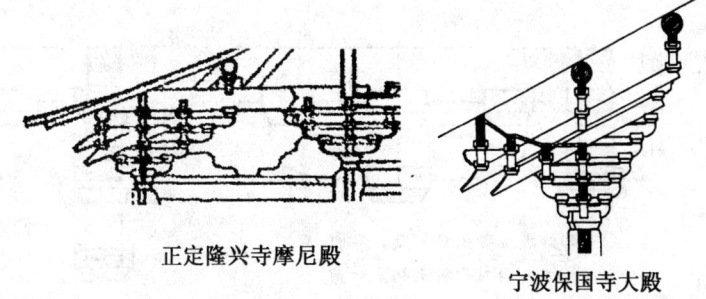

图 3-18　铺作里跳多于外跳

《营造法式》还提出了从建筑整体上考虑的另外一种铺作减铺的情况，即副阶、缠腰（腰檐）铺作或与殿身相同，或减殿身一铺，实例多遵循这一规矩，只有苏州玄妙观三清殿为特例，殿身采用七铺作，副阶只有四铺作，两者相差三铺。楼阁建筑则要求上屋减下屋一铺，应县木塔是从三层起向上逐层减一铺，出檐随之逐层减小，造成总体轮廓逐层内收、高耸挺拔的艺术效果。其他楼阁实例中则多未遵循此法。

《法式》还有若铺作多者减短跳长的规定，今学者或谓之"铺作减跳"[1]。这个叫法易与上述"铺作减铺"做法相混淆，不如另以"铺跳减长"名之。关于铺跳减长的原则方法，《法式》叙述较为笼统，不够详尽明确，前后也有矛盾。铺跳减长的原因还不清楚，从设计施工的角度看，似乎没有必要，累计所减的长度也有限，对铺作的结构作用起不到多大的影响，反而增加了设计施工的麻烦。当然，铺跳减长可以在一定程度上达到在铺作出跳较多情况下又使出檐不致过深的目的。从实例来看，铺作的跳长不很规律，一般第一跳最长，第二跳最短，而第三、四跳介于第一跳与第二跳之间，似很少遵守《法式》制度，比较灵活自由。

相比之下，清式做法斗栱出跳整齐划一，一般都是从正心分别向内外挑出，内外挑出的拽架数目和距离相同，如七踩斗栱向内、外各挑出三拽架。这样设计施工更为便利，也更符合模数制。有时也有内外出踩不等的情况，如一攒斗栱向外挑出二拽架（显五踩），向内挑出三拽架（显七踩）。但清式中这种情况总的来说很少见，或是出于建筑的需要，或是出于结构的要求，属于特殊情况下的变通处理。

宋式铺作的令栱又谓之单栱，即是一层横栱的形式，其余瓜子栱或泥道栱上加慢栱则是重栱即双层横栱的形式，这种完整的铺作构造形式谓之重栱造。如果各跳上的横栱都仅用一层，其上承素枋，这种铺作构造形式称为单栱造，这时候不论挑出多少排横栱，也都叫做令栱或单栱。单栱造和偷心造一样，也是铺作的一种简化形式（图3-19）。

---

[1]《〈营造法式〉解读》第94页。

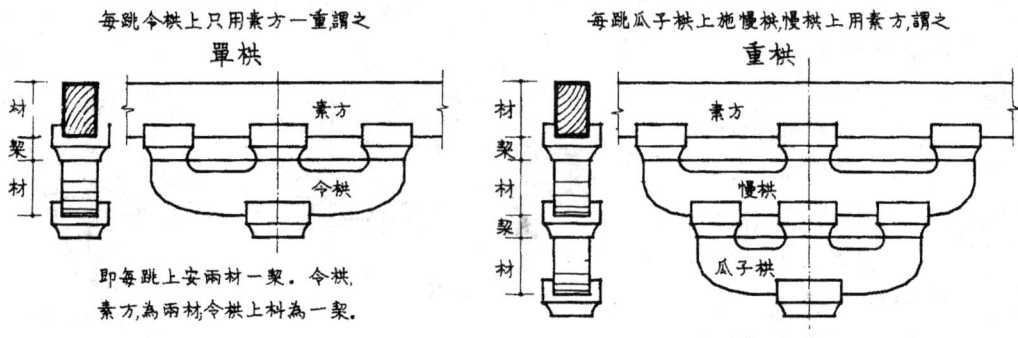

图 3-19 重栱造与单栱造

宋式铺作正心（左右中心线）位置上的栱枋，称为扶壁栱、影栱。扶壁栱的标准做法是重栱全计心造铺作所用的重栱（泥道栱+泥道慢栱）上加素枋（柱头枋）的形式，枋上斜安遮椽板。随铺作出跳的多少（每一跳须用遮椽板一片），在遮椽板以上可以叠增柱头枋（六铺作以下共用一道，七铺作用两道，八铺作用三道，身槽内各铺及斗口跳、把头绞项作等各用一道[①]），但每道素枋下皆有齐心斗承托，而且柱头枋以上的压槽枋及草栿之上的承椽枋（或牛脊槫）一系列就不能算作扶壁栱的组合了，这都是与清式斗栱正心枋所不同的（参图 3-4、3-11）。当铺作为单栱偷心造时，扶壁栱做法就有一些变化形式，《法式》列有如下几种（图 3-20）：（1）五铺作一抄一昂，下一抄偷心，扶壁栱用重栱素枋，枋上再施一层单栱（令栱）支托承椽枋。《法式》于重栱计心造扶壁栱做法下有李诫注言"枋上斜安遮椽板"，于偷心造六、七、八铺作扶壁栱做法下注言"枋上平铺遮椽板"，独于此偷心造五铺作未言，而重栱素枋再加单栱支承椽枋的做法显然是用于彻上明造或厅堂构架的。如果是有平棊的殿堂构架，则其扶壁栱做法很可能和上述重栱计心造相同，即只用重栱素枋，枋上斜安遮椽板，再以上为压槽枋、承椽枋或牛脊槫等构件已不算扶壁栱组合。由于彻上明造或厅堂构架铺作心槽上不施压槽枋，也不存在压于铺作上的草栿，所以它的扶壁栱组合就必须较殿堂铺作扶壁栱增加层次，一直到顶承椽或槫[②]；（2）六铺作两抄一昂或一抄两昂、七铺作两抄两昂，下一抄偷心，扶壁栱用单栱（令栱）素枋上下相叠两层，或者与重栱计心造相同为重栱素枋；（3）八铺作两抄三昂，下两抄偷心，扶壁栱用单栱（泥道栱）素枋上加重

[①]《法式》省言了遮椽板以上所用素枋（柱头枋）数量，参见陈明达《营造法式大木作制度研究》一书第 86 页"铺作用方桁等数"。按梁思成《营造法式注释》一书大木作制度图样也多如此画法，只是有不一致者，如大木作制度图样一以六铺作重栱计心造为例的斗栱部分名称图中柱头枋画为两道，大木作制度图样三十二、三十五殿堂草架侧样图中殿身八铺作和七铺作柱头枋都只画出一道，大木作图 15、图 65 宋代木构假想图中的殿身七铺作柱头枋也只画了一道。《营造法式》原书图样也有类似情况。

[②] 陈明达先生从铺作铺数的概念出发，认为扶壁栱用栱枋系八铺作至六铺作随出跳数，由栱枋五重至三重，六铺作以下一律用栱枋三重，故此五铺作承椽枋和支托它的令栱应属槫栿构件，已不是扶壁栱了（见《营造法式大木作制度研究》103 页）。这可以视为适合有平棊的殿堂构架的扶壁栱组合规律。实际上《法式》扶壁栱做法只不过是一种列举，实例及《营造法式》本书大木作制度图样中所见都不止文中所列几种形式，特别是厅堂构架以及平座、上昂造等铺作中，扶壁做法更为灵活自由，有的全用素枋，有的只一层泥道栱上承若干层素枋（此为宋元建筑多数采用的方式），还有用材大于素枋甚至是将两层以上素枋合为一根整枋的情形，扶壁栱层次与铺作出跳或铺数并不完全对应。厅堂构架中承椽枋与柱头枋也难以严格分，承椽枋用材随宜，一般大于也可等于素枋，不视作扶壁栱组合似也可以，但支托承椽枋的令栱无论如何是该算做扶壁栱的。

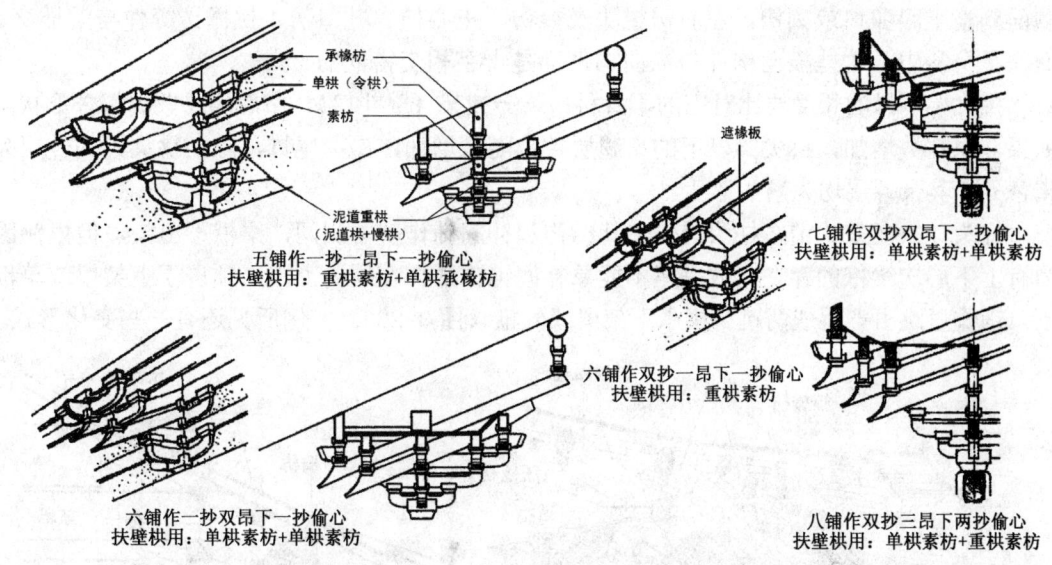

图 3-20 单栱偷心造铺作的扶壁栱做法

栱素枋。扶壁栱的作用在于填充铺作正心的空档和以多层枋木在铺作左右中心轴线上形成一道较为坚固的拉拽立面构架，从而有利于铺作的稳定。以上扶壁栱组合形式的变化于结构功能上似无太大影响，而更多在于弥补因单栱造和偷心做法造成的视觉上的空缺和单薄之感，使铺作出跳部分的疏密轻重和正心上的枋、栱相互协调，从而取得匀称和谐的视觉效果。当然如前注中所指出的，实例所见扶壁栱做法不止上述几种。明清外檐斗栱用重栱计心造，以正心重栱上叠若干层正心枋至于正心桁下为固定形式，极少变化。

二、柱头科——柱头铺作

柱头科是置于柱头上的斗栱，前面挑出屋檐，后面承托梁架。其荷重较大，所以用材也大，翘昂及坐斗等构件也比平身科斗栱要大很多。

在结构上，柱头科斗栱与平身科相差不大，唯一的变化是平身科的耍头位置在柱头科中被挑尖梁头代替（图 3-2 上右、图 3-21）。在大式建筑的挑尖梁，相当于小式建筑抱头梁的位置和作用，区别在于：抱头梁头直接搭在檐柱上，而挑尖梁头搭在檐柱头的斗栱也就是柱头科上，并向外挑出，外端通常做成形似道冠的挑尖形式，故名，或也称为桃尖梁。在柱头科斗栱中，挑尖梁平行置于昂上，代替了原来平身科中的耍头木，并且高度大增，其上做出桁椀形式直接承桁，更相当于是把平身科的耍头、撑头木和桁椀三件连做在一起。为了保持挑尖梁的完整性和结构功能，仅在梁的两

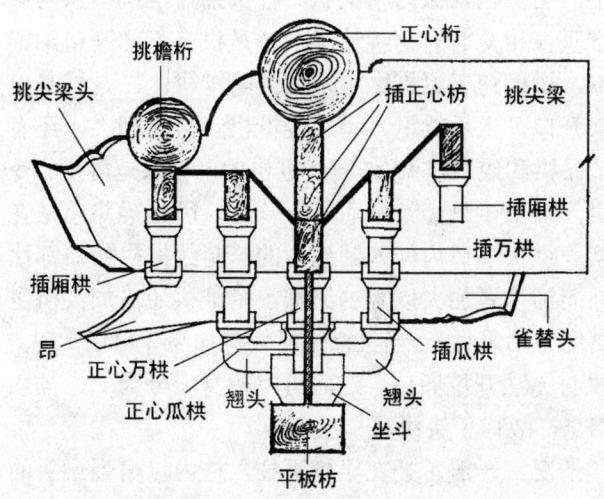

图 3-21 柱头科斗栱（单翘单昂五踩）侧立面

侧面剔凿半眼卯口或刻槽，左右假栱头及拽枋、正心枋、井口枋、挑檐枋等件与梁插交。而在平身科中，这些横向构件与纵向构件都是十字相交搭嵌的。

挑尖梁下昂的长度要比对应的平身科昂长一拽架（3斗口），昂后尾要做成雀替形状。如果斗栱踩数增加，挑尖梁以下的昂翘层数也随之增加，昂翘尾饰，除贴挑尖梁的一层为雀替外，其余各层均为翘头形状。

柱头斗栱在宋式谓之柱头铺作，其结构和补间铺作基本相同，梁栿不出头，但里跳因为有上下层次梁栿的存在，故昂尾不能象补间铺作那样在屋内上出，须压于上架梁或草栿下，铺作里跳出一跳或两跳华栱承下架梁或乳栿（图3-22）。实例所见还有一些变化形式，

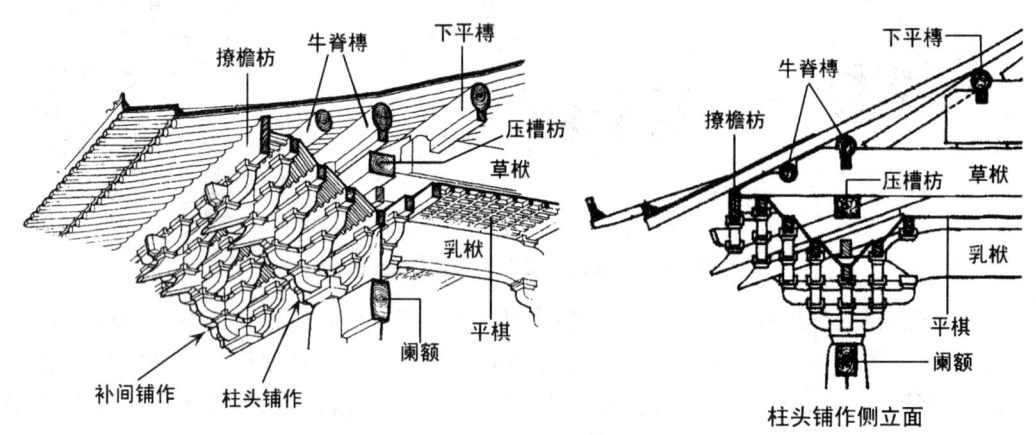

图 3-22　殿堂柱头铺作与梁架结合构造

如昂尾有直接压于明栿之下的（主要出现于彻上明造的做法中），有压于里跳华栱之下、上再以梁栿压之的，有昂尾插入内柱柱头铺作的，有压于檐栿之上的札牵牵首之下的。厅堂彻上明造，柱头铺作里跳也常把华栱做为较长的楂子状直接承垫于梁身下，谓之楂头或压跳（图3-23）。楂子类于替木，加工较简单，底面向上微微斜杀，头前垂直面向下向里斜杀，除此铺作里跳用外，枋子的出头也常做为楂头状。柱头铺作里跳横栱与梁栿垂直相交时有两种情况：一是栱身下部开口纳梁栿，栱横跨于梁栿之上，谓之骑栿栱；二是栱身上部开口，上承梁栿，谓之绞栿栱（与此相类，还有骑昂栱和绞昂栱）。作骑绞栿栱的，可以是慢栱、令栱，瓜子栱只能绞栿而不能骑栿，因为梁头总是在某一跳头小口内伸入铺作中的。骑绞栿栱卯口都比补间铺作者加大以容纳梁栿，骑栿栱还需加大栱身高度（用足材）。当梁栿用材较大如高3材以上时，

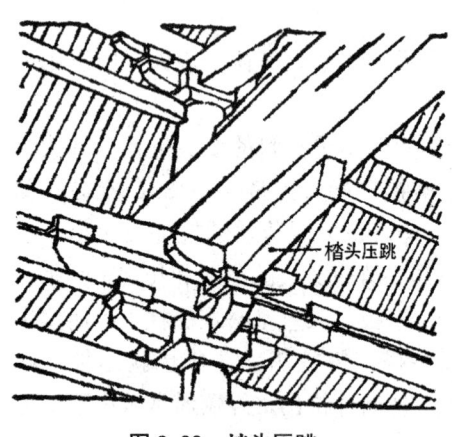

图 3-23　楂头压跳
（山西长治古驿村崇教寺大殿）

会产生栱身正当梁栿中部的情况，使得栱身无法开挖卯口，这时可将栱身一分为二，插入梁栿，各成半截栱分别与梁栿成丁字形相交，故称丁头栱。

丁头栱也有作为半截华栱单独使用的情况，一般承托在梁栿下插入柱内以增强梁头的抗剪能力，多作单栱（图3-24:a），也有重栱，甚至可以作多重出跳运用到藻井或平座斗栱

组合中。《营造法式》卷四"华栱"条中提到"若只里跳转角者,谓之虾须栱",这是指在身槽内转角铺作里转45度上斜出的半截华栱,也属于丁头栱的一种,外檐转角铺作的角华栱一般都是通里外跳的,故其不存在虾须栱或丁头栱。有的学者把有些建筑转角处使用的与角华栱垂直的半截"抹角华栱"(图3-24:b),以及补间和柱头铺作上使用的半截斜华栱,也归为虾须栱或丁头栱,皆无不可[①]。总之,凡是只出半截的栱都可谓之丁头栱。丁头栱在唐宋建筑中经常使用,明清建筑中仍有所见。明清也有在翘昂斗栱中使用丁头栱的,一般是在柱头科抱头梁头下向里交栱插入梁身(可与梁头连做),多用于城垣建筑,因梁材高大,故将出头斫细并下承以丁头栱,以为美观(图3-24:c)。

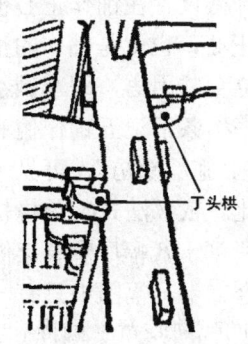 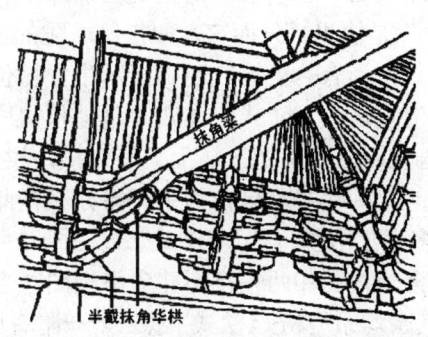 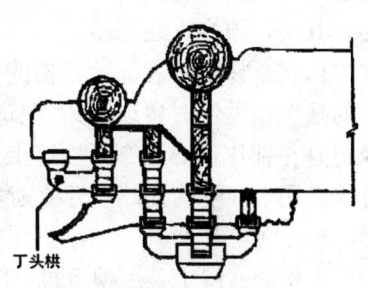

a. 浙江武义延福寺大殿　　b. 山西大同善化寺山门外檐转角铺作里　　c. 清式柱头科梁头下丁头栱
　梁栿下丁头栱(元)　　　　跳半截抹角华栱——虾须栱(金)　　　　　(多用于城垣建筑)

图 3-24　丁头竖栱

在此需要交待一下宋式带斗栱建筑的承檐槫枋情况。在清式挑檐桁位置的,在宋式是撩檐枋或撩风槫,实例所见南方多用枋而北方多用槫。撩檐枋上不再设置槫木,即由枋木直接承托檐椽。相当于清式正心桁位置的,宋式中用枋则称"承椽枋",用槫则称"牛脊槫"。但是由于《营造法式》的记载语焉不详,致使建筑史学界对此还存有不同认识与理解。按《营造法式》原文为:"凡下昂作,第一跳心之上,用槫承椽(以代承椽枋),谓之牛脊槫,安于草栿之上……如七铺作以上,其牛脊槫于前跳内更加一缝。"[②]下昂一般用于出檐较大的殿堂或厅堂建筑铺作中,至少应为五铺作("若四铺作用插昂"),牛脊槫安于草栿之上,更说明其使用只限于带平棊的殿堂构架,如七铺作、八铺作者则其出檐较大,可于其前再增设一道牛脊槫。所谓在"第一跳心之上"者,今人有几种不同理解:一说是在柱头以外第一跳头心上[③],一说是在柱头以外最上一跳下昂上部[④],一说是在第一跳(即最下一跳)下昂的最上方[⑤],一说是在铺作的正心槽缝即左右中心线上[⑥]。以牛脊槫在铺作最上一跳下

---

① 见徐伯安《〈营造法式〉斗栱型制解疑、探微》,《建筑史论文集》第七辑,清华大学出版社1985年。
② 《营造法式》卷五大木作制度"栋"条。
③ 梁思成《营造法式注释》大木作制作图样七之文注。按梁先生将"第一跳心"作此理解,又认为《法式》原图是将牛脊槫画于柱头枋心之上,故疑图文矛盾,未知孰是,两者并存。但在《注释》正文插图"大木作图15-宋代木构建筑假想图之一"和"大木作图65-宋代木构建筑假想图之二"中,则将柱头枋心之上的这根槫标注为"下平槫",这是不妥当的(宋式下平槫当清式下金桁),之所以如此,可能是其前有一根牛脊槫的缘故,但这根牛脊槫如《法式》所言是在柱头枋心上牛脊槫之外增设的。以后不少建筑史的著述在引用《注释》的这两幅图时,都延用了这一误标。本书引《注释》图遇此则改。
④ 徐伯安、郭黛姮:《宋〈营造法式〉术语汇释》,《建筑史论文集》第六辑,清华大学出版社1984年。
⑤ 罗哲文主编:《中国古代建筑》(修订本)第615页。
⑥ 潘谷西、何建中《〈营造法式〉解读》第93页图示。陈明达先生说牛脊槫的位置在柱头缝上,与此相一致,不过他认为"在第一跳心之上"为柱头缝上之误——见其著《营造法式大木作制度研究》第123页。

昂之上的说法与《法式》文意最不相符，按照一般铺作出跳从内向外数起的算法，最上一跳下昂实即最后一跳，其前已无"更加一缝"的可能；如单从字面看，将"凡下昂作第一跳心"理解为第一跳下昂，虽无不可，终嫌勉强（如彼只需言"下昂第一跳心上"或"第一跳下昂心上"即可，不必言"凡"更不必言"作"），更大问题的是，若双抄双下昂七铺作者，第二昂已是最外一跳，上以撩檐枋或撩风槫承橼，其间同样也无法"再加一缝"，若八铺作下昂最多用到三重（三跳），似也没有必要在其间仅一跳的距离上再增设一缝；《法式》原文应断句为"凡下昂作，第一跳心之上"，它的意思是"凡是带有下昂的铺作，其第一跳心……"，但如认为是柱头外第一跳头的心上，则在这距正心仅一跳的距离上又设槫承橼同样是没有必要的。所以，上述最后一种看法应是正确的，即牛脊槫位置在铺作正心槽缝之上，《法式》所谓"第一跳心"是协里、外而言，即指第一跳的正心，也就是铺作的正心。其实，很多人还忽略了《法式》尚有一处比较明确指示牛脊槫位置的用语，即李诫小注"以代承橼枋"者。承橼枋的位置，在《法式》卷四"总铺作次序"条下记五铺作偷心造的扶壁栱做法时曾述及："泥道重栱上施素枋，枋上又施令栱，栱上施承橼枋"，可见承橼枋是在铺作正心上亦即柱缝上的，则代替承橼枋的牛脊槫亦必在此。依《法式》承橼枋可能多用于厅堂构架，牛脊槫则多用于殿堂构架。《法式》卷三十一所列十八幅厅堂草架侧样，加上卷三十所列一幅举折屋舍分数图和两幅亭榭斗尖举折图，合二十一幅图中只有一图厅堂构架柱缝上是用槫承橼，其余均系用枋。《法式》卷三十一附有四幅殿堂草架侧样（图3-25），五铺作、六铺作、七铺作、八铺作各一幅，均系在柱头铺作正心之上用槫承橼，且

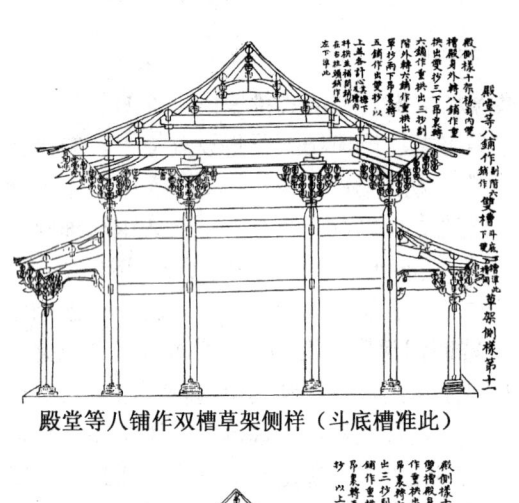

殿堂等八铺作双槽草架侧样（斗底槽准此）

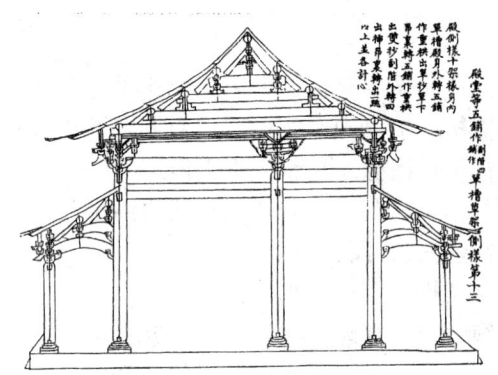

殿堂等五铺作单槽草架侧样

殿堂等七铺作双槽草架侧样（斗底槽准此）

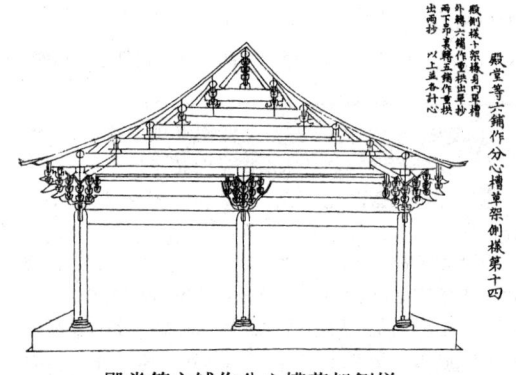

殿堂等六铺作分心槽草架侧样

图 3-25 《营造法式》殿堂草架侧样

蚂蚱头及平身科的蚂蚱头都处在同一水平位置。由昂也常与它上面的斜撑头木连做，以增加其结构功能。

内转角部分：第一拽架处与外拽瓜栱同层次的里拽（单材）瓜栱在两面各做为一半，在斜翘里跳头上合角连头，称为"里连头合角瓜栱"，上承"里连头合角（单材）万栱"（在斜昂里跳头上合角连头），再上承里拽枋，里拽枋做合角榫交于斜撑头木侧面；第二拽架处由昂后尾跳头上置"里连头合角厢栱"，上承井口枋及斜桁椀后尾。井口枋合角榫交于斜桁椀后尾，同层正心枋合角榫交于斜桁椀中间两侧。由于里连头合角栱与相邻平身科里拽栱的距离很近，所以二者通常连做，这样也可以增强角科斗栱与平身科斗栱的联系。

角科斗栱中，三个方向的构件相交在一起时，一律遵循山面压檐面（即进深方向构件压面宽方向构件）、斜构件压正构件的搭嵌方式。当由昂与斜撑头木连做时例外，因整根木件高度增大，受压承重能力增强，故可将刻口改在上面搭嵌其他构件。为方便安装和增强结构整体性，斜翘、斜昂、由昂头上的斜十八斗分别与斜翘、斜昂、由昂连做，即将斗腰、斗底与翘、昂用一木做成，两侧另贴斗耳，称为贴耳升、平盘斗。

以上是单翘单昂五踩角科斗栱的基本结构形式。如果斗栱踩数增加，如七踩、九踩，则不仅正、斜、闹翘昂各自的翘、昂数要增加（重翘角科搭角闹昂之下增加一道搭角闹翘），各有头翘、二翘、头昂、二昂等，而且位于正翘昂和斜翘昂之间的闹翘昂和闹蚂蚱头等及其后带构件的列数也要相应增加，如七踩外观每面有两列闹翘昂及闹蚂蚱头，九踩每面有三列。需要注意的是，由于角上由昂的存在，所以斜昂这一列看起来总是比正昂、闹昂以及平身科的昂数多一层，但它实际与正、闹蚂蚱头及平身科的蚂蚱头都处在同一水平位置，计算踩数时自然应计为耍头一层（图3-27）。

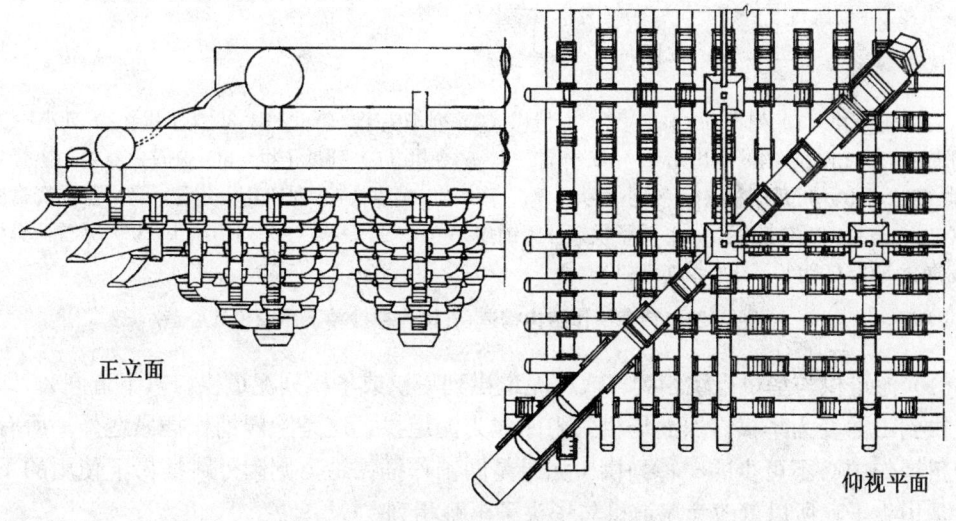

图 3-27 重翘重昂九踩角科和相邻平身科

角科斗栱在宋式谓之转角铺作，构成方式同样是在正、侧、角三向设出跳栱。其45度斜角上外跳斜出角栱，华栱谓之角华栱，下昂谓之角昂，角昂背上的耍头做成昂形为由昂（也有的由昂上彻角梁底，与下昂作用相同）。由昂头上承托大角梁的垫块木多雕为宝藏神像，称为"角神"，也有做成瓶形的即"宝瓶"。用于角跳各栱、昂头上的平盘斗与清式不同，是另做后安于角华栱、角昂及由昂头上，且两侧不贴斗耳，上置角神或宝瓶。以上角栱外观形式与清式基本相同。转角铺作的檐面横栱与山面横栱，在角柱上栌斗或角华栱、角昂上平盘斗处垂直相交后，向外改为出跳形式，这在《营造法式》中称为"列栱"（具体称为"某某栱与某某栱相列"或"某某栱列某某栱"）。但由于宋式铺作使用在屋内斜上至下平槫的下昂，其必然无法成为另一面上的横栱形式，所以其正心槽缝上除了泥道重栱外，之上各昂及耍头等构件是不存在列栱形式的；另外，宋式列栱在出跳方面都只出很短的一跳，没有清式角科搭角闹昂及耍头这一系列。所以，宋式转角铺作相对清式角科来说，显得简洁疏朗。但宋式列栱的形式因铺作类型、铺数及栱件所处位置的不同而有一些变化，又不如清式搭角栱整齐划一。兹以五铺作单抄单下昂重栱计心造为例将其列栱形式介绍如下（图3-28）：

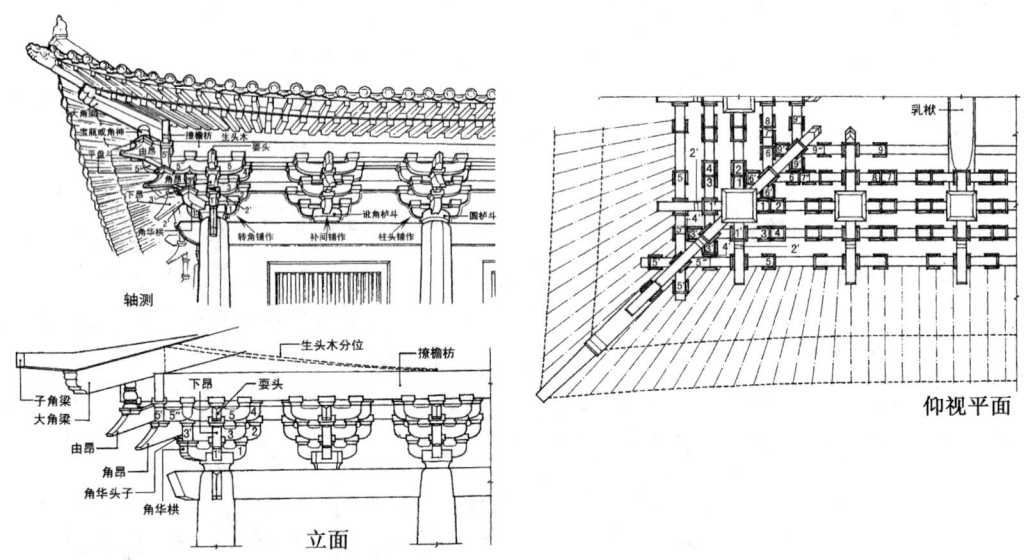

1、1′. 泥道栱（1）列华栱（1′）　2、2′. 慢栱（2）列华头子（2′）　3、3′. 瓜子栱（3）列小栱头（3′）分首　4、4′. 慢栱（4）列切几头（4′）分首　5、5′. 令栱（5）列瓜子栱（5′）分首，身内隐出鸳鸯交首栱（5″）　6、6′. 瓜子栱（6）列小栱头（6′）　7、7″. 慢栱（7）列切几头分首，身内隐出鸳鸯交首栱（7″）（与补间铺作连栱）　8. 瓜子栱（补间铺作）　9、9′. 令栱（9）列小栱头（9′）分首，身内隐出鸳鸯交首栱（9″）（与补间铺作连栱）

图3-28 转角铺作结构构造（五铺作单抄单下昂重栱计心造）

（1）泥道栱与华栱出跳相列（或称泥道栱列华栱或华栱列泥道栱，以下皆同）。即檐面泥道栱到山面变为华栱，檐面华栱到山面成为泥道栱。这是除四铺作插昂造外，所有重栱造转角铺作中必不可少的一种列栱。如果是四铺作插昂造，则因外跳插昂下使用的不是华栱而是华头子，所以就改为泥道栱与华头子出跳相列。

（2）慢栱与华头子出跳相列。这里的慢栱是指泥道栱之上的泥道慢栱。如果是出双抄的六铺作以上者，则此慢栱与第二抄华栱相列；平座转角铺作，不用下昂而用华栱出跳，也以慢栱与华栱（第二抄）相列；如为四铺作斗栱，慢栱可与耍头相列。

（3）瓜子栱与小栱头出跳相列。这是槽外第一跳头上的列栱，其所在位置同于清式角科的搭角闹一列，但其外只一跳出头，既不及骑槽昂之长度，也略短于第一跳骑槽华栱，栱头作三瓣卷杀，所以谓之小栱头。

（4）慢栱与切几头相列。这里的慢栱是指位于瓜子栱之上者，它与再外的令栱属同一层次，也只出短短一跳，外端为令栱所遮挡（铺作数多者分别为更外的同层瓜子栱及令栱所遮挡），外观看不到它出跳的形式，故《法式》于其他列栱言"出跳相列"，于此不言"出跳"仅言"相列"，即此意。并且出头不需做细致加工，仅为切几头（切几头是将栱、栿、枋子等的很短出头垂直切割，不做卷杀，或仅于角上刻作一入瓣，栱头刻于下角，梁头刻于上角，如同家俱中几案出头被截断的形式，故名）。

（5）令栱与瓜子栱出跳相列。这是最外一跳上的列栱，即檐面令栱与山面令栱垂直相交出跳，所谓"瓜子栱"，并非指横向瓜子栱，实际上其出跳一端与小栱头的性质没有什么区别，只是由于它的长度要求比小栱头长又不及华栱，因而采用了瓜子栱的长度及型制做法。出下昂的单栱造铺作，令栱与华头子出跳相列；斗口跳与单栱造，令栱与华栱出跳相列；楼阁平座，令栱与耍头出跳相列。

以上为转角铺作外跳列栱情况，在里转角上的列栱情况也大体相仿，只是与补间铺作里跳距离近而常采用二者横栱连栱形式，令栱改为与小栱头或切几头相列。

除泥道重栱外，列栱要同时跨越角上和正（或侧）向出跳构件（华栱或昂）的跳头，这样列栱便加长了，因之列栱两端被角上和正（侧）面的出跳构件分隔开，此即《法式》所谓"分首"者。如第一跳华栱跳头上的瓜子栱与其相列的小栱头便处在第一跳角华栱之外，其上的慢栱列切几头、最外跳上的令栱列瓜子栱，也都同样如此，所以称为"分首相列"。里转角上，列栱只跨角跳构件，就不存在分首，但若与补间铺作连栱则同样为分首。出跳越大，其上列栱的长度越大（亦即列栱两端被分隔得越远），有时就需要将其在角和正（侧）出跳构件之间的一段栱身隐刻成"鸳鸯交首栱"（栱身中心用一斗、斗下浅刻出两栱头相交状），里转角上与补间铺作连栱者同样如此。一般而言，铺数越多，使用的分首列栱越多，如五铺作之第一跳上瓜子栱与小栱头分首相列，六、七、八铺作之第一跳和第二跳上瓜子栱与小栱头分首相列，但七铺作之第三和八铺作之第三、第四角跳与正（侧）跳间距离已甚远，各自的瓜子栱以及令栱都采取不再连续的单做形式，即至角出跳的瓜子栱和令栱不再跨越正（侧）同层出跳之栱，所以就成为典型的不分首的"瓜子栱与小栱头相列"和"令栱与瓜子栱相列"，但瓜子栱上的慢栱与切几头仍然是分首相列的。

转角铺作与相邻的补间铺作布置，要尽量"勿令相犯"（避免横向栱、斗等构件相碰）。有时候，如梢间面阔较窄，两朵铺作相邻甚近时，也难免"相犯"，可以采取将两朵铺作上的两栱并联成一个构件的做法来处理，即"连栱交隐"，其长度视具体情况酌定（图3-29）。或谓"连栱交隐"是指转角、补间铺作的两栱相连，而"鸳鸯交首栱"是指同一铺作上两栱相连时的做法，它们是性质完全不同的两种

图3-29 山西大同善化寺三圣殿（金）转角铺作与相邻补间铺作连栱交隐为鸳鸯交首栱

栱[①]，实际这种区分似无太大意义和必要。如果里跳后尾相碰，除采取连栱交首形式外，也可将补间铺作减去上面一跳。实例中尚有将补间铺作出跳略斜使后尾避开转角铺作后尾的做法，如辽代天津宝坻广济寺三大士殿者[②]。

此外，还有用于楼阁平座转角铺作的华栱列瓜子栱、华栱列柱头枋、耍头列方桁等一些"列栱"形式。

第二节　斗栱的其他繁简变化形式和类型

一、不出踩（跳）的简单外檐斗栱

在斗座上安横栱一道（可视为正心瓜栱），栱两端各安槽升子一个，上托正心枋，谓之"一斗二升"；如果继从坐斗上与横栱垂直相交即纵向出一块厚木板，类似于翘的地位，上雕麻叶云头，则谓之"一斗二升交麻叶"。明清使用的主要是一斗二升交麻叶，使用纯一斗二升的情况较少。

在坐斗上安横栱一道（正心瓜栱），栱上两端和中心各安槽升一个，以托正心枋，谓之"一斗三升"。

在座斗上纵向出翘、横向出栱各一道，在翘上与之平行又纵出麻叶板，谓之"单栱（单翘）交麻叶"；在坐斗上横向起栱两道（可视作正心瓜栱和正心万栱），纵向置翘一道，翘上与之平行纵出麻叶板，谓之"重栱（单翘）交麻叶"。

以上一斗二升、一斗三升均只有正心横向的栱件，没有纵向挑出构件，即缺乏纵向的支挑距离；交麻叶斗栱虽然有纵向的构件——翘或麻叶板，但这些纵向构件上都再没有挑出横向的栱。所以，它们都是不出踩的斗栱，是最简单的斗栱结构，也是早期的斗栱形式，以其形式简洁而为后世沿用，在清式中属于较低级的斗栱，所繁者不过增雕麻叶云头装饰，用于外檐起隔架装饰作用，多用于没有挑檐桁的小型配殿及亭榭、垂花门之类装饰性较强的建筑上。一头三升或一斗二升用于柱头科时，抱头梁伸出正心以外，或可连做出翘头形式。一斗三升有时也用于内檐檩枋之间起隔架作用，以明代建筑更常用（图3-30）。

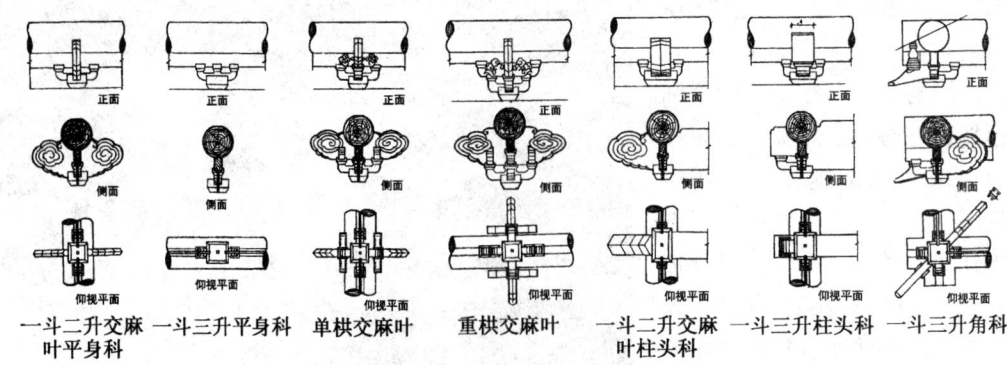

一斗二升交麻　一斗三升平身科　单栱交麻叶　重栱交麻叶　一斗二升交麻　一斗三升柱头科　一斗三升角科
叶平身科　　　　　　　　　　　　　　　　　　　　　　叶柱头科

图3-30　清式几种不出踩的简单外檐斗栱

---

① 陈明达：《〈营造法式〉研究札记（续一）》，《建筑史》第22辑，清华大学出版社2006年。
② 见梁思成、刘致平《中国建筑艺术图集》第四辑"斗栱简说"图版12、13。

在宋式铺作中，也有一些用于较低等级厅堂类房屋上的结构简洁的斗栱（图 3-31）[①]。

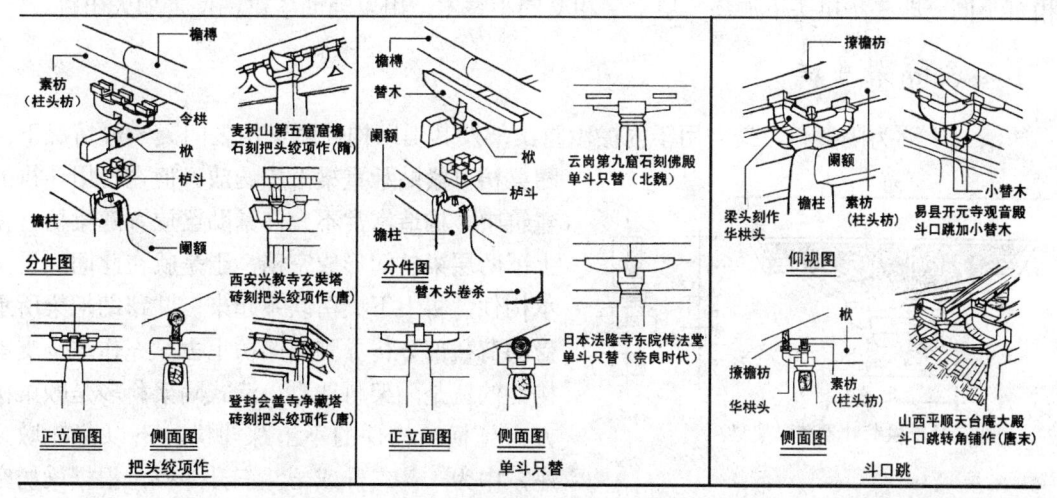

图 3-31　宋式几种不出跳的简单外檐铺作

与清式一斗三升柱头科大致相当的，是"把头绞项作"：在柱头栌斗上以一道横栱（令栱）和梁栿十字相交，栱上安散斗三只承托素枋及檐槫。与清式一斗三升所不同者在于：把头绞项作是栱骑栿[②]，梁头伸出作耍头或切几头；一斗三升是梁骑栱，梁头伸出为抱头梁。实例所见多用于内檐，用于外檐的形象可在隋唐时期的一些石窟壁画及砖塔上见到，如麦积山第五窟窟檐（隋代）、敦煌唐代壁画，现存唐代砖塔如西安兴教寺玄奘塔、登封会善寺净藏塔等，也用这种斗栱来装饰檐下墙面，这是最早移植于砖建筑上的一种斗栱，可见在当时应是相当流行的。

将把头绞项作的令栱素枋简化为一只替木，上承槫，就是更为简单的"单斗只替"（或称单斗支替、单斗直替）。这也是斗栱的初期做法之一，以其结构性能明确、形式简洁的特点，而为后世沿用。在云岗北魏第 9 窟石刻佛殿檐柱上即有这种形式。相当于我国中唐时期的日本奈良时期的一些建筑也常用这种结构，如法隆寺东院传法堂（建于公元前 761 年前），略有不同的是：宋式单斗只替伸出的梁头立面成长方形（为切几头或耍头），日本则作上大下小的梯形。可能单斗只替在唐宋时期较低档官式建筑外檐上曾有较广使用，宋辽金木构遗例上则多见将之用于内檐的梁槫节点处。明代江南一带官僚宅第中仍有这种做法的余绪。明清时期已少见替木，而同时盛行"雀替"，或认为其音与形似均由"只替"转化而来[③]。

将把头绞项作的梁头伸出作成华栱头，栱头安交互斗承托撩檐枋（交互斗上不用令栱），即成"斗口跳"。与清式梁头与翘头连做的一斗三升柱头科也相类似，只是因其上承横枋而也可算是最简单的出跳斗栱。实例有山西平顺天台庵（唐末）、平顺龙门寺配殿（五代末宋

[①] 这几种斗栱形式《营造法式》大木作制度中未详，在大木作功限中有所记载。此参据《营造法式注释》、《〈营造法式〉解读》、五卷集《中国古代建筑史》（第三卷）等书。
[②] 如果以"绞栿栱"是栱骑栿的含义来衡量，似应以叫"把头骑项作"更宜。或认为这里"把"有将、使的意思，"绞"有相交、纽结的意思，"项"就是"栱项"（或乳栿或札牵出头），"把头绞项"就是将耍头（梁头）同横栱纽结在一起，好似颈项相交，因而得名。
[③]《〈营造法式〉解读》第 84 页。

初)、大同华严寺海会殿(辽)、易县开元寺观音殿(北宋)等,后三者做法和《营造法式》稍有不同,即在华栱头下加垫一层十字相交的小替木,用以辅助华栱,使之加大出跳。

二、隔架斗栱

清式中称为隔架科,最常用于内檐承重梁架及其辅助构件随梁枋之间。一般情况下,随梁枋可紧贴承重梁下皮迭放。但在使用斗栱的建筑中,构造常常不允许紧贴梁放置随梁枋,使上下两层梁枋间形成空档,于是就在此间加设支承构件,将上下梁枋联系起来,并帮助把梁所承受的荷载部分传导到随梁枋上去。充作这一支承构件的就是隔架科斗栱。清式隔架科多是顺梁枋方向施横向构件的不出踩斗栱,下以荷叶墩为座,中为一斗二升或一斗三升斗栱,根据梁枋空档的大小而确定用单栱(瓜栱)或重栱(瓜栱+万栱),栱上承雀替。形式有一斗二升单栱荷叶雀替隔架科、一斗二升重栱荷叶雀替隔架科、一斗三升单栱荷叶雀替隔架科、一斗三升重栱荷叶雀替隔架科等(图 3-32)。至于每组梁架间安置隔架科的数目和位置,要视梁架的跨度大小以及主梁集中荷载的位置而定。梁跨度小的,用一攒即可,跨度大的用两攒,一般不超过三攒。此类

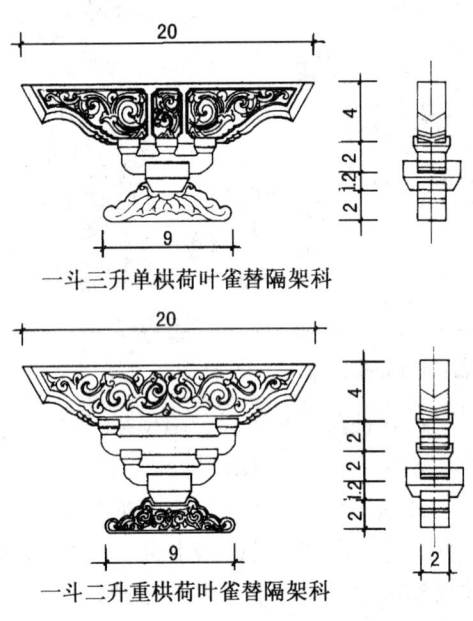

图 3-32 清式隔架科斗栱

隔架科造型优美,荷叶墩和雀替雕刻精美,常做蕃草一类图案,具有很强的装饰性。

在梁架(大柁二柁之间)的瓜柱分位上,有时也使用隔架科取代瓜柱作为梁檩节点处的支座。其以荷叶墩为支座,墩上放大斗,但横纵两向出栱,所以称为十字荷叶隔架科。故宫的明代建筑及清康熙以前不用天花的大木构架,多用这种隔架科联系。

宋式隔架斗栱主要用于彻上明造厅堂作的梁槫节点处,以顺槫方向施放为主,作用在于中强两槫交接处的联结,适当改善槫的受力状况。有单斗只替、把头绞项作、一斗三升重栱、十字单栱或重栱(单栱与单栱、单栱与重栱、重栱与重栱十字相交,《营造法式》未载而实例偶有三层栱相叠的例子)等形式,多数情况下是与槫下增设的联系枋木"襻间"连做的,即下所谓襻间斗栱者。也有在左右柱间与槫平行的顺身串上加单栱一至两重,或仅在素枋上隐出单栱上加散斗,这种做法在宋、辽实例中多有所见。顺槫方向用斗栱托梁头或施于两梁之间如清式之隔加科者少见。

三、襻间斗栱

"襻间"本是宋式名称,指平行用于各架槫下起联系拉结作用的枋木,或每间都用,或隔间而用,将相邻的两缝梁架拉紧,以加强屋顶结构的整体刚性。襻间高宽如材,长随间广,由坐于梁栿上蜀柱或驼峰之上的斗承托,两头伸出做半栱,连间内枋身隐刻半栱。如果同槽上每隔一间而用一根,襻间两头互不相搭,其伸出及隐刻为一材令栱的形式;如果是每间用一根,相邻襻间伸出及隐刻的栱头就要上下相叠,成两材重栱的形式(下为瓜子

栱，上为慢栱），每间襻间上下相错，所谓"隔间相闪"。襻间栱与梁头相交（栱骑栿），上以楂头或替木之类承槫。简单的也将襻间出头做为替木形，即成单斗只替形式。以上是彻上明造时的襻间做法，如有平棋，则襻间位于平棋之上，不做仔细加工，谓之草襻间，两头无需再刻做栱形（《营造法式》所谓"并用全条枋"可能即是此意）（图 3-33）。

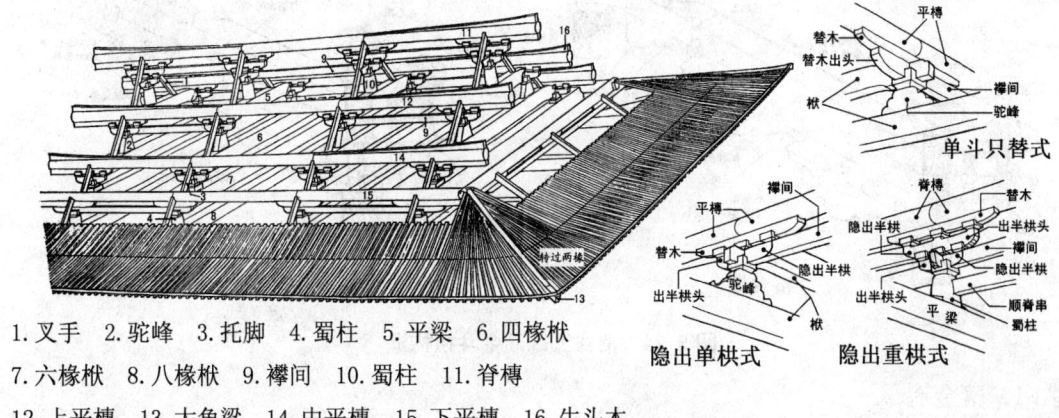

1. 叉手 2. 驼峰 3. 托脚 4. 蜀柱 5. 平梁 6. 四椽栿
7. 六椽栿 8. 八椽栿 9. 襻间 10. 蜀柱 11. 脊槫
12. 上平槫 13. 大角梁 14. 中平槫 15. 下平槫 16. 生头木

图 3-33 宋式襻间的使用情况及襻间斗栱形式三种

清式建筑每桁（檩）均是桁条、垫板、枋三件叠置一起，谓之"檩三件"，不再有襻间，或者说相当于襻间的是脊枋、金枋，也就没有了"襻间"这一称谓。但是明清一些彻上明造的建筑，在内檐檩、枋之间，也常安置一斗三升单栱或重栱的形式作为隔架构件，现古建筑学界所称的"襻间斗栱"一般指的就是这种斗栱。也有人认为宋式襻间是指槫头下所用的斗栱（此解似不太切《营造法式》原意），襻间斗栱还当包括上述在瓜柱分位的上下层梁间的隔架科[①]，但它是支承梁头的，已与宋式襻间头上跨于栿上而支承两槫节点的斗栱用意不同。无论如何，它们实质上都有隔架的作用，我们以为不若把"襻间斗栱"专指宋式襻间头端的斗栱形式，而其他皆统一归为隔架斗栱一类（可分顺梁、顺檩及节点十字隔架），这样既符宋式"襻间"之意，也可以避免今人实际使用中名称意指不一的矛盾和麻烦。

宋式中还有一种使用于平梁蜀柱柱头上的丁华抹颏栱，附此介绍。所谓抹颏，就是抹去面颏或下额的意思，这里指的是自平梁上蜀柱柱头栌斗中前后挑出的华栱，由于同叉手相交，彼此相碍，因而把栱头斜着砍去一块，做成耍头或云栱一类形式。从实例来看，丁华抹颏栱一般都很短小，不足一跳华栱的长度。它的作用主要是用来固定叉手的上端，所以栱头上常嵌入榫头，以便与叉手卯合。丁华抹颏栱实例最早见于辽代独乐寺山门，辽代实物中亦较多使用，而宋初至中期使用尚少，至《法式》颁布后此构件渐多用。

四、溜金斗栱

溜金斗栱是清式建筑中一种形制特殊的外檐斗栱。其外拽部分与一般翘昂斗栱形式相同，里拽的昂、耍头、撑头等进深方向的构件，不是水平迭落，而是顺着檐步举架角度斜上延伸，有的杆件后尾一直延伸至上架的金步位置并承受下金桁，这称为"起秤"，起秤的杆件称为秤杆（也称挑杆），因其杆件看似从下金桁始自上而下地溜到檐部，故名溜金斗栱。

[①] 白丽娟、王景福：《清代官式建筑构造》，第 73 页。

清式溜金斗栱分为落金造和挑金造两种不同的构造做法（图3-34）。

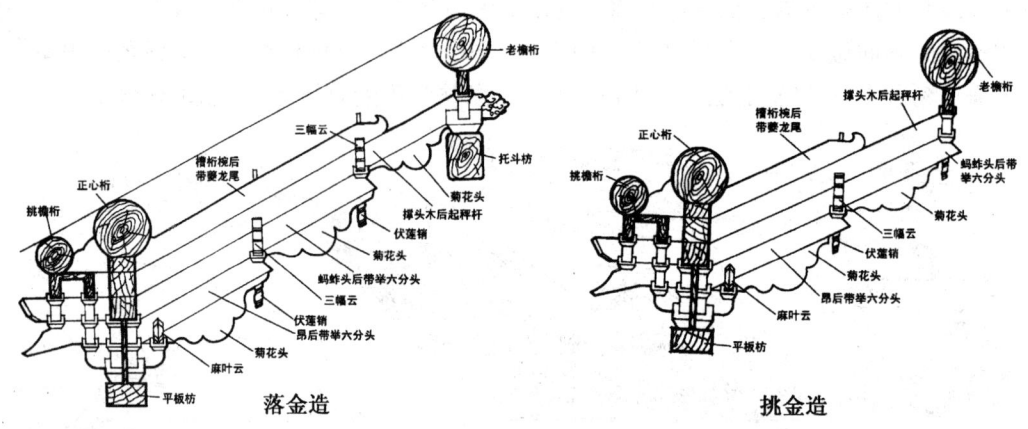

图3-34　清式五踩溜金斗栱构造

1. 落金造

落金造溜金斗栱，其秤杆后尾由下金桁下面的花台科斗栱支承。下金桁、垫板、下金枋原本是三件迭置的，由于溜金斗栱秤杆后尾的插入，金枋不得不向下移离出一段空档，而由花台科来隔架，这根金枋也就成为上承花台科的花台枋（又叫托斗枋）。所以花台科也属隔架斗栱的一种，只是它是与溜金斗栱联系在一起的，二者共同组成溜金花台科斗栱，有增强檐、金步架柱梁构架之间的联系及悬挑和装饰作用，常用于宫殿建筑外檐。

落金造溜金斗栱的构造：第一层坐斗，同一般斗栱；第二层头翘内外一致，也与一般斗栱没有区别，但里拽十八斗上所承不是里拽瓜栱，通常是两端雕做麻叶云头的麻叶云栱。后尾通常有一层起秤和两层起秤两种方法。如一层起秤，则撑头木为秤杆，后尾延伸至金步，其余构件虽向上延伸但都不达于金步；如两层起秤，则耍头和撑头木两层构件的后尾都延伸至金步，同为秤杆。一层起秤多用于斗栱出踩较小（如五踩）或其悬挑功能不大的情况下，如斗栱踩数较大（如七踩以上）或悬挑功能较强时则多用两层起秤。秤杆以下构件，也顺秤杆斜度向上延伸但不达于金步，有辅助秤杆的作用（或称为起半截秤杆），它们的后尾都做成六分头，六分头上各承十八斗一只，十八斗上各承两端雕做三朵祥云图案的三幅云栱一件，六分头身下贴菊花头装饰。最上的桁椀一层，也随秤杆向上延伸（半截秤杆），后尾做成夔龙形卷尾。第一层秤杆后尾从花台科坐斗口平出杆头，雕做成三幅云（或三岔头）形状。如还有第二层挑杆，可做大头榫交于花台科斗栱的正心枋上（两层秤杆也可与花台科的瓜栱、万栱搭后交并出头）。于每层六分头与三幅云栱相交处，安装伏莲销一支，穿透各层杆件，起锁合固定作用。

2. 挑金造

挑金造与落金造的区别，主要在于其秤杆后尾不落在任何构件上，而是直接悬挑金枋、金檩等构件。常用于多角形亭子建筑中，也有用于殿宇建筑的。

挑金造一般采用两层秤杆，有时甚至是三层，以增强悬挑功能。通常是从耍头一层开始起秤直达金步，后尾六分头上置十八斗，斗上承栱子，栱上承枋、金檩。耍头秤杆上面是撑头木秤杆，后尾做榫交于耍头秤杆后尾所承之栱。撑头之上为桁椀后带夔龙。其他构件与落金造相同。

为增强挑金杆件的结构功能，清代早期和明代甚至采用三层秤杆，并采用重昂结构，如北京太庙井亭。

溜金斗栱在外檐可用于平身科、柱头科、角科。角科秤杆的后尾要做榫交于金柱，内侧斜昂、翘上所用的麻叶云、三幅云都要与相邻平身科的构件做成里连头合角麻叶云、三幅云。溜金斗栱柱头科的构造，与一般柱头科相同，不起秤杆，只是在正心枋以里不安装横栱，与平身科相对应安装麻叶云或三幅云。

溜金斗栱在清代是制法最复杂的一种斗栱，也是最高级的斗栱。落金造似又高于挑金造，如在故宫太和殿、奉先殿前殿以及午门、神武门、东华门、西华门四城楼这些最高级的重檐庑殿顶建筑都是落金造做法，而单檐歇山顶的钟粹宫、太极殿、文华门、武英门等都是挑金造做法，所以也有人将二者分称为溜金斗栱和挑金斗栱。实际上选择挑金造做法的主要用意在于充分运用其秤杆的悬挑功能：它不但可以凭空悬挑下金桁使其成为多跨连续梁，而且在下金桁的转角处也可以单靠悬挑而不用老檐角柱及趴梁，《营造算例》所谓的"歇山挑金悬四柱"，指的就是巧妙运用这种斗栱的做法。

清式溜金斗栱实际是继承了宋式铺作的下昂挑斡遗制。明清建筑中，普通的翘昂斗栱采用假昂形式，昂成为平置的出跳栱件，外端还保持昂嘴的形式，从荷载来看，如果出檐较大则斗栱里外较难保持平衡，有斗栱外倾的弊病（明清建筑的出檐主要是由伸出于柱头科的挑尖梁来荷载）。所以明清大型殿堂仍旧保持挑杆与下金桁连结的做法，成为溜金斗栱。溜金斗栱与下昂所不同者有二：一是秤杆不是像下昂那样的斜直线，而是从正心中线以外平放，与正心以里斜上部分形成折线；二是上达于金桁的秤杆常是耍头、撑头，昂是上不达于金桁的半截起秤。这种形式的溜金斗栱可以追溯到元代：河北正定阳和楼外檐补间铺作为真假昂并用五铺作，头昂为假昂，二昂虽为真昂但并不挑达下平槫亦即是半截起秤，而由真昂之上的耍头后尾挑达下平槫下[1]；河北安平县圣姑庙的外檐补间铺作，为单昂斗栱，昂为平置假昂，衬枋头后部折起延长成为秤杆[2]。不过，明清溜金斗栱中却也有以昂作秤杆的，如故宫神武门（明称玄武门，始建于明永乐十八年）下檐斗栱所示，以昂和耍头两层起秤，并且是作斜直线形式，昂头下还隐刻有卷瓣华头子，都是宋式下昂造斗栱的遗制（图3-35）。

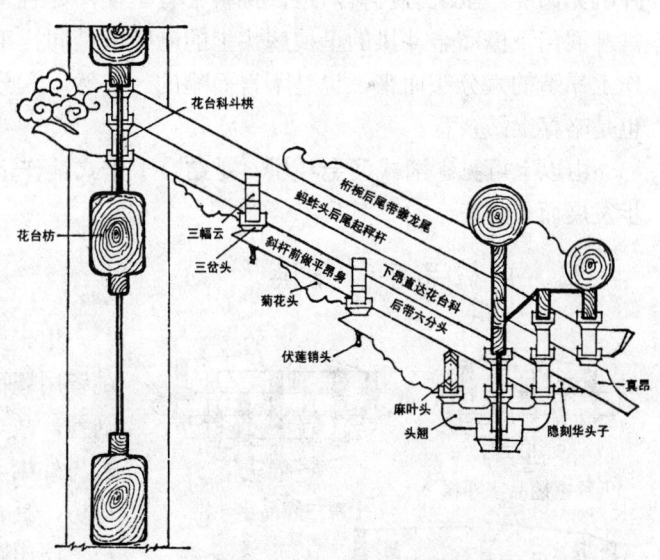

图 3-35 故宫神武门下檐溜金斗栱

---

[1] 参见梁思成、刘致平《中国建筑艺术图集》第四辑"斗栱简说"图版1。
[2] 参见刘敦桢：《河北省西部古建筑调查纪略》，《刘敦桢文集》（二），中国建筑工业出版社1984年。

清式溜金斗栱的菊花头装饰，其前身可以追溯至宋式铺作上昂及不出昂首之"挑斡"下的"靴楔"。金代大同善化寺三圣殿心间补间铺作（图 3-36），单抄双下昂六铺作，里转

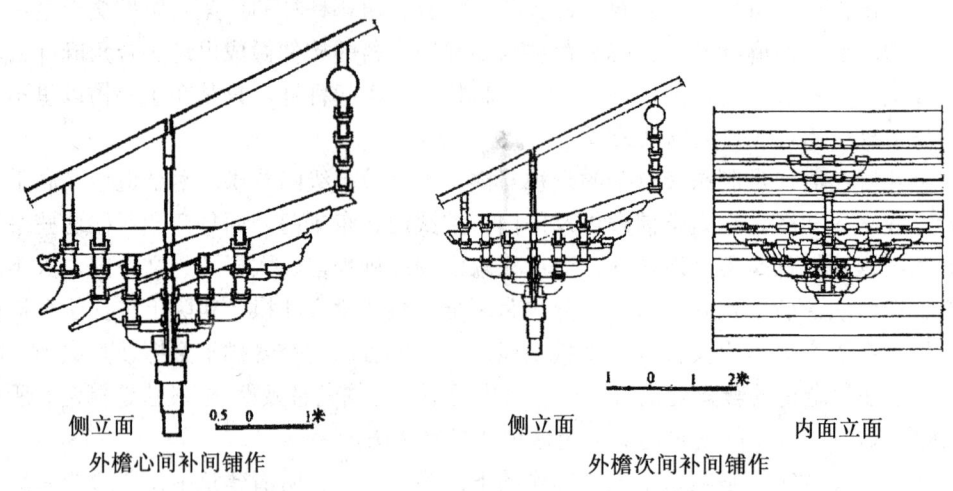

图 3-36 山西大同善化寺三圣殿斗栱（金）

出三抄，第三抄跳头之上、头昂后尾身下，也垫衬以"靴楔"，其顶端刻作翼形卷瓣，颇具溜金斗栱菊花头之雏形。至元代菊花头已基本成形。善化寺三圣殿斗栱里跳第一跳头上的瓜子栱，刻作云形，也很似清式溜金斗栱中的"三幅云"。三圣殿次间出斜栱的补间铺作，外跳无昂嘴，里跳有挑斡两道，挑斡下有靴楔，并且里跳第一跳瓜子栱也刻作云形，与故宫神武门下檐溜金斗栱的里拽翘头上的麻叶云是同样手法。至于六分头的形式，从宋式铺作上昂造的六分头而来，也是不言而喻的。当然，六分头还用于普通平身科耍头的后尾，也是略存上昂余意。

由以上可见，清式溜金斗栱，是结合了宋式铺作下昂、挑斡及上昂的结构形式特点逐步发展而来的。

五、内檐品字科斗栱

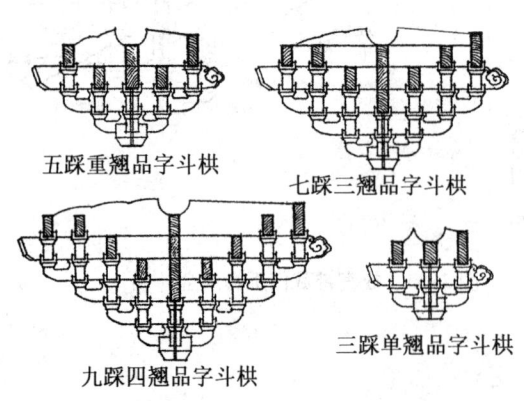

图 3-37 品字科斗栱

用于殿堂内檐梁枋之上的斗栱，里外拽出跳皆用翘而不用昂，完全对称，侧视形如品字倒置，故名品字科（图 3-37）。内檐品字科斗栱与外檐斗栱后尾交圈，可以承托天花梁和天花枋，具有隔架和装饰作用。其做法有二：一是每层出跳构件均做成翘头形式，二是每层头饰与外檐斗栱后尾头饰相对应一致。清式内檐品字科斗栱应是继承了宋式殿阁身内槽铺作的形式，只是宋式内槽铺作里跳还用上昂，实例中虽很少见上昂，但内槽铺作里跳多较外跳增铺（因内槽内天花高于内外槽间天花之故），且内外出跳距离也有不同，致内外跳并不完全是对称形式。

藻井周围上下施斗栱以为装饰，没有结构功能。其只做半面，即仅有外拽部分，以翘或者翘、昂出跳，后尾做榫插入藻井板或里口枋木（出跳构件也常由一块木板连做成整体，与横栱相交处凿透眼以穿入横栱），这种半截栱实际属于丁头栱的一种，其整体或也被视为品字科斗栱之一种（此是就其仰视平面形如品字而言）（图3-38）。宋式藻井铺作的做法也基本相同，实例所见多为全华栱出跳，或用上昂，《营造法式》中则是有上昂或下昂者与全华栱者上下分用。

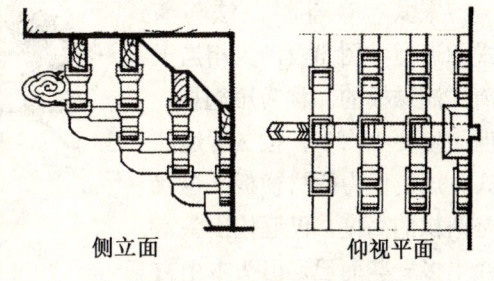

图 3-38 藻井品字斗栱

六、平座斗栱和后尾撒头

支挑楼阁平座的斗栱，外跳也都是用翘不用昂。楼阁至少为二层，如在其间加出一个不出檐头的平座暗层实际就是三层（也有仅将平座做成一圈走道而内里上下通空的）。清官式做法暗层之上的一层常是重檐，这样外观上为三层檐头，从下到上逐层内收，谓之三滴水楼阁。凡用于平座下的此类斗栱，也被统称为三滴水品字科斗栱。其与内檐品字科做法略有不同的是，因里跳一般在楼板之下、天花之上的暗层内，不必做得像外跳一样，故多用不加雕饰的枋木直叠，柱头科上的二翘和撑头木、角科上的斜二翘里跳延长插入平座金柱身，成为联系平座内外柱的踩步梁。出翘多少依走道的宽窄而定，走道之宽需小于平座上层出檐。这种斗栱虽然增加了平座部分的立面线条，具有装饰性，但却为钉于平座沿边木外的挂檐板所遮挡。挂檐板由多块竖板拼成，板上口为平座压面石底口，下口与平座斗栱坐斗下皮平，板下端常做成如意头形状称为滴珠板，清代更华丽者还在板外挂琉璃砖。所以，除非在檐下仰视，远外观之几乎是看不到平座斗栱的。明代滴珠板的高度比清代要小些（图3-39）。

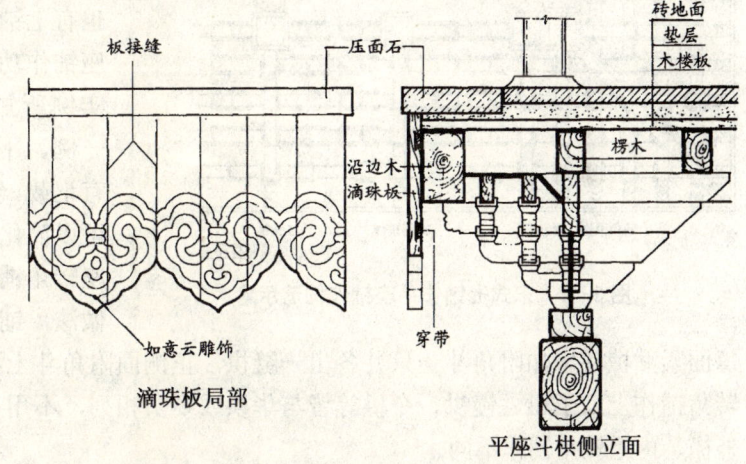

图 3-39 清式平座斗栱及滴珠板（雍和宫大佛楼）

平座斗栱是将里拽部分的所有横栱、拽枋、小斗等统统去掉，后尾的翘、菊花头、六分头、麻叶头等雕饰也省略不做，只将多层构件按其应有长度截成方头或斜方头，这种做法称为"后尾撒头"，是与偷心做法相似或者说是最彻底的一种偷心做法（明清斗栱有时也采用偷心做法，主要是取消里拽部分横栱、拽枋，外拽部分很少有偷心的）。在外檐翘昂斗栱中也有后尾撒头做法，甚至更将井口枋也去掉，为解决斗栱后尾构件之间的联系问题，常在后尾施以压斗枋。压斗枋除有联络各攒斗栱的作用之外，还有衬压斗栱后尾、避免斗栱因外重内轻而向外倾的作用。斗栱后尾撒头做法常用于天花以上不露明部分（包括平座斗栱）或城楼箭楼一类装饰不太考究的建筑中（图

3-40)。

宋式平座斗栱做法与清式相近似（图 3-41）。相当于清式滴珠板的，称为雁翅板，但高度要小得多，按《营造法式》规定仅为两材横板，也就是两栱的高度，仅遮住出头木或更多一些而已。出头木由衬

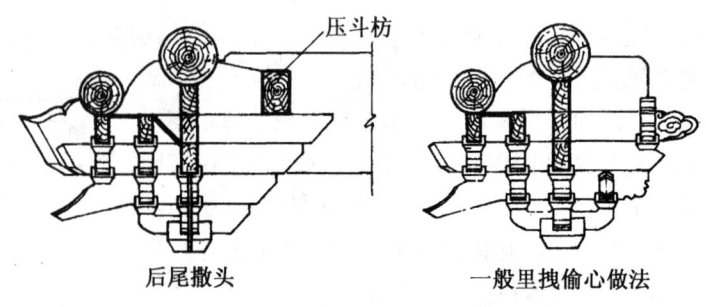

图 3-40 清式斗栱的后尾撒头和里拽偷心做法

枋头从齐心斗外伸而成，故此齐心斗要开十字口，与外檐铺作衬枋头不出头、令栱栱心之齐心斗只开一字横口者不同。里跳各层都是撒头做法，衬枋头和其下耍头里跳加长，或者用不出昂头的昂尾挑斡承地面枋与铺板枋，后者即《法式》所谓楼阁平座补间铺作"外跳出卷头，里跳挑斡棚栿及穿串上层柱身"①者（此种情况可能是用于平座层下无平棋的做法），"棚栿"即是由地面枋与铺板枋组成的楼板梁②。宋辽金实例所见多为衬枋头与耍头外檐里跳与内槽连作，外跳出头木下不做耍头，上面铺地板。至于《法式》大木作飞昂制度中虽提到"上昂施之里跳之上及平座铺作之内"，在大木作图样平座转角正样中也有七铺作重栱出上昂一例，但在平座铺作功限中却根本没有提到上昂，实例所知也仅浙江湖州南宋飞英塔一例。平座身内槽铺作，《法式》没有记载，也是因为它处于暗处，做法可以简化，不必如外檐做斗及栱。平座转角铺作，按《法式》所列缠柱造做法，铺数、出跳与补间铺作相同，

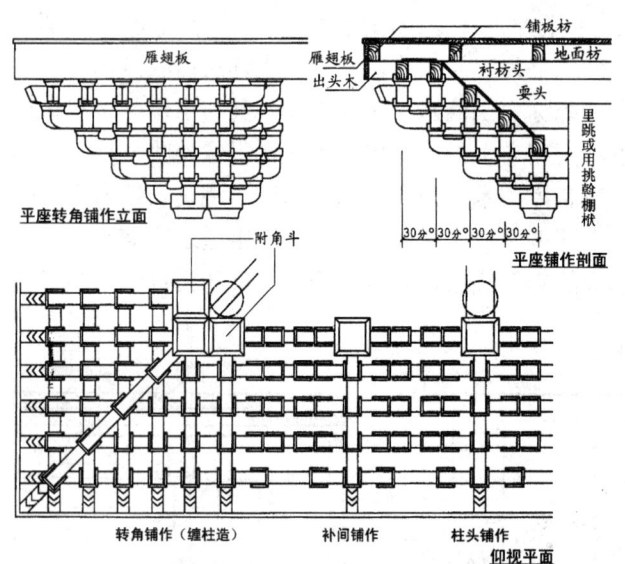

图 3-41 宋式七铺作平座铺作构造示意

每面紧贴栌斗增加附角斗一只并各出一缝栱，正侧面附角斗上各出入柱华栱、入柱耍头，转角铺作上瓜子栱、慢栱、令栱等皆与华栱或耍头相列，不用小栱头、切几头，这与殿阁外檐、内槽转角铺作不同。

除楼阁外，平座也用于塔、月台、平台、城楼等，也都使用斗栱支挑，最早可见于汉代明器。元代以后在月台、平台和城楼建筑上使用平坐的例子已少见，在楼阁和塔上仍常采用。

---

① 《营造法式》卷十七大木作功限"楼阁平坐补间铺作用栱、斗等数"条。
② 关于平座铺作里跳及其与楼面结构的结合上，《营造法式》交待不甚清楚，此从《〈营造法式〉解读》之推论（见该书第 96~98 页）。但关于"挑斡棚栿"一项，《解读》原图中标为向后平延的耍头或并衬枋头之后尾承棚栿的形式，这里引用时据己见为改，仅供参考。

七、牌楼斗栱

明清牌楼斗栱是一种特殊的品字斗栱（图3-42）。牌楼斗栱有平身科和角科两种。平身科的构造略同一般平身科斗栱，不同的是两面做完全对称的翘、昂、耍头等头饰。它的装饰性比普通斗栱要强，如昂嘴常做成如意头形状或麻叶头形状，蚂蚱头常做成三幅云形状等（牌楼斗栱的斗口通常为1.5寸左右）。

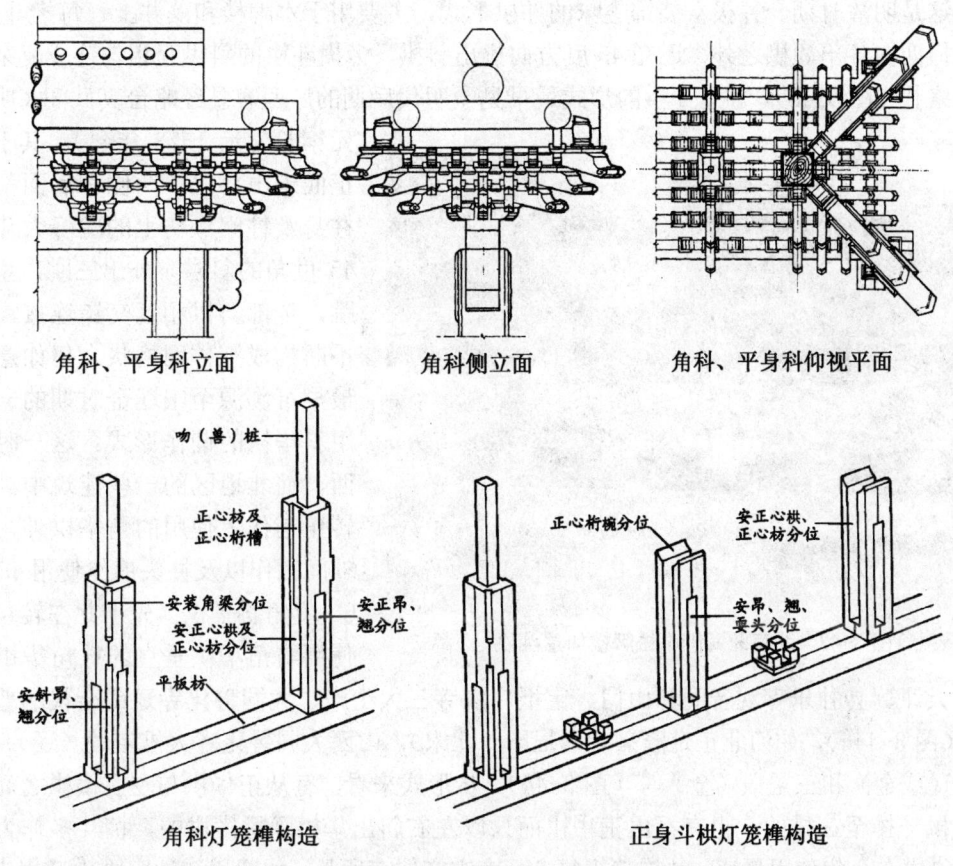

图 3-42 牌楼斗栱及其灯笼榫构造

牌楼斗栱角科处于转角位置，同一般角科斗栱一样有面宽、进深和45度斜角方向三组构件在转角部分相交，但没有内外之分，只保留一般角科斗栱外转角一侧的构造。由于侧面（山面）两角共用一个坐斗（通天斗），实际上是由两攒普通角科斗栱的外转角部分组合而成一攒牌楼角科斗栱。

牌楼的特殊构造，决定了牌楼角科的坐斗必须与其下的柱子（边柱或高栱柱）连在一起，由一根木头做成，并且要一直向上延伸直达于正心桁的下皮。这个坐斗，叫通天斗，又名灯笼榫，它是牌楼斗栱与构架之间唯一的结构联系构件。通天斗上刻剔十字卯口，下与平身科坐斗斗口下皮齐，上达撑头木上皮。搭交正翘、昂等构件，按山面压檐面的原则分别插入通天斗的十字口内互相搭扣；其余搭交闹翘、昂、耍头等构件都是由挑出的搭交正翘、昂来承挑，并在转角部分相交；斜翘、昂、由昂等构件叠置在搭交闹翘、昂上，后尾抵在通天斗的外角上（可做榫入卯）。

在牌楼檐楼面宽较大的情况下（如四柱三楼、二柱一楼，一般面宽都在3～4米或4～5米左右），为增强上架斗栱与下架额枋之间结构的整体性，平身科也常用通天斗，一般每隔二攒或三攒平身科用一只，不和柱子连做而单独用一根木料做成，栽在额枋之上。下以长榫穿透上额枋并插入下额枋内，相当于一根折柱，额枋以上部分做法与角科通天斗相同。

八、如意斗栱

这是明清时期一种极富装饰趣味的斗栱形式，主要用于木牌楼和藻井上，每攒斗栱除了纵横四向各出翘栱之外，还在45度方向挑出斜栱，多攒斗栱的斜栱互相勾连成复杂的整体网络状（图3-43）。如意斗栱的形式最早见于明代后期的广西容县经略台真武阁（明万历元年即公元1573年建），其下层檐正面未出斗栱，两侧和后面都由檐柱柱身及柱间额枋上的驼峰大斗挑出45度角的斜栱，外出三跳，里出两跳，全部斜栱相互交错连接，连续不断构成整体网格状。但如意斗栱最早可溯源至宋辽金时期的一些运用斜华栱的铺作形式。这一时期山西、河北地区的一些建筑中，除了转角铺作上使用的角华栱外，还在补间铺作以及柱头铺作使用45度或60度角斜华栱（先于此在转角铺作使用与角华栱垂直的抹角华栱，如

图3-43 北京北海陟山桥牌楼如意斗栱

辽代天津蓟县独乐寺观音阁和山门、宝坻广济寺三大士殿、大同善化寺辽或金代的普贤阁等）（图3-44c），如河北正定隆兴寺摩尼殿（北宋），山西大同善化寺大雄宝殿（辽）、普贤阁（辽或金）和三圣殿（金）等（图3-44）。从形式来看，有从正华栱与左右横栱之间各出斜华栱一排至三排的，也有不出正华栱而只以左右斜出华栱承挑横栱的，栌斗多作为平盘斗。斜栱在金代使用最盛，结构趋于复杂，南宋亦偶有所见，如四川江油窦圌山云岩寺（古为道观）中建于南宋淳熙七年（1180年）的飞天藏（外表与佛教中的转轮经藏相似而不作道藏之用，在上下安置若干星官神灵像）上铺作使用了斜栱，而且还有斜昂（假昂）。这种斜栱的使用富有装饰意味，最初也可能出于在开间增大后减小铺作之间跨度、增加横向支挑面积的用意，但实际在受力上起不到多大作用，反而使斗栱结构和做法复杂化，至于发展到金代善化寺三圣殿这样左右各斜出三排华栱的（图3-44:d），其装饰意图显然远较结构作用更为突出，且还有斜华栱只出外跳的（也属一种丁头栱）（图3-44:b、d），不能与里跳结构平衡，完全成为弄巧之物。虽然明清官式建筑非角科的斗栱上基本不用斜栱斜昂，但清代一些地方建筑中也甚有喜用者。如意斗栱就是这种斜栱运用的发展极至。

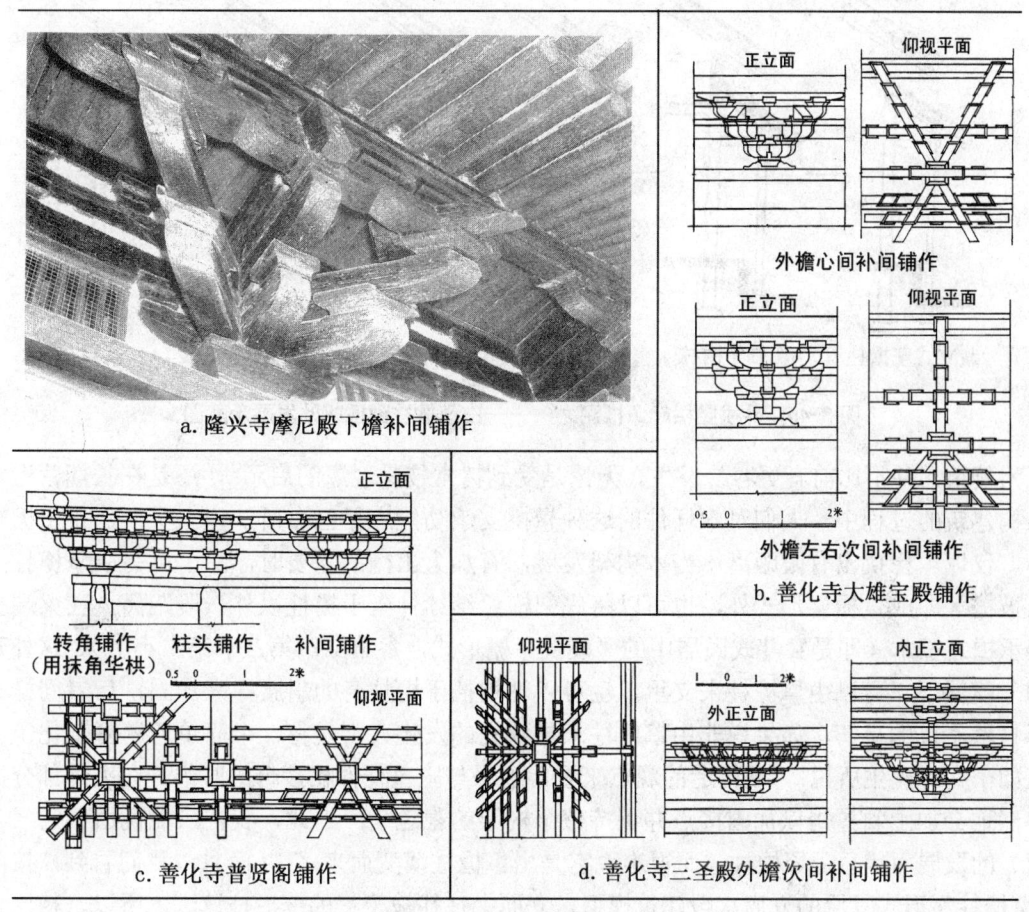

图 3-44 宋辽金时期建筑中的斜栱铺作

第三节 斗栱源流

斗栱的最初功能是支承屋檐,所以它的起源发展与建筑出檐的加大有着密切关系。开创建筑史学的前辈学者们结合对南方民居挑檐形式的考察(参图 2-95),大都认为斗栱中的前后悬臂出挑竖栱是由在延长于檐柱以外的梁端或接续的挑檐横木下使用斜撑到曲撑再到插栱这样一条途径发展而来。当代有建筑考古学者则结合考古中所谓的擎檐柱遗迹现象,推测斗栱竖栱的形成过程是:擎檐立柱—落地斜撑—腰撑—曲撑—插栱,这一屋檐结构由落地支承到悬挑的变革大约完成于西周晚期,至迟到战国时期又完成了插栱与横栱的组合,即成为最初的出跳斗栱形式(图 3-45)[①]。实际上,这两种途径比较起来,后者比前者显得

---

① 杨鸿勋:《斗栱起源考察》,载《建筑考古学论文集》。

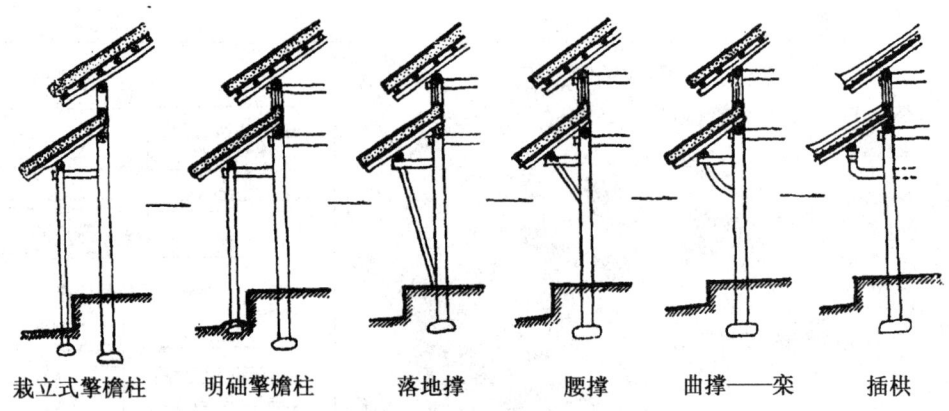

| 栽立式擎檐柱 | 明础擎檐柱 | 落地撑 | 腰撑 | 曲撑——栾 | 插栱 |

图3-45 斗栱竖栱起源推测之一——由擎檐柱到插栱的发展示意图

更为复杂,并不比前者更容易发生。无论是受到树木枝叉现象的启示[①],还是在长期营造木结构建筑的过程中,人们对木杆件的这种悬挑支承功能应早已有所认识。早期建筑出檐较小,仅以木椽挑出有限距离。当木构架发展,有加大出檐的需要时,除了可另以擎檐柱支出披檐(即成重檐)形式外,也可以将底架横梁继续伸延于檐柱以外一段距离,在梁端另架承檐之檩木(即是穿斗式民居中的"硬挑"檐形式,参第二章第八节第二小节)。这外延的一段梁下,可以由擎檐柱来支承,也可以使用插于檐柱身的斜腰撑来加固,后者同样是再自然不过的事情,如果说非由擎檐柱来导致它的发生,则是将一个简单问题复杂化了。正如李允鉌先生所说:"从构造的观点来看,水平与垂直杆件相接合的时候,在夹角部分很自然地会加上斜撑用以加固接点并保持整个构架的稳定……因此,我们只能说由于它(斗栱)的发展而代替了擎檐柱,而很难说它是由擎檐柱演变而来。"[②] 而且,我们看到,按照"擎檐柱"形式复原的夏商宫殿建筑模型,立面上往往被密集的擎檐柱遮满,所以,相比之下,在挑檐横木下直接使用斜腰撑具有出让檐下空间的优越性,因而更可能多被采用。当然,使用斜腰撑也带来了一个问题,就是必然要剜刻柱身而削弱其强度,于是又将这梁头挑出的距离缩短,而在柱头上梁下压一根水平短木来替代梁头来支承挑檐檩(即穿斗式民居的"软挑"檐形式之一。四川李庄坪上民居即有这样的挑檐形式,参见刘致平《中国建筑类型及结构》图312),这样形成一种杠杆结构,可以利用梁的压力而减弱挑檐短木通过斜撑对柱身施加的压力,或者也不需再用斜撑。再把斜插于柱身的腰撑改为后端平插而前端上向反翘的曲木,即成为曲撑或插栱,可以进一步减弱其对柱身的压力危害。再进一步的发展,便在柱顶另加用一块面积大于柱头的木块,梁头压搭于这木块之上,挑檐短木和插栱也从这木块中伸出,这样对于柱身的危害便彻底消除了,此时实际上原来的挑檐短木已无存在必要,或者说是挑檐短木与插栱已可合二为一,最终变成曲栱撑檐的形式,这便是最初的栌斗和华栱的组合。同时结合横栱的使用,可以保证在加大出檐的同时不会降低

---

① 斗栱受到树叉的形状启示而来,这也是斗栱起源的推测说法之一(见刘致平《中国建筑类型及结构》第59页文引及第273页图314),如宋式斗栱的华栱又曰抄栱,而"抄"字最初可能是作"杪"(本义为树梢、高枝),是以树木比拟斗栱而称名,甚至连"华"字也具有这种比拟用意(参前文表3-1中对华栱的注释及所引徐怡涛"抄"、"杪"辨一文,并参五卷集《中国古代建筑史》第三卷第636页文)。

② 李允鉌:《华夏意匠》,第237页。另按,对这种所谓的擎檐柱柱洞遗迹,学术界也是有不同意见的,或认是为殿堂外围平座下的短永定柱(参第一章第一节中对"擎檐柱"的注释)。

支撑的高度亦即屋顶的坡度。为加强各构件间的联系和保持整体的平衡稳定，可以在曲栱之上的檩枋或横栱与柱头上的短柱或横栱之间加以纵向的联系枋木，并且于柱心以里同样构造，整体的斗栱雏型就形成了（图3-46）。

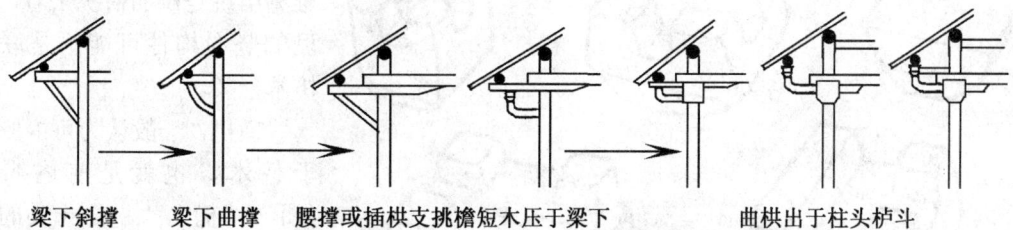

梁下斜撑　　梁下曲撑　　腰撑或插栱支挑檐短木压于梁下　　　　　曲栱出于柱头栌斗

图 3-46　斗栱竖栱起源推测之二——由斜腰撑到栌斗曲栱的发展示意图

然而以上都不过是一种推测，事实上这种竖栱的形成可能是比较晚的，而栌斗及横栱的产生却比它早得多。所以上引李允鉌先生文又说："结合所有文字和实物资料来看，正确地理解斗栱的产生应该是由柱头部分构造演变而成。……栾栌就是这种构造观念（引者按：指水平与垂直杆件接合时在夹角部分加斜撑以为稳固）的发展，或者说是一种与美观相结合的较高阶段的处理形式。假如，我们承认斗栱是一种功能的形状，它本来就是由构造的需要而产生，对它的形式就不必猜想是出于何种形状得来的启示。虽然，斗栱后期大部分负起悬挑出檐的任务，但是，汉代之前，它们多半是横向的托架而甚少向外挑出的，到了它发展成为一种悬臂梁式的支架的时候已经是后期的事了。"这是一种非常有见地的看法，值得重视，它也应该适用于中国古建筑的其他构造形式方面，比如屋顶的曲线之制，学者们可以对其起源做出各种文化学上的推测解释，但通过前面的分析，我们知道其大都是出于率直自然的构造需要，以及在此基础上又结合了美观功效的结果而已。

栌斗和向左右伸出的横栱，发展线索是比较清楚的。早期为了加大柱头上支承檩木衔接节点的承托面，先是在柱头加一块木垫，开始木垫没有定型，逐渐发展而有斗形的木块与短木枋的不同形式。在柱头上设置的斗形木块即称为"栌"、"楶"、"欒"等，短木枋则称为"枅"、"樽"、"楷"、"開"、"㭼"等。包括《说文解字》、《尔雅》、《玉篇》等字书在内的一些汉魏文献中，常将两者名称相混称，这反映了二者是同源的，最初是同一部位构件的不同式样，只是后来进一步发展便有了各自不同的特点。西周早期铜器令簋上即有关于所谓"栌斗"的形象（图3-47）：簋下为四短方柱足，柱上置栌斗，在两柱之间于栌斗口内施横"枋"，枋上置两个类似散斗或短柱的方块，和栌斗一起承载上部版形座。这些构件的形状与组合与后代建筑檐柱上的构造方法大体相同，特别是栌斗，虽然是目前所见有关它的最早形象资料，但其斗身与斗欹已有明显区分，显示已非原始形态，由此推测至少在商末建筑柱上可能已有栌斗。至战国河北平山县中山国灵寿故城遗址内出土的陶斗（图

图 3-47　西周早期铜器令簋表现的栌斗

3-48)，栌斗为平盘式，即斗上不开槽口因而无斗耳、斗腰之分，其余散斗开有纵横二向十字或丁字槽口，当搭嵌纵横构件。不过，由汉代的斗栱形象难见出跳竖栱的情况来看，这里的竖向构件可能仍是联系枋木一类。

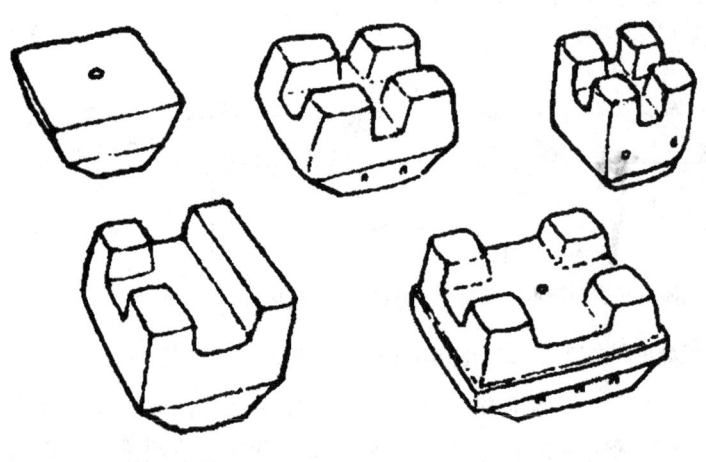

图3-48 河北平山战国中山国灵寿故城出土的陶斗

横栱，一般认为可能脱胎于替木，也就是前述叫做"枅"、"槉"、"楮"一类的短枋木，具有与栌斗相同的作用，而支挑的长度更大。因为栌斗虽然支承有力，但面积有限，于是就在栌斗的上面再增加一层短横枋也即替木，也就是最初的横栱，合二者而称"槉栌"。后世一般将此以及不用栌斗而在柱头直接插用替木的形式，谓之为实拍（柏）栱，直到汉代民居还在使用（如广州龙生岗出土陶屋明器所示）。宋时的绰幕枋、明清时的雀替，都是由此替木发展而来，只是除了施于内檐梁下者还略具增加柱头承载梁枋面积和减少梁枋跨距的实用功能外，更多的是施于外檐额枋以及各种隔断挂落之下，已不与斗栱发生联系，行卷杀雕刻而变为富有装饰性的构件（详后）。前举令簋所示栌斗口中的横枋或也可看作是横栱的发轫，即最初的横栱就是缩短了的枋木。如在栌斗替木的两端置散斗，就形成了一斗二升的平叠横栱。再将栌上叠置的替木改为弯曲上举的形式，就成为一组类于清式"一斗二升"的斗栱，汉魏文献中称为"曲枅"、"栾栱"等（当然还包括多层曲栱）（图3-49）。有人说一斗二升栱可能是模拟了人的双手举物形象，只是臆想。李允鉌先生则将之与古典希腊的爱奥尼克（Ionic）柱式作了一个比较，结论饶

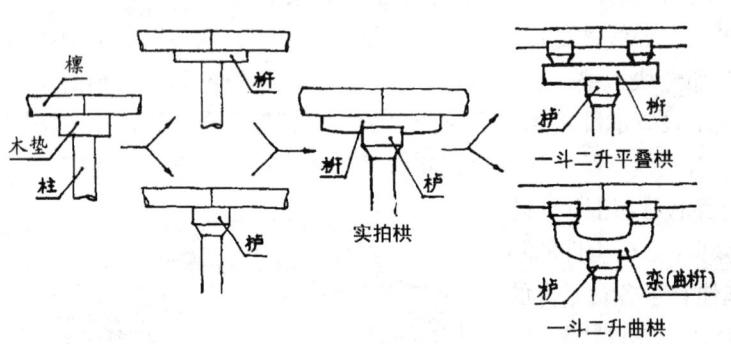

图3-49 横栱发展过程——由替木到曲栱示意图

有趣味。爱奥尼克柱式是柱头的冠板向下弯曲，在四角构成螺旋式的卷耳（Volute），其构造也是由柱头托帽（bracket cap）演变而来，只是其向下弯曲，因为再没有与任何其他构件相联结，于是便自由地发展成任意的装饰图案，成为纯粹的柱头装饰（图3-50）；而中国柱头上的横木，向上弯起成为了斗栱，因为与其他构件相联结，不得不不断地考虑构件间如何配合和使之联成一体。于是，一个"向上"，一个"向下"，导致了原本同一构件的中西方两种不同的发展形式。但中国的斗栱很快就发展成为完全独立、自成一体而与柱头无关的构件形式，由单层发展至多层，单向发展至多向，构造变得日益复杂和巧妙，成为中国建筑独有的形式，无论从艺术或技术的角度看，它都足以象征和代表中国古典建筑的精

神[①]。

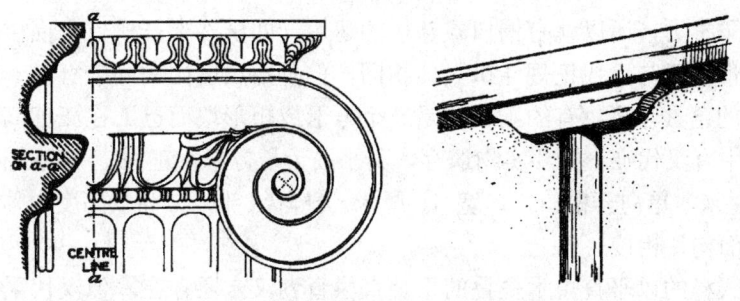

图 3-50 希腊爱奥尼克柱式及其前身"托架帽"

这种比较正式的横向曲栱与栌斗给合的斗栱形式，至迟也在春秋晚期就有了。《论语·公冶长》描写宫室建筑有"山节藻棁"一语，历来注家以为"棁"指梁上短柱（瓜柱），"节"是坐斗，节既像山形当是已出上挑横栱之故，且很可能是曲栱。在战国时期的一些铜器及漆器上，并见有柱上栌斗或替木、一斗二升平叠直栱和曲栱的形象（图 3-51）。河北平山中山王墓中出土的龙凤座铜案，四角下有一斗二升平叠栱，上以抹角形式承挑几案边框（学者或谓此相当于建筑檐部的檩枋），下以小蜀柱立于四条龙首之上（学者或谓此相当于将插栱做为龙形），栌斗、横栱、小斗、蜀柱等建筑构件都表现得非常细致和完善。但总得来说，此时的斗栱尚处于发展的初级阶段，还没有解决较长的出

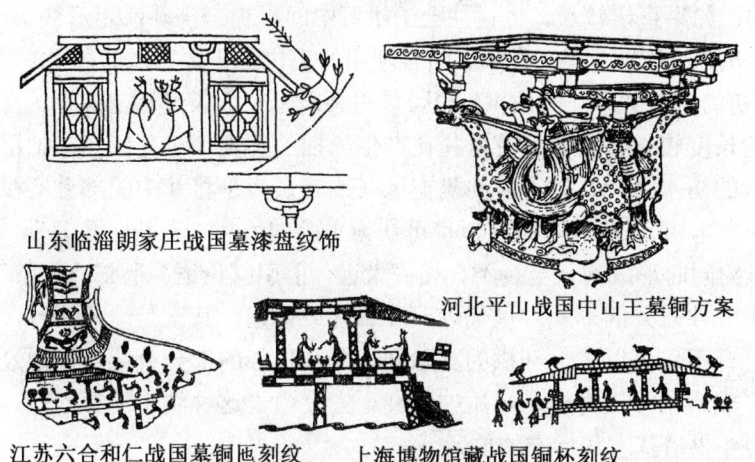

山东临淄朗家庄战国墓漆盘纹饰

河北平山战国中山王墓铜方案

江苏六合和仁战国墓铜匜刻纹　　上海博物馆藏战国铜杯刻纹

图 3-51 战国铜器和漆器上的斗栱形象

跳以及转角 45 度出栱的问题。《说文解字》中"舍"字小篆作"舍"，应是这一时期的房屋建筑还大量存在檐下曲撑及斜撑的形象反映。

斗栱在汉代也还没有完全成熟，没有形成出跳之竖栱。汉代斗栱的形象，在石阙、石祠、崖墓、建筑明器、画像砖石上有很多表现（图 3-52）。汉代斗栱以柱头铺作为主，少用补间（也许这是汉代柱头斗栱的横栱宽度比例常常很大的缘故），也有少数有补间与柱头铺作同形（图 3-52：30、图 3-52：31），甚至还有只作补间者（图 3-52：21），当然补间至简者则仅为一短柱（后来发展为直斗造），汉末墓内壁画多有在檐下密排人字栱的做法。柱头铺作尺度较大，高度约为柱高的 1/3～1/4，栌斗斗底一般大过柱径。平盘斗在汉代依然存在，斗身有的为与量器升斗同形的上大下小的斜面；也有的两面斜度不一致，如山东平邑皇圣卿阙和功曹阙所示（图 3-52：3），不过这是位于转角处的栌斗为视觉上与阙身尽量取直（或者说使斗之上下过渡和缓）的特别做法，不具有普遍意义；有的则与西周令簋上所示相

[①] 参见李允鉌《华夏意匠》第 237~238 页。

仿，斗平之下斜杀的斗欹已略作内颇之曲线。平盘式斗栱构件的结合显然不甚牢固，难以承受较大的水平推力，所以就有槽口式斗栱的运用，即栌斗上开槽口，横栱构件嵌于斗口之中，其栌斗形制已与后代正规斗栱大体相同，但各部尺度比例尚未有统一的标准可循。栱上散斗，有的已具斗形，有的则仅仅是一个方形或矩形块而已。在江苏高邮县神居山二号西汉木椁墓中有汉代唯一栌斗实物遗存，其平面为长方形，正面广75厘米、进深59厘米、通高34厘米，单向开槽口，口宽41厘米，斗耳、斗平与斗欹高度大体相等，斗底有圆形榫孔与下面构件相接。

代表早期式样的以平直短木垒叠的平叠直栱直到汉末还存在，但汉代采用更多的是曲栱，基本样式是一种两端翘起并带卷杀的略似弓形的悬挑构件。曲栱所装的斗大都开槽口，整朵斗栱通过榫卯拼合起来，性能比平叠直栱大为改善。汉代一斗二升曲栱的使用非常广泛。一斗二升的两个升的距离如果较远，支承力就显不足，特别是曲栱的栱身有因弯矩过大而被压坏的危险，从而就有在一斗二升的栱身中间增设小蜀柱或矩形块的做法（图3-52:5、图3-52:8、图3-52:11），并最终导致一斗三升做法（图3-52:6、图3-52:7）。不过，使用一斗二升平叠栱的，如果直栱较长，也往往会于栱背中间再加一小斗或矩形垫块，这也是极自然不过的，也有下层二升与上层三升二者结合使用的重栱造平叠直栱的例子（图3-52:14、图3-52:15）。最初的栌斗替木（实拍栱）也可以平叠若干层而长度逐层递增，在较高大的建筑中由于支承的长度较长，实叠的替木往往产生笨拙的感觉，于是就在实拍层栱之间、上层栱和它所支承的枋木之间，以小斗间隔支承（或者认为是将其中的部分实栱易为其间有一定空隙的矩形小木块）。由此看来，似也可认为平叠的一斗二升与一斗三升、单栱造与重栱造，可能是大约同时形成的，至少不会相去太远。前引《论语》所记"山节"一语所描绘的，很可能就是一斗三升的形式。汉代以一斗二升最普遍，其次是一斗三升，还见有一斗四升的。一斗三升不仅可以扩大斗栱的支承面，而且顶部的部分荷载可以通过其中间的齐心斗直接下传，成为轴心压力传到耐压的立柱上去。由于这种结构的合理性，所以在以后的长时期中成为斗栱最基本和标准的单元。

一斗二升及一斗三升曲栱及平叠栱（以曲栱为多），可以左右牵合为交首栱（图3-52:9、图3-52:10、图3-52:12、图3-52:28、图3-52:34），再上下重叠为重栱式（图3-52:23、图3-52:25）。江苏徐州铜山檀山集画像石所示，大柱之上重栱四层，上二层作交首栱，最上一层的散斗多达八个（图3-52:27）。张衡《西京赋》所谓"结重栾以相承"，描述的就是这类重栱。就曲栱的栱身形制言，也有作多边折线卷杀、圆转曲线卷杀、弯曲如花茎状或龙首翼身等多种形式（图3-52:13、图3-52:17、图3-52:18、图3-52:20）。山东沂南画像石墓石柱柱头斗栱形式极为别致，在横栱的两旁又添架倒悬的龙头，是对栱的夸大张扬，成为纯装饰性构件（图3-52:19）。

何晏《景福殿赋》有"櫼栌各落以相承，栾天蟜而交结"、"飞昂鸟踊"之语，李善注："飞昂之形类鸟之飞，今人名屋四阿栱曰櫼昂，櫼即昂也。"宋《营造法式》卷四即记昂有四名："一曰櫼，二曰飞昂，三曰英昂，四曰斜角，五曰下昂。"据此，或认为汉代已出现了昂。不过，我们在汉代石阙、石室、崖墓、建筑明器、画像砖石等所示的斗栱上，还见不到昂以及华栱的形象，即汉代斗栱本身还没有出跳。在承托屋檐时，常采用在伸出的梁头（或牛腿）端部置斗栱的方式，有的使用将栱身直接插在柱子或墙壁内的插栱形式，其上再施单栱或重栱承托檐口（图3-52:29、图3-52:30）。插栱尤多用于角隅自角柱两面出。

第三章 斗栱

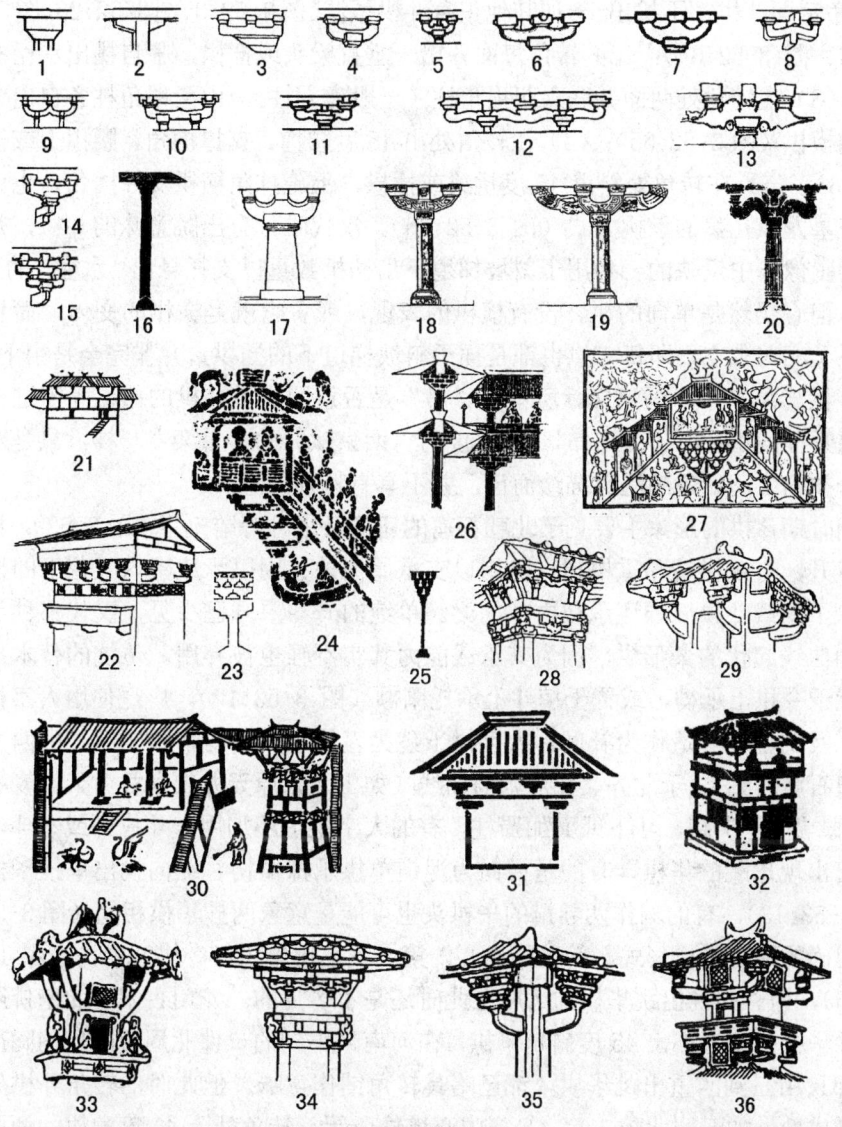

1.孝堂山郭巨祠 2.广州汉明器 3.山东平邑汉阙 4.四川渠县冯焕阙 5.四川雅安高颐阙 6.四川牧马山崖墓明器 7.四川乐山大湾嘴崖墓陶屋 8.四川渠县沈府君阙 9.四川忠县丁房阙 10.四川忠县无名阙 11.雅安高颐阙 12.渠县沈府君阙 13.乐山麻浩一号崖墓门 6 上石刻斗栱 14.河南三门峡汉明器 15.河北望都汉明器 16.山东嘉祥武氏祠画像石 17.四川彭山崖墓石柱 18、19.山东沂南画像石墓石柱 20.四川柿子湾汉墓石柱 21.四川出土汉画像砖 22.河南荥阳汉墓陶仓楼 23.东汉郭稚文墓画像石 24.山东出土水榭画像石 25.陕西米脂东汉画像石 26.山东孝堂山画像石 27.江苏徐州画像石 28.渠县无名阙 29.望都陶楼 30.成都住宅画像砖 31.山东两城山汉画像石 32.成都曾家包汉墓画像石 33.河南灵宝陶楼 34.渠县沈府君阙 35.河北望都陶楼 36.北京顺义陶楼

图3-52 汉代石阙、墓祠、画像砖石、陶建筑明器等所见斗栱形象

汉代更没有形成真正的转角铺作，屋角部分的处理大致有以下几种方式：（1）没有45度斜出梁头，转角每面斗栱都不挑出，一如其他正身斗栱做法（图3-52:3、图3-52:28、图3-52:31、图3-52:32、图3-52:34）；（2）转角每面各出一垂直梁头或插栱，各自挑出承檐横栱（图3-52:29）；（3）在转角处两面并联立两根角柱（一般为方柱），由两根角柱各自出梁头或插栱挑出挑檐横栱（图3-52:35）；（4）在转角处出45度腰撑，支撑檐角，腰撑上或挑有横栱（图3-52:33）；（5）在转角处斜出45度挑梁或插栱，上施抹角横栱支撑檐角，也就是前举战国中山王墓龙凤几案的承挑方式（图3-52:36）。汉代唯一有出跳意味的斗栱，是在山东等地出土的画像石中反映的一种用于斜坡梯道下出插栱数重以支托悬出"水榭"的形式（图3-52:24），但它仍然是单向的栱，没有横栱的表现，或者它就是横栱的变体，而且上下各栱虽有联系又相对独立，即每一栱也都是插于斜坡梯道下的插栱，并非完全是由下栱挑出。综合汉代斗栱形象来看，汉魏文献所谓的"昂"是否意即后世斗栱的昂，尚需进一步考察研究，像《景福殿赋》所言"飞昂"，也可能与《西京赋》的"重栾"一样，只是对那种曲栱或插栱一类的生动形象的泛泛描绘而已，并不具有特别的意义。

南北朝时期斗栱的形象主要见于北朝石窟的窟檐及塔柱等雕刻中（图3-53）。柱头斗栱多为一斗三升，有单栱造和重栱造，除用以支承屋檐外又用以承载室内天花下的枋，柱头上的栌斗除了承载斗栱以外还承载内部的梁。单纯的一斗二升已少见，汉代那种卷杀弧度大而夸张和曲线起伏的栾形栱，因为其承载能力其实不强也被弃用。传统的替木形式仍有沿用，或置于令栱上承槫，或置于栌斗上承托阑额（图3-53:12）。广泛使用人字栱（或也谓之叉手）及蜀柱直斗造作为补间，人字栱于魏为直线（如河南洛阳龙门、山西大同云冈和甘肃敦煌石窟所见），于北齐、北周则为曲线（如山西太原天龙山和甘肃天水麦积山石窟所见），但脚端尚不上翘，斗下或又加蜀柱，还有的人字栱上还加用一斗三升或一斗二升加蜀柱。此时已出现出跳的华栱，有的是横向为泥道单栱承撩檐枋、纵向挑出单抄华栱承替木素枋（图3-53:13），有的刻作两卷瓣的华栱头也可能是意象两抄华栱相叠（图3-53:11），还有非常明确的两跳华栱形式，第一跳偷心，第二跳上挑单栱（令栱）素枋（图3-53:15、图3-53:16），但总的说出跳华栱的运用在此时还是不多见的。龙门古阳洞北壁佛殿形小龛除柱头单抄华栱外角上亦出45度斜角华栱，在河南采集到的一件北周或隋代的陶屋柱头和转角斗栱都只用三到四重出跳华栱，都已略具转角铺作意味。但此时的转角斗栱处理情况仍未能完善成熟，如云冈北魏1窟、2窟中心塔柱所示，转角处无45度角栱，两面各作一半的一斗三升至角垂直相联（图3-53:7）；山西寿阳出土的北齐厍狄回洛墓木椁角柱上斗栱十字相交，外侧垂直切割无出跳，亦无角栱（图2-13）。

南北朝的斗栱制作无论形制还是尺寸上都趋于规格化，斗、栱的外轮廓已充分注意到艺术效果，或卷杀，或分瓣，或有䫜，或不惟分瓣、卷杀且每瓣均䫜入为凹弧形（多瓣内䫜卷杀实物多属北齐），线条柔和优美，不再像汉时斗栱的线条显得生硬和粗糙。斗耳、斗平、斗敧三者高度比例，有不少实例已与《营造法式》所规定的4:2:4的比例大体相符了，斗敧部分多作内䫜曲线。斗底之下加薄板一片谓之皿板，此最早见于四川东汉崖墓中（图3-52:17），是南北朝时期普遍流行的做法，至初唐、中唐仍有所见。也有圆形平面的"圜斗"，新疆楼兰古城曾出土木质圜斗，年代约在4世纪初[①]，以此推测汉地圜斗的出现应该

[①] 新疆楼兰考古队：《楼兰古城址调查与试掘简报》，《文物》1988年第7期。

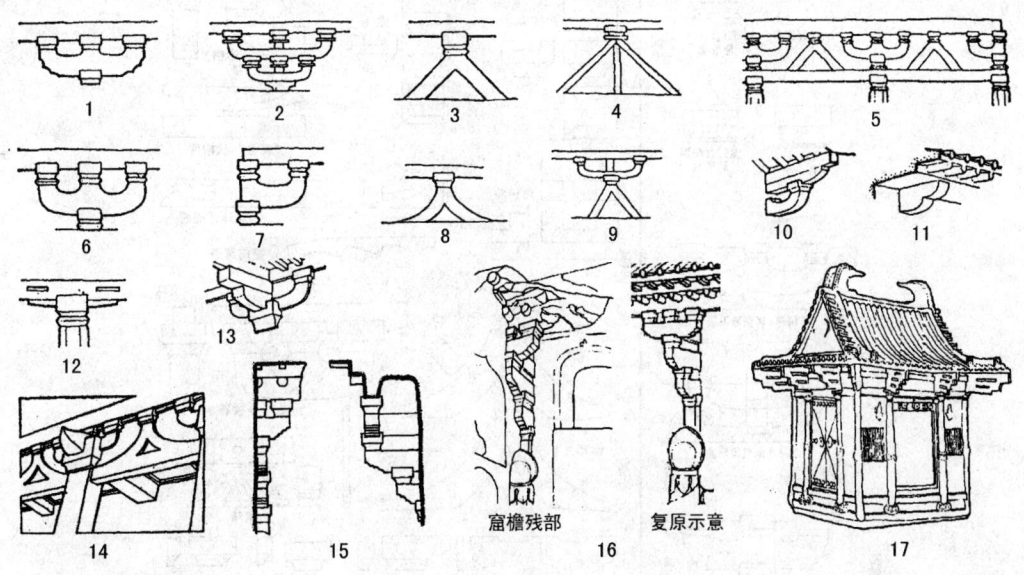

1. 河北邯郸南响堂山 7 窟　2. 河南洛阳龙门古阳洞　3. 山西大同云冈 9 窟　4. 龙门古阳洞　5. 云冈 21 窟塔柱　6. 云冈 9 窟　7. 云冈 1 窟　8. 甘肃天水麦积山 5 窟（北朝末或隋代）　9. 甘肃敦煌莫高窟 275 窟　10. 敦煌 254 窟　11. 云冈 6 窟　12. 云冈 9 窟　13. 龙门古阳洞　14. 麦积山 5 窟　15. 南响堂山 2 窟窟檐　16. 南响堂山 1 窟窟檐残部及复原示意　17. 河南省博物院藏北朝后期或隋代陶屋

图 3-53　南北朝时期石窟等所见斗栱的使用形式

更早一些。在山西寿阳北齐厍狄回洛墓中，其房屋形木椁的一些柱、额、斗栱等构件残件得以保存下来，木椁构造是南北两面即前后檐用厚木板为墙，这两面的柱、额、斗栱等只有正常厚的一半，将其"贴络"在板壁上，只有东西两山的构件是完整的。这些构件尺寸基本一致，斗欹部分和栱的卷瓣都内颛，手法统一（图3-54）。有学者研究认为这些构件中已表现出材的断面与材高、栔高比都和唐宋基本相同，表现出以 15 分°为材高的材分模数设计方法，并结合日本现存飞鸟时代建筑的分析，认为唐宋建筑中"以材为祖"的模数制设计方法在南北朝时已基本形成了[①]。

斗栱表面除施雕镂外，也行彩绘装饰，敦煌莫高窟北魏第 251、254 窟，为红底上绘忍冬卷草纹与藻纹，边棱转折处界以青绿色，这是已知年代最早的斗栱彩画，也是最早的建筑彩画。北朝末年石阙上的斗栱与补间人字栱，雕为莲花纹或忍冬纹，这种形式一直到唐代仍在沿用（图3-55）。

---

① 参见五卷集《中国古代建筑史》第二卷第 298~301 页。

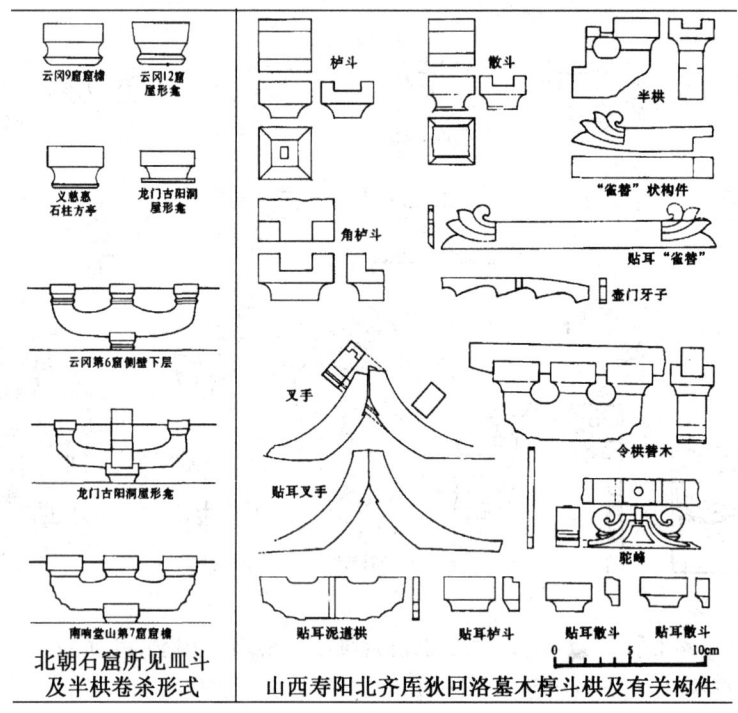

图 3-54 南北朝时期的斗栱卷杀形制

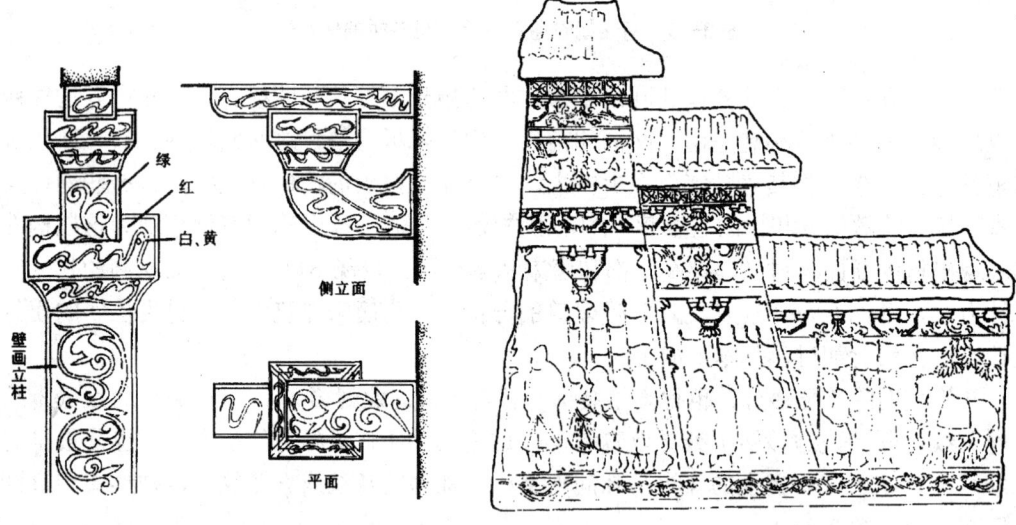

图 3-55 北朝斗栱装饰二例

后世斗栱中的昂,有学者认为是由商周时期的大叉手屋架及更早的半穴居和干阑棚架的长椽逐渐发展蜕变而来,其与斗栱的组合至迟完成于东汉[①]。但是目前南北朝的有关材料中还未见到明确的昂的形象,甚至到隋和初唐的石刻和壁画中也没有见到。不过在被认为

[①] 杨鸿勋:《斗栱起源考察》,载《建筑考古学论文集》。

是源于中国南朝梁、陈时期的日本飞鸟时代的木构建筑上却有昂的形象，如奈良法隆寺金堂、五重塔及中门，法隆寺金堂所保存的"玉虫橱子"在佛龛仿木构建筑的屋檐下也用昂，有角昂和补间（图3-56）。杜佑《通典》卷四四记总章三年（670年）成明堂之制，外檐柱头斗栱已使用下昂和上昂，并且可能是双下昂①。故此或认为南北朝后期的斗栱组合中已有了昂的构件。昂是一种悬挑承重构件，它与华栱出跳相同，二者出跳的水平距离相等，但其高度要稍低，故可以利用它在于加深出檐的同时来调整檐的高度及屋顶坡度，可以在保持屋顶高度相对稳定或增加不大的前提下增加出跳、加深出檐，同时它的后尾压于上架的檩下（此当是受柱头铺作出跳华栱后尾压于梁栿下的自然启示所致），使其又具

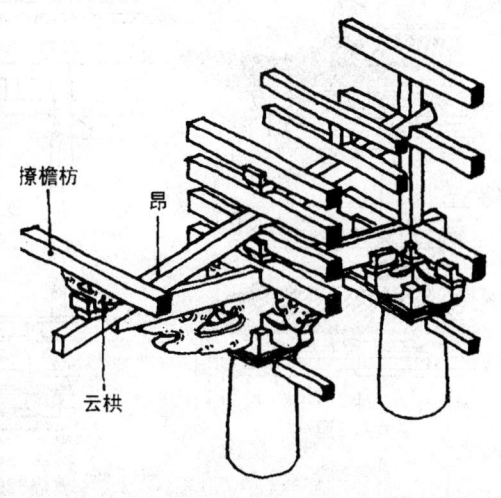

图3-56 日本法隆寺金堂斗栱中的昂

有加强斗栱构件的联系、保持整体稳定性的作用，在力学性质上有类于杠杆性能，和一般的梁栿有根本区别，它不是"斜梁"，也不是由"叉手"和"托脚"这样的斜置构件发展而来，叉手和托脚实际是柱，《营造法式》在分类时即把托脚、叉手列入"侏儒柱"项内，它们和昂并无内在关系②。

由初唐到盛唐，是中国建筑史的重要时期。经过初唐短短几十年的时间，从建筑的技术、艺术水平到总体规模，至盛唐都获得了飞跃式的高速发展。其中作为中国古代建筑特征的重要代表之一的斗栱也是如此。初唐是斗栱由南北朝、隋的不成熟状态走向盛唐高度发展的过渡时期（图3-57）。柱头铺作已多有出跳，一般只出一跳（四铺作）或二跳（五铺作），末跳上施令栱、或替木、或令栱加替木，甚或连替木也不做而直接以斗托撩檐枋，两跳者第一跳偷心；正心扶壁为单栱造，即用一栱承一枋为一组，若出两跳则叠用两组，两枋中间相隔一道横栱，盛唐也通行这种做法，与中唐以后扶壁栱在泥道单栱或重栱上使用连续枋材（若单栱则隐出慢栱）的情况不同（也有楼阁平座斗栱因楼板面的限制而将第二层枋下移一个分位并取消第二层横栱的情况，但枋上仍未隐出慢栱，枋之间以齐心斗和方木块支垫，如敦煌321窟壁画所示）。出一跳已有梁头伸出充作华栱的做法，但出两跳的斗栱则梁头或者只交于正心，或者伸出只至令栱里皮为止，并不再伸出为耍头。同时初唐仍有沿用早期不出跳的一斗三升以及简单的斗口跳柱头斗栱，甚至还有柱头栌斗直接搭承梁头的至简形式，有的叠用两层一斗三升并各承一道横枋，这是与以前的一斗三升重栱造不同的地方，也是初、盛唐出跳斗栱正心一线上由一栱一枋成一组、层层叠起这种通行做法的发端。转角处有的是只正侧出栱的旧法，有的只出45度斜栱，也出现45度和正侧三向出栱的新做法，敦煌初唐321窟壁画所见转角三向出跳之栱之间尚无结构串联，到初唐末或盛唐初的大雁塔门楣石刻则已将角华栱上出跳相列的十字令栱同正侧令栱交隐连栱为鸳鸯交首栱形式。补间斗栱一般只一朵或没有，沿用南北朝以来的斗子蜀柱、人字栱及一斗三升做法，以人字栱为多见，全为翘脚曲臂形式，曲势较北朝末更显舒展，并常在第一道

---

① 参傅熹年《唐长安大明宫含元殿原状的探讨》，《文物》1973年第7期。
② 参见《中国古代建筑技术史》第68页。

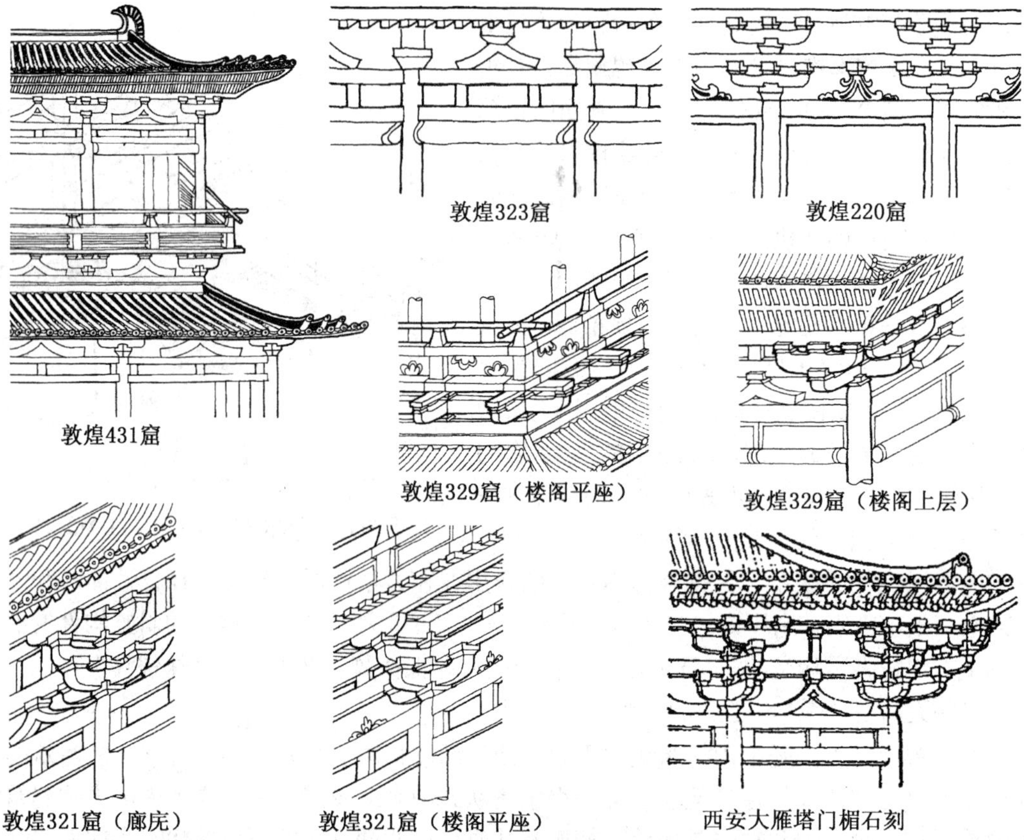

敦煌323窟

敦煌220窟

敦煌431窟

敦煌329窟（楼阁平座）

敦煌329窟（楼阁上层）

敦煌321窟（廊庑）

敦煌321窟（楼阁平座）

西安大雁塔门楣石刻

图 3-57　初唐的斗栱形式

柱头枋上下分别用蜀柱和人字栱，有的人字栱如敦煌 220 窟壁画所示，作卷草状轮廓，空档缩小，装饰性加强，呈现向驼峰转化的趋势。

经盛唐而后，唐代斗栱已经发展相当成熟（图 3-58），具备了完整的斗栱结构组合体系，

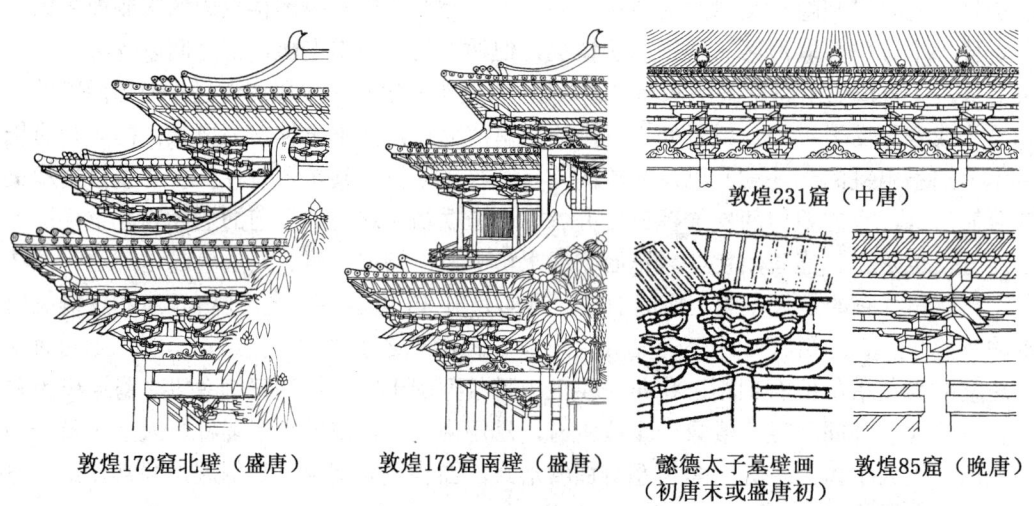

敦煌172窟北壁（盛唐）

敦煌172窟南壁（盛唐）

懿德太子墓壁画（初唐末或盛唐初）

敦煌231窟（中唐）

敦煌85窟（晚唐）

图 3-58　壁画中盛唐至晚唐的斗栱形式

斗、栱、昂、枋等构件都很完备，比例形制均已基本稳定，以后长期变化不大。斗栱种类丰富，结构日趋复杂，出跳增多，常层层叠落至六、七铺作，有重栱造和单栱造、偷心造和计心造。按偷心造实属一种早期做法，如初唐、南北朝所见，甚至汉代的那种上下数重插栱的形式，都是出于以单向层叠的悬臂形式来增加支挑距离的意旨，并没有意识到或者尚不能为斗栱的横向串联拉结构造。在敦煌壁画中，盛唐后期起已出现计心出跳之例，并有逐跳计心者。整个唐代，主流还是偷心造，出跳多者偷心与计心结合使用，全偷心做法多用于里跳及内檐斗栱。单栱造较重栱造也更普遍，尤其在扶壁栱配置上一律以一栱一枋为一组（也偶有将柱头枋隐为慢栱的），出跳多时叠用两组，即使是跳头处做重栱者也是如此。扶壁栱重栱做法最早见于五代杭州闸口白塔檐下斗栱，且五代时出跳上重栱造也开始增多，至宋发展为最正式的做法。在普遍使用下昂的同时，在中唐壁画中还出现了楼阁平座使用假昂的情况（图 3-16:1）。昂的形式为所谓"批竹昂"，即将昂嘴做成尖楔形，如一段竹子被刀劈而成。令栱中心开始交出耍头，壁画所见多有将耍头做为批竹昂形者。从实物看，柱头斗栱里跳皆延为梁栿或缴背，或做为半驼峰通过斗栱支托平棊枋，用下昂时昂尾压于平榑下梁栿底处。转角铺作处理，由五台山南禅寺起，中唐以后的实例几乎全都是出跳"相列"的形式，即每面横栱至角与角华栱或角昂相交后伸出为另一面的出跳竖栱，但在敦煌直至宋初窟檐和宋代壁画，仍不相列，即除了正心泥道栱和最上令栱于角交为短十字栱外，余每面横栱均至角交于角华栱或角昂止，均不再出为侧面的华栱，除了偶有像盛唐 172 窟角上十字令栱与正面令栱连栱交隐的例子外，角上十字令栱与正侧令栱也各自为是、不相通连。瓜子栱、慢栱的列栱前提是必须计心，所以这种做法的推行当与计心造的渐多有关，至五代虽然仍盛行出跳偷心与计心混合造之风，但凡有横栱至角则皆作列栱出跳及有连栱交隐。唐代转角铺作斜出构件往往只有角华栱以及角昂，而无由昂，初盛唐之际的大雁塔门楣石刻、懿德太子墓壁画并皆如此，前者角昂上只以很短的十字令栱承榑，后者则在角华栱上以平盘斗支高莲台承搭交撩风榑，已开宝瓶先声。晚唐佛光寺大殿已在末跳角昂上加施由昂，上坐宝瓶承托角梁，至此转角铺作发展完善。但无由昂的形式在敦煌则一直延续到宋代壁画和窟檐。这些没有由昂的建筑的屋檐形象都是平直的，没有起翘或起翘甚微，而后世的建筑实例都有起翘，除极个别者如正定开元寺钟楼（辽宋或更早）外也都有由昂，是故学者或把由昂的有无同起翘联系起来，认为起翘做法是导致使用由昂的原因[①]。当然，由昂的作用还在于，在由十字令栱支承的十字搭交撩风榑或撩檐枋以外，给大角梁一个更远的支点，它同加强了转角铺作斜出构件同正侧两面构件联系的"列栱"一样，都代表了斗栱形制的进步。敦煌的研究者曾指出，敦煌地处边陲，中唐以后又被吐蕃占领，所以敦煌艺术在此后很长一段时间具有保守的倾向，上述建筑形制上的一些"滞后"现象也是其表现之一。补间铺作，包括实例在内，大都只一朵或者没有，但开始有出跳，置于驼峰背上（盛唐的驼峰仍有明显的人字栱痕迹，敦煌壁画中一直到宋，所谓驼峰，类皆如此），故较柱头铺作出跳数要少一至二跳，多只抄栱而少用下昂，因而体量也大大小于柱头铺作，出檐重量的大部分还是由柱头上铺作来担负。由此可见唐代柱头铺作的雄大，主要是由这种结构条件所决定的。柱斗铺作与补间铺作因结构功能不同而繁简各异、

[①] 萧默：《敦煌建筑研究》，第 232 页。按原文使用的是"角翘"一词，实指起翘而言。另按本文所引敦煌建筑资料及相关情况，皆出自此书，不再一一注出。

大小有别、主次明确，柱头铺作雄大而出檐深远，再加上唐代建筑开间较窄、柱身较矮，这些都是构成唐代建筑的简洁雄浑风格的因素之一。在敦煌中唐 231 窟北壁壁画中的一座三开间楼阁中，当心间补间铺作有两朵，次间一朵，形式、大小都和柱头铺作相同，栌斗直接置于阑额上，并柱头与补间每两朵铺作中间各加一个驼峰，如果算上驼峰在内则当心间和次间各有补间铺作五朵和三朵。双补间的建筑实例，最早见于五代末福州华林寺大殿（964 年，已入宋）以及略晚些的苏州角直保圣寺大殿和宁波保国寺大殿（1013 年），还有再早些的五代南方的一些砖石塔如杭州闸口白塔等间接资料，而北方在北宋前期、中期尚不见有，直到北宋末《营造法式》成书时，才有当心间补间可用两朵的明文规定。所以，以前曾有研究者认为这种方式是从南方传到北方的，以敦煌壁画所见来看另当别论。补间铺作和柱头铺作相同的实例（所谓相同是指外跳而言，里跳因柱头与梁栿交接而与补间铺作自然有异），比较确切的资料也要到五代了①，如山西平顺大云院大佛殿、福州华林寺大殿以及再晚一些的辽代辽宁义县奉国寺大殿（1020 年）所见。其中，大云院大佛殿心间补间与柱头铺作一致，次间补间与柱头铺作虽有不同，但出跳高度与总出跳数目一致（唯构件组合稍异）。此例中转角铺作与柱头铺作做法也不一致，柱头仅用抄栱，而转角用单抄单下昂，这是此前和以后都少见的；而华林寺大殿和奉国寺大殿的补间栌斗比柱头栌斗为小，并不完全一样。敦煌 231 窟壁画的楼阁如算上驼峰补间，这种在同一间中出现两种形制的补间斗栱的情形，在实例中也是极罕见的，以前仅知金代正定广惠寺华塔（12 世纪）有之，该塔砖砌，底层四隅的小塔各面均为一间，其补间正中用一大朵，两旁各一小朵，形制不同。敦煌 231 窟凿建于中唐吐蕃统治时期（781~847 年），补间铺作上述各项做法比实例资料提早了几十年到二三百年，并透露出这些做法当时在北方还当早此已有的信息。补间铺作形制和柱头铺作一样及补间铺作加多的做法，虽然具有装饰意义，但首先更具有结构上的意义，即可以为撩风槫或撩檐枋增加中间支点，从而有效地防止撩风槫或撩檐枋的下垂，它的出现应与开间并首先是当心间的加宽有直接关系。当心间加宽的做法在麦积山石窟西魏第 43 窟的石凿窟檐中已可见到，其后天龙山北齐第 16 窟窟檐也如此，敦煌隋代壁画也见画出，但这些资料中的斗栱都不出跳，亦即都没有撩风槫或撩檐枋。实例中，中唐的五台南禅寺大殿虽有撩风槫，但三开间全不用补间铺作，仅在较宽的当心间正中柱头枋上隐刻驼峰，上置散斗一只；晚唐的佛光寺大殿也有撩风槫，柱头铺作与补间铺作区别明显，补间铺作于七开间每间施一朵，不用栌斗，在柱头枋立蜀柱，出双抄，撩风槫并未由它支承，而由双抄双下昂的七铺作柱头斗栱支承。以与柱头铺作出跳相同的补间铺作作为撩风槫或撩檐枋中间支点的做法，无论于唐代实物还是壁画等，敦煌 231 窟者都是孤例，它的普及至少也要到五代以后了。中唐以后虽还有人字栱补间形式，但流行程度日渐衰减。

到宋代，斗栱已完全发展成熟，从斗栱构件出发建立的模数制逐步完善，用材大小更加标准化。斗栱施用的部位，有用于外檐、内檐、下檐、上檐以及平座等。转角铺作已经完善，角华栱、角昂、由昂等俱备，并形成列栱制度。补间铺作虽然一般也只有一朵或明间两朵，但其构造、外形及大小尺度，已和柱头铺作几无区别，仅在斗栱后尾制式有所不

---

① 以往多有关于晚唐山西平顺天台庵大殿的材料作其正面当心间补间与柱头同为斗口跳四铺作形式者，《文物》1993 年第 6 期刊王春波《山西平顺晚唐建筑天台庵》一文，作其补间乃一斗上做一斗三升。此从后者。

同，在结构上的作用也发挥的较为充分。不同种类的栱件长度、栱头卷杀、瓣数及安置部位，都已形成统一定制。栌斗各部的比例尺寸已完全定型，各种小斗同样如此，仅因使用要求有所不同，其宽窄与槽口略有区别而已。此后直到明清，斗栱形制除了由普遍用真昂到普遍用假昂以及柱头斗栱与梁栿的结合方式算是有比较大的变化外，其余变化不大，只在具体尺度比例和分件形制及栱件组合上略有调整变化而已。关于宋式斗栱的形式种类及构造，已见前述。这里再就历代栱件组合、分件形制、具体比例尺度以及整体风格方面的发展演变特点，略为补苴。

北宋开始，斗栱偷心造和单栱造做法逐渐让位于计心造和重栱造。宋初外跳做偷、计心混合造时，计心的抄数稍多于偷心者，宋中期以后外跳全计心造的情况即多。单栱造在宋初至中期尚多，至北宋中晚期（《营造法式》颁行前后）重栱造已甚普遍。虽然偷心造、单栱造并未就此消失，但至北宋中期以后斗栱的总体风格面貌已与唐代形成了较大差异，重栱计心造成为《营造法式》所推崇的标准做法。金元二代受此影响，重栱计心做法明显占据主流，传至明清基本上都做重栱计心造，单栱造、偷心造在明代尚存，明后期至清代已极少见。

《营造法式》中的补间与柱头铺作完全一致。在宋初到宋中期，有的建筑虽补间、柱头不完全一致，但二者出跳数、始跳位置、跳头上横栱组合（单栱或重栱、偷心或计心）都相一致，唯抄栱、下昂或斜栱的使用有时略存差异，外檐斗栱的外轮廓已基本达到统一，这使宋代斗栱的风格面貌在五代的基础上与唐代形成较大差异。当然宋代尚有一些保存唐代旧法的做法，主要见于敦煌壁画及窟檐。实例中像补间跳数与柱头不一，或补间只设小斗而隐刻横栱这样的情况，只是极少数。唐代流行的人字栱及斗子蜀柱一类不出跳补间，在宋代也已极少见到。南宋时补间偶有使用自南北朝即已基本不用的蜀柱并一斗二升，极罕见。元代补间皆有出跳，其形制与柱头斗栱的一致性较宋更加突出，已没有出跳位置不一等前期特点，从整朵铺作轮廓及至具体组合形制多达一致，如有差异即在于真假昂的使用上。

唐五代正心扶壁栱多以一栱支一枋为一组，如出跳多则叠用两组。宋式中除了在泥道重栱上施柱头枋的标准做法外，还有多种单栱造扶壁栱做法（见本章第一节），元以前扶壁栱多隐刻，明清时期隐刻做法已不多见，正心重栱上用层叠的正心枋。元代及之前柱头枋多用单材，最上一层压槽枋多用足材，中间垫以散斗。元永乐宫三清殿斗栱的"压槽枋"在正心之后一跳上，较之《营造法式》图样中压槽枋位在柱头枋之上，于结构似更合理，明清则不见此构件。明清正心枋多用足材，跳上各枋一律用单材。唐宋斗栱栱眼壁处施板（即栱眼壁板）或抹泥填充（泥道栱因此得名）的做法，明以来一律改为板件即垫栱板。

在补间或柱头铺作中使用斜栱是斗栱更趋于装饰化的表现，一般认为主要是辽金时代产生并流行于华北地区。但更早在敦煌五代第146窟壁画中实已有斜栱形象出现（图3-59）。该窟南壁一楼阁下层外檐为单抄单下昂五铺作，逐跳单栱计心，令栱中心交出昂形耍头，当心间补间铺作座落在驼峰散斗上，其华栱、昂和昂形耍头都不正出而是左右各作60度斜出，左右令栱方向仍与檐面平行，可惜中部已漫漶不清；同窟北壁一楼阁下层当心间补间铺作表现也不甚清楚，但大概可判断有正出华栱和左右45度斜华栱，在第一跳头又再作一次左右45度斜出。斜栱使用最多的是金代，无论木构建筑还是仿木砖塔上都广泛使用，其繁复至极，并有45度及60度斜栱用于一朵斗栱中的例子（图3-44）。有建筑史学家认为，

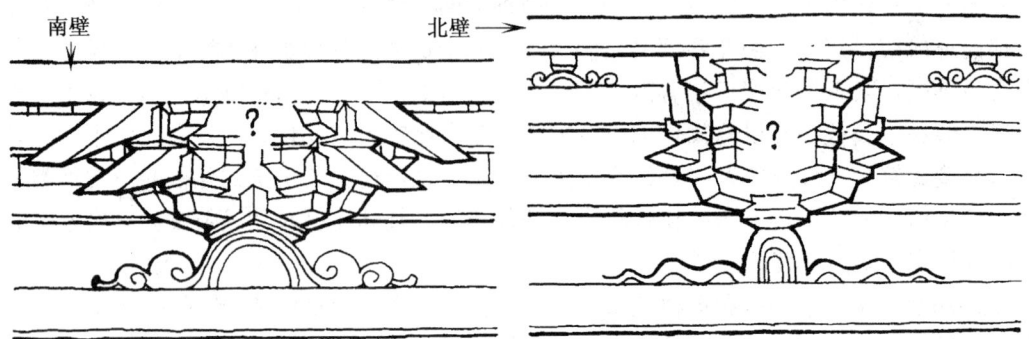

图 3-59　敦煌第 146 窟壁画中的斜栱（五代）

此种做法于建筑之结构和立面并无大补，对斗栱本身则是一种不成功的创作尝试。不过，有的斜栱内外对称，可起支撑檐部重量的作用，由于支点增加，荷重分布比起一般斗栱更均匀一些；但如斜栱的后尾或前端没有对称地延长时，均匀分布荷重的优点就没有了，如大同善化寺三圣殿的次间补间铺作，外侧每跳交互斗上都出 45 度斜栱，而向内侧对称延长的只是栌斗上的两缝斜栱，甚至还有斜华栱只出外跳而全无里跳的如善华寺大雄宝殿次间补间铺作，这些从结构看都是不合理的，外观上也显得繁琐。元代斜栱于北方还稍多使用，明代仍有所见，明代个别有用斜昂（假昂）者，但总体上斜栱已渐行废去。随着斜栱的使用，内外跳头上的横栱栱头（包括栱上的散斗）也不得不随着抹斜以取得调和一致的外观。元代中晚期常见将正常横栱斫作"斜面栱"的情况，这种横栱抹斜的做法直到明代，在晋北的天镇和冀北的宣化一带还保留下来，是斜栱残余痕迹的反映，虽然当时已不再使用斜栱。明清不少地方建筑中虽仍多有用斜栱及斜昂者，但雕饰增多与明以前的式样极易区别。如意斗栱是运用斜栱极至的特殊形式。

斗之耳、平、欹三部分的高度比例，从唐至清大多都保持为 2:1:2，唯辽金建筑的欹要高一些。元代以前斗欹都斫出明显的内颤曲线，明代稍存此形，清中叶以后皆简化为直线。栌斗形状，宋时除最常用的方形平面外，又有讹角、圆形、多瓣形（瓜楞形）等，但使用并不广，少林寺初祖庵大殿上圆栌斗同讹角栌斗配合使用。圆栌斗和讹角斗在五代杭州闸口白塔已见。金代山西潞州一带也习用讹角斗，可能是受到北宋的影响。元代包括圆栌斗在内的斗形的艺术加工花样较多。《营造法式》有于平座转角铺作添加附角栌斗的做法，实物中在辽代建筑外檐有较普遍地应用，南宋与金代亦见，影响及于元明两代，明末至清废弃。元代以前在令栱正中与耍头相交处皆置齐心斗，元代有时将耍头增高遂不用齐心斗，明初以后齐心斗逐渐消失，清代已完全不用。

自初唐开始，自战国汉晋南北朝以来流行的斗下皿板做法已经衰落，在五台南禅寺大殿外檐斗栱扶壁栱中小斗下部尚可见到，此后基本不见。从五代起于南方又代有沿袭，元代时中原也偶有其例。

从唐代开始斗栱用料标准已趋于统一，栱一般断面为边长 3:2 比例的长方形，受力较合理。斗栱用材的标准化，直接导致了宋代建筑模数制度材分制的产生。唐代栱子式样基本是直栱，栱头或略有卷杀，或分瓣，或又加内颤。分瓣者虽在北朝即见有分作三瓣者，但初唐、盛唐的材料无见，中唐以后实物见卷杀分瓣，或四瓣或五瓣，内颤手法活跃，似无定式。五代中原一带仍流行栱端分瓣卷杀，多做四瓣（个别仍做内颤），南方仍见卷杀无瓣者，宋初亦见。宋《营造法式》规定除令栱为五瓣外，其余各栱一律为四瓣，分瓣上端缘线为一垂线，而南方和北方偏远地区仍有四瓣内𩑺做法。东南地区如福建，常有分瓣上端缘线向内微斜的做法，五代、两宋皆见，如华林寺大殿、莆田元妙观三清殿及广化寺释迦文佛塔、泉州开元寺塔内壁与塔心柱斗栱等。元代栱头卷杀分瓣多随宋制。清代则规定栱头分瓣卷杀为"万三瓜四厢五"。栱子的长度，唐代泥道栱及瓜子栱都长于令栱，或者三者相近。五代实物所见多作令栱、瓜子栱相差不多，而泥道栱明显比二者长出。闸口白塔令栱长于泥道栱，已开宋式先例。《法式》规定泥道栱与瓜子栱等长为 62 分°，令栱长 72 分°，慢栱最长为 92 分°。北宋前期仍有泥道栱长于令栱及瓜子栱的做法（如计心则后二者长度相近），辽代尤是，金代有三者等长的例子，北宋中晚期和金代晚期，始与《法式》渐趋一致，至元代多随宋制。清式栱长分度亦与宋式一致。

　　早期有所谓"翼形栱"（横栱的一种，多用于斗栱里跳，其上不施小斗，仅起装饰作用，因栱表面常雕饰有花纹图案且两侧略作羽翼状，故名。《营造法式》中未见记载，但宋元以来建筑实物时有所见，今也有写作"异形栱"的）。明清官式建筑已发展成为形式固定的"三幅云"，清代许多地方建筑常喜用雕花栱，有的更是剔透玲珑。转角铺作中的鸳鸯交首栱，最早见于前举初唐末或盛唐初西安大雁塔门楣石刻和敦煌盛唐172窟壁画中，为宋元常用，至明代尚有，清代不见。明代以前常用的"小栱头"于明末清初已改为用昂。

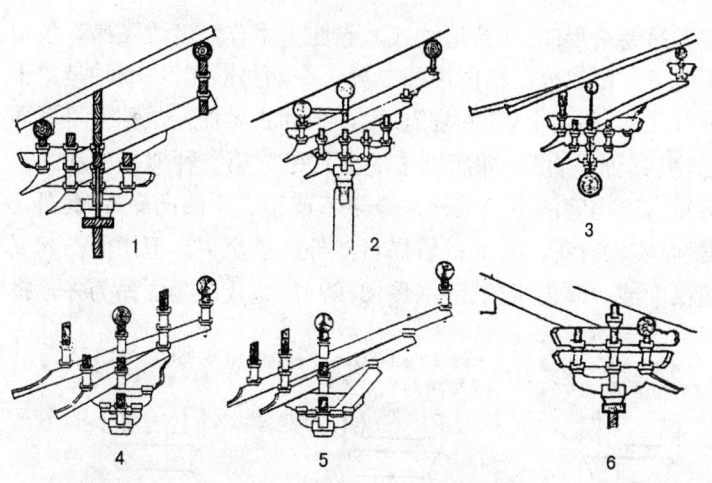

1. 河北定兴慈云阁上檐　2. 河北正定阳和楼　3. 山西繁峙灵岩寺大殿　4. 浙江武义延福寺大殿　5. 浙江金华天宁寺大殿　7. 上海真如寺大殿

图 3-60　元代真昂与假昂的使用情形

　　如前所述，唐宋几乎与真昂同时也有假昂的存在，只是并不多见。元代开始假昂逐渐普及，多以真、假昂配置使用，常是补间用真昂、柱头用假昂，或反之，还有将真假昂或者假昂与里跳不出头的斜上挑斡并用于同一铺作中的情况（图 3-60:1、图 3-60:2、图 3-60:3、图 3-60:6）。明代初期以后广泛使用假昂，明中叶以后下昂渐被废弃，至清代则已全部用假昂。元代使用真下昂时，南方在里跳有用上昂或硕大靴楔托垫下昂后尾的，是对宋制的继承与发展（图 3-60:4、图 3-60:5）；北方则见有于真下昂底部华头子亦于里跳随昂势挑起支托昂尾的情况，为唐宋所未见（图3-60:1）。华头子出现于五代，系里跳华栱或梁栿外伸而成，样式有顺昂势紧贴昂底、直角头以及两瓣式三种。宋初下昂与插昂底部做华头子者尚不多，宋中期以后渐多，式样有五代的直角头、两瓣式，也有单瓣式，由宋迄元以两瓣式最为普遍。约至北宋晚期假昂头附带刻出假华头子（二者连为一体）的"抄栱头"形成。清初仍有刻假华头子的做法。宋式除四铺作出一跳的用插昂以外，凡两跳以上的斗栱大多是在第一跳用华栱。如是假昂做法，则在第一跳即可用昂，如晋祠圣母殿者。从元代开始，随着假昂做法的逐渐普遍，第一跳用昂的情形也渐多。元代也有五铺作出双下昂（真昂）而不加抄栱的实例，前此未见，明清虽也有只用昂而不用翘的，不过已都是假昂了。历代斗栱昂抄组合，都是若有一昂，则抄必在下、昂必在上，若有两昂则两昂必相续在上。但前举陕西榆林五代第16窟一组出五跳八铺作的柱头斗栱，形式为出双抄单下昂后再继出单抄单下昂，类似的这种两昂中间夹一抄的实例仅在南宋福建莆田广化寺石塔上见到过（图3-61）。

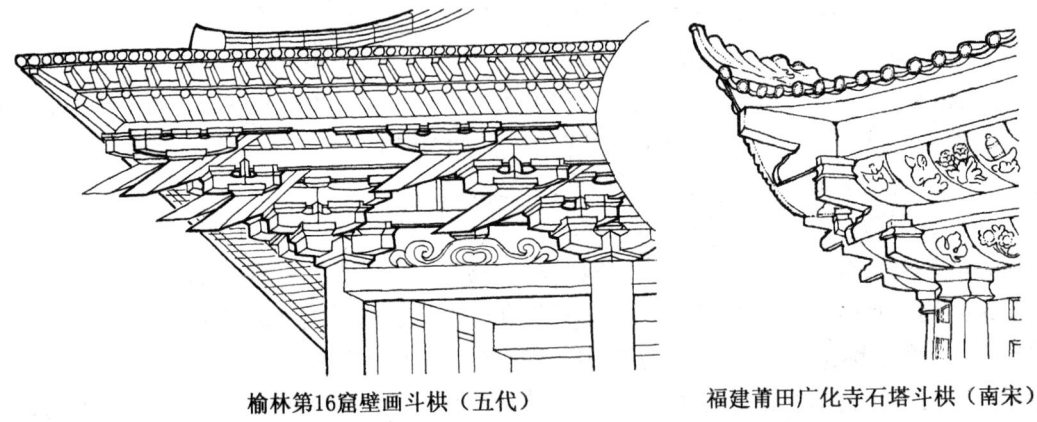

榆林第16窟壁画斗栱（五代）　　福建莆田广化寺石塔斗栱（南宋）

图3-61　"两昂夹抄"的特殊斗栱形式

唐代的昂为批竹昂。宋时的下昂卷杀形制，《营造法式》卷四大木作制度"飞昂"条记载了三种：一种是"自斗外斜杀向下，留二分；昂面中顣二分，令顣势圆和"；一种是"于昂面上随顣加一分，訛杀至两棱"，因之昂尖上表面呈凸曲面，形如古琴面，故称为"琴面昂"；一种是"自斗外斜杀至尖，其昂面平直"，即唐以来的批竹昂。第一种似是《法式》所推崇的比较正规的做法，反倒没有给出它的专门名称，今学者或谓之"凹面昂"。此外，还有一种下昂形制，《法式》未载而实物有见，其如批竹昂自斗外斜杀至尖，但昂面凸起又如琴面，可以称其为"批竹琴面昂"或"琴面批竹昂"（图3-62）。金代以琴面昂为多，批

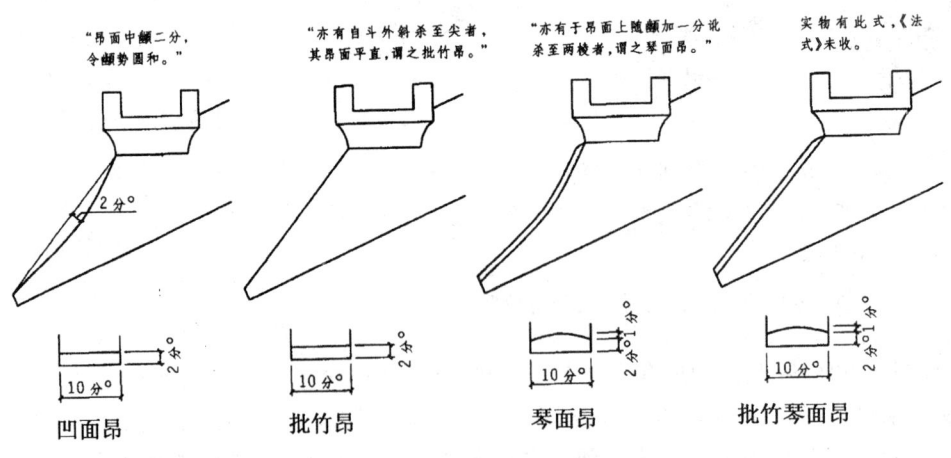

凹面昂　　批竹昂　　琴面昂　　批竹琴面昂

图3-62　宋式下昂尖卷杀四种

竹昂较少，昂的底边尚为直线。南宋琴面昂的顣度大于北方。元代真假昂都多作琴面式，一般是尖而细长的扁瘦昂嘴，顣度加大，昂底边稍上翘，批竹昂濒临绝迹。明清昂嘴比前稍增厚，清中叶以后昂嘴两边有"拔鳃"。清前期还盛行将昂嘴雕成龙头、象鼻等形状以示

华丽（图 3-63）。

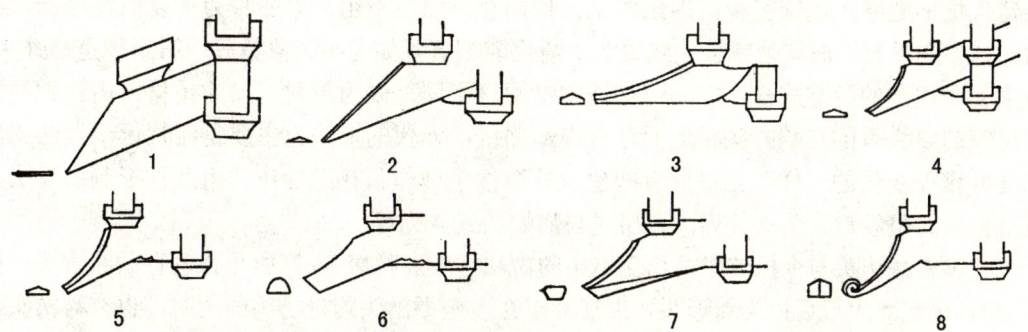

1. 山西五台佛光寺大殿（唐）　2、3. 太原晋祠圣母殿（北宋）　4. 山西芮城永乐宫龙虎殿（元）
5. 山西芮城永乐宫三清殿（元）　6. 明中期　7. 清晚期　8. 山西万荣飞云楼（清前期）

图 3-63　历代昂嘴形制

耍头构件层在北朝和初唐已有（参图 3-53:15、图 3-53:16、图 3-53:17，图 3-57 敦煌 321 窟），但不多见，且不出头。盛唐始有令栱交出耍头之例，其普遍是在五代之后至宋，但同时不出耍头的情形也还一直延续到宋代，以至宋元时期南方的建筑实例仍时常不出耍头，或者是将耍头做为昂形，都是保存了较早的做法。历代耍头式样约分四种（图 3-64）：

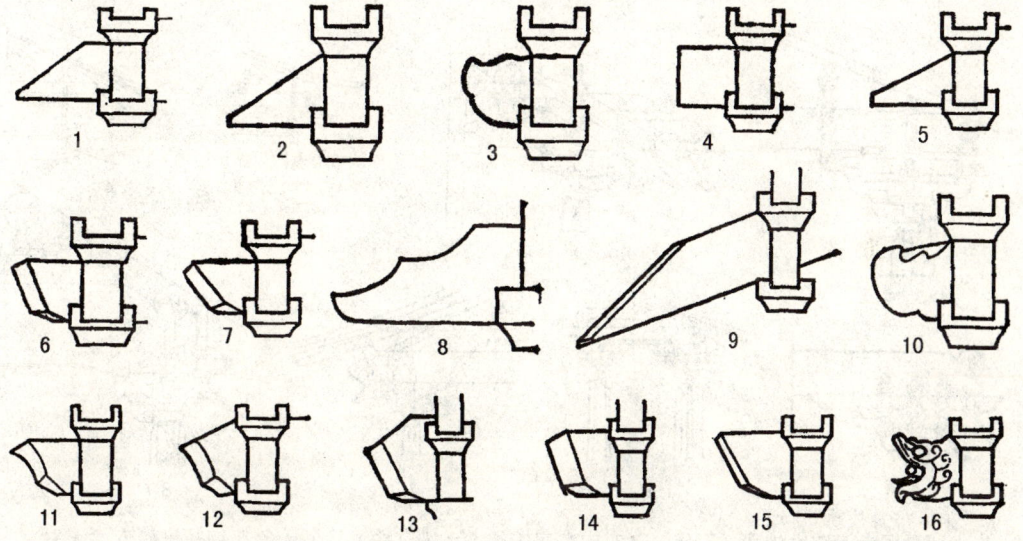

1. 山西五台南禅师寺大殿（唐）　2. 五台佛光寺大殿（补间铺作）（唐）　3. 五台佛光寺大殿（柱头铺作）　4. 天津蓟县独乐寺观音阁（辽）　5. 山西大同华严寺薄迦教藏殿（辽）　6.《营造法式》（北宋）　7. 少林寺初祖庵大殿（北宋）　8. 广州光孝寺大殿（南宋）　9. 山西朔州崇福寺弥陀殿（金）　10. 大同华严寺大殿（金）　11. 大同善化寺山门（金）　12. 大同善化寺三圣殿（金）　13. 山西芮城永乐宫三清殿（元）　14. 北京智化寺大智殿（明）　15. 清官式　16. 山西万荣飞云楼（清前期）

图 3-64　历代耍头形制

一种是垂直截断不加雕饰的直角方头，实物中为辽代所特有，如独乐寺观音阁；第二种是斫为批竹昂形式，有平出和斜出，在唐宋辽金各代都常见，相比之下，唐、五代的平出式为辽代更多地继承，宋已少，斜出式至元代尚存，以后不用；第三种为加以曲线雕饰，唐到元代多刻卷瓣，成翼形或云头式耍头，清代雕刻繁复如龙头、象鼻等；第四种是蚂蚱头，为宋、清规定的标准式样，宋、清相似，唯用材不同，宋为单材，清为足材。山西大同金代建筑的耍头有的与蚂蚱头相近而略有内颇曲线，元代的耍头也主要是流行近于《法式》标准并稍加变化的式样。元以前有些建筑外檐柱头铺作和补间铺作并用两种形制的耍头，有批竹昂式与卷瓣云头式并列，有昂式与蚂蚱头式并列等。

晚唐有衬枋头与令栱或檐枋相交出头的做法，敦煌晚唐85窟所见为垂直截断方头（图3-58），佛光寺大殿后檐为翼形头。宋辽斗栱在多施不出头的衬枋头的同时，也有衬枋头出头者，做为批竹昂形或翼形头，也还有不施衬枋头者。五代柱头铺作始见以梁栿外伸代替衬枋头（不出头）的实例，宋辽金都有梁栿外伸做衬枋头或耍头的做法。梁栿外伸做衬枋头，或出头或不出头，梁头之下或者仍做独立的耍头件，或者在梁下端伸出斫为一个单材小耍头（即梁栿同时代替衬枋头与耍头二层构件）。这种梁栿压在整朵斗栱之上直接支挑撩风槫和撩檐枋，而非插入斗栱与里跳搭接的方式，使得柱头斗栱的挑檐结构机能开始削弱，这一做法在元代渐成气候，并且除了承袭以前各种传统旧制外，还有出现梁与檐槫相交后伸出高近二材的硕大耍头形式，最终导致了明清柱头科斗栱伸出挑尖梁头代替耍头和撑头木的做法（图3-65）。

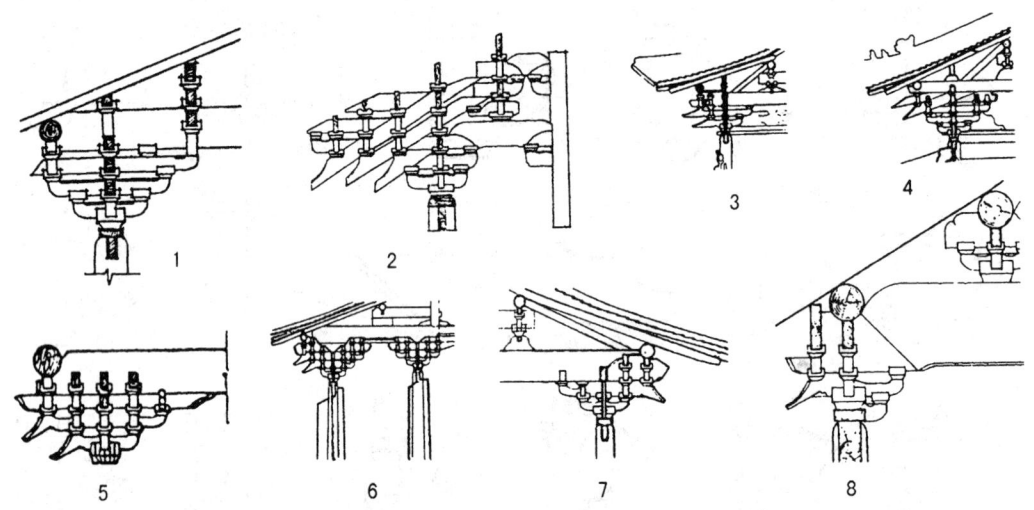

1. 山西平顺大云院大佛殿（五代）　2. 广东肇庆梅庵大殿（宋）　3. 太原晋祠圣母殿下檐（宋）
4. 同3上檐　5. 陕西韩城禹王殿（元）　6. 山西芮城永乐宫三清殿（元）　7. 永乐宫无极门（元）
8. 上海真如寺大殿（元）

图 3-65　五代宋元时期柱头铺作梁栿外伸充作衬枋头或耍头

元代处于由宋向明清过渡的阶段，斗栱做法是新式与旧制并存，虽然很多方面已开明清斗栱先例，但制度尚未统一。

在整体风格上，唐代斗栱雄伟简洁，辽宋斗栱繁复华丽，尤其是金代斗栱之追求华丽，繁复至极，斜栱的使用就是一证。不过补间仍只用一朵或两朵，布置比较疏朗，较多使用偷心造。元代斗栱尺度较小，现存实例没有超过六铺作的，重栱造和计心造比较普遍，补间铺作朵数除有和宋《法式》规定相符者外，明间已有置三至四朵的，次间以外也有做二朵的，较之明清尚嫌疏朗。明清斗栱尺度更小，平身科数目明初尚是一间三攒，后增至四至六攒，明间最多有用到七攒的（七攒者如广西容县经略台真武阁、四川平武报恩寺碑亭下檐等）。清代更趋密集，宫殿建筑常用到六至八攒，多者用到九攒（如易县清西陵永福寺），故宫太和殿山面明间竟用到十一攒。山西地区的明清建筑仍有保持古制遗风，明次间均施一攒补间斗栱的。同时明清再度形成平身科与柱头科体量大小的差别。清代以前各时期的建筑都是先定面阔进深的尺寸，然后于每间内再安置补间斗栱，同一间内各斗栱之间的距离虽然相等，但各间斗栱的距离则不一致。唐、宋、元各代因为补间数较少，这种情况极易看出。明代由于补间增多，看起来已不十分显著，但经实测表明各间补间斗栱中距仍然是不等的，如曲阜奎文阁，明间为 1.19 米，次间为 1.43 米。清《工程做法》则规定各攒斗栱中距一律为 11 斗口，称为"攒档"，面阔进深尺寸都以攒档来计算，证以实例也都大致符合。

斗栱的发展演变在相当程度上体现了我国建筑技术和艺术不同的时代特征。总的说来，斗栱的发展，是结构由简单到复杂，层次由少到多，形体由大到小，总高降低、出跳减短，造型由雄伟而纤丽，由功能性结构到装饰性构件。斗栱的数目越来越多，因受开间的限制，势必使斗栱的体形缩小，斗栱的实际用材尺寸和斗栱在整体构架中所占比例历代逐步减小，汉大于唐，唐大于宋，宋大于元，元大于明，明大于清。斗栱的立面高度（以大斗底皮至挑檐檩底皮的垂直高度计）和柱高的比例：已知的几座唐代建筑多在 40% 至 50% 之间，整体造型给人的印象是头大身短，因有唐代建筑"斗栱雄大"之谓；五代、辽宋之初仍接近这一比例而总体上略有降低，一些建筑中还存在着三间小殿使用七铺作硕大斗栱的不甚合理的现象，最突出的实例有山西平遥镇国寺万佛殿、宁波保国寺大殿等；辽和北宋中期以后的建筑中，这种现象得到了改进，三间小殿大多采用五铺作斗栱，斗栱立面高度多为檐柱高的 30% 左右，改变了唐代那种头大身短的现象；元代减为 25%，同时也还有近于宋式的情况；明代由 25%～20%；清代大体在 17%～12%。斗栱的挑出距离占全部出檐长度的比例，以出跳四次的宋式七铺作当清式九踩为例，唐代佛光寺大殿斗栱为 54.3%，宋代按《营造法式》约为 44.7%，清代则减为 36.4%，与之相应清代的出檐深度也大为减少，唐宋出檐常为柱高的 5/10～4/10，明清仅为柱高的 3/10，相当短促。以上这些变化都是由于斗栱的结构功能减弱而装饰作用增强所致。斗栱原先所起结构作用至明清已丧失大半，几乎成为纯装饰性的构件。假昂失去受力杠杆作用自不必说，屋檐挑出的重量从主要由斗栱承担变成由悬出的椽子承担，悬出的椽子主要由挑檐桁来承挑，而挑檐桁又主要是由两端檐柱头上的粗大梁头即挑尖梁来承担，这个挑尖梁是由大梁伸出于柱头科斗栱之外所为，它不是斗栱本身的构件，原本也不需要其下的斗栱来用力承担，柱头科基本上只是充当大梁下部的一个支座，大部分构件只起到装饰作用，柱头科（包括角科）和平身科所仅有的结构作用，只是作为檐下隔架支点略帮助传递重量和防止檐口下垂，实质上就等于是隔架科。即使是尚存宋式斗栱真昂遗意的明清溜金斗栱，其斜置构件在正心之外的部分也是做成水平的耍头、撑头或昂，呈一种折线形式，较之整根斜木的受力性能也大为减弱。虽然明清斗栱的悬挑承重功能已基本丧失，但形制却比先前更繁杂了，如偷心造都改为计心造，单栱造全部改为重栱造，这完全是出于装饰的需要。其实，从艺术角度而言，明清斗栱除了出踩多少的变化之外，那种一成不变、呆板僵硬、细碎拘谨的形象，远逊于唐宋斗栱的雄浑之美和飘逸大度（图 3-66）。

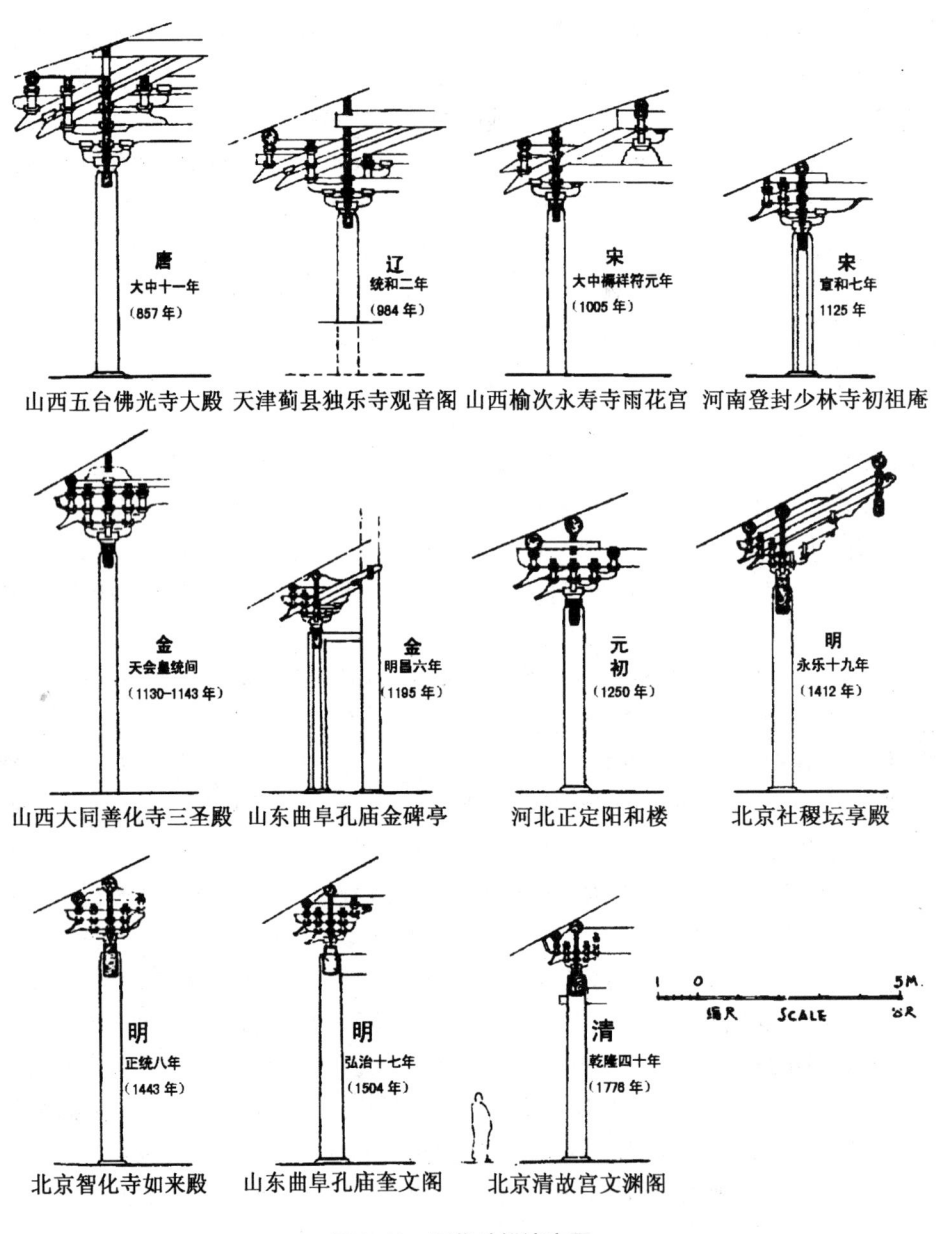

图 3-66 历代斗栱演变图

第四节 与斗栱相关联一些枋木构件

有些枋木，如正心枋（柱头枋）、拽枋（罗汉枋）等既是把同排斗栱拉结起来以为稳固的横向联系构件，同时也是斗栱的一个结构层次。此已见述于以上各节相关内容中。有些枋件，如平板枋（普拍枋）、雀替（绰幕枋），并不属于斗栱的结构部分，前者只是作为斗栱下的一个铺垫支托构件，后者更是与斗栱已不发生直接联系，但它当初与斗栱起源有所关系。此外还有㭼檐枋、挑檐枋，在承檐的同时也是斗栱间的横向联系构件。凡此类因体例于前文未涉者，一并附此叙述。

一、从普拍枋到平板枋

按《营造法式》殿阁厅堂做法是补间铺作直接坐于阑额上，只在平座阑额（搭头木）之上用普拍枋，其为一宽扁木板，搁置于阑额并柱头之上，断面与阑额构成"丁"字形，而柱头和补间铺作皆坐于普拍枋上。普拍枋好似在柱头上又增加了一道圈梁，柱框的整体性更强，但使用它的主要原因在于补间铺作的增多以及补间不用蜀柱、驼峰、人字栱之类而用大斗，而相对窄而薄的阑额不宜坐大斗。现存唐代木构均无普拍枋，但从初唐至晚唐的北方砖塔上有仿木砖构的普拍枋，四川晚唐摩崖石刻中亦见，木构实例最早见于五代的山西平顺大云院大佛殿的阑额之上，结合日本奈良时代前后二期的木塔外檐也层层施用普拍枋来看，唐代已产生普拍枋，并且是用于外檐檐柱（而非平座）阑额上的，不过使用并不普遍。辽代独乐寺观音阁上有用有不用的，可见尚未成为定制。宋金时期普拍枋渐多，除多用于外檐及平座外，内檐也有使用的，同时也仍有很多不用的。金以后普拍枋始成为必备，并且由于阑额的愈益加厚和补间铺作体积的减小，普拍枋也加高改窄。至明代普拍枋与额枋同宽或稍宽，明代后期有稍窄于额枋之例，到清代就一律成为窄于额枋的平板枋，但在明清民间建筑上仍可以经常看到使用较宽而扁的平板枋及窄而高的额枋的情况（参图1-31）。

普拍枋至角柱的出头，初为平截，元代出头多刻为海棠线。

二、替木—绰幕枋—雀替

如前所述，最初为增加柱头支承梁枋的面积以减弱梁枋弯矩剪力、增强对较大净跨距离的支承能力，而于柱头上施用替木，后来即演变为斗栱的横栱构件。但斗栱产生以后，替木仍然被使用着，在仍具有一定辅助支承结构功能的同时，逐渐演变为更加富有装饰性的构件，就是明清的雀替（图3-67）。云岗北魏石窟浮雕，替木从柱头栌斗口中出；河北新城辽代开善寺大殿、正定隆兴寺北宋转轮藏殿所见，已有一定的卷杀加工，但也还未脱离栱形替木之状，叠用两层替木，形状犹若汉代的实拍栱，都显示出其和斗栱横栱的同源关系。由于外檐有了斗栱，所以这类替木更多地是使用于内檐。宋《营造法式》卷五大木作制度二"阑额"条下载有用于

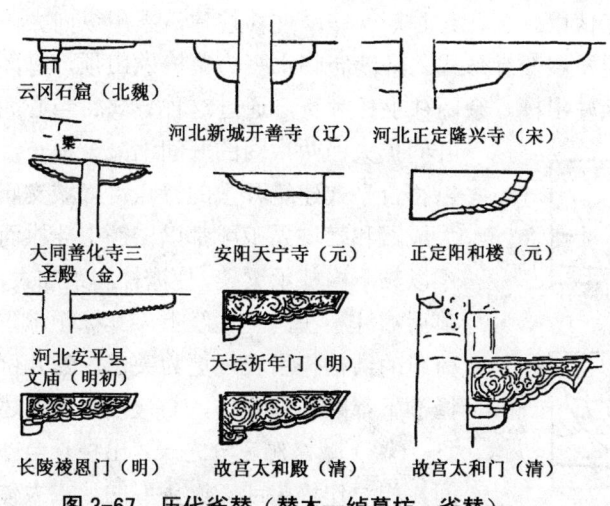

图 3-67 历代雀替（替木—绰幕枋—雀替）

外檐的一种"绰幕枋"，施于檐额之下。檐额属于阑额一类，但却是贯间通做为一根大额的形式，用材超过一般阑额而与殿阁梁栿用材相近，两头并出柱口，其间的柱头支顶于额下，

额上直接荷载梁架或斗栱。这样，额下的开间柱可以根据需要左右移位或减少布置，与内柱或后檐柱可不在同一缝上，取得较为自由和壮阔的开间外观[①]。这似是一种早期纵架（参第一章第二节）的残余形式，只适用于一些开间较少的小型建筑上，所以实例少见，所知宋代仅有河南济源济渎庙临水亭（龙亭）一例，但在晋南及晋西南和陕东交界附近地区的元代建筑上却有几例，如山西长治上党门、陕西韩城文庙大成殿、韩城禹王殿（图3-68），

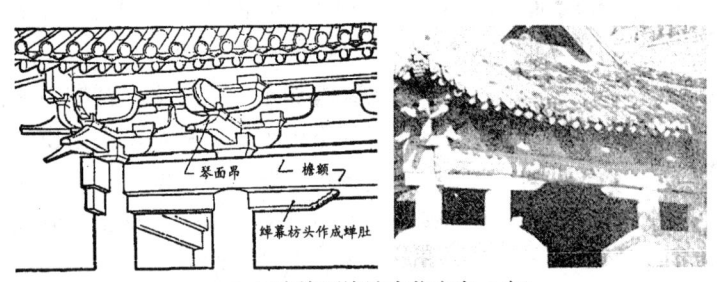 

1. 河南济源济渎庙临水亭（宋）　　2. 山西长治上党门（元？）

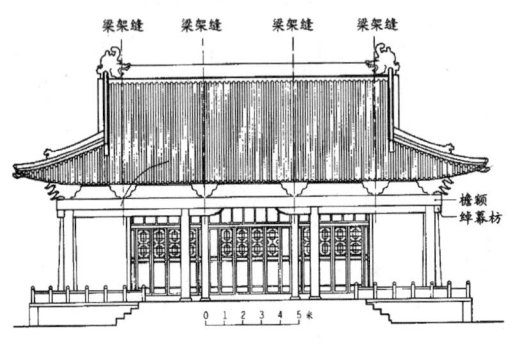 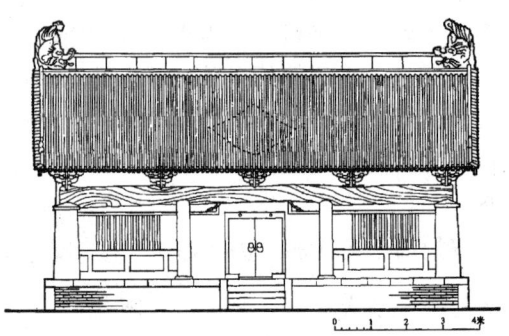

3. 陕西韩城文庙大成殿（元）　　4. 陕西韩城禹王殿（元）

图 3-68　檐额和绰幕枋实例

或许当时一些民间地方小型建筑上常有使用。金、元时期一些减柱移柱建筑采用纵向大内额承担部分横向屋架，或是这种檐额的发展变异形式。济渎庙临水亭为单檐歇山顶，每面三间，檐额通贯三间，于角柱头以额入柱出榫，余两柱上托额身，通过这种方式将当心间

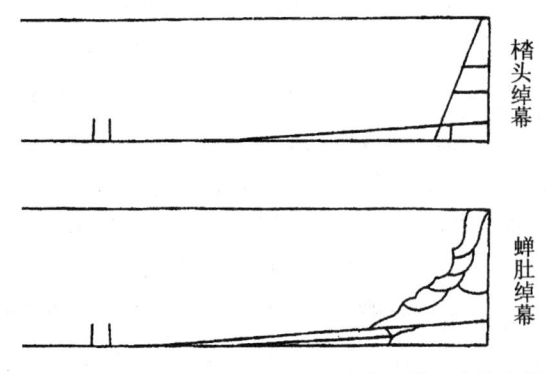

图 3-69　宋《营造法式》中的楂头绰幕和蝉肚绰幕大样

开间扩大而两次间的开间缩减至极小，以符合亭式建筑开敞的特点；韩城文庙大成殿和韩城禹王殿都以檐额上斗栱而不以额下檐柱承梁架，使檐柱间距加大，前后檐柱不在同一轴线上，其檐额承重荷载的结构作用表现更为突出。这几例檐额下都贴施绰幕枋，与《法式》所述"广（高）减檐额三分之一，出柱长至补间，相对作楂头或三瓣头"的形式大体符合。长治上党门绰幕枋端头作楂头状，

[①]《营造法式》梁思成注释本作"檐额"，文渊阁四库本则作"擔（担）额"，可能有传抄之讹，似后者于名义更为相符。

正是《法式》卷三十大木作制度图样所载两种绰幕枋形式之一——楂头绰幕；济源济渎庙临水亭、韩城文庙大成殿、韩城禹王殿绰幕枋端头都雕刻成若干连续的凸曲线（入瓣），是《法式》所载另一种绰幕枋图样形式——蝉肚绰幕（图 3-69）。绰幕枋出入于柱头口中，就其位置和功能来看，在于为通间檐额更加一辅助承重构件和加强柱间联系，上述几例都是贯通次间而引长至心间补间出头相对的形式，实可视为一根大替木。按《法式》"出柱长至补间，相对作楂头或三瓣头"之语来看，绰幕枋似也可在同一颗柱头两侧各有端头，即于每间都可出头相对，实际就是替木而端头作曲线卷杀雕饰者，如此它的结构性能就进一步减弱。但元以前实例所见这种构件多用于内檐（按《营造法式》虽只述及檐额下绰幕枋，并不就等于是说只檐额下才可用绰幕枋，由实例来看，内檐亦可用之，特别是在晋南元代建筑承载梁架的纵向大内额下多有使用，其与上述檐额及其下绰幕枋的形式和关系都绝似，只是内外檐的分别而已），且多有从枋底通做卷瓣蝉肚者。明清时期特别是清代才普遍用于外檐额枋之下，除了卷杀外更施丰富雕饰，通谓之"雀替"。雀替是清式名称，学者或认为"雀"是"绰"字的音讹，"替"就是替木的意思[①]。

明代以前的这类构件是于柱头左右联通的，所以须先于梁枋而安于柱头槽口之内，尚属于大木构件。明代后期起至清时的雀替改为从柱头两侧榫入，可以后装，其结构性能丧失大半，已属于装修工程。这种作为建筑立柱与梁枋构成的立面方框上角的三角形填充木件，虽然在防止方框变形、增强梁枋抗剪能力方面起到一定作用，但它的更重要意义却在于改变了单调的方形立面形式，使之变为一种活泼的曲线或多边形，虽然替木甚至是绰幕枋的始作俑者未必就有这样的匠意，但它确是产生了这样的效果，而最终在明清时期丰富和成功为一种独特的装饰艺术形式。明清时期，除了城楼外的主要建筑物，几乎是无一不用雀替，可用于室外和室内，甚至可以说凡在水平和垂直构件的交角下都可施以雀替，所以也称为角替，其形式多样，雕镂精美，彩画富丽，成为中国古代建筑又一代表性特征构件，有人将之与西方古典建筑的柱头相媲美（图 3-70）。

清官式标准雀替，也是一般建筑上最常见的形式，按照《工程做法》的规定，雀替板长为所在开间净面阔的 1/4，高同檐枋，厚为柱径 3/10，下以榫入柱身的丁头栱子承之，栱头施十八斗支雀替板和与之十字相交的三幅云子（图 3-70:1）。明代雀替尚多保留了一些蝉肚绰幕的痕迹，前端小而肚多，肚底卷瓣较为均匀，每瓣卷杀都是前紧后缓，颈下施有圆转枭混线。后来端头渐大而垂额，颈下枭混部分亦渐发达，而蝉肚部分相对减缩、卷瓣圜合，遂成清式典型的雀替式样（唯三幅云在重要建筑的雀替上甚少见），并且这种变化趋势在以后也是越来越强烈，到清末的雀替给人以最外端突然下垂的感觉。元代及以前的此类构件除了端头和蝉肚卷杀外，可以说几乎没有什么雕饰，最多是在其上施以彩画。明清雀替官式做法一般在其上雕刻流云、卷草，清中期以后民间地方做法的雕镂纹样极为丰富，有龙凤瑞兽、吉祥花草、福寿（蝙蝠和寿桃）、仙人以及几何纹图案等等，以至导致雀替的形状也随之产生一些变体形式，或华丽，或素雅，小小构件，精美无限，异彩纷呈。

标准雀替之外，常见还有大雀替、小雀替、龙门雀替、骑马雀替、通雀替、花牙子雀替等几种变化形式（图 3-70）。

[①] 刘致平：《中国建筑类型及结构》，第 66 页。

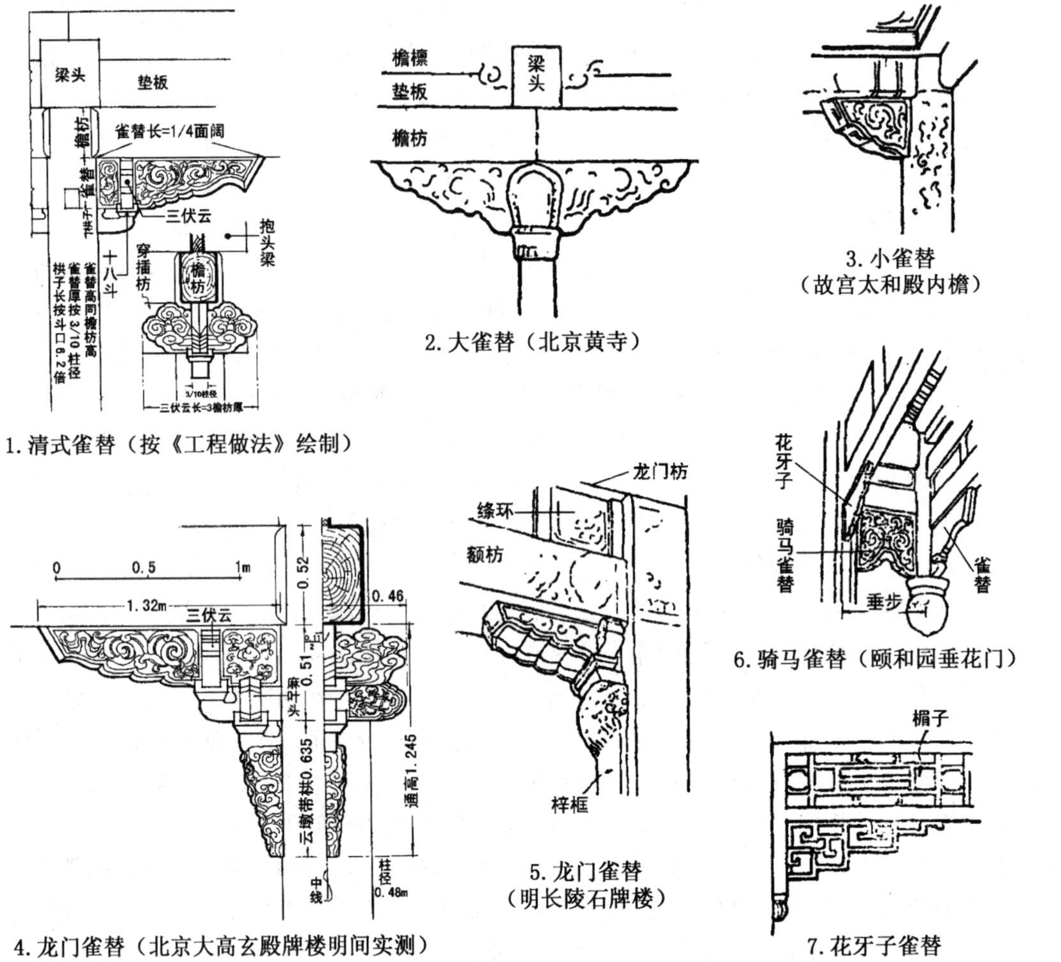

图 3-70 明清雀替形式种类

大雀替：由一整木做成，架于柱头大斗之上，好似两个雀替后尾于柱心对接在一起，从结构到形式颇有古之栌斗替木的意味。清代一般喇嘛庙大殿出廊柱上，常喜用这种大雀替，可能是受到藏式建筑的影响，此外像沈阳故宫大清门上所见是极个别的例子（图3-71）。

小雀替：很短小，不使用栱子，制作较简，多用在屋内梁下柱侧，构成梁柱间的一个小斜角。

龙门雀替：形式与官式标准雀替相似，丁头小栱可以出两跳，各自挑出与雀替板十字相交的"三幅云"或"麻叶头"，下加用满刻云纹的"云墩"和"梓框"（相当于抱框，实际上是立柱外贴加的线饰，在石牌楼上是必备的构件，在木牌楼上可用可

图 3-71 沈阳故宫大清门大雀替

不用。石牌楼有云墩与雀替合而为一、不用三幅云或麻叶头及栱头者）。龙门雀替实际是使水平方向的构件沿柱身向垂直方向发展，装饰性更强，故多用于牌坊、牌楼之上。

骑马雀替：当两柱相距较近时，常将两侧雀替在上方梁枋下连接起来成为一个整体，横跨于柱间，故称"骑马雀替"。多用于较窄的建筑梢间、尽间或廊子、垂花门等上。

通雀替：将雀替木从柱顶之中穿过，两侧各做为对称的雀替形式。这其实是沿续了早期雀替的做法，所以明清还是比较少见的，基本限于垂花门上使用。

花牙子雀替：在住宅园林建筑的外檐廊下常使用挂落（横楣），其下枋下与边垂柱构成的夹角内就用所谓花牙子雀替，由小棂条拼成各种透空图案，或是雕刻卷草等纹样，显得简洁、轻盈、灵巧、通透，是模仿雀替匠意而来的纯装饰性构件，或简称花牙子。

三、从替木到挑檐枋

清式斗栱在最外、最上一跳的厢栱升口内承挑檐枋一道，上承挑檐桁。在早期的斗栱中处在这道枋木位置的只是一根较横栱略长的替木承檐的形式，两头带卷杀，形似栱，但断面高度低于栱。也有的斗栱无令栱而只有出跳的华栱，则替木安在华栱头上。后世建筑出檐加大，仅以较短的替木承檐就不够了。按宋《营造法式》规定令栱的散斗口内置通一间之长的撩檐枋，此枋除了承檐之外，也具加强斗栱之间横向联系的作用，已有清式挑檐枋的性质，只是其上不再置檩而直接承椽。由于此时补间斗栱尚不多，在有柱头枋、罗汉枋等作斗栱横向拉结构件的情况下，令栱上的横向联系就不是必需的，所以实例所见南方多用撩檐枋，而北方宋辽金时期的建筑常见令栱替木承榑（撩风榑）的形式，这两种手法不统一的局面一直延续到元代。随着这一时期有些斗栱中使用斜栱，特别是金代斜栱运用最盛，一朵斗栱中竖栱与横栱的90度角内可以出多达三排的斜栱，这意味着撩风榑下支点加多、支距变近，必然促使令栱上的替木相连，进而索性加长为通间之长的条木，即成为挑檐枋，这在金代就出现了。元代斜栱之风虽有所减退，但同时补间斗栱的数目却又增多，斗栱彼此距离拉近，将替木加长为通间之长的条木即挑檐枋的做法得以继承发展，使得斗栱之间的拉结联系得以进一步加强，令栱替木的做法就逐渐被淘汰，至明清已很少见了。

第四章 关于中国古代建筑的模数制度

建筑模数制，是与中国古代建筑预制拼装的构成特点和生产方式相适应的建筑设计和施工的规格化和标准化方法。在长期的实践发展中，中国古建筑各构件部位之间及其与建筑整体间形成了较为固定的尺度比例关系，并以此作为设计和施工的固定法则，这就是建筑的模数制度。"模数"一词是借用的现代建筑工程术语，它是指选定的标准尺度单位，是建筑物、建筑构件、配件或建筑制品及有关设备等相互间协调的基础。以模数为基础，可以扩大成为系统数值，组成模数数列。模数的产生，是建筑规模日渐扩大的必然结果，反映了建筑发展的历史进步。这是因为模数便于合理使用原材料，增进构件、配件的通用性和互换性，在建筑工程中各个工种都以模数为依据分工预制构件，既是提高建筑施工速度、以最经济的成本取得最佳效益的有效途径，也是实现大规模营建的必须手段。

我国古代建筑明确使用的模数制度，有宋代的材分制和清代的斗口制。

第一节 宋式材分模数制

材分制度载于宋《营造法式》中，是对此前长期建筑实践中形成的技术成就的经验总结和理论概括，是我国古代建筑史上的一项重要创造。

《营造法式》规定，一个"材"，也称"单材"，是断面为长方形、高和宽的比例为 3∶2 的木材加工的模数单位。所谓"材"，本来是指具体的枋料，不仅有断面尺寸，并有长度可以之计算造作功限（诸作功限是各工种中各种构件成形、各种工作所需的劳动定额），如《法式》卷十七规定"造作功并以第六等材为准，材长四十尺，一功"，故"材"又称"方桁"。《法式》卷十七记铺作每间用方桁等数包括柱头枋、罗汉枋、算桯枋各项在内，这些枋件既是斗栱间的联系构件，又构成斗栱的结构部分，其断面形式和尺寸大小都相同，就被确定为度量的基本单位——"材"，这种一材标准断面的枋就称为"素枋"。斗栱中栱件的断面同于素枋，为"一材"。这样，"材"就从实物概念转化为尺度概念，成为大木构架的基本模数，如"梁广四材"、"柱径三材"，意即 4 倍、3 倍于材的断面高度。为什么要以栱、枋的断面作为基本模数呢？这主要是由于栱、枋在大木构架中是截面最小的构件，同时又是有规律地被多次重复使用的构件。栱与枋、耍头、梁头之间，在高度尺寸上必须有所配合，斗的尺度也必须与之配合，斗（除栌斗外）的实用高度（斗耳以下平、欹两部分之高）实际也就是两层栱相叠时的间距。可以认为，材分制度首先产生于构件在叠接时高度方向上——斗栱栱枋和梁架之间尺度相互配合的需要，而长度不占重要地位。斗栱经唐代定型，到宋代已相当繁复。以一座规模不大的三开间分心殿堂为例，按《法式》做法，如斗栱用六铺作，补间铺作逐间两朵，则共计内外斗栱 38 朵，斗、栱、昂等构件两千余件，加上梁柱槫枋等（不计椽子），总共约 2200 件，其中斗栱构件数约占 90%[①]，且斗栱卯口复杂，精确度要求甚高，如无统一尺度标准，很难想象能把这么多零件顺利地拼装起来。从构件截面最小、数量最多、加工复杂程度和卯口拼合要求严密等方面来看，采用栱、昂、方桁等所共用的断面尺寸作为度量大木构件大小的基本单位，无疑是最恰当的。于是，由此出发，总结以往建筑实践的经验，制定了一整套"材分"模数制度。

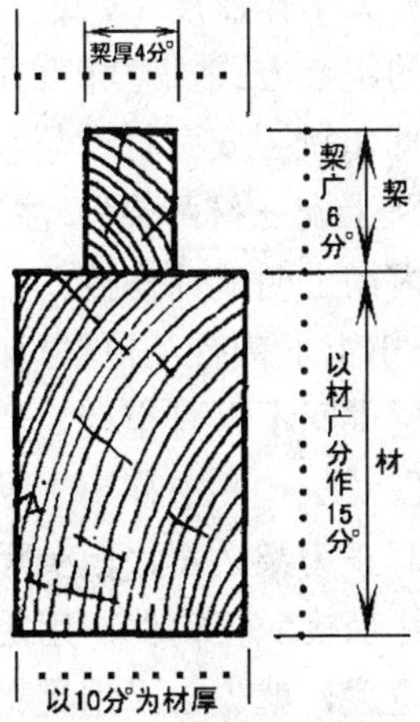

《法式》规定，材断面高度的 1/15 为 1 分°[②]，作为度量微小尺寸时所用的单位。材的高、宽（《法式》中称为广、厚）比为 3:2，故材高 15 分°、宽 10 分°。在材与分°之间又取"栔"作为辅助单位，高、宽为材之高、宽的 2/5，即分别为 6 分°、4 分°。"材上加栔者谓之足材"，高为材高加栔高即 21 分°，宽与材同即 10 分°。这样，就形成了"材"、"栔"、"分°"三级模数体制，无论尺寸大小，都可用这三个单位来表示，材份的实际尺寸则根据所用材的等级而定，从而方便顺利、快速有效地进行建筑的设计、工料预算、分件加工与整体施工（图 4-1）。

图 4-1 材栔分度关系

那么，为何将材的高、宽比定为 3:2，又主要是以其高度作为度量模数呢？根据近代材料力学的理论：如果从一个圆柱体中取一根矩形梁时，其截面高度与其宽度成 $\sqrt{3}:1$（即约 3.46:2）比例时刚性最大，高度与宽度成 $\sqrt{2}:1$（即约 2.8:2）比例时强度最大。唐辽宋金时期建筑梁的断面高宽比，50%左右是在 $\sqrt{2}:1$ 至 $\sqrt{3}:1$ 的范围内，37%的是在 1.5（±0.1）:1 的范围内[③]。《法式》将梁断面的高宽比确切地规定为 3:2（1.5:1），可以看成是取了两者的中间值，即同时兼顾了梁的强度与刚度。当然，当时未必能有这样精确的理论认识，而可能是源于实践经验的总结。同时，3:2 的比例接近于所谓的黄金分割，宋代十分重视建筑装饰，大木构件大多都要经艺术加工，如栱头、角梁头、飞子、梭柱等构件的卷杀，多是以三分为法，即为 3:2 比例，虽然这主要是出自美学的考虑而非结构的需要，但也使美学原则与力学原则得到了和谐的统一。

虽然"材"作为矩形梁来使用的情况较少，主要是华栱和昂这两种外挑构件，大量的"材"是作为非受弯构件的横向栱件和横向联络的枋件来使用的，但是以从材出发的材份模数来度量主要结构构件如大梁、阑额等，不仅简单方便，也均具有较为科学的断面形式。

现代材料力学证明，梁的宽度变化对强度影响不大，高度增加比宽度增加更能增加承载抗弯能力。因此，在需要加大构件的抗弯能力时，并不是笼统地放大其断面的高度和宽度，而主要是增加断面的高度。"足材"出现的原因和意义正在于此。《法式》把铺作中的栱分为足材栱和单材栱，单材栱包括泥道栱、慢栱、瓜子栱、令栱，它们的断面都是标准的一材；足材栱只有华栱一种（补间铺作华栱仍用单材），此外耍头、衬枋头以及角昂也用

[①] 参潘谷西、何建中《〈营造法式〉解读》第 44 页。

[②]《法式》原文为"分"，音份，意同。梁思成先生创用符号"分°"，以与尺、寸、分的分相区别。我们以为，统言"材分制度"的完整含义，应当包括"分材"和"材份"，前者"分"作为动词是划分的意思，如材**分**八等、各以其材之广**分**为十五份之"**分**"；后者是作为度量模数单位的名词。所以，本书中若笼统制度而言，仍使用"材分"，与模数单位相关时则使用"分°"或"份"。

[③] 参五卷集《中国古代建筑史》第三卷第 663 页。

足材，都是铺作出跳方向上的构件。"材上加栔者谓之足材"，但实际上并不存在单独的"栔"这种枋料，用足材的构件并不是由材与栔两种枋料叠加构成，而是由高为一材加一栔、宽同材的整根枋料做成。那么这个"栔"是怎么来的呢？在单材栱上部，栱头之斗高10º、耳、平、欹各占 4º、2º、4º，因上层栱从斗口出，斗耳以下平、欹合为斗的实际垫托高度，即上栱身底到下栱栱头间的距离，为 6º，正是一"栔"之高①。斗栱中栱、斗（除大斗外的所有小斗）的相间组合，也就是材、栔的相间组合。所以，在《法式》大木作制度中，在谈到斗栱构造时，经常直接以"几材几栔"的用语来表示斗栱节点处的组合方式，意味着几层栱或枋与斗相间叠置。例如：单栱计心造，"凡铺作逐跳计心，……即每跳上安两材一栔"，小注："令栱、素枋为两材，令栱上斗为一栔"；重栱计心造，"即每跳上安三材两栔"，注："瓜子栱、慢栱、素枋为三材，瓜子栱上斗、慢栱上斗为两栔"；屋内彻上明造铺作挑斡后尾与下平槫间节点构造，"或只挑一斗，或挑一材两栔"，注："谓一栱上下皆有斗也"。如果是足材栱，则用高为一材加一栔的一整根枋料做成，此时上下两层栱间不再有空档，但却仍按照材、栔的分位压雕出栱眼及心斗、栱头的轮廓（这种手法在《法式》中称为"隐出"）。如果按照"栔"的断面，栱眼部分两边似应各刻去 3º，余下 4º 正为栔之宽，但实际上对要刻去的厚度并没有做规定，实例中往往都是浅刻一层。华栱是悬挑受弯构件，用足材可使其抗弯能力比单材提高将近一倍，如果将其上部剜去 3/5 的宽度，就失去了用足材的意义，也不符合《法式》不损伤材木的原则。因此，栔之厚（宽）在实际中并无太大意义，栔作为枋料构成足材的功用并不存在，《法式》之所以将栔厚定为 4º，完全是为了使其与材的高、宽比例保持一致的形式，我们不妨认为它是假想的一种高宽比为 3:2 的断面较小的枋材。在大木作功限内，各铺作用栱、斗等数中也没有栔（图 4-2）。

所以可以认为：栔，是两层栱（单材）相叠时其间的距离（从上栱身底算至下栱栱头），是足材与单材的高度差额。材上加栔谓之足材，反之足材缺栔、去栔就是单材即材。《说文》云："栔，刻也"，《广雅·释言》又谓："栔，缺也"，此可能是栔之得名缘故。

如果说存在具体实物"栔"的话，也就是《法式》中所谓的"暗栔"了——"施之于栱眼内两斗之间者"，作用是封堵泥道栱及其上泥道慢栱的栱眼，以阻室外尘土和寒气进入室内。但是正如上文注中所指出的，栱眼的实际高度是 9º，以"暗栔"不能完全填实，尚余 3º 之隙。实例中也没有见到这种"暗栔"木板的运用，而常常是用灰泥来填充栱眼的，这也是泥道栱得名的缘故之一②。至清代，随着斗栱的演变，正心缝上的正心瓜栱、正心万栱均用足材，更不复有"暗栔"存在。

《营造法式》卷四大木作制度："凡构屋之制，皆以材为祖。材有八等，度屋之大小，因而用之。"不同规格的材各有固定的断面尺寸，由大向小排列为八个等级，应用范围由高大的宫殿、厅堂到一般的房屋亭榭，根据不同的建筑类型、体量大小及使用部位而选用不同等级的材。《法式》中还有两种材未被列入八等之内：其一是用于军队营房屋之类的介于

---

① 有把栔解释为两层栱相叠时其中间空档的高度的，不确。两层栱相叠其间形如香荷包的空档称为栱眼，它尚包括下栱从斗欹之下栱头至中央心斗剜刻出的一段轮廓下弯的空档，其高度为 3º，也即是栱头的留高。所以整个栱眼的高度实为 3º+6º=9º，大于一栔。栔，确切地应说是两层栱相叠时其间斗所垫托的空隙高度。

② 作为嵌于相邻两铺作泥道栱间的卡挡——栱眼壁，《营造法式》小木作制度、竹作制度和泥作制度中均有其做法（分别见卷七《小木作制度二·栱眼壁板》、卷十二《竹作制度·隔截编道》、卷十三《泥作制度·画壁》），可知除木板之外，也可用编竹抹泥造。这或是泥道栱得名的又一缘故。

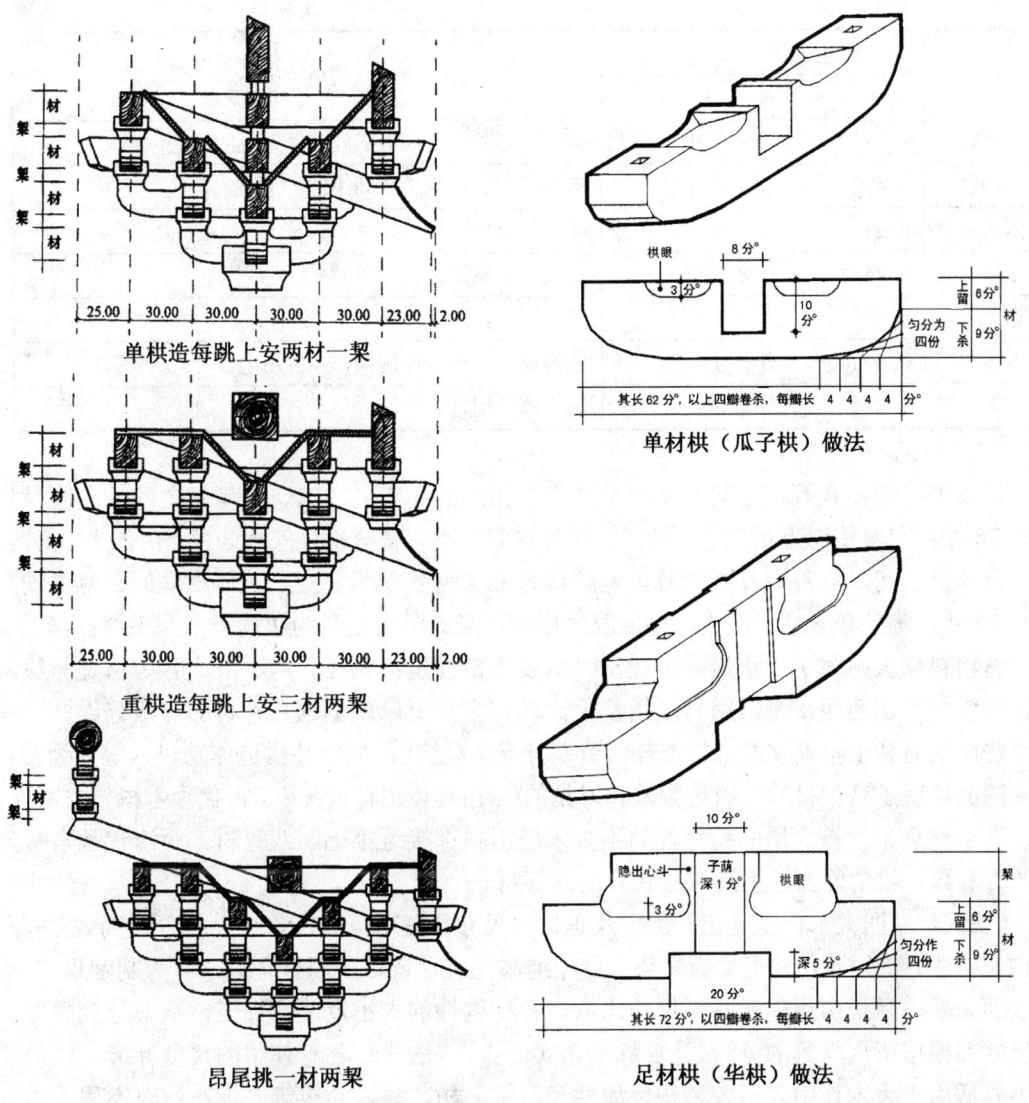

图 4-2 铺作中的材栔组合和单材栱、足材栱做法

七等材和八等材之间的五寸材（见卷十九大木作功限"营屋功限"），其二是用于殿阁藻井的小于八等材的一寸八分材（见卷八小木作制度"斗八藻井"）。如此，《法式》所录材实有十种（表4-1）。

表 4-1 《营造法式》用材等级尺寸表

材等	材的尺寸		使用范围
	高（15分°）	宽（10分°）	
一等材	9寸	6寸	殿身九至十一间用之。副阶、挟屋减殿身一等，廊屋减挟屋一等。
二等材	8.25寸	5.5寸	殿身五至七间用之。
三等材	7.5寸	5寸	殿身三间、殿五间、厅堂七间用之（此处"殿身三间"指带副阶五间者，"殿五间"指全殿五间不带副阶者）。

材等	材的尺寸		使用范围
	高（15分°）	宽（10分°）	
四等材	7.2寸	4.8寸	殿（无副阶，下同）三间、厅堂五间用之。
五等材	6.6寸	4.4寸	殿小三间、厅堂大三间用之。
六等材	6寸	4寸	亭榭、小厅堂用之。
七等材	5.25寸	3.5寸	小殿、亭榭用之。
未入等	5寸	3.3寸	营房用之。
八等材	4.5寸	3寸	殿内藻井、小亭榭施铺作多者用之。
未入等	1.8寸	1.2寸	殿内藻井用之。

从表中可知，八等材之间的差额不是完全相同的：第一、二、三等材之间，高度差均为0.75寸，宽度差均为0.5寸；第三、四等材间，高、宽分别仅差0.3寸、0.2寸；第四、五、六等材之间，高差均为0.6寸，宽差均为0.4寸；第六、七、八等材之间，复又均高差0.75寸、宽差0.5寸。造成这种情况的原因，最大的可能是为了便于掌握工料：第一、二等材用料硕大，限于少量最高级殿堂，所以不常使用；第三、四、五、六等材是一般殿阁、厅堂、亭榭所用，是常用材，用量大，耗材多，所以就把这几种材的等级分细些，差额小些，从而利于精确掌握工料消耗，节制开支。《法式》规定斗栱造作功以六等材为准，也从侧面说明了这种材的使用是频繁和习见的[①]。在具体用材情况上，古代因木材日益匮乏，存在着小材愈来愈被大用的趋势，如不少宋塔用料都接近第七、八等材，至清代故宫最隆重的太和殿，栱的断面还不及《法式》的八等材。

《法式》卷四大木作制度在开列了八等材的尺寸和使用范围后总结说："凡屋宇之高深，名物（构件）之短长，曲直举折之势，规矩绳墨之宜，皆以所用材之分，以为制度焉"。单从字面来看，是说房屋建筑各部位的比例、各种构件的大小及艺术加工，从部分到整体一切尺寸都根据所用材等的分°来计算标示。实际上，《法式》各卷使用的尺度标准，材份模数主要适用于大木作中表示各种构件如柱径、梁、枋、榑、斗栱等的大小；对不属于大木作的部分，除个别者如立基高度外，其他像窗台及栏杆的高度、门窗的细部等，多数都不用材分而用具体的营造尺来表示，房屋的整体尺度如间广、架深等也是如此。据统计，这种情况在大木作中也有八处[②]：架深（两榑间的水平距离）、檐出、布椽疏密、屋顶两端出际、屋顶举折之法、庑殿顶脊两头向外增出、角柱生高、转角屋檐檐口向外生出。这八种尺寸，前五种虽不用材分表示，但有用材等第高低而受到一定的间接影响；后三种则与用材无关，不论用哪一等材，都使用同一尺度。并且独立的大木长料也是以材分模数控制截面，长度直接取用营造尺。至于像柱子高度，《法式》甚至不作尺度规定。现存宋代及同时期的辽金遗构的整体尺度亦明显表现出直接以营造尺为单位的特色，两宋皇陵文献所记建

[①] 六等材只是斗栱的造作功限标准，是出于记忆和使用的方便而规定，不能象有的学者那样仅从此出发，推衍出当时各项构件以至于开间、进深等的具体材份尺寸，并以此作为一般通则。关于此及材等差额不同情况的详细分析，可参见：《〈营造法式〉解读》第45页及附录三《对〈营造法式大木作制度研究〉一书中十个问题的讨论》，五卷集《中国古代建筑史》第三卷第628~629页。

[②] 参见《〈营造法式〉解读》第44~45页。

筑整体尺度亦皆是直接取用实际营造尺。

以上情况表明，《营造法式》时期的模数化程度仅止于构件模数化阶段，尚未及整体尺度。材分制是以有利于工程、便于使用为目的的，而不是机械地强求一律，根据实际工程需要而可作灵活变通，在具体用料尺度上也还有一定的伸缩余地，可以根据实际情况酌宜加减。这正如《法式》卷二所述有关用料方面的总则："诸营缮计料，并于式内指定一等，随法计算。若非泛抛降，或制度有异，应与式不同，及该载不尽名色等第者，并比类增减。"有定法而无定式，这是编撰《营造法式》的精神宗旨。

模数化发展的起点是用材的规格化，这种倾向应很早就已产生。但具体的材分模数制在木构建筑中何时开始运用，尚无确切记载。由于材与斗栱的关系密切，一般认为材的概念形成于斗栱的发展过程中。或认为汉代的斗栱上已经表现出使用统一的材、栔的特点，但这只是就每一个体建筑（明器、画像砖石、石阙等间接资料所反映者）而言，像斗栱这样重复排列的相似几何形的建筑部位，采用统一的形状和尺度是很自然的事，因此当时有无具体的"材"、"栔"概念，还很难说，特别是后者，至于具体的材份模数制更不大可能会有。《法式》引述战国至魏晋文献中所言及的"材"，不过是以今释古，没有充足根据就很难否定它们更大的可能是指一般"材料"的概念含义。

我国包括斗栱在内的古代木构架建筑的成熟和定型是在唐代。中唐以后斗栱已相当复杂。敦煌盛唐壁画中已有用柱头七铺作和补间五铺作者，和佛光寺大殿斗栱出跳数相同。木构架和斗栱越来越复杂，势必要求有统一的尺度标准，以便把大量分别加工的构件拼装起来。从五台山南禅寺大殿和佛光寺大殿的木构架来看，唐代后期木构件用料已趋规格化，栱、枋断面高宽比例也接近3:2。五代的平顺大云寺和平遥镇国寺斗栱也是如此。所以用栱、枋断面的尺寸作为用料标准的办法，虽在当时文献资料无记述，但实践中可能已在运用。不过，据相关古建筑调查统计资料，在公元10世纪以前的例子中，有的材偏高，有的材偏方，材的高宽比在15:10（±0.1）的范围之内的建筑实例仅占1/3；至11世纪，则材的高宽比在15:10（±0.1）范围之内的已占91%，12世纪的遗物中则占80%[①]。这说明在宋代之前，虽可能有材分的运用，但只是一种趋势，尚未形成一定之规，到宋代则把它总结出来成为统一制度。

第二节　清式斗口模数制（附柱径模数制）

明清有斗栱的建筑，其设计施工的模数制，是以"斗口"为基本权衡单位的斗口制（又称口份制）。其具体制度载于清工部《工程做法》中。

斗口制，是把平身科斗栱的座斗在正面的开口宽度规定为1，就是"一斗口"，其余斗栱构件乃至差不多所有的大木构件的大小权衡都与斗口发生一定的比例关系，都按斗口而定。实际上，清式斗口制，是在宋式材份制的基础上，将其计算方法略加改变而成的。试将清式斗口制与宋式材份制在平身科斗栱（补间铺作）用材上的一些特点同异比较如下：

1. 清式斗口——平身科座斗正面的开口宽度，就是竖向栱件——翘的宽度，其在宋式

---

① 见五卷集《中国古代建筑史》第三卷第632页。

中就是补间铺作华栱的宽度，亦即"材"宽。所以，清式1斗口，相当于宋式10分°。

2. 承托上下两层栱间的斗，清式与宋式除了斗底（欹）形制有直、颤之别外，耳、腰（平）、底（欹）三部分高度比例一致，宋式分别为4°、2°、4°，清式折合为0.4、0.2、0.4斗口。宋式之交互斗，长度（面宽方向）为18分°，清式折合为1.8斗口，并因以为名十八斗。清式之三才升、槽升，长1.3斗口，当宋式散斗长之13分°。

3. 宋式足材为10×21分°的宽高断面，可折合为1×2.1斗口，但清式足材舍去小数而取整为1×2斗口的宽高断面。宋式栔高（斗平加斗欹）6分°，折合为0.6斗口。足材去栔为单材，宋式单材为10×15分°，折合为1×1.5斗口，清式单材为1×1.4斗口（2-0.6斗口）。

4. 宋式栱、昂都用单材（只柱头铺作的华栱用足材），耍头、衬枋头用足材。清式翘、昂、耍头、撑头俱用足材（昂前端因要削出斜下的昂嘴，用材还要高于足材1斗口），正心栱亦用足材，里外拽上的栱用单材。相当于宋式华栱的构件，清式叫翘，已不算在狭义的栱件之内，所以清式谓足材栱一般就是指正心栱而言。但是，这已不是《法式》出于受力而用足材的初意了，而是出于施工的方便——正心栱两端带做出槽升子（在侧面贴升耳），并隐出齐心斗及栱眼，不再加"暗栔"。因为正心栱侧帮要刻出槽口以插纳栱垫板的缘故，所以正心栱（包括正心枋）的宽度也要比单材栱大，均在材宽一斗口的基础上加上垫栱板厚（0.24斗口），槽升子亦然。《法式》小木作中虽然也有相当于栱垫板的栱眼壁板做法，板厚1.2寸，但于泥道栱等却并不加宽。

5. 由于清式材高比宋式降低了1分°（0.1斗口），加以清代材等偏小，清式斗栱体积比宋式减小。如果各枋用单材，就会使斗栱总体规模更加减弱。所以在宋式柱头枋、罗汉枋俱为单材素枋，在清式正心枋、里外拽枋及昂等俱用足材。

至于横栱的长度模数，宋清两式则完全相等：宋式泥道栱、瓜子栱都是62分°，慢栱92分°，令栱72分°；清式瓜栱6.2斗口，万栱9.2斗口，厢栱7.2斗口。

宋式柱头铺作，除了华栱和里跳有骑栿栱时用足材，其余都同补间铺作情况差不多，所以二者体量相差无几。清式柱头科，起承重悬挑作用的庞大的挑尖梁头代替了平身科之耍头，以致于除正心栱、单材栱及槽升、三才升外的其他构件都不得不放大长度或宽度的尺寸。宋式栌斗一律为长宽各32分°、高20分°的方斗（角柱之栌斗略大，方36分°），清式平身科座斗舍去小数为长宽各3斗口、高仍为2斗口（20分°）的方斗，柱斗科座斗宽度不变仍为3斗口而长度增为4或4.5斗口，致成一长方斗。其他如翘增大宽度，昂增大宽度和长度，十八斗增大长度等。所以，清式柱斗科与平身科有着明显的体量差别。

通过以上比较可知，宋式与清式用材的比例相差不大，但用材的实际尺寸大小则有较大差别。清《工程做法》将建筑用材分为十一等，也就是斗口的十一种营造尺寸。从第一等斗口材宽6寸开始，每等材宽均以0.5寸为级差递减，至第十一等材宽1寸为止。各等材高，足材为2斗口即2倍于材宽，单材为1.4斗口即1.4倍于材宽。用材等级的大小决定着建筑物体量和各部尺寸的大小。斗口材制虽分十一等，但《工程做法》并未详细规定各个等第斗口的使用范围。一至四等大型斗口材始终未见有使用，实例中最大的是城楼上的4寸斗口五等材（略当宋式六等材），通常用的是六至九等材，一般单层建筑多为七、八等材。故宫太和殿斗口3寸仅为七等材（略当宋式八等材），承德外八庙等大型庙宇也不过是斗口2寸的九等材。并且在实际运用中也并不是与材等的规定尺寸完全符合，如故宫太和殿一组建筑中，太和门斗口是 2.8 寸，贞德门、昭德门斗口是 2.6 寸，都介于七等材和八等材之间。

宋式斗栱及一些主要大木构件都按"材"与"栔"的倍数或分数计算，清式则一律简化为统一的"斗口"，只要确定了各种建筑构件的口份多少，就可准确地计算确定它们的实际大小尺寸。进而，斗口还可运用于衡量确定开间、进深等体现的建筑规模，如"凡面阔、进深以斗科攒数而定，每攒以斗口数十一份定宽"。

宋式材分制与清式斗口制相比较，前者类似于一种实物模数，后者更接近于一种数字模数，呈现全面模数化的特点，即由宋式的建筑构件的模数化演进为建筑的模数化。在实际运用中，清式模数斗口的尺寸仍是可以根据建筑的规模、主次等级关系以及木材的情况随时加以调整变化的，具有更大的灵活性，上述《工程做法》所规定的十一等斗口材，实际并没有太大意义。宋式建筑的大梁，凡是与斗栱相搭者，多要求以一材或几材几栔的方式进入斗口，清式建筑中的这种构造方式已大大减少，斗口模数制仅在斗栱组合中包含有构造的概念，与梁架其他部位的节点构造处理不再发生必要的联系，没有了与栱、枋断面的关系[①]。总之，清式斗口材制已去宋式材分制控制建筑尺度的概念甚远，也失去了材分制具有的那种双向尺寸模数特点，仅余象征意义。之所以出现这些情况，一方面有中国古代社会晚期木材已显匮乏的原因，另一方面也是由于清式建筑斗栱的结构功能削弱，尺寸也大大减小。宋式材份制与清式斗口制，孰难分优劣，只能说是不同时期各自建筑特点的反映。从计算更准确、运用更方便的角度来看，接近于数字模数的斗口制应是发展和深化的。但是，在这种整体模数化的制约下，中国建筑呈现极其程式化的特色，单体建筑的整体是由部分合成的，整体设计再无主观机动的余地，单体建筑的整体不再成为设计的主要对象，中国建筑的设计重心遂转向群体布局方面，即程式化的单体的组合与配置。而宋式材分制阶段，强调、注重的是整体结构关系，设计方法是从整体到部分，以整体控制、决定部分，因而在建筑整体上更能体现出不同的设计思想和特色，较清式建筑呈现活泼灵动的风格。

在没有斗栱的建筑中，是以檐柱径为基本模数的，古建学界通常以"D"来表示。但与口份模数制有所不同的是，对柱径模数没有规定标准，通常是在确定了建筑的开间尺寸后再来确定柱高和柱径的。如《工程做法》中对五檩大木做法规定："凡檐柱以面阔十分之八定高低，十分之七定径寸。如面阔一丈，得柱高八尺，径七寸。"然后其余建筑构件尺寸都可按与柱径的比例关系确定。此外，无论有无斗栱，属于小木作装修中的主要构件，如门、窗、上槛、下槛、抱框等的尺寸，也都是以柱径为参数进行推算的。

---

① 参五卷集《中国古代建筑史》第三卷第 633~634 页。

第五章 宋式建筑木构形式总说及历代木构建筑特征概述

第一节 宋式建筑的构架形式

前文以清式建筑为出发点,主要从建筑详部方面剖述了古建筑的结构构造及发展源流。对宋式建筑的整体构造情形,尚多有未曾述及者,略续于此。

一、平面柱网形式和减柱、移柱做法

宋代建筑的单体平面,大型建筑多为长方形,小型建筑多为正方形。唐代重要建筑各间面阔多相等,仅于最外尽间开间减窄。宋代则普遍从明间起逐间递减。此外各开间的尺寸,也明显比唐代加大。如唐大明宫含元殿明间仅为 5.29 米(基址),北宋正定隆兴寺大悲阁明间宽达 7.20 米(基址)。开间的加大说明了宋代匠师对木材的力学性能较之前代有了更加深入的了解和把握。

柱网,是中国建筑史的研究者们从西方或现代建筑学中借用来的一个名词术语,是指建筑的落地立柱在平面上的布置方式,因纵横柱子之间的连线交叉排列成网格形状而名。最为规则的柱网形式,是所谓"满堂(红)"式,即柱网的所有交叉点上都分布有一棵立柱,纵横成行的柱子间隔均匀,构成一种棋盘网格状。满堂柱式,最早于陕西岐山凤雏西周宫室建筑遗址(甲组)的"前堂"基址中即能看到,唐长安大明宫麟德三殿遗址之中殿和后殿、南宋平江府(今苏州)玄妙观三清殿亦是(图5-1)。这样的柱网形式,虽然整齐划一,

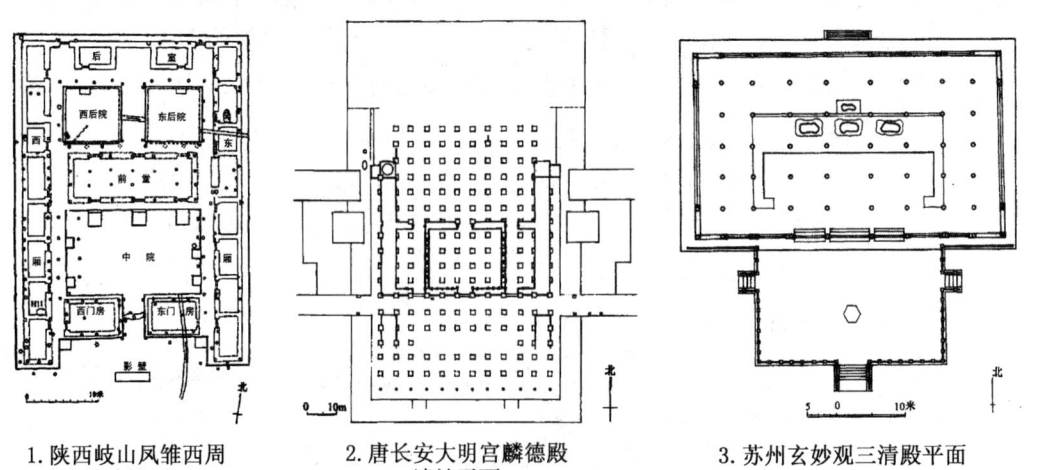

1. 陕西岐山凤雏西周建筑遗址平面
2. 唐长安大明宫麟德殿遗址平面
3. 苏州玄妙观三清殿平面

图5-1 满堂柱网三例

但却使空间分隔很碎,不便活动使用,所以在唐宋木构架系统发展成熟以后是极少采用的,而常采用一些可以扩大空间的柱网布置方式,这也正是前述中国古代建筑往往不采用"间"作为进深称度单位的原因之一。

宋《营造法式》列有殿堂建筑常用的四种柱网形式,即四种"地盘分槽"图:单槽、双槽、分心槽、金箱槽(图5-2)。所谓"地盘"相当于今日所称"建筑平面图"。"槽"的含义,《法式》中没有专门解释,当今学术界存在两种不同观点。一种观点认为槽是由柱及铺作划分出来的空间之称,具体是指由相距一间的两排柱子(简称双排柱)及柱上铺作所围成的狭长如水槽形的空间,如单槽即指后面双排柱间的一个长条形空间,双槽是指前后两个这样的空间,金箱槽是指由前后左右双排柱四合围成的外围方环状空间(不包括内环以内)。这种观点实际上是从后代所称的"内槽"、"外槽"的概念出发的,对于《法式》分心槽一式就无法解释了,于是只好

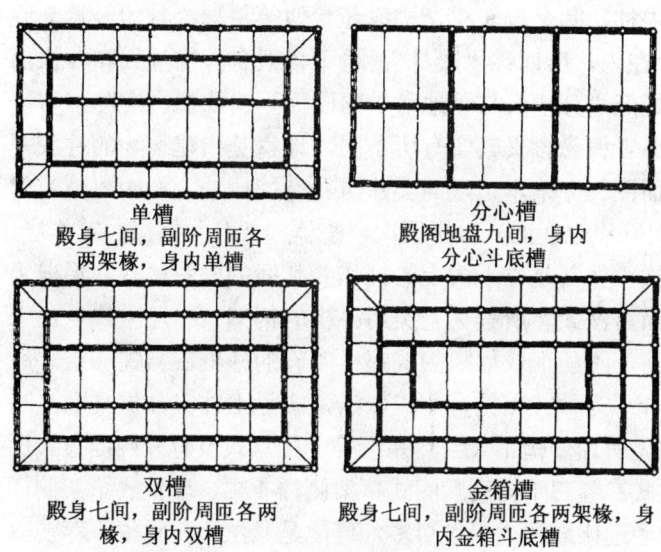

图5-2 《营造法式》殿阁地盘分槽图

说"由双排柱组成的槽,可能是较早期或基本的形式,而如分心斗底槽形式,是较晚期的新发展的形式"[1],这种推断是没有任何根据的。

关于"槽"的另一种看法,认为它是垂直于斗栱出跳方向的一列斗栱的中线[2],即槽的含义是指左右布置一列斗栱的中心分位线,由于斗栱随柱列而分布,所以实际也是柱列分位。此种解释是符合《法式》各处对"槽"一词的使用情况的,如殿身外檐周围柱列及其所承受的外檐铺作称为"外槽",殿身内柱列及其所承受的内檐铺作称为"内槽",在前檐者可称为前槽,在后檐者可称为后槽,"槽内栱斗"是指除外檐斗栱外的殿身内部柱列上的栱、斗,"骑槽"就是前后跨于斗栱中心线上,"压槽枋"就是左右压在"槽"上也即斗栱中心线上的大枋木,等等(图5-3)。若用上述第一种观点,则对此皆难以释通。不同的柱网形式,便形成不同的斗栱分布方式,也就是分槽形式,《法式》所列四种分槽形式皆只能以

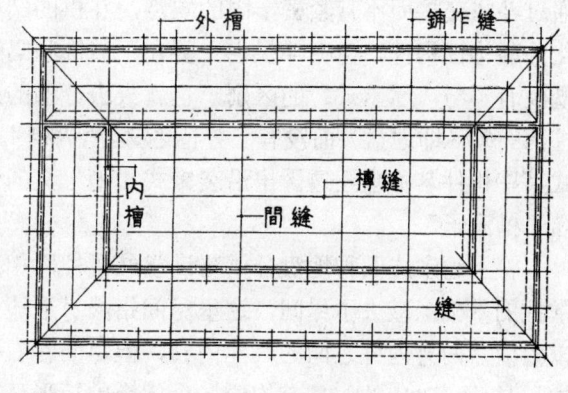

图5-3 槽缝示意图

---

[1] 陈明达:《营造法式大木作制度研究》,第116页。
[2] 见梁思成:《营造法式注释》卷上,第101页注19;徐伯安、郭黛姮:《宋〈营造法式〉术语汇释》,《建筑史论文集》第六辑,清华大学出版社1984年。

斗栱或柱列的左右分位线为依据才能成立：凡建筑内部只设纵向内柱一排、柱上布置斗栱者，称"身内单槽"，简称单槽；在建筑内部只设一排中柱、柱上布置斗栱者，称"身内分心斗底槽"，简称分心槽。按《法式》卷三十一所附"殿堂等六铺作分心槽草架侧样"的文字标注中又写作"身内单槽"，表明分心槽属于单槽之一，即处于"分心"位置上的特殊单槽；在建筑内部设两排内柱、柱上布置斗栱者，称为"身内双槽"，简称双槽；在建筑内部，与外围柱子一样，布列一周圈内柱，其上设斗栱，构成环状似箱，称"身内金箱斗底槽"，简称金箱槽。槽式不包括副阶在内，所以称"殿身"；也不含殿身外檐柱列和斗栱而言，所以称"身内"。《法式》虽将殿阁"分槽"与"地盘"同图而列，我们在实际中可以将"槽式"等同于柱列平面图，然二者概念含义其实有所不同。地盘是指建筑物的柱底平面图，而分槽图相当于柱头分位平面图。分槽本是殿阁类建筑特有的做法，殿阁式建筑的构架特征是之一是内外柱同高，柱上斗栱也在同一水平层次，整体构架分为屋盖、铺作层、柱框层三个依次叠落的水平空间层次，尤其是位于槽上的铺作并其间的联系枋木，形成了一个非常明确的立体木框网络层。而《法式》所列另一类用斗栱的构架——厅堂式，由于内外柱不同高，内柱升高至所承梁下，不能形成如殿阁式那样明确的柱框层与铺作层。所以殿阁式的地盘图与分槽图就可以合二为一（因柱有侧脚做法，实际上柱头分槽平面是略小于柱脚平面尺寸的），而厅堂式就无所谓分槽了（当然并不等于厅堂式没有柱网地盘。厅堂类房屋的柱梁构架变化很多，《法式》卷三十一列殿阁式草架侧样 4 幅，厅堂式草架侧样 18 幅，由此可见厅堂式地盘种类也当远比殿阁式丰富得多，可能是《法式》觉得不存在典型的样板地盘，所以未列）。这或可能也就是《法式》之所以称"分心斗底槽"、"金箱斗底槽"的缘故：斗底者，斗底柱头也。有的学者解释"斗底"就是梁架柱列所围合而成的形如中空之斗的底部平面，这一解释于金箱槽一式尚可差强人意，于其他三式则难契合，且终究与"槽"意有所扞挌。至于单槽、双槽何以不加"斗底"之称，似是一个语言使用的习惯与顺口问题，"单斗底槽"、"双斗底槽"读起来终究是不太流畅的。明清以后官式建筑几乎一律为加天花的类似"殿阁"式构架，不再分草、明两层梁栿，又吸收了宋式厅堂式的某些特点，如升高内柱，使梁身直接置于柱上或插入内柱，改变了宋式殿堂式梁柱需要通过斗栱交接而不甚紧密牢固的缺点，斗栱的结构功能大为减弱，主要用于外檐且基本转化为装饰性构件，内檐斗栱也主要在于装饰和隔架，以前的斗栱结构层等于被取消，如此既没有了与"厅堂式"的区别，也就失去分槽的意义，于是在建筑平面图上也就只简剩下柱网布置（即地盘）而没有了分槽之义，"内槽"、"外槽"遂亦渐衍化为空间指称。但是清式某些构件名称也还透露出沿袭宋式"槽"义的信息，如斗栱中用于正心（槽）栱上的斗名"槽升子"[①]。

将上述宋式四种地盘分槽与满堂红式柱网相比较，可以看出，金箱斗底槽等于是在满堂柱的基础上减去了尽间（这里尽间指殿身最边上的开间而言，即不计副阶在内。下同）以内前后两排内柱之间的其他内柱，但尽间左右两缝上的内柱仍然完整，内、外槽缝上的柱子是一一对应的，各自构成一个闭合的矩形环状，内外双环相套；双槽是将尽间外侧边缝（即山面）以内前后内柱之间的所有内柱都行减去，即比金箱槽又少了尽间内侧缝上前后内柱间的柱子，在两边外槽缝上的柱子与内柱已不能一一对应，也即两排内槽柱已不能

[①] 参见《〈营造法式〉解读》第 294-296 页。

自行闭合为环状，而只能是共用外槽的两边；单槽是只保留一排内槽柱而将山面以内其余所有内柱都减去，即比双槽又少了一槽内柱；分心槽是将前后檐内柱减去大部或者全部而只保留完整的一排中柱。将本应分置在柱网每个交叉点上的内柱减去若干的做法，就称为"减柱造"。减柱的做法扩大了建筑内部的局部空间，并相应造成梁架构造上的一些变化。按说，上述金箱槽和双槽柱网似也可算是在满堂柱网基础上的减柱做法。不过，一般尖山顶房屋的槫和椽都在前后两坡作对称分布，槫数为奇、椽数为偶，用二柱抬梁承三槫两椽，这是抬梁形式的最基本模式，也就是通常所谓的标准"一间"之深，所以进深不减柱的间缝上前后相邻两柱间的架长就是三槫两椽，前后扩出的间架可以采用牵梁乳栿，这也是当时一般房屋建筑的原则。如遇减柱间缝则必然增大架长，有三椽、四椽、五椽、六椽等，并相应用三椽栿、四椽栿、五椽栿、六椽栿等。但是，上述地盘分槽，按《法式》所示草架侧样（图3-25），金箱槽和双槽都属于前后檐梁架对称均衡布置的典型抬梁构架形式，所形成的建筑空间也对称规整，如进深十架椽殿身内明栿的构架形式为中四椽栿对前后三椽栿用四柱（参图5-18:1），当然也可以用六椽栿对前后乳栿用四柱的形式，如是八架椽进深则可以用中四椽栿对前后乳栿、或六椽栿对前后札牵用四柱，如是六架椽则可以用中四椽栿对前后札牵用四柱[①]，明栿以上为通草栿（草栿跨度大者可采取分段勾头搭掌形式接续而成）。从现存唐宋以来重要殿堂遗构实例来看，以中心用四椽栿（当清式五架梁）者为多，一架椽的平均长度在2.5～3米，四椽栿的长度大约在10～12米。这样的构架形式，既能满足相当的活动空间需要，也符合建筑构架刚度和稳定性的要求，同时结构上也比柱柱落地的满堂式来得简约而合理，是殿堂建筑经济合理的构架方案。所以，金箱槽和双槽应视为宋式的标准梁架结构形式及柱网平面。《法式》所附金箱槽和双槽图以殿身进深五柱（指山缝柱）四间八架椽为例，内槽以内进深两间四架椽，架用四椽栿；如为殿身进深六柱五间十架椽，则内槽以内进深相应扩为三间六架椽，架可用六椽栿（当清式七架梁），仍属于大型殿堂空间所要求的合理构架形式及用材。分心槽，通常多用于门座一类建筑，虽然有一列中柱，其前后梁架及空间也还是对称齐整的（参图5-18:3）。所以，一般不把以上三种柱网视为是典型的减柱造。至于单槽的情况，稍后下文再作分析。此外，较小的建筑可以身内无柱，如唐代山西五台山南禅寺大殿、平顺天台庵大殿、五代平遥镇国寺大殿，虽体量略有参差（其中南禅寺大殿与镇国寺大殿大小相仿，面阔进深在10～12米，天台庵大殿略小，面阔进深不足7米），都是面阔三间、进深三间四椽的近方形小型佛殿，殿身用柱唯外檐一周十二柱，身内无柱，构架属于宋式厅堂作"四架椽屋通檐用二柱"形式，梁架结构前后对称，在满足一定空间需要的基础上用通檐四椽栿也在合理的构架用材形式范围内，若设内柱则既占用有限的室内空间又费材，反成蛇足之举，此类小型佛殿在唐宋时期有不少，一般也不将其视为是典型减柱做法。

总之，可以宋式金箱槽和双槽的柱网平面为标准而确定古建筑是否属减柱造以及减了多少和哪些柱子。减柱造之外，并有移柱造，即为了扩大建筑内局部空间而把本应分布在原柱网交叉点的若干内柱移离原位。移柱造的情况通常较简单一些，只要柱子有偏离于原应所处柱位的情况（指有意识的），就可视为移柱做法，但遇有移柱的数量较多特别是会有

[①]《营造法式》中殿堂进深椽数从六架至十架，虽然在卷二十六大木作料例中提到最大料模枋可"充十二架椽至八架椽栿"，但有关记叙及图样，均止于十架。各构架形式详见本节第二部分中。

一整排柱子集体移位时，也往往不易辨清，这种情况下同样可以金箱槽和双槽柱网平面为标准而衡量确定。

有的学者只把金箱槽作为判断减柱和移柱的唯一标准柱网平面[①]，则不尽全面妥当。在这"唯一"标准下，又该如何看待双槽式柱网呢？是否也要算作在金箱槽基础上的减柱造呢？如果这样则金箱槽实也可为在满堂柱基础上的减柱造了。事实上，既有在金箱槽柱网基础上的减柱和移柱做法，也有在双槽柱网基础上的减柱和移柱做法，下文将结合具体的建筑实例作详细分析。当然，很多例子特别是对于减柱者来说，若复原其减柱前的"本来"的柱网，既可以恢复为双槽式，也可再进一步恢复到金箱槽式，因为双槽本就是通过金箱槽减柱而得到的，但是照这样做法难道它不可以再继续复原为满堂柱式吗？所以正确的做法，应该选取它能复原的最接近的标准柱网形式，也就是说要尽可能让它所减掉或移动的柱子数目是最小的，没有这个限制就谈不上什么标准问题。

现在我们回头来看单槽柱网的情况（图5-4）。有的学者认为单槽是在金箱槽柱网基础上减去了前槽金柱的减柱做法[②]，是否如此呢？按《法式》殿阁地盘分槽图中的单槽一例，殿身进深三间六架椽，构架形式为前四椽栿对后乳栿用三柱，柱架结构和建筑空间是前后不对称均衡的。如视其为减柱造，试恢复其不减柱的前后对称均衡的标准柱网平面，则成如图5-4:3所示形式，无论视为双槽式还是金箱槽式都不是典型标准的，而是非常特殊的，即实际成为任何柱子都不少的满堂柱网形式。若将《法式》所列双槽地盘一例（图5-4:2）减去前槽内柱，则成如图5-4:4所示形式，这才是最标准的双槽式标准柱网平面基础上的减柱造。此外，《法式》卷三十

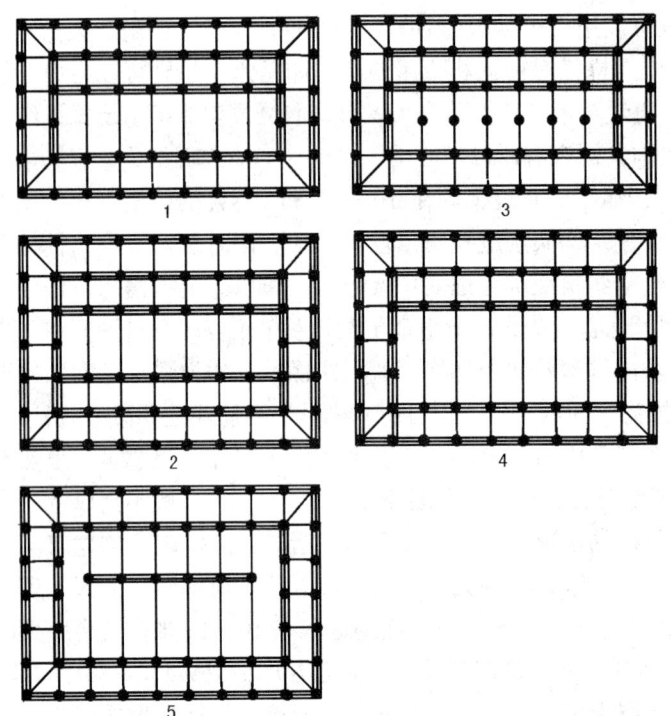

1.《营造法式》单槽柱网（殿身7×3间副阶周匝各两椽身内单槽，六架椽屋前四椽栿对后乳栿用三柱） 2.《营造法式》双槽柱网（殿身7×4间副阶周匝各两椽身内双槽，八椽屋前后乳栿对中四椽栿用四柱） 3.将1复原为满堂柱网（特殊金箱槽或双槽式） 4.将2减去前槽内柱成身内单槽（殿身7×4间，八架椽屋前六椽栿对后乳栿用三柱） 5.将2前槽内柱减去、后槽内柱前移一架椽位成身内单槽（殿身7×4间，八架椽屋前五椽栿对后三椽栿用三柱）

图5-4 单槽柱网平面之与标准柱网平面的减柱、移柱形式

---

① 张家骥：《中国建筑论》第八章。
② 见张家骥《中国建筑论》第401页。

一尚列有单槽殿堂草架侧样一幅，为八架椽屋五椽栿对三椽栿用三柱（参图 5-18:2、图 3-25 右上）[①]，试比较其柱网平面（图 5-4:5）和双槽式标准柱网平面（图 5-4:2），可以看出，其是在双槽的基础上将前槽内柱减去，又将后槽内柱前移一架椽位后得到的，所以它既是减柱造同时又是移柱造。当然，此例在殿身两尽间边缝甚至山面副阶的檐柱架也可以采取与殿身同样的排架方式，即将它们与殿身内柱全部对齐（无副阶时尤可能采取这种形式），可能更符合所谓单槽的形式，同时槽前山面副阶或可匀分开间排架，然无论如何与双槽柱网平面比较还是属于减柱并移柱的形式，也即尽间边缝和山面副阶一并减柱或移柱了。这样看来，与双槽标准柱网比较（图 5-4:2），单槽柱网平面有时属于减柱造（图 5-4:4），有时属于减柱并移柱造（图 5-4:5）。而图 5-4:1 从逻辑上可以视为是基于图 5-4:4 典型减柱之上的进一步的变化形式，即槽前空间由进深三间六架椽缩为两间四架椽（尽管由于前者构架受力和用材更为合理而可能于实际中的应用更多）。将上述关系图示如下：

$$\text{图 5-4:2} \longrightarrow \text{图 5-4:4} \longrightarrow \begin{cases} \text{图 5-4:1} \\ \text{图 5-4:5} \end{cases}$$

其实双槽或金箱槽中也有基本单位进深突破两架椽的情况。如《法式》双槽（含金箱槽）草架侧样两幅图所示（图 3-25 左），内外槽之间的架深都是大于两椽而近于三椽，内槽柱缝似不与槫缝相对，学者或以为这是《法式》殿堂结构形式的特点之一：这种结构形式的全部铺作既已由压槽枋取平，屋架本身又是一般抬梁构造，安于压槽枋上的大梁上的屋架结构和屋架下的铺作结构不相连属而只是重叠的关系，所以屋架分椽和铺作结构都可以分别处理而不致互相影响[②]，也就是说柱子是可以在前后柱缝上移位的，从而造成了与槫缝不对位的现象。这种规则柱网下柱缝与槫缝不对位的情形在实例中很难见到，我们更倾向于认为是《法式》的图样表现不够准确，只是近似示意而已，不能与现代建筑图纸等同视之。虽然如此，但殿堂结构对于柱子移位的方便性和顺其自然却是显而易见的。《法式》这两幅殿堂侧样图中，无论柱子是否与槫对位，其构架都应是前后三椽栿对中四椽栿用四柱的形式（参图 5-18:1）。由于其构架的前后对称均衡性、规则性并没有被打破，所以不视为典型移柱或减柱的做法。

综上，对包括单槽在内的减柱、移柱做法，都是能够以双槽或金箱槽柱网平面为参照进行解释的。总之，判断一座建筑是不是减柱和移柱造，首先应确定其间缝上的柱架排列方式是不是前后檐对称和规则的，若有不对称均衡之处，则必有减柱或移柱做法，然后以规则的金箱槽或双槽柱网平面为标准进行对比衡量，确定其减柱、移柱的具体方式和柱数。

以上述标准柱网平面衡量，隋唐五代时期的木构建筑，基本都是柱网比较规则的既不减柱也不移柱的做法，如唐长安大明宫含元殿遗址以内柱将平面划分为大小不等的三区，属于双槽柱网形式，唐五台山佛光寺大殿柱网属于金箱槽（图 5-5）。宋代较大型的重要建筑也多如此，但北宋及辽代也已肇始减柱和移柱做法（图 5-6）。山西太原晋祠北宋建圣母殿（1102~1106 年），重檐九脊顶，面阔七间、进深六间，殿身面阔五间、进深四间八架椽，

[①] 按《营造法式》卷三十一"殿堂等五铺作单槽草架侧样第十三"原图文字误注为十架椽，梁思成先生《营造法式注释》大木作制度图样三十八已改正。
[②] 陈明达：《营造法式大木作制度研究》，第 121~122 页。

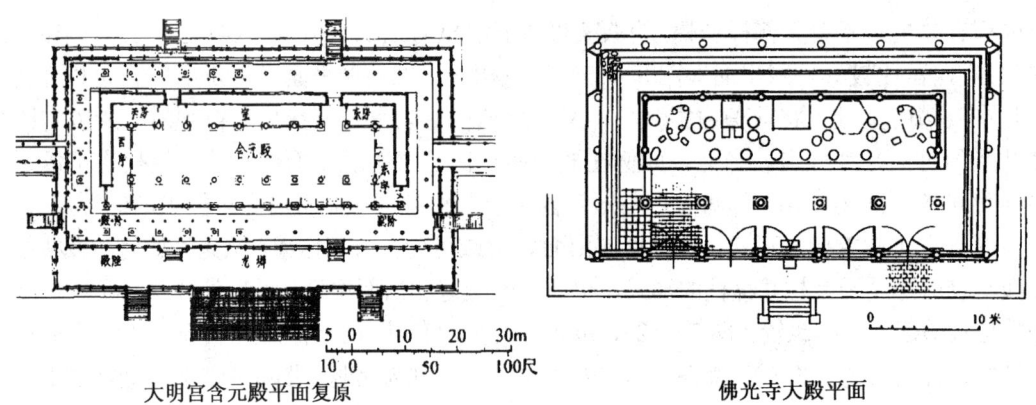

图 5-5 唐大明宫含元殿和五台佛光寺大殿的平面柱网

副阶周匝一间。其柱网结构属于减柱造，相当于在双槽式标准柱网的基础上将后槽一排内柱并殿身前檐中间四棵檐柱（即老檐柱）减去，而只保留前槽一排内柱分隔前檐槽外部分使之与副阶构成的前廊空间连为一体，槽外空间进深扩至三柱两间（所扩一间上部梁架仍属殿身，实际四根老檐柱并未真正减去，而是变为不落地的童柱，立于联系廊檐和金柱的三椽栿上，反映在平面柱网上就是减去了），槽内空间扩至四柱三间，没有一棵内柱，并用彻上明造，殿内圣母及四十多尊侍女塑像的陈列空间及人们观赏礼拜的槽外过渡空间都显得十分开阔，成为运用减柱法解决传统结构与空间矛盾的杰出之作。河北正定隆兴寺北宋建转轮藏殿（约 971 年或稍后），为一座面阔、进深各三间的九脊顶二层楼阁，中部有平座，底层前部带抱厦（副阶），其余三面设腰檐。上层柱网整齐划一，共有内柱四棵，属于金箱槽柱网平面（实际也是一种小规模的满堂柱式，满堂柱本身就构成一种所有柱子都完整保留的特殊的金箱槽柱网。仅对于判断移柱造而言，用金箱槽式或满堂柱网作标准其意义和结果是一样的）。底层殿内中间放置直径近 7 米、中置木轴可以转动的佛教藏经书橱——转轮藏，为此将底层内柱向外侧移位，两棵前内柱移动距离较大，分别向左右移动 164 厘米和 177.5 厘米，据有关测量资料实际后内柱也有移动，只是程度轻微而不甚明显[①]。因此转轮藏殿底层柱网平面属于在金箱槽基础上的移柱造。此外，现存宋代木构建筑中，有半数以上是面阔进深各三间的小型殿宇建筑，除只周围十二棵檐柱者外，也有很多带有内柱的，其中多数带后内柱两棵，位置与檐柱纵横对应，两内柱间砌以扇面墙，看上去也像是殿内无柱，造成小殿内具有比较宽敞空间的效果，其柱网平面可以视为单槽形式，即相当于标准双槽式（当然也可视为金箱槽式）柱网之减去前槽两棵内柱而保留后槽两棵内柱。山西晋城青莲寺大殿（1098 年）可为此种类型小殿代表，其单檐歇山顶，面阔三间，进深三间六架椽，周檐十二柱，身内减去两棵前内柱，两棵后内柱间砌以扇面墙；山西榆次永寿寺雨花宫，平面、外观及构架形式与青莲寺大殿近同，只是减去了两棵后内柱而保留两棵前内柱，前槽以装修隔其前为廊；河南登封少林寺初祖庵大殿（1125 年）则为移柱造，单檐歇山顶，面阔三间、进深三间六架椽，周檐十二柱，内柱四棵，两棵后内柱相对于山柱向后移位 124 厘米，以扩大佛台前的使用空间（图 5-6）。

---

① 见祈英涛《对少林寺初祖庵大殿的初步分析》，《科技史论文集》第 2 辑，上海科学出版社 1979 年。

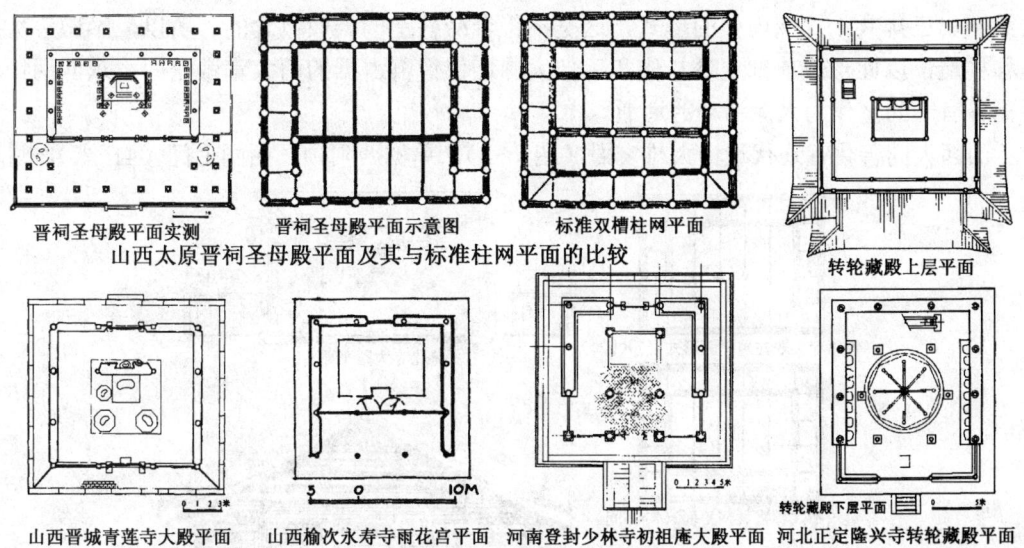

图 5-6 宋代的减柱、移柱建筑

辽代大型建筑的代表作辽宁义县奉国寺大殿（1020年）也是较早的移柱造实例（图5-7）。

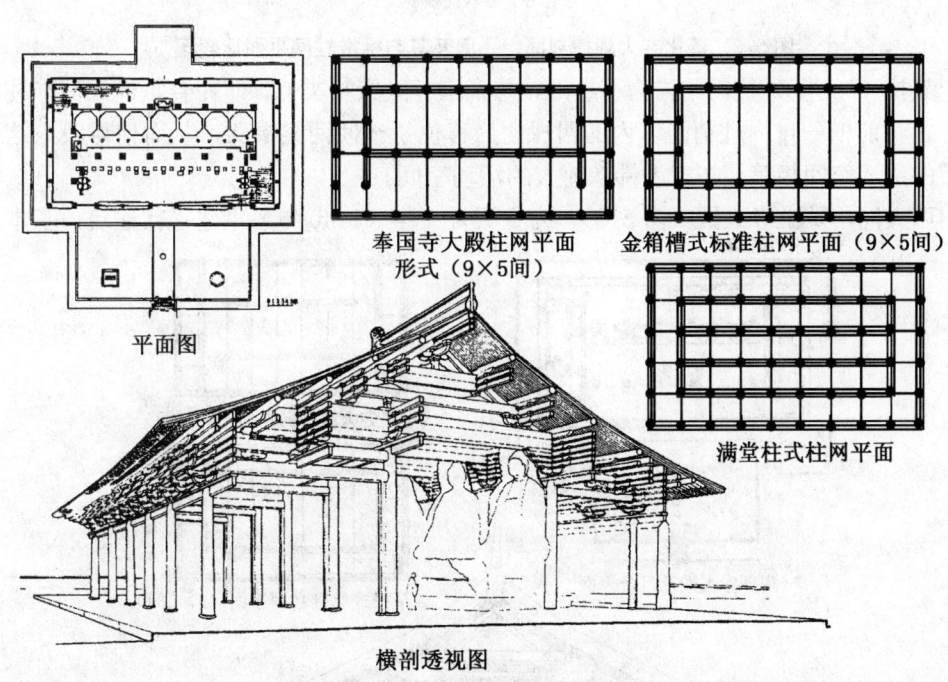

图 5-7 奉国寺大殿剖面、平面及其与标准柱网平面比较图

殿身无副阶，单檐四阿顶，面宽九间（48.2米），进深五间十架椽（25.13米），较《营造法式》所列殿身七间、进深四间的金箱槽柱网平面的面宽多了两间、进深多了一间，所以它的标准柱网平面应是前后内槽之间跨深三间六架椽的金箱槽式，而实际将前槽梢间缝以内一排内柱向后退位一间两架椽，成为前后梁架不对称的"类金箱槽"柱网结构。以往有著述说此殿是减柱做法，不确。其与金箱槽式标准柱网平面比较，用柱数量并未减少而只是前槽内柱向后移位。如果说其减柱，就只能是在如图5-7所示满堂柱网平面的基础上减

去第一、三排共十二棵内柱的形式，这是不符合减柱造的一般概念的。所以，奉国寺大殿是移柱造，以此形成前部观瞻礼佛和后部大佛坛佛像群占据的两大宽敞空间，东西两山和后檐各有一间宽作为人流活动的通道。

山西大同善化寺辽代遗构大雄宝殿（图 5-8），单檐四阿顶，面阔七间（41 米），进深

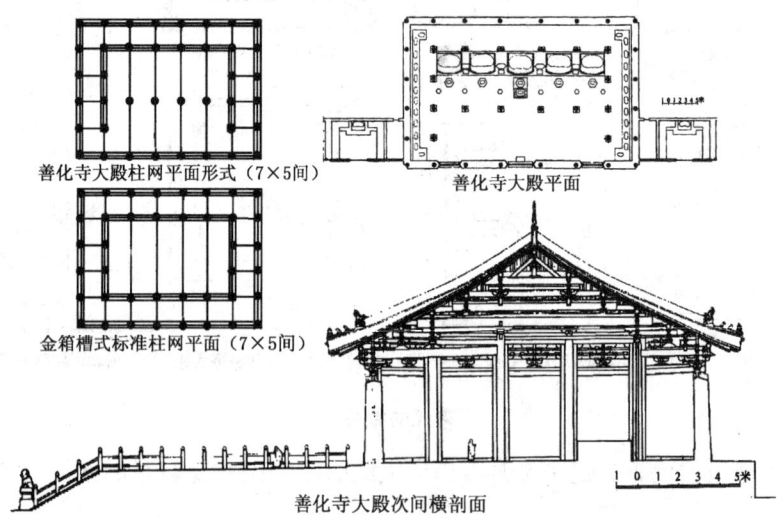

图 5-8　善化寺大殿横剖面、平面及其与标准柱网平面比较图

五间十架椽（25 米）。柱网结构为移柱造，与奉国寺大殿相类似，即在金箱槽式标准柱网的基础上，将前槽一排内柱梢间以内的四棵向后移位了一间两架椽深，从而使得殿内这排内柱前后的进深空间相等，拓宽了佛像前人的活动空间。

山西大同华严上寺大殿（图 5-9），为金天眷三年（1140 年）重建辽代建筑，基本上仍

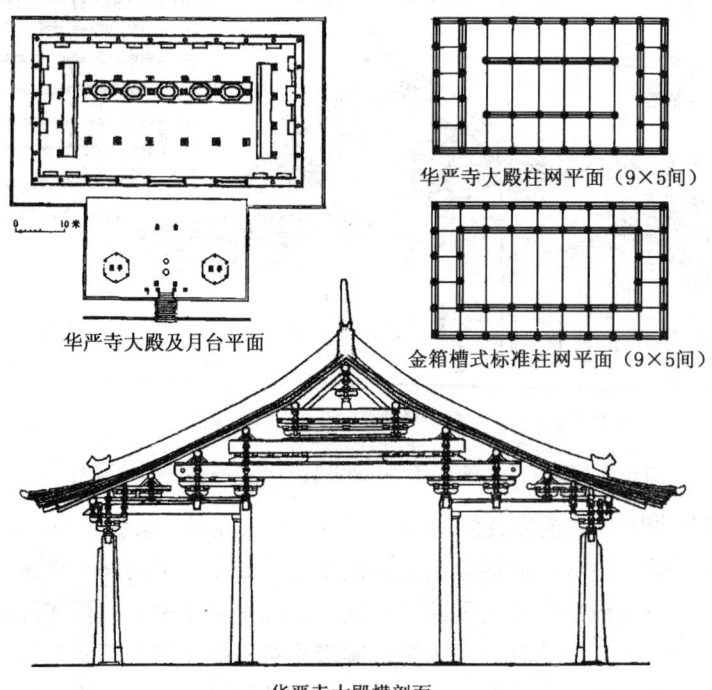

图 5-9　华严寺大殿横剖面、平面及其与标准柱网平面比较图

保持了辽代风格。大殿单檐四阿顶，面宽九间（53.7米），进深五间十架椽（24.44米），其面宽进深间数、椽架均与辽宁义县奉国寺大殿相同，但面积达1473米^2，比奉国寺大殿大260多米^2，是现存辽金时期面积最大的佛殿。其柱网结构属于移柱造[①]，标准柱网平面与奉国寺大殿同为无副阶的殿身9×5间的金箱槽式，在此基础上将梢间以内前后槽内柱都向内移位了一架椽长。

减柱、移柱法在金代更为流行，做法也更加灵活，有的一座建筑中减柱和移柱并用，并带来一些梁架结构上的较大变革。

山西五台佛光寺金代建筑文殊殿（1137年）（图5-10），单檐悬山顶，面宽七间，进深

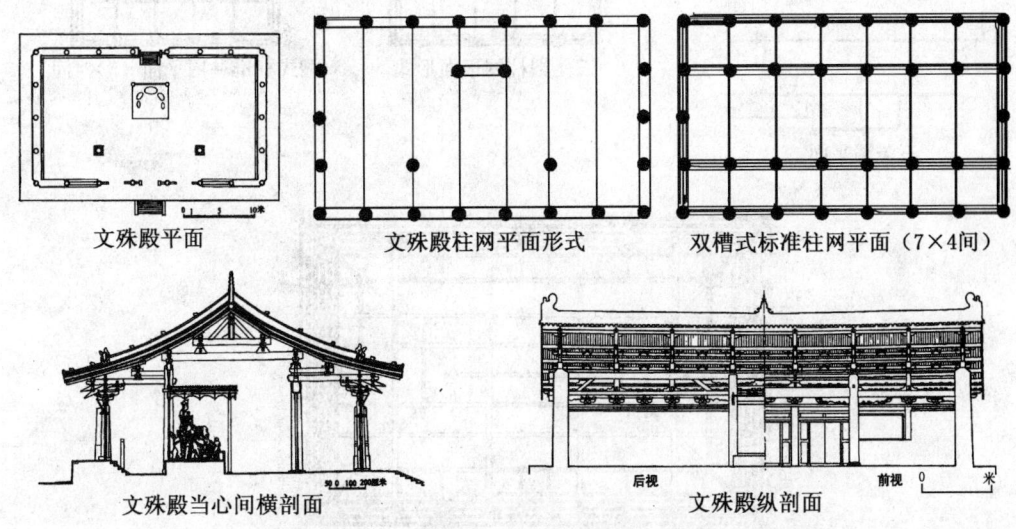

图5-10 佛光寺文殊殿剖面、平面及其与标准柱网平面比较图

四间八架椽。柱网结构属于减柱造，内柱仅四棵，前、后各两棵，但不对位，相当于在双槽式标准柱网基础上将前后槽内柱各减四棵，后槽保留的是当心间的两棵内柱，前槽保留的是左右次间与梢间之间缝的两棵内柱。心间后内柱间砌墙，墙前筑方形砖台，上立文殊菩萨塑像。视觉上殿内只能看到前面两棵距离较远的内柱，空间感十分开敞。由减柱做法引起梁架构造的若干变化。在减掉柱子的两前内柱之间、左右内柱与山柱之间，设纵向大枋木即内额，两棵前内柱之间、后内柱与山柱之间的大额枋都长贯三间，前内柱与山柱间的大额枋长为两间。额枋有上下两根，类似于外檐柱间的上阑额与下由额，两层额间有蜀柱隔支。构架形式为八架椽屋前后乳栿中四椽栿形式，但各间缝梁架用柱数和梁栿具体搭架方式不同：当心间两缝梁架，由于无前内柱，用三柱，四椽栿前端和前乳栿后端节点处就靠设于前内柱间的额枋来承担，上层内额（有称为阑额者或内阑额者）承四椽栿，下层内额（有称为由额者）承前乳栿；次、梢间之间缝的构架形式与心间相同，只是无后内柱，乳栿与四椽栿的搭架方式正好与心间前后对调；梢、尽间之间缝的构架，由于前后都无内柱，用前后檐二柱，前后乳栿里端和四椽栿两端都由额枋承担。纵向承重大内额的使用，是这座建筑构架最大的特点。长贯三间的内额跨度达14米余，前内柱间的下层内额断面尤其粗壮达75×53厘米，其余内额断面大致在48×33厘米左右。后内额在上下两层间的两

[①] 以往有关著述亦多有称其为减柱造者，误。

端使用约 45 度角的斜撑，与两蜀柱上的通连绰幕枋相交，形成一个梯形的构架，类似于现代建筑中的组合梁架，或被学者称之为"桁架结构"雏型[①]，类似的"桁架"式结构还见于同时期的山西朔州崇福寺弥陀殿（见下）。

山西大同善化寺金代建筑三圣殿（1128～1143 年）（图 5-11），单檐四阿顶，面宽五间

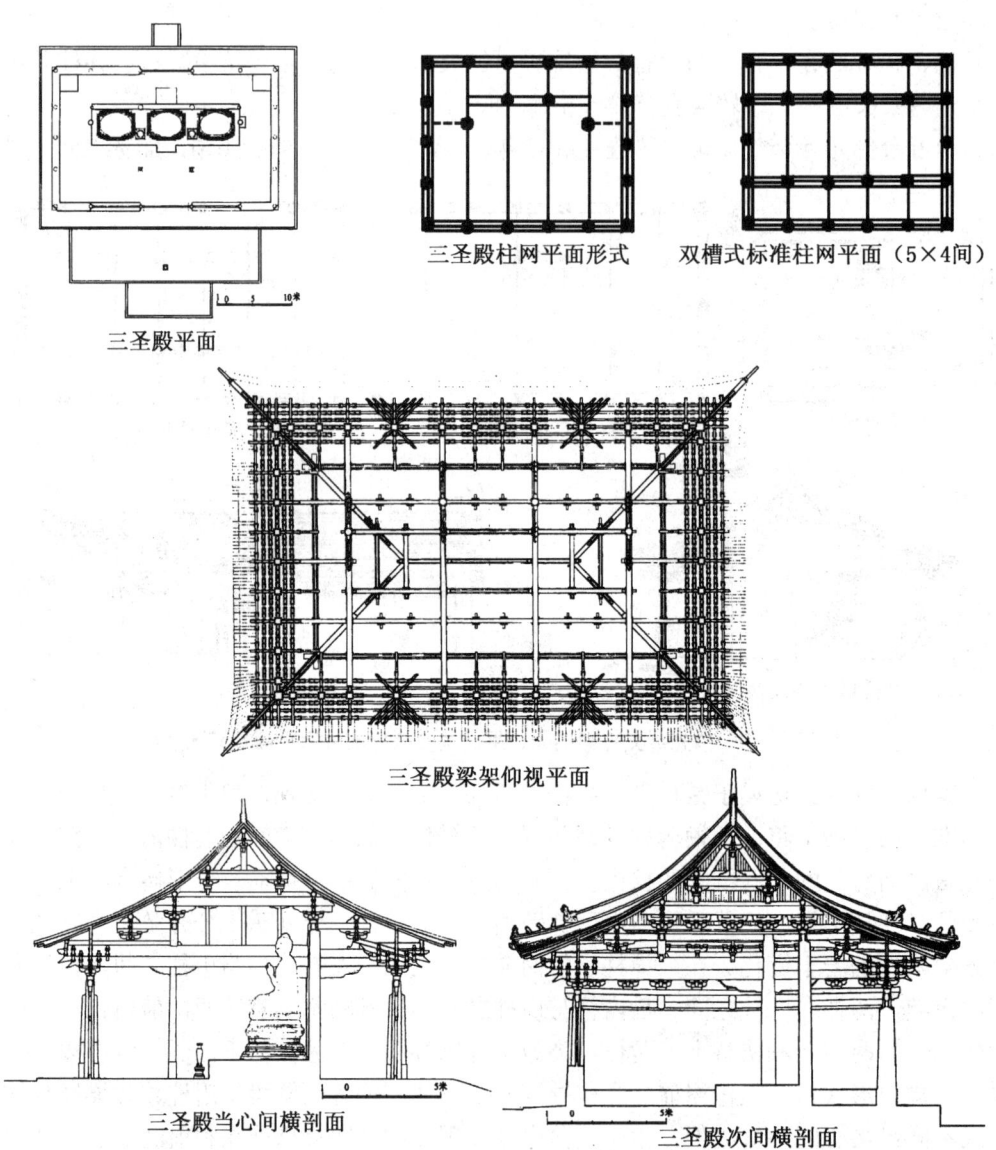

图 5-11 善化寺三圣殿横剖面、平面及其与标准柱网平面比较图

（32.68 米），进深四间八架椽（20.5 米）。周檐十八柱，内柱四棵，柱网结构为减柱和移柱并用，标准柱网平面为双槽式，前后槽柱本应在前后檐中平槫缝下，实际将前槽内柱四棵减去，将次间和梢间之间的两棵后槽内柱向前移位一椽架到了后檐上平槫缝下。殿内其余柱子不是原构，为后世所加。减柱和移柱造成梁架各缝做法不同。当心间为"八架椽屋前六椽栿对后乳栿用三柱"形式，六椽栿和乳栿外端分别入前后檐柱头铺作，尾端插入后内

---

① 见《中国古代建筑技术史》第 104~105 页。

柱，六椽栿上中平槫分位立蜀柱与后内柱共同支承四椽栿、中平槫，四椽栿上叠架平梁，另于六椽栿前部和后乳栿上第二椽架分位架设札牵承下平槫，札牵前端分别用六椽栿和乳栿背上的一组斗栱承托，后端分别入蜀柱和后内柱头；次间梁架由于后内柱前移一椽架，构架变为前五椽栿对后三椽栿形式。在后三椽栿背上，中平槫分位下即原后内柱未移动时的柱位上，立一根蜀柱，与五椽栿背前部中平槫分位下的蜀柱共同承托上一架的四椽栿及中平槫。另外，在四椽栿下，从前后中平槫下的蜀柱头向外仍然施札牵，同时向内在前蜀柱与后内柱、后内柱与后蜀柱柱头之间各加设一道联系枋木，断面尺寸与前后札牵相同，长分别为三架椽和一架椽，或称为内额或称为顺栿串，上下以斗栱与四椽栿和五椽栿隔架。由减柱和移柱导致的构架做法如此复杂而不规则，是为突破梁架结构对建筑空间的束缚而进行的大胆探索。从结构空间看，由于减去前内柱，殿内空间感十分开敞，三尊佛像置于殿后三间通长的佛坛之上，坛后筑墙以为屏蔽，坛两边的后内柱前移坛深之半，使佛像所处形成相对独立的半围合的空间，但又无封闭之感，应该说构思是很巧妙的。但这样一来，却产生了很大的结构问题，不仅加大了大梁的跨度，而且屋盖一半以上的荷重由上层四椽栿下的蜀柱集中传递到大梁中间。为了防止大梁受弯变形，心间的六椽栿和次间的五椽栿都采用上下两层叠合梁的形式，上层高两材两栔，下层高两材一栔，同时后部的乳栿、三椽栿也都用两层总高四材，并用硕大的雀替承托大梁、乳栿或三椽栿，以加强刚度。此外，四椽栿和平梁上均施有缴背。

山西朔州崇福寺金代建筑弥陀殿（1143年）（图5-12），单檐九脊顶，面阔七间（41.32

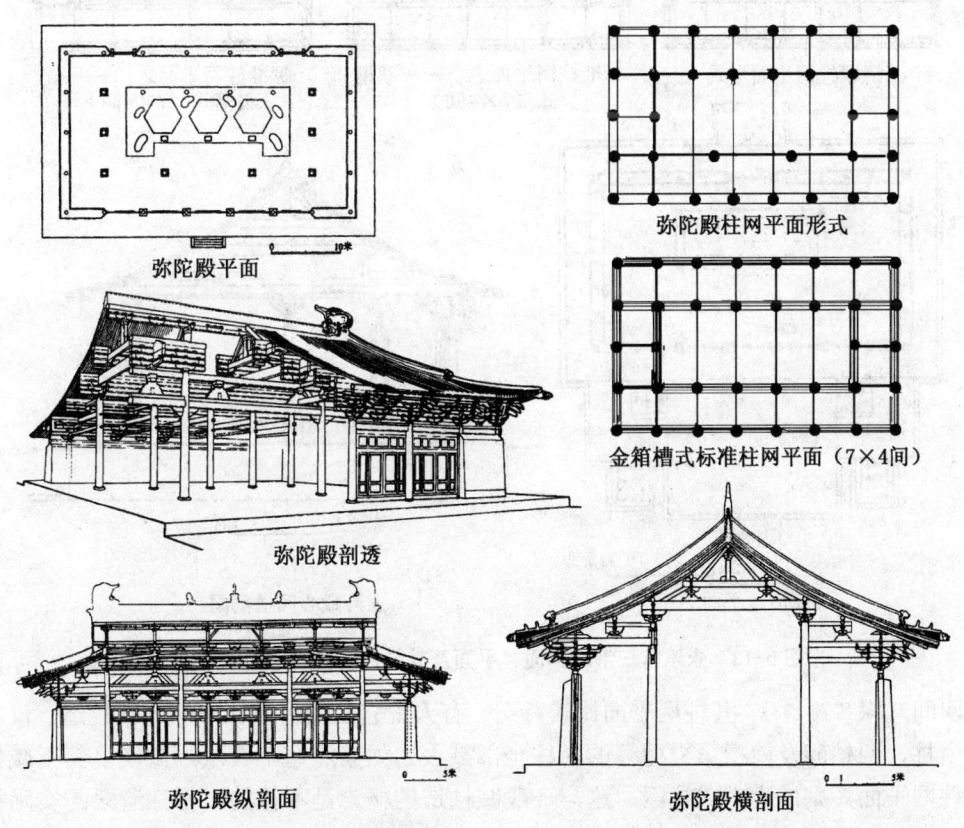

图 5-12　崇福寺弥陀殿剖面、平面及其与标准柱网平面比较图

米），进深四间八架椽（22.7米），尺度之宏伟在雁北地区仅次于大同华严上寺大殿和善化寺大殿。柱网结构为减柱造和移柱造并用，相当于在金箱槽标准柱网基础上，减掉前槽内柱两棵，再将心间与次间缝或者是次间与梢间缝的两棵内柱纵向移至次间正中，但仍在前槽位置上，这样将前槽六柱五间变为四柱"三间"形式，形成室内前部开敞的礼佛活动空间。梁架结构属内外柱不等高厅堂式，横架为常见的八架椽屋前后乳栿中四椽栿形式。由于前内柱的减少和移位，与后内柱不对位，为解决横向梁架前部的支点问题，在前槽内柱头间架设纵向的组合梁式大内额，包括上下两道额枋，下道内额并是由两层枋木叠成（上一层或称为普拍枋）。两道内额之间，于每缝梁架下施斗子驼峰，两侧施45度斜撑（或称托脚或称叉手）分散内额荷载，这样形成一个梯形的不完全的纵向"桁架"式托架，较好地改善了大跨度内额（中央内额跨度12.45米，左右内额跨度8.7米）的受力状况。为了降低下层内额对柱身的剪力影响，在其下叠一长一短两道通穿柱身的替木，类于实拍栱，依宋式或也可称为绰幕枋。

减柱、移柱法，至元代在继承金代灵活和富有创新精神的基础上，更被发挥得淋漓尽致，常有大胆超常、别出心裁之作。

元代山西芮城永乐宫三清殿（1262年）（图5-13），单檐四阿顶，面阔七间（34米），

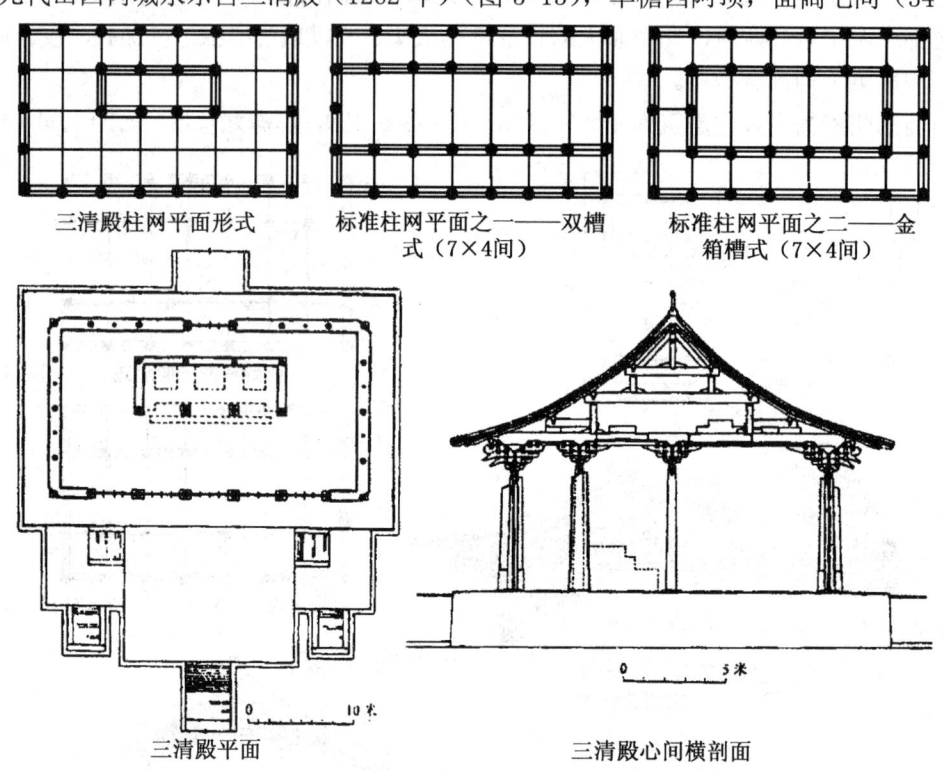

图5-13　永乐宫三清殿剖面、平面及其与标准柱网平面比较图

进深四间八椽（21米）。其柱网平面比较特殊。有人说它是减掉多棵内柱的减柱造，仅后半部用内柱，两梢间及前檐第二槫缝的内柱全部减去。如果照这个减法，试恢复其不减柱的标准柱网平面，则成满堂式柱网，这与一般减柱造的概念是不符的。将三清殿的实际柱网平面形式与双槽式标准柱网平面比较，可以看出，前者是在后者的基础上，减掉前、后槽梢、尽间缝上的四棵内柱，再将前槽所余心间和次间四棵内柱向后移位一间两架椽，所以

它是减柱和移柱并用的做法。由于前槽内柱移位后与后槽内柱仅有一间两椽的距离，略可围合成环状，所以视其为金箱槽式标准柱网上的减柱、移柱做法也无不可，即减掉了内槽两边的六棵内柱并将前槽所余四棵内柱向后移位。不过，如前所述，自然仍以与其最接近的双槽柱网，即比较之下发生减、移柱数目尽可能最少的柱网为其标准柱网平面为宜。实际上，由于前槽内柱移位后成为一排分心中柱，当心间和两次间的构架是以前后两根四椽栿相对搭于中柱头上，成为标准的八架椽屋、前后四椽明栿相对的分心槽殿堂构架，虽然前后用了四柱，但实际后内柱只是托于四椽栿底起辅助荷载加固作用，同时可以帮助架构内槽以内三间中的藻井，而于屋架形式不发生根本之影响，所以将其整体视为分心槽柱网上的减柱做法亦未尝不可，即减掉了梢、尽间缝上的两棵中柱。三清殿的这种减、移柱做法使得殿内空间的分布极具特色，殿内开间形式仅仅保留于中部脊槫之后的像设部分，三尊三清神像各据一间，左右和后面以墙围挡，前面和左右两侧都是深达两间的开敞空间，内外围墙上都满绘道教人物故事壁画，烘托出一个中心突出的空间氛围。

元代山西洪洞广胜下寺大殿（1309 年）（图 5-14），单檐悬山顶，面阔七间（27.88 米），

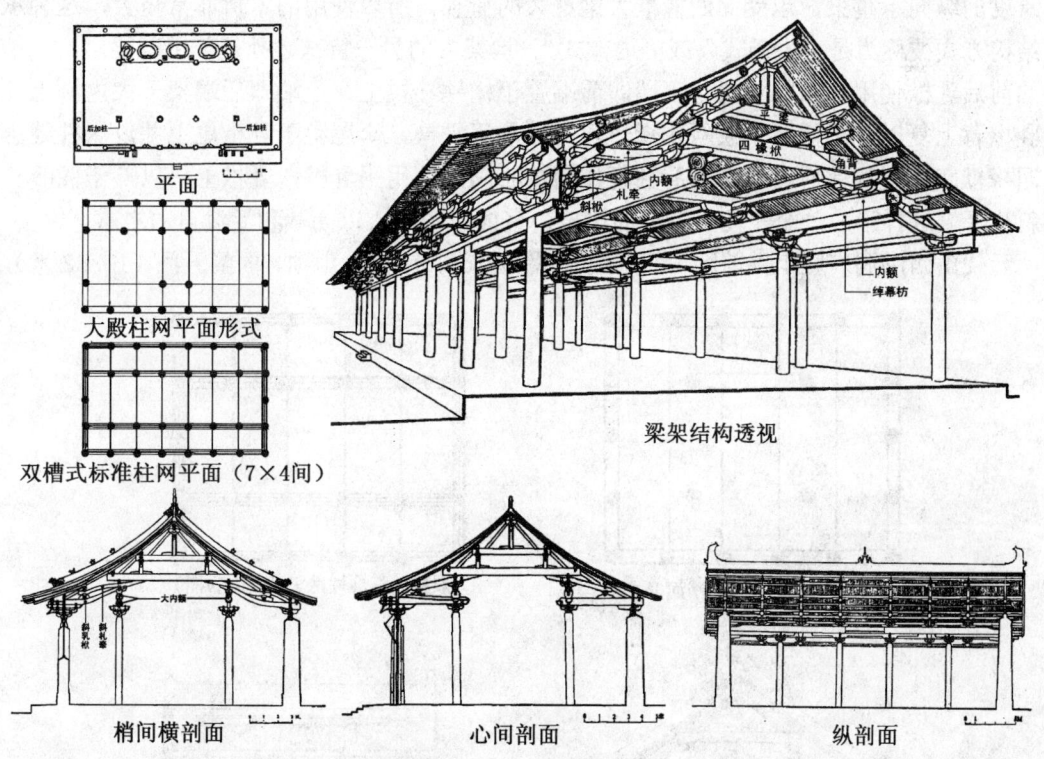

图 5-14　广胜下寺大殿剖面、平面及其与标准柱网平面比较图

进深八架椽（16.1 米）。其平面柱网也是减柱和移柱并用。在双槽式标准柱网基础上，前槽只保留心间两缝的两棵内柱，其余四棵内柱全部减去；后槽内柱减去两棵，所保留的四棵，两棵在心间缝上与前内柱对位，另外两棵不在间缝上而移位至梢间中线上（前槽现状还有与此后槽梢间中内柱对位的二小柱，为清代增添）；同时外围左右山缝上的两棵中柱（脊柱）不落地，即在柱网平面中亦减去。这个七间大殿除了心间外，内柱的分间与上部梁架间缝已全部不能对应，其内部已不存在按柱分间的形式，外檐前后尚可以檐柱来分间，但山面

梁架也减去中柱成与心间相同的八架椽屋用四柱形式,以上部梁架间缝言是四间,以柱分则是三间,也不能相一致。可以说传统的间架概念完全被打破。此殿的佛像位置也与一般佛寺有所不同,佛像不是陈列在后面梁架空间的最高处,而是紧贴后檐墙陈列,当中三间各有佛像一尊,左右佛像旁各立一尊胁侍菩萨,正面看起来胁侍菩萨与其相邻一尊佛像共处于移柱后形成的同一个开间之内,后槽上的移柱、减柱形式与这种佛像布置正相适应。排架形式,内外柱高或加斗栱后起高基本相等,心间缝为八架椽屋前后乳栿中四椽栿用四柱。次间缝、梢间缝上架同于心间,但由于其下部没有内柱支承,所以四椽栿就依靠在前后槽架设的纵向大内额来承担。架于前内柱与山柱上的大额纵跨三开间、长达11.5米,架于后内柱与山柱及后内柱与后内柱之上的大额跨度为一间半,前后大额同时也承担次梢间的前后乳栿后尾。前槽大额上下叠置两道,心间柱头上施普拍枋、阑额、由额(此二者其实也属内额,只是用料要较大内额小得多,故区别以称),后槽由心间始隔间加施联系枋木一根,于后槽内柱分成的"次间"出榃头相对,贴于大额之下,其形式关系颇似《营造法式》中的檐额与绰幕枋之制而为用于内檐者。这样,本来作为纵向联系构件的额枋,成为大跨度的纵向承重梁,承受比四椽栿大梁更大的荷载,所以使用的木料非常粗大,这种承重结构方式被称为是"大额式"或"内额式"。构架中的另一特殊之处是使用斜梁。次、梢间的前后乳栿使用曲斜的木材,下端即前端置于檐柱斗栱上,上端即后端架于大内额上;斜乳栿背上复以斗子墩橋支架斜札牵一根,上承下平槫,牵尾叠于乳栿尾上并过内柱缝压于四椽栿底,起到保持内外平衡的杠杆作用。心间则使用平乳栿,乳栿上仍以斗子驼峰支架斜札牵。这样形成一个"几"字形的梁架,室内空间给人以高敞和活泼自由之感。

元代山西洪洞广胜上寺前殿(弥陀殿)(图5-15),单檐歇山顶,面阔五间(13.82米),

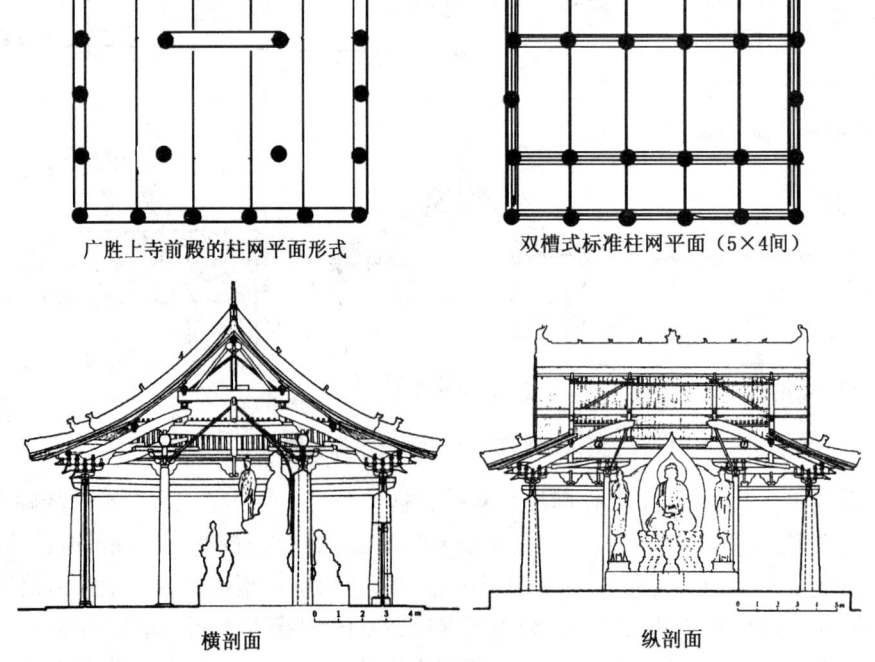

广胜上寺前殿的柱网平面形式　　双槽式标准柱网平面(5×4间)

横剖面　　纵剖面

图5-15　广胜上寺前殿剖面、平面及其与标准柱网平面比较图

进深四间六椽（12.45 米），属于小型规模的佛殿。柱网平面减柱、移柱并用。双槽式标准柱网基础上，前后槽内柱只保留四棵，且都移位于次间的中线上。内柱略高于外柱。在梁架结构上结合使用平栿与斜栿，手法非常奇特。心间平梁之下不用四椽栿，左右内柱上架设纵向大内额，其上架斜乳栿，斜栿前端入心间柱头铺作，后尾斜上承于平梁端下。前后内柱上架横向四椽栿大梁，实际上相当于将殿内（不计山面）原应有的四缝四椽平栿梁架减去两缝而只留两缝，并且此两缝移至次间中线与内柱对位。山面与正面一样，在中柱柱头铺作的耍头上也向内伸出大斜栿一根，中部架于四椽栿上，尾端支于平梁底。这样，由于纵横两个方向上使用斜栿，中部横向四椽栿与纵向大内额相交，构成井口形框架，与减柱、移柱相结合，共同营造出中部一个相当高敞、宽阔的空间，便于供设高大的佛像，突出佛像的效果十分显著。

减柱、移柱法肇始于辽、宋，而盛于金、元。减柱和移柱建筑的分布地区，多属北方少数民族辽代契丹、金代女真、元代蒙古族的统治区域，主要集中在雁北一带，也就是内外长城的中间地带、桑干河流域。虽然就现有辽构与宋构的实例来看，殊难说以谁更早采用减柱、移柱做法，不过宋构中较早的例子大都在靠近辽国统治和活动的地带，所以有理由认为这种柱网变化是由辽创始的，受其影响宋构中也有少量出现，《营造法式》中的单槽柱网虽可视为一种模式化的减柱或移柱柱网平面，但实例中却很少见有运用，宋室南渡后的建筑实例中更是无一减柱、移柱者，正是因为它并非中原传统正规做法的缘故。与此情形相若者又如斗栱中的斜栱做法，除了敦煌五代窟壁画中略有所见外，实例也以辽代为最早，而宋代出现斜栱做法较早的正定隆兴寺摩尼殿，同样是在宋辽交界地区，而南宋同样很少见到。

有学者认为，北方草原地区的游牧民族征服者们入主中原以后为巩固其统治而必须适应吸收汉族社会的经济和文化生活方式，但也不是完全的照搬与模仿，本民族原有的生活方式和习俗并不能很快被同化，建造定居的都城宫室就是其中之一，从都城到宫室的规划与建筑都结合了本民族的一些风俗习惯和当时的实际情况，辽初宫殿的主体建筑坐西朝东而且宫殿中还搭有"毡庐"，就是明证。祖祖辈辈处草原、居"毡庐"的游牧民族征服者们很难习惯于中原汉族满眼柱子的空间环境，既要定居宫室，又望建筑空间尽可能得到舒展，于是在利用汉族建筑技术和力量的基础上，调整柱网和梁架结构的减柱和移柱做法就产生并得以风行了，这是这一时期减柱、移柱法盛行的社会背景原因[①]。

减柱、移柱法，本是为扩大建筑内部某处空间而采用的变化柱网结构做法，相应地就造成了上部梁架的不规整，即传统的梁架结构方式和受力法则被打破，如宋元有些建筑中贯间通做的大檐额、金元建筑中常使用近于"桁架"形式的纵跨两间或三间的承重大内额、大量运用承重受压和传递荷载的斜栿等，并由此造成传统的"间架"概念也被打破。

减柱、移柱法在中国木构架建筑的历史发展过程中，具有积极作用的一面。直观的就是根据实际情况可以灵活地扩大建筑内部空间，以符合实际需要并避免空间的雷同单调感，同时上部梁架的排列方式也相应随之产生变化，"减少了柱子就加大了柱距，在大梁移位和结构长度的制约下，多半形成柱子要支承两层梁栿的情况，这样就很难再保持柱子等高、全靠用斗栱叠架上去，而不得不将局部的内柱升高。至少从升高内柱、梁柱结合简单牢固

[①] 参见张家骥《中国建筑论》第 426~427 页。

这一点来说，对殿堂建筑构架变革，是有促进作用的"，当然明清殿堂内柱升高受减柱、移柱建筑的影响并不在结构技术上，因为不用斗栱层的厅堂建筑从来就是如此，所以减柱、移柱法形成内柱升高的意义，在于它打破了殿堂建筑梁架结构内外柱必须等高的传统建筑思想①。

另一方面，减柱、移柱法造成梁架跨度大，改变了梁柱结构平衡对称的方式，带来一系列结构和受力的矛盾，处理不当往往造成结构力学上的不合理性，影响到建筑的稳固安全。如上举大同善化寺三圣殿，虽然采取了一些加强大梁刚度的措施，但在梁架不对称、受力不均衡的情况下，由于大梁负荷太重，很难解决梁的变形和构架整体的刚度和稳定性，以致后来不得不在明间所减掉的原前内柱处以及次间所移离开的原后内柱处，都加了一棵较细的柱子，以辅助支顶六椽栿和三椽栿，一定程度上又回到了较规则的柱网布列形式。又如广胜下寺大殿，前槽长达 11.5 米的大内额，难以久堪重负，至清时不得不于其下另加支柱以防其挠曲断裂。

在使用彻上明造时，减柱、移柱做法下不规整的排架方式使内部空间有欠整齐美观。另外，减柱、移柱法从结构到构件形制都没有一定之规，虽然灵活自由，却给施工带来不便，不适合形成于唐宋至明清更加成熟整饬的建筑模数制度下的标准化和定型化要求，不适合大规模快速施工的建筑生产方式。

由于上述一些原因，自明代以后建筑就基本不再采用减柱、移柱造了。明清较大型的殿堂建筑柱网布置和梁架均较整齐，不用减柱、移柱法，只是吸取了其"副产品"——升高内柱的优点，取消了斗栱结构层，使梁身直接置于柱上或插入内柱，改变了传统殿堂式梁柱需要通过斗栱交接而不甚紧密牢固的缺点，斗栱大部转化为装饰性构件。如明十三陵长陵祾恩殿和清故宫太和殿这两座现存中国古代最大的单体殿宇建筑的柱网平面（图 5-16），前者与《法式》双槽式相同；后者的情形略为特殊一些，如果纵横连线所有的柱子，

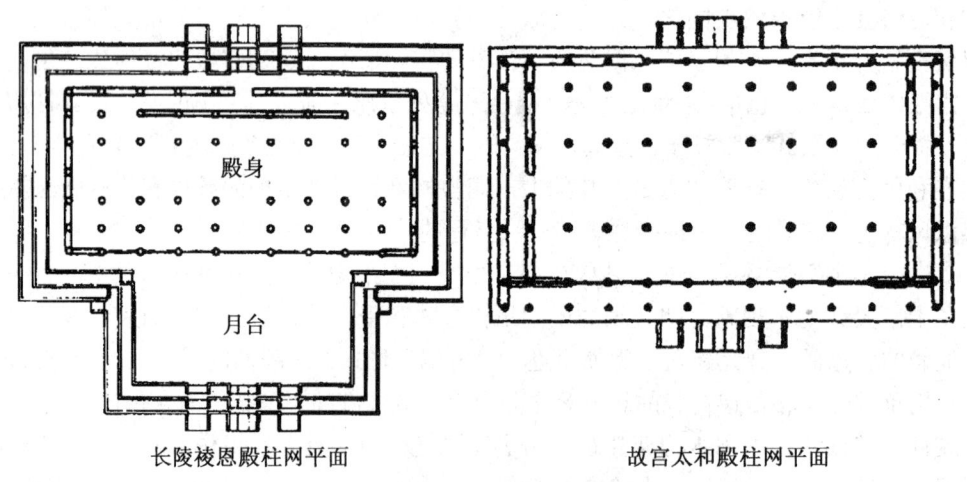

长陵祾恩殿柱网平面　　　　　　故宫太和殿柱网平面

图 5-16　明长陵祾恩殿和清故宫太和殿柱网平面

我们会发现其柱网的每个交叉点上都有立柱，似是一种满堂柱网，但同列柱距分布不匀，中间两排里金柱间距远大于里金柱与外金柱（老檐柱）的间距，基本同于宋式金箱槽或双

---

① 张家骥：《中国建筑论》，第 429 页。

槽式的柱网格局而没有了梢间（尽间）缝上的中柱，由于内、外柱缝是一一对应的，也即内外可以闭合成矩形双环状，所以仍可视为是金箱槽式柱网，当然视为双槽式柱网亦无不可，即它的柱网平面仍属于规则的既不减柱也不移柱的做法。事物的发展都是辩证的，明清这种柱网布置固然整齐规则，相应的梁架配置也较简单，但也使建筑设计更加死板和程式化，束缚设计者根据实际情况需要发挥主观能动性的积极作用。不过，明清一些中小型建筑中仍常见减去正中前金柱的做法，尤在南方民间建筑其柱梁配置较为灵活，减柱、移柱时有可见。明清一些因特殊用途需要较大活动空间的较大型建筑中也仍保留有减柱、移柱的若干实例，如曲阜孔庙奎文阁、清东西陵的一些隆恩殿等。

二、木构架形式

按照《营造法式》所述，其木构架分为三种大的类型：殿堂作、厅堂作、柱梁作[①]。殿堂作，是指所谓殿、殿堂或殿宇等较大型和较高等级的屋宇建筑所用的构架形式；厅堂作，是指所谓厅、厅屋、堂屋、厅堂等较殿堂次一等的中小型建筑所用的构架形式；柱梁作，是指用于殿阁及厅堂以外的次要屋宇（《营造法式》所谓"余屋"者），如廊屋、库房、仓廪及一般民宅、店铺等低等级或小型建筑的木构架。今存从唐迄元木构建筑实例多属于抬梁式结构系统的殿堂作和厅堂作，而在名称上大多皆称为"殿"；采用或部分采用厅堂作构架形式的也没有名"厅"的，且其中也不乏规模较大或等级较高者。所以具体一座建筑属于殿堂作还是厅堂作，要以其实际的构架做法来区分，并非是单纯以叫"殿"或"厅"的名称来区分。此外还有多层楼阁一类，常采取与单层殿堂完全一致的结构形式而只是作多层的重叠，故《法式》时言"殿堂"，时言"殿阁"，即合为了一类；但《法式》和实例也还有用厅堂结构形式建筑的楼阁，即是采用永定柱造者，《法式》中有"堂阁"一称（见卷七小木作制度"堂阁截间格子"），或即是指此类[②]。

（一）殿堂作

殿堂作的主要构架特点是：殿身内外柱高度基本相同（仅由于柱"生起"而使各柱的高度略有参差），一般都施有天花，柱头上用铺作承明栿，明栿上承天花，天花以上另施草栿上承屋盖。这样，整个构架形成柱框层、铺作层、屋架层三个上下相叠的水平层次，施工时可分层安装或拆卸，故学者或谓之"层叠构架"。在殿堂构架之上只须叠加柱框层和铺作层，即成为殿阁。在金箱槽柱网的殿阁中，内槽以内可以省去梁栿而做为空井的楼层形式，可以满足楼阁中间安置高大塑像的空间需要。如带副阶周匝者，则于殿身四周插附副阶构架即副阶半坡屋盖、铺作和柱框层。屋顶形式用单檐或重檐的四阿殿（庑殿）、九脊殿（歇山）（图5-17）。

殿堂作在天花上下使用明栿和草栿两套梁架。草栿是主要承重梁，一般为不作细致加工的通长直梁（跨度大者可以"勾头搭掌"形式分段接续而成），依殿身进深作多层叠梁形

[①]《营造法式》只提到"殿堂"、"厅堂"之称，而无谓"作"者，卷五"举折"条下李诫注文提到"若余屋柱梁作或不出跳者……"，仿此及木作、石作、瓦作、彩画作等称例，此名为"殿堂作"、"厅堂作"。今人或谓殿堂式（型）、厅堂式（型），均可。另，在《营造法式》用语中，"殿堂"有时也用为"殿阁（宇）"和"厅堂"的统称，这是因为殿宇和厅堂都可作为一组建筑群中的主体建筑，在许多制度方面有共同点。这并不妨碍用"殿堂"和"厅堂"作为两种构架形式的区分名称。

[②] 参见陈明达《营造法式大木作制度研究》第29页。

1. 飞子 2. 檐椽 3. 撩檐枋 4. 斗 5. 栱 6. 华栱 7. 下昂 8. 栌斗 9. 罗汉枋 10. 柱头枋 11. 遮椽板 12. 栱眼壁 13. 阑额 14. 承椽串 14'. 照壁枋 14". 由额 15. 檐柱 16. 内柱 17. 柱质 18. 柱础 19. 牛脊槫 20. 压槽枋 21. 平槫 22. 脊槫 23. 替木 24. 襻间 25. 驼峰 26. 蜀柱 27. 平梁 28. 四椽栿 29. 六椽栿 30. 八椽栿 31. 十椽栿 32. 托脚 33. 三椽明栿（月梁） 34. 四椽明栿（月梁） 35. 平棋枋 36. 平棋 37. 殿阁照壁板 38. 障日板（牙头护缝造） 39. 门额 40. 四斜毬纹格子门 41. 地栿 42. 副阶檐柱 43. 副阶乳栿（明栿月梁） 44. 副阶乳栿（草栿斜栿） 45. 峻脚椽 46. 望板 47. 须弥座 48. 叉手

图 5-17 殿堂作构架示意图（以殿堂七铺作副阶五铺作双槽或斗底槽为例）

式（只有最上的平梁比较特殊，可以加工为月梁式）。明栿是天花梁及柱头铺作的联系梁，基本不荷受屋面重量，多作月梁形式（也可以是直梁）。

关于宋式殿堂构架的主要构件，大多已与清式对照散述于前文各章节中，这里需略再交待一下阑额和由额的使用情形。从《营造法式》卷三十一大木作制度图样中的草架侧样来看，作为联系构件的由额似主要用于殿堂而不用于厅堂。《法式》卷五大木作制度"阑额"："凡由额施于阑额之下……如有副阶，即于峻脚椽下安之；如无副阶，即随宜加减，令高下得中（若副阶阑额下即不须用）。"有的殿堂天花四周与大木梁枋之间斜搭一排短椽作为过渡，称为峻脚椽。在副阶平棋与殿身之间也常置峻脚椽，斜搭于副阶平棋枋和殿身由额之上。《法式》载殿堂草架侧样四幅（参图 3-25），其中双槽两图所示峻脚椽、由额位置与制度所述相合；分心槽一图中无副阶，殿身只有阑额一道而无由额；单槽一图中虽有副阶但副阶无平棋及峻脚椽，也没有峻脚椽之下的由额。综合《法式》图文可知，殿堂如无副阶，可用也可不用由额，如用则施于阑额之下，高下随宜；如有副阶且副阶有平棋，由额作为副阶峻脚椽的承托构件而安于其下的殿身檐柱之间，副阶本身阑额下则不用由额；如副阶无平棋及无峻脚椽，也可不用由额。双槽两图殿身阑额之下、由额之上还有一道承托副阶屋面椽尾的枋木，应为"承椽串"。殿堂构架屋内因内槽铺作的存在,其下枋材的使用从形式到用料都与外檐相一致,内柱头间置承铺作的阑额一道,其下也有一道枋木应为"照壁枋"。《法式》卷十九大木作功限"由额每长一丈六尺一功(照壁枋、承椽串同)",可见由额、照壁枋、承椽串三者规格相同,仅以用途位置不同而有不同名称[①]。今人或有将照壁枋、承椽串一并称为由额的,又有将承椽串称为承椽枋的,原则上虽无不可,但终不免失于混乱。至于《法式》单槽一图,副阶无平棋及峻脚椽,自然也无须施由额承托峻脚椽,或者说这种结构形式的阑额之下的承椽串与由额合二为一了。

殿堂构架的前后组织搭配方式依进深椽数和分槽形式的不同而异。《法式》卷三十一列有殿堂草架侧样四例三式,都是进深十椽或八椽的大型建筑(图5-18):

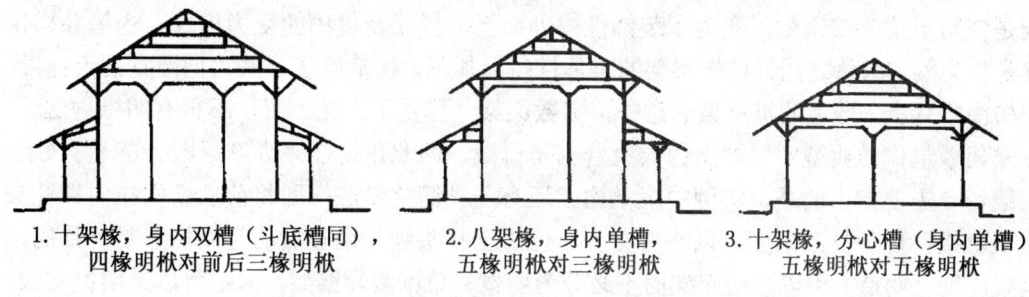

1. 十架椽,身内双槽(斗底槽同),四椽明栿对前后三椽明栿
2. 八架椽,身内单槽,五椽明栿对三椽明栿
3. 十架椽,分心槽(身内单槽)五椽明栿对五椽明栿

图5-18 《营造法式》殿堂构架类型示意

(1)十架椽,身内双槽或金箱斗底槽(图5-17、图5-18:1)。明栿构架形式为:前后三椽栿对中四椽栿用四柱[②]。副阶梁架施乳栿,同样以天花上下界为明、草乳栿各一(草栿做斜),栿首入副阶檐柱铺作,栿尾插入殿身檐柱柱身,明栿尾下以丁头栱承之。

铺作层的铺作使用情况有两种:一种为殿身八铺作副阶六铺作,即殿身外转八铺作出双抄三下昂、里转六铺作出三抄,副阶外转六铺作出单抄双下昂、里转五铺作出双抄;一种为殿身七铺作副阶五铺作,即殿身七铺作双抄双下昂里转六铺作三抄,副阶五铺作单抄单昂里转五铺作双抄。以上并重栱计心造。

(2)八架椽,身内单槽(图5-18:2)。明栿构架形式为:五椽栿对三椽栿用三柱。副阶构架为彻上明造,乳栿之上施札牵。铺作层,殿身五铺作重栱单抄单下昂里转五铺作重栱双抄,副阶四铺作插昂造,里转出一跳。

(3)十架椽,身内分心槽(图5-18:3)。明栿构架形式为:前后五椽栿分心用三柱。无副阶。铺作层,六铺作单抄双下昂里转五铺作两抄,并重栱计心造。

殿身各檐柱间、左右内柱间上施阑额、下施地栿(实例中内柱间施地栿者少见),有副阶者阑额下又施以承椽串或由额,内柱阑额下或又施以照壁枋,都有加强构架在开间方向的联系作用。而进深方向上的檐柱与内柱之间、前后内柱之间,仅靠搭络于柱头铺作的明栿来联系,联络性较差,抵抗前后水平作用力的能力较弱。有副阶周匝的重檐建筑,则这一弱点可得到一定程度的弥补,副阶乳栿插入内柱柱身,犹如一圈飞撑环绕于殿身周围,加强了柱框层的整体性。所以《法式》所列四例殿阁地盘分槽图和四例殿堂草架侧样中,

---

[①] 参见陈明达《营造法式大木作制度研究》第119页。

[②] 几椽栿对几椽栿用几柱,本来是《营造法式》用来说明厅堂构架形式的用语,同样可以借用来说明殿堂类型的明栿构架形式。"对"是前后对接之意,按《法式》厅堂草架侧样中,凡底架大梁与前后牵梁不在同一水平层次者,皆不言"对",只有在同一层次者才言"对"。今有关著述中常有将这两种形式混同都称"对"的,似有不妥。

只有分心槽九间一例是无副阶周匝的，可见当时除了门屋多用分心槽而无副阶外，主要殿堂多有副阶周匝。此外，上下槫间使用的斜撑构件——托脚，以及厚墙的做法，也可以帮助加强构架的整体性。依赖厚墙稳定柱子的方法，在唐佛光寺大殿以及长安大明宫含元殿遗址中都可看到。

殿堂作构架的室内空间齐整，斗栱纵横罗列，气势富丽堂皇，故自唐至清一脉相承，历来都作为高级殿堂的结构形式，早者如唐佛光寺大殿，晚者如清紫禁城太和殿。但明清殿堂构架与唐宋殿堂构架仅形式略似，而实质上是有差别的。明清殿堂构架又结合了厅堂构架的一些特点，斗栱不再作为一个水平结构层次，故内柱可以升高，梁端可以直接置于柱上或插于内柱身，实质上由柱支承的底架大梁外伸出斗栱成为挑尖梁头并挑檐，柱头斗栱则是依附于挑尖梁来做，变为了装饰性构件而已非挑梁及挑檐的受力构件，内檐斗栱也仅仅是作为隔架装饰之用，柱框梁架的整体性得以加强。明清除了一些大型殿堂的天花梁、跨空枋尚略具唐宋殿堂明栿梁架遗意外，多数梁架一律置于天花之上，不再有明栿做法。

宋代殿堂作的典型实例如山西太原晋祠圣母殿、河北正定隆兴寺摩尼殿、苏州玄妙观三清殿等。需要指出的是，实例中殿堂构架还有一种简化做法，即将前后梁栿在内柱柱头铺作上对接，内外柱的高度可以略有参差，但加上柱头铺作调整后的起高仍然是一致的，可以采用彻上明造，可以直接起架而不必分为明栿、草栿两套梁架，即都可以是明栿做法，也都可以是草栿做法。在晋东南地区的一些小型建筑中颇为盛行这种构架形式，如山西晋城青莲寺大殿、平顺龙门寺大殿、榆次永寿寺雨花宫。这种构架无论柱网形式怎样变化，其具有可按水平层次安装或拆卸这一殿堂构架的基本特点是不变的，所以应归于殿堂作。也有将其另立一类的[①]。

（二）厅堂作

厅堂作的构架特点是：内外柱不等高，内柱随梁架举势比檐柱升高直至所承梁底，檐柱与内柱间的乳栿或札牵后尾直接插入内柱柱身而不用铺作（此即所谓"栿项柱"。"栿项"是梁之两端为了入柱或入铺作斗口而做薄的一段梁头之称，则柱子有梁头插入就称为栿项柱），未形成内外统一的铺作结构层，故施工中不能完全按水平层安装或拆卸。外檐铺作通常较简单，从斗口跳到六铺作，一般多用四铺作。室内梁架一般为彻上明造，无草栿，梁栿可作直梁或月梁。顺槫方向内柱头间施内额[②]，内额之下柱间另施顺身串[③]，脊下蜀柱间施顺脊串，栿下柱间施顺栿串。在槫栿柱枋节点处使用简单斗栱或驼峰替木一类支承加固并美化。屋顶形式用厦两头造（歇山）和不厦两头造（悬山），也可作重檐。厅堂作构架由于内柱升高，前后梁栿插入柱身，同时又使用了不少横向和纵向的联系枋件即额和串，所以其整体性特别是抵抗水平方向作用力的性能，较殿堂作要强不少，斗栱等构件又具有殿

[①]《中国古代建筑技术史》一书即另列为"其他"一类，但是认为从整体构造看似归入厅堂式更为合适（参见该书第97页）。

[②] 此内额今人也有称之为阑额的，正如殿堂构架在此位置的阑额也有称为内额的，单从位置而言虽皆无不可，然据《营造法式》卷五"阑额"条下所言"凡屋内额，广一材三分至一材一栔，厚取广三分之一，长随间广，两头至柱心或驼峰"，其材分远较两材之广的阑额甚至是广减阑额二分至三分的由额为小，这正是因为内额之上多不承铺作或者只不出跳的补间（隔架）铺作的缘故，所以还是将二者区别开来为宜，以内额只用于厅堂作中。

[③]《法式》大木作制度中仅提到顺脊串和顺栿串，没有提到顺身串，在卷十九功限中提到"襻间、脊串、顺身串，并同材"，可见三者规格和性质作用相同，仅以位置不同而分别名称。

堂作的某些艺术效果，学者或谓其是在柱梁作构架基础上吸收了殿阁式建筑的加工和装饰手法而形成的一种混合式木构架类型（图 5-19）。

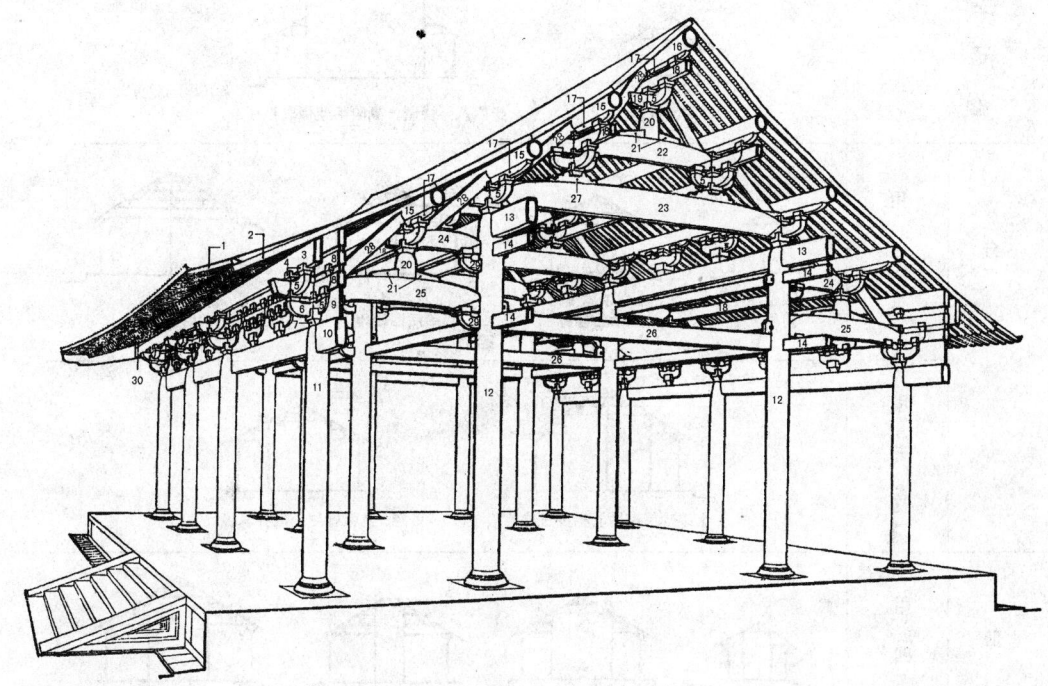

1. 飞子 2. 檐椽 3. 撩檐枋 4. 斗 5. 栱 6. 华栱 7. 栌斗 8. 柱头枋 9. 栱眼壁板 10. 阑额 11. 檐柱 12. 内柱 13. 内额 14. 顺身串 15. 平槫 16. 脊槫 17. 替木 18. 襻间 19. 丁华抹颏栱 20. 蜀柱 21. 合㭎 22. 平梁 23. 四椽栿 24. 札牵 25. 乳栿 26. 顺栿串 27. 驼峰 28. 叉手、托脚 29. 丁头栱 30. 生头木

图 5-19　厅堂作构架示意图

厅堂构架的前后组织搭配方式随房屋进深大小、内柱多少而有许多变化。《营造法式》大木作制度图样所列厅堂侧样，从十架椽屋至四架椽屋，共有 19 例，远多于殿堂构架形式种类，反映出它在实际运用中的广泛性和灵活性。这 19 例厅堂构架形式可以分为如下几类（图 5-20）：

1. 前后通檐用二柱。有四架椽屋和八架椽屋两例，后者带副阶。按上列 19 例中有 18 例是载于《法式》卷三十一的厅堂草架侧样，只有八架椽屋一例是载于《法式》卷三十的"举折屋舍分数第四"，实例中虽然有六架椽屋六椽栿前后通檐用二柱者（如五代山西平遥镇国寺大殿），却很难见到八椽栿这样大的跨度而不用内柱、前后通檐跨空的。《法式》此例主旨只在于示意举折，而内柱布列可以略而不画，图中又有副阶，所以其亦可能是殿堂或通殿堂、厅堂而言，姑列于此以备参考。

2. 用分心柱，将梁栿分为前后对称的两半。有四架、六架、八架、十架椽屋，四架、六架用三柱，八架、十架通用三柱、五柱，合六例。

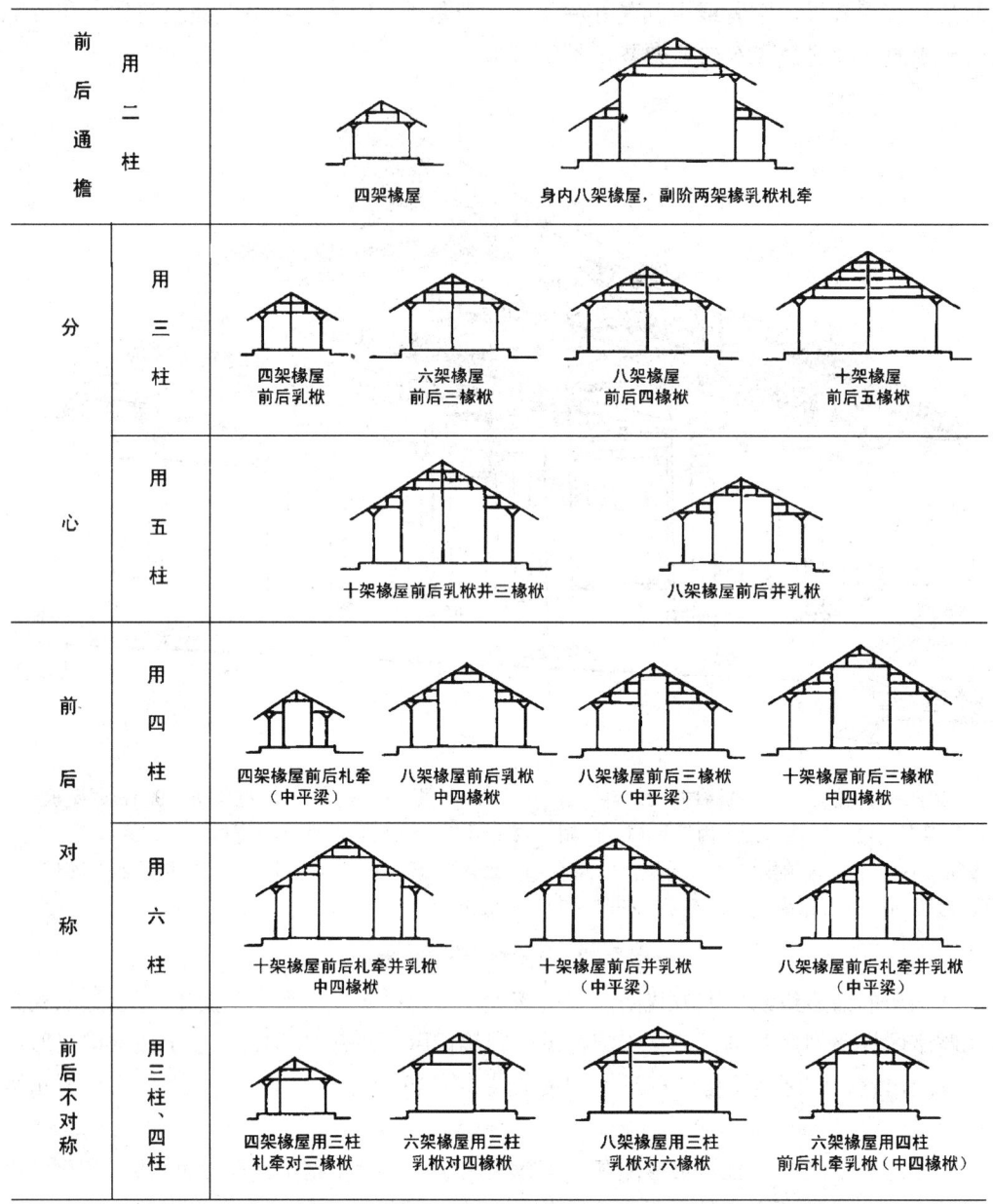

图 5-20　《营造法式》厅堂构架类型

3. 柱架前后对称分布，四架、六架椽屋用四柱，八架、十架椽屋可用四柱、六柱，合七例。

4. 柱架前后不对称，四架椽屋用三柱，六架以上用三柱或四柱，合四例。这一类型式可以视为减柱或移柱造，其中六架椽屋二例，四架椽屋一例，八架椽屋虽因椽架增多而构架形式可富变化但却不过只列一例，又未见通用于对称及分心型式中的十架椽屋者，可见这种不规则柱架形式大概是不被主张用于较大型建筑上的。

厅堂作构架比殿堂作构架灵活多样，能适应大小规模和不同平面进深的需要，实际运用时类型还会更多，并不止《法式》所列数种。

宋代厅堂作的典型实例如浙江宁波保国寺大殿。

（三）柱梁作

关于柱梁作的具体形式，《法式》未作进一步记载，仅知大约是一种柱与梁直接结合、柱上不用斗栱或只用"单斗只替"一类的做法，类似于清代的"小式"建筑。

现存辽宋金建筑中也缺乏柱梁作的例证。据研究，宋画《清明上河图》中所绘的房屋，除少数第宅门楼和城门台楼之外，绝大多数是临街的酒楼、茶馆、医铺、作坊、驿站和民舍，都是无斗栱的柱梁作四架椽房屋，不违宋代"庶人屋舍许五架"（《宋史·舆服志》）的规定。这些房屋虽然在做法形象上有讲究规整和简陋粗糙之分，但表现了很多共同的构架特点：大约能看得出的木构架形式有"四架椽屋分心用三柱"和"四架椽屋前后扎牵用四柱"两式，屋顶多用不厦两头造，也有厦两头造，屋前或加板引檐（雨檐），檐下或用斜撑；叉手上端都支于蜀柱上，托脚上端都支于内柱上，从而形成稳定的三角形构架，比殿阁、厅堂叉手、托脚之支于槫下侧有更好的整体性；"分心用三柱"式有平梁，中柱只上升到平梁下皮，在平梁上另置蜀柱承脊槫，其做法和《法式》所载厅堂几种分心式构架相同；脊槫和平槫下蜀柱都以合㭼加固，较之《法式》厅堂图样所示各式驼峰更为简洁；在平梁和牵梁下都用顺栿串联系（厅堂作顺栿串一般不施于乳栿或扎牵下），有些房屋上画有出榫，按其位置应是顺脊串、顺身串之类。通过叉手、托脚和各种串的联合作用，使木构架具有较强的整体性，这对店堂、酒楼、楼阁等空间开敞的建筑物特别必要，反映出民间建筑比官式建筑更注重实用价值[①]（图5-21）。

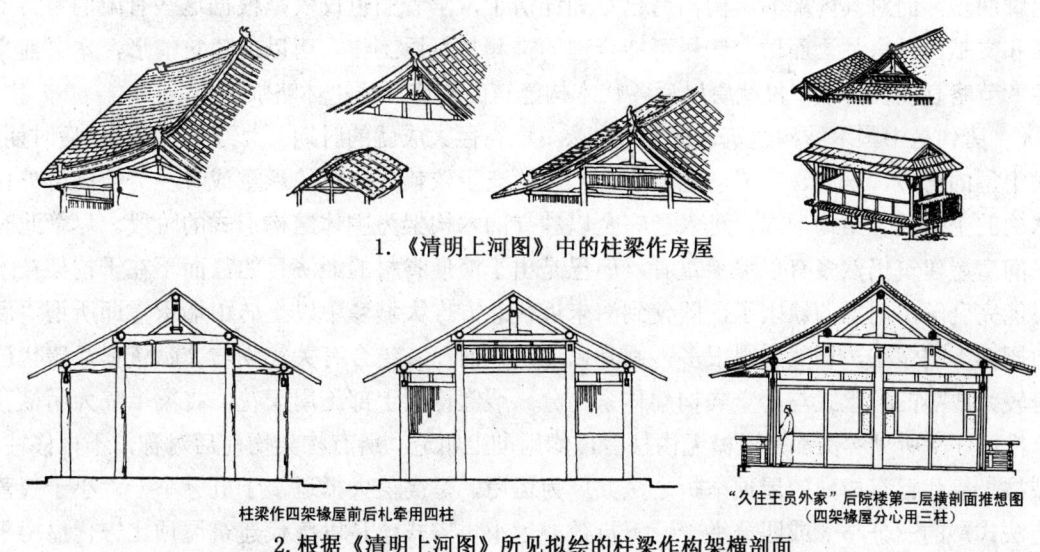

1. 《清明上河图》中的柱梁作房屋

柱梁作四架椽屋前后扎牵用四柱　　　　　　　　"久住王员外家"后院楼第二层横剖面推想图
（四架椽屋分心用三柱）

2. 根据《清明上河图》所见拟绘的柱梁作构架横剖面

图 5-21　《清明上河图》中的柱梁作房屋及其构架示意图

（四）厅殿堂混合作

在现存宋辽金时期的木构建筑中，有些木构架兼有殿堂作和厅堂作构架的形式特点，

[①] 参《〈营造法式〉解读》第21~22页。

或可说是在厅堂作构架的基础上又部分结合了殿堂作构架的一些形式特点。如宋代正定隆兴寺转轮藏殿上层者，内柱同时存在与外柱等高和不等高的情况，也就是说上层屋架中是部分采用厅堂构架而另一部分采用殿堂构架的起架方式的。又如福州华林寺大殿（五代）、辽宁义县奉国寺大殿（辽）者，内柱与外柱皆不等高，且后者的内柱亦不等高，檐柱与内柱间的联系牵梁尾端插入内柱，都是厅堂作的特点，但内柱皆不通上至平槫下，内柱头上又用铺作，即其上又采用了殿堂作的起架方式，因而也具有了殿堂作的分槽特点，形成内外两圈铺作网架，在内外圈间可使用明、草两套梁栿，与殿堂作所不同的是其内圈铺作网架位置高于外圈。此类构架建筑往往也是规模较大或等级较高的，如奉国寺大殿，华林寺大殿的体量虽然不大但等级却极高，它们都用七铺作，较一般厅堂高出一筹。这类介乎殿堂与厅堂之间的构架做法，有的学者称之为"厅堂二型"构架，我们这里另划一类名为"厅殿堂混合作（式）"。

第二节　历代木构建筑特征概述

　　中国古代木构建筑实例，现存时代最早者可到唐代。唐以前的木构建筑情况，汉晋南北朝尚有较多画像砖石、陶石木质的建筑明器或模型、石窟或墓葬之石刻壁画等反映建筑形象的间接资料，夏商周三代及之前的建筑更是基本只有考古发掘的平面遗址可供参考。对以上各个时期的木构建筑，我们目前只能就这些有限的间接资料，粗略地了解其大致的轮廓面貌，而对其内部的结构构造已难知详情了，学者们也仅仅是根据这些有限的考古资料和文献的只言片语而做一些尽可能合理的推测与复原工作。唐以前建筑情形，本书前文各章节略有涉及，本节仅就唐以后各代木构建筑的构造特征总体略加概括。

　　唐代是中国木结构建筑迅速发展成熟、取得巨大成就的时期。大约在高宗、武后时期，大中型的宫殿、坛庙、官署、宅邸等已基本脱离了依赖部分厚墙承重或者在夯土高台外包木构的土木混合结构形式，进入了完全以独立的木构架为主体结构形式的阶段。尽管此时民间房屋建筑仍然多有以墙承重者，但已是出于简便省材的经济目的，而不在于构架技术不能完全解决问题的原因了，即使到清末近代北方广大城乡中以土砖山墙承重即所谓"硬山搁檩"的做法，仍然用得很多，都是以墙代柱而已。结合有关实物与文献资料，唐代已有较为成熟的殿堂式与厅堂式构架体系之分。殿堂构架上部施用天花，将梁栿隔为明栿、草栿；厅堂所见实例都是通檐无内柱者，均用彻上明造。所有构架均前后对称，不行移柱、减柱。唐代已有成熟的屋顶举折之法并广为运用，举高值大抵近于于五分举一，小于《营造法式》的三分举一或四分举一，下折数亦远小于宋式，是以唐代建筑屋顶比宋代显得平缓舒展，但从中唐到晚唐有加大举高的趋势。在进深一间之处的中平槫高度一般按檐柱高二倍，在此以上槫高则随举折而定。隋唐及五代时期已出现檐柱生起、侧脚做法，生起程度与宋式基本一致，侧脚程度大于宋式，但这两种做法似并不普遍，如五台佛光寺大殿、福州华林寺大殿，都是只有柱生起而没有柱侧脚。心间广一般与檐柱高相等或相近，即开间立面近于方型，也有大于柱高使开间立面呈横扁形的，梢间稍窄于心间。在脊槫下只用叉手支承，无一例外，是以叉手用材较大、粗壮结实。上下槫间使用托脚，但非如《法式》

规定的每槫缝必用，后世实例也仍然多灵活运用者。在檐部，图像资料既有用撩檐枋又有用撩檐槫的，前者或下加替木，后者必下施替木支于斗栱之上，而木构实例均为后一种做法。敦煌盛唐172窟南北二壁所绘建筑群，较重要的前殿皆用撩檐槫加替木，中殿或用槫或用枋，后殿则只用枋，似槫加替木是唐代较为正规的做法。檐柱中心扶壁栱上方一律不用槫而用枋承椽，即承椽枋。包括斗栱梁柱在内的大木构件多行卷杀。斗栱也在唐代发展成熟，普遍用之作为内外檐梁、柱、槫间的过渡（下加驼峰、垫块），特别是下层梁栿与斗栱纵向上几乎浑然一体，斗栱彼此渐已有横向串联，相邻梁架间也已施襻间，使构架成为纵横二向结构网。唐代木构的柱架联系构件如阑额、内额、地栿一类，都是"半榫"入柱，至角柱不出头，遇有较大水平推力时容易松动以致脱榫。比较唐、宋两代建筑的整体风格差异，可以说前者呈"雄浑粗放"，后者显"柔和绚丽"。宋代建筑造型较之唐代也更富于变化，如楼阁建筑中的十字歇山屋顶，正面或侧面加抱厦的设计，配以大木构件的精细卷杀加工、各种菱花槅扇装修、色彩绚丽的彩画，使得建筑的整体造型更加优美。现存唐代木构建筑实例只有四座，都在山西省境内，即五台南禅寺大殿（正殿）、五台佛光寺大殿、平顺天台庵大殿、芮城广仁王庙（俗称五龙庙）大殿。其中天台庵大殿和广仁王庙大殿的确切年代已不可考，只能大致定在唐代中晚期，二殿均经后世大修，改易不少，尤其是后者已失原构形制特点较多，仅可为唐代建筑之参考。南禅寺大殿为唐建中三年（782年）重建者，为中国现存最古老的木结构建筑。佛光寺大殿，建于唐大宗十一年（857年），是现存四座唐代木构建筑中规模最大的一座。此二殿，保存基本完好，保持唐代原构面貌未变，对于研究唐代建筑具有极大的价值。

五代建筑基本沿袭唐代技术做法之大体，却也在短短几十时间内出现一些的新的变化。出现殿堂式与厅堂混用的构架方法，如福州华林寺大殿，本为内柱高于外柱的厅堂结构，前后乳栿中四椽栿用四柱，但却在内柱柱头施以三抄六铺作以承四椽栿，同时柱头下也施以二跳丁头栱承乳栿以与外檐柱头铺作里跳取得一致，形成似内外槽的形式，前内外槽间施以天花。五代始有构架前后不对称者，如山西平顺大云院大殿。脊槫下叉手之外别加蜀柱，又有更不用叉手者，如华林寺大殿，次间仅以蜀柱支槫，明间则做三小斗托翼形栱支脊槫。虽然蜀柱叉手都是汉魏旧法，但从五代以后很少再有仅用叉手而不用蜀柱的情况，由于蜀柱分担了叉手支承功能，叉手也就变得越来越细小，而只用蜀柱不用叉手的情况也渐多，现存江南宋元建筑即多不用叉手，偶有者叉手亦十分细薄，而蜀柱则甚肥厚，或也可能是流行于江南的地方做法。五代托脚的使用比较规则，每槫下用之，也有斜跨二椽架的长托脚，但南方基本不用，宋元亦然。五代使用襻间渐多。檐部使用撩檐枋的实例以五代为最早，扶壁栱上方仍然只使用承椽枋而不用槫。五代屋架举高多为四分举一强，是中晚唐以来举高增加趋势的沿续，渐向宋式的四分举一制过渡。五代木构建筑实例也有四座，即山西平遥镇国寺大殿（万佛殿）（北汉天会七年，北宋乾德元年，公元963年）、山西平顺大云院正殿（大佛殿）（后晋）、山西平顺龙门寺西配殿（后唐）、福建福州华林寺大殿（吴越钱弘俶十八年，北宋乾德二年，公元964年）。

遗存至今的辽代木构实例有十数座，多建于自10世纪末至11世纪的百余年间，代表性著名实例如天津蓟县独乐寺观音阁及山门、辽宁义县奉国寺大殿（七佛殿）、山西大同华严寺薄迦教藏殿和大雄宝殿、大同善化寺大殿和普贤阁等①。这些建筑多出自汉族工匠之手，其所在地区原属晚唐五代所辖，建筑技术手法，保留不少晚唐五代的传统，朴实粗放的总体形象风格有似唐代。也有的木构显示出一些独特作法，如减柱、移柱造，尤喜用移柱造，还有斗栱中的斜栱做法，实例中都以辽代较早，可能就是辽代创用的，虽此类做法在北宋可能是受其影响而有少量可见，而宋室南渡后就基本没有了。奉国寺大殿主体属于厅堂构架体系，柱梁是整个构架的主要组成部分，结构形式已趋向简化，斗栱主要使用于外檐及后内柱缝上以及梁栿交结点上，其地位远不如唐佛光寺大殿及辽早期的独乐寺观音阁上显得那样重要了，这在古代木构中是一个很大的变革，这一简化的趋向给后来的辽金建筑带来了极其深刻的影响。此外，斗栱中扶壁栱不再使用繁琐的真栱做法，而是广泛利用素枋及襻间等隐刻假栱，这也是前所罕见的。

现存金代木构建筑，也有十数座，基本都是佛殿，多数集中于山西境内，以属早期者较多。从规模上大体可分为大小两类：小型佛殿平面多为方形或近方形，宽深各三间，山面一般为三间四柱，屋架前后对称，心间减去前内柱，柱架侧样近于"六架椽屋四椽栿叠乳栿用三柱"，乳栿伸过内柱，伸出部分斫作楂头以承四椽栿；大型佛殿平面为长方形，面宽有五开间、七开间者。在早期受辽代建筑较大影响的基础上，减柱、移柱及斗栱中斜栱的运用，在金代更为流行和趋于复杂，并显示出一定的灵活性和创新精神。同时，金代建筑又反映为受北宋影响较深，如晋祠献殿。北宋的酒楼、商店、戏台等公共建筑类型，也传到河朔一带金人统治区域。金代建筑结构上也有不少大胆的创造，如在减柱、移柱造中，主梁荷重不能直接传到立柱，常使用纵跨两间或三间的大内额来解决承重问题，近于桁架的形式，这种大内额可能是前述宋式中檐额的变异形式。金代建筑的屋架下一般不装天花板即为彻上明造，梁架中叉手和托脚的使用比较普遍，脊槫下大多是蜀柱与叉手并用，蜀柱柱脚处使用合楷，但上下平槫之下蜀柱与横梁相交处则仍用驼峰，脊步下其他步架都有托脚支撑，有的托脚长达两步架。各缝槫下的襻间，和《营造法式》的规定比较，稍有差异。宋式襻间多系隔间上下相闪，金代则是各间通长，而且每缝槫下所用襻间层数不一。木制檐柱、内柱多属圆形断面，砖塔仿制也成圆形，只是山西潞州一带山区，以地产石材之故，沿袭了使用石柱的传统，常在当心间施用八角形断面的石柱。一般柱列有显著的侧脚与生起。柱头之间联系用的普拍枋和阑额的联合断面成丁字形，普拍枋断面的宽厚比例约为 3:2，与《营造法式》规定接近。阑额出头处常做出线脚，似清式霸王拳，而如辽代垂直截割者较少。金代建筑比辽宋建筑更趋华丽，大木中以斗栱尤为如此，以致给人繁琐的感觉。小型建筑开间比较小，补间铺作只用一朵，或者在第一层柱头枋上隐出翼形栱。若建筑开间较大时，补间最多用两朵，布置仍比较疏朗。比较普遍地使用斜栱是金代建筑的一大特点，并且一朵铺作中的斜栱层次和数量增多，致使橑风槫下支点加多、支距变近，促成替木相连为贯通全间的挑檐枋。金代木构建筑的代表性实例如山西大同善化寺三圣殿和山门（金天会六年至皇统三年，公元 1128～1143 年）、山西五台佛光寺文殊殿（金天会

---

① 独乐寺观音阁建于辽统和二年（984 年），山门或可更早一些，分别为中国现存年代最早的木构楼阁和庑殿顶山门。义县奉国寺大殿建于辽开泰九年（1020 年），是辽代大型建筑的代表作。大同华严寺址规模宏大，明代分为上、下二寺，下寺主殿薄迦教藏殿建于辽重熙七年（1038 年），早于华严寺创建 24 年，原先可能是另一座寺院的藏经殿，华严寺建成后归到华严寺；上寺主殿大雄宝殿为金天眷三年（1140 年）重修者，但基本保持了辽代风格，仍可视为辽代建筑。大同善化寺大殿为辽代遗构，普贤阁虽为金代重修但在结构式样和手法上仍可属辽代建筑系统。

十五年，公元1137年）、山西朔州崇福寺弥陀殿（金皇统三年，公元1143年）、山西太原晋祠献殿（金大定八年，公元1168年）等。

从元代开始，由于南北方直接继承的技术传统源流不同，总体来说北方是在继承金代建筑的基础上发展的，南方是在继承南宋建筑的基础上发展的，所以在建筑的技术和工艺特点上南北方的差异扩大，开始形成有鲜明特色区分的南北方建筑风格。江南承南宋之风，柱网规则，构架齐整，乃至建筑的整体造型比例尺度方面都基本保持了南宋的传统，但构架形式总体上以近于《营造法式》的厅堂作或厅殿堂混合作者为多，并带有穿斗式结构的特征，传统的规整殿堂构架形式并不多见。构件细部处理也继承宋构艺术传统，广泛采用卷杀手法，如月梁、梭柱以及椽头、昂嘴等，都有细致精巧的艺术加工，梁、枋用材比例显得挺秀，线条轮廓柔和，呈现一种轻巧秀丽的艺术风格；北方官式建筑尚较规整有序，多为层叠式殿堂构架，而大量的非官式建筑几乎都极为大胆地运用减柱、移柱法，造成构架极不规整，前后、左右（指各间构架）常不对称，以纵向大内额（有时是大檐额）来承载上部梁架的情况非常普遍（有的学者即以此将现存元代建筑的整体梁架结构形式分为传统式和大额式两大体系[①]），并继承了金代使用斜向支撑构件解决受压和桁架式托架中的荷载传递问题。北方木构一般都采用直梁、直柱，用材不讲究规格，大木构件用材比例大而显得粗巨雄壮，很多梁架构件常是就原木自然形状顺势而用，略作简单斫截以成，加工粗糙草率，少有卷杀雕饰，线条轮廓比较生硬僵直，许多构架即使是彻上明造也作草架处理，呈现一种粗犷笨重、自然古拙的艺术风格。元代北方建筑大量运用斜栿成为一种普遍的特征性的技术和工艺手法，特别是在晋南元代木构中几乎成为构架中不可缺少的部分。之前无论是金代五台佛光寺文殊殿和朔州崇福寺弥陀殿的"桁架"中的斜撑，还是宋代摩尼殿中略用自然弯曲木材斜向搭接的形式，都还不具斜栿之意。按传统木构外檐斗栱多用真昂，借昂尾来承挑平槫，以维持檐部里外的平衡，最初用为乳栿或札牵的一类斜栿可能即是由昂尾挑斡简化而来。但元代斜栿做法发展至极，在梁架中占有非常突出的地位，其结构手法是：在平梁之下以就自然弯材之势或略加砍凿而成的巨大斜栿作为荷重构件，外端搁在外檐柱头斗栱上，后尾搭在内额上，承托两架至三架椽，使与梁架结构成一个有机整体。山西洪洞广胜下寺后殿，弯曲的木构件不仅作为乳栿，而且向斜上方延伸直托四椽栿；山西介休天龙古庙正殿，更是以一根非水平放置的天然曲木来作主要受力大梁（三椽栿）；四川芦山青龙寺大殿，斜向的弯曲木沿着接近剖面折线的位置连续承托各平槫和脊槫，构成了类似于近代人字屋架的结构形式。这类以弯曲木斜向搭接的做法，也影响到了元代的江南建筑，就是大量使用拱背弯月形的乳栿及札牵并斜搭于平柱或童柱上，这是传统江南宋构中所未有的，以后这一做法一直沿续到江南的明清建筑中。南方构架梁、栿、槫间仍沿用斗栱、驼峰来过渡，北方梁架上的斗栱形制已趋于简化，渐多用斗子蜀柱的简洁支垫形式，蜀柱脚两侧安以合楷，向明清的角背发展。叉手、托脚在南方仍较少用，而北方甚多，尤其叉手很普遍，丁华抹颏拱也较宋应用广泛。襻间在南北方使用均较多，但也开始趋向简化，有的取消了结构复杂的襻间斗栱，或采用足材实拍襻间，或代之以随檩枋。宋式建筑的联系构件顺栿串（包括顺身串），在元代断面加大，向明清的随梁枋、穿插枋过渡。这些变化对于提高构架的整体刚性都是有好处的。普拍枋的使用在元代已很普遍，多已随阑

[①] 见张驭寰《山西元代殿堂的大木结构》，《科技史文集》第2辑，上海科学技术出版社1979年。

额一道至角出头并加饰线脚，并已有普拍枋断面宽度缩小几与阑额等宽的个例①。元代北方建筑檐柱高度一般都比面宽略长，柱高已逾间广。柱子的侧脚与生起尚较明显，但其比例关系却因地而异，地区性的差别比较显著。屋架举折之法多因袭于宋，约在三分举一与四分举一之间。从总体来看，元代木构建筑技术与工艺的变化程度甚大，在梁架体系、斗栱用材、翼角做法等方面均出现较大突破，"从简去华"是主要发展趋势，实质上是建筑的结构和装饰构件的分野日趋明显。元代木构建筑的代表性实例如：山西芮城永乐宫三清（无极）、纯阳（混成）、重阳（七真）三大殿（元中统三年，公元 1262 年）和无极门（龙虎殿，元至元三十一年，公元 1294 年），山西洪洞广胜下寺大殿（元至大二年，公元 1309 年）、上寺前殿（弥陀殿），上海真如寺大殿（元元祐七年，公元 1302 年），浙江武义延福寺大殿（元延祐四年，公元 1317 年）等。

明清建筑作为我国古建筑发展的最后阶段，有许多共同点，逐渐形成比较统一的程式化的结构构造模式和建筑风格，现存实例最多，为大家所熟悉，本书从清式建筑出发已勾勒其大貌。当然，明代建筑处于由宋式向清式转化的中间过程，一方面具备宋式建筑的某些特征，同时又孕育着清式建筑的发展趋势，特别是在明代前期仍保留宋元遗意较多，与清式建筑特别是在细部上还是有着不小差别的。受篇幅所限，此不具述了②。

---

① 张驭寰《山西元代殿堂的大木结构》所载山西繁峙县南峪口寿宁寺毗卢殿图例，普拍枋方宽与阑额近。
② 关于明代建筑的构造和风格特点及与清式建筑的区别，今已有专门的研究成果问世，读者可以参阅：马炳坚《中国古建筑木作营造技术》第二版之第八章"明清木构建筑的主要区别"，科学出版社 2003 年；郭华瑜《明代官式建筑大木作》，东南大学出版社 2005 年。

插图目录及引用来源表

说明：本书插图一幅由多图组成者，大多数是选引自若干著述，因多未标分图序号，本表一般按照引图多少排名，有时亦按图序先后排名。大多数图的名称已与原图不同。除同名异书者外，凡引书见于"主要参考文献书目"中者，本表不再注明作者、出版社及出版时间；后引已见于前引者，一般亦仅注出书名。出于本书需要或原图有误，部分引图于图形及文字标注有所改动，凡与原图有较大出入者，于括号内加以说明；凡与原图出入不大、无关紧要者，不再说明。凡"引用来源"栏中空白者，多数属于以下两种情况：（1）为本书作者自绘或自摄；（2）作者自制和引图共组，对引图有较大改动并已与原图意旨相去甚远甚或相背。另有少数插图由多幅引图共组，来源较杂，不便一一注明，谨希原作者和读者鉴谅。

图序	名　　称	引　用　来　源
0-1	单体建筑的开间划分和平面度量	
0-2	中国古代建筑庭院组合形式示意图	刘敦桢主编《中国古代建筑史》。
0-3	故宫总平面图	周苏琴《紫禁城建筑》，紫禁城出版社2006年。
0-4	北京四合院的形式	6引自程敬琪、杨玲玉《北京传统街坊的保护刍议》，《建筑历史研究》第二辑；其余引自马炳坚《北京四合院建筑》；1、2之平面图为笔者增补。
0-5	单体建筑的平面形式	《清代官式建筑构造》。
1-1	柱位名称平面示意	同上。
1-2	檐柱侧脚示意	《中国古建筑木作营造技术》。
1-3	汉代柱式	刘敦桢主编《中国古代建筑史》；五卷集《中国古代建筑史》第一卷。
1-4	南北朝柱式	刘敦桢主编《中国古代建筑史》；《敦煌建筑研究》；五卷集《中国古代建筑史》第二卷。
1-5	隋柱几种	《敦煌建筑研究》；《隋代建筑若干问题初探》，《中国建筑史论文选辑》第一册（台北明文书局1984年）。
1-6	梭柱做法	《中国古代建筑技术史》；（宋）《营造法式》。
1-7	抹角柱与讹角柱	《中国建筑图解词典》。

续表

图序	名称	引用来源
1-8	《营造法式》拼合柱示意	《中国古代建筑技术史》。
1-9	浙江宁波保国寺大殿瓜楞柱与拼合柱	同上。
1-10	斗接包镶柱子做法	同上。
1-11	清式柱础做法	
1-12	宋式柱础做法	《〈营造法式〉解读》。
1-13	汉代柱础几种	《中国建筑艺术图集》第七辑。
1-14	山西大同北魏司马金龙墓出土帐柱石础	五卷集《中国古代建筑史》第二卷；《中国建筑艺术史》。
1-15	唐代柱础几种	刘敦桢主编《中国古代建筑史》。
1-16	宋式柱础雕镌	《〈营造法式〉解读》；《中国建筑艺术史》。
1-17	高柱础（须弥座+鼓磴）	《清代官式建筑构造》。
1-18	月梁	《中国建筑图解词典》。
1-19	船篷轩（苏州怡园雪类堂）	《中国建筑论》。
1-20	双层拼合梁	《中国古代建筑技术史》。
1-21	清官式一般房屋构架透视图（七檩硬山前后廊）	五卷集《中国古代建筑史》第五卷。
1-22	《营造法式》厅堂草架侧样（八架椽屋前后乳栿用四柱）	《营造法式》
1-23	汉唐间梁架叉手蜀柱几例	
1-24	宋辽金元时期的合楷	
1-25	《营造法式》驼峰式样	《营造法式》
1-26	历代驼峰式样	
1-27	清式箍头枋出头	《中国古建筑木作营造技术》。
1-28	北朝石刻等所见建筑形象的五种构架形式	五卷集《中国古代建筑史》第二卷。
1-29	敦煌壁画所见北周和隋代阑额例	《敦煌建筑研究》。
1-30	《营造法式》阑额、由额构造做法示意	《〈营造法式〉解读》（将原图阑额至角柱出头改为不出头形式）。
1-31	历代阑额出头	《怎样鉴定古建筑》。
1-32	屋面木基层构件构造组合示意	《中国古建筑木作营造技术》。
1-33	上出、下出、回水	同上。
1-34	叠梁构架形式举例	《清代官式建筑构造》。
1-35	卷棚顶木构架横剖面图	同上。
1-36	一殿一卷勾连搭垂花门构架横剖面示意图	
2-1	中国古代建筑屋顶形式举例	刘敦桢主编《中国古代建筑史》。

续表

图序	名　　称	引　用　来　源
2-2	穿梁法	《清式营造侧例》;《中国古建筑木作营造技术》。
2-3	悬山博风、出梢、五花山墙	《中国古建筑木作营造技术》。
2-4	清式庑殿建筑的基本构架	《中国古代建筑技术史》。
2-5	合角建筑的递角梁构架	《清代官式建筑构造》。
2-6	庑殿顶转角结构趴梁、抹角梁、递角梁法比较图	郭黛姮、徐伯安《中国古代木构建筑》,《建筑史论文集》第三辑,清华大学出版社 1979 年。
2-7	庑殿推山构造	《中国古建筑木作营造技术》;《清代官式建筑构造》。
2-8	宋式四阿顶山部梁架构造示意	
2-9	宋代木构角梁构造实例	五卷集《中国古代建筑史》第三卷。
2-10	清式歇山建筑的山面基本构造	《中国古建筑木作营造技术》。
2-11	仰韶文化半坡遗址大房子复原图	刘敦桢主编《中国古代建筑史》。
2-12	汉代建筑明器所见歇山或类歇山式屋顶	刘敦桢主编《中国古代建筑史》;《中国古代居住建筑简史——城市、住宅、园林》;《建筑考古学论文集》。
2-13	山西寿阳北齐厍狄回洛墓木椁复原图	五卷集《中国古代建筑史》第二卷。
2-14	《营造法式》厦两头造、九脊殿转角及出际构造做法示意	《〈营造法式〉解读》。
2-15	少林寺初祖庵大殿九脊顶转角及出际构造	五卷集《中国古代建筑史》第三卷。
2-16	悬鱼惹草举例（一）	五卷集《中国古代建筑史》第二、三卷;《敦煌建筑研究》;《营造法式》。
2-17	悬鱼惹草举例（二）	《中国建筑类型及结构》。
2-18	歇山抱厦（山面向前）	
2-19	清式建筑举架法示意	（1）为笔者所绘;（2）引自《中国古建筑木作营造技术》。
2-20	宋式建筑举折法示意	《〈营造法式〉解读》。
2-21	唐宋金建筑实例屋顶举折比较图	《营造法式注释》。
2-22	宋式举折与清式举架比较图	同上。
2-23	唐代佛光寺大殿、南禅寺大殿屋顶举折示意	五卷集《中国古代建筑史》第二卷。
2-24	东汉、北魏、隋代陶屋明器、石刻、壁画中的折曲屋面形象	《建筑考古学论文集》;《敦煌建筑研究》;《隋代若干建筑问题探讨》,《建筑史论文选辑》第一册,台北明文书局 1984 年。
2-25	仰韶文化半坡房址复原构架示意	《建筑考古学论文集》。
2-26	四椽屋架举折示意	

续表

图序	名　　称	引用来源
2-27	大叉手屋架模仿抬梁举折形成两段迭落式屋架示意	
2-28	飞椽产生源流之蠡测——叉手屋架檐下衬木的使用	
2-29	唐代飞椽二例	萧默《屋角起翘缘起及流布》，《敦煌建筑》，中国新疆美术摄影出版社、新西兰霍兰德出版有限公司 1992 年。
2-30	《清式营造则例》图版拾肆庑殿推山法示意	《清式营造则例》。
2-31	翼角部位结构图	《清代官式建筑构造》；《中国古建筑木作营造技术》。
2-32	翘飞椽形制做法	《中国古建筑木作营造技术》。
2-33	敦煌第 445 窟"拆屋图"（盛唐）	《敦煌建筑研究》。
2-34	敦煌第 431 窟窟檐转角构造（宋初）	同上。
2-35	东汉南北朝隋代有关材料反映的屋角起翘形象	《建筑考古学论文集》；五卷集《中国古代建筑史》第二卷；《隋代若干建筑问题探讨》，《建筑史论文选辑》第一册。
2-36	四川雅安高颐阙顶部	刘敦桢主编《中国古代建筑史》。
2-37	汉石阙和陶建筑明器上的垂脊端部加厚"起翘"做法	《建筑考古学论文集》。
2-38	平列椽屋角起翘示意	五卷集《中国古代建筑史》第二卷。
2-39	宋式建筑的檐口、正脊和屋面生起示意	摹自刘敦桢主编《中国古代建筑史》。
2-40	山东肥城孝堂山郭巨墓祠	刘敦桢主编《中国古代建筑史》。
2-41	重檐歇山顶的屋脊及其兽件装饰	
2-42	重檐围脊、承椽枋、棋枋构造	《中国古建筑木作营造技术》。
2-43	故宫太和殿梁架结构示意图	五卷集《中国古代建筑史》第五卷（将原图博脊枋改为承椽枋、雷公柱改为脊瓜柱、溜金斗檐改为溜金斗栱）。
2-44	景山寿皇殿西山面梁架剖视	《中国古建筑木作营造技术》。
2-45	二里头和殷墟宫殿建筑基址平面图及殷墟乙一基址建筑复原示意图	A、B. 中国社会科学院考古研究所《中国考古学·夏商卷》，中国社会科学出版社 2003 年；C、D. 中国社会科学院考古研究所《殷墟的发现与研究》，科学出版社 1994 年；E. 石璋如《殷虚地上建筑复原第七例——论乙一及乙三两个基址》，《中央研究院历史语言研究所集刊》第 66 本 4 分本，1995 年。
2-46	楼阁建筑的楼板层构造	《中国古建筑木作营造技术》。

续表

图序	名　　称	引　用　来　源
2-47	河北正定隆兴寺转轮藏殿横剖面	《中国建筑艺术史》。
2-48	宋式楼阁建筑上下柱架叠接构造示意	五卷集《中国古代建筑史》第三卷；《宋〈营造法式〉术语汇释》。
2-49	正定隆兴寺慈氏阁永定柱构造（北宋）	五卷集《中国古代建筑史》第三卷。
2-50	河北定兴慈云阁永定柱构造（元）	《中国古代建筑技术史》。
2-51	曲阜孔庙奎文阁通柱构造（明）	《中国古代建筑》。
2-52	承德普宁寺大乘阁通柱构造（清）	同上。
2-53	清式楼阁及重檐建筑的童柱承檐构造	五卷集《中国古代建筑史》第五卷。
2-54	上海博物馆藏战国铜椭杯刻纹	刘敦桢主编《中国古代建筑史》。
2-55	江苏铜山东汉画像	同上。
2-56	汉明器和画像中的楼阁建筑形象	五卷集《中国古代建筑史》第一卷；刘敦桢主编《中国古代建筑史》；《中国建筑艺术史》。
2-57	河北平山战国中山王陵享堂复原图	《建筑考古学论文集》。
2-58	汉长安南郊礼制建筑中心建筑复原图	刘敦桢主编《中国古代建筑史》。
2-59	战国铜器刻纹反映的高台层屋形象	同上。
2-60	印度早期的佛塔	《中国建筑论》；《中国建筑艺术史》。
2-61	组合亭数例	《中国古建筑木作营造技术》。
2-62	北京故宫城墙角楼	
2-63	宋画《千里江山图》（局部）	
2-64	单檐四角亭的基本构造	《中国古建筑木作营造技术》。
2-65	六柱圆亭的基本构造	同上。
2-66	宋式四角斗尖亭子构造做法	《〈营造法式〉解读》。
2-67	独立柱担梁式垂花门	《中国古建筑木作营造技术》。
2-68	一殿一卷式垂花门	同上。
2-69	五檩单卷棚垂花门（横剖面）	同上。
2-70	四檩廊罩式垂花门	同上。
2-71	《营造法式》中的乌头门图样	《营造法式》。
2-72	乌头门与棂星门	《中国建筑艺术史》。
2-73	南宋《平江府图》碑平江府前的坊门	同上。
2-74	石（砖）牌楼数例	
2-75	四柱三间七楼柱不出头牌楼	
2-76	二柱带跨楼柱出头木牌楼	《中国古建筑木作营造技术》。
2-77	四柱三间三楼冲天木牌楼	同上。
2-78	四柱三间三楼柱不出头木牌楼	同上。
2-79	木牌楼的夹杆石和基础做法	刘大可《中国古建筑瓦石营法》，中国建筑工业出版社1993年。

续表

图序	名称	引用来源
2-80	木牌楼的戗柱、月台示意	刘大可《中国古建筑瓦石营法》，中国建筑工业出版社1993年。
2-81	木牌楼灯笼榫构造示意	《中国古建筑木作营造技术》。
2-82	山西和顺县城中和街木牌楼	李玉明主编《山西古建筑通览》，山西人民出版社。
2-83	苏式建筑宅屋及楼房贴式举例	五卷集《中国古代建筑史》第五卷。
2-84	回顶鳌壳贴式（苏州沧浪亭面水轩）	《中国建筑论》。
2-85	前后卷贴式（苏州怡园可自怡斋）	同上。
2-86	鸳鸯厅前圆堂后扁作厅贴式（苏州留园林泉耆硕之馆）	同上。
2-87	满轩贴式（苏州拙政园十八曼陀罗花馆和三十六鸳鸯厅）	同上。
2-88	厅堂磕头轩、抬头轩贴式图	同上。
2-89	苏式建筑的廊轩形式	五卷集《中国古代建筑史》第五卷；《中国建筑论》。
2-90	水戗发戗二例	潘谷西主编《中国建筑史》。
2-91	《营造法原》中的嫩戗发戗做法	《营造法原》。
2-92	嫩戗发戗二例	潘谷西主编《中国建筑史》。
2-93	穿斗式构架示意图	五卷集《中国古代建筑史》第五卷。
2-94	穿斗式构架的柱穿配置方式	《中国古代建筑技术史》；潘谷西主编《中国建筑史》。
2-95	穿斗式构架的挑檐	《中国古代建筑技术史》；五卷集《中国古代建筑史》第五卷。
2-96	皖南住宅的抬梁、穿斗混合式构架	潘谷西主编《中国建筑史》。
2-97	井干式构架三例	《中国建筑艺术史》；潘谷西主编《中国建筑史》；五卷集《中国古代建筑史》第五卷。
2-98	成都十二桥商代遗址干阑建筑复原图	《中国居住建筑简史——城市、住宅、园林》。
2-99	西南少数民族干阑住宅建筑数例	五卷集《中国古代建筑史》第五卷；《中国建筑艺术史》；《中国古代建筑历史图说》；《中国居住建筑简史——城市、住宅、园林》。
2-100	客家土楼四例	五卷集《中国古代建筑史》第五卷；《中国古代建筑历史图说》；《中国建筑艺术史》。
2-101	福建客家土楼内部构架情形	潘谷西主编《中国建筑史》。
2-102	藏式碉房及其结构做法示意	五卷集《中国古代建筑史》第五卷；《中国居住建筑简史——城市、住宅、园林》；潘谷西主编《中国建筑史》。
2-103	新疆阿以旺	《中国古代建筑历史图说》；《中国建筑艺术史》。

续表

图序	名称	引用来源
3-1	清式坐斗和宋式栌斗形制结构比较示意图	
3-2	清式单翘单昂五踩斗栱构件构造示意图	郭黛姮、徐伯安《中国古代木构建筑》；五卷集《中国古代建筑史》第五卷；《工程做法注释》（各构件序号皆重新统一标注）。
3-3	斗栱出踩图	《清式营造则例》。
3-4	宋式补间铺作构件构造示意图	郭黛姮、徐伯安《中国古代木构建筑》；《营造法式注释》。
3-5	铺作昂尾交待图	五卷集《中国古代建筑史》第三卷。
3-6	上昂造铺作	《营造法式注释》。
3-7	江南宋元时期建筑铺作中的上昂及连珠斗实例	张十庆《南方上昂与挑斡作法探析》，《建筑史论文集》第 16 辑，清华大学出版社 2002 年；五卷集《中国古代建筑史》第三卷；《〈营造法式〉解读》；《〈营造法式〉术语汇释》。
3-8	元明清北方官式建筑中的上昂遗迹	《〈营造法式〉解读》。
3-9	挑斡形式	《〈营造法式〉解读》；张十庆《南方上昂与挑斡作法探析》。
3-10	铺作下昂后尾下使用平行"上昂"和大靴楔形式比较	同上。
3-11	铺作出跳与计铺	
3-12	铺作偷心造	
3-13	铺作中的昂形耍头	五卷集《中国古代建筑史》第二、三卷。
3-14	宋代的假昂造铺作	五卷集《中国古代建筑史》第三卷。
3-15	插昂造铺作	《营造法式注释》。
3-16	中唐和宋初假昂造斗栱三例	《敦煌建筑研究》；五卷集《中国古代建筑史》第三卷。
3-17	铺作减铺示意	五卷集《中国古代建筑史》第三卷。
3-18	铺作里跳多于外跳	
3-19	重栱造与单栱造	《营造法式注释》。
3-20	单栱偷心造铺作的扶壁栱做法	《〈营造法式〉解读》；五卷集《中国古代建筑史》第三卷。
3-21	柱头科斗栱（单翘单昂五踩）侧立面	
3-22	殿堂柱头铺作与梁架结合构造	
3-23	楷头压跳（山西长治古驿村崇教寺大殿）	《营造法式注释》。
3-24	丁头竖栱	
3-25	《营造法式》殿堂草架侧样	《营造法式》。
3-26	单翘单昂五踩角科结构示意图	

续表

图序	名　　　　称	引　用　来　源
3-27	重翘重昂九踩角科和相邻平身科	《中国古建筑木作营造技术》。
3-28	转角铺作结构构造（五铺作单抄单下昂重栱计心造）	
3-29	山西大同善化寺三圣殿（金）转角铺作与相邻补间铺作连栱交隐为鸳鸯交首栱	
3-30	清式几种不出踩的简单外檐斗栱	《中国古建筑木作营造技术》。
3-31	宋式几种不出跳的简单外檐铺作	《〈营造法式〉解读》。
3-32	清式隔架科斗栱	《中国古建筑木作营造技术》。
3-33	宋式襻间的使用情况及襻间斗栱形式三种	《宋〈营造法式〉术语汇释》；《〈营造法式〉解读》。
3-34	清式五踩溜金斗栱构造	《清代官式建筑构造》。
3-35	故宫神武门下檐溜金斗栱	《斗栱的运用是我国古代建筑技术的重要贡献》，《建筑史论文选辑》第一册。
3-36	山西大同善化寺三圣殿斗栱（金）	五卷集《中国古代建筑史》第三卷。
3-37	品字科斗栱	《清式营造则例》。
3-38	藻井品字斗栱	《中国古建筑木作营造技术》。
3-39	清式平座斗栱及滴珠板（雍和宫大佛楼）	同上。
3-40	清式斗栱的后尾撒头和里拽偷心做法	同上。
3-41	宋式七铺作平座铺作构造示意	
3-42	牌楼斗栱及其灯笼榫构造	《中国古建筑木作营造技术》。
3-43	北京北海陟山桥牌楼如意斗栱	《中国建筑艺术图集》第五辑。
3-44	宋辽金时期建筑中的斜栱铺作	b、c、d，五卷集《中国古代建筑史》第三卷。
3-45	斗栱竖栱起源推测之一——由擎檐柱到插栱的发展示意图	《建筑考古学论文集》。
3-46	斗栱竖栱起源推测之二——由斜腰撑到栌斗曲栱的发展示意图	
3-47	西周早期铜器令簋表现的栌斗	刘敦桢主编《中国古代建筑史》。
3-48	河北平山战国中山国灵寿故城出土的陶斗	五卷集《中国古代建筑史》第一卷。
3-49	横栱发展过程——由替木到曲栱示意图	《建筑考古学论文集》。
3-50	希腊爱奥尼克柱式及其前身"托架帽"	《华夏意匠》。
3-51	战国铜器和漆器上的斗栱形象	五卷集《中国古代建筑史》第一卷。
3-52	汉代石阙、墓祠、画像砖石、陶建筑明器等所见斗栱形象	五卷集《中国古代建筑史》第一卷；刘敦桢主编《中国古代建筑史》；《中国古代建筑历史图说》。
3-53	南北朝时期石窟等所见斗栱的使用形式	刘敦桢主编《中国古代建筑史》；五卷集《中国古代建筑史》第二卷。

续表

图序	名称	引用来源
3-54	南北朝时期的斗栱卷杀形制	五卷集《中国古代建筑史》第二卷。
3-55	北朝斗栱装饰二例	同上。
3-56	日本法隆寺金堂斗栱中的昂	《建筑考古学论文集》。
3-57	初唐的斗栱形式	《敦煌建筑研究》；刘敦桢主编《中国古代建筑史》。
3-58	壁画中盛唐至晚唐的斗栱形式	《敦煌建筑研究》；《中国古代木构建筑的考古学断代》。
3-59	敦煌第146窟壁画中的斜栱（五代）	《敦煌建筑研究》。
3-60	元代真昂与假昂的使用情形	《中国古代木构建筑的考古学断代》。
3-61	"两昂夹抄"的特殊斗栱形式	《敦煌建筑研究》。
3-62	宋式下昂尖卷杀四种	《〈营造法式〉解读》。
3-63	历代昂嘴形制	《怎样鉴定古建筑》。
3-64	历代耍头形制	同上（增补南禅寺大殿一幅）。
3-65	五代宋元时期柱头铺作梁栿外伸充作衬枋头或耍头	《中国古代木构建筑的考古学断代》。
3-66	历代斗栱演变图	梁思成《中国建筑史》。
3-67	历代雀替（替木——绰幕枋——雀替）	
3-68	檐额和绰幕枋实例	《营造法式注释》；《〈营造法式〉解读》；五卷集《中国古代建筑史》第四卷。
3-69	宋《营造法式》中的楂头绰幕和蝉肚绰幕大样	《营造法式》。
3-70	明清雀替形式种类	《中国建筑艺术图集》第九辑。
3-71	沈阳故宫大清门大雀替	同上。
4-1	材栔分度关系	
4-2	铺作中的材栔组合和单材栱、足材栱做法	
5-1	满堂柱网三例	五卷集《中国古代建筑史》第一、二、三卷。
5-2	《营造法式》殿阁地盘分槽图	《营造法式》。
5-3	槽缝示意图	《营造法式注释》。
5-4	单槽柱网平面之于标准柱网平面的减柱、移柱形式	
5-5	唐大明宫含元殿和五台佛光寺大殿的平面柱网	五卷集《中国古代建筑史》第二卷；刘敦桢主编《中国古代建筑史》。
5-6	宋代的减柱、移柱建筑	圣母殿柱网平面示意与标准双槽柱网平面二幅为笔者所绘，永寿寺雨花宫平面一幅引自梁思成《中国建筑史》，其余引自五卷集《中国古代建筑史》第三卷。

续表

图序	名称	引用来源
5-7	奉国寺大殿剖面、平面及其与标准柱网平面比较图	平面、横剖透视图引自五卷集《中国古代建筑史》第三卷；柱网平面形式、标准柱网平面图为笔者所绘。
5-8	善化寺大殿横剖面、平面及其与标准柱网平面比较图	平面、横剖面图引自五卷集《中国古代建筑史》第三卷；柱网平面形式、标准柱网平面图为笔者所绘。
5-9	华严寺大殿横剖面、平面及其与标准柱网平面比较图	《中国建筑艺术史》；五卷集《中国古代建筑史》第三卷；柱网平面形式、标准柱网平面为笔者所绘。
5-10	佛光寺文殊殿剖面、平面及其与标准柱网平面比较图	平面、剖面图引自五卷集《中国古代建筑史》第三卷；柱网平面形式、标准柱网平面图为笔者所绘。
5-11	善化寺三圣殿横剖面、平面及其与标准柱网平面比较图	平面、横剖面、梁架仰视平面图引自五卷集《中国古代建筑史》第三卷；柱网平面形式、标准柱网平面图为笔者所绘。
5-12	崇福寺弥陀殿剖面、平面及其与标准柱网平面比较图	平面、剖面、梁架剖透图引自五卷集《中国古代建筑史》第三卷；柱网平面形式、标准柱网平面图为笔者所绘。
5-13	永乐宫三清殿横剖面、平面及其与标准柱网平面比较图	平面、剖面图引自《中国建筑艺术史》；柱网平面形式、标准柱网平面图为笔者所绘。
5-14	广胜下寺大殿剖面、平面及其与标准柱网平面比较图	刘敦桢《中国古代建筑史》；五卷集《中国古代建筑史》第四卷；柱网平面形式、标准柱网平面图为笔者所绘。
5-15	广胜上寺前殿剖面、平面及其与标准柱网平面比较图	平面、剖面图引自《中国古代建筑技术史》；柱网平面形式、标准柱网平面图为笔者所绘。
5-16	明长陵祾恩殿和清故宫太和殿柱网平面	
5-17	殿堂作构架示意图（以殿堂七铺作副阶五铺作双槽或斗底槽为例）	五卷集《中国古代建筑史》第三卷（将原图外檐由额改为承椽串、内部由额改为照壁枋、殿身檐柱缝上平榑改为牛脊榑、33乳栿改为三椽明栿）。
5-18	《营造法式》殿堂构架类型示意	《〈营造法式〉解读》。
5-19	厅堂作构架示意图	刘敦桢主编《中国古代建筑史》（内额、顺身串、丁头栱三项标注为笔者增补）。
5-20	《营造法式》厅堂构架类型	
5-21	《清明上河图》中的柱梁作房屋及其构架示意图	《中国古代建筑技术史》；《〈营造法式〉解读》。

主要参考文献书目

王璞子：《工程做法注释》，中国建筑工业出版社，1995年。
梁思成：《清式营造则例》，清华大学出版社，2006年。
马炳坚《中国古建筑木作营造技术》，科学出版社，1991年。
白丽娟、王景福：《清代官式建筑构造》，北京工业大学出版社，2000年。
白丽娟、王景福：《古建清代木结构》，中国建材工业出版社，2007年。
姚承祖著、张至刚增编：《营造法原》，中国建筑工业出版社，1988年。
（宋）李诫撰、邹其昌点校文渊阁四库全书本《营造法式》，人民出版社，2006年。
梁思成：《营造法式注释》卷上，中国建筑工业出版社，1983年。
陈明达：《营造法式大木作制度研究》，文物出版社，1993年第二版。
潘谷西、何建中：《〈营造法式〉解读》，东南大学出版社，2005年。
徐伯安、郭黛姮：《宋〈营造法式〉术语汇释——壕寨、石作、大木作制度部分》，《建筑史论文集》第六辑，清华大学出版社1984年。
徐伯安《〈营造法式〉斗栱型制解疑、探微》，《建筑史论文集》第七辑，清华大学出版社，1985年。
（日）竹岛卓一：《营造法式の研究》，中央公社美术出版，1970~1972年。
郭黛姮：《论中国古代木构建筑的模数制》，《建筑史论文集》第五辑，清华大学出版社，1983年。
刘敦桢主编：《中国古代建筑史》，中国建筑工业出版社，1980年。
潘谷西主编：《中国建筑史》（第五版），中国建筑工业出版社，2004年。
中国科学院自然科学史研究所主编《中国古代建筑技术史》，科学出版社1985年。
五卷集《中国古代建筑史》，中国建筑工业出版社：
    第一卷《原始社会、夏、商、周、秦、汉建筑》（刘叙杰主编），2003年。
    第二卷《三国、两晋、南北朝、隋唐、五代建筑》（傅熹年主编），2001年。
    第三卷《宋、辽、金、西夏建筑》（郭黛姮主编），2003年。
    第四卷《元、明建筑》（潘谷西主编），2001年。
    第五卷《清代建筑》（孙大章主编），2002年。
罗哲文主编：《中国古代建筑》（修订本），上海古籍出版社，2001年。
梁思成：《中国建筑史》，百花文艺出版社，1998年。
刘致平：《中国建筑类型及结构》（第三版），中国建筑工业出版社，2000年。
刘致平著、王其明增补：《中国居住建筑简史——城市、住宅、园林》（第二版），中国建筑工业出版社，2000年。

梁思成：《梁思成全集》，中国建筑工业出版社，2001 年。
刘敦桢：《刘敦桢文集》（1~4 集），中国建筑工业出版社，1982~1992 年。
萧默主编：《中国建筑艺术史》，文物出版社，1999 年。
萧默：《敦煌建筑研究》，机械工业出版社，2003 年。
侯幼彬、李婉贞主编：《中国古代建筑历史图说》，中国建筑工业出版社，2002 年。
陈明达：《中国古代木结构建筑技术（战国——北宋）》，文物出版社，1990 年。
喻维国、王鲁民：《中国木构建筑营造技术》，中国建筑工业出版社，1993 年。
祈英涛：《怎样鉴定古建筑》，文物出版社，1981 年。
汉宝德：《斗栱的起源与发展》，台北明文书局，1989 年。
祈英涛：《中国早期木结构建筑的时代特征》，《文物》1983 年第 4 期。
冯继仁：《中国古代木构建筑的考古学断代》，《文物》1995 年第 10 期。
杨鸿勋：《建筑考古学论文集》，文物出版社，1987 年。
李允鉌：《华夏意匠》，天津大学出版社，2005 年。
张家骥：《中国建筑论》，山西人民出版社，2003 年。
马炳坚：《北京四合院建筑》，天津大学出版社，1999 年。
孙大章：《中国民居研究》，中国建筑工业出版社，2004 年。
北京市文物研究所编：《中国古代建筑辞典》，中国书店，1992 年。
王效青主编：《中国古建筑术语辞典》，山西人民出版社，1996 年。
王其钧主编：《中国建筑图解词典》，机械工业出版社，2007 年。
罗哲文、王振复主编：《中国建筑文化大观》，北京大学出版社，2001 年。
梁思成、刘致平：《中国建筑艺术图集》，百花文艺出版社，1999 年（该书原名《建筑设计
　　参考图集》，共分十辑，初刊于《中国营造学社汇刊》）。
叶渭渠编著：《东瀛艺术图库——日本建筑》，上海三联书店，2006 年。

　　说明：本书正文注释中，凡引上列书目文献者及后注所引已见于前注中者，一般不再注明出版社及出版时间，五卷集《中国古代建筑史》皆简注为"五卷集《中国古代建筑史》第几卷"形式。

后 记

我本是一个古建筑学的门外汉。我的专业和教学研究方向是中国古代青铜器、古文字和先秦历史。1994 年我从南开大学历史系文博专业硕士研究生毕业留校任教,接替业师朱凤瀚先生为文博专业本科学生讲授青铜器课。时专业并有开设中国古建筑课程的需要而又乏师资,系领导征询我能否再开设此课。按照原课程规划设想,作为一门选修课,主要是向文博专业及文科大学生讲授一些建筑历史和建筑文化的常识性内容。是故我未遑多想,就应允了下来,且没有经过多长时间的准备工作就仓促上阵了。随着教学工作的展开,我才逐渐体会到,了解中国建筑历史和建筑文化的基础是认识古建筑的结构与构造,而我对此本也不甚了了,学生听来当然更如云山雾罩。我自责于自己的无知与浅薄,并为当初的轻率而后悔,但已势成骑虎,只好硬着头皮撑下去了。于是我开始系统学习和钻研有关古建筑结构的基础知识,曾将梁思成先生的《清式营造则例》手自笔录一遍,在天津大学建筑学院旁听了杨道明先生的中国建筑史一课。开始几年,我是循通常的做法,按照历史朝代的先后顺序来讲授中国建筑史的,然而在授课过程中,发觉对于缺乏古建筑基础知识的文科大学生来说,不大容易听得懂,而于我也不大容易讲得清楚。实际上,由于古建筑的名词术语极其繁多,有很多已不为今天的人们所熟悉,对于一个没有一定古建筑专业知识的人来说,在面对一本即使并不很专深的中国古建筑及建筑史的著述时,也很难完全读懂。有鉴于此,我遂改变方式,仿效当年梁思成先生在清华大学建筑系讲授中国建筑史一课的方法,先从离我们时代最近、现存实例最多、也最为大家所熟悉的清式建筑的结构做法讲起,对照以宋式建筑结构做法,由近及远,来疏贯中国建筑史的脉络。其实,这也正是以梁思成、刘敦桢先生为代表的中国建筑史的开山者们揭开中国古代建筑的面纱、开创这一崭新学科的路径,当然也是我本人当初自学中国古代建筑的入门路径。在实际教学中,由于课时所限,在讲完有关古建筑结构的基础知识之后,也就差不多到了结课时间。不过,在掌握了这些基础知识后,对于中国古代建筑历史及建筑文化方面的内容,学生们就完全可以看书自学了。于是,我将原"中国古代建筑史"一课的名称变更为"中国古建筑",并在主要讲古建筑详部结构与构造的同时,尽量贯穿一些有关结构与构造的历史发展演变源流,效果良好,是为本书体例的由来。严格来说,本书以《中国古代建筑》为名并不十分贴切,因为受篇幅所限,本书只述及古建筑的主体部分即木构架的构造内容,至于古建筑结构的其他方面诸如台基、墙壁、屋顶等瓦石之作,门窗格扇、天花藻井等装修之作以及油饰彩画之作等,还有诸如城市、宫殿、园林、民居、寺庙、陵寝等中国古代建筑的专题分类方面的内容,皆未涉及,拟俟将来另书以述,是以本书初名《中国古代建筑——木结构构造及其发展源流》,后受出版体例要求改用现书名,特补记于此,以明读者。

本书的出发点,是为让一个没有相关专业基础知识的普通读者能够看懂并藉此较为系统地获得关于中国古建筑木结构构造的概观知识而作，所以力求避免结构名词术语的循环互释，即前面所述结构名词术语尽量不以后面所述的结构名词术语来解释和阐述。然而由于古建筑结构的复杂、名词术语的繁杂，实不能完全做到这一点，这在本书第五章首述"平面柱网形式和减柱、移柱做法"时表现得尤为突出，其中较多地涉及了后面构架形式部分的内容，凡遇此只得让读者前后参阅了。书中也有一些作者本人研习古建筑过程中的心得体会，荧荧小者，如能致引学术界对相关问题的进一步探讨，即荣莫大焉，故此不怕贻笑大方，不揣浅陋，正于方家。

十几年来学习古建筑，对于我原先所学、现仍在从事的专业来说，似乎是有点"不务正业"了，因为它们完全是风马牛不相及的两个领域，而一个人的精力毕竟有限，是故我于这两个领域都未能有丝毫的成就。至今我也不敢说自己就真正读懂了古建筑，在专业行家学者看来，我可能仍是一个十足的外行，然而我在学习中却深深喜爱上了中国古建筑和这门学科，并仍将带着浓浓的情意继续地与她相伴终生，仅此于愿足矣。

南开大学历史学院文博系主任刘毅教授、南开大学出版社的莫建来先生负责本书的策划和组稿工作，南开大学出版社的焦静宜女士是本书的责任编辑。在本书的酝酿、写作和修改过程中，以上诸位先生从体例结构、内容文字等方面，均提出过许多宝贵建议和意见。焦静宜先生通审全稿，从整体到细节，校正了本书的多处讹误，最大程度地帮助弥补了本书的缺陷和不足。南开大学历史学院图书资料中心的侯咏梅女士和杨永明先生，在资料信息方面给予了作者极大的支持和帮助。本书的面世，也凝结了以上诸位先生的辛勤汗水和心血，作者在此向他们致以衷心的谢意！

人生虽无大折，坎坷亦曾几何。一世清风相伴，拂去感慨良多。感谢所有支持和帮助过我的师友们。在此还要特别感谢天津蓟县文物保管所蔡习军先生。在上世纪90年代中期蓟县独乐寺观音阁落架大修期间，蔡君曾特意邀请我前往参观。当我登上脚手架，抚摸着那些已拆和待拆的数量庞大、气势恢弘的构架构件时，感受到一种巨大的震撼，她们那彻底裸露的肌肤虽然有些粗糙，却呈发着一种经千年沧桑而尽洗铅华的凝重神韵和丰腴之态，我感到自己与古建筑发生了一次真正的身体拥抱、心灵碰撞和情感交融！

贾洪波

2008年10月于南开园